한 권으로 끝내는

스 페 인 어   능 력 시 험   대 비

DELE

필수어휘

기 초 부 터   실 전 까 지
영역별 맞춤 전략!

B2

어려운 단어는 체크 ☑ 후 다시 외워 봅시다!

a			
1	a caballo	말을 타고, ~의 사이에	☐
2	a continuación	계속해서, 이어서	☐
3	a costa de	~을 희생하여, ~의 비용으로	☐
4	a espaldas	등 뒤에서, 몰래, 모르고, 고려하지 않고	☐
5	a este respecto	이 점에 관해서, 이것에 관해서	☐
6	a favor de	~에 유리하게, ~를 지지하여	☐
7	a fondo	완전히, 철저하게, 아주 잘	☐
8	a gritos	목청을 높여, 소리쳐	☐
9	a gusto	마음 편하게, 기쁘게	☐
10	a la baja	낮게, 내림 시세로	☐
11	a la hora de	~할 때에	☐
12	a la ligera	가볍게, 무책임하게	☐
13	a las órdenes	~의 명령대로	☐
14	a las puertas de	문간에서, 문턱에서	☐
15	a lo sumo	기껏, 기껏해야	☐
16	a partir de	~부터, ~이후에	☐
17	a pie de	~에 맞추어	☐
18	a ratos	이따금, 때때로	☐
19	a solas	혼자, 단독으로	☐
20	abalanzarse	덤비다, 돌진하다, 달려들다	☐

21	abandonar	버리다, 유기하다, 단념하다, 떠나다	☐
22	abandono	ⓜ 포기, 단념, 유기, 방치	☐
23	abanico	ⓜ 부채, 범위, 폭	☐
24	abasto	ⓜ 생필품, 식료품, 식량	☐
25	abordar	부딪치다, 충돌시키다, 꾀하다, 시도하다, 다루다, 논의되다	☐
26	abreviado	요약한, 생략한	☐
27	abrir los brazos	팔을 벌리다	☐
28	absolutamente	절대로, 전혀, 완전히	☐
29	absurdo	비이성적인, 말 같잖은, 어이없는, 터무니없는	☐
30	abuso	ⓜ 남용, 오용, 폭행, 학대	☐
31	acabado	ⓜ 마무리, 완성, 뒷마감 / 완성된, 끝난, 완전한	☐
32	académico	학술적, 학문적, 학구적	☐
33	acceder	접근하다, 도달하다, 들어가다, 동의하다	☐
34	accesible	손이 닿는, 접근할 수 있는, 도달할 수 있는	☐
35	acceso	ⓜ 접근, 통행	☐
36	acción	ⓕ 활동, 행동, 실행, 액션	☐
37	aceptación	ⓕ 수락, 승낙, 승인, 동의	☐
38	acerca de	~에 대하여	☐
39	acero	ⓜ 강철	☐
40	acertar	적중시키다, 맞추다, 알아내다	☐
41	aclarar	맑게 하다, 분명히 밝히다, 해명하다	☐
42	acoger	맞아들이다, 받아들이다, 유치하다	☐
43	acogida	ⓕ 환대, 환영, 수용, 유치	☐
44	acomodarse	앉다, 정착하다, 자리잡다, 타협하다, 순응하다	☐

45	acomplejado	열등감을 가진	☐
46	aconsejable	충고할 수 있는, 권고할 수 있는	☐
47	acordar	정하다, 결정하다, 합의하다, 협정하다	☐
48	acortarse	줄다, 짧아지다, 감소하다	☐
49	acreditación	ⓕ 신용, 신임, 보증	☐
50	acreditado	믿어지는, 신용 있는, 보증되는	☐
51	actitud	ⓕ 태도, 자세, 포즈	☐
52	acto	ⓜ 행동, 행위, 행사	☐
53	actualidad	ⓕ 현재, 현실, 현시, 시사	☐
54	acudir	가다, 쫓아가다, 참가하다	☐
55	acuerdo	ⓜ 일치, 합의, 동의	☐
56	acumular	축적하다, 모으다, 누적하다	☐
57	acusación	ⓕ 고소, 고발, 죄의 전가, 비난	☐
58	acústico	청각의, 청력의, 음향의	☐
59	adaptarse	~에 적응하다, 순응하다	☐
60	adelgazar	(몸을) 날씬하게 하다, 가냘프게 하다, 가늘게 하다	☐
61	adicción	ⓕ 중독, 탐닉	☐
62	adicto	ⓜ ⓕ 신봉자, 지지자, 중독자 / 전념하는, 중독된	☐
63	aditivo	ⓜ 첨가물, 첨가제, 혼합제 / 첨가의, 부가의	☐
64	administración	ⓕ 관리, 경영	☐
65	adopción	ⓕ 채택, 입양	☐
66	adoptar	채택하다, 결정하다, 입양하다	☐
67	adorar	경배하다, 사모하다	☐
68	adorno	ⓜ 꾸미기, 장식, 장식품, 복식품	☐

69	adquisición	① 취득, 획득, 입수, 구매	☐
70	advertir	알아차리다, 주의하다, 경고하다	☐
71	afán	⑩ 열심, 의욕, 노고, 야망	☐
72	afectado	(어떤) 영향을 받은, 오염된, 나빠진, 거짓의, 위장한	☐
73	afectar	가장하다, 습격하다, 슬프게 하다, 관여하다	☐
74	afición	① 애호, 취미	☐
75	afortunadamente	다행히, 운 좋게	☐
76	afrontar	대질시키다, 대항하다, 맞서다	☐
77	agenda	① 수첩, 메모장, 계획표	☐
78	agilidad	① 민첩함, 재간	☐
79	agitado	불안한, 흥분된, 걱정된	☐
80	aglomeración	① 덩어리, 집단, 군집, 군중	☐
81	agobiado	기진맥진한, 지친, 피로한	☐
82	agobiar	강요하다, 괴롭히다	☐
83	agotado	바닥난, 절판의, 지친, 고갈된	☐
84	agotador	고갈시키는, 피로하게 하는	☐
85	agotar	바닥을 내다, 축내다	☐
86	agradecer	감사를 느끼다	☐
87	agrandar	확대하다, 확장하다, 크게 하다	☐
88	agravamiento	⑩ 악화, 가중, 증가	☐
89	agravar	더 무겁게 하다, 악화시키다	☐
90	agresividad	① 폭력성, 공격성	☐
91	agrupado	집결된, 집단을 이룬	☐
92	ahora que	~한 지금, ~한 이상	☐

93	aislado	고립된, 격리된	☐
94	aislamiento	ⓜ 고립, 고립화, 격리	☐
95	aislarse	고립되다, 격리되다	☐
96	ajetreado	바쁜, 분주한, 피로하게 하는, 지친	☐
97	ajustado	꼭 맞는, 꽉 조인, 옳은	☐
98	ajustarse	꼭 들어맞다, 일치하다, 정하다, 합의하다	☐
99	al aire libre	야외에서, 노천에서	☐
100	al cabo de	~의 후에, ~한 뒤에, ~의 끝에	☐
101	al contado	현금으로, 즉시불로	☐
102	al instante	곧바로, 즉각	☐
103	al margen	~의 밖에	☐
104	al parecer	겉으로 보아, 아마	☐
105	al respecto	그 일에 관하여	☐
106	alabarse	뽐내다, 자랑하다, 우쭐거리다	☐
107	alargar	연장하다, 늘이다	☐
108	alarma	① 경보, 알림, 경계, 경보기, 불안	☐
109	alarmante	불안한, 걱정스러운, 우려할 만한	☐
110	albergue	ⓜ 숙박소, 숙박지, 작은 호텔	☐
111	alborotado	소란을 피우는, 다사다난한, 당황한	☐
112	alboroto	ⓜ 큰 소리, 아우성, 무질서, 혼잡	☐
113	alcalde	ⓜ 시장	☐
114	alcance	ⓜ 추적, 닿음, 범위, 손아귀	☐
115	alcanzar	닿다, 도달하다, 이르다	☐
116	alejado	먼	☐

117	alejarse de	멀어지다	☐
118	alertar	~에 대해 경고하다	☐
119	alfombra	① 카펫, 양탄자	☐
120	algún que otro	몇 개 정도	☐
121	alimentar	(영양을) 공급하다, 보급하다	☐
122	alimento	⑩ 음식, 식품, 양식	☐
123	aliviar	완화시키다, 경감하다, 가볍게 하다	☐
124	aliviarse	(고통 등을) 덜다, 줄이다, 호전되다	☐
125	alivio	⑩ 경감, 줄어듦, 쾌차, 완화, 안도	☐
126	alojarse	묵다, 숙박하다	☐
127	alquilado	임대된, 빌린	☐
128	alrededor	⑩ 주위, 근교 / 주위에, 주위를	☐
129	alta dirección	① 회장단	☐
130	alterado	형태가 바뀐, (마음이) 노한, 혼란된, 변질된	☐
131	alterar	바꾸다, 교란시키다, 어지럽히다, 악화시키다	☐
132	alternativa	① 교대, 교체, 대체, 대안	☐
133	alterno	(날, 달, 해 등이) 하나씩 거른, 교체되는	☐
134	altruismo	⑩ 이타, 이타심	☐
135	alzamiento	⑩ 상승, 반란	☐
136	amago	⑩ 징후, 위협, 협박	☐
137	amarrar	매다, 묶다	☐
138	ambientado	설정한	☐
139	ambiental	환경의, 대기의	☐
140	ambiente	⑩ 공기, 대기, 환경, 자연 환경, 분위기	☐

141	ámbito	ⓜ 구역, 구내, 활동 분야, 영역	☐
142	amenazar	협박하다, 위협하다	☐
143	amistad	ⓕ 우정, 우애	☐
144	amoldarse	맞추어지다, 조정되다, 적응하다	☐
145	amoroso	사랑의, 애정의, 다정다감한	☐
146	ampliamente	광범위하게, 널리	☐
147	ampliar	넓히다, 확장하다, 확대하다, 늘리다	☐
148	añadir	첨가하다, 보태다	☐
149	ancho	ⓜ 폭, 넓이 / 넓은, 헐거운	☐
150	andadura	ⓕ 보행, 걸음발	☐
151	andante	걷는, 걸어가는	☐
152	anécdota	ⓕ 일화, 비화	☐
153	angustia	ⓕ 안달, 걱정, 고민, 불안, 불쾌감	☐
154	animal de compañía	ⓜ 반려동물, 애완동물	☐
155	animarse	힘을 내다, 기운을 내다, 용기를 내다	☐
156	anímicamente	감정적으로, 영적으로, 심적으로	☐
157	anomalía	ⓕ 변칙, 이상, 이례, 불규칙	☐
158	anotado	주석이 달린	☐
159	ansiedad	ⓕ 불안, 초조, 조바심	☐
160	anteponer	앞에 놓다, 중시하다	☐
161	anticiparse	앞지르다, 선수를 치다, 예상하다	☐
162	anticipo	ⓜ 선불금, 계약금	☐
163	antigüedad	ⓕ 옛날, 고대, 오래됨, 근속 연수, 유적, 유물, 골동품	☐
164	anual	매년의, 한 해의	☐

165	anunciado	발표한, 선포한, 알려진	☐
166	apacible	얌전한, 온화한, 평온한	☐
167	apagar	끄다, 진압하다, 정지시키다, 꺼지다	☐
168	aparcamiento	ⓜ 주차장 (=ⓜ estacionamiento, ⓕ plaza de garaje)	☐
169	aparición	ⓕ 출현, 등장	☐
170	aparte	별도로, 따로	☐
171	aparte de	~은 별도로 하고, ~이외에	☐
172	apenas	겨우, 고작, 단지, ~하자마자	☐
173	aperitivo	ⓜ 아페리티프, 식전술, 전채	☐
174	aplauso	ⓜ 박수	☐
175	aplicación	ⓕ 적용, 응용, 지원서, 어플리케이션	☐
176	aplicarse	적용되다, 실시되다, 스스로 ~을 바르다, 전념하다	☐
177	aportar	기여하다, 내주다, 불입하다	☐
178	apostar por	걸다, 내기를 하다, 위험을 감수하고 ~을 선호하다	☐
179	apoyar	기대다, 세우다, 의지하다, 지원하다, 지지하다	☐
180	apoyarse	기대다, 의지하다, 의거하다	☐
181	apoyo	ⓜ 받침, 지지, 원조	☐
182	apreciar	가격을 매기다, 평가하다, 존중하다, 감상하다	☐
183	apremiar	독촉하다, 서두르게 하다, 압박하다, 짓누르다	☐
184	apresurarse	서두르다, 급히 ~하다	☐
185	apretón de manos	ⓜ 악수	☐
186	aprobar	승인하다, 승낙하다, 합격하다	☐
187	aprovechar	유익하게 사용하다	☐
188	aptitud	ⓕ 적성, 능력, 재능	☐

189	apuntarse	등록되다, 회원이 되다	☐
190	apunte	ⓜ 기록, 메모, 필기	☐
191	arañar	할퀴다, 긁다	☐
192	arañazo	ⓜ 할퀸 자국, 상처, 생채기	☐
193	argumento	ⓜ 의견, 줄거리, 구상, 각색	☐
194	arma	ⓕ 무기, 부대, [복수] 군대, 군사	☐
195	armado	무장한, 갖춘	☐
196	arpón	ⓜ 창, 작살	☐
197	arquitectónico	건축의, 건축술의	☐
198	arreglárselas	스스로 해결하다, 혼자 힘으로 수습하다	☐
199	arrepentirse	후회하다, 회개하다	☐
200	arteria	ⓕ 동맥, 대동맥, 간선, 간선 도로	☐
201	artículo	ⓜ 기사, 논설, 논문, 관절, 관사, 조항, 물품	☐
202	asado	ⓜ 구이, 그릴, 구운 고기	☐
203	asaltar	강도질을 하다	☐
204	ascenso	ⓜ 증가, 상승, 승진, 출세	☐
205	asegurar	확언하다, 보증하다	☐
206	asentado	자리잡은, 정착된, 기반이 잡힌	☐
207	asentar	앉히다, 임명하다, 정착하다, 안정되다	☐
208	asequible	저렴한	☐
209	asesoramiento	ⓜ 조언, 전문적 의견, 상담	☐
210	así como	~과 마찬가지로, 뿐만 아니라, 또한	☐
211	asignado	할당된, 지정된	☐
212	asignar	할당하다, 지정하다, 정착시키다	☐

213	asignatura	① 과목, 학과목, 교과	☐
214	asimilar	동일시하다, 소화 흡수하다, 동화하다, 이해하다	☐
215	asimismo	역시, 또한, 마찬가지로	☐
216	asma	① 천식	☐
217	asociación	① 조합, 단체, 협력	☐
218	asociación de vecinos	① 주민 연합	☐
219	asociar	관련시키다, 참가시키다, 연상시키다	☐
220	aspecto	ⓜ 외관, 양상, 관점	☐
221	aspirante	ⓜ ① 지원자, 열망하는 사람 / 빨아들이는, 흡입의	☐
222	aspirar	열망하다, 바라다	☐
223	astucia	① 꾀, 영특함, 간사함, 교활함	☐
224	asumir	지다, 맡다, 획득하다, 얻다	☐
225	asunto	ⓜ 일, 사건, 용건, 업무	☐
226	atacar	공격하다, 괴롭히다	☐
227	atajar	앞질러 가다, 방해하다, 막다, 차단하다, 저지하다	☐
228	atareado	바쁜, 분주한	☐
229	atemorizar	겁을 주다, 무섭게 하다	☐
230	atemporal	시간을 초월한, 시간과 상관없는	☐
231	atención	① 주의, 예의, 접대	☐
232	atención al cliente	① 고객 서비스	☐
233	atender	대접하다, 주의를 기울이다	☐
234	atento	주의하고 있는, 주의 깊은, 친절한, 예의 바른	☐
235	atestado	채워진, 가득 찬	☐
236	atmosférico	대기의, 공기의, 대기 중의	☐

237	atravesar	걸쳐 놓다, 관통하다, 횡단하다, 건너다	☐
238	atrevido	대담한, 불손한	☐
239	atribuir	부여하다, 귀착시키다, 결과를 ~에 돌리다	☐
240	atributo	ⓜ 속성, 특질, 상징	☐
241	aumentar	늘리다, 증대시키다, 늘어나다	☐
242	aun así	그렇더라도, 그럼에도 불구하고	☐
243	ausencia	ⓕ 결여, 결근, 결석, 부재	☐
244	auténtico	진정한	☐
245	autoconfianza	ⓕ 자신, 자신감	☐
246	autóctono	ⓜ ⓕ 토착민, 원주민 / 토착의	☐
247	autodidacto	ⓜ ⓕ 독학자 / 독학의	☐
248	autogestionar	자가 관리하다	☐
249	autonomía	ⓕ 자치, 자치권	☐
250	autónomo	ⓜ ⓕ 자치권이 있는 사람, 자영업자	☐
251	avalar	보증인이 되다, 보증하다	☐
252	avanzar	전진하다, 진보하다, 향상하다	☐
253	aventurarse	모험을 무릅쓰다	☐
254	aventurero	모험적인, 대담한	☐
255	averiguar	조사하다, 캐다, 연구하다, 탐구하다	☐
256	avezado	경험이 풍부한	☐
257	azucarado	단, 설탕이 들어 있는, 감미로운	☐
258	bajón	ⓜ 폭락, 하락, 저하, 슬럼프	☐
259	banca	ⓕ 은행, 은행업	☐
260	bando	ⓜ 파, 일당, 파벌	☐

261	baraja	① 트럼프, 카드 놀이	☐
262	barbaridad	① 야만성, 무모한 말이나 행동	☐
263	barbero	⑩ 이발사	☐
264	barcelonés	⑩ ① 바르셀로나 사람 / 바르셀로나의	☐
265	barco de vapor	⑩ 기선	☐
266	barrio	⑩ 구, 지구, 거주 지역	☐
267	base	① 기초, 기반, 토대, 근거, 이유	☐
268	básicamente	기본적으로, 근본적으로	☐
269	batalla	① 전투, 싸움	☐
270	bautizar	세례를 주다, 이름을 붙이다	☐
271	bayeta	① 물행주, 걸레	☐
272	beca	① 장학금	☐
273	becario	⑩ ① 장학생, 연구원	☐
274	beneficiar	선을 베풀다, 이익을 주다	☐
275	beneficiarse de	은혜를 입다, 이득을 보다	☐
276	beneficio	⑩ 이익, 선행, 효용	☐
277	bien	⑩ 선, 안녕, 이익, 재산 / 잘, 바르게, 매우	☐
278	bienal	① 비엔날레 / 2년마다 일어나는, 2년 간의	☐
279	bienestar	⑩ 복지, 안락, 번영	☐
280	biografía	① 전기, 일대기, 전기 문학	☐
281	biombo	⑩ 병풍, 칸막이	☐
282	blanca	① 블랑카(옛 스페인의 구리와 은의 합금 동전)	☐
283	blindarse	방어하다, 담쌓다, (배나 차량 등을) 장갑하다	☐
284	bloquear	막다, 봉쇄하다, 방해되다	☐

285	boicot	⑩ 보이콧(=⑩ boicoteo)	☐
286	boina	① 베레모	☐
287	boletín	⑩ 소책자, 정기 간행물, 회보	☐
288	bonanza	① 잔잔함, 온화함, 번영	☐
289	bondad	① 선, 선량함, 호의	☐
290	bono	⑩ 회수권, 티켓	☐
291	borde	⑩ 가장자리, 테두리, 모서리 / 아둔한, 바보스러운	☐
292	borrachera	① 취함, 취기, 만취	☐
293	borrico	⑩ 당나귀	☐
294	botellón	⑩ 큰 병, 길에서 술을 마시는 문화	☐
295	breve	간결한, 짧은	☐
296	brindar	건배하다, 축배를 들다, 제공하다	☐
297	brutal	짐승 같은, 잔혹한, 잔인한, 무서운	☐
298	bullicio	⑩ 북새통, 큰 소란	☐
299	burla	① 조롱, 우롱, 농담	☐
300	burlarse de	비웃다, 조롱하다	☐
301	burocrático	관료 제도의, 관료 정치의, 사무적인	☐
302	burro	⑩ 당나귀 / 우매한, 촌스럽고 무지한	☐
303	buscarse la vida	살길을 찾다	☐
304	búsqueda	① 수색, 탐구, 추구	☐
305	caballería	① 기사도, 스페인의 기사단, 기병대	☐
306	caballero	⑩ 남성, 기사, 신사, 귀족	☐
307	cabida	① 용량, 수용 능력	☐
308	cable	⑩ 전선, 케이블, 밧줄, 도움, 원조	☐

C

309	cabo	ⓜ 끝, 가장자리, 밧줄, 끈	☐
310	cabra	ⓕ 염소, 산양, 암양	☐
311	cabrearse	화내다, 성내다	☐
312	cacereño	ⓜ ⓕ 카세레스(Cáceres) 사람 / 카세레스의	☐
313	cachorro	ⓜ 수캉아지, 수컷 새끼	☐
314	cadena	ⓕ 쇠사슬, 연속, 연쇄점	☐
315	caer mal	잘 받지 않다, 좋은 인상이 아니다	☐
316	caída	ⓕ 낙하, 탈락, 저하, 붕괴, 폭포, 실패	☐
317	cálculo	ⓜ 계산, 결산, 셈	☐
318	caldo	ⓜ 수프, 국물 요리	☐
319	calidad	ⓕ 품질, 성능	☐
320	cálido	뜨거운, 더운, 열렬한, 마음이 따뜻한	☐
321	callejero	거리의	☐
322	calmado	가라앉은, 평정된, 진정된	☐
323	calzado	ⓜ 신발, 구두	☐
324	cambiar de manos	주인이 바뀌다	☐
325	campaña	ⓕ 평원, 평야, 운동, 캠페인	☐
326	campanada	ⓕ 종소리, 종을 침, 타종	☐
327	canal	ⓜ 수로, 운하, 채널	☐
328	canario	카나리아 제도의, 카나리아 제도 태생의	☐
329	candidato	ⓜ ⓕ 후보자, 지원자	☐
330	capacitado	~하는 능력이 있는, 자격이 있는	☐
331	capital	ⓕ 수도, 대문자 ⓜ 자본, 자산 / 주요한, 머리의, 기본적인	☐
332	captar	얻다, 획득하다, 파악하다, 포착하다, 잡다	☐

333	cara	① 얼굴, 표정, 안색, 표면, 체면, 면전, 철면피	☐
334	cara a cara	얼굴을 맞대고, 마주 보고	☐
335	carácter	ⓜ 성격, 인성, 개성, 특징	☐
336	carcomer	좀먹다, 갉아먹다, 침식하다, 해치다	☐
337	cardiovascular	심장의, 심장 혈관의	☐
338	carecer	부족하다, 없다, 필요하다	☐
339	carga	① 화물, 짐, 책임, 부담, 충전	☐
340	cargado de	[무엇으로] 가득 채워진	☐
341	cargo	ⓜ 직책, 책임, 부담, 하중	☐
342	cargo de responsabilidad	ⓜ 중임, 중직	☐
343	cartesiano	ⓜ ① 데카르트주의자, 데카르트파 학자 / 데카르트파의	☐
344	casco	ⓜ 두개골, 헬멧, 주택가, 지구	☐
345	casco urbano	ⓜ 시가지	☐
346	casillero	ⓜ 사물함, 우체통, 정리 선반, 상자	☐
347	castigar	벌주다, 징계하다, 혼내 주다, 패널티를 가하다	☐
348	casualidad	① 우연, 우연성	☐
349	casualmente	우연히, 뜻밖에, 자유로이	☐
350	causar	야기하다, 원인이 되다	☐
351	cazador	ⓜ ① 사냥꾼 / 사냥하는	☐
352	ceder	양보하다, 양도하다, 잃다	☐
353	celo	ⓜ 열심, 열중, 질투, 질투심	☐
354	celoso	질투하는	☐
355	centrarse	중심에 두다, 집중하다	☐
356	céntrico	중앙의, 중심에 있는	☐

357	centro educativo	ⓜ 교육 기관	☐
358	cercano	가까운, 근처의	☐
359	cerciorarse	확인하다, 확실히 하다	☐
360	certificado	ⓜ 증명서, 자격증 / 등기의, 등기된, 증명된, 보증된	☐
361	chaparrón	ⓜ 소나기, 폭우	☐
362	charla	ⓕ 면담, 수다, 강연	☐
363	chequear	체크하다, 감시하다, 대조하다	☐
364	chisme	ⓜ 험담, 악담, 뒷담화	☐
365	chismorrear	잡담하다, 험담을 하다	☐
366	chismorreo	ⓜ 험담하기	☐
367	chismoso	남의 말하기 좋아하는, 험담하기 좋아하는	☐
368	chocar	충돌하다, 부딪치다, 다투다	☐
369	cicatriz	ⓕ 상처, 흉터	☐
370	ciego	ⓜ ⓕ 시각 장애인 / 장님의, 눈먼, 맹목적인	☐
371	cierre	ⓜ 폐쇄, 종결, 마감	☐
372	ciervo	ⓜ 사슴, 수사슴	☐
373	cifra	ⓕ 수, 숫자, 암호	☐
374	cineasta	ⓜ ⓕ 영화인, 영화 제작자, 영화 배우	☐
375	cinéfilo	ⓜ ⓕ 영화팬, 영화 애호가 / 영화를 좋아하는	☐
376	circense	서커스 공연의	☐
377	circular	돌다, 순회하다, 통행하다	☐
378	círculo	ⓜ 원, 원형, 바퀴, 모임, 동아리	☐
379	circunstancia	ⓕ 상황, 사정, 자격, 조건	☐
380	ciudadano	ⓜ ⓕ 도시 사람, 시민 / 도시의	☐

381	cívico	도시의, 시민의, 공공의	☐
382	claustro	ⓜ 교수회, 교수단	☐
383	clavar	못을 박다, 고정시키다, 찌르다	☐
384	clave	ⓕ 열쇠, 비결, 코드, 풀이	☐
385	codificado	부호화된, 체계적으로 분리된	☐
386	código	ⓜ 코드, 법규, 부호, 신호표, 암호	☐
387	cohesionar	점착하다, 응집하다	☐
388	coincidir	일치하다, 부합하다	☐
389	colaborador	ⓜ ⓕ 협력자, 기고가 / 협력하는	☐
390	colaborar	기고하다, 투고하다	☐
391	colaborativo	공동의, 협동적, 협조적	☐
392	colectivo	ⓜ 집단, 소형 버스 / 집단의, 공동의	☐
393	colgar	매달다, 걸치다, 수화기를 놓다	☐
394	colorido	ⓜ 색조, 배색, 활기	☐
395	comercial	ⓜ 상점, 상인 / 상업의, 무역의	☐
396	comercialización	ⓕ 상품화, 영리화	☐
397	comerse la cabeza	곱씹다, 계속해서 생각하다	☐
398	cometer	범하다, 저지르다	☐
399	como tal	~하는 것처럼	☐
400	cómodamente	용이하게, 쉽게, 편하게	☐
401	comodidad	ⓕ 편리함, 쾌적함	☐
402	compaginar	양립시키다, 조정하다, 조화시키다	☐
403	compañerismo	ⓜ 우정, 동료애, 동료 의식, 단결 정신	☐
404	comparable	비등한, 비교할 수 있는	☐

405	comparación	ⓕ 비교, 비유	☐
406	comparar	비교하다, 대비하다	☐
407	compartir	공유하다, 나누다	☐
408	compatibilizar	병행하다, 병립하다	☐
409	compensación	ⓕ 보상, 배상, 변상	☐
410	compensar	보상하다, 배상하다, ~하는 가치가 있다	☐
411	competencia	ⓕ 경쟁, 겨룸	☐
412	competidor	ⓜ ⓕ 경쟁자, 경쟁 상대 / 경쟁하는	☐
413	competir	경쟁하다, 경합하다, 겨루다	☐
414	complejo	복합적인, 복잡한	☐
415	complementario	보충의, 추가적인	☐
416	complemento	ⓜ 보족, 보완, 보어, 부속품, 옵션	☐
417	complexión	ⓕ 체격, 체질, 모양, 외관	☐
418	comportamiento	ⓜ 행동, 움직임, 추이	☐
419	comportarse	행동하다, 처신하다	☐
420	comprensión	ⓕ 이해, 이해력	☐
421	comprensivo	인내심이 있는, 이해력이 있는, 포함하는, 너그러운	☐
422	comprobar	확인하다, 증명하다	☐
423	comprometerse a	~할 것을 굳게 약속하다	☐
424	comunicativo	전달되는, 통신의, 붙임성이 있는	☐
425	comúnmente	일반적으로, 보통, 대개	☐
426	con antelación	미리, 진작	☐
427	con respecto a	~에 대해서, ~와 결부시켜	☐
428	conceder	주다, 인가하다, 허용하다	☐

429	concejal	ⓜ ⓕ 시의원
430	concernir	속하다, 관계하다
431	concesionario	ⓜ 자동차 영업소, 자동차 대리점 / 양도하는
432	conciencia	ⓕ 의식, 자각, 양심
433	concienciación	ⓕ 자각, 인식, 의식화
434	concienciar	자각하게 하다, 자각시키다
435	conciliar	화해시키다, 조정하다, 절충하다, 타협하다
436	conciliar el sueño	자다, 잠들다
437	conclusión	ⓕ 결론, 끝맺음
438	concluyente	결정적인, 단호한, 단정적인, 설득력 있는
439	concreto	ⓜ 콘크리트 / 구체적인
440	concurrencia	ⓕ 집중, 붐빔, 참가자, 출석자
441	concurrir	참가하다, 한군데 모이다
442	conducta	ⓕ 행동, 거동, 품행
443	conductor	ⓜ ⓕ 운전수, 지도자, 지휘자
444	confianza	ⓕ 신뢰, 신임, 자신, 확신
445	confirmar	확인하다, 확증하다, 확실히 하다
446	conflictivo	분쟁의, 분쟁을 일으키는
447	conflicto	ⓜ 충돌, 갈등, 불일치
448	conformarse	따르다, 만족하다, 단념하다
449	confort	ⓜ 쾌적한 설비
450	confundirse	섞여 들어가다, 착각하다, 혼란스럽다
451	congestión	ⓕ 교통 체증, 교통 혼잡, 울혈
452	congregar	모으다, 모이다, 집성하다

453	conjunto	ⓜ 집합, 집단 / 결합된, 연대의, 관계가 있는	☐
454	conllevar	수반하다, 따르다	☐
455	consciente	의식이 있는, 자각한	☐
456	consecuencia	ⓕ 결과, 영향, 결론	☐
457	consejo	ⓜ 의견, 충고, 이사회	☐
458	consentimiento	ⓜ 동의, 허가, 승낙	☐
459	conservación	ⓕ 보존, 보관, 유지	☐
460	conservador	ⓜ 보수주의자, 보관자 / 보수적인, 보관하는	☐
461	conservar	보존하다, 보관하다	☐
462	considerablemente	상당히, 꽤	☐
463	consideración	ⓕ 고려, 숙고, 동정심, 배려	☐
464	consistir en	~에 기반을 두다, ~으로 구성되다	☐
465	consistorio	ⓜ 시청, 시의회	☐
466	consolar	위로하다, 위안하다	☐
467	consolidarse	강화되다, 굳세어지다	☐
468	constante	ⓕ 불변의 것, 정수 / 항구적인, 일정한, 끊임없는	☐
469	constatar	확인하다	☐
470	constructivo	건설적인	☐
471	constructora	ⓕ 건설 회사	☐
472	consumar	완수하다, 완성하다, 이행하다	☐
473	consumidor	ⓜ ⓕ 소비자 / 소비하는	☐
474	consumir	소비하다, 먹다, 이용하다	☐
475	consumo	ⓜ 소비, 소모	☐
476	contable	ⓜ ⓕ 회계사 (=ⓜ ⓕ contador)	☐

477	contaminación	① 오염, 공해 (=① polución)	☐
478	contar	이야기하다, 계산하다	☐
479	contar con	고려에 넣다, 생각하다, ~을 갖다	☐
480	contenedor	ⓜ 컨테이너, 쓰레기통	☐
481	contrachapado	ⓜ 합판 / 합판의	☐
482	contradictorio	모순된, 상반된	☐
483	contraproducente	역효과의	☐
484	contrario	ⓜ ① 적, 상대방 / 반대의, 역의, 상대의	☐
485	contrarrestar	모순되다, 방해되다, 저지하다	☐
486	contratar	계약하다	☐
487	contratiempo	ⓜ 뜻밖의 사고, 봉변, 재난	☐
488	contrato	ⓜ 계약, 계약서	☐
489	convencer	납득시키다, 확신시키다, 설득시키다	☐
490	convencional	재래식의, 관습적인, 전통적인, 진부한	☐
491	conveniente	편리한, 적절한	☐
492	convenir	어울리다, 적당하다, 협정하다	☐
493	convento	ⓜ 수도원	☐
494	convivencia	① 동거, 공동 생활, 합숙	☐
495	convocar	소집하다, 모집하다, 공고하다	☐
496	convocatoria	① 소집, 소환, 호출	☐
497	cooperativo	협동조합의, 협력의, 협동의 / ① 협동조합	☐
498	correa	① 끈, 줄	☐
499	correr	뛰다, 흐르다, (위험 등에) 직면하다	☐
500	corriente	① 이동, 흐름, 기류, 해류, 경향 / 흐르는, 현재의, 흔한	☐

501	corroborar	확증하다, 입증하다	☐
502	corrupción	ⓕ 부패, 비리, 부정부패	☐
503	cosquilleo	ⓜ 간지럼, 간지럽게 하기	☐
504	costar un ojo de la cara	값이 매우 비싸다, 비용이 많이 들다	☐
505	coste	ⓜ 비용, 요금, 값	☐
506	coste de vida	ⓜ 생계비, 생활비	☐
507	costero	연안의, 해안의, 측면의, 옆의	☐
508	cotilla	ⓕ 남의 말하기나 농담을 좋아하는 사람	☐
509	cotilleo	ⓜ 험담하기	☐
510	creación	ⓕ 창작, 개발, 창설, 조성	☐
511	crecer	성장하다, 발육하다, 늘다, 증대하다	☐
512	creciente	증대하는, 성장하는	☐
513	creencia	ⓕ 확신, 신념, 신조	☐
514	criador	ⓜⓕ 양육자, 사육자 / 양육하는, 사육하는	☐
515	criarse	자라다	☐
516	crimen	ⓜ 죄, 범죄, 범행	☐
517	crisis	ⓕ 위기, 고비, 공황	☐
518	criterio	ⓜ 기준, 척도, 관점, 견해	☐
519	crítica	ⓕ 비평, 평론, 비판, 비난	☐
520	criticar	비난하다, 비평하다	☐
521	crítico	ⓜⓕ 비평가, 평론가 / 비판적인, 위기의, 결정적인	☐
522	crónico	장기간에 걸친, 만성의, 고질적인	☐
523	crucerista	ⓜⓕ 크루저 여행객	☐
524	crucial	결정적인, 중대한, 십자 모양의	☐

525	cruzar	횡단하다, 건너다, 교차하다	☐
526	cruzar palabra	대화를 주고 받다	☐
527	cualificado	숙련된, 양질의	☐
528	cuantía	① 양, 분량, 다량, 중요성, 장점	☐
529	cuanto antes	되도록 빨리 (=lo antes posible, lo más pronto posible)	☐
530	cuenta	① 계산, 회계, 계좌, 계정, 책임	☐
531	cuento	ⓜ 이야기, 만들어 낸 이야기	☐
532	cuerno	ⓜ 뿔	☐
533	cuestionario	ⓜ 문제집, 질문 사항	☐
534	cueva	① 동굴	☐
535	cuidadoso	공을 들인, 신경을 쓰는, 고심하는, 조심스러운	☐
536	culinario	요리의	☐
537	culpabilizar	나무라다, 비난하다, 책하다	☐
538	culparse	자신을 나무라다	☐
539	cumplido	ⓜ 선물, 칭찬	☐
540	cuota	① 몫, 할당분, 회비, 현금 지불	☐
541	cura	ⓜ 사제 / ① 치료, 치유	☐
542	curar	치료하다, 고치다, 낫다	☐
543	currículo	ⓜ 이력서, 커리큘럼 (=ⓜ currículum)	☐
544	currículum	ⓜ 이력서, 커리큘럼	☐
545	curtido	단련된, 익숙한, 햇볕에 태운	☐
546	dañar	손해를 주다, 손상하다, 해치다	☐
547	dañino	유해한, 해로운, 근성이 나쁜	☐
548	daño	ⓜ 손해, 피해, 병, 상처, 부상	☐

549	dar a conocer	알리다, 공표하다	☐
550	dar a entender	이해시키다, 암시하다	☐
551	dar abasto	충분히 주다, 충족시키다, 만족시키다	☐
552	dar el pecho	젖을 주다, 먹이다, 위험이나 책임에 맞서다	☐
553	dar el salto	도약하다	☐
554	dar igual	상관없다, 아랑곳없다	☐
555	dar la razón	말한 것을 동의하다	☐
556	dar las gracias	감사를 표하다	☐
557	dar voz	소리를 지르다, 소리를 내다	☐
558	dar vueltas	주변을 돌다, 이 생각 저 생각하다	☐
559	darle la razón a alguien	말한 것을 동의하다, 옳다고 받아들이다	☐
560	de acuerdo con	~에 따르면	☐
561	de ahora en adelante	지금부터 앞으로 쭉	☐
562	de calidad	양질의, 중요한	☐
563	de cuidado	수상한, 위험한, 엄청난	☐
564	de hecho	사실, 실제로, 진심으로	☐
565	de igual modo	같은 방법으로	☐
566	de lo lindo	무척, 상당히	☐
567	de lujo	호화로운, 사치스러운, 고급의	☐
568	de mal en peor	점점 더 나쁘게	☐
569	de más	여분의 / 여분으로	☐
570	de nuevas	새로, 처음으로	☐
571	de pie	서 있는, 기립해 있는	☐
572	de piedra	어리둥절한, 얼이 빠진, 놀라 몸이 마비된	☐

573	de por sí	원래, 이미	☐
574	de primera mano	직접의	☐
575	de punta en blanco	제복을 입고, 예법을 갖추어, 정성껏	☐
576	de quita y pon	떼었다 붙였다 할 수 있는	☐
577	de todas formas	좌우지간에, 여하튼	☐
578	debate	ⓜ 토론, 의론	☐
579	debido a	~때문에	☐
580	década	ⓕ 10개가 한 벌이 된 것, 10일간, 10년간, 연대	☐
581	decaer	저하하다, 기운이 빠지다, 쇠퇴하다	☐
582	decaído	원기가 없는, 기력이 쇠한	☐
583	decantarse por	마음이 기울다	☐
584	decisivo	결정적인, 단호한, 결연한	☐
585	decrecer	줄다, 감소하다	☐
586	dedicar	바치다, 드리다, 헌정하다, 헌신하다	☐
587	defender	지키다, 보호하다, 수비하다, 밀다	☐
588	defenderse	방어하다, 자기 변호를 하다	☐
589	defensa	ⓕ 수비, 방어, 변호, 진술	☐
590	deficiencia	ⓕ 결함, 결점, 부족, 결핍, 단점	☐
591	deficitario	적자의, 결손의	☐
592	definir	정의하다, 짓다, 분명히 하다	☐
593	definitivo	결정적인, 결정짓는, 확실한	☐
594	defraudar	기대를 어긋나게 하다, 횡령하다, 사취하다	☐
595	dejadez	ⓕ 태만, 나태	☐
596	dejar a un lado	젖혀 놓다, 빠뜨리다, 생략하다	☐

597	dejar en la calle	해고하다, 몰아내다	☐
598	dejar la mente en blanco	마음을 비워 두다	☐
599	dejar mal sabor de boca	나쁜 뒷맛이 남다, 나쁜 기억이 남다	☐
600	delgaducho	가느다란, 여윈	☐
601	delito	ⓜ 범죄, 죄	☐
602	demanda	ⓕ 수요, 주문, 요구, 제소	☐
603	demandado	ⓜ 피고 / 요청되는, 요구되는	☐
604	demandar	요구하다, 요청하다, 고소하다	☐
605	democrático	민주주의의, 민주적인	☐
606	demolición	ⓕ 해체, 파괴	☐
607	demora	ⓕ 지연, 지체	☐
608	demorarse	지연되다, 미루어지다	☐
609	demostrar	증명하다, 분명하게 드러내다, 입증하다	☐
610	denso	단단한, 짙은, 밀도가 높은, 걸쭉한	☐
611	dentuso	ⓜ 덴투소 (청상아리, 이빨이 고르지 않은 큰 상어)	☐
612	denunciar	알리다, 신고하다, 발표하다	☐
613	deparar	주다, 공급하다, 앞에 놓다	☐
614	departamento	ⓜ 부, 학과, 아파트	☐
615	depreciar	가치를 떨어뜨리다, 절하되다	☐
616	derecho	ⓜ 법률, 권리 / 올바른, 직선의, 우측의	☐
617	derramado	흘린, 흘러내린, 넘쳐 흐른	☐
618	derrota	ⓕ 패배, 실패	☐
619	derrotar	파괴하다, 부수다, 승리하다	☐
620	derruir	해체하다, 헐다	☐

621	desacuerdo	⑩ 불일치, 부조화	☐
622	desafortunadamente	불운하게, 불행히도	☐
623	desahogarse	덜다, 한숨 돌리다, 마음이 편해지다	☐
624	desanimado	풀이 죽은, 무기력한, 혼잡하지 않은, 활기가 없는	☐
625	desanimarse	기력을 잃다, 실망하다, 낙담하다	☐
626	desánimo	⑩ 낙담, 실망	☐
627	desaparecer	없어지다, 사라지다	☐
628	desaparición	① 소멸, 실종, 고갈, 멸종	☐
629	desaprobar	비난하다, 반대하다, 동의하지 않다	☐
630	desaprovechar	놓치다, 낭비하다, 탕진하다	☐
631	desarmar	해체하다, 분해하다, 무장 해제하다	☐
632	desastre	⑩ 재해, 재앙, 엉망, 난리	☐
633	desastroso	참담한, 매우 나쁜	☐
634	desbordante	넘쳐흐르는, 범람하는	☐
635	descargar	짐을 내리다, 다운로드하다	☐
636	descenso	⑩ 하강, 저하, 내리막길	☐
637	desconectar	절단하다, 전원을 끊다	☐
638	desconfianza	① 의심, 불신, 경계심	☐
639	desconocido	⑩ ① 낯선 사람 / 낯선, 알지 못하는	☐
640	descuidar	소홀히 하다, 방심하다	☐
641	descuidarse	주의를 기울이지 않다	☐
642	desembolso	⑩ 지불, 출금, 지출	☐
643	desempeño	⑩ 수행, 성취, 이행, 연출	☐
644	desempleado	⑩ ① 실업자 / 실업 상태에 있는	☐

645	desempleo	ⓜ 실업, 실직 ☐
646	desencadenar	쇠사슬에서 해방시키다, 연결을 끊다 ☐
647	desenlace	ⓜ 결말, 해결, 마무리 ☐
648	desesperación	ⓕ 절망, 낙심 ☐
649	desesperado	절망하는, 피사의, 절망적인 ☐
650	desesperarse	조바심이 나다, 초조해하다 ☐
651	desfile	ⓜ 행진, 퍼레이드 ☐
652	desgana	ⓕ 식욕 부진, 싫은 마음, 싫증 ☐
653	desgastarse	닳아 없어지다, 소모되다 ☐
654	desgaste	ⓜ 소모, 마멸 ☐
655	desgracia	ⓕ 불운, 불행, 재난 ☐
656	desigual	똑같지 않은, 불공평한, 험준한 ☐
657	desistir	체념하다, 단념하다 ☐
658	desmesurado	ⓜ ⓕ 건방진 사람 / 과도한, 지나친 ☐
659	desmontable	분해할 수 있는, 해체할 수 있는 ☐
660	desmontar	분해하다, 해체하다, 철거하다 ☐
661	desordenar	어지르다, 난잡하게 하다, 혼란케 하다 ☐
662	desorientado	방향을 잃은, 당황한 ☐
663	despacho	ⓜ 처리, 응대, 집무실, 사무실 ☐
664	despedido	ⓜ 해고, 기각 ☐
665	despedir	작별하다, 헤어지다, 해고하다, 발사하다, 분출하다 ☐
666	despejar	개다, 구름이 걷히다, 치우다, 제거하다 ☐
667	despido	ⓜ 해고, 면직, 해고 수당 ☐
668	desplazamiento	ⓜ 이동, 이전 ☐

669	desplazarse	옮기다, 이동하다, 이주하다	☐
670	destacar	강조하다, 빼어나다	☐
671	desterrado	ⓜ ① 추방된 사람 / 유배된, 추방된	☐
672	destinado a	~을 할당받은	☐
673	destinar	할당하다, 임명하다, 배속하다	☐
674	destreza	① 솜씨, 숙달	☐
675	destrozado	조각난, 손해를 입은, 의욕을 잃은, 피로한	☐
676	detallado	상세한, 자세한, 구체적인	☐
677	detalle	ⓜ 세부, 상세, 명세, 디테일	☐
678	detallista	마음을 쓰는, 세심한	☐
679	detectar	발견하다, 간파하다, 탐지하다, 감지하다	☐
680	detenerse	멈추다, 중지하다	☐
681	deteriorar	손상하다, 망가뜨리다	☐
682	deteriorarse	손상되다, 망가지다, 악화되다	☐
683	deterioro	ⓜ 파손, 악화, 손상, 파괴	☐
684	determinado	정해진, 특정한, 대담한	☐
685	detestable	증오할 만한, 싫은, 지겨운	☐
686	detestar	저주하다, 싫어하다, 혐오하다	☐
687	devolver	되돌리다, 반환하다	☐
688	día a día	매일, 하루하루	☐
689	día festivo nacional	ⓜ 국경일, 법정 공휴일	☐
690	diálogo	ⓜ 대화, 대담	☐
691	diana	① 과녁	☐
692	dicho	ⓜ 말, 표현, 격언, 속담 / 언급한, 말해진	☐

693	**dieta**	① 식이 요법, 다이어트	☐
694	**diferenciador**	구분하는, 구분 짓는	☐
695	**diferenciarse**	상이하다, 반하다, 반대되다, 괴리되다	☐
696	**dificultad**	① 어려움, 방해, 곤란	☐
697	**dificultar**	어렵게 하다, 방해하다	☐
698	**dificultoso**	무척 어려운, 용이하지 않은	☐
699	**difundir**	유포시키다, 방송하다	☐
700	**difusión**	① 확산, 유포, 방송	☐
701	**dinamización**	① 활성화, 활발하게 함	☐
702	**dineral**	ⓜ 큰돈, 거액의 돈	☐
703	**diputado**	ⓜ ① 국회의원	☐
704	**dirección**	① 방향, 방위, 지도, 지휘	☐
705	**directivo**	ⓜ ① 임원, 간부, 관리직 / ① 이사회	☐
706	**dirigido**	~을 향하는, 지휘되어지는	☐
707	**dirigir**	지도하다, 지휘하다, 경영하다	☐
708	**disciplina**	① 규율, 통제, 학과, 분야	☐
709	**disciplinado**	예절 바른, 잘 훈련된	☐
710	**disconformidad**	① 불일치, 이의, 불만	☐
711	**discrepar**	다르다, 상이하다, 모순되다	☐
712	**discreto**	신중한, 조심성이 많은, 입이 무거운, 적당한	☐
713	**disculparse**	잘못을 사과하다, 사죄하다	☐
714	**discusión**	① 토론, 토의, 논쟁, 언쟁	☐
715	**discutir**	토론하다, 토의하다, 언쟁하다, 말다툼하다	☐
716	**disfrutar como un enano**	무척 즐거워하다	☐

717	disgustado	언짢은, 못마땅한, 불쾌한	☐
718	disminuir	줄이다, 삭감하다	☐
719	disparatado	엉터리의, 아무렇게 하는	☐
720	disponer de	소유하다, 자유롭게 사용하다	☐
721	disponibilidad	ⓕ 가용성, 사용권	☐
722	disposición	ⓕ 배치, 배열, 대비, 의향	☐
723	distante	먼, 떨어진, 서먹서먹한, 쌀쌀한, 데면데면한	☐
724	distraerse	유희하다, 기분 전환하다	☐
725	distribución	ⓕ 분배, 배급, 유통	☐
726	disuadir	단념하게 하다, 생각을 고쳐 먹게 하다	☐
727	disyuntiva	ⓕ 선언 명제	☐
728	diurno	낮의, 주간의	☐
729	diversidad	ⓕ 다양성, 각양	☐
730	diversión	ⓕ 재미, 오락, 레크리에이션	☐
731	dividendo	ⓜ 배당금, 분배금	☐
732	documental	ⓜ 다큐멘터리 / 기록의, 문서의	☐
733	domesticar	길들이다	☐
734	domicilio	ⓜ 자택, 거주지	☐
735	don	ⓜ 선물, 은총, 자비	☐
736	dorado	금색의	☐
737	dormirse en los laureles	얻은 명예에 만족하다	☐
738	dotado	설치된, 비치된	☐
739	dotar	주다, 부여하다, 비치하다, 설치하다	☐
740	drama	ⓜ 연극, 드라마, 극적인 사건, 희곡	☐

741	drástico	격렬한, 과격한, 대담한	☐
742	duelo	ⓜ 슬픔, 비통함, 대항, 결투	☐
743	duradero	내구성이 있는, 질긴, 지속성이 있는	☐
744	echar	던지다, 버리다, 넣다, 내쫓다	☐
745	echar algo encima	몰아세우다, 추궁하다, 임박하다	☐
746	echar el cierre	닫다, 끝내다	☐
747	echar el freno	브레이크를 걸다	☐
748	echar en cara	면책하다	☐
749	echar la bronca	화내다, 성내다	☐
750	echar un cable	도움을 주다	☐
751	echar una mano	돕다, 도와주다	☐
752	ecologista	ⓜ ⓕ 자연 보호 전문가, 생태학자 / 환경 보호주의의	☐
753	económico	경제의, 절약이 되는, 싼	☐
754	edición	ⓕ 출판, 간행, 편집, 회	☐
755	editar	출판하다, 발행하다, 편집하다, 제작하다	☐
756	editorial	ⓕ 출판사 / 출판의	☐
757	efectivo	ⓜ 현금 / 효과적인, 현실의, 실제의	☐
758	efecto	ⓜ 효과, 효능, 결론	☐
759	eficaz	효과적인, 유능한	☐
760	eficiente	유능한, 능률[효율]이 좋은, 효과적인	☐
761	egoísta	ⓜ ⓕ 이기주의자 / 이기적인, 사욕의	☐
762	eje	ⓜ 축, 중심	☐
763	ejecutar	실행하다, 집행하다	☐
764	elaboración	ⓕ 가공, 정제	☐

765	**elaborar**	가공하다, 생성하다, 짓다 ☐
766	**eléctrico**	전기의, 전기를 띤 ☐
767	**electrodoméstico**	⑩ 가정용 전기 기구 / 가전제품의, 가전용의 ☐
768	**elegir**	고르다, 선택하다 ☐
769	**elevado**	높은, 고상한, 고매한 ☐
770	**eludir**	교묘히 피하다, 면하다, 모면하다 ☐
771	**embellecer**	장식하다, 아름답게 하다 ☐
772	**emblemático**	대표적인, 상징적인 ☐
773	**empeoramiento**	⑩ 악화, 감퇴 ☐
774	**empleado**	⑩ ① 종업원, 직원 / 사용된, 쓰인 ☐
775	**empleador**	⑩ ① 고용인 / 고용하는 ☐
776	**emplear**	쓰다, 사용하다, 고용하다 ☐
777	**empleo**	⑩ 사용, 일, 일자리, 고용 ☐
778	**empoderado**	권한을 부여받은, 힘이 있는 ☐
779	**emprendedor**	⑩ 사업가 / 적극적인, 진취적인 ☐
780	**emprender**	시작하다, 착수하다, 개시하다 ☐
781	**empresarial**	기업의, 경영의 ☐
782	**empresario**	⑩ ① 기업가 ☐
783	**empujón**	⑩ 힘껏 밀어붙이기 ☐
784	**en breve**	곧, 바로, 즉시, 요약하면 ☐
785	**en busca de**	~을 찾아, ~을 얻으려고 ☐
786	**en camino a**	~로 가는 길에 ☐
787	**en común**	공동의, 공통으로, 공동으로 ☐
788	**en concreto**	구체적으로는 ☐

789	en contra de	~에 반대하여, ~를 어기고	☐
790	en cuanto a	~에 관해서	☐
791	en definitiva	결국, 결론적으로, 명확히	☐
792	en función de	~에 따라서, ~에 의거해서	☐
793	en gran medida	대단히, 많이	☐
794	en línea	[컴퓨터] 온라인으로	☐
795	en lo que respecta a	[무엇에] 관해서는	☐
796	en manos de	[누구의] 수중에, 손에	☐
797	en masa	집단으로, 일괄하여, 대량으로, 대거	☐
798	en otras palabras	다시 말해	☐
799	en particular	특히, 유난히, 그중에서도	☐
800	en profundidad	깊이, 철저히, 심도 있게	☐
801	en solitario	단독으로	☐
802	en torno a	~의 주위에, 주변에	☐
803	en un principio	당초에	☐
804	en vivo	산채로, 생중계의	☐
805	enamoramiento	ⓜ 연모, 연애	☐
806	encajar	적합하다, 부합하다, 일치하다	☐
807	encallado	좌초된, 좌절한	☐
808	encaminado	인솔되는, 인도되는, 향하는	☐
809	encarecer	값을 인상하다	☐
810	encargado	ⓜ ① 담당자, 책임자 / 부탁 받은, 의뢰받은, 담당한	☐
811	encargarse	맡다, 책임지다, 인수하다	☐
812	encarnar	화신으로 나타나다, 구현하다	☐

813	encerrarse	감금되다, 갇히다 □
814	encubrir	묻다, 은폐하다, 은닉하다 □
815	encuesta	① 설문, 조사, 앙케트 □
816	encuestado	ⓜ ① 여론 조사를 받은 사람, 응답자 □
817	endurecer	단단하게 하다, 견고하게 하다 □
818	enemigo	ⓜ 적, 적군 / 싫어하는 □
819	enfocarse	주의를 집중하다, 초점을 맞추다 □
820	enfrentar	맞서다, 대항하다, 대결하다 □
821	enfurecer	화나게 하다, 격노시키다 □
822	engañar	속이다, 사기하다 □
823	engancharse	걸리다, 마음을 사로잡히다, 중독되다 □
824	engordar	살찌다, 비둔해지다 □
825	ensayar	연습하다, 리허설하다, 시험하다 □
826	ensayo	ⓜ 연습, 리허설, 수필, 에세이 □
827	entendido	ⓜ ① 전문가, 박식한 사람 / 이해된, 정통한, 박식한 □
828	enterarse de	알아차리다, 깨닫다 □
829	entero	완전한, 온전한, 전부의, 전체의 □
830	entidad	① 기관, 단체, 가치, 중요성 □
831	entonado	억양을 붙인, 강해진 □
832	entorno	ⓜ 환경, 주위의 상황 □
833	entorno a	~의 주변에, ~에 대해서 □
834	entorpecer	우둔하게 하다, 훼방을 놓다, 얼빠지다 □
835	entrañar	내포하다, 포함하다 □
836	entrante	ⓜ 전채 요리 □

837	entrega	① 인계, 수여, 제출, 헌신	☐
838	entregado	⑩ ① 담당자 / 몰두한, 인수받은	☐
839	entregar	건네다, 양도하다, 수여하다, 제출하다	☐
840	entretener	즐겁게 하다, 기분 전환을 시키다	☐
841	entretenido	즐거운	☐
842	entretenimiento	⑩ 오락, 즐거움	☐
843	entrever	틈으로 살짝 보다, 예상하다, 짐작하다	☐
844	entusiasmar	열광시키다, 감격시키다	☐
845	envalentonarse	기운을 내다, 용기 내다	☐
846	envejecimiento	⑩ 노령, 노령화, 노후, 숙성	☐
847	episodio	⑩ 한 사건, 발생 사건, 해프닝	☐
848	equilibrado	균형 잡힌, 안정된, 평온한	☐
849	equiparable	비교할 수 있는, 비등한	☐
850	equipo	⑩ 팀, 단체, 장비, 도구	☐
851	equitativo	공평한, 공정한	☐
852	equivocado	오류의, 실수한, 부정확한	☐
853	era	① 시대, 시기, 연대	☐
854	esbelto	날씬한, 홀쭉한	☐
855	escalada	① 등반, 등산, 클라이밍	☐
856	escapada	① 피신, 도신, 탈출	☐
857	escaso	근소한, 부족한, 적은	☐
858	escayola	① 석고, 회반죽, 석고 붕대	☐
859	escenario	⑩ 무대, 현장, 시나리오	☐
860	escenificar	각색하다, 극화하다, 상영하다	☐

861	escolar	ⓜ ① 학생 / 학교의, 학생의	☐
862	esconder	숨기다, 내포하다	☐
863	esencial	본질의, 본질적인, 매우 중요한, 필수적인	☐
864	esfera	① 구, 구체, 지구, 범위, 시계 문자반	☐
865	esforzarse	힘쓰다, 애쓰다, 노력하다	☐
866	esfuerzo	ⓜ 노력, 수고	☐
867	esguince	ⓜ 뒤틀림, 접질림	☐
868	eslogan	ⓜ 표어, 슬로건	☐
869	esmerarse	정성들이다, 애쓰다	☐
870	espada	① 검, 칼	☐
871	especialidad	① 특기, 특산물, 전문, 전공	☐
872	especialista	ⓜ ① 전문가 / 전문의	☐
873	especializado	전문의, 전공의	☐
874	específico	특유의, 고유의, 특정의	☐
875	espectador	ⓜ ① 관객 / 사물을 주의 깊게 바라보는	☐
876	especulación	① 투기	☐
877	especular	투기하다, 이론을 세우다, 추측하다	☐
878	especulativo	사색적인, 불확실한, 투기적인	☐
879	espera	① 기다림, 대기	☐
880	espetar	찌르다, 들이대다, 말하여 놀라게 하다	☐
881	espinita	① 잔가시	☐
882	espontáneo	자연적인, 자발적인, 임의의, 즉흥적인	☐
883	esporádico	산발적인, 산발성의, 때때로 일어나는	☐
884	espuela	① 박차, 몰아댐, 자극	☐

885	estabilidad	① 안정, 안정성, 평정	☐
886	estable	고정된, 안정된, 견실한, 고른	☐
887	establecer	설립하다, 창설하다, 확립하다, 분명하게 하다	☐
888	establecimiento	ⓜ 영업소, 시설, 설립	☐
889	estadística	① 통계, 통계학	☐
890	Estado	ⓜ 국가, 정부	☐
891	estado de ánimo	ⓜ 기분, 정신 상태	☐
892	estancado	침체된, 동결된, 정체된	☐
893	estancarse	(물이) 괴다, 흐르지 않다, 정체되다, 막히다	☐
894	estancia	① 체류	☐
895	estar al día	시세에 뒤지지 않다	☐
896	estar alerta	경계하고 있다	☐
897	estar cantado	쉽게 예견할 수 있다	☐
898	estar como una cabra	머리가 이상하다, 정신이 나가다, 미치다	☐
899	estar de mal humor	기분이 안 좋다	☐
900	estar dirigido a	~을 향하는, ~을 지향하는	☐
901	estar dispuesto a	~할 의향이다, ~할 의도가 있다	☐
902	estar en forma	몸의 상태가 좋다, 몸매가 좋다	☐
903	estar expuesto a	~에 노출되어 있다	☐
904	estar hasta las narices	진저리나다, 지겹다	☐
905	estar hecho polvo	극도로 기력이 없다, 녹초가 되다	☐
906	estar por la labor	지시받은 일을 할 준비가 되어 있다, 찬성하다, 마음이 내키다	☐
907	estar todas las cartas sobre la mesa	솔직히 말하다, 속셈을 밝히다	☐
908	estereotipo	ⓜ 고정 관념	☐

909	estética	① 미, 아름다움, 미용	☐
910	estigma	① 상흔, 상처 자국, 성흔, 낙인	☐
911	estilo de vida	⑩ 생활 방식, 생활 양식	☐
912	estimar	평가하다, 생각하다, 사랑하다, 귀여워하다	☐
913	estipulado	정한, 규정한, 규정된	☐
914	estival	여름의, 하절	☐
915	estrellarse	부딪히다, 충돌하다	☐
916	estresado	스트레스를 받은	☐
917	estresarse	스트레스를 받다, 과로하다	☐
918	estricto	엄격한, 엄정한	☐
919	estructura	① 구조, 조직, 기구, 구성, 체계	☐
920	estructural	구조의, 구조적인, 구조상의	☐
921	estudio	⑩ 공부, 학습, 연구, 연구실, 스튜디오, 원룸	☐
922	eterno	영원한, 영구의, 불후의, 불변의	☐
923	evitar	회피하다, 막다	☐
924	evocar	생각해 내다, 회상하다, 되짚다	☐
925	evolución	① 진전, 발달, 진화	☐
926	evolucionar	진보하다, 진화하다	☐
927	ex	⑩ ① 전 파트너 / 전, 구	☐
928	exagerado	과장된, 과도한	☐
929	examinar	조사하다, 점검하다, 검사하다	☐
930	excepcional	예외적인, 유별난, 뛰어난	☐
931	excesivo	과도한, 과잉의	☐
932	exceso	⑩ 과다, 과잉, 초과	☐

933	exclusivamente	제외하고, 오로지, 독점적으로	☐
934	exclusivo	독점적인, 배타적인	☐
935	excusa	① 변명, 핑계, 구실	☐
936	exento	면제받은, (위험이나 걱정 등이) 없는	☐
937	exhibir	공개하다, 전시하다, 진열하다, 노출하다	☐
938	exigencia	① 요구, 욕구	☐
939	exigente	많은 것을 요구하는, 엄한, 까다로운	☐
940	exigir	요구하다, 요청하다	☐
941	exiliarse	망명하다	☐
942	éxito	⑩ 성공	☐
943	exitoso	성공한, 성공적인	☐
944	exótico	외국의, 이국적인, 드문, 색다른	☐
945	expandir	넓히다, 펼치다, 퍼뜨리다	☐
946	expansión	① 팽창, 확장, 확대, 표출	☐
947	experto	⑩ ① 전문가, 명인 / 노련한	☐
948	explorar	탐험하다, 답사하다, 조사하다, 탐구하다	☐
949	explotación	① 개발, 개척, 영업, 경영	☐
950	exponencial	증가의 속도가 매우 빠른	☐
951	exponer	진열하다, 전시하다, 설명하다, 밝히다	☐
952	exquisito	훌륭한, 맛 좋은	☐
953	extensión	① 면적, 확장, 범위, 내선	☐
954	externo	바깥쪽의, 외부의, 외적인, 외국의, 대외의	☐
955	extraer	꺼내다, 추출하다	☐
956	extrañar	이상하게 보이다, 그리워하다	☐

957	extraordinario	유별난, 뛰어난, 굉장한	☐
958	extroversión	① 외향성	☐
959	fábrica	① 공장, 제작소, 제조, 제작	☐
960	fabricar	제조하다, 만들어 내다	☐
961	facilidad	① 손쉬움, 용이함, 능력, 편의	☐
962	facilitar	쉬워지게 하다, 용이하게 하다, 공급하다	☐
963	factor	⑩ 요인, 요소, 인자	☐
964	facturación	① 송장 작성	☐
965	facturar	청구하다, 짐을 부치다	☐
966	faena	① 육체·정신 노동, 수고	☐
967	fallar	틀리다, 실패하다, 빗나가다	☐
968	fallo	⑩ 판결, 심사, 결정, 결함, 흠	☐
969	falta	① 부족, 결여, 부재, 결석, 결근	☐
970	falta de respeto	① 무례, 결례	☐
971	familiar	⑩ 친척 / 가족의, 익숙해진, 친숙한	☐
972	fan	⑩ ① 애호가, 열광하는 사람	☐
973	fanático	⑩ 광신도, 광신자 / 열광적인, 광신적인	☐
974	fanfarrón	⑩ ① 허풍쟁이 / 허세를 부리는	☐
975	fase	① 단계, 시기, 측면, 양상	☐
976	fatal	극히 나쁘게, 치명적인, 숙명적인	☐
977	favorecer	호의를 베풀다, 유리하다	☐
978	favoritismo	⑩ 편애, 편파	☐
979	fe	① 믿음, 신뢰, 신앙, 증명, 증명서	☐
980	federación	① 연방, 연합, 협회	☐

981	**fenomenal**	훌륭한, 근사한, 자연 현상의 / 아주 멋지게	☐
982	**fenómeno**	⑩ 현상	☐
983	**festín**	⑩ 잔치, 연회, 회식	☐
984	**fiar**	신뢰하다, 믿다, 보증하다	☐
985	**fiarse**	신뢰하다, 믿다	☐
986	**fiel**	충실한, 성실한	☐
987	**figura**	① 모습, 인물, 저명인사	☐
988	**figurar**	나타내다, 묘사하다, 적혀 있다	☐
989	**fijarse**	고정되다, 집중하다, 자세히 보다	☐
990	**fijo**	단단한, 고정된, 일정한, 정해진	☐
991	**filmoteca**	① [집합 명사] 필름, 필름 부문	☐
992	**filósofo**	⑩ ① 철학자	☐
993	**filtrar**	여과로 거르다, 침투시키다, 스며들다	☐
994	**financiación**	① 융자, 자금 조달	☐
995	**financiar**	원조하다, 출자하다, 돈을 내다	☐
996	**financiero**	재정의, 금융의	☐
997	**finde**	⑩ fin de semana(주말)의 줄임말	☐
998	**fingir**	만들어 내다, ~척하다, ~체하다	☐
999	**fino**	가는, 얇은, 고운, 순수한	☐
1000	**firmar**	서명하다	☐
1001	**física**	① 물리학, 육체, 신체	☐
1002	**flacidez**	① 비쩍 마름, 무기력, 이완	☐
1003	**flan**	⑩ 플란, 커스터드 푸딩	☐
1004	**flechazo**	⑩ 화살을 쏨, 화살로 인한 부상, 한눈에 반함	☐

1005	foco	⑩ 초점, 중심, 근원, 스포트라이트, 전구	☐
1006	fogón	⑩ 모닥불, 스토브	☐
1007	folleto	⑩ 소책자, 팸플릿, 안내서	☐
1008	fomentar	자극하다, 조장하다, 촉진하다, 장려하다	☐
1009	fomento	⑩ 조성, 조장, 도움, 조력	☐
1010	fondo	⑩ 밑바닥, 배경, 자산, 자금, 국물 요리	☐
1011	formación	① 형성, 양성, 교육	☐
1012	formar	형성하다, 만들다, 구성하다, 기르다	☐
1013	formar parte de	~의 일부를 이루다	☐
1014	formarse	양성되다, 육성되다, 만들어지다	☐
1015	fórmula	① 서식, 양식, 방식	☐
1016	fortalecer	강하게 하다, 강화시키다, 강화되다	☐
1017	fortalecerse	강해지다, 강화되다	☐
1018	fortuna	① 운, 운명, 재산, 부	☐
1019	fraccionar	나누다, 분할하다	☐
1020	fragmento	⑩ 조각, 단편, 일절, 부분	☐
1021	fraile	⑩ [종교] 수도사, 수사(修士)	☐
1022	franco	솔직한, 숨김없는	☐
1023	franja	① 띠, 끈, 대, 층	☐
1024	franquista	⑩ ① 프랑코주의자 / 프랑코파의, 프랑코주의의	☐
1025	frase	① 글, 문, 문장, 단문	☐
1026	fray	~사(師), ~ 수도사, ~ 수사	☐
1027	frecuencia	① 빈번, 빈발, 빈도, 주파수	☐
1028	frecuente	빈번한, 자주 일어나는, 흔히 있는	☐

1029	frenar	제동을 걸다, 멈추게 하다	☐
1030	frenético	열광적인, 열렬한, 광란의	☐
1031	frontera	ⓕ 국경선, 접경	☐
1032	frustrado	좌절한, 실망한	☐
1033	fruto	ⓜ 열매, 결실, 성과	☐
1034	fuente	ⓕ 샘, 분수, 기원, 출처, 원천	☐
1035	fuera de	~없이, ~과 다른 장소에서, ~외에도	☐
1036	función	ⓕ 기능, 직무, (공연, 연극 등의) 상연	☐
1037	funcional	기능의, 기능성의, 직무상의, 실용 위주의, 편리한	☐
1038	funcionalidad	ⓕ 기능성, 성능	☐
1039	funcionamiento	ⓜ 기능, 상태, 작업, 조작	☐
1040	funcionario	ⓜ 공무원, 관리	☐
1041	fundar	창립하다, 설립하다, 세우다	☐
1042	fusilamiento	ⓜ 총살, 사살	☐
1043	fusionar	융합시키다, 합병시키다	☐
1044	futbolín	ⓜ (탁상의) 인형으로 하는 축구 경기 놀이 기구	☐
1045	galería de arte	ⓕ 미술관, 화랑	☐
1046	ganancia	ⓕ 이익, 벌이, 이득	☐
1047	ganga	ⓕ 싸구려, 바겐세일	☐
1048	garantizar	보증하다, 다짐하다	☐
1049	gasto	ⓜ 소비, 비용	☐
1050	gastronómico	미식의, 요리의	☐
1051	generar	발생시키다, 낳다	☐
1052	género	ⓜ 종류, 분야, 장르, 성	☐

1053	genial	천재적인, 훌륭한 / 아주 (=magníficamente)	☐
1054	genio	ⓜ 천재, 요정, 기질	☐
1055	gerencia	ⓕ 관리, 경영, 관리직	☐
1056	gerente	ⓜ ⓕ 지배인, 경영자, 지점장	☐
1057	gestar	준비하다, 준비되다, 임신하다	☐
1058	gestión	ⓕ 수속, 처리, 관리, 경영, 직무	☐
1059	gestionar	처리하다, 운영하다, 관리하다	☐
1060	gesto	ⓜ 몸짓, 손짓, 제스처	☐
1061	GMT	그리니치 표준시	☐
1062	golosina	ⓕ 맛있는 음식, 단것, 과자	☐
1063	golpista	ⓜ ⓕ 쿠데타 참가자 / 쿠데타의	☐
1064	gozar de	~을 즐기다, 누리다	☐
1065	gracia	ⓕ 호의, 감사, 우스움, 농담, 정취	☐
1066	gracioso	재미있는, 우스운, 익살이 넘치는	☐
1067	grasa	ⓕ 지방, 기름기	☐
1068	gratificante	만족감을 주는, 귀중한	☐
1069	grato	즐거운, 기쁜, 마음에 드는	☐
1070	gratuidad	ⓕ 무료, 무료성, 무임	☐
1071	grave	무거운, 중요한, 심각한, (병이) 중태의	☐
1072	gravedad	ⓕ 중력, 큼, 중대함, 심각함	☐
1073	gravemente	심각하게, 중대하게	☐
1074	griterío	ⓜ 절규, 떠들썩함, 소동	☐
1075	grito	ⓜ 외침, 고함, 비명	☐
1076	guardar	지키다, 보호하다, 보관하다	☐

1077	**guardería**	① 유치원, 유아원, 유아 놀이방	☐
1078	**guarnición**	① 장식, 요리의 첨가물, 곁들이는 것	☐
1079	**guion**	ⓜ 하이픈, 대시, 시나리오, 대본	☐
1080	**habilidad**	① 능력, 재능	☐
1081	**habilitación**	① 자격 부여, 허가, 장소의 이용, 사용	☐
1082	**habitante**	ⓜ 주민, 거주자, 인구 / 거주하는	☐
1083	**hábito**	ⓜ 습관, 습성	☐
1084	**habitual**	습관적인, 버릇된, 평소의, 잦은	☐
1085	**habla**	① 말, 언어, 언사	☐
1086	**hacer el bien**	자선을 베풀다, 선을 행하다	☐
1087	**hacer el indio**	우스운 행동·소리를 하다	☐
1088	**hacer el tonto**	바보스럽게 행동하다	☐
1089	**hacer frente**	대처하다, 직면하다, 당면하다	☐
1090	**hacer hincapié**	고집하다, 버티다, 우겨 대다, ~을 강조하다	☐
1091	**hacer ilusión**	기대하게 만들다, 희망을 주다	☐
1092	**hacer las paces**	화해하다	☐
1093	**hacerse cargo**	담당하다, 인수하다	☐
1094	**hacerse con**	생기다, 자기의 것이 되다	☐
1095	**hacerse eco**	소문을 퍼뜨리다	☐
1096	**hallarse**	(어디에) 있다, (상태에) 있다	☐
1097	**hamaca**	① 해먹	☐
1098	**harto**	싫증이 난, 지긋지긋한	☐
1099	**he**	있다 (aquí, ahí, allí 와 함께)	☐
1100	**hecho**	ⓜ 행위, 행동, 사실, 사건 / 만들어진	☐

1101	heredado	상속된, 계승된	☐
1102	heredar	상속받다, 물려받다, 계승하다	☐
1103	heredero	ⓜ ⓕ 상속인, 계승자, 후계자	☐
1104	heroísmo	ⓜ 영웅주의, 영웅심, 의협심	☐
1105	herramienta	ⓕ 연장, 도구, 공구	☐
1106	hierba	ⓕ 풀, 잔디, 잡초, 목초	☐
1107	hígado	ⓜ 간, 간장, 용기, 기력	☐
1108	hipoteca	ⓕ 저당, 담보	☐
1109	histérico	ⓜ ⓕ 히스테리 환자 / 히스테리의, 히스테릭한	☐
1110	hogar	ⓜ 가정, 집, 가족	☐
1111	hombre del tiempo	ⓜ 일기 예보관, 일기 예보 아나운서	☐
1112	honesto	정직한, 신중한, 타당한	☐
1113	honor	ⓜ 명예, 의례	☐
1114	honorario	ⓜ 요금, 수가	☐
1115	horizonte	ⓜ 지평선, 수평선, 장래성, 시야	☐
1116	hormigueo	근질근질함	☐
1117	hospedarse	숙박하다, 묵다	☐
1118	hospitalidad	ⓕ 자선, 환대, 접대, 후대	☐
1119	hostelería	ⓕ 호텔 및 요식업점	☐
1120	hostilidad	ⓕ 적의, 적대, 적의가 있는 태도	☐
1121	hoy en día	오늘날	☐
1122	hueco	ⓜ 빈 곳, 틈, 속이 빈 공간, 여가, 짬, 틈 / 속이 빈	☐
1123	humillado	굴욕스러운, 치욕스러운	☐
1124	humo	ⓜ 연기, 수증기	☐

1125	humor	ⓜ 기분, 유머, 명랑함	☐
1126	hundirse	잠기다, 가라앉다	☐
1127	huso	ⓜ 물레의 가락, 방추	☐
1128	ictus	ⓜ 발작	☐
1129	ida	ⓕ 편도, 직행, 단반향	☐
1130	ideal	이상의, 이상적인, 가공적인	☐
1131	identificarse con	~과 동일시하다, 찬성이다, 연대하다	☐
1132	ignorar	모르다, 모른 체하다, 무시하다, 간과하다	☐
1133	igualdad	ⓕ 평등, 동등, 동일, 대등	☐
1134	ilógico	비논리적인, 부조리한	☐
1135	imaginar	상상하다	☐
1136	impacto	ⓜ 영향, 영향력, 충격, 자극, 흔적	☐
1137	impecable	죄 없는, 흠 없는, 완벽한	☐
1138	impedimento	ⓜ 방해, 장애, 지장	☐
1139	impedir	막다, 방해하다, 방지하다	☐
1140	imperativo	ⓜ 명령 / 긴급한, 명령의	☐
1141	imperecedero	불사의, 불멸의, 영원한	☐
1142	implicación	ⓕ 연루, 연좌, 관련, 포함, 함축, 내포	☐
1143	implicar	관련시키다, 포함시키다	☐
1144	imponerse	강요되다, 강제되다, 우위를 점하다, 이기다	☐
1145	importancia	ⓕ 중요성, 중대함	☐
1146	importar	수입하다, 중요하다, 관계가 있다, 총계가 ~가 되다	☐
1147	importe	ⓜ 대금, 금액	☐
1148	imposibilitar	불가능하게 하다, 무력하게 하다	☐

1149	imprescindible	필요한, 필요 불가결한	☐
1150	impresión	ⓕ 인상, 느낌, 인쇄, 인쇄물	☐
1151	impreso	ⓜ 인쇄물, 용지 / 인쇄된	☐
1152	imprevisto	ⓜ 예측 불능의 사태 / 의외의, 예상치 않은	☐
1153	improcedente	부당한, 형편이 좋지 않은	☐
1154	improvisado	즉흥의, 즉석의	☐
1155	improvisar	즉석에서 하다, 즉흥으로 하다	☐
1156	imprudente	ⓜ ⓕ 경솔한 사람 / 경솔한, 신중하지 못한	☐
1157	impuesto	ⓜ 세금	☐
1158	impulsar	밀다, 자극하다, ~하게 작용하다	☐
1159	impulso	ⓜ 충동, 자극, 추진, 추진력	☐
1160	impulsor	ⓜ ⓕ 추진자 / 추진하는	☐
1161	inaceptable	수락[승낙]할 수 없는, 받아들일 수 없는	☐
1162	inadecuado	부적절한	☐
1163	inapropiado	부적당한, 부적절한	☐
1164	inauguración	ⓕ 개막, 개원, 개업, 개관, 개회식	☐
1165	inaugurar	개업하다, 시작하다, 개관하다	☐
1166	incentivar	자극하다	☐
1167	incentivo	ⓜ 인센티브, 자극물, 유인	☐
1168	incertidumbre	ⓕ 불확실성, 의문	☐
1169	incivismo	ⓜ 무례, 실례, 비시민성	☐
1170	inclinar	기울이다, 경사지게 하다, 편향하다	☐
1171	inclinarse por	(~에) 찬성하다, 편들다	☐
1172	incluir	포함하다, 함유하다	☐

1173	inclusivo	포함하는, 포괄적인 ☐
1174	incomodar	불편하게 하다, 괴롭히다 ☐
1175	incómodo	불편한, 어색한 ☐
1176	incomparable	비교할 수 없는 ☐
1177	incompetente	무능한, 부적격한, 자격 없는, 불합격한 ☐
1178	incomprensión	ⓕ 이해력의 부족, 몰이해 ☐
1179	inconveniente	ⓜ 지장, 방해, 단점, 결점 / 불편한, 부적절한 ☐
1180	incorporar	통합하다, 합병하다, 넣다, 끌어들이다 ☐
1181	incorporarse	합해지다, 합병되다, 가입하다 ☐
1182	incrementar	증가시키다, 증대하다 ☐
1183	incremento	ⓜ 증가, 증식, 발전 ☐
1184	inculcar	주입시키다, 심어 주다, 고취시키다 ☐
1185	indagar	탐구하다, 수사하다, 탐사하다 ☐
1186	indeciso	결단성이 없는, 우유부단한, 분명치 않은 ☐
1187	indefinido	부정의, 불확정의, 정해진 기한이 없는 ☐
1188	indemnización	ⓕ 배상, 보상, 배상금 ☐
1189	indemnizar	배상하다, 변상하다 ☐
1190	independiente	독립의, 자립적인, 자주적인 ☐
1191	indicador	ⓜ 지시, 표시, 지수, 지표 ☐
1192	indiferencia	ⓕ 무관심, 냉담 ☐
1193	indiferente	중요하지 않은, 무관심한 ☐
1194	indignación	ⓕ 분개, 분노, 격분 ☐
1195	indignado	화난, 분개한, 격노한 ☐
1196	indignante	화나는, 충격적인, 난폭한 ☐

1197	indignar	분개시키다, 화나게 하다, 분개하다, 화내다	☐
1198	indistinguible	식별할 수 없는, 불분명한	☐
1199	individual	ⓜ 단식 경기 / 개인의, 단독의, 1인용의	☐
1200	individuo	ⓜ 사람, 개인, 개체, 일원, 회원	☐
1201	índole	ⓕ 특징, 성질, 기질, 본질	☐
1202	indudable	의심의 여지가 없는	☐
1203	indumentaria	ⓕ 의상, 의류	☐
1204	inepto	ⓜⓕ 무능한 사람 / 부적격한, 어리석은	☐
1205	inercia	ⓕ 관성, 탄성, 무력, 이완	☐
1206	inevitable	피할 수 없는, 면하기 어려운	☐
1207	inevitablemente	불가피하게	☐
1208	inexperiencia	ⓕ 경험이 없음, 익숙지 못함, 미숙함	☐
1209	infantil	유아의, 소아적인	☐
1210	infarto	ⓜ 경색, 괴사	☐
1211	infidelidad	ⓕ 불성실, 불충분, 부정, 불륜	☐
1212	inflexible	확고한, 꿋꿋한, 완고한, 엄중한	☐
1213	influyente	영향력을 가진, 유력한	☐
1214	informarse de	알다, 정보를 얻다	☐
1215	informativo	ⓜ 뉴스 프로그램 / 정보를 주는, 지식을 주는	☐
1216	informe	ⓜ 알림, 통지, 보고[서], 리포트	☐
1217	ingeniar	고안하다, 생각해 내다	☐
1218	ingeniárselas	궁리해 내다	☐
1219	ingenio	ⓜ 재능, 독창력, 재치, 기지	☐
1220	ingente	거대한, 매우 큰, 위대한	☐

1221	ingenuo	순진한, 솔직한, 천진난만한	☐
1222	ingesta	ⓕ 섭취된 물질	☐
1223	ingrediente	ⓜ 재료, 원료	☐
1224	iniciación	ⓕ 개시, 창업, 입문	☐
1225	iniciativa	ⓕ 발의, 솔선 행위, 주도, 자주적 행동	☐
1226	injusto	부당한, 불공평한	☐
1227	inmersión	ⓕ 가라앉힘, 침몰, 열중, 몰두	☐
1228	inmerso	잠긴, 상황에 있는, 생각에 잠긴	☐
1229	inmobiliaria	ⓕ 부동산 회사	☐
1230	inmobiliario	부동산의	☐
1231	innovación	ⓕ 신기축, 새 제도, 혁신, 변혁	☐
1232	innovar	개혁하다, 혁신하다	☐
1233	innumerable	무수한, 셀 수 없는	☐
1234	inoportuno	부적당한, 부적절한	☐
1235	inquieto	불안한, 궁금한, 두려운	☐
1236	inquietud	ⓕ 불안, 초조, 궁금증	☐
1237	inscripción	ⓕ 등록, 신청	☐
1238	inseguridad	ⓕ 불안정, 불확실	☐
1239	insidioso	잠복성의, 음험한, 교활한, 음흉한	☐
1240	insistente	집요한, 끈질긴, 억지스러운	☐
1241	insistir	집착하다, 강조하다, 고집하다, 우기다	☐
1242	insoportable	참을 수 없는, 견딜 수 없는	☐
1243	inspirarse en	불어넣다, 고취하다, 영감을 주다	☐
1244	instalaciones	ⓕ pl. 시설	☐

1245	instar	간청하다, 당부하다, 진정하다	☐
1246	instituto	ⓜ 단체, 협회, 중·고등학교	☐
1247	intacto	손도 안 댄, 흠이 없는, 본래 그대로의	☐
1248	integrado	통합된	☐
1249	integrar	통합하다, 하나로 합치다	☐
1250	intención	ⓕ 의도, 의향, 목적	☐
1251	intenso	강한, 열렬한, 긴장된	☐
1252	intentar	의도하다, 시도하다	☐
1253	intento	ⓜ 시도, 기도	☐
1254	intercambio	ⓜ 교환, 교역, 무역	☐
1255	interés	ⓜ 이익, 이점, 이해, 관심	☐
1256	interés general	ⓜ 공익	☐
1257	interino	ⓜ ⓕ 대리, 대행, 임시 고용인, 인턴	☐
1258	interno	ⓜ ⓕ 기숙생, 레지던트 / 내부의, 안의, 내적인	☐
1259	interpretación	ⓕ 해석, 연주, 연기	☐
1260	interrogatorio	ⓜ 심문, 취조	☐
1261	interrumpir	중단하다, 중지하다, 차단하다	☐
1262	interurbano	도시 간의, 도시를 연결하는, 시외의	☐
1263	intervención	ⓕ 개입, 간섭, 중재, 참가, 출동	☐
1264	intriga	ⓕ 음모, 책략, 호기심, 관심	☐
1265	introducir	끼워 넣다, 삽입하다, 안내하다	☐
1266	intuición	ⓕ 직감, 직감력, 직관, 예감	☐
1267	invasivo	침투하는, 침습적	☐
1268	invento	ⓜ 발명, 발명품, 고안, 창안	☐

1269	inversión	① 투자, 역전, 반전	☐
1270	invertir	거꾸로 하다, 역전시키다, 투자하다	☐
1271	investigar	조사하다, 수사하다, 연구하다	☐
1272	invisible	눈에 안 보이는	☐
1273	involucrar	끌어들이다, 개입시키다, 관계하고 있다	☐
1274	involucrarse	끌어들이다, 개입시키다	☐
1275	ir de la mano	손잡고 가다, 병행되다	☐
1276	ir más alla de	추월하다, 도를 넘다	☐
1277	irracional	이성이 없는, 비이성적인	☐
1278	irreal	비현실적인, 실존하지 않는	☐
1279	irresponsabilidad	① 무책임	☐
1280	irritado	성난, 화난	☐
1281	isleño	ⓜ ① 섬사람 / 섬 태생의	☐
1282	jabalí	ⓜ 멧돼지	☐
1283	jaula	① (동물의) 우리, 교도소	☐
1284	jet lag	ⓜ 시차	☐
1285	jornada	① 하루, 1일, 노동 시간	☐
1286	jubilación	① 퇴직, 퇴직 생활, 은퇴	☐
1287	jugar un papel importante	중요한 역할을 하다	☐
1288	jugar una mala pasada	해를 끼치다, 짓궂게 굴다, 잔인한 처사를 하다	☐
1289	juntar	합치다, 모으다, 잇다	☐
1290	jurar	맹세하다, 강하게 단언하다	☐
1291	justificar	정당화하다, 이유를 들다	☐
1292	justo	올바른, 공평한, 정확한, 꼭 들어맞는	☐

1293	juvenil	청춘의, 젊은, 청소년의	☐
1294	juventud	ⓕ 청춘, 젊음, 청년, 청소년	☐
1295	labor	ⓕ 노동, 근로, 공로, 수예	☐
1296	laboral	노동의, 직업의	☐
1297	ladrón	ⓜ 도둑, 도적 / 훔치는	☐
1298	lamentar	슬퍼하다, 비탄하다	☐
1299	lamento	ⓜ 한탄, 유감, 애도	☐
1300	lanzar	던지다, 뛰어들다, 팔기 시작하다, 착수하다	☐
1301	lanzarse	뛰어들다, 돌진하다, 시작하다	☐
1302	laurel	ⓜ 월계수, 월계관, 명예, 영광	☐
1303	lavavajillas	ⓜ 식기세척기	☐
1304	leal	충실한, 충성스러운, 성실한	☐
1305	lección	ⓕ 독서, 교습, 수업, 교훈	☐
1306	lectivo	수업의, 수업 기간의	☐
1307	lector	ⓜ ⓕ 독자, 낭독자 / 읽는, 독서의	☐
1308	lectura	ⓕ 독서, 낭독, 독해	☐
1309	legal	법률의, 법정의, 법적인	☐
1310	legalidad	ⓕ 합법성, 적법성, 정당성	☐
1311	legislatura	ⓕ 입법기	☐
1312	lento	느린, 더딘	☐
1313	letra	ⓕ 글자, 문자, 가사, 어음 ⓕ pl. 문학, 학문	☐
1314	levantar cabeza	병에서 회복하다, 쾌차하다	☐
1315	liado	복잡하게 꼬인, 얽히고설킨, 매우 바쁜	☐
1316	libertad	ⓕ 자유, 독립, 석방	☐

1317	libra	① 파운드 (무게의 단위, 화폐의 단위)	☐
1318	líder	ⓜ ① 지도자, 리더	☐
1319	liderazgo	ⓜ 리더십, 지도권, 지도력	☐
1320	ligeramente	가볍게, 슬쩍, 약간	☐
1321	limitar	경계를 정하다, 제한하다	☐
1322	limitarse a	~하는 것에 그치다	☐
1323	limpieza	① 깨끗함, 청소	☐
1324	línea	① 선, 열, 계열, 라인	☐
1325	lío	ⓜ 다발, 꾸러미, 분쟁, 혼란, 소란, 불륜 관계, 부정	☐
1326	litoral	ⓜ 연안 지대 / 해변의, 연안의	☐
1327	llamamiento	ⓜ 호소, 호출, 소환	☐
1328	llegar a buen puerto	(사업이나 계획이) 만족스러운 결론에 이르다	☐
1329	llevar a cabo	실행하다, 수행하다	☐
1330	llevarse	가지고 가다, 데리고 가다, 획득하다, 지내다	☐
1331	llevarse un disgusto	실망하다	☐
1332	lo antes posible	되도록 빨리	☐
1333	local	ⓜ 시설, 점포 / 장소의, 지방의	☐
1334	localización	① 곳, 위치, 입지, 지방화	☐
1335	lógico	논리적인, 논리의, 이성적인	☐
1336	logística	① 물류 관리, 기호 논리학, 병참학	☐
1337	logotipo	ⓜ 로고, 상징, 마크	☐
1338	lograr	달성하다, 성취하다	☐
1339	lona	① 매트, 깔개, 천, 커버	☐
1340	look	[영] ⓜ 외견, 모양, 형	☐

1341	**lucha**	① 투쟁, 싸움, 레슬링
1342	**lúdico**	유희적인
1343	**luminoso**	빛나는, 밝은, 명쾌한
1344	**madurescencia**	① [신조어] 장년층
1345	**magistral**	능숙한, 훌륭한, 권위 있는, 교사의, 우쭐거리는
1346	**malentendido**	⑩ 오해
1347	**malestar**	⑩ 불쾌함, 불쾌감
1348	**maltratar**	거칠게 다루다, 학대하다
1349	**mancha**	① 얼룩, 반점
1350	**manchar**	얼룩을 묻히다, 더럽히다
1351	**manchego**	라만차(la Mancha) 태생의
1352	**mandos intermedios**	⑩ pl. 중간 관리층
1353	**manejo**	⑩ 취급, 조작, 경영, 관리, 운전
1354	**manifestar**	나타내다, 밝히다, 표명하다
1355	**manillar**	⑩ (자전거나 오토바이의) 핸들
1356	**mantenimiento**	⑩ 유지, 정비
1357	**marca**	① 소인, 기호, 상표, 흔적, 자국, 득점, 기준
1358	**marchar**	나아가다, 떠나다, 출발하다
1359	**más adelante**	앞으로, 나중에
1360	**más bien**	오히려
1361	**más que nunca**	어느 때보다
1362	**más tablas**	경험이 많은
1363	**masa**	① 반죽, 덩어리, 전체, 총량, 질량
1364	**mascota**	① 애완동물, 마스코트

1365	masificación	ⓕ (사람의) 과밀화, 대중화, 보급	☐
1366	masivo	대량의, 대세의, 대규모의	☐
1367	máster	ⓜ 석사 학위 (=ⓕ maestría)	☐
1368	materia	ⓕ 물질, 물체, 재료, 교과, 과목	☐
1369	material	ⓜ 재료, 자료 / 물질적인	☐
1370	matinal	아침의, 오전의	☐
1371	matizar	배색하다, 변화를 주다, 뉘앙스를 띠다	☐
1372	mayormente	특히, 주로, 일반적으로, 대체로	☐
1373	mecánica	ⓕ 역학, 구조, 기구	☐
1374	media	ⓕ 반, 평균, 양말, 스타킹	☐
1375	medida	ⓕ 크기, 치수, 측정, 조치, 대책	☐
1376	medio	ⓜ 중앙, 수단, 기관, 분야, 환경 / 절반의, 중간의	☐
1377	medioambiental	환경의	☐
1378	medioambiente	ⓜ 환경, 자연 환경	☐
1379	memorizar	외우다, 암기하다, 기억에 남게 하다	☐
1380	mensual	매월의, 달마다의	☐
1381	mensualmente	매월	☐
1382	mentalidad	ⓕ 심성, 정신력, 정신 상태, 사고 방식	☐
1383	mentalmente	정신적으로, 마음속으로	☐
1384	mercado laboral	ⓜ 노동 시장	☐
1385	merecer	~의 가치가 있다	☐
1386	merecerse	~할 가치가 있다	☐
1387	mérito	ⓜ 공로, 공적, 가치, 장점	☐
1388	mestizaje	ⓜ 혼합, 혼혈	☐

1389	mestizo	ⓜ ① 메스티소 [백인과 인디오 사이에서 태어난 사람] / 메스티소의	☐
1390	metáfora	① 은유, 은유법	☐
1391	meter la pata	실수하다	☐
1392	meterse	들어가다, 참견하다	☐
1393	meterse en	범입하다, 참견하다	☐
1394	meticuloso	세심한, 소심한	☐
1395	metodología	① 기법, 방법론, 방법합	☐
1396	metrópolis	① 대도시, 주요 도시	☐
1397	miembro	ⓜ 일원, 회원, 멤버	☐
1398	migración	① 이민, 이주, 이동	☐
1399	milagroso	기적적인, 초자연적인	☐
1400	millennial	밀레니얼, 밀레니엄 세대의	☐
1401	minimalismo	ⓜ 단순화 형식	☐
1402	minimalista	ⓜ ① 미니멀리스트 / 미니멀리즘의	☐
1403	Ministerio de Trabajo	ⓜ 노동부	☐
1404	mitológico	신화의	☐
1405	modalidad	① 양식, 방식, 방법, 방안	☐
1406	modesto	겸손한, 겸허한, 간소한, 초라한	☐
1407	módico	저렴한, 그저 그런, 사소한	☐
1408	modificar	변경하다	☐
1409	molestia	① 피곤, 귀찮음, 폐, 불쾌감	☐
1410	monográfico	특수 전문의	☐
1411	montaje	ⓜ 조립, 설치, 몽타주	☐
1412	montar	타다, 조립하다, 장치하다, 설립하다	☐

1413	montón	⑩ 더미, 산적, 상당한 수	☐
1414	moribundo	⑩ ① 위독한 사람 / 위독한, 빈사 상태의	☐
1415	mortalidad	① 사망률	☐
1416	mostrar	증명하다, 지시하다, 보여 주다	☐
1417	mostrarse	모습을 보이다, 나타내다, 행동하다, 굴다	☐
1418	motivacional	동기 부여의	☐
1419	motor	⑩ 모터, 엔진, 주축 / 원동의, 발동의, 주축의	☐
1420	móvil	⑩ 휴대폰 (teléfono móvil, celular) / 움직일 수 있는	☐
1421	mudanza	① 이사, 변동	☐
1422	muelle	⑩ 선창, 부두, 나루터	☐
1423	muestra	① 견본, 샘플, 증명	☐
1424	multiaventura	① 멀티 어드벤처	☐
1425	múltiple	복합의, 다양한	☐
1426	multiplicar	증가시키다, 증대시키다, 곱하다	☐
1427	multitud	① 다수, 군중, 대중	☐
1428	mundial	전 세계의, 세계적인	☐
1429	municipal	⑩ 경찰관 / 시의, 자치 도시의	☐
1430	muscular	근육의	☐
1431	mutilado	잘린, 파손된, 절단된	☐
1432	mutuamente	서로, 상호 간에	☐
1433	mutuo	서로의, 상호의	☐
1434	narrativa	① 단편, 이야기	☐
1435	navegador	⑩ 항공사, 항해자, 브라우저 / 항해하는	☐
1436	navegar	항해하다, 웹 서핑하다	☐

1437	necesidad	① 필요성, 필연	☐
1438	negado	ⓜ ① 무능한 사람 / 무능한	☐
1439	negar	거부하다, 거절하다, 부정하다	☐
1440	negociación	① 거래, 교섭, 절충	☐
1441	negociar	장사를 하다, 거래하다, 교섭하다	☐
1442	nervio	ⓜ 신경, 원기, 활력, 신경 과민	☐
1443	nexo	ⓜ 관계, 유대	☐
1444	ni por asomo	조금도, 전혀	☐
1445	niñez	① 유년기, 어린 시절	☐
1446	no dar ni una	항상 예상에서 벗어나다[빗나가다], 항상 틀리다	☐
1447	no dar un palo al agua	빈둥빈둥 놀며 지내다	☐
1448	no hacer nada a derechas	실수만 하다, 아무것도 제대로 하지 않다	☐
1449	no hacer nada más que	~말고는 무엇도 하지 않다	☐
1450	no quedar de otra	다른 도리가 없다	☐
1451	no tener más remedio que	~을 할 수밖에 없다	☐
1452	no tener remedio	고칠 수 없다, 교정할 수 없다	☐
1453	Noche Vieja	① 제야	☐
1454	nocivo	해로운, 나쁜, 유해한	☐
1455	nocturno	밤의, 야간의	☐
1456	nombrar	이름을 말하다, 임명하다	☐
1457	norma	① 규정, 규칙 (= ① regla, ⓜ reglamento)	☐
1458	normalidad	① 정상	☐
1459	normativa	① 규정, 규칙, 규범	☐
1460	notar	깨닫다, 알아차리다, 감지하다	☐

1461	**novato**	ⓜ ① 미경험자, 풋내기, 신참	☐
1462	**novedad**	① 새로움, 참신함, 변화	☐
1463	**noviazgo**	ⓜ 연인 관계, 교제	☐
1464	**numeración**	① 통계, 계산	☐
1465	**numeroso**	다수의, 수많은	☐
1466	**obedecer**	복종하다, ~에 따르다, (명령을) 준수하다	☐
1467	**obediente**	순종하는, 복종하는, 말을 잘 듣는	☐
1468	**obesidad**	① 비만, 비대증	☐
1469	**objetivo**	ⓜ 목적, 목표 / 목적의, 객관적인, 공평한	☐
1470	**objeto**	ⓜ 사물, 목적	☐
1471	**obligación**	① 의무, 책임, 채권	☐
1472	**obligar**	강요하다, 강제하다, 의무를 지게 하다	☐
1473	**obra de teatro**	① 연극	☐
1474	**obsequio**	ⓜ 선물, 경품, 답례품, 선물하기	☐
1475	**obstaculizar**	방해하다, 훼방놓다	☐
1476	**obstáculo**	ⓜ 방해, 장애, 장애물	☐
1477	**obstructivo**	방해되는, 폐쇄되는	☐
1478	**obtención**	① 취득, 획득	☐
1479	**obviar**	피하다	☐
1480	**ocultar**	감추다, 숨기다, 가리다	☐
1481	**ocupar**	차지하다, 점유하다, 쓰다, 고용하다	☐
1482	**ofensa**	① 모욕, 치욕, 무례, 욕	☐
1483	**ofensiva**	① 공격 태세, 공격, 습격, 침략	☐
1484	**oferta**	① 제안, 제의, 공급, 특가	☐

1485	oferta cultural	ⓕ 문화 제공	☐
1486	ofrecer	주다, 제공하다	☐
1487	ofrecerse a	스스로 ~의 역할을 하다, 자신해서 떠맡다	☐
1488	ojear	대충 보다, 스쳐보다	☐
1489	ojera	ⓕ 다크서클	☐
1490	OMS	ⓕ 세계 보건 기구 (Organización Mundial de la Salud), WHO	☐
1491	ONG	ⓕ 비정부기구 (Organización No Gubernamental)	☐
1492	oponerse a	~와 반대다, 반대하다	☐
1493	oposición	ⓕ 반대, 저항, 대립, 채용 시험, 취직 시험	☐
1494	opositor	ⓜ ⓕ 반대자, 대립자, 지원자, 수험자	☐
1495	optar	고르다, 뽑다, 선택하다	☐
1496	optimismo	ⓜ 낙관, 낙천주의	☐
1497	optimista	ⓜ ⓕ 낙관론자 / 낙관적인, 낙천적인, 낙관주의의	☐
1498	optimizar	최고로 활용하다, 가장 능률적으로 이용하다	☐
1499	opuesto	반대하는, 대조적인, 공격적인, 맞은편의	☐
1500	ordenar	정리하다, 차례로 늘어놓다, 명령하다	☐
1501	organismo	ⓜ 유기체, 생물, 인체, 기관, 기구	☐
1502	organización	ⓕ 단체, 협회, 조직, 구성, 기관	☐
1503	organizado	정리된, 조직화된, 통제가 있는	☐
1504	organizador	ⓜ ⓕ 조직자, 주최자 / 조직하는	☐
1505	Orient Express	ⓜ 오리엔트 특급 열차	☐
1506	orientado	지향하는, 향하는	☐
1507	orientar	방향을 정하다, 향하다, 진로를 정하다	☐
1508	original	최초의, 본래의, 독특한, 독창적인, 기발한	☐

1509	orilla	① 가, 연안, 끝, 가장자리	☐
1510	oruga	① 애벌레, 유충	☐
1511	ostentación	① 과시, 자만, 자부, 겉치레	☐
1512	ozono	ⓜ 오존	☐
1513	paciencia	① 인내, 인내심, 끈기	☐
1514	paciente	ⓜ 환자 / 끈기 있는	☐
1515	pacíficamente	평화롭게, 고요히, 차분히	☐
1516	pactado	협정된, 조항이 체결된, 계약된	☐
1517	padecer	(병 등에) 걸리다, 걸려 있다	☐
1518	pádel	ⓜ 패들 테니스	☐
1519	paisaje	ⓜ 풍경, 경치, 경관	☐
1520	paisajístico	풍경의	☐
1521	palabra clave	① 키워드, 검색어	☐
1522	palomitas	① pl. 팝콘	☐
1523	panel	ⓜ 패널, 판벽	☐
1524	pánico	ⓜ 공황, 패닉, 공포, 당황	☐
1525	panorámico	파노라마의, 전경의	☐
1526	pañuelo	ⓜ 손수건	☐
1527	para nada	절대로, 결코	☐
1528	paraje	ⓜ 곳, 장소	☐
1529	paralizar	마비시키다, 잠재우다, 중단하다	☐
1530	parar de	멈추다, 그만하다	☐
1531	parar los pies	행동을 멈추게 하다	☐
1532	paro	ⓜ 멈춤, 정지, 파업, 실업 보험	☐

1533	parodia	ⓕ 모방, 패러디	☐
1534	partícula	ⓕ 입자, 미립자	☐
1535	particular	ⓜ 일개인, 사인 / 특별한, 특수한	☐
1536	partida	ⓕ 출발	☐
1537	partir de	나가다, 출발하다	☐
1538	pasar volando	빨리 지나가다	☐
1539	pasarse de la raya	(언행 등이) 선을 넘다, 도를 넘어서다	☐
1540	pasársele	잊다, 넘기다	☐
1541	pasársele algo por la cabeza	머리에 스치다	☐
1542	pasear	산책하다, 산보하다	☐
1543	paso	ⓜ 통과, 통행, 걸음, 발, 보폭	☐
1544	pastelería	ⓕ 케이크 제조, 다과	☐
1545	pastilla	ⓕ 알약, 매우 작은 덩이	☐
1546	patrimonio	ⓜ 유산, 고유 자산, 상속 재산	☐
1547	patrocinador	ⓜ ⓕ 후원자 / 후원하는, 지원하는	☐
1548	patrocinar	후원하다, 지원하다, 옹호하다	☐
1549	patrulla	ⓕ 순찰대, 경비대	☐
1550	pedazo	ⓜ 조각, 토막, 단편	☐
1551	pedido	ⓜ 주문, 주문품, 의뢰, 부탁	☐
1552	pegado	붙은, 붙인, 달라붙은, 올망졸망한	☐
1553	pegar ojo	잠을 자다, 눈 붙이다	☐
1554	pelea	ⓕ 싸움, 전투, 시합	☐
1555	peli	ⓕ película(필름, 영화)의 줄임말	☐
1556	peligro	ⓜ 위험	☐

1557	pelo	⑩ 털, 체모	☐
1558	peluca	① 가발	☐
1559	pena	① 형벌, 괴로움, 곤란, 슬픔	☐
1560	pendiente	① 경사, 비탈길 ⑩ 귀걸이 / 매달린, 경사진, 기대하는, 현안 중인	☐
1561	percepción	① 지각, 직시, 인지, 감지	☐
1562	pérdida	① 잃음, 분실, 상실, 손해, 낭비	☐
1563	perdido	잃은, 잃어버린, 분실된, 행방불명의	☐
1564	perdurable	오래 지속되는, 오래 가는, 영원한	☐
1565	perdurar	존속하다, 오래 지속하다	☐
1566	perecedero	오래가지 못하는, 필멸의, 부패하기 쉬운	☐
1567	perfeccionar	완성하다, 완성되다, 완결되다	☐
1568	perfil	⑩ 옆얼굴, 측면도, 프로필	☐
1569	periférico	주변의, 교외의, 시외의	☐
1570	periódicamente	정기적으로, 주기적으로	☐
1571	periódico	⑩ 신문, 일간 신문 / 정기적인, 주기적인	☐
1572	período	⑩ 기간, 시기, 월경 기간	☐
1573	perjudicar	해를 끼치다, 손해를 주다	☐
1574	perjudicial	유해한	☐
1575	perla	① 진주, 구슬	☐
1576	permanentemente	영구적으로, 끝없이	☐
1577	permisible	허가할 수 있는, 허용할 수 있는	☐
1578	permitirse	허가하다, 허용하다	☐
1579	persistencia	① 끈기, 집요함, 지속성	☐
1580	personaje	⑩ 인물, 배역	☐

1581	personal	ⓜ 직원 / 개인의	☐
1582	personalidad	ⓕ 인격, 개성, 명사	☐
1583	personalizado	개인화된, 인격화된	☐
1584	perspectiva	ⓕ 조망, 전망, 견해, 관점	☐
1585	persuasión	ⓕ 설득, 확신	☐
1586	pertenecer	속하다, 관계가 있다	☐
1587	pesado	무거운, 깊은, 불쾌한, 무료한	☐
1588	pescar	낚다, 낚시질하다	☐
1589	pese a	~에도 불구하고	☐
1590	peso	ⓜ 무게	☐
1591	picar	찌르다, 물다, 쏘다, 잘게 썰다, 따끔따끔하게 아프다	☐
1592	piedra de toque	ⓕ 시금석	☐
1593	pillar por sorpresa	갑자기 덮쳐 붙잡다, 깜짝 놀라게 하다	☐
1594	piloto automático	ⓜ 자동 조종 장치	☐
1595	pinchar	찌르다, 쏘다	☐
1596	pinta	ⓕ 겉모습, 겉모양	☐
1597	pintar	그림을 그리다, 칠하다, 묘사하다, 과장하다	☐
1598	pirata	ⓜ ⓕ 해적, 무허가	☐
1599	piscina cubierta	ⓜ 실내 수영장	☐
1600	pista	ⓕ 트랙, 경기장, 플로어, 도로, 단서, 발자국	☐
1601	pitar	호루라기를 불다, 클랙슨을 울리다	☐
1602	planificación	ⓕ 설계, 계획, 기획	☐
1603	planificar	계획을 세우다, 계획하다	☐
1604	plano	ⓜ 평면, 면, 도면, 지도, 측면 / 반반한, 납작한	☐

1605	planta	① 층, 식물, 풀
1606	plantear	제기하다, 제출하다, 계획하다, (문제 등을) 일으키다
1607	plantearse	숙고하다, (문제나 가능성이) 생기다
1608	plantilla	① 깔창, 종업원, 정사원
1609	plasmar	반죽하다, 모양을 만들다, 구체화하다
1610	plaza	① 광장, 자리, 좌석, 직, 지위
1611	plazo	⑩ 기한, 기간, 분할불
1612	plenamente	가득히, 완전히, 충분히
1613	población	① 인구, 마을, 주민
1614	poblado	⑩ 도시, 마을 / (사람이나 동물이) 살고 있는
1615	pobreza	① 가난, 빈곤, 결핍, 빈약, 부족
1616	polideportivo	⑩ 종합 운동장, 스포츠 센터
1617	polución	① 오염, 공해 (=① contaminación)
1618	poner a alguien de patitas en la calle	몰아내다, 쫓아내다
1619	poner atención	주의를 기울이다, 집중하다
1620	poner en práctica	실천하다
1621	poner fin	중지하다, 매듭을 짓다, 종료하다
1622	poner los cuernos	부정을 저지르다, 바람을 피우다
1623	ponerse de acuerdo	협정하다, 타협하다
1624	ponerse en acción	행동에 옮기다
1625	ponerse en marcha	전진하기 시작하다, 가동되다
1626	ponerse las pilas	빠릿빠릿한 상태로 되다
1627	por cuenta propia	자립으로, 자신의 사업체를 가지고
1628	por detrás	뒤에서, 뒤로

1629	por encima de	~위에, ~을 넘어서	☐
1630	por encima de todo	무엇보다도	☐
1631	por fin	마침내, 드디어	☐
1632	por lo menos	적어도 (= al menos)	☐
1633	por lo visto	보기에는, 보아하니	☐
1634	por si fuera poco	그것도 모자라	☐
1635	por todos lados	곳곳으로, 사방에서	☐
1636	porcentaje	ⓜ 백분율, 퍼센티지	☐
1637	porqué	ⓜ 이유, 원인	☐
1638	portarse	행동을 하다, 처신하다	☐
1639	portavoz	ⓜ ⓕ 대변인 ⓜ 메가폰	☐
1640	posar	포즈를 취하다	☐
1641	posgrado	ⓜ 대학원	☐
1642	postal	ⓕ 우편엽서 / 우편의	☐
1643	poste de la luz	ⓜ 전주, 전신주, 전봇대	☐
1644	postularse	입후보로 나가다	☐
1645	postura	ⓕ 자세, 포즈, 태도	☐
1646	potencial	ⓜ 잠재력, 가능성 / 잠재적인	☐
1647	práctica	ⓕ 연습, 실천, 실습	☐
1648	práctico	실용적인, 실천적인	☐
1649	precipitado	분주한, 성급한, 경솔한	☐
1650	precisar	명확히 하다, 필요로 하다	☐
1651	predicción	ⓕ 예언, 예보, 예지	☐
1652	predominar	지배하다, 지배적이다, 풍미하다, 성행하다	☐

1653	preferencia	① 편애, 우선	☐
1654	prematuro	ⓜ ① 조산아, 미숙아 / 시기상조의, 너무 이른	☐
1655	premio	ⓜ 상, 상금, 수상자	☐
1656	prensa	① 신문, 잡지, 언론, 보도진	☐
1657	preocupante	걱정하는, 염려스러운	☐
1658	presencia	① 존재, 출석, 참가, 차림새	☐
1659	presencial	현존하는, 어떤 장소에 있는	☐
1660	presentarse	지원하다, 소개하다, 나타나다, 참석하다	☐
1661	presión	① 압력, 기압, 혈압, 압박	☐
1662	préstamo	ⓜ 대여, 대부, 대여금, 대출	☐
1663	prestar	빌려주다, 기여하다, 편리하다	☐
1664	prestar atención	주의를 기울이다, 주목하다	☐
1665	prestigio	ⓜ 명성, 권위, 위신	☐
1666	presupuesto	ⓜ 예산, 견적	☐
1667	pretender	~인 체하다, 바라다, 희구하다	☐
1668	prevenir	준비하다, 예방하다, 막다, 방지하다	☐
1669	previo	앞선, 사전의, 예비적인	☐
1670	previsto	예상된, 예지된, 예견된, 미리 준비된	☐
1671	primar	우월성을 주다	☐
1672	primordial	가장 중요한	☐
1673	principal	제일 중요한, 주된	☐
1674	principalmente	우선, 주로, 대개	☐
1675	principiante	ⓜ ① 시작하는 사람, 초보자 / 시작하는, 견습의	☐
1676	principio	ⓜ 처음, 시작, 근원, 원리, 원칙	☐

1677	prioridad	ⓕ 우선권, 우선, 우선순위	☐
1678	priorizar	우선권을 주다	☐
1679	privado	사적인, 개인적인, 개인 소유의, 민간의	☐
1680	privilegio	ⓜ 특권, 특허	☐
1681	problemón	ⓜ problema(문제)의 증대형	☐
1682	procedente	~에서 온, ~발(發)의, 근거가 있는, 타당한	☐
1683	proceder	비롯되다, 유래되다, 타당하다	☐
1684	proclamación	ⓕ 선언, 선포, 발표	☐
1685	procurar	~하려고 노력하다, 애쓰다	☐
1686	productivo	생산적인, 유익한	☐
1687	profundidad	ⓕ 깊이, 깊은 곳, 심해, 대해	☐
1688	profundizar	깊이 파다, 깊이 연구하다	☐
1689	programado	계획된, 프로그램화 된	☐
1690	progresista	ⓜ ⓕ 진보주의자 / 진보적인, 진보주의의	☐
1691	progresivamente	서서히, 단계적으로	☐
1692	prohibición	ⓕ 금지	☐
1693	prohibitivo	금지하는, 금지의, 매우 비싼	☐
1694	proliferación	ⓕ 증식, 번식, 급증, 기승	☐
1695	proliferar	증식하다, 번식하다, 급증하다	☐
1696	prolongación	ⓕ 연장	☐
1697	prolongar	길게 하다, 늘이다, 연장하다	☐
1698	promocionar	촉진하다, 승진시키다	☐
1699	promover	촉진하다, 조장하다, 승진시키다	☐
1700	propiamente	본래는, 원래는	☐

1701	propicio	적절한, 적당한, 순조로운	☐
1702	propiedad	① 소유지, 부동산, 재산, 속성, 특성	☐
1703	propietario	ⓜ ① 소유자, 주인 / 소유하는	☐
1704	propio	고유의, 자기 자신의	☐
1705	proporcionalmente	비례하여, 비교적으로	☐
1706	proporcionar	균형을 잡히게 하다, 비례시키다, 제공하다	☐
1707	propuesta	① 신청, 제안, 견적, 견적서, 추천	☐
1708	prosa	① 산문, 문장, 범속	☐
1709	proteger	보호하다, 지키다	☐
1710	protesta	① 항의, 이의, 항의 데모	☐
1711	protestar	항의하다, 반대하다, 거절하다	☐
1712	provenir de	유래하다, 나오다, 비롯되다	☐
1713	provocado	선동된, 자극된, 유도된, 유발된, 생긴	☐
1714	provocar	선동하다, 자극하다, 초래하다, 생기게 하다	☐
1715	proximidad	① 가까움, 근접, 주변	☐
1716	proyecto	ⓜ 계획, 프로젝트	☐
1717	psicológicamente	심리적으로	☐
1718	psicólogo	ⓜ ① 심리학자	☐
1719	publicar	출판하다, 공표하다, 게시하다	☐
1720	publicidad	① 광고, 선전, 공개	☐
1721	público	ⓜ 대중, 공중 / 공공의, 공개의	☐
1722	puerto	ⓜ 항구, 항, 항구 도시	☐
1723	puesta en marcha	① 시동, 작동, 판매 개시	☐
1724	puesto	ⓜ 자리, 노점, 지위, 순위	☐

1725	pujanza	① 강력한 힘, 강력한 추진력, 세력, 기운, 추세	☐
1726	pulir	닦다, 연마하다, 다듬다, 교정하다	☐
1727	pulmón	⑩ 폐	☐
1728	pulmonar	폐의	☐
1729	punta	① 뾰족한 끝, 가장자리	☐
1730	punto	⑩ 점, 지점, 점수, 부분, 바늘땀	☐
1731	punto de venta	⑩ 판로, 소매점	☐
1732	punto de vista	⑩ 견지, 관점	☐
1733	puntual	시간을 엄수하는, 충실한, 면밀한	☐
1734	puntualidad	① 시간 엄수, 면밀함	☐
1735	purga	① 숙청, 제거	☐
1736	quebrantar	잘게 부수다, 파괴하다, 위반하다, 약화시키다	☐
1737	quedar	약속을 정하다, 남다	☐
1738	quedarse con	~를 갖다	☐
1739	quedarse de piedra	위축되다	☐
1740	quedarse en blanco	멍해지다, 아무 생각이 들지 않다, 머리 속이 하얘지다	☐
1741	queja	① 불평, 고충	☐
1742	quejarse	이의를 제기하다, 한탄하다, 불평하다	☐
1743	química	① 화학	☐
1744	quitar hierro al asunto	중요하게 여기지 않다	☐
1745	quitar la vida	생명을 빼앗다, 죽이다	☐
1746	rabia	① 성남, 분노, 혐오, 광견병	☐
1747	racional	이성의, 이성적인, 합리적인	☐
1748	racionalismo	⑩ 합리주의, 이성론	☐

1749	radiografía	① 엑스레이 사진	
1750	ralentizar	늦추다, 느려지다	
1751	raro	드문, 희소한, 기묘한	
1752	rascacielos	⑪ 초고층 건물	
1753	rascarse el bolsillo	마지못해 돈을 쓰다	
1754	raya	① 선, 줄, 경계, 가오리	
1755	rayón	⑪ 줄, 선, 절개	
1756	razonable	온당한, 적당한, 분별이 있는, 이성이 있는	
1757	reacción	① 반응, 반발, 반작용	
1758	reanudar	재개하다, 다시 시작하다	
1759	rebaja	① 할인, 가격 인하	
1760	rebeldía	① 반역, 반항	
1761	rebosar	넘치다, 넘쳐 나오다	
1762	rebote	⑪ 반동, 반등, 리바운드	
1763	recaer	다시 떨어지다, 다시 빠지다	
1764	recalcar	짓누르다, 어세를 높이다, 강조하다	
1765	recapacitar	깊이 생각하다, 심사숙고하다	
1766	recesión	① 후퇴, 하강, 침체, 불황	
1767	rechazar	거절하다, 뿌리치다, 물리치다	
1768	rechazo	⑪ 거절, 격퇴	
1769	reciclaje	⑪ 재활용	
1770	reciclar	재생 처리[이용]하다, 재생 가공하다, 재활용하다	
1771	recién	최근, 방금, 갓 ~한	
1772	reciente	최근의, 신선한, 최근에 일어난	

1773	recluir	가두다, 감금하다	☐
1774	reclutador	ⓜ ① 인사 담당자, 헤드헌터	☐
1775	recoger	다시 잡다, 수집하다, 채집하다, 찾으러 가다	☐
1776	recogida	① 수확, 모으기, 수집, 수거	☐
1777	recomendación	① 추천, 의뢰	☐
1778	recompensa	① 포상, 상, 보수, 변상	☐
1779	recompensar	상을 주다, 보상하다, 수당을 주다, 보답하다	☐
1780	reconciliarse	화해하다	☐
1781	reconfortante	ⓜ 강장제 / 기운이 솟게 하는, 원기를 회복시키는	☐
1782	reconocer	인정하다, 승인하다, 인지하다, 감별하다, 검사하다	☐
1783	reconocido	인정받는, 감사하는, 공인의	☐
1784	reconocimiento	ⓜ 식별, 인식, 인지	☐
1785	reconstruir	재건하다, 개축하다, 개수하다, 고쳐 만들다	☐
1786	recorrido	ⓜ 한 바퀴 돌기, 여행, 산책, 달린 거리	☐
1787	recorte	ⓜ 스크랩, 잘라내기, 오려내기, 삭감	☐
1788	recreo	ⓜ 오락, 레크리에이션, 휴식 시간, 쉬는 시간	☐
1789	recriminar	비난하다, 꾸중하다	☐
1790	rector	ⓜ ① 교장, 학장, 원장, 총장	☐
1791	recuerdo	ⓜ 추억, 기억	☐
1792	recuperarse	건강을 회복하다, 정상 상태로 돌아가다	☐
1793	recurrir	도움을 구하다, 호소하다, 상소하다	☐
1794	recurso	ⓜ 수단, 방법, 자원, 자금	☐
1795	recursos humanos	ⓜ pl. 인적 자원	☐
1796	red social	① 소셜 미디어, 소셜 네트워크 (SNS)	☐

1797	redacción	① 편집, 작성, 글짓기, 작문	☐
1798	redes sociales	① pl. 소셜 네트워크	☐
1799	redirigir	다시 보내다	☐
1800	rediseñar	다시 디자인하다	☐
1801	reducción	① 축소, 삭감, 절감	☐
1802	reducido	좁은, 작은, 제한된	☐
1803	reducir	만들다, ~화 하다, 축소하다, 줄이다	☐
1804	reencontrar	다시 발견하다, 되찾다, 재회하다	☐
1805	reestructuración	① 구조 조정, 개조, 재편성	☐
1806	referencia	① 언급, 보고, 보고서, 참고 문헌	☐
1807	reflejar	반사하다, 반영하다	☐
1808	reflejarse	반사되다, 비치다, 반영되다, 나타나다	☐
1809	reflejo	ⓜ 반영, 반사 작용	☐
1810	reflexionar	숙고하다, 자숙하다, 고찰하다, 돌이키다	☐
1811	reforma	① 개혁, 개축, 리모델링	☐
1812	reformulación	① 재구성, 재조리, 재처방	☐
1813	refunfuñar	투덜거리다, 투덜대다	☐
1814	regañar	꾸짖다, 나무라다, 혼내다	☐
1815	regar	물을 뿌리다, 살수하다	☐
1816	regatear	흥정하다	☐
1817	régimen	ⓜ 제도, 체제, 양상	☐
1818	región	① 지방, 지역, 지대	☐
1819	regional	지방의, 향토의, 지역의, 지역적인	☐
1820	registrador	ⓜ 등기소 직원 / 기록하는	☐

1821	registrarse	등록하다, 체크인하다	☐
1822	registro	ⓜ 등록, 기록, 등기, 등재	☐
1823	regla	ⓕ 규정, 규칙 (= ⓕ norma, ⓜ reglamento)	☐
1824	regulación	ⓕ 제어, 조절, 관리	☐
1825	rehabilitación	ⓕ 재건, 정비, 재활	☐
1826	rehabilitar	복권시키다, 재활하다, 복원하다	☐
1827	rehipotecar	다시, 한번 더 저당 잡히다	☐
1828	reinventar	다시 발명하다, 새로 짓다	☐
1829	reinventarse	다른 모습을 보여 주다	☐
1830	reinvertir	재투자하다	☐
1831	reivindicación	ⓕ 요구, 청구, 요청	☐
1832	reivindicar	요구하다, 회복하다, 주장하다	☐
1833	relación social	ⓕ 사회 관계, 사회 유대	☐
1834	relacionarse	관계가 있다, 상관이 있다, 교제하다	☐
1835	relaciones públicas	ⓕ pl. 홍보 활동	☐
1836	relajante	ⓜ 이완제 / 긴장을 풀게 하는, 이완시키는	☐
1837	relativamente	상대적으로, 비교적으로	☐
1838	relativo a	관계있는, 상대적인, 어느 정도의	☐
1839	relegar	제외하다	☐
1840	relevancia	ⓕ 걸출, 우수성, 중요성	☐
1841	relevante	걸출한, 두드러진, 중요한	☐
1842	rellenar	다시 채우다, 기입하다	☐
1843	remedio	ⓜ 대책, 방법, 치료	☐
1844	remitido	ⓜ [신문의] 투서 기사	☐

1845	remo	ⓜ 노, 보트 경기, 조정	☐
1846	rencor	ⓜ 앙심, 원한	☐
1847	rendimiento	ⓜ 수익, 산출, 효율, 성능, 성적	☐
1848	renovar	새롭게 하다, 바꾸다, 교환하다, 갱신하다	☐
1849	rentable	수익성이 있는, 돈벌이가 되는	☐
1850	renunciar	체념하다, 포기하다	☐
1851	reojo	곁눈질로	☐
1852	reparación	① 수리, 수선, 보수 공사	☐
1853	repartir	분배하다, 나누어주다, 배달하다	☐
1854	repensar	재고하다, 다시 생각하다	☐
1855	repentinamente	갑자기, 별안간, 느닷없이	☐
1856	repercusión	① 반향, 반사, 영향, 파문	☐
1857	repercutir	울려 퍼지다, 영향을 끼치다	☐
1858	repetidamente	반복해서, 거듭, 자주	☐
1859	replantear	다시 설정하다, 재설계하다	☐
1860	reponer	다시 놓다, 확충하다, 보충하다, 복직시키다	☐
1861	reportar	가져오다, 내다, 행동이나 감정을 참다	☐
1862	repostería	① 제과 만들기 기술, 제과 공장, 제과점	☐
1863	representar	나타내다, 표현하다, 대표하다, 의미하다	☐
1864	reprimirse	자신을 억누르다, 자제하다	☐
1865	reprochar	나무라다, 꾸중하다, 비난하다	☐
1866	reproche	ⓜ 비난, 책망	☐
1867	requerir	알리다, 통보하다, 필요하다	☐
1868	requisito	ⓜ 필요 조건, 자격	☐

1869	resaltar	튀어나오다, 두드러지다, 강조하다, 부각하다	☐
1870	reseña	① 개요, 개설, 요약, 서평	☐
1871	residente	ⓜ ① 거주자 / 거주하는	☐
1872	residuo	ⓜ 나머지, 잔류물	☐
1873	resignarse	감수하다, 체념하다, 단념하다	☐
1874	resistente	강인한, 저항력이 있는, 내구성이 있는	☐
1875	respectivamente	제각기, 각각, 각자, 저마다	☐
1876	respetar	존경하다, 존중하다	☐
1877	respeto	ⓜ 존경, 존중	☐
1878	respetuoso	공손한, 정중한	☐
1879	respiratorio	호흡의	☐
1880	responsabilizarse	책임지다, 책임이 있다	☐
1881	restar	빼다, 제거하다, 없애다	☐
1882	restaurador	ⓜ ① 식당 주인, 식당 경영자 / 복구하는, 복원하는	☐
1883	resto	ⓜ 나머지, 잔여, 잔액	☐
1884	restricción	① 제한, 제약, 유보	☐
1885	restrictivo	제한하는, 한정하는	☐
1886	resultado	ⓜ 결과, 성과, 성적	☐
1887	resultar	(무엇의) 결과다, 생기다, ~의 결과로 되다	☐
1888	resumen	ⓜ 요약, 개요	☐
1889	resumir	요약하다, 간추리다	☐
1890	retener	만류하다, 억제하다, 유지하다, 구류하다	☐
1891	retirar	제거하다, 치우다, 철수시키다, 빼앗다	☐
1892	reto	ⓜ 도전, 도발, 어려운 목표	☐

1893	**retransmitir**	다시 방송하다, 재방송하다	☐
1894	**retrasar**	지연시키다, 연기하다	☐
1895	**retrasarse**	늦다, 지연되다	☐
1896	**retroceder**	되돌아가다, 후퇴하다, 퇴보하다	☐
1897	**revalorizarse**	가치를 회복하다, 재평가되다	☐
1898	**revertir**	되돌아가다, 반환되다, (무엇의) 결과가 되다	☐
1899	**revisar**	다시 보다, 복습하다, 점검하다	☐
1900	**revisión**	① 재검토, 검사, 점검, 교정	☐
1901	**revolución**	① 대변혁, 개혁, 혁명, 혁명적인 일	☐
1902	**rienda**	① 고삐, 제어	☐
1903	**riesgo**	ⓜ 위험, 재해	☐
1904	**rigidez**	① 굳어짐, 경직, 엄격함, 강경	☐
1905	**riguroso**	혹독한, 가혹한, 매우 엄격한, 정확한	☐
1906	**riqueza**	① 부, 풍요로움, 재산	☐
1907	**rito**	ⓜ 의식, 관습, 습관	☐
1908	**robo**	ⓜ 도둑질, 강탈	☐
1909	**robusto**	강한, 튼튼한, 힘이 센	☐
1910	**rogar**	간청하다, 빌다	☐
1911	**rol**	ⓜ 역, 역할	☐
1912	**rollo**	ⓜ 롤, 원통형, 필름, 따분한 것, 따분한 사람, 분위기	☐
1913	**romper**	깨다, 부수다, 결별하다, 헤어지다	☐
1914	**rueda de prensa**	① 기자 회견	☐
1915	**ruido**	ⓜ 소음, 잡음	☐
1916	**rumbo**	ⓜ 방향, 진로	☐

1917	**ruptura**	ⓕ 파괴, 파손, 단절, 고장, 결별	☐
1918	**rural**	시골의, 전원의	☐
1919	**ruta**	ⓕ 길, 경로, 여정	☐
1920	**rutina**	ⓕ 일상의 일, 습관성	☐
1921	**rutinario**	틀에 박힌, 습관적인	☐
1922	**sabático**	토요일의, 휴식, 안식년	☐
1923	**sabor**	ⓜ 맛, 풍미, ~풍	☐
1924	**sacar de casillas**	인내심을 잃게 하다, 화나게 만들다	☐
1925	**sacar de quicio**	격분하게 하다, 화나게 만들다	☐
1926	**sacar partido**	이익을 얻다, 활용하다	☐
1927	**salarial**	임금의, 급여의	☐
1928	**salario mínimo interprofesional**	ⓜ 최저 임금	☐
1929	**salida**	ⓕ 출구, 나가기, 구실, 핑계, 해결책, 타개책	☐
1930	**salir el tiro por la culata**	바라던 것과 반대의 결과가 되다, 일이 틀어지다	☐
1931	**salir en verde**	청신호가 켜지다	☐
1932	**salir juntos**	모여 나가다, 연인 관계를 맺다	☐
1933	**salto**	ⓜ 뛰기, 점프, 추락	☐
1934	**saludable**	건강에 좋은, 건강한	☐
1935	**salvar**	구하다, 돕다	☐
1936	**salvo**	~을 제외하고, ~이외에는	☐
1937	**sangrar**	피를 흘리다	☐
1938	**sano**	건강한, 안전한, 건강에 좋은	☐
1939	**satisfacción**	ⓕ 만족, 만족도, 만족감, 충족	☐
1940	**satisfactorio**	만족스러운	☐

1941	satisfecho	만족한, 기뻐하는	☐
1942	seco	마른, 건조된, 무뚝뚝한	☐
1943	sector	⑩ 부문, 분야	☐
1944	secuestrar	유괴하다, 납치하다	☐
1945	secundario	둘째의, 두 번째의, 부차적인, 이차적인, 부수적인	☐
1946	sedentario	별로 움직이지 않는, 외출하기를 좋아하지 않는	☐
1947	sedentarismo	⑩ 칩거 생활, 두문불출하는 생활	☐
1948	seguido	연속의, 계속의	☐
1949	seguridad	① 안전, 안전성, 안보, 확신, 자신감	☐
1950	seguro	⑩ 보험, 안전 / 안전한, 확실한	☐
1951	seleccionado	선별된, 당선된	☐
1952	semanal	주의, 매주의	☐
1953	sembrar	씨앗을 뿌리다, 파종하다	☐
1954	seminal	씨[종자]의, 비옥한	☐
1955	señal	① 표시, 도표, 신호, 기호, 흔적, 보증금	☐
1956	señalar	표시하다, 지적하다, 가리키다	☐
1957	sencillo	단순한, 간단한, 소박한, 소탈한, 단일의, 편도의	☐
1958	sensibilización	① 민감함, 민감하게 만듦, 의식화	☐
1959	sensible	분별 있는, 상식적인, 정밀한, 민감한	☐
1960	sentido	⑩ 감각, 지각, 의식, 의미, 뜻, 방향	☐
1961	sentirse como pez fuera del agua	낯선 환경에서 불편하게 느끼다	☐
1962	ser consciente de	자각하고 있다, 의식하고 있다	☐
1963	ser negado	매우 무능하다	☐
1964	ser un pedazo de pan	붙임성이 있고 다정하다	☐

1965	serenidad	① 평정, 냉정, 침착, 고요	☐
1966	serie	① 연속, 연속극, 연속 드라마	☐
1967	servicio al cliente	ⓜ 고객 서비스, 애프터서비스	☐
1968	servir	섬기다, 시중을 들다, 돕다, 내오다, 쓰이다	☐
1969	severamente	엄히, 호되게, 엄격히	☐
1970	sevillanas	① pl. 세비야 민속 춤	☐
1971	siglo de oro	ⓜ 황금 시대	☐
1972	significativamente	의미심장하게, 상당히	☐
1973	significativo	의미심장한, 중요한, 뜻깊은	☐
1974	sin blanca	무일푼이다	☐
1975	sinergia	① 상승 효과, 상승 작용	☐
1976	síntesis	① 종합, 합성	☐
1977	sitio	ⓜ 장소, 지역, 공간, 위치	☐
1978	situarse	위치하다	☐
1979	sobrecualificado	필요 이상의 자격을 갖춘	☐
1980	sobrellevar	거들어 주다, 참다, 견디다, 못 본 척하다	☐
1981	sobresalir	두드러지다, 빼어나다	☐
1982	sobrio	간소한, 수수한, 절도 있는, 술에 취하지 않은	☐
1983	socializarse	사회화되다, (사람들과) 어울리다	☐
1984	socio	ⓜ ① 회원, 동료, 주주, 파트너	☐
1985	sofisticado	세련된, 우아한, 정교한, 고성능의	☐
1986	sofreír	기름에 살짝 튀기다	☐
1987	sofrito	ⓜ 소프리토 소스, 저냐 / 기름에 살짝 튀긴	☐
1988	soledad	① 고독, 고독감, 외로움	☐

1989	solicitar	신청하다, 지원하다	☐
1990	solicitud	① 신청, 청원, 신청서, 염려, 정성을 다함	☐
1991	solidaridad	① 결속, 연대	☐
1992	solidario	연대의, 연대성의	☐
1993	sólido	ⓜ 고체 / 단단한, 견고한, 고체의, 확고한, 확실한	☐
1994	soltar	놓다, 놓아주다, 풀다	☐
1995	solvencia	① 신뢰성, 확실성, 신용력	☐
1996	sonar	울리다, 소리 나다, 코를 풀다	☐
1997	sonrisa	① 미소, 웃는 얼굴	☐
1998	sopesar	손으로 무게를 가늠하다, 계산하다	☐
1999	soportar	받치다, 참다, 견디다	☐
2000	sorprender	갑자기 덮쳐 붙잡다, 놀라다, 의외다	☐
2001	sosiego	ⓜ 평온, 고요, 평안, 정적	☐
2002	sospechoso	ⓜ ① 용의자 / 수상한, 미심쩍은	☐
2003	sostener	받치다, 지지하다, 주장하다	☐
2004	sostenibilidad	① 지속성, 유지성, 환경 파괴 없이 지속될 수 있음	☐
2005	sostenible	지속 가능한, 지속되는, 환경의 파괴가 없는	☐
2006	súbito	갑작스러운, 돌연한, 뜻밖의	☐
2007	sublime	숭고한, 뛰어난, 훌륭한	☐
2008	subrayar	밑줄을 긋다, 강조하다	☐
2009	subsidio	ⓜ 보조금, 수당	☐
2010	subvención	① 보조, 보조금, 원조	☐
2011	subvencionar	보조금을 주다	☐
2012	sucursal	① 지점, 지사 / 지점의, 지사의	☐

2013	**suelo**	ⓜ 바닥, 지면, 토지, 영토	☐
2014	**sufrir**	당하다, 견디다, 참다, 인내하다, 치르다	☐
2015	**sugerencia**	ⓕ 제안, 조언	☐
2016	**sugerir**	제안하다, 권유하다, 상기시키다	☐
2017	**sumergirse**	물에 잠기다, 가라앉다	☐
2018	**sumido en**	~에 잠긴, 가라앉은, 빠진	☐
2019	**suministrar**	공급하다, 지급하다	☐
2020	**superación**	ⓕ 극복, 극기, 향상	☐
2021	**superar**	능가하다, 극복하다, 뛰어넘다, 초과하다	☐
2022	**superficie**	ⓕ 표면, 면, 지면, 면적	☐
2023	**superfluo**	여분의, 남아도는, 필요 이상의	☐
2024	**superior**	위의, 상부의, 상질의, 고등의, 많은	☐
2025	**supervisado**	지휘된, 관리된, 지도된	☐
2026	**suponer**	상상하다, 추정하다	☐
2027	**supresión**	ⓕ 폐지, 삭제, 억제	☐
2028	**suprimir**	폐지하다, 없애다, 소멸시키다	☐
2029	**surgir**	분출하다, 치솟다, 나타나다, 출현하다, 일어나다	☐
2030	**surrealista**	ⓜⓕ 초현실주의, 초현실주의자 / 초현실적, 비현실적	☐
2031	**susceptible**	[영향을] 받기 쉬운, 민감한, 할 여지가 있는, 가능한	☐
2032	**suspender**	중단하다, 정지하다, 보류하다	☐
2033	**suspenso**	낙제된, 공중에 매달린	☐
2034	**sustitución**	ⓕ 대체, 교체, 대용, 대용품	☐
2035	**sustituir**	대신하다, 바꾸다, 교체하다	☐
2036	**sutura**	ⓕ 봉합, 꿰맴	☐

2037	tablero	⑩ 판, 게임 판, 테이블 표면	☐
2038	taichi	⑩ 태극권	☐
2039	tal como	~하는 그대로, ~와도 같은	☐
2040	taller	⑩ 공방, 공장, 작업소, 실습	☐
2041	talón	⑩ 발뒤꿈치	☐
2042	tapa	① 뚜껑, 덮개, 표지, 안주	☐
2043	tarifa	① 가격, 요금, 가격표	☐
2044	tasación	① 평가, 사정, 결정, 과세	☐
2045	técnico	기술의, 전문의	☐
2046	tejer	짜다, 엮다, 설계하다, 생각해 내다	☐
2047	temperamento	⑩ 기질, 천성, 체질, 생기, 활력	☐
2048	temporada	① 시즌, 철	☐
2049	temporalidad	① 일시성, 세속성, 임의적	☐
2050	tendencia	① 경향, 풍조, 추세	☐
2051	tendido	펼쳐진, 늘어진, 드러누운	☐
2052	tenencia	① 소유, 소지, 귀속	☐
2053	tener claro	확신하다	☐
2054	tener en cuenta	유의하다, 염두에 두다	☐
2055	tener entendido	~라 알고 있다, 양해하고 있다	☐
2056	tener la razón	(누구의 말이) 옳다, 일리가 있다, 타당하다	☐
2057	tener los días contados	여생이 얼마 남지 않다	☐
2058	tener que ver con algo	관계가 있다	☐
2059	tensión	① 당기는 힘, 장력, 긴장, 혈압	☐
2060	tercio	⑩ 3분의 1	☐

2061	término	ⓜ 마지막, 끝남, 기한, 용어, 단어	☐
2062	terreno	ⓜ 땅, 토지, 영역, 분야	☐
2063	tierra	ⓕ 땅, 지구	☐
2064	timo	ⓜ 사기, 사취	☐
2065	tirado	끌린, 아주 쉬운, 매우 싼, 입수하기 쉬운	☐
2066	tirar por la borda	버리다, 내버려두다, 관계를 끊고 돌보지 않다	☐
2067	tirarse los trastos a la cabeza	격렬하게 말다툼을 하다	☐
2068	tiroteo	ⓜ 총질, 총기 난사	☐
2069	titánico	초인의, 초인적인, 거대한	☐
2070	tobillo	ⓜ 발목	☐
2071	tocar fondo	불행의 끝에 다다르다	☐
2072	tocar todos los palos	다양한 부분을 다루다	☐
2073	tolerante	관대한, 아량이 있는, 내성이 있는	☐
2074	tolerar	인내하다, 참다, 묵인하다, 용서하다	☐
2075	tomar las riendas	고삐를 잡다, 주도권을 쥐다	☐
2076	tomar partido por	편들다	☐
2077	tomárselo a mal	나쁘게 받아들이다	☐
2078	tópico	ⓜ 화제, 토픽 / 국소의, 진부한, 평범한	☐
2079	torcerse	꼬이다, 틀어지다, 삐다	☐
2080	torpe	서툰, 우둔한, 멍청한	☐
2081	toxicidad	ⓕ 독성	☐
2082	tóxico	독의, 독성의, 유독한	☐
2083	trabajador	ⓜ ⓕ 노동자 / 일하는, 근면한, 부지런한	☐
2084	trabajo doméstico	ⓜ 살림	☐

2085	traducir	번역하다, 통역하다	☐
2086	trágico	비극의, 비극적인	☐
2087	trago	ⓜ 한 입, 한 모금, 한 잔, 불행, 불운, 불쾌함, 불쾌감	☐
2088	traje	ⓜ 양복, 의복	☐
2089	trámite	ⓜ 수속, 처리, 절차	☐
2090	tramo	ⓜ 구간, 한 구획	☐
2091	tranquilidad	ⓕ 평온, 안정, 안심	☐
2092	transcender	폭로되다, 퍼지다, 확대되다	☐
2093	transeúnte	ⓜ ⓕ 통행인 / 지나가는, 통행하는	☐
2094	transformar	바꾸다, 변형시키다, 개조하다	☐
2095	transmitir	전달하다, 옮기다, 방송하다	☐
2096	transparente	투명한, 속이 비치는, 명료한, 명백한	☐
2097	transversalidad	ⓕ 횡단성	☐
2098	tras	~의 뒤에, 후에	☐
2099	trasladar	옮기다, 이전하다	☐
2100	traspasar	옮기다, 양도하다	☐
2101	trastornar	뒤집다, 뒤엎다, 당황하게 하다, 어지럽히다	☐
2102	traumatólogo	ⓜ ⓕ 외상 전문의	☐
2103	trayectoria	ⓕ 궤도, 동선, 진로, 코스, 흐름	☐
2104	tremendo	대단한, 어마어마한, 지독한	☐
2105	trimestre	ⓜ 3개월, 3학기제 학기	☐
2106	trono	ⓜ 왕위, 왕좌	☐
2107	trozo	ⓜ 조각, 단편, 부분	☐
2108	truco	ⓜ 솜씨, 수완, 눈속임, 요령	☐

2109	tumbarse	드러눕다	☐
2110	turismo	⑩ 관광, 관광 사업	☐
2111	tutor	⑩ ① 후견인, 가정 교사, 보호자, 지도 교사	☐
2112	tutorial	⑩ 강좌	☐
2113	ubicación	① 위치	☐
2114	umbral	⑩ 문턱, 시작, 초기, 경계, 분기점	☐
2115	un cuarto	4분의 1	☐
2116	una vez	일단 ~한 후에, ~하면	☐
2117	una vez que	~하면, ~한 후에	☐
2118	unanimidad	① 만장일치	☐
2119	uniformidad	① 획일성, 균일, 통일감, 단조로움	☐
2120	unir	결합시키다, 하나로 만들다	☐
2121	urbanismo	⑩ 도시 계획, 도시 공학, 도시화 운동	☐
2122	urbano	도시의, 시내의	☐
2123	urbe	① 도시, 인구 밀도가 높은 도시	☐
2124	urgencias	① pl. 응급실	☐
2125	usuario	⑩ 이용자, 사용자 / 사용하는	☐
2126	útil	유용한, 쓸모 있는	☐
2127	utilidad	① 유용성, 이득, 효용	☐
2128	vacío	빈, 비어 있는	☐
2129	valioso	소중한, 매우 가치 있는 (=precioso, hermoso)	☐
2130	valla	① 담장, 울타리	☐
2131	valor	⑩ 가치, 가격	☐
2132	valorar	평가하다, 견적하다	☐

2133	vandálico	잔인한, 난폭한, 야만의, 반달족의	☐
2134	vanidoso	허영심이 강한, 우쭐하는	☐
2135	vano	헛된, 무익한	☐
2136	variable	ⓕ 변수 / 변하는, 변하기 쉬운, 불안정한	☐
2137	variado	여러 가지의, 다양한	☐
2138	variopinto	여러 가지의, 다양한, 가지각색의	☐
2139	vasco	ⓜ 바스크어 ⓜ ⓕ 바스크 사람 / 바스크의	☐
2140	vecinal	주민의, 이웃의	☐
2141	vecindario	ⓜ 주민, 주민 명부, 동네, 근방	☐
2142	vecino	ⓜ 이웃 / 이웃의	☐
2143	vehemencia	ⓕ 격렬함, 맹렬함, 열기	☐
2144	velocidad	ⓕ 속도, 속력	☐
2145	velozmente	빨리, 민첩히, 신속하게	☐
2146	vencer	이기다, 극복하다, 한도를 넘다	☐
2147	venir abajo	넘어지다, 무너지다, 좌절되다	☐
2148	venir bien	적합하다, 기호에 맞다	☐
2149	ventaja	ⓕ 유리한 점, 장점	☐
2150	veraneo	ⓜ 피서, 바캉스	☐
2151	verse en la necesidad	~할 필요에 처해 있다	☐
2152	vestimenta	ⓕ 의복, 의류	☐
2153	vía	ⓕ 길, 도로, 노선, 수단, 관	☐
2154	viabilidad	ⓕ 생육력, 지속성, 실현성	☐
2155	viable	발육할 수 있는, 지속할 수 있는, 실현성이 있는	☐
2156	vibración	ⓕ 진동	☐

2157	vicioso	악덕의, 악질의	☐
2158	viejenial	밀레니얼 세대의 노년층	☐
2159	vigilancia	① 감시, 경비, 경계	☐
2160	vigilar	감시하다, 주의하다	☐
2161	viña	① 포도밭	☐
2162	vinculado	연결된, 관련있는, 결부된	☐
2163	virtud	① 덕, 선, 선행, 능력, 효력, 장점	☐
2164	virtuoso	덕 있는, 명인, 거장, 대가	☐
2165	visibilidad	눈에 보임, 시야, 가시성	☐
2166	visión	① 보기, 봄, 시야, 시각, 시력, 관점, 비전, 광경	☐
2167	visionario	⑩ ① 공상가, 몽상가 / 공상적인, 환영의	☐
2168	vista	① 시각, 시력, 전망, 풍경	☐
2169	vital	살아 있는, 생생한, 생명의, 지극히 중요한, 불가결의	☐
2170	vivienda	① 주거, 집	☐
2171	vocación	① 천직, 천성, 자질	☐
2172	vocacional	직업 교육의	☐
2173	volatilidad	① 휘발성, 물가의 불안정	☐
2174	volcar	뒤엎다, 비우다, 쏟다, (생각 등을) 전향시키다	☐
2175	voluntad	① 의지, 바람, 의사, 노력	☐
2176	xenófobo	⑩ ① 외국인[외국 물건]을 싫어하는 사람 / 외국인[외국 물건]을 싫어하는	☐
2177	y que lo digas	누가 아니래	☐
2178	zafiro	⑩ 사파이어	☐
2179	zapato	⑩ 구두, 단화	☐
2180	zona	① 범위, 영역, 구역	☐

X ~ Z

MEMO

Siempre se puede, cuando se quiere.

원한다면, 항상 가능하다.

- Jose Luis Sampedro -

호세 루이스 삼페드로, 스페인 작가

스페인어 능력시험 대비

DELE

기초부터 실전까지
영역별 맞춤 전략!

B2

한 권으로 끝내는

S 시원스쿨닷컴

한 권으로 끝내는
DELE B2

초판 1쇄 발행 2023년 12월 20일
초판 2쇄 발행 2024년 4월 2일

지은이 BONA(박선애) · Pedro Pombo · 시원스쿨어학연구소
펴낸곳 (주)에스제이더블유인터내셔널
펴낸이 양홍걸 이시원

홈페이지 www.siwonschool.com
주소 서울시 영등포구 영신로 166 시원스쿨
교재 구입 문의 02)2014-8151
고객센터 02)6409-0878

ISBN 979-11-6150-783-5
Number 1-511104-25252500-09

스페인어 능력시험 대비

DELE

한 권으로 끝내는

기초부터 실전까지
영역별 맞춤 전략!

B2

¡Hola!
시원스쿨 스페인어 강사 **BONA**입니다**.**

국내에서 스페인어를 공부하는 많은 사람들을 만나 이야기를 나누어 보면 학습 목적이나 학습법이 각기 다양합니다. 스페인어 문법에 큰 관심이 있는 사람, 회화 위주로 연습하는 사람, 스페인어권 국가에 가고 싶어 하는 사람, 이미 스페인어권 국가에서 여행이나 체류를 해 본 사람 등 확실히 스페인어는 영어와 같이 필요에 의해 억지로 공부하기보다 자발적인 관심과 흥미로 시작하는 사람들이 많다는 것을 느꼈습니다.

하지만 스페인어 능력을 평가하는 DELE 시험의 경우는 다릅니다. 이 시험의 원리와 득점의 기술은 여러분 모두에게 같은 방식으로 적용됩니다. 스페인뿐만 아니라 남미에서 사용되는 스페인어에 대한 지식과 문화에 대해 알고 있어야 합니다. 또한 다른 언어 시험에 비해 시험 문제의 성격이 반복적인 문법 공식에 기반을 둔 문제가 아니라는 것이 큰 특징입니다. 다시 말해, DELE는 단순 암기법으로는 공부할 수 없으며 각 영역에서의 다양한 문제와 글의 내용을 해석함과 동시에 출제 의도를 정확히 파악해야 하는 시험입니다.

자, 그렇다면 해석을 잘 하기 위해서 우리에게 가장 중요한 요소는 무엇일까요?
바로 **Vocabulario, 어휘**입니다.

그런데 DELE 시험을 준비하는 학생들과 함께하며 알게 된 사실이 하나 있습니다.
어휘를 암기할 때 '인쇄된 활자를 보고 의미를 아는 어휘', '귀로 들었을 때 의미가 들리는 어휘', '직접 글로 쓸 수 있는 어휘' 그리고 '직접 소리 내어 말할 수 있는 어휘'로 구분된다는 것입니다.

DELE 시험은 독해, 듣기, 작문, 회화 각 영역이 모두 합격선 이상의 점수를 받아야만 '합격(APTO)'을 받을 수 있는 시험입니다.

여기에서 가장 중요한 것은 어휘임을 우리는 이미 알고 있습니다. 단어를 읽어서 해석할 뿐 아니라 귀로 듣고 해석해야 하며, 직접 글로 쓸 수 있고 직접 말할 수 있어야 합니다. 이처럼 사용할 수 없는 단어는 죽은 단어와 마찬가지입니다.

DELE 시험의 합격 점수 구성에서 네 개 영역의 비중과 점수 비율이 같음이 의미하는 바는 분명 확실합니다. **시험을 위한, 독해 능력에 치우친 언어 능력이 아닌, 실제로 구사할 수 있는 언어, 듣고 이해하며 말로 할 수 있는 스페인어 능력을 요구하는 것입니다.** <한 권으로 끝내는 DELE B2>를 통해 DELE B2를 준비하는 모든 학생들이 부디 실용적이며 살아 있는, 구사에 있어 자신 있는 스페인어 학습을 한다는 목표를 갖길 바랍니다.

여러분들의 스페인어 공부를 응원합니다!

¡Ánimo!

머리말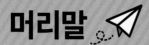

Es un placer para mí presentarte este libro de preparación para el examen DELE nivel B2, una obra que ha sido fruto de la colaboración y el esfuerzo conjunto con la profesora Bona.

Este libro ha sido diseñado para ayudar a los estudiantes que se enfrentan al desafío del DELE nivel B2. Hemos estructurado el contenido de manera que sea completo y efectivo, ofreciendo una visión general de las habilidades necesarias para tener éxito en el examen.

A lo largo de estas páginas, los estudiantes encontrarán el conocimiento y la guía necesarios para enfrentar el examen DELE nivel B2 con confianza. Te animamos a aprovechar al máximo este recurso y a superar con éxito el examen.

Por otra parte, queremos enfatizar que este libro es una herramienta de apoyo para los estudiantes, pero el éxito en el examen DELE nivel B2 depende en última instancia de la dedicación y el esfuerzo personal. La práctica constante, la perseverancia y la confianza en tus habilidades son esenciales para superar este desafío.

Finalmente, queremos expresar nuestro agradecimiento a todos los estudiantes que a lo largo de muchos años hemos tenido el honor y privilegio de preparar para el examen de DELE. Gracias a ellos hemos adquirido el conocimiento y la experiencia fundamentales para la creación de este libro.

¡Esperamos que este libro te sea útil y te deseamos mucho éxito en tu preparación y en el examen DELE B2!

BONA 선생님과의 협업과 공동 노력의 결실인 <한 권으로 끝내는 DELE B2> 교재를 여러 분께 소개하게 되어 기쁩니다.

이 책은 DELE B2 시험에 도전하는 학생들을 돕기 위해 제작되었습니다. 이 책은 여러분들이 시험에서 원하는 결과를 얻는 데 필요한 전략들을 제공하고 있으며, 완전하고 효과적인 학습이 가능한 컨텐츠들로 구성되어 있습니다.

이 책에서 제공하는 내용을 통해 여러분들은 DELE B2 시험에 자신 있게 직면하는 데에 필요한 지식과 전략을 찾을 수 있을 것입니다. 우리는 여러분이 이 자원들을 최대한 활용하여 시험에 합격할 수 있기를 응원합니다.

다른 한편으로, 이 책이 학생들을 돕는 수단이 되기는 하지만, DELE B2 시험에서의 성공은 궁극적으로 개인의 헌신과 노력에 달려 있다는 점을 강조하고 싶습니다. 이 도전에서 성공하기 위해서는 끊임없는 연습, 끈기, 그리고 여러분의 능력에 대한 신뢰가 필수적입니다.

마지막으로, 우리는 수년간 DELE 시험을 준비할 수 있는 영광과 특권을 누려 온 모든 학생들에게 감사를 표하고 싶습니다. 그들 덕분에 우리는 이 책을 집필하기 위해 필요한 지식과 경험을 얻을 수 있었습니다.

이 책이 당신에게 도움이 되기를 바라며, 여러분의 DELE B2 시험 준비와 성공적인 시험 응시를 기원합니다!

여러분들의 스페인어 공부를 응원합니다!

Pedro Pombo

DELE B2 목차 📑

CHAPTER 1. DELE B2 영역별 문제 공략

PRUEBA 1. 독해 Comprensión de lectura

PRUEBA 2. 듣기 Comprensión auditiva

PRUEBA 3. 작문 Expresión e interacción escritas

PRUEBA 4. 회화 Expresión e interacción orales

CHAPTER 2. DELE B2 모의테스트

PART 1. 모의테스트 1

PART 2. 모의테스트 2

〈부록〉 DELE B2 단어장(미니북)

DELE에 대해 알아보자

DELE
자격증 소개

Diplomas de Español como Lengua Extranjera(이하 DELE)는 전세계에서 시행되고 있는 스페인어 자격증 시험으로 스페인어를 모국어로 사용하지 않는 사람들의 스페인어 실력을 공식적으로 인정하기 위해 만들어졌습니다. DELE는 전세계적으로 통용되는, 공신력 높은 자격증입니다.

DELE
시험 시행기관

DELE 시험은 스페인 교육부 주관으로 스페인의 살라망카 대학교(Universidad de Salamanca)에서 시험 문제를 출제 및 평가, 채점하고 세르반테스 문화원(Instituto Cervantes)이 수여 및 관리하고 있습니다.

DELE
자격증 유효 기간

현재 스페인을 포함한 전세계 73개국에서 DELE 자격증 시험이 시행되고 있으며, 특히 자격증 유효 기간이 없기 때문에 시험 합격 후 갱신할 필요가 없습니다.

DELE
자격증 활용도

DELE 시험 증명서는 국내외 대학 진학 시에 스페인어 실력을 증명할 수 있는 공식 증명서로의 활용 외에, 국내에서의 스페인어 관련 혹은 스페인 및 중남미 관련 정부 기관, 공공 기관, 대기업에서의 입사, 승진 및 해외 파견 여부 등에 반영되고 있으며, 스페인어권 국가의 대부분의 대학교 및 대학원 진학에 필수적인 자격증으로, 시간이 흐를수록 DELE의 중요성은 해마다 높아지고 있습니다.

DELE 레벨

DELE는 유럽어 공통 평가 기준 MCER(Marco Común Europeo de Referencia para las lenguas)에 따라 레벨이 6단계인 A1, A2, B1, B2, C1, C2로 분류되어 독해, 듣기, 작문, 회화 영역을 평가합니다.

DELE ESCOLAR는 만 11세에서 17세의 학생들을 대상으로 하는 시험이며 한국에서는 5월에만 이 시험에 응시할 수 있습니다. 응시 레벨은 A1과 A2/B1입니다.

DELE Nivel A1 **(Acceso)**	유럽어 공통 평가 기준에 따라 분류된 6단계 중 가장 초급인 1단계에 해당한다. 스페인어권 국가에서 자주 쓰이는 일상적인 표현을 이해하고 활용하는 능력을 평가한다.
DELE Nivel A2 **(Plataforma)**	유럽어 공통 평가 기준에 의해 분류된 6단계 중 2단계에 해당한다. 자신과 관련 있는 특정 경험(자기 자신 및 가족, 쇼핑, 관심 분야, 직업 등)에 관해 자주 쓰이는 일상적인 구문과 표현을 이해하는 능력을 평가한다.
DELE Nivel B1 **(Umbral)**	유럽어 공통 평가 기준에 의해 분류된 6단계 중 3단계에 해당한다. 자주 발생하는 일상의 상황에서 올바르게 이해하고 응답할 수 있고, 기본적으로 바라는 것이나 필요한 것에 대하여 대화할 수 있는 능력을 평가한다. 일부 대학의 스페인어학과는 이 등급을 최소 요건으로 걸고 있다.
DELE Nivel B2 **(Avanzado)**	유럽어 공통 평가 기준에 따라 분류된 6단계 중 4단계에 해당한다. 일상생활에서 벌어질 일과 전문적인 언어 능력을 요구하지 않는 일반적인 의사소통 상황에서 대응할 수 있는 능력을 평가한다. 보통 대학에서 스페인어를 전공하는 학생들이 B1과 더불어 이 레벨을 가장 많이 본다.
DELE Nivel C1 **(Dominio Operativo Eficaz)**	유럽어 공통 평가 기준에 따라 분류된 6단계 중 5단계에 해당한다. 대화 주제에 특별한 제한을 두지 않고 명료하게 표현할 수 있는 능력을 평가한다. 응시자는 관용 표현 및 구어체 표현을 포함한 폭넓은 어휘 레퍼토리를 이용한 언어 능력을 필요로 한다.
DELE Nivel C2 **(Maestría)**	유럽어 공통 평가 기준에 따라 분류된 6단계 중 6단계에 해당한다. '마스터 과정(C2)'에 해당하는 언어학적 능력을 인정. 대화 주제에 특별한 제한을 두지 않고 명료하게 표현할 수 있는 능력을 평가한다. 응시자는 관용 표현 및 구어체 표현을 포함한 폭넓은 어휘 레퍼토리를 이용한 언어 능력을 필요로 한다. 모든 주제와 상황에서 언어학적으로 효과적으로 적절하게 대처할 수 있는 능력과 어떤 상황에서도 유창하고 자연스럽게 언어를 구사할 수 있는 능력이 있음을 인정한다.

DELE B2에 대해 알아보자

점수 기준

DELE B2 시험은 총 4개의 평가가 2그룹으로 나뉘어 진행됩니다.

→ **1 그룹(읽고 쓰기 능력 평가)**   독해(70분)와 작문(80분)

→ **2 그룹(듣기, 말하기 능력 평가)**   듣기(40분)와 회화(준비 시간 20분, 시험 시간 20분)

합격하기 위해서는 각 그룹별로 최소 30점씩을 받아야 합니다. 시험 최고 점수는 100점이며(각 그룹당 50점), 최종 성적은 합격(APTO)과 불합격(NO APTO)으로 표기되어 나옵니다. 회화 시험 시간은 Tarea 1과 2의 준비 시간 20분 포함입니다.

시험 구조

시험 종류 및 시간	시험 구조	최대 점수
Prueba 1: Comprensión de lectura (영역 1: 독해)		
70분 **과제 4개** **(36문항)**	과제 ①(6 문항) / 과제 ②(10 문항) /과제 ③(6 문항)/ 과제 ④(14 문항)	25점
Prueba 2: Comprensión auditiva (영역 2: 듣기)		
40분 **과제 5개** **(30문항)**	과제 ①(6 문항) / 과제 ②(6 문항) / 과제 ③(6 문항) / 과제 ④(6 문항) / 과제 ⑤(6 문항)	25점
Prueba 3: Expresión e interacción escritas (영역 3: 작문)		
80분 **과제 2개**	· 과제 ① 서신 작성 · 과제 ② 논설문 작성	25점
Prueba 4: Expresión e interacción orales (영역 4: 회화)		
20분 **(준비시간 20분)** **과제 3개**	· 과제 ① 한 주제에 대한 의견 발표 및 문답 · 과제 ② 사진 묘사 및 문답 · 과제 ③ 한 설문 조사에 대한 발표 및 분석	25점

접수부터 성적 확인까지 🖊

시험 일정

한국에서 진행되는 DELE 시험의 정확한 날짜는 2024년 1월 이후 https://seul.cervantes.es/ko에서 확인하시기를 권장합니다.

2024년 DELE 시험 일정

레벨(Generales 기준)	시험 날짜	접수 기간
A2	2월 16일(금)	~1월 10일
A1, A2, B1, B2, C1	4월 12일(금)	~2월 21일
A1, A2, B1, B2, C1, C2	5월 18일(토)	~4월 3일
A2, B1, B2, C1	7월 12일(금)	~5월 15일
A2	9월 13일(금)	~7월 17일
A2, B1, B2	10월 18일(금)	~9월 4일
A1, A2, B1, B2, C1, C2	11월 23일(토)	~10월 9일

* 출처: 세르반테스 문화원 DELE 공식 사이트 https://examenes.cervantes.es/es/dele/cuando

시험 접수

DELE 시험은 각 회차의 접수 기간 안에 시험 기관을 통해 접수해야 합니다. 서울은 한국외국어대학교 홈페이지(dele.hufs.ac.kr)에서, 인천은 대교 인천 델레 센터(vanvo.co.kr)에서, 대구는 대구 가톨릭 대학교(daegudele.cu.ac.kr)에서 접수해야 합니다. 접수처별로 접수 방법이 조금씩 상이하므로, 접수처 홈페이지에서 해당 내용을 확인하시는 것이 좋습니다.

접수부터 성적 확인까지

시험 진행

시간	진행 사항
08:30 ~ 08:50	입실 및 응시 방법 소개
09:00 ~ 10:10	독해 시험 진행
10:15 ~ 10:55	듣기 시험 진행
10:55 ~ 11:20	휴식
11:25 ~ 12:45	작문 시험 진행

- 시험장마다 진행 시간이 약간씩 다를 수 있습니다.
- 회화 시험은 당일 오후 또는 필기시험 다음 날 진행됩니다. 회화 시험 일정은 수험표에 표기되어 있습니다.

응시료

2024년 기준 응시료는 다음과 같습니다.

레벨	응시료
A1	₩166,000
A2	₩215,600
B1	₩254,000
B2	₩282,000
C1	₩309,500
C2	₩331,500
A1 Escolar	₩166,000
A2/B1 Escolar	₩254,000

시험 결과 공지

세르반테스 문화원은 시험일로부터 약 2~3개월 후 이메일 및 홈페이지(examenes. cervantes.es)를 통해 시험 결과를 발표합니다. 합격(APTO)한 응시자들은 스페인 교육부의 이름으로 세르반테스 문화원이 수여하는 자격증을 받게 되며, 자격증은 시험 기관이 우편으로 발송합니다. 공식 시험 결과 발표 이전에는 개인적으로 결과를 알 수 없습니다. 응시자는 DELE 시험과 관련된 서류 일체를 받기 전에 우편 주소와 연락처가 바뀔 경우 반드시 해당 시험 기관에 그 사실을 알려야 합니다.

필기시험 당일 주의 사항

꼭 기억해 두세요!

☑ 신분증을 꼭 챙겨야 합니다. 신분증이 없으면 시험을 볼 수 없습니다. 수험표도 반드시 인쇄해 가야 합니다.

☑ 시험 당일 고사장 인근 교통 상황이 좋지 않을 수 있으니 최소 30분의 여유 시간을 두고 출발하길 바랍니다. 미리 도착해 마음의 준비를 하고 입실하는 것이 좋습니다.

☑ 독해 시험은 경우에 따라 늦어도 입실시켜 주기도 하지만, 듣기 시험 중에는 절대로 입실할 수 없습니다.

☑ 시험 주관사에서 필기도구(연필, 볼펜, 지우개, 연필깎이)를 제공하며 개인 소지품(필통, 휴대폰, 음료 등)은 일절 반입할 수 없습니다. 가방이나 겉옷 역시 고사장의 한 구석에 따로 보관하라고 안내하는 편입니다.

☑ 필기시험은 모두 원어민(스페인 또는 중남미 국적)이 담당하여 진행하므로 시험 안내는 한국어로 설명을 듣지 못합니다.

☑ 고사장 내 칠판에는 시험 시간, 쉬는 시간 등의 공지가 쓰여 있습니다. 시계도 앞에 놓여 있으니 남은 시간을 확인할 수 있습니다.

☑ 시험지와 답안지 중에서 답안지에는 이미 응시자 이름이 인쇄되어 있습니다.

☑ 답안지에는 자필 서명을 해야 합니다.

☑ 시험지 및 답안지는 일절 반출 불가합니다.

☑ 답안지의 모든 OMR 마킹은 연필로 해야 합니다.

☑ 작문 영역의 답안지는 연필 혹은 볼펜으로 작성하는 방식이며, 이는 주관사의 안내문에서 미리 파악하여 따라야 합니다.

☑ 본인의 시험이 끝나도 각자 퇴실할 수 없으므로, 자리에서 조용히 감독관의 시험 종료 안내를 기다립니다.

책의 구성 및 특징

책의 구성

STEP 1. 출제 가이드

각 영역의 출제 가이드를 제공합니다. 최신 출제 경향을 파악하고 과제별 유형을 익힌 다음 완전 분석을 통해 해당 영역을 이해하고 스스로 전략을 짜서 문제를 풀 수 있게 합니다.

STEP 2. 완전 공략 및 실전 연습문제

저자가 수년간 분석한 데이터를 토대로 과제별 핵심 정리와 노하우를 제공합니다. 또한 과제별 문제 해결 전략 및 주의 사항까지 제시합니다. 공략법을 익힌 후에는 과제당 2개의 연습문제를 풀어 봅니다. 이때 해석뿐만 아니라 상세하면서도 명쾌한 해설, 스크립트(듣기), 필수 어휘 및 필수 표현 그리고 모범답안(작문 및 회화)까지 제공합니다.

STEP 3. 종합 연습문제

모든 과제별 실전 연습문제를 학습했다면 이제는 한 영역 전체를 풀어 보며 실력을 중간 점검합니다. 실제 시험 시간에 맞춰 한 영역 전체를 풀면서 실전 감각을 키워 봅시다.

STEP 4. 모의테스트

CHAPTER 2 모의테스트에서는 DELE B2 전체 시험을 2세트 제공합니다.
CHAPTER 1에서 쌓았던 실력을 마음껏 발휘해 봅시다! 본책의 문제들은 최신 경향을 반영하였으며 해석 및 해설, 스크립트, 어휘 그리고 모범답안까지 모두 제공합니다.

책의 특징

핵심 정리

문항 수, 문제 유형, 빈출 주제, 평가 포인트 등을 통해 과제별로 어떤 문제가 출제되는지 상세히 안내합니다.

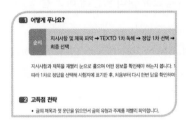

문제 해결 전략

과제별로 문제 해결 전략을 제시합니다. 무작정 문제를 푸는 것이 아니라, 문제에 따른 풀이 방법을 적용할 수 있도록 합니다.

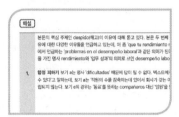

해설

핵심을 짚어 주는 명쾌한 해설을 제공합니다. 정답이 되는 이유와 오답이 되는 이유뿐만 아니라, 함정에 빠지지 않는 방법을 제시합니다.

필수 어휘 및 필수 표현

DELE 시험의 관건은 바로 어휘! 문제 및 스크립트 속 필수 어휘와 필수 표현을 제공합니다.

모범답안

작문과 회화 영역의 모범답안을 제시하여 답변 구성 시 참고할 수 있도록 했습니다.

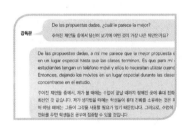

실제 시험 훈련

회화 영역의 경우 실제 시험처럼 시뮬레이션 할 수 있도록 훈련용 스크립트를 제공합니다. 응시자와 감독관의 대화를 직접 써 보고 답안을 보면서 연습할 수 있습니다.

부록 - B2 필수 어휘 미니북

본 책에 나온 2천 여 개의 필수 단어를 찾아 보기 쉽게 알파벳 순으로 정리했습니다. 미니북 사이즈로 언제 어디서든 편하게 들고 다니면서 암기할 수 있습니다.

FAQ: 회화 시험

 Q 배정된 회화 시험날에 중요한 일이 있는데 바꿀 순 없나요?

A 원칙적으로 회화 시험 일정은 바꿀 수 없습니다. 하지만 아주 부득이한 경우라면 시험을 접수한 해당 기관에 문의해 보는 것이 좋습니다.

 Q 원어민 감독관에게는 Tú로 말해야 하나요, Usted으로 말해야 하나요?

A 사실 이 부분에 대해서 정해진 것은 없습니다. 감독관 역시 각자의 방식으로 응시자를 대할 수 있습니다. 감독관이 tú를 사용하고 있는지 usted을 사용하고 있는지 먼저 들어 보는 것도 방법입니다. 또는 직접 물어보는 것도 좋습니다. ¿Puedo tutearte? ¿Le puedo hablar de tú? ¿Le puedo hablar de tú o de usted? 등의 질문을 할 수 있습니다. 그래도 마음이 놓이지 않는다면 감독관이 나에게 tú를 사용하여 대화하더라도 자신은 usted으로 말하는 방법이 있겠죠. 응시자가 감독관의 눈치를 지나치게 볼 필요는 없습니다. 오히려 너무 위축된 말투나 자세는 자제하는 것이 좋습니다.

 Q 감독관의 질문이 이해되지 않으면 어떻게 해야 하나요?

A 감독관의 질문을 못 들어 놓친 경우라면 ¿Me podría repetir la pregunta, por favor?라고 물을 수 있습니다. 질문을 반복해서 들었음에도 불구하고 이해가 되지 않는다면, 최대한 질문 내용을 유추해 봅니다. 대화의 흐름을 깨지 않는 선에서 최대한 자연스러운 내용으로 대화를 이끌어 보면 어떨까요? 감독관의 질문에 가급적 No lo sé(모르겠습니다), 혹은 No entiendo(이해가 안 갑니다)와 같은 답변을 하지 않아야 합니다.

Q 발표하는데 감독관이 아무 말도 하지 않으면 어떻게 해야 하나요?

A 회화 시험 중 응시자가 독백 형식으로 발표하는 시간에는 감독관이 따로 지시하기 전까지 계속해서 발표를 이어가는 것이 좋습니다. 이때 감독관은 응시자의 말을 들으며 표정이나 제스처로 반응할 수 있습니다.

Q 감독관의 표정이 어둡고 분위기가 좋지 않을 때는 어떻게 하면 좋을까요?

A 회화 시험은 대면하여 대화를 나누는 시험이므로 상대방 즉, 감독관의 분위기나 말투, 표정 등에 영향을 받을 수밖에 없습니다. 감독관이 아주 친절한 태도라면 더할 나위 없이 좋겠지만 감독관이 형식적인 태도나 차가운 반응을 보이더라도 신경쓰지 말아야 합니다. 감독관의 눈치를 살피거나 자신의 인상을 좋게 보이게 하기 위해 제스처를 과하게 사용하는 것은 오히려 부자연스러워 보입니다. 위축되지 않고 덤덤하게, 자신의 발표를 무사히 마치겠다는 생각으로 마인드컨트롤을 해야 합니다.

Q 회화 시험에서 가장 중요한 것은 무엇일까요?

A 발표 내용이 좋아야 하고 문법적 오류가 적어야 합니다. 하지만 발표 내용이 좋아도 목소리가 너무 작거나 자신감 없는 태도로 발표하면 효과가 반감됩니다. 앞서 말했듯, 감독관도 사람이기 때문에 응시자의 태도에 영향을 받을 것입니다. 다음 사항을 기억하시기 바랍니다.

① **큰 목소리!** 바른 자세로 앉아 허리와 어깨를 펴고 고개를 들면, 시험을 보는 여러분 또한 자신감이 생길 것입니다. 당당해져야 합니다. 평소 목소리보다 조금 더 높은 톤으로, 조금 더 크게 말해 보세요. 대화에 활기가 생기며 분위기가 고조됩니다.

② **스마일** 환하게 웃어 보세요. 일부러 웃으려고 노력해 보세요. 사실, 시험을 보면서 웃기가 쉽지는 않지만 웃어야 긴장도 풀리고, 감독관에게 좋은 인상을 줄 수 있습니다.

③ **적극성** 감독관의 질문에 마지 못해 답변을 하는 듯한 태도는 좋지 않습니다. 시험을 떠나서 실제로 사람과 대화하고 있다는 것을 잊지 마세요! 감독관 앞에 착석하면서 웃는 얼굴로, 큰 목소리로 인사를 먼저 건네세요! ¡Hola! ¿Qué tal?

FAQ: 점수

Q 턱걸이라도 합격 점수를 받을 수 있는 전략이 있을까요?

A DELE B2에 합격하기 위해서는 독해와 작문의 합산 점수, 그리고 듣기와 회화의 합산 점수 두 가지가 합격선을 넘어야 합니다. 즉, 결과적으로는 4개의 영역별 점수가 아닌, 2개 영역의 합산 점수가 중요한 것이죠. 그 때문에 독해와 듣기 영역이 객관식 문항으로 되어 있어도, '합격선을 넘길' 최소한의 정답 개수를 계산할 수 없습니다. 한 가지 분명한 것은 독해/작문, 듣기/회화의 경우, 총 합산 점수가 30점(합격점)이면 된다는 것입니다. 합산되는 영역 중 한 영역의 점수가 매우 높고 다른 영역은 매우 낮아도 괜찮습니다.

Q 독해와 듣기에서는 총 몇 문제를 맞혀야 합격선인가요?

A 앞서 언급했듯이 작문과 회화 점수를 알 수 없기 때문에 독해와 듣기 영역의 최소 정답 수를 계산할 수 없습니다. 다만 작문(만점 25점)과 회화(만점 25점)에서 70%에 해당하는 17. 5점을 각각 획득한다고 가정하면 독해와 듣기에서 필요한 최소 점수는 각각 12.5점이 됩니다. 이 점수에 해당하는 정답 개수는 영역당 독해 18개, 듣기 15개입니다. 따라서 독해와 듣기 영역에서 각각 절반만 맞혔다 해도 작문과 회화에서 70% 이상의 점수를 얻는다면 합격할 수 있습니다.

Q 작문과 회화 점수는 어떻게 올릴 수 있나요?

A 작문과 회화 두 영역 모두 서술형 시험이라고 할 수 있습니다. 응시자의 생각과 의견이 반영되는 만큼, 자신의 생각을 최대한 간결하고 이해하기 쉽도록 표현해야 합니다. 자신이 '쓰고 싶거나 말하고 싶은 내용'보다는 '읽는 사람이나 듣는 사람이 이해하기 좋은 내용'이 되어야 합니다. 문제에서 요구하는 바에 따라 쉽고 간결히 표현하세요. 인상 깊고 놀랄 만한 내용을 주제로 삼지 않는 것도 필요합니다. 작문과 회화 시험은 자칫 잘못하면 응시자 스스로가 내용을 어렵게 만들 수 있다는 것을 잊지 마세요.

Q 합격 증빙을 해야 하는데 아직 성적표가 나오지 않았어요.

 A 세르반테스 문화원의 홈페이지를 통해 합격 여부를 확인했다면, 이후 자격증을 받기까지는 실제로 꽤 오랜 시간이 걸립니다. 혹시 합격 증빙을 해야 하는 경우라면 시험을 접수한 기관에 문의해서 증빙용 서류를 요청하면 됩니다.

 Q 생각했던 것과 다르게 점수가 너무 낮게 나온 것 같아요.

 A 시험 결과 발표 후, 점수를 재확인하고 싶은 경우라면 세르반테스 문화원 홈페이지(examenes.cervantes.es/es/dele/calificaciones)에서 Revisión de calificaciones를 요청할 수 있습니다. 홈페이지에서는 재확인 요청 후 최장 3개월 이내에 결과를 받을 수 있다고 안내하고 있습니다.

CHAPTER 1
DELE B2

영역별 문제 공략

DELE B2 영역별 문제 공략에서는 DELE B2 문제를 영역/과제로 분류하여 각 과제별 공략법을 다룹니다. 영역별로 제시된 지시사항 파악법과 주의 사항을 비롯해 체계적인 풀이법까지 학습한다면 난이도가 높은 문제라도 독학으로 어렵지 않게 풀 수 있습니다.

PRUEBA DE COMPRENSIÓN DE LECTURA

La prueba de **Comprensión de lectura** contiene cuatro tareas.
Usted debe responder a 36 preguntas.

Duración: 70 minutos.

Marque sus opciones únicamente en la **Hoja de respuestas.**

독해 평가

독해 평가는 4개의 과제로 구성됩니다.
당신은 36개의 문제에 답해야 합니다.

시간: 70분

선택한 보기를 **답안지**에만 표기하시오.

COMPRENSIÓN DE LECTURA 독해

출제 가이드

1 출제 경향

DELE B2 독해 영역은 긴 글 1편 또는 짧은 글 여러 편을 읽고, 시사, 사회, 환경, 문화 등 전문적인 분야와 연관된 복합적인 정보를 파악하게 됩니다. 객관식 또는 빈칸 채우기 등의 유형이 등장하며, 글의 문맥을 파악하면서 핵심을 이해, 분석하는 능력을 키워야 합니다.

2 유형 파악

문항 수	36문항		
시험 시간	70분		
Tarea 과제	**유형**	**단어 수**	**문항 수**
1	긴 글을 읽고 객관식 6문항 풀기	400 ~ 450	6
2	4개의 텍스트 읽고 연관되는 질문 찾기	텍스트 당 130 ~ 150	10
3	긴 글 속 빈칸에 알맞은 문장 고르기	400 ~ 450	6
4	긴 글 속 빈칸에 알맞은 단어 고르기	400 ~ 450	14

3 독해 완전 분석

DELE B2 독해 영역은 4개의 과제, 총 36문항으로 구성되어 있으며, 주어진 시간은 70분입니다. 과제별로 문제 유형이 각기 다르므로 각 과제의 특성과 전략을 정확히 이해하고 있어야 합니다. 특히 독해는 시험의 첫 영역인 만큼 고도의 집중력을 발휘해야 합니다. 제한 시간 안에 36문항을 풀어야 하므로, 자신 있는 과제부터 푼다면 시간 안배에 더 효과적입니다. 단순 독해가 아닌 텍스트 간 핵심 정보의 비교 분석이 필요한 과제 2, 빈칸에 문장 넣기 유형인 과제 3은 우선 풀지 않고, 나머지 독해 영역을 모두 푼 후 집중해서 푸는 것이 더 유리할 수 있습니다. 또한, B2 독해 영역은 고난이도의 어휘 및 표현법 등장에 대비해 다양한 어휘를 암기할 필요가 있습니다. 유형을 모두 익힌 후에는 제한 시간을 설정해 두고 전체 문제를 풀어 보는 식으로 훈련을 반복해 보세요.

Tarea 1 긴 글을 읽고 객관식 **6문항** 풀기

핵심 포인트

- 객관식 6문항은 삼지선다형으로, 주어진 긴 글의 내용에 기반하여 풉니다.
- 글의 전체적인 주제를 빠르게 파악하고, 글의 흐름을 이해하며 읽습니다.
- 전체 내용 및 문단별 세부 내용을 머릿속에 정리해 가며 읽습니다.

글의 유형

- 공공 분야 또는 전문 분야와 관련된 복합적 내용의 정보 전달 글

빈출 주제

- 특정 분야   뉴스, 신문 기사, 소개글 등
- 특정 인물   전기, 보도, 일상, 일기 등
- 문학 작품   고전 혹은 현대 문학 등

Tarea 1 완전 공략

1 어떻게 푸나요?

순서	지시사항 및 제목 파악 → TEXTO 1차 독해 → 정답 1차 선택 → TEXTO 최종 확인 → 정답 최종 선택

지시사항과 제목을 재빨리 눈으로 훑으며 어떤 정보를 확인해야 하는지 봅니다. 1차 독해에서 파악한 글의 논지에 따라 1차로 정답을 선택해 시험지에 표기한 후, 처음부터 다시 한번 답을 확인하며 최종적으로 정답을 선택합니다.

2 고득점 전략

- 글의 제목과 첫 문단을 읽으면서 글의 유형과 주제를 재빨리 파악합니다.
- 1차 독해 때 글의 주요 정보를 파악하며 각 문단 내 요점에 표시해 둡니다.
- 질문의 요지를 정확히 파악한 후, 질문 관련 내용이 언급된 부분을 글에서 찾아 다시 확인하며 정답을 선택합니다.

3 잠깐! 주의하세요

- 질문과 보기의 내용이 긴 편이며, 보기에 함정 내용이 숨어 있으므로, 질문을 먼저 읽고 글을 읽으면 자칫 글의 내용을 잘못 이해할 수 있습니다. 가급적 글을 먼저 읽도록 합니다.
- 제목 해석이 안 되는 경우, 시간을 들이지 말고 곧바로 본문 독해에 돌입합니다.
- 질문과 보기를 정확하게 파악한 후, 글의 어느 부분에서 언급되었는지 최종적으로 확인합니다.
- DELE 시험의 질문들은 글의 내용 전개 순서에 따라 등장하는 것이 일반적이지만 예외적으로 한 두 문제의 순서가 글 내용 안에서는 다를 수 있으니 집중하여 찾습니다.

Tarea 1 Ejercicios 실전 연습 ①

Step 1 공략에 따라 **Tarea 1** 연습문제 ①을 풀어 보세요.

INSTRUCCIONES

Usted va a leer un texto sobre ser despedido del trabajo. Después, debe contestar a las preguntas (1-6).
Seleccione la respuesta correcta (a / b / c).
Marque las opciones elegidas en la **Hoja de respuestas.**

ME HAN DESPEDIDO DEL TRABAJO. ¿Y AHORA QUÉ?

Un despido es una situación difícil que nos puede hacer sentir que estamos perdidos. Sin embargo, esta situación puede convertirse en una oportunidad para reinventarnos y cambiar. Imagina esta situación. Llegas al trabajo y tu jefe te dice que quiere hablar contigo a solas. Lo notas algo incómodo y terminas comprendiendo qué sucede. Te da un papel para firmar tu despido y te vas a casa. Te han despedido del trabajo, aún estás en shock. ¿Qué vas a hacer ahora?

Ser despedido del trabajo suele ser una situación desagradable y difícil. Puede que la empresa se haya visto en la necesidad de reducir la plantilla, que tu rendimiento no esté siendo el más adecuado o que por algún problema, como un conflicto con algún compañero o diferencias con el jefe, haya ocurrido este desafortunado desenlace.

Ante cualquier pérdida, ya sea a nivel familiar o de pareja, debemos pasar por un duelo. En el ámbito laboral no es diferente. Nos hemos acostumbrado a estar en ese trabajo, teníamos una rutina, y al ver cómo todo de repente desaparece de nuestra vida es como si el mundo se nos viniera abajo, como si no encontrásemos salida. De hecho, es posible que creamos que no vamos a encontrar otro trabajo o que no servimos para nada, el problema es que este tipo de pensamientos lo único que hace es alimentar nuestra preocupación pudiendo llegar a generar ansiedad.

Cuando nos enteramos de que nos han despedido del trabajo es importante tomar ciertas decisiones. Es necesario hacer uso de nuestros derechos: si el despido es improcedente, debemos denunciar; si tenemos derecho a paro, cobrémoslo, si nos van a indemnizar, asegurémonos de que recibimos el dinero. Lo importante es que los temas legales queden resueltos lo antes posible, así podremos olvidarnos de ellos.

También, el despido nos puede ofrecer la oportunidad de invertir en nuestra formación para optar a un trabajo diferente o emprender sintiéndonos más seguros de lo que estamos haciendo. Eso sí, debemos contar con los medios necesarios y no decidir sin reflexionar.

Aunque es natural que nos encontremos confundidos, podemos tomarnos dos días para desahogarnos y expresar cómo nos sentimos. Sin embargo, tras este período de descanso debemosactuar, porque, aunque no veamos ninguna salida, en realidad, hay múltiples opciones a nuestro alrededor.

El duelo laboral nos permitirá pasar de ese estado en el que predomina un pensamiento irracional sobre el hecho de no encontrar trabajo a ese otro desde el que coger las riendas y ponernos en acción. Lo importante es no quedarse estancado en el desánimo, aprovechar todas las oportunidades que se nos presenten y crear esas otras que tanto deseamos.

(Adaptado de *https://lamenteesmaravillosa.com*)

PREGUNTAS

1. Según el texto, el motivo del despido puede deberse a...

   a dificultades de la empresa para disminuir el número de trabajadores.

   b problemas en el desempeño laboral.

   c desacuerdos entre los directivos.

2. El texto dice que perder un trabajo...

   a no es equiparable a perder a alguien que amas.

   b provoca angustia.

   c puede generar inseguridad.

3. El texto nos informa de que...

   a hay que encubrir los despidos que no son apropiados.

   b hay que cerciorarse de recibir una compensación si procede.

   c hay que relegar los asuntos legales.

4. El texto dice que el despido...

   a se puede aprovechar, pero sin tomar decisiones a la ligera.

   b nos da seguridad para encontrar trabajo.

   c es el momento propicio para buscar un empleo distinto.

5. En el texto se dice que durante el despido...

   a es habitual reprimirse.

   b lo normal es desanimarse.

   c es lógico sentirse desorientado.

6. El autor del texto dice que el duelo laboral...

   a impide estancarse en la falta de ilusión.

   b facilita la toma de control.

   c imposibilita el pensamiento lógico.

Step 2 연습문제 ①의 내용을 해석해 보세요.

지시사항

당신은 직장으로부터 해고를 당하는 것에 대한 텍스트를 읽을 것입니다. 이어서, (1번부터 6번까지) 질문에 답하세요. (a, b 또는 c) 정답을 선택하세요.

선택한 보기를 **답안지**에 표기하세요.

직장에서 해고를 당했습니다. 이제 어쩌죠?

해고는 우리가 절망감을 느끼게 될 수 있는 어려운 상황이다. 하지만 이 상황은 우리가 우리 스스로에 대해 재발견을 하고 변화할 수 있는 기회로 탈바꿈될 수 있다. 이러한 상황을 상상해 보라. 당신이 직장에 도착했는데 당신의 상사가 당신과 단둘이 이야기 나누고 싶다고 말한다. 당신은 그가 좀 어색하다는 것을 느끼고 결국에는 어떤 일이 일어난 것인지 알게 된다. 당신은 사직서에 서명을 하게 되고 집으로 돌아가게 된다. 직장에서 해고를 당한 것이며 당신은 여전히 쇼크 상태이다. 이제 어떻게 할 것인가?

일자리에서 해고를 당하는 것은 매우 불쾌하며 어려운 상황이 되곤 한다. 회사가 직원 수를 감축해야 하는 상황에 처한 것일 수 있거나, 당신의 성과가 좋지 않은 것일 수 있거나 혹은 동료와의 갈등이나 상사와의 의견 차이와 같은 어떠한 문제로 인해 이러한 불운한 결말이 이루어졌을 수 있을 것이다.

그것이 가족 간의 경우이든 연인 간의 경우이든 간에, 모든 상실에 있어서 우리는 슬픔의 기간을 보내야 한다. 업무 영역에서도 다르지 않다. 우리는 그 직장에 머무는 것에 적응을 했으며 일상이 되었기에 우리의 삶에서 모든 것이 갑자기 사라지는 것을 보는 일은 마치 이 세상이 무너지는 것, 마치 출구를 찾을 수 없는 것과도 같은 것이다. 실제로 우리는 다른 일을 찾지 못할 것이라고 믿어 버릴 수 있고 우리 자신이 쓸모 없다고 생각할 수 있는데, 문제는 이러한 생각들은 우리의 걱정을 키울 뿐이며 이로 인해 불안감을 일으키게 될 수 있다는 것이다.

우리가 직장에서 해고당한 사실을 알게 되었을 때는 몇 가지 결정을 내리는 것이 중요하다. 우리의 권리를 활용하는 것이 필요한 것이다. 만일 해고가 부당한 경우라면 신고를 해야 한다. 만일 우리가 해고 수당을 받을 권리가 있다면 받도록 하자. 만일 금전적으로 보상을 받을 것이라면 돈을 받는 것을 확실히 해야 한다. 중요한 것은 법적인 문제들이 최대한 빨리 해결되는 것이며 그렇게 함으로써 우리는 그 일에 대해 잊을 수 있을 것이다.

또한 해고는 우리에게 다른 일이나 혹은 지금 하는 일보다 더 자신감을 갖고 시작할 수 있는 일을 선택하기 위해 우리의 교육에 더 많은 투자를 할 수 있는 기회를 제공할 수 있다. 물론, 잊지 말아야 할 것은 우리는 필요한 수단을 가지고 있어야 하며 심사숙고하지 않고 결정을 내려서는 안 된다는 것이다.

우리가 매우 혼란스러움을 느끼는 것은 자연스러운 일이지만 마음을 편하게 먹고 자신의 감정에 대해 표현할 수 있도록 이틀 정도의 시간을 갖는 것도 좋다. 하지만 이 휴식 기간 이후에 우리는 행동을 취해야 하는데, 비록 해결점이 보이지 않더라도 사실 우리 주위에는 수많은 옵션들이 있기 때문이다.

직업적인 애도는 우리로 하여금 일자리를 찾지 못할 것이라는 비이성적인 사고가 지배하는 상태로부터 벗어나 다시 고삐를 잡고 행동을 취할 수 있는 상태로 넘어가게끔 해 줄 것이다. 중요한 것은 낙담에 빠져 머무르지 않고 우리에게 주어지는 모든 기회를 활용해 그토록 원하는 다른 기회들을 만들어 내는 것이다.

문제

1. 본문에서는 해고의 사유는 … 때문일 수 있다고 말한다.

   a   직원 수를 감소하는 데에 있어 회사가 갖는 어려움

   b   업무 성과에서의 문제점

   c   임원들 사이에서의 의견 불일치

2. 본문에서는 일자리를 잃는 것은 …라고 말한다.

   a   사랑하는 누군가를 잃는 것과는 비교할 수 없다

   b   괴로움을 유발한다

   c   불안감을 일으킬 수 있다

3. 본문은 우리에게 …라고 말한다.

   a   타당하지 않은 해고는 은폐해야 한다

   b   타당한 경우라면 보상을 받는 것에 대해 확실히 해야 한다

   c   법적인 사안들은 제외시켜야 한다

4. 본문에서는 해고가 …라고 말한다.

   a   유익하게 사용될 수 있지만 무책임한 결정을 내려서는 안 된다

   b   일자리를 찾는 데에 있어 우리에게 확신을 준다

   c   다른 일을 찾기에 적당한 순간이다

5. 본문에서는 해고 기간 동안에 …라고 말한다.

   a   스스로를 억제하는 것이 일반적이다

   b   낙담하는 것이 정상적이다

   c   방향을 잃은 느낌이 드는 것이 당연하다

6. 글쓴이는 직업적인 애도 기간이 …라고 말한다.

   a   희망의 결여에 빠지는 것을 막아 준다

   b   제어력을 갖는 것을 용이하게 해 준다

   c   논리적인 사고를 불가능하게 한다

Step 3 연습문제 ①의 정답 및 해설을 확인해 보세요.

정답

1. b   **2.** c   **3.** b   **4.** a   **5.** c   **6.** b

해설

1. 본문의 핵심 주제인 despido(해고)의 이유에 대해 묻고 있다. 본문 두 번째 문단의 'Puede que...'로 시작하는 문장에서 해고 사유에 대한 다양한 이유들을 언급하고 있는데, 이 중 'que tu rendimiento no esté siendo el más adecuado' 부분이 보기 **b**에서 언급하는 'problemas en el desempeño laboral'과 같은 의미가 된다. 따라서 정답은 보기 **b**. '능률, 효율, 생산성' 등의 뜻을 가진 명사 rendimiento와 '업무 성과'의 의미로 쓰인 desempeño laboral을 같은 뜻으로 봐야 한다는 것이 중요 포인트이다.

함정 피하기 보기 **a**는 명사 'dificultades' 때문에 답이 될 수 없다. 텍스트에서는 '어쩌면 회사는 직원을 줄여야 하는 필요를 가졌을 수 있다'고 말하는데, 보기 **a**는 '직원의 수를 감축하는데 있어서 회사가 갖는 어려움'을 의미하며, 그 때문에 해고가 된다는 원리가 성립되지 않는다. 보기 **c**의 경우는 '동료'를 뜻하는 compañeros 대신 '임원'을 뜻하는 directivos라고 서술하여 함정 보기이다.

2. 2번 질문에서는 'perder un trabajo(일자리를 잃는 것은)'가 주어로 등장했는데, 보기와 연결해서 해석하며 문제를 풀어야 한다. 정답을 찾기 위해서는 세 번째 문단의 마지막 문장 'De hecho, es posible que creamos que no vamos a encontrar otro trabajo o que no servimos para nada, el problema es que este tipo de pensamientos lo único que hace es alimentar nuestra preocupación pudiendo llegar a generar ansiedad.'를 보아야 한다. 이 문장에서 말하고자 하는 것은 해고를 당한 경우에 우리는 비관적으로 생각할 수 있으며, 이러한 생각들은 걱정을 키워 불안감이 생길 수 있다는 것. 이 문장에서 사용된 표현 중 중요한 단서인 동사 poder와 generar를 보기 **c**에서 확인할 수 있는데, 그 뜻은 '결과적으로 낳다, 발생시키다'라는 의미이다. 따라서 정답은 **c**. Ansiedad와 inseguridad 모두 '불안'을 나타내는 어휘이다.

함정 피하기 세 번째 문단의 'Ante cualquier pérdida, ya sea a nivel familiar o de pareja, debemos pasar por un duelo. En el ámbito laboral no es diferente.'라는 문장을 정확히 해석하면, 가족이나 연인 관계에서의 상실과 마찬가지로 업무 상의 해고에 대해서도 애도의 시간을 보내야 한다고 말하고 있다. 이는 일자리를 잃는 것이 사랑하는 누군가를 잃는 것과 비교할 수 없다는 의미가 아니므로 보기 **a**는 오답이다. 그리고 보기 **b**와 관련해서는 주의를 해야 하는데, 섣부른 판단으로 '해고를 당하는 일' 자체가 '괴로움을 유발한다'고 생각해 버리면 안 된다. 일반적인 생각으로는 맞는 말 같지만, 본문에서는 여러 가지 걱정이나 생각들로 불안감이 생길 수 있다는 가능성만을 언급했을 뿐, '괴로움을 유발한다'는 단정적인 결론을 내리지 않았기 때문이다. 헷갈리는 보기가 있다면 본문의 내용에 정확히 근거해서 정답을 찾도록 하자.

3. 네 번째 문단에서는 해고를 당한 이후에 법적인 문제를 최대한 신속히 해결할 것에 대해 조언하고 있다. 3번 문제의 정답 문장은 'si tenemos derecho a paro, cobrémoslo, si nos van a indemnizar, asegurémonos de que recibimos el dinero'. 이 문장에서 사용된 명사 paro는 보통 '파업'이나 '실업'의 의미로 많이 사용되지만 실직했을 때 받을 수 있는 '실업 급여'를 의미하기도 한다. 따라서 정답은 보기 **b**. 명사 compensación(보상, 변상)과 동사 cerciorarse(확실히 하다)의 뜻을 정확히 해석해야 한다.

4. 본문에서 말하고 있는 해고의 의미가 무엇인지를 묻고 있다. 본문의 다섯 번째 문단에서는 해고를 또 다른 일을 시작할 수 있는 하나의 기회로 활용할 것에 대해 말하고 있는데, 정답과 관련된 문장은 문단 마지막의 'Eso sí, debemos contar con los medios necesarios y no decidir sin reflexionar.'이다. 이 문장에서 등장하는 no decidir sin reflexionar(심사숙고하지 않고 결정을 내리지 않다)의 표현은 보기 **a**에서 언급하는 sin tomar decisiones a la ligera(무책임한 결정을 내리지 않다)의 표현과 일맥상통한다. 따라서 정답은 a.

5. 5번 문제에서는 'durante el despido' 즉, 해고가 된 시점과 그 전후 시점을 하나의 기간으로 간주하며 그 기간 동안 어떤 경험을 하게 되는지를 묻고 있다. 보기 **a**의 'es habitual', 보기 **b**의 'lo normal es', 보기 **c**의 'es lógico'는 모두 '보통은 ~하다'로 해석 가능하기 때문에, 그 뒤에 이어지는 'reprimirse', 'desanimarse', 'sentirse desorientado'의 의미를 정확하게 해석해야 한다. 정답 문장은 본문 여섯 번째 문단에서 등장하는 'Aunque es natural que nos encontremos confundidos...'으로, 이 문장에서 언급되는 encontrarse confundido(혼란스럽게 느끼다)와 같은 의미를 가지는 표현은 보기 **c**의 sentirse desorientado(방향을 잃은 느낌이 들다)이다. 따라서 정답은 보기 c.

6. 6번 문제는 직업적인 duelo(애도 기간)에 대한 저자의 생각을 묻는 문제로, 정답 문장은 마지막 문단의 첫 문장이다. 이 문장은 [pasar de Ⓐ a Ⓑ]의 구조를 잘 살펴보며 해석해야 한다. 다른 일을 찾지 못할 것이라고 비이성적인 생각을 하는 상태에서 벗어나 스스로에 대한 제어력을 가지고 다시 행동을 취하려는 상태로 넘어갈 수 있게 해 주는 단계가 바로 이 duelo laboral(직업적인 애도)라는 것. 이때, coger las riendas(고삐를 쥐다)의 비유적 표현의 쓰임에 주의하도록 하자. 정답은 보기 b.

함정 피하기 보기 **a**의 경우는 직업적인 애도 기간이 희망이 결여된 것과 같은 비관적인 상태에 빠지는 것 자체를 아예 impedir(막다) 해 준다는 내용이므로 답이 될 수 없다.

Step 4 연습문제 ①의 필수 어휘를 익혀 보세요.

despedir	작별하다, 헤어지다, 해고하다, 발사하다, 분출하다
perdido	잃은, 잃어버린, 분실된, 행방불명의
reinventarse	다른 모습을 보여 주다
a solas	혼자, 단독으로
notar	깨닫다, 알아차리다, 감지하다
incómodo	불편한, 어색한
verse en la necesidad	~할 필요에 처해 있다
reducir	만들다, ~화 하다, 축소하다, 줄이다
plantilla	⑥ 깔창, 종업원, 정사원
rendimiento	⑩ 수익, 산출, 효율, 성능, 성적
conflicto	⑩ 충돌, 갈등, 불일치
desenlace	⑩ 결말, 해결, 마무리
duelo	⑩ 슬픔, 비통함, 대항, 결투
ámbito	⑩ 구역, 구내, 활동 분야, 영역
laboral	노동의, 직업의
rutina	⑥ 일상의 일, 습관성
venir abajo	넘어지다, 무너지다, 좌절되다
alimentar	(영양을) 공급하다, 보급하다
generar	발생시키다, 낳다
ansiedad	⑥ 불안, 초조, 조바심
derecho	⑩ 법률, 권리 / 올바른, 직선의, 우측의
improcedente	부당한, 형편이 좋지 않은
denunciar	알리다, 신고하다, 발표하다
paro	⑩ 멈춤, 정지, 파업, 실업 보험
indemnizar	배상하다, 변상하다
legal	법률의, 법정의, 법적인
lo antes posible	되도록 빨리
invertir	거꾸로 하다, 역전시키다, 투자하다
formación	⑥ 형성, 양성, 교육
optar	고르다, 뽑다, 선택하다
emprender	시작하다, 착수하다, 개시하다
reflexionar	숙고하다, 자숙하다, 고찰하다, 돌이키다

desahogarse	덜다, 한숨 돌리다, 마음이 편해지다
tras	~의 뒤에, 후에
período	ⓜ 기간, 시기, 월경 기간
múltiple	복합의, 다양한
alrededor	ⓜ 주위, 근교 / 주위에, 주위를
predominar	지배하다, 지배적이다, 풍미하다, 성행하다
irracional	이성이 없는, 비이성적인
rienda	ⓕ 고삐, 제어
ponerse en acción	행동에 옮기다
estancado	침체된, 동결된, 정체된
desánimo	ⓜ 낙담, 실망
aprovechar	유익하게 사용하다
desempeño	ⓜ 수행, 성취, 이행, 연출
desacuerdo	ⓜ 불일치, 부조화
directivo	ⓜ ⓕ 임원, 간부, 관리직 / ⓕ 이사회
equiparable	비교할 수 있는, 비등한
angustia	ⓕ 안달, 걱정, 고민, 불안, 불쾌감
encubrir	묻다, 은폐하다, 은닉하다
cerciorarse	확인하다, 확실히 하다
compensación	ⓕ 보상, 배상, 변상
proceder	비롯되다, 유래되다, 타당하다
relegar	제외하다
a la ligera	가볍게, 무책임하게
propicio	적절한, 적당한, 순조로운
reprimirse	자신을 억누르다, 자제하다
desorientado	방향을 잃은, 당황한
impedir	막다, 방해하다, 방지하다
estancarse	(물이) 괴다, 흐르지 않다, 정체되다, 막히다
imposibilitar	불가능하게 하다, 무력하게 하다

Tarea 1 Ejercicios 실전 연습 ②

INSTRUCCIONES

Usted va a leer un texto sobre las viviendas colaborativas. Después, debe contestar a las preguntas (1-6). Seleccione la respuesta correcta (a / b / c).

Marque las opciones elegidas en la **Hoja de respuestas.**

EL 'COHOUSING': LA REVOLUCIÓN 'VIEJENIAL' CONTRA LA SOLEDAD

Maribel e Ignacio, un matrimonio a las puertas de la jubilación, aspira a vivir esta nueva etapa de su vida, lo que se ha bautizado como *madurescencia*, junto con otros amigos, cuidándose los unos de los otros, compartiendo e intercambiando aficiones, manteniendo una vida activa y garantizándose su autonomía personal en un lugar diseñado por ellos de acuerdo con sus necesidades. "Nos negamos a ser una carga para nuestros hijos y no queremos acabar viviendo solos o en una residencia que no nos podamos permitir; queremos estar rodeados de gente que nos entienda, con la que compartamos intereses y que juntos podamos atendernos entre todos", explica Ignacio.

El *cohousing* o vivienda colaborativa es una fórmula de convivencia en la que sus residentes o socios diseñan y autogestionan el edificio en el que viven, en el que se integran viviendas privadas con zonas comunes amplias de las que también se encargan ellos y que funcionan como una extensión de los pisos particulares. En la comunidad, que suele constituirse como cooperativa, se organizan y se reparten todas las tareas, aprovechando todas las sinergias personales y profesionales de los socios, con la intención de colaborar y cuidarse hasta el fin de sus días.

El *cohousing* es una forma de revolucionar el envejecimiento. Este fenómeno, asentado desde hace años en el centro y el norte de Europa, aún está dando sus primeros pasos en España, pero se está expandiendo de forma exponencial.

Abante Jubilar Sevilla aún está buscando suelo, uno de los principales obstáculos del *cohousing* y que frena el desarrollo de los proyectos. "Nuestros perfiles no encajan con muchas ofertas de suelo urbano público. El suelo privado encarece todo el proyecto y es difícil de encontrar porque requerimos de amplio espacio", sostiene Maribel. La financiación también supone un problema. Pocas entidades bancarias se atreven a avalar estos proyectos, que suelen recaer en manos de la banca cívica.

Todos los proyectos de *cohousing* están perfectamente organizados en fases. En la primera, el grupo motor, un número reducido de individuos, define el modelo de convivencia y adopta las decisiones por unanimidad; luego se pasa a la etapa de captar socios y buscar suelo y financiación, para acabar ya con el período de iniciar la convivencia. Desde que se idea el proyecto hasta que se entra a vivir, la media es de unos seis años. "Una duración determinada es bueno porque el grupo se une, pero si se alarga demasiado puede acabar agotándolos.", advierte Sánchez.

Cada modelo es distinto: unos proyectan más habitaciones o zonas comunes distintas (peluquería, biblioteca, restaurante, baño terapéutico...), otros priman la uniformidad de las franjas de edad, como en el caso de Abante Jubilar -la media está en 65 años-, pero todos buscan compartir sus inquietudes y aportar sus experiencias personales o profesionales al proyecto a través de actividades: debates, cursos, conferencias, audiciones musicales...

(Adaptado de *https://elpais.com*)

PREGUNTAS

1. En el texto, Ignacio explica que...

a   no quieren vivir a costa de sus hijos.

b   vivir en una residencia está fuera de su alcance.

c   les atemoriza la soledad.

2. Según el texto, en una vivienda colaborativa...

a   las tareas se reparten de forma equitativa.

b   las zonas comunes son una prolongación de las viviendas privadas.

c   la comunidad normalmente encarga las tareas a una cooperativa.

3. En el texto se dice que el *cohousing*...

a   es un modelo nuevo de convivencia.

b   lleva tiempo en España.

c   crece velozmente.

4. El texto nos informa de que...

a   la banca cívica no confía en este tipo de proyectos.

b   la falta de suelo público es un impedimento para el desarrollo de proyectos.

c   encontrar un lugar donde construir ralentiza los proyectos.

5. En el texto se dice que...

a   el tiempo ayuda a cohesionar al grupo.

b   al principio deciden cómo ponerse de acuerdo.

c   los proyectos suelen demorarse unos 6 años.

6. Según el texto, en algunos proyectos...

a   lo primordial es tener alrededor de 65 años.

b   es imprescindible desarrollar actividades varias.

c   anteponen el tipo de instalaciones.

Step 2 연습문제 ②의 내용을 해석해 보세요.

지시사항

당신은 공동 주거에 대한 텍스트를 읽을 것입니다. 이어서, (1번부터 6번까지) 질문에 답하세요. (a, b 또는 c) 정답을 선택하세요.

선택한 보기를 **답안지**에 표기하세요.

코하우징 : 외로움에 맞서는 이 시대 중년층의 혁명

정년 퇴직의 문턱에 있는 부부인 마리벨과 이그나시오는 일명 *마두레센시아(장년층)*라고 이름 지어진, 그들 인생에서의 이 새로운 시기를 그들의 필요성에 따라 디자인된 장소에서 친구들과 함께 살고, 서로가 서로를 보살피고, 취미를 나누고 공유하고, 활기찬 삶을 유지하고, 그들의 개인 자치권을 확보하며 살아가기를 갈망하고 있다. "우리는 자식들에게 짐이 되는 것을 거부합니다. 또한 우리끼리만 살거나 과도한 가격의 양로원에서 살고 싶지 않습니다. 우리를 이해하는 사람들에게 둘러싸여 함께 관심사를 공유하고 서로가 함께 돌봐 줄 수 있기를 원합니다."라고 이그나시오는 설명한다.

일명 *코하우징* 혹은 공동 거주지라고 하는 것은 거주인 혹은 회원들이 그들이 살 건물을 직접 디자인하고 직접 관리하는 동거의 형태이다. 그곳은 개인의 거주 공간이 그들이 직접 관리하는 넓은 공동 구역까지 연장되어, 개인 공간과 통합된 형태를 이루고 있다. 주로 협동적으로 구성되는 그 공동체 안에서는 해야 할 모든 일들이 회원들의 개인적 그리고 전문적인 시너지 효과를 활용해서 구성되고 나누어진다. 이는 그들의 마지막 날까지 함께 협동하고 보살피려는 의도 때문이다.

*코하우징*은 노령화를 개혁하는 하나의 형태이다. 중부 유럽과 북유럽에서 몇 해 전부터 자리잡은 이 현상은 스페인에서는 여전히 첫 시작 단계에 있으나 매우 빠른 속도로 확산되고 있다.

아반테 후빌라르 세비야는 여전히 땅을 찾고 있다. 그것은 바로 *코하우징*의 가장 주된 장애물 중 하나이며 모든 프로젝트의 개발을 둔화시키는 것이다. "우리의 도면들은 도심 공영 토지의 공급에는 부합하지 않습니다. 사유지를 사면 프로젝트 전체의 가격이 너무 오르는데, 우리가 필요한 것은 넓은 공간이기 때문에 적당한 것을 찾는 일은 매우 어렵습니다."라고 마리벨은 주장한다. 융자도 역시 문제가 된다. 이러한 프로젝트를 보증하려는 용기를 내는 금융 기관은 극히 드물기 때문에 저축은행의 손에 다시 떨어지게 된다.

모든 *코하우징* 프로젝트들은 단계별로 완벽히 나뉘어 구성된다. 첫 번째는, 적은 인원으로 구성된 추진 그룹이 동거 형태를 정하는데 이러한 결정들은 만장일치로 정해진다. 다음으로는 회원을 모집하고 토지와 융자를 찾는 단계로 넘어간다. 마지막으로는 동거를 시작하는 단계이다. 프로젝트가 구상되고 입주를 하기까지 걸리는 시간은 평균 6년 정도이다. "정해진 기간이 있다는 것은 좋은 것입니다. 왜냐하면 그렇게 해서 이 그룹은 더 돈독해지는 것이죠. 하지만 만일 지나치게 길어진다면 그들은 결국 지칠 수 있습니다."라고 산체스는 충고한다.

각각의 모델은 모두 다양하다. 몇몇 경우에는 더 많은 방을 구상하거나 이발소, 도서관, 식당, 테라피 공간 등과 같은 다양한 공동 구역을 정한다. 또한 아반테 후빌라르의 경우와 같이 연령대의 통일성–그들의 평균 연령은 65세이다–을 우선시하는 경우가 있다. 하지만 그들 모두는 자신들의 호기심을 공유하고 토론, 수업, 컨퍼런스, 음악 콘서트 등과 같은 활동을 통해 개인적 혹은 직업적 경험을 바탕으로 프로젝트에 기여하길 도모한다.

문제

1. 본문에서 이그나시오는 …라고 설명한다.

   a 자녀들을 희생하여 살기를 원하지 않는다

   b 시설에서 사는 것은 그들의 능력 밖의 일이다

   c 외로움이 두렵다

2. 본문에 따르면, 공동 거주 시설에서는 …

   a 해야 할 일들이 공평하게 분배된다.

   b 공동 구역은 개인 공간의 연장선이다.

   c 그 단체는 해야 할 일을 보통 한 협동조합에게 맡긴다.

3. 본문에서는 코하우징이 …라고 말한다.

   a 공동 거주의 새로운 모델이다

   b 스페인에서는 꽤 오래 되었다

   c 빠른 속도로 증가한다

4. 본문은 …라고 말한다.

   a 저축은행은 이러한 유형의 프로젝트를 신뢰하지 않는다

   b 공영 토지의 부족은 프로젝트 개발에 장애가 된다

   c 건설할 곳을 찾는 것은 프로젝트를 느리게 한다

5. 본문에서는 …라고 말한다.

   a 시간의 경과는 그룹을 응집시키는데 도움이 된다

   b 처음에는 의견 합의를 어떻게 할지에 대해 정한다

   c 그 프로젝트들은 6년 정도 시간이 더 걸리게 된다

6. 본문에 따르면 몇몇 프로젝트에서는 …

   a 65세 정도의 연령이어야 한다.

   b 다양한 활동들을 실행하는 것이 필수적이다.

   c 시설의 유형을 우선시한다.

> **Step 3** 연습문제 ②의 정답 및 해설을 확인해 보세요.

정답

1. a   **2.** b   **3.** c   **4.** c   **5.** a   **6.** c

해설

본문의 첫 번째 문단에서는 비슷한 연령의 사람들끼리 함께 공동 거주를 하는 양상에 대해 소개하고 있으며, 이에 대한 이그나시오라는 한 인물의 생각도 함께 언급되고 있다. 이그나시오가 말한 내용 중 'Nos negamos a ser una carga para nuestros hijos...'에 따라 정답은 보기 a. 자녀들에게 짐이나 부담이 되고 싶지 않다는 내용으로, a costa de(~을 희생하여)를 잘 해석해야 한다.

1.   **함정 피하기** 정답 문장에서 이어지는 표현 중 'una residencia que no nos podamos permitir'에 주의해야 하는데, permitirse는 스스로에게 허락 또는 허용할 수 있는 것을 의미하므로, 이 표현은 본인들에게는 과한 금액의 양로원에서 사는 것을 원치 않는다는 내용이 된다. 따라서 보기 **b**는 오답이다.

코하우징 시스템에 관한 세부적인 정보를 묻는 질문이다. 정답을 확인할 수 있는 구간은 두 번째 문단의 '... se integran viviendas privadas con zonas comunes amplias de las que también se encargan ellos y que funcionan como una extensión de los pisos particulares.' 이 문장에 따르면 zonas comunes(공동 사용의 구역)이 piso particular 즉, viviendas privadas(개

2.   인 거주 공간)의 extensión(확장) 영역인 것. 따라서 정답은 **b**. 명사 prolongación은 '연장'이라는 뜻이다.

3번 문제는 본문 세 번째 문단의 내용을 잘 이해해야 하는데, 여기에는 함정이 포함되어 있으니 주의해야 한다. 이 문단의 두 번째 문장 'Este fenómeno, asentado desde hace años en el centro y el norte de Europa, aún está dando sus primeros pasos en España, pero se está expandiendo de forma exponencial.'에 따라 정답은 보기 **c**. Velozmente와 de forma exponencial 두 가지 표현 모두 매우 빠르게 진행되는 것을 말한다.

3.   **함정 피하기** 본문에서 코하우징이 중유럽과 북유럽에서 이미 몇 해 전부터 자리잡은 모델이라고 말했기 때문에, 새로운 모델이라고 표현한 보기 **a**는 오답이다.

본문의 네 번째 문단에 등장하는 아반테 후빌라르라는 인물의 사례에 대해 읽어 보면 4번 문제와 연관된 정답이 등장한다. 정답 문장은 첫 번째 문장인 'Abante Jubilar Sevilla aún está buscando suelo, uno de los principales obstáculos del cohousing y que frena el desarrollo de los proyectos.'으로, 코하우징 프로젝트에 대한 obstáculo(방해물, 장애물)이자

4.   frenar(제동을 걸다)하게 만드는 것이 바로 적절한 토지를 찾는 것이라고 하였기에, 정답은 보기 **c**.

5. 5번 문제는 코하우징 프로젝트를 fase(단계)로 나누어 설명하고 있는 다섯 번째 문단을 잘 읽어 보고 풀어야 한다. 마지막 문장에서 산체스라는 사람이 말한 'Una duración determinada es bueno porque el grupo se une, pero si se alarga demasiado puede acabar agotándolos.'라는 부분을 살펴보면, 여러 단계를 거치며 진행되는 코하우징 프로젝트 기간이 되려 그 그룹이 unirse(결합되다)하는데 도움이 된다는 것을 알 수 있다. 따라서 정답은 보기 a. 동사 cohesionar는 '응집시키다'의 의미로 unirse와 같은 맥락으로 사용되었다.

함정 피하기 본문의 'En la primera, el grupo motor, un número reducido de individuos, define el modelo de convivencia y adopta las decisiones por unanimidad...'에 따르면 코하우징 프로젝트에서 가장 처음 정하는 것은 동거의 형태이기 때문에, 의견 합의의 방법을 가장 먼저 정한다는 보기 b의 내용은 정답이 될 수 없다. 그리고 이어지는 'Desde que se idea el proyecto hasta que se entra a vivir, la media es de unos seis años.'에서 코하우징의 프로젝트가 평균적으로 6년의 기간이 걸린다고 설명하고 있는데, 보기 c의 경우에는 '늦어지다, 지연되다'의 뜻인 동사 demorarse를 사용하여 6년이 더 걸린다고 했으므로 오답이다.

6. 마지막 문단에서는 코하우징 모델의 다양한 형태를 몇몇 사례와 함께 언급한다. 정답 문장은 'Cada modelo es distinto: unos proyectan más habitaciones o zonas comunes distintas (peluquería, biblioteca, restaurante, baño terapéutico...)'로, 이를 통해 몇몇 프로젝트의 경우에는 시설의 유형을 가장 우선적으로 고려한다는 것을 알 수 있다. 따라서 정답은 보기 c.

함정 피하기 보기 b의 경우는 여러 활동들을 할 수는 있지만 그것이 꼭 필수적인 것은 아니므로 오답이다.

Tarea 1 · Ejercicios

Step 4 연습문제 ②의 필수 어휘를 익혀 보세요.

revolución	ⓕ 대변혁, 개혁, 혁명, 혁명적인 일	suelo	ⓜ 바닥, 지면, 토지, 영토
viejenial	밀레니얼 세대의 노년층	obstáculo	ⓜ 방해, 장애, 장애물
soledad	ⓕ 고독, 고독감, 외로움	frenar	제동을 걸다, 멈추게 하다
a las puertas de	문간에서, 문턱에서	encajar	적합하다, 부합하다, 일치하다
jubilación	ⓕ 퇴직, 퇴직 생활, 은퇴	encarecer	값을 인상하다
aspirar	열망하다, 바라다	sostener	받치다, 지지하다, 주장하다
bautizar	세례를 주다, 이름을 붙이다	financiación	ⓕ 융자, 자금 조달
madurescencia	ⓕ [신조어] adolescencia(청소년기, 사춘기)에 빗대어 표현된 장년층	entidad	ⓕ 기관, 단체, 가치, 중요성
afición	ⓕ 애호, 취미	avalar	보증인이 되다, 보증하다
autonomía	ⓕ 자치, 자치권	recaer	다시 떨어지다, 다시 빠지다
de acuerdo con	~에 따르면	en manos de	(누구의) 수중에, 손에
negar	거부하다, 거절하다, 부정하다	banca	ⓕ 은행, 은행업
permitirse	허가하다, 허용하다	cívico	도시의, 시민의, 공공의
atender	대접하다, 주의를 기울이다	fase	ⓕ 단계, 시기, 측면, 양상
fórmula	ⓕ 서식, 양식, 방식	motor	ⓜ 모터, 엔진, 주축 / 원동의, 발동의, 주축의
socio	ⓜⓕ 회원, 동료, 주주, 파트너	reducido	좁은, 작은, 제한된
autogestionar	자가 관리하다	unanimidad	ⓕ 만장일치
integrar	통합하다, 하나로 합치다	captar	얻다, 획득하다, 파악하다, 포착하다, 잡다
encargarse	맡다, 책임지다, 인수하다	período	ⓜ 기간, 시기, 월경 기간
extensión	ⓕ 면적, 확장, 범위, 내선	media	ⓕ 반, 평균, 양말, 스타킹
particular	ⓜ 일개인, 사인 / 특별한, 특수한	determinado	정해진, 특정한, 대담한
cooperativo	협동조합의, 협력의, 협동의 / ⓕ 협동조합	alargar	연장하다, 늘이다
repartir	분배하다, 나누어주다, 배달하다	agotar	바닥을 내다, 축내다
aprovechar	유익하게 사용하다	primar	우월성을 주다
sinergia	ⓕ 상승 효과, 상승 작용	uniformidad	ⓕ 획일성, 균일, 통일감, 단조로움
envejecimiento	ⓜ 노령, 노령화, 노후, 숙성	franja	ⓕ 띠, 끈, 대, 층
fenómeno	ⓜ 현상	inquietud	ⓕ 불안, 초조, 궁금증
asentar	앉히다, 임명하다, 정착하다, 안정되다	aportar	기여하다, 내주다, 불입하다
expandir	넓히다, 펼치다, 퍼뜨리다	a costa de	~을 희생하여, ~의 비용으로
exponencial	증가의 속도가 매우 빠른	alcance	ⓜ 추적, 닿음, 범위, 손아귀

atemorizar	겁을 주다, 무섭게 하다	ponerse de acuerdo	협정하다, 타협하다
equitativo	공평한, 공정한	demorarse	지연되다, 미루어지다
prolongación	ⓕ 연장	primordial	가장 중요한
velozmente	빨리, 민첩히, 신속하게	imprescindible	필요한, 필요 불가결한
impedimento	ⓜ 방해, 장애, 지장	anteponer	앞에 놓다, 중시하다
ralentizar	늦추다, 느려지다	instalaciones	ⓕ pl. 시설
cohesionar	점착하다, 응집하다		

Tarea 2　4개의 텍스트 읽고 연관되는 질문 찾기

핵심 포인트

- 한 가지 공통 주제에 대한 4명의 의견 혹은 관련 경험을 읽습니다.
- 어떤 인물이 말한 내용에 대한 질문인지 정확히 파악하여 연결합니다.
- 인물들이 진술한 내용 간 일치하는 부분과 상이한 부분을 구분하여 파악합니다.

글의 유형

- 공공 분야 혹은 전문 분야에 관한 개인의 관점, 논평, 의견 혹은 일화 등을 담은 논설문

빈출 주제

- 특정 사건　　　관련 경험, 일화 등
- 특정 분야　　　인물 관련 전기 등
- 특정 주제　　　관련 의견 등

Tarea 2 완전 공략

1 어떻게 푸나요?

순서	지시사항 파악 → TEXTOS 1차 독해 → 질문 키워드 파악 → 정답 1차 선택 → TEXTOS 최종 확인 → 정답 최종 선택

4명의 인물이 공통된 주제에 대해 각각 자신의 의견, 경험, 일화 등을 진술합니다. 인물들이 말하는 주제가 무엇인지 파악하는 동시에, 서로 구별점이 되는 각자만의 내용까지 정확히 판별하며 읽어야 합니다. 이어서 각 질문에 해당하는 인물을 답안지에 표기합니다.

2 고득점 전략

- 지문을 읽기 전, 지시사항을 보며 인물들이 처한 상황과 그들이 언급하려는 내용에 대해 미리 파악합니다.
- 4개의 텍스트 간의 정보 비교가 중요하므로, 1차 독해에서 각 인물의 상황, 경험, 의견 차이에 집중하며 읽습니다.
- 질문의 요지를 정확히 파악한 후, 질문의 핵심 키워드와 관련된 부분을 지문에서 빠르게 찾아 정답을 선택합니다.

3 잠깐! 주의하세요

- 제목이 별도로 제시되지 않습니다. 지시사항을 반드시 확인해 주제를 파악하세요.
- '¿Quién dice que...? 누가 …라고 말하는가?'의 유형 외에도 '¿Quién opina que...? 누가 …라고 의견을 내는가?', '¿Quién habla de...? 누가 …에 대하여 말하는가?' 등 여러 형태의 질문이 등장할 수 있으므로 질문을 정확히 읽고 해석해야 합니다.
- 문제가 비교적 짧은 경우, 질문에 등장한 핵심 어휘를 명료하게 해석해야 합니다. 정답과 연관된 인물이 아닌 다른 사람의 글에서 등장한 어휘를 고의로 중복해 놓는 식의 함정이 있을 수 있는 점 명심하세요.

Tarea 2 Ejercicios 실전 연습 ①

INSTRUCCIONES

Usted va a leer cuatro textos en los que cuatro personas cuentan cómo preparan y afrontan su primer día lectivo. Relacione las preguntas (7-16) con los textos (A, B, C y D).

Marque las opciones elegidas en la **Hoja de respuestas.**

PREGUNTAS

		A. RAFA	B. ÓSCAR	C. ALONSO	D. VÍCTOR
7.	¿Quién dice que vive el inicio de curso con curiosidad?				
8.	¿Quién dice que se encuentra atareado?				
9.	¿Quién dice que tiene una plaza fija?				
10.	¿Quién dice que es franco con sus estudiantes?				
11.	¿Quién dice que intenta emocionar a sus alumnos con actividades?				
12.	¿Quién dice que vive el inicio de curso con desgana?				
13.	¿Quién dice que prepara un discurso?				
14.	¿Quién dice que sus estudiantes están estresados?				
15.	¿Quién dice que recompensa a sus alumnos?				
16.	¿Quién dice que le cuesta conciliar el sueño?				

TEXTOS

A. RAFA

A nadie le gusta acabar las vacaciones, pero realmente llevo ya unos días con el cosquilleo del nuevo curso. Además de reencontrarte con compañeros y alumnos, también conoces a muchos nuevos. Mi primer encuentro en septiembre es con los alumnos suspensos que tienen que recuperar la asignatura, por lo que su actitud en esos momentos suele ser de bastante tensión. Así que intento hacer alguna actividad que les relaje. Este inicio de curso es especial para mí, porque me incorporo a mi primer destino definitivo como funcionario de carrera. Por fin podré hacer planes de un curso para otro y podré involucrarme más en el funcionamiento del centro. El primer día soy muy claro con lo que quiero y en cómo van a ser las cosas. Es importante que todas las cartas estén sobre la mesa para que los alumnos sepan qué esperar y dónde están los límites.

B. ÓSCAR

Siendo interino cada inicio de curso es una intriga, a la vez que incertidumbre y algo de angustia. La realidad es que compañeros míos y muchos conocidos desde semanas antes están preparando las asignaturas, revisando los recursos a disposición e ingeniando nuevos métodos. Como los alumnos, tenemos hormigueo por saber las novedades con las que nos encontraremos en el claustro, las materias y cómo no, el grupo de alumnos con el que vamos a trabajar. A mí me hacen especialmente ilusión los cambios y las novedades. Pero como es cierto que nuestra profesión puede volverse algo rutinaria, me encanta ponerme retos nuevos. El primer día siempre presento qué vamos a hacer ese año: una aventura de misterio, un proyecto basado en un videojuego, una aventura de rol ambientada en el Orient Express... algo que les entusiasme.

C. ALONSO

Este año lo vivo con mucha ilusión porque también por primera vez comenzaré el curso el día 1 de septiembre, ya que hasta ahora siempre me había incorporado con las clases ya iniciadas. Soy interino, con lo que me encontraba los grupos ya asignados y no tenía tiempo de planificar nada. En estos días estamos de preparación, reuniones, programaciones. Hay mucho trabajo burocrático. Además, estamos constantemente formándonos y damos cursos tanto en junio como en septiembre. Para prepararme mentalmente me voy dos días antes a un spa. Algo que los alumnos no saben es que los profesores también nos ponemos nerviosos el primer día. Yo, la noche antes del inicio de clase, apenas duermo. Para el primer día normalmente preparo unas palabras para motivarles que memorizo y escenifico. Es normal que al principio estén alborotados, así que intento memorizar sus nombres para captar su atención.

D. VÍCTOR

Lo mío es vocación. Desde que era pequeño soñaba con ser maestro. Cada nuevo curso es un reto. Llevar al día a casi 30 alumnos, cada uno con su propia personalidad es una labor titánica. No puedo decir que me entusiasme que llegue el día ya que, aunque conozco a la mayoría de los alumnos, este año va a ser diferente: voy a ser su tutor y eso es una responsabilidad muy grande. Mi pequeño truco desde el primer día de curso es *El Rey del Silencio*. Lo copié y adapté a mi manera del tutor de prácticas. Consiste en que a final de cada semana hay un rey *del silencio*. Es el que, además de no interrumpir, se ha portado bien, ha hecho las tareas. Su premio son pequeños privilegios la semana siguiente. Todo eso motiva mucho a los demás a portarse bien.

(Adaptado de *https://www.huffingtonpost.es/2017/08/28/los-profesores-tambien-vuelven-al-cole-sus-anecdotas-y-vivencias_a_23188060/*)

Step 2 연습문제 ①의 내용을 해석해 보세요.

지시사항

당신은 그들의 첫 수업을 어떻게 준비하고 직면하는지에 대해 이야기하는 네 명의 사람들의 텍스트를 읽게 될 것입니다. (7번부터 16번까지의) 질문에 (A, B, C 또는 D) 텍스트를 연결하세요.

선택한 보기를 **답안지**에 표기하세요.

<u>문제</u>

		A. 라파	B. 오스카르	C. 알론소	D. 빅토르
7.	학기의 시작을 호기심을 가지고 경험한다고 말하는 사람은 누구인가?				
8.	매우 바쁘다고 말하는 사람은 누구인가?				
9.	정규직을 갖는다고 말하는 사람은 누구인가?				
10.	학생들에게 솔직하다고 말하는 사람은 누구인가?				
11.	활동들을 통해 학생들에게 기쁨을 주기를 시도한다고 말하는 사람은 누구인가?				
12.	학기의 시작을 마지못해 한다고 말하는 사람은 누구인가?				
13.	연설을 준비한다고 말하는 사람은 누구인가?				
14.	자신의 학생들이 스트레스를 받는다고 말하는 사람은 누구인가?				
15.	학생들에게 포상을 해 준다고 말하는 사람은 누구인가?				
16.	잠에 들기 어렵다고 말하는 사람은 누구인가?				

텍스트

A. 라파

휴가가 끝나는 것을 좋아하는 사람은 그 누구도 없지만 저의 경우에는 사실 며칠은 새 학기에 대한 설레임을 지니고 있습니다. 동료들과 학생들과의 재회뿐만 아니라 새로운 사람들도 알게 되기 때문입니다. 9월에 저의 첫 만남은 과목을 재이수해야 하는 낙제한 학생들과의 만남인데, 그래서 그 순간 그들의 태도는 약간 긴장한 상태가 됩니다. 그래서 저는 그들을 이완시키는 활동을 하려 시도합니다. 이번 학기 시작은 저에게는 특별한데, 왜냐하면 저는 공무원으로서 처음으로 정식 직원으로 참여하기 때문입니다. 저는 마침내 한 강의에 대한 계획을 세울 수 있을 것이고, 학교 운영에 더 관여할 수 있을 것입니다. 첫날 저는 제가 원하는 것과 앞으로 어떻게 진행이 될지에 대해 매우 분명히 밝힙니다. 학생들이 기대할 수 있는 것과 제한은 어디까지인지 알 수 있도록 솔직하게 말해 주는 것이 중요합니다.

B. 오스카르

교생으로서 매 학기의 시작은 호기심이며 동시에 불확실함과 약간의 불안감입니다. 실제로 저의 동료들과 많은 지인들은 학기가 시작하기 몇 주 전부터 수업을 준비하고 사용할 자료들을 검토하고 새로운 방법들을 궁리합니다. 학생들이 그렇듯 우리도 역시 교수회, 과목, 그리고 당연히 함께 일할 학생들의 집단에서 어떤 새로운 일들이 기다리고 있을지 알고 싶어서 몸이 근질근질합니다. 특히나 저는 변화와 새로운 것을 매우 기대합니다. 하지만 우리의 직업은 조금 지루해질 수 있기 때문에 저는 새로운 도전을 설정하는 것을 매우 좋아합니다. 학기 첫날 저는 그해에 우리가 무엇을 할지 소개합니다. 예를 들어 미스터리한 모험, 비디오 게임을 기반으로 한 프로젝트, 오리엔트 특급 열차를 배경으로 설정한 롤플레이 모험 등 그들을 흥분시킬 무언가를 합니다.

C. 알론소

올해는 굉장한 기대를 가지고 있는데 그 이유는 바로 처음으로 9월 1일에 새 학기의 시작을 할 예정이기 때문입니다. 지금까지는 이미 시작되었던 수업에 합류했었습니다. 저는 교생의 신분으로 이미 정해진 그룹을 만났고 계획을 세울 만한 시간이 전혀 없었습니다. 요 며칠 우리는 준비, 회의, 프로그램 구성의 시간을 보내고 있습니다. 사무적인 일의 양이 상당히 많습니다. 또한 우리는 지속적인 훈련 과정에 있고 6월과 9월에 모두 수업을 합니다. 정신적으로 준비하기 위하여 저는 하루 전날 스파에 갑니다. 학생들이 알지 못하는 것 중에 하나는 바로 우리 선생님들 역시 첫날에는 긴장을 하게 된다는 것입니다. 저는 수업 시작일 전날 밤에는 거의 잠을 못 잡니다. 보통 첫날에 학생들에게 동기 부여를 할 만한 말을 미리 암기하고 연습해서 준비합니다. 처음에는 조금 소란스러운 것이 정상이므로 저는 학생들의 주의를 끌기 위해 그들의 이름을 암기합니다.

D. 빅토르

저는 이 일이 천직입니다. 저는 어렸을 때부터 선생님이 되는 것을 꿈꿨습니다. 매번 새 학기는 하나의 도전입니다. 각자 자신의 개성을 가진 거의 30명의 학생을 교육하는 것은 초인적인 노동입니다. 저는 대부분의 학생들을 이미 알고 있지만 올해에는 조금 다를 것이기에 학기 시작일이 가까워 오는 것이 매우 즐겁다고 말할 수는 없을 것 같습니다. 저는 그들의 담임 선생님이 될 것이며 이것은 아주 큰 책임감이기 때문입니다. 첫날 저의 작은 요령은 바로 '침묵의 왕'입니다. 저는 그것을 모방해 저의 훈련 선생님의 방식으로 적용했습니다. 매주의 마지막에는 한 명의 침묵의 왕이 있는 겁니다. 수업에 방해가 되지 않는 것뿐만 아니라 품행이 바르고 과제를 잘한 학생이어야 합니다. 그 상으로는 다음 주에 작은 특혜가 주어집니다. 나머지 학생들에게도 품행을 바르게 하는 데에 동기가 됩니다.

Tarea 2 · **Ejercicios**

정답

7. B   8. C   9. A   10. A   11. B   12. D   13. C   14. A   15. D   16. C

해설

7. 새 학기의 시작을 호기심을 가지고 경험하는 사람이 누구인지 구분해야 하는 문제로, 정답은 **B** ÓSCAR. 질문의 con curiosidad(호기심을 가지고)라는 표현에 주목해야 하는데, 텍스트 B의 첫 문장에서 정답을 쉽게 확인할 수 있는 어휘가 있다. ÓSCAR는 'Siendo interino cada inicio de curso es una intriga, a la vez que incertidumbre y algo de angustia.'라며, 교생의 신분으로 매 학기가 시작할 때 intriga(호기심) 등의 감정을 갖는다고 한다. 질문에 등장하는 명사 curiosidad과 동일한 의미의 intriga를 연결시킬 수 있는지를 파악하려는 문제이다.

8. 8번 질문에서 정확한 의미 파악이 필요한 핵심 단어는 바로 형용사 atareado로, '바쁜'이라는 의미이다. 이 문제의 정답은 **C** ALONSO. 그는 9월에 신학기의 시작을 앞두고 'En estos días estamos de preparación, reuniones, programaciones. Hay mucho trabajo burocrático.'라고 말한다. 준비, 회의, 프로그램 구성 등의 사무일이 상당히 많기 때문에 매우 바쁜 상태임을 알 수 있다.

9. 정규직을 갖는다고 말하는 사람이 누구인지를 묻고 있는데, 이 질문에서 핵심 표현은 plaza fija(정규직)이다. '광장, 좌석'의 의미로 많이 쓰이는 명사 plaza는 '직, 직위'의 의미도 있어, 형용사 fijo와 함께 사용되면 '정식 직원'이라는 의미를 나타낸다. 이 문제의 정답은 **A** RAFA. RAFA의 경우, 'Este inicio de curso es especial para mí, porque me incorporo a mi primer destino definitivo como funcionario de carrera.'라고 말하는데, 이 문장에 사용된 'destino definitivo'도 정규직을 의미한다. 명사 destino에는 '운명, 목적'의 의미 외에 '직장'의 뜻이 있어, 형용사 definitivo(확실한, 확정의)와 함께 사용하면 '정식 직원'으로 해석할 수 있다. 그 외에도 정규직을 뜻하는 'trabajo regular, trabajo fijo' 등의 표현도 함께 알아 두자.

10. 10번 질문에서 주목해야 할 표현은 'ser franco'로, ser sincero와 같이 '정직하다, 솔직하다'라고 해석해야 한다. 이 문제의 정답은 **A** RAFA. 텍스트 **A**에서 정답을 확인할 수 있는 문장은 'El primer día soy muy claro con lo que quiero y en cómo van a ser las cosas. Es importante que todas las cartas estén sobre la mesa para que los alumnos sepan qué esperar y dónde están los límites.'이다. 앞 문장에서는 'ser claro'의 표현을 주의해서 해석해야 하며, 뒷 문장에서는 관용 표현인 'estar / poner todas las cartas sobre la mesa'에 주의해야 한다. 이 관용 표현은 카드 놀이의 '패를 모두 보여 주다'에 빗댄 것으로, 그 의미는 '속셈을 밝히다, 모든 것을 솔직히 말하다'이다.

다양한 actividades(활동)을 통해 학생들을 emocionar(즐겁게) 하려는 인물이 누구인지 잘 살펴봐야 한다. 이 문제의 정답은 **B** ÓSCAR. 텍스트 **B**의 마지막 문장 'El primer día siempre presento qué vamos a hacer ese año: una aventura de misterio, un proyecto basado en un videojuego, una aventura de rol ambientada en el Orient Express...algo que les entusiasme.'에서 언급된 내용들이 다양한 actividades에 해당한다는 것을 알 수 있다.

11. **함정 피하기** 텍스트 **A**에도 명사 actividad가 등장하지만, 이 활동들의 목적은 그의 학생들을 relaje(이완시킬)하기 위한 것이기 때문에 오답이다.

질문에 등장한 con desgana의 표현에 주목하자. '식욕 부진, 싫증, 혐오'의 의미를 가진 명사 desgana를 전치사 con과 함께 사용하게 되면 '의욕 없이, 마지못해'의 의미가 된다. 네 명 중 오직 VÍCTOR 만이 'No puedo decir que me entusiasme que llegue el día ya que, aunque conozco a la mayoría de los alumnos, este año va a ser diferente...'라며 개학일이 다가오는 것이 그리 즐겁지 않다고 말하고 있다. 따라서 정답은 **D** VÍCTOR.

12.

문제에서 등장하는 명사 discurso는 '연설, 강연, 인사'라는 뜻으로, 이를 preparar(준비하다)하는 인물이 누구인지 찾아보아야 한다. 정답은 **C** ALONSO. ALONSO가 마지막에 언급한 'Para el primer día normalmente preparo unas palabras para motivarles que memorizo y escenifico.'에서 사용된 palabras(말)와 질문에서 사용된 명사 discurso가 가리키는 내용이 동일하다는 것을 파악해야 한다.

13.

스트레스를 받는 학생들의 심경이나 정신적인 상태에 대해 표현한 사람을 찾아야 한다. 정답은 **A** RAFA. 정답 문장은 'Mi primer encuentro en septiembre es con los alumnos suspensos que tienen que recuperar la asignatura, por lo que su actitud en esos momentos suele ser de bastante tensión.'으로, 학생들과의 첫 만남에서 느껴지는 약간의 긴장감을 통해 RAFA의 학생들이 스트레스를 받고 있음을 알 수 있다.

14.

질문에 등장하는 핵심 어휘는 바로 '포상하다, 상을 주다, 보상하다'의 뜻인 동사 recompensar. 이 문제의 정답으로 학생들에게 포상을 해 준다고 말하는 사람은 **D** VÍCTOR. 'Su premio son pequeños privilegios la semana siguiente.'라는 문장에서 확인할 수 있는 명사 premio(포상)를 놓쳐서는 안 된다. 참고로 동사 recompensar의 동의어로는 'premiar, remunerar' 등의 동사들이 있다

15.

16번 문제에서 반드시 정확한 해석이 필요한 내용은 le cuesta와 conciliar el sueño이다. Le cuesta는 '어렵다, 힘들다, 애먹다'라는 의미이고, '화해시키다, 조정하다'의 의미를 가진 conciliar 동사 뒤에 목적어 el sueño가 올 경우 '잠이 들다'라는 뜻으로 사용된다. 따라서 이 문제를 풀기 위해서는 잠에 들기 어렵다고 말하는 사람을 찾아야 하는데, 정답은 **C** ALONSO. 정답 문장은 'Yo, la noche antes del inicio de clase, apenas duermo.'로, 부사 apenas를 '거의 ~하지 못하다, 가까스로 ~하다'라고 정확히 해석해야 한다. 'Apenas...'를 'Casi no...'로 바꾸어 풀이하면 어렵지 않을 것이다.

16.

Step 4 연습문제 ①의 필수 어휘를 익혀 보세요.

afrontar	대질시키다, 대항하다, 맞서다
lectivo	수업의, 수업 기간의
atareado	바쁜, 분주한
plaza	ⓕ 광장, 자리, 좌석, 직, 지위
franco	솔직한, 숨김없는
desgana	ⓕ 식욕 부진, 싫은 마음, 싫증
recompensar	상을 주다, 보상하다, 수당을 주다, 보답하다
conciliar el sueño	자다, 잠들다
cosquilleo	ⓜ 간지럼, 간지럽게 하기
reencontrar	다시 발견하다, 되찾다, 재회하다
suspenso	낙제된, 공중에 매달린
asignatura	ⓕ 과목, 학과목, 교과
tensión	ⓕ 당기는 힘, 장력, 긴장, 혈압
incorporarse	합해지다, 합병되다, 가입하다
definitivo	결정적인, 결정짓는, 확실한
funcionario	ⓜ 공무원, 관리
involucrarse	끌어들이다, 개입시키다
funcionamiento	ⓜ 기능, 상태, 작업, 조작
estar todas las cartas sobre la mesa	솔직히 말하다, 속셈을 밝히다
interino	ⓜ ⓕ 대리, 대행, 임시 고용인, 인턴
intriga	ⓕ 음모, 책략, 호기심, 관심
incertidumbre	ⓕ 불확실성, 의문
angustia	ⓕ 고뇌, 불안, 초조, 불안감
revisar	다시 보다, 복습하다, 점검하다
disposición	ⓕ 배치, 배열, 대비, 의향
ingeniar	고안하다, 생각해 내다
hormigueo	ⓜ 근질근질함
claustro	ⓜ 교수회, 교수단
novedad	ⓕ 새로움, 참신함, 변화
rutinario	틀에 박힌, 습관적인
reto	ⓜ 도전, 도발, 어려운 목표
rol	ⓜ 역, 역할

ambientado	설정한
Orient Express	ⓜ 오리엔트 특급 열차
entusiasmar	열광시키다, 감격시키다
asignado	할당된, 지정된
planificar	계획을 세우다, 계획하다
burocrático	관료 제도의, 관료 정치의, 사무적인
apenas	겨우, 고작, 단지, ~하자마자
memorizar	외우다, 암기하다, 기억에 남게 하다
escenificar	각색하다, 극화하다, 상영하다
alborotado	소란을 피우는, 다사다난한, 당황한
vocación	ⓕ 천직, 천성, 자질
labor	ⓕ 노동, 근로, 공로, 수예
titánico	초인의, 초인적인, 거대한
truco	ⓜ 솜씨, 수완, 눈속임, 요령
portarse	행동을 하다, 처신하다

Tarea 2 Ejercicios 실전 연습 ②

Step 1 공략에 따라 Tarea 2 연습문제 ②를 풀어 보세요.

INSTRUCCIONES

Usted va a leer cuatro textos en los que cuatro personas cuentan cómo vivieron su primera entrevista de trabajo. Relacione las preguntas (7-16) con los textos (A, B, C y D).

Marque las opciones elegidas en la **Hoja de respuestas.**

PREGUNTAS

		A. ANA	B. LETICIA	C. LUZ	D. EVA
7.	¿Quién dice que la rechazaron por falta de experiencia?				
8.	¿Quién dice que no entendía el objetivo de las preguntas?				
9.	¿Quién dice que la contrataron por su carácter?				
10.	¿Quién dice que los nervios le jugaron una mala pasada?				
11.	¿Quién dice que estaba sobrecualificada para el trabajo?				
12.	¿Quién dice que no le hacía ilusión conseguir el trabajo?				
13.	¿Quién dice que su indumentaria influyó en la entrevista?				
14.	¿Quién dice que enfureció al entrevistador?				
15.	¿Quién dice que se sintió molesta durante la entrevista?				
16.	¿Quién dice que se equivocó de oferta de trabajo?				

TEXTOS

A. ANA

Recuerdo que mi primera entrevista de trabajo fue un desastre. Había estado buscando ofertas de trabajo relacionadas con mi especialidad y finalmente encontré una que me pareció atractiva. Cuando llegué a la entrevista, me di cuenta de que me había equivocado de currículum. Había llevado el de mi hermano. Pero bueno, al entrevistador le pareció gracioso y me dijo que era normal equivocarse. Durante la entrevista me mostré muy nerviosa. Me hicieron muchas preguntas, sobre todo relacionadas con mi experiencia. Yo acababa de terminar la universidad y graduarme, así que no pude decir nada al respecto. Lo peor de todo es que de camino a casa vi que me había confundido y que el puesto que ofrecían no era ni por asomo el que yo pensaba. Perdí toda una mañana para nada.

B. LETICIA

Mi primera entrevista de trabajo fue en una empresa de relaciones públicas. Nos pidieron que nos vistiéramos casualmente pero aun así yo me puse un traje muy formal. Durante la entrevista me preguntaron que por qué me había vestido así. No supe cómo responder. Creo que fue un acto de rebeldía contra mi padre. Él había encontrado esa oferta de trabajo, pero yo no tenía ni el menor interés en el puesto. La verdad es que después de cuatro años en la universidad, dos haciendo un curso de posgrado e innumerables títulos más, aspiraba a algo mejor. Mi preparación académica estaba por encima de lo que el puesto requería. Lo peor de todo fue tener que escuchar del entrevistador que mi perfil no se ajustaba a lo que ellos buscaban. Por lo visto necesitaban a alguien que ya hubiera trabajado en el sector. Salí de allí humillada.

C. LUZ

Me acuerdo de que fui a la entrevista con un vestido que me prestó mi madre y cuando llegué a la salita donde teníamos que esperar me di cuenta de que tenía una mancha enorme de grasa. Los otros candidatos no dejaban de mirarme. Cuando me tocó entrar en el despacho del entrevistador estaba como un flan y eso me perjudicó mucho. No respondí bien a ninguna de sus preguntas y no paraba de meter la pata. Lo único que quería es que la entrevista terminara cuanto antes. El entrevistador, que parecía irritado, me dijo que carecía de aptitud y que no me veía preparada para el trabajo. Al final no esperé a que terminara la entrevista. Di las gracias y salí de allí pitando. Me fui directo al Corte Inglés a comprarme un vestido nuevo, que por supuesto, lo pagué con la tarjeta de mi madre.

D. EVA

En mi caso mi primera experiencia fue surrealista. En la entrevista me hicieron todo tipo de preguntas: que si sabía cocinar, que qué cocinaba, que si era vegetariana...Y eso que era una oferta de contable. Nunca supe el porqué de esas preguntas. Algunas incluso me incomodaron porque me parecieron bastante inapropiadas. Aquello parecía un interrogatorio. Al final me dijeron que no tenía la formación que ellos necesitaban pero que algún día me llamarían. Yo estaba totalmente convencida de que a la entrevistadora no le gustaba la ropa que llevaba. Ese día me había puesto un vestido demasiado atrevido. Sin embargo, dos días más tarde recibí una llamada diciendo que empezaba a trabajar, que les había parecido una chica muy maja y agradable. Con el tiempo me enteré de que el vestido que había llevado a la entrevista era de una de las marcas favoritas de la entrevistadora.

Tarea 2 · Ejercicios

지시사항

당신은 본인의 첫 일자리 면접을 어떻게 겪었는지에 대해 말하는 네 명의 사람들의 텍스트를 읽게 될 것입니다. (7번부터 16번까지의) 질문에 (A, B, C 또는 D) 텍스트를 연결하세요.

선택한 보기를 **답안지**에 표기하세요.

문제

		A. 아나	B. 레티시아	C. 루스	D. 에바
7.	경험의 부족 때문에 거절당했다고 말하는 사람은 누구인가?				
8.	질문의 목적을 이해하지 못했다고 말하는 사람은 누구인가?				
9.	본인의 성격 때문에 채용되었다고 말하는 사람은 누구인가?				
10.	긴장했기 때문에 악영향이 있었다고 말하는 사람은 누구인가?				
11.	그 일을 하기에는 본인의 능력이 너무 크다고 말하는 사람은 누구인가?				
12.	일자리를 구하는 것에 큰 기대가 없었다고 말하는 사람은 누구인가?				
13.	본인의 옷차림이 면접관에게 영향을 주었다고 말하는 사람은 누구인가?				
14.	면접관을 화나게 만들었다고 말하는 사람은 누구인가?				
15.	면접을 보는 동안에 불편함을 느꼈다고 말하는 사람은 누구인가?				
16.	구인 광고를 혼동했다고 말하는 사람은 누구인가?				

텍스트

A. 아나

저의 첫 면접은 엉망진창이었던 것이 기억납니다. 저는 제 전공과 관련 있는 일자리를 찾고 있었고 마침내 마음에 드는 한 곳을 찾았습니다. 그 면접에 도착했을 때, 저는 이력서를 잘못 가져간 것을 깨달았습니다. 저는 제 남동생의 이력서를 가져간 것이었습니다. 하지만 면접관에게는 그것이 웃기는 일로 여겨졌고 저에게 실수하는 것은 일반적이라고 말했습니다. 그 면접 동안 저는 매우 긴장된 모습을 보였습니다. 그들은 제게 많은 질문들을 했으며 특히 저의 경험에 관련된 것을 물었습니다. 저는 그때 막 대학을 마치고 졸업한 상태였으므로 그와 관련해 아무런 대답을 할 수 없었습니다. 최악인 것은 제가 헷갈렸던 것이며 그들이 제공했던 일자리는 제가 생각했던 것이 결코 아니라는 사실을 집으로 돌아가는 길에 알게 되었다는 것입니다. 저는 오전 시간 전체를 아무 쓸모 없이 낭비했습니다.

B. 레티시아

저의 첫 면접은 한 홍보 회사에서 이루어졌습니다. 그들은 우리에게 편한 복장을 입을 것을 요청했지만 그럼에도 불구하고 저는 매우 형식적인 복장을 갖추어 갔습니다. 인터뷰 중에 저는 왜 그렇게 옷을 입었는지 질문을 받았습니다. 저는 뭐라고 답변을 할지 몰랐습니다. 제 생각에 그것은 저의 아버지에 대한 반항의 행동이었던 것 같습니다. 그 일자리를 찾아낸 것은 저의 아버지였으나, 저는 그 일에 정말 최소한의 관심도 없었습니다. 사실은 대학에서의 4년과 2년의 대학원 과정 그리고 무수히 많은 학위를 얻은 후의 저는 더 나은 무언가를 지향했었습니다. 저의 학업적 지식은 그 일자리에서 요구하던 것 이상의 수준이었습니다. 그중 최악은 제 프로필이 그들이 찾던 것에는 맞지 않는다는 말을 면접관으로부터 들은 것이었습니다. 알고 보니 그들은 그 분야에서 이미 일한 적이 있는 사람을 찾고 있었던 것입니다. 저는 수치심을 느끼며 그곳에서 나왔습니다.

C. 루스

저는 제 어머니가 빌려준 원피스를 입고 면접을 간 기억이 납니다. 그런데 제가 대기실에 도착했을 때 그 옷에 엄청나게 큰 기름 얼룩이 있었다는 사실을 깨달았습니다. 다른 지원자들은 계속해서 저를 바라보았습니다. 면접관의 사무실에 들어갈 차례가 되었을 때 저는 마치 커스터드 푸딩처럼 떨고 있었고 그것은 저에게 악영향을 미쳤습니다. 그의 그 어떠한 질문에도 제대로 답을 할 수 없었으며 계속해서 실수를 연발했습니다. 그 순간 유일하게 바라던 것은 면접이 최대한 빨리 끝나는 것이었습니다. 화가 난 듯 보였던 그 면접관은 제게 재능이 부족해 보인다고 말했으며 그 일자리를 위해 준비가 된 것처럼 보이지 않는다고 말했습니다. 결국 저는 면접이 끝나는 것을 다 기다리지 못했습니다. 감사 인사를 전한 후 휘파람을 불며 그곳에서 나왔습니다. 저는 곧바로 새 원피스를 사기 위해 백화점으로 갔고 물론 그 원피스는 어머니의 카드로 결재했습니다.

D. 에바

저의 경우 첫 면접 경험은 비현실적이었습니다. 인터뷰에서 그들은 저에게 모든 종류의 질문을 했습니다. 요리는 할 줄 아는지, 무엇을 주로 요리하는지, 채식주의자인지… 심지어 그것은 회계사 면접이었는데 말이죠. 그러한 질문들의 이유를 저는 알 수 없었습니다. 심지어 몇 가지 질문들은 매우 부적절하다고 여겨져서 불편하기까지 했습니다. 그것은 마치 심문과도 같았습니다. 최종적으로는 제가 그들에게 필요한 소양을 갖지 못했으나 언젠가는 저에게 전화를 줄 것이라고 말했습니다. 저는 제가 그날 입고 간 옷이 그 여자 면접관의 마음에 들지 않았다는 것을 완전히 확신했습니다. 그날 저는 매우 과감한 원피스를 입고 갔기 때문입니다. 하지만 이틀 후에 저는 근무를 시작해도 좋으며 그들이 저를 매우 착하고 친절한 사람으로 봤다는 이야기를 전하는 전화를 받았습니다. 시간이 더 흐른 후에 저는 그날 제가 입었던 원피스가 그 면접관이 가장 좋아하는 브랜드의 옷이었다는 것을 알게 되었습니다.

Step 3 연습문제 ②의 정답 및 해설을 확인해 보세요.

정답

7. B   8. D   9. D   10. C   11. B   12. B   13. D   14. C   15. D   16. A

해설

7. 질문에서 '(Ellos) rechazaron... (거절당했다)'라는 표현이 나왔으므로, 면접에서 탈락한 인물을 중점적으로 파악해야 한다. 그리고 해당 인물들 중에서 por falta de experiencia(경험의 부족) 때문에 합격하지 못한 경우에 대해 찾아보도록 하자. 정답은 B LETICIA. 정답 문장인 'Por lo visto necesitaban a alguien que ya hubiera trabajado en el sector.'을 통해, LETICIA는 경험이 없었기 때문에 면접을 본 회사에 합격하지 못했다는 것을 알 수 있다.

8. 인터뷰 당시 받은 질문들의 objetivo(목적)을 이해하지 못했던 인물을 찾아야 하는 문제이다. 정답은 D EVA. 그녀는 면접에서 아주 많은 질문을 받았는데, 'Nunca supe el porqué de esas preguntas.'라고 느꼈다고 했다. 명사 porqué는 'causa, razón, motivo' 등의 동의어로, '이유, 원인'을 뜻한다.

9. 질문에 이미 'la contrataron(채용)'이라는 표현이 있으므로, 면접 결과가 합격으로 이어진 인물 중에 본인의 성격 덕분에 채용된 사람을 찾아야 한다. 정답 문장은 텍스트 D의 'Sin embargo, dos días más tarde recibí una llamada diciendo que empezaba a trabajar, que les había parecido una chica muy maja y agradable.'. EVA의 예상과 달리 면접관들은 그녀가 좋은 성격을 가지고 있다고 판단했고, 그녀에게 합격 통보를 전달해 준 것이다. 따라서 정답은 D EVA.

10. 질문의 구조를 잘 파악하며 해석해야 한다. 10번 질문의 주어는 'los nervios(신경, 긴장)'이며 동사는 관용 표현인 'jugar una mala pasada(해를 끼치다)'이다. 해석하면, '긴장한 탓에 손해를 봤다'라는 의미이므로, 면접을 볼 당시 긴장감을 느낀 인물이 누구인지 찾아야 한다. 정답 문장은 텍스트 C의 'Cuando me tocó entrar en el despacho del entrevistador estaba como un flan y eso me perjudicó mucho.'로, LUZ는 면접 당시의 자신의 상태를 flan(커스터드 푸딩)에 비유하며 매우 긴장해서 떨고 있었다고 말한다. 이어지는 문장에서도 그녀가 질문에 답을 제대로 못했고 실수를 연발했다는 내용이 나오므로, 정답은 C LUZ. 참고로 동사 perjudicar는 '손해를 주다'는 의미이다.

11. 질문에서 반드시 정확한 해석을 해야 할 핵심 키워드는 'estar sobrecualificado(능력이 너무 크다)'이다. 형용사 cualificado는 '자격이 있는'의 의미인데 접두사 sobre가 덧붙으면 '그 이상으로, 과하게'라는 의미가 추가된다. 따라서 이 문제는 자신이 지원한 일자리에 비해 본인이 가지고 있던 자격이 훨씬 뛰어났던 사람이 누구인지를 묻고 있다. 이 문제의 정답은 정답은 B LETICIA. 정답 문장은 'Mi preparación académica estaba por encima de lo que el puesto requería.'로, LETICIA가 지원한 일자리에 비해 그녀의 학업적 지식이 더 높았다는 것이다.

12. 12번 질문은 부정문으로, 그 일자리를 얻는 것에 대해 'no hacer ilusión(기대를 하지 않다)'라고 말하는 인물을 찾아보아야 한다. 정답은 B LETICIA. 그녀는 본인의 아버지의 뜻에 따라 억지로 면접을 보러 간 경험에 대해 언급하며 'Él había encontrado esa oferta de trabajo, pero yo no tenía ni el menor interés en el puesto.'라고 했다. 해당 일자리에 전혀 관심이 없었다는 말은 일자리를 구하는 것에 큰 기대가 없었다는 것과 의미와 같다는 것을 잘 파악해야 한다.

13. 질문에서 반드시 정확한 해석이 필요한 명사는 indumentaria이다. Ropa처럼 집합명사에 해당하는 이 명사는 '의복, 의상'을 뜻하므로, 의상이 면접관에게 영향을 주었다고 이야기하는 사람을 빠르게 찾아야 한다. 정답 문장은 EVA의 이야기를 다룬 텍스트 D에서 찾을 수 있는데, 마지막 문장인 'Con el tiempo me enteré de que el vestido que había llevado a la entrevista era de una de las marcas favoritas de la entrevistadora.'를 살펴보면 EVA가 면접 때 입었던 옷은 면접관이 매우 좋아하는 브랜드의 옷이었기 때문에, 그녀의 의상이 면접관에게 긍정적인 영향을 주어 취업에 성공했다는 것을 유추할 수 있다. 따라서 정답은 D EVA.

함정 피하기 주의해야 할 함정 보기는 C LUZ이다. 그녀의 원피스에 묻은 얼룩 때문에 사람들이 쳐다보았고 면접에서도 심리적으로 나쁜 영향을 받았지만, 그 옷 자체가 면접관에게 직접 영향을 주었다는 내용은 언급되지 않았으므로 정답이 될 수 없다.

14. 질문의 핵심 단어는 enfurecer(화나게 하다)로, 면접관을 화나게 만든 사람이 누구인지를 묻고 있다. 이 문제의 정답은 C LUZ. 'El entrevistador, que parecía irritado, me dijo que carecía de aptitud y que no me veía preparada para el trabajo.'라는 문장에 사용된 형용사 irritado는 '짜증난, 화난, 성난'을 의미하므로, 면접에서 좋은 모습을 보이지 못한 LUZ가 면접관을 화나게 만들었음을 알 수 있다.

15. 위 14번 질문과는 달리, 면접 때 그 자신이 불편함을 느낀 인물을 찾아보아야 한다. 정답은 D EVA. 정답 문장은 'Algunas incluso me incomodaron porque me parecieron bastante inapropiadas.'로, 동사 incomodar는 '불편하게 만들다'는 뜻이다.

16. 질문에서 확인할 중요 단서는 'equivocarse de oferta de trabajo(구인 광고를 혼동하다)'로, 이 단서와 관련이 있는 정답 문장은 텍스트 A의 'Lo peor de todo es que de camino a casa vi que me había confundido y que el puesto que ofrecían no era ni por asomo el que yo pensaba.'이다. 따라서 정답은 A ANA.

Step 4 연습문제 ②의 필수 어휘를 익혀 보세요.

rechazar	거절하다, 뿌리치다, 물리치다
falta	ⓕ 부족, 결여, 부재, 결석, 결근
objetivo	ⓜ 목적, 목표 / 목적의, 객관적인, 공평한
carácter	ⓜ 성격, 인성, 개성, 특징
nervio	ⓜ 신경, 원기, 활력, 신경 과민
jugar una mala pasada	해를 끼치다, 짓궂게 굴다, 잔인한 처사를 하다
sobrecualificado	필요 이상의 자격을 갖춘
hacer ilusión	기대하게 만들다, 희망을 주다
indumentaria	ⓕ 의상, 의류
enfurecer	화나게 하다, 격노시키다
desastre	ⓜ 재해, 재앙, 엉망, 난리
especialidad	ⓕ 특기, 특산물, 전문, 전공
currículum	ⓜ 이력서, 커리큘럼
gracioso	재미있는, 우스운, 익살이 넘치는
mostrarse	모습을 보이다, 나타내다, 행동하다, 굴다
al respecto	그 일에 관하여
confundirse	섞여 들어가다, 착각하다, 혼란스럽다
ni por asomo	조금도, 전혀
para nada	절대로, 결코
relaciones públicas	ⓕ pl. 홍보 활동
casualmente	우연히, 뜻밖에, 자유로이
traje	ⓜ 양복, 의복
rebeldía	ⓕ 반역, 반항
puesto	ⓜ 자리, 노점, 지위, 순위
posgrado	ⓜ 대학원
innumerable	무수한, 셀 수 없는
aspirar	열망하다, 바라다
por encima de	~위에, ~을 넘어서
ajustarse	꼭 들어맞다, 일치하다, 정하다, 합의하다
por lo visto	보기에는, 보아하니
humillado	굴욕스러운, 치욕스러운
mancha	ⓕ 얼룩, 반점
grasa	ⓕ 지방, 기름기

despacho	ⓜ 처리, 응대, 집무실, 사무실
flan	ⓜ 플란, 커스터드 푸딩
perjudicar	해를 끼치다, 손해를 주다
meter la pata	실수하다
cuanto antes	되도록 빨리 (=lo antes posible, lo más pronto posible)
irritado	성난, 화난
carecer	부족하다, 없다, 필요하다
aptitud	ⓕ 적성, 능력, 재능
dar las gracias	감사를 표하다
pitar	호루라기를 불다, 클랙슨을 울리다
surrealista	ⓜ ⓕ 초현실주의, 초현실주의자 / 초현실적, 비현실적
contable	ⓜ ⓕ 회계사 (=ⓜ ⓕ contador)
porqué	ⓜ 이유, 원인
incomodar	불편하게 하다, 괴롭히다
inapropiado	부적당한, 부적절한
interrogatorio	ⓜ 심문, 취조
formación	ⓕ 형성, 양성, 교육
atrevido	대담한, 불손한
marca	ⓕ 소인, 기호, 상표, 흔적, 자국, 득점, 기준

PRUEBA 01 | Tarea 3 긴 글 속 빈칸에 알맞은 문장 고르기

(시험 예시 지문 이미지 - EL PERFIL DE LA MUJER EN EL NUEVO MUNDO LABORAL / FRAGMENTOS)

핵심 포인트

- 빈칸 6개를 포함한 긴 지문이 주어집니다.
- 주어진 8개의 보기 문장 중 각 빈칸에 적합한 6개 문장을 선택해야 합니다.
- 정답 문장을 판별하는 단서를 정확히 가려 읽을 수 있어야 합니다.

글의 유형

- 공공 분야, 전문 분야, 학문적 분야에서 발췌된 사설, 뉴스, 편지, 여행 안내 등

빈출 주제

- 특정 분야　　　뉴스, 신문 기사, 소개글 등
- 특정 인물　　　전기, 보도, 일상, 일기 등
- 기타　　　　　문학 작품, 논평 등

Tarea 3 완전 공략

1 어떻게 푸나요?

순서	제목 파악 → TEXTO 1차 독해 → 보기 문장 순차 대조 → 정답 1차 선택 → TEXTO 2차 독해 → 정답 최종 선택

2 고득점 전략

• 글의 내용을 유추하기 위해 우선 '제목'을 반드시 읽고 해석합니다.

• 처음부터 보기 문장을 바로 대조하는 것이 아니라 빈칸을 제외한 부분을 먼저 읽으며 전반적인 내용을 파악해야 합니다.

• 보기 문장에 대명사, 관계사, 접속사 등이 포함되어 있으면 정답의 키워드로 표시해 두고, 지문에서 관련 있는 부분을 재빨리 찾습니다.

• 빈칸마다 가능성이 있다고 생각되는 보기를 정답의 후보로 모두 표기한 후, 가장 적절한 보기 하나를 정답으로 최종 선택합니다.

3 잠깐! 주의하세요

• 전체 지문 내용을 전반적으로 파악하지 못한 채 보기 문장을 먼저 읽는 것은 무의미합니다. 반드시 지문을 먼저 읽습니다.

• 빈칸을 기준으로 앞뒤 문장 간 순접, 역접, 반전 등 의미 흐름에 주의합니다.

• 보기 문장에 등장한 단어의 특징 혹은 문장의 구조에 따라서도 어느 빈칸에 위치해야 할지 판단할 수 있습니다.

Tarea 3 Ejercicios 실전 연습 ①

INSTRUCCIONES

Lea el siguiente texto, del que se han extraído seis fragmentos. A continuación lea los ocho fragmentos propuestos (A-H) y decida en qué lugar del texto (17-22) hay que colocar cada uno de ellos.
HAY DOS FRAGMENTOS QUE NO TIENE QUE ELEGIR.

Marque las opciones elegidas en la **Hoja de respuestas**.

EL ABANDONO DE MASCOTAS

España sigue siendo un país líder en abandono de mascotas en el entorno europeo. **17.** _____. Esto es debido a que la tendencia general de los amantes de las mascotas va más hacia la adopción que a la compra. Asimismo, las tiendas de animales cada vez más se decantan por la venta exclusiva de artículos para mascotas que por la venta de la mascota propiamente dicha.

Una de las causas que están inclinando la obtención de una mascota a través de la adopción es la mayor concienciación de la sociedad sobre este problema. **18.** _____. De esta manera, opta por la adopción al resultar proporcionalmente más asequible. **19.** _____. Se pretende concienciar de que los animales de compañía no son objetos que se pueden abandonar cuando ya no son útiles, ni tampoco maltratar ni descuidar.

España está muy por detrás de otros países occidentales en cuanto a la sensibilización de la sociedad por una tenencia responsable de mascotas y de su venta en tiendas especializadas. **20.** _____. A este respecto, la ciudad estadounidense de Los Ángeles ha sido la última en unirse a la prohibición de la venta en tiendas especializadas de perros y gatos, entre otras mascotas, procedentes de criadores comerciales. **21.** _____. Lo que prohíbe esta normativa es la venta en las tiendas especializadas para evitar, en la medida de lo posible, la proliferación de lo que ellos llaman "puppy mills" o fábricas de cachorros, cuya actividad suele estar muy lejos de respetar a los animales.

Aunque se hacen campañas oficiales a través de asociaciones, protectoras, ONG y desde los medios de comunicación, la adopción sigue estando entre las últimas opciones cuando se decide acoger una mascota. En concreto, casi la mitad de los perros y más de una tercera parte de los gatos llegaron a un hogar en forma de obsequio. **22.** _____. Una opción que entraña riesgos si la decisión de incorporar a un animal, no la toma la persona que se va a responsabilizar de él. La compra se sitúa como segunda opción en el caso de los perros, mientras que, en el caso de los gatos, destaca en segundo lugar la recogida en la calle por parte del particular.

(Adaptado de *www.royalcanin.es*)

FRAGMENTOS

A. Tampoco debe dejarse al margen el esfuerzo de las autoridades en cuanto al fomento de la adopción.

B. El animal objeto de abandono no sabe de esas cosas, pero es el que las sufre.

C. La opción más habitual es recibirlo como un regalo de familiares o amigos.

D. Por el contrario, la venta directa de los criadores sí está permitida.

E. La tenencia de una mascota conlleva unas responsabilidades que deben valorarse antes de adoptarla.

F. Sin embargo, en nuestro país se está avanzando en este sentido.

G. Además, el nuevo propietario no está dispuesto a hacer grandes desembolsos por la compra del animal.

H. También en cuanto a su comercialización.

완성된 지문 및 정답

EL ABANDONO DE MASCOTAS

España sigue siendo un país líder en abandono de mascotas en el entorno europeo. **17. F.** Sin embargo, en nuestro país se está avanzando en este sentido. Esto es debido a que la tendencia general de los amantes de las mascotas va más hacia la adopción que a la compra. Asimismo, las tiendas de animales cada vez más se decantan por la venta exclusiva de artículos para mascotas que por la venta de la mascota propiamente dicha.

Una de las causas que están inclinando la obtención de una mascota a través de la adopción es la mayor concienciación de la sociedad sobre este problema. **18. G.** Además, el nuevo propietario no está dispuesto a hacer grandes desembolsos por la compra del animal. De esta manera, opta por la adopción al resultar proporcionalmente más asequible. **19. A.** Tampoco debe dejarse al margen el esfuerzo de las autoridades en cuanto al fomento de la adopción. Se pretende concienciar de que los animales de compañía no son objetos que se pueden abandonar cuando ya no son útiles, ni tampoco maltratar ni descuidar.

España está muy por detrás de otros países occidentales en cuanto a la sensibilización de la sociedad por una tenencia responsable de mascotas y de su venta en tiendas especializadas. **20. H.** También en cuanto a su comercialización. A este respecto, la ciudad estadounidense de Los Ángeles ha sido la última en unirse a la prohibición de la venta en tiendas especializadas de perros y gatos, entre otras mascotas, procedentes de criadores comerciales. **21. D.** Por el contrario, la venta directa de los criadores sí está permitida. Lo que prohíbe esta normativa es la venta en las tiendas especializadas para evitar, en la medida de lo posible, la proliferación de lo que ellos llaman "puppy mills" o fábricas de cachorros, cuya actividad suele estar muy lejos de respetar a los animales.

Aunque se hacen campañas oficiales a través de asociaciones, protectoras, ONG y desde los medios de comunicación, la adopción sigue estando entre las últimas opciones cuando se decide acoger una mascota. En concreto, casi la mitad de los perros y más de una tercera parte de los gatos llegaron a un hogar en forma de obsequio. **22. C.** La opción más habitual es recibirlo como un regalo de familiares o amigos. Una opción que entraña riesgos si la decisión de incorporar a un animal, no la toma la persona que se va a responsabilizar de él. La compra se sitúa como segunda opción en el caso de los perros, mientras que, en el caso de los gatos, destaca en segundo lugar la recogida en la calle por parte del particular.

지시사항

다음의 텍스트를 읽으세요. 텍스트에는 6개 문장이 빠져 있습니다. (A부터 H까지) 주어진 8개 문장을 읽고, (17번부터 22번까지) 텍스트의 빈칸에 문장을 배치할 곳을 정하세요.

<u>선택하지 말아야 하는 문장이 2개 있습니다.</u>

선택한 보기를 **답안지**에 표기하세요.

반려동물 유기

스페인은 여전히 유럽 지역 내 반려동물 유기를 가장 많이 하는 국가 중 하나이다. **17. F.** <u>하지만 이러한 문제에 대한 자국 내 의식은 향상되고 있다.</u> 이것은 반려동물을 사랑하는 사람들의 전반적인 추세가 동물의 구매보다는 입양 쪽으로 더 향하고 있기 때문이다. 또한, 동물 관련 상점들은 시간이 흐를수록 반려동물의 판매가 아닌 반려동물을 위한 용품만 판매하는 것으로 더욱더 마음이 기울고 있다.

입양을 통해 반려동물을 얻으려는 사람들이 늘어나고 있는 이유 중 하나는 바로 이 문제에 대한 사회의 자각이 더 높아졌기 때문이다. **18. G.** 또한, 새 주인은 동물을 구입하기 위해 큰 액수의 지출을 할 용의가 없다. 그렇기 때문에 비교적 더 저렴한 입양을 선택하게 되는 것이다. **19. A.** 마찬가지로 빠뜨릴 수 없는 것은 바로 입양 장려에 대한 당국의 노력이다. 반려동물은 더 이상 쓸모가 없다고 해서 유기할 수 있는 물건이 아니며, 학대하거나 유기해서는 안 된다는 인식을 심어 주기 위한 노력을 하고 있다.

스페인은 반려동물의 책임감 있는 소유와 전문 상점에서의 판매에 대한 사회의 인식에 있어서 다른 서양 국가들에 매우 뒤처져 있다. **20. H.** <u>그것의 영리화에 대해서도 그러하다.</u> 이와 관련하여, 상업적 목적의 사육자들이 전문 상점에서 판매하는 동물들 가운데서도 특히 개와 고양이의 판매를 금지하는 대열에 가장 최근 합류한 도시는 미국 로스엔젤레스 시이다. **21. D.** <u>반면에, 양육자들의 직접 판매는 허용되어 있다.</u> 이 규범이 금지하는 것은 전문 상점에서의 판매인데, 이는 동물을 존중하는 것과는 거리가 먼 행동인 '퍼피밀(개 사육장)' 혹은 '강아지 공장'의 증식을 최대한 막기 위함이다.

단체, 보호 기관, NGO, 매스컴 등을 통한 공식적인 캠페인이 이루어지고 있지만 입양은 반려동물을 얻고자 할 때 가장 마지막으로 고려하는 선택 사항이다. 구체적으로 말하자면, 개의 경우는 거의 절반가량이, 고양이의 경우는 3분의 1 이상이 선물의 형태로 가정으로 온 것이다. **22. C.** <u>가장 일반적인 형태는 가족이나 친구들에게 그것을 선물처럼 받게 되는 것이다.</u> 만일 동물을 데리고 오기로 한 결정이 이 동물에 대해 책임을 맡게 될 당사자가 직접 내린 것이 아니라면, 이는 많은 위험성을 내포하는 옵션이다. 강아지의 경우에는 구입을 하는 것이 두 번째로 많이 취하는 방식인 반면, 고양이의 경우는 개인이 길에서 발견해서 직접 데려오는 형태가 두 번째로 일반적인 방식이다.

문장

A. 마찬가지로 빠뜨릴 수 없는 것은 바로 입양 장려에 대한 당국의 노력이다.

B. 유기의 대상인 동물은 그런 사실에 대해 알지 못하지만, 그것을 겪는 대상이다.

C. 가장 일반적인 형태는 가족이나 친구들에게 그것을 선물처럼 받게 되는 것이다.

D. 반면에, 양육자들의 직접 판매는 허용되어 있다.

E. 반려동물을 소유한다는 것은 동물을 입양하기 전에 고려해 보아야 할 책임감을 수반하는 것이다.

F. 하지만 이러한 문제에 대한 자국 내 의식은 향상되고 있다.

G. 또한, 새 주인은 동물을 구입하기 위해 큰 액수의 지출을 할 용의가 없다.

H. 그것의 영리화에 대해서도 그러하다.

Step 3 연습문제 ①의 해설을 확인해 보세요.

17.

F. Sin embargo, en nuestro país se está avanzando en este sentido.

17번 빈칸이 문단 내 두 번째 문장의 위치에 있으므로, 빈칸 앞 문장의 정확한 해석이 필수적이다. 빈칸 앞 문장에서는 스페인이 유럽 내에서 반려동물을 많이 유기하는 국가 중 하나라고 이야기한다. 이 경우, 17번 빈칸에는 스페인의 반려동물 유기 현황에 대한 심층적인 언급 또는 현 상황과 반대되는 새로운 현상에 대한 소개가 모두 들어갈 수 있다. 따라서 빈칸 뒤 내용도 정확하게 파악해야 한다. 17번 빈칸 뒤에 오는 문장들을 확인해 보면, 반려동물에 대한 스페인 사람들의 인식이 긍정적인 방향으로 바뀌고 있음을 알 수 있다. 따라서 정답은 보기 F. 앞뒤 문장이 서로 대조되는 경우에 사용하는 접속사 'sin embargo(하지만)'가 보기 문장 첫 부분에 언급된 점과 en este sentido(이런 의식, 자각, 의미)에 있어서 avanzar(진전하다, 향상하다)하고 있다는 표현을 통해 정답을 찾을 수 있다. 특히 'en nuestro país'가 가리키는 내용이 빈칸 앞 문장에서 언급한 스페인의 경우에 관한 것임을 파악해야 한다.

18.

G. Además, el nuevo propietario no está dispuesto a hacer grandes desembolsos por la compra del animal.

두 번째 문단은 입양을 통해 반려동물을 얻으려는 사람들이 늘어나고 있는 여러 가지 이유를 설명해 주는 부분이다. 18번 빈칸 다음 문장의 'de esta manera(그렇기 때문에)'의 연결성을 놓치지 않는다면, 입양을 선택하게 되는 원인에 해당하는 내용이 이 문제의 정답이 된다는 것을 파악할 수 있다. 정답의 단서는 빈칸 뒤 문장의 'más asequible(더 저렴한, 싼)'이라는 표현으로, 제시된 보기 중 비용과 관련된 내용이 담긴 문장을 찾아야 한다. 따라서 정답은 보기 G. 반려동물을 키우려고 하는 새 주인은 비싼 돈을 주고 동물을 사는 것을 원치 않는다는 내용으로, 18번 빈칸 뒤 문장의 más asequible와 맥락이 연결된다. 참고로 보기 G에 사용된 'además(또한, 더욱이)'는 반려동물의 입양이 늘고 있는 또 다른 원인을 추가적으로 말하기 위해 사용한 접속사이다.

19.

A. **Tampoco debe dejarse al margen el esfuerzo de las autoridades en cuanto al fomento de la adopción.**

19번 빈칸의 문장 내용을 유추하기 위해서는 빈칸 뒤 문장 중 특히 'concienciar de que...'의 단서를 놓쳐서는 안 된다. 동사 concienciar는 '자각시키다'의 의미로, 반려동물은 함부로 학대하거나 유기하는 대상이 아니라는 사실을 사람들에게 자각시키려는 노력을 한다는 것이다. 다만 빈칸 뒤 문장에서는 concienciar의 주어가 언급되지 않았기 때문에, concienciar의 주어에 해당하는 내용이 언급된 보기를 찾아야 한다. 보기 A에 'el esfuerzo de las autoridades(당국의 노력)'이라는 표현이 나오는데, 여기서 언급된 autoridades(당국)가 바로 concienciar의 주어가 된다. 반려동물의 입양을 장려하기 위해 반려동물에 대한 인식의 변화를 일으키려는 노력을 당국이 하고 있다는 것. 따라서 정답은 보기 A.

20.

H. **También en cuanto a su comercialización.**

20번 빈칸 앞 문장에서는 스페인의 반려동물에 대한 책임감 및 전문 상점에서의 판매에 대한 인식이 다른 나라에 비해 부족하다는 점을 언급하고 있다. 여기서 중요한 단서는 빈칸 바로 뒤에 나오는 'a este respecto(이와 관련하여)'라는 표현인데, 그 뒤에 나오는 'criadores comerciales(상업적 목적의 사육자)'라는 표현과 상업적인 판매의 금지와 관련된 미국 로스엔젤레스 시의 예시는 빈칸에 들어갈 내용을 보충 설명하는 역할을 한다. 이로써 빈칸에는 반려동물의 상업적 판매와 관련된 내용이 들어가야 함을 파악할 수 있으므로, 정답은 보기 H.

함정 피하기 20번 문제의 함정 문장은 보기 E이다. 보기 E는 반려동물의 소유가 가지는 의미를 설명하는 문장인데, 이 문장이 빈칸에 들어가면 상업적인 판매와 관련된 흐름으로 내용이 자연스럽게 이어지지 않는다. 비록 빈칸 앞 문장에 등장한 일부 어휘들이 보기 E에서 중복 사용되고 있지만, 그것만으로는 정답이 될 수 없다는 것에 유의해야 한다.

21.

D. **Por el contrario, la venta directa de los criadores sí está permitida.**

21번 빈칸의 앞 문장에서는 최근 미국 로스엔젤레스 시에서 강아지와 고양이들의 'prohibición de la venta en tiendas especializadas(전문 상점에서의 판매의 금지)'를 시작했다는 내용이 나오는데, 여기서 중요한 점은 판매를 금지한 대상이 바로 상업적 사육자들로부터 온 경우에 해당한다는 것이다. 따라서 21번 빈칸에는 반려동물의 판매 방식과 관련된 내용이 들어가는 것이 자연스럽다. 제시된 보기 중에서 보기 D에서만 'la venta directa(직접 판매)'라는 표현이 언급되고 있으므로, 정답은 보기 D. 또한 'Por el contrario(반면에)'로 문장이 시작하기 때문에, 문맥상으로도 상업적 목적의 판매와 반대되는 직접 판매의 경우는 허용되고 있다는 흐름으로 자연스럽게 이어진다.

22.

C. **La opción más habitual es recibirlo como un regalo de familiares o amigos.**

마지막 문단 내 22번 빈칸 앞의 두 문장을 잘 읽어 보면, 많은 노력에도 불구하고 아직까지는 입양보다 obsequio(선물, 경품) 형태로 반려동물을 취득하는 경우가 많다는 것을 알 수 있다. 따라서 22번 문제의 정답은 보기 C. 가족이나 친구들에게 반려동물을 선물처럼 받게 되는 경우가 일반적이라는 내용으로, 빈칸 앞 문장에서 언급한 opción을 한 번 더 구체적으로 언급하는 문장인 것이다.

Step 4 연습문제 ①의 필수 어휘를 익혀 보세요.

extraer	꺼내다, 추출하다
fragmento	ⓜ 조각, 단편, 일절, 부분
abandono	ⓜ 포기, 단념, 유기, 방치
mascota	ⓕ 애완동물, 마스코트
líder	ⓜ ⓕ 지도자, 리더
entorno a	~의 주변에, ~에 대해서
debido a	~ 때문에
tendencia	ⓕ 경향, 풍조, 추세
adopción	ⓕ 채택, 입양
asimismo	역시, 또한, 마찬가지로
decantarse por	마음이 기울다
exclusivo	독점적인, 배타적인
artículo	ⓜ 기사, 논설, 논문, 관절, 관사, 조항, 물품
propiamente	본래는, 원래는
dicho	ⓜ 말, 표현, 격언, 속담 / 언급한, 말해진
inclinar	기울이다, 경사지게 하다, 편향하다
obtención	ⓕ 취득, 획득
concienciación	ⓕ 자각, 인식, 의식화
optar por	고르다, 뽑다, 선택하다
resultar	(무엇의) 결과다, 생기다, ~의 결과로 되다
proporcionalmente	비례하여, 비교적으로
asequible	저렴한
pretender	~인 체하다, 바라다, 희구하다
concienciar	자각하게 하다, 자각시키다
animal de compañía	ⓜ 애완동물, 반려동물
útil	유용한, 쓸모 있는
maltratar	거칠게 다루다, 학대하다
descuidar	소홀히 하다, 방심하다
por detrás	뒤에서, 뒤로
en cuanto a	~에 관해서
sensibilización	ⓕ 민감함, 민감하게 만듦, 의식화
tenencia	ⓕ 소유, 소지, 귀속
especializado	전문의, 전공의

a este respecto	이 점에 관해서, 이것에 관해서
prohibición	⨍ 금지
procedente	~에서 온, ~발(發)의, 근거가 있는, 타당한
criador	ⓜ ⨍ 양육자, 사육자 / 양육하는, 사육하는
normativa	⨍ 규정, 규칙, 규범
evitar	회피하다, 막다
medida	⨍ 크기, 치수, 측정, 조치, 대책
proliferación	⨍ 증식, 번식, 급증, 기승
fábrica	⨍ 공장, 제작소, 제조, 제작
cachorro	ⓜ 수캉아지, 수컷 새끼
respetar	존경하다, 존중하다
campaña	⨍ 평원, 평야, 운동, 캠페인
acoger	맞아들이다, 받아들이다, 유치하다
en concreto	구체적으로는
obsequio	ⓜ 선물, 경품, 답례품, 선물하기
entrañar	내포하다, 포함하다
riesgo	ⓜ 위험, 재해
incorporar	통합하다, 합병하다, 넣다, 끌어들이다
situarse	위치하다
destacar	강조하다, 빼어나다
recogida	⨍ 수확, 모으기, 수집, 수거
al margen	~의 밖에
esfuerzo	ⓜ 노력, 수고
fomento	ⓜ 조성, 조장, 도움, 조력
objeto	ⓜ 사물, 목적
sufrir	당하다, 견디다, 참다, 인내하다, 치르다
habitual	습관적인, 버릇된, 평소의, 잦은
conllevar	수반하다, 따르다
valorar	평가하다, 견적하다
avanzar	전진하다, 진보하다, 향상하다
sentido	ⓜ 감각, 지각, 의식, 의미, 뜻, 방향
propietario	ⓜ ⨍ 소유자, 주인 / 소유하는
estar dispuesto a	~할 의향이다, ~할 의도가 있다
desembolso	ⓜ 지불, 출금, 지출
comercialización	⨍ 상품화, 영리화

Tarea 3 Ejercicios 실전 연습 ②

INSTRUCCIONES

Lea el siguiente texto, del que se han extraído seis fragmentos. A continuación lea los ocho fragmentos propuestos (A-H) y decida en qué lugar del texto (17-22) hay que colocar cada uno de ellos.
HAY DOS FRAGMENTOS QUE NO TIENE QUE ELEGIR.

Marque las opciones elegidas en la **Hoja de respuestas**.

SOBREVIVIR EN UN AMBIENTE LABORAL TÓXICO

Independientemente de si el trabajo que realizamos nos agrada en mayor o menor medida, el ambiente en el que lo desarrollamos influye en nuestros resultados, en nuestro día a día y, en definitiva, en nuestra calidad de vida. **17.** _____. De hecho, a veces ocurre que nos sentimos mal con nosotros mismos en muchos aspectos de nuestra vida y no somos conscientes de que el foco del problema se encuentra en un mal entorno laboral.

Hacerse ciertas preguntas sobre el trabajo, así como sobre el ambiente en el que se realiza, es de enorme importancia para tomar cierta perspectiva de la situación laboral en la que nos encontramos y las posibilidades con las que se cuenta en el futuro dentro de la empresa en la que se trabaja.

Generalmente, los problemas que se crean entre compañeros son consecuencia directa de un mal liderazgo. **18.** _____. El favoritismo, la falta de respeto por la vida personal de cada uno, la ausencia de límites claros, el consentimiento de actitudes chismosas y poco profesionales entre empleados, etc., son actitudes que no deberían ir de la mano con un auténtico líder democrático.

19. _____. Es decir, huir siempre que se pueda de conversaciones tóxicas entre compañeros y tratar de no participar en ellas. **20.** _____.

Cuando se ha dado el caso y uno ha reconocido que el entorno laboral en el que desarrolla su trabajo es un ambiente tóxico, una de las primeras ideas que se suelen plantear es abandonar el trabajo. **21.** _____. De todas formas, eso no significa que estemos obligados a conformarnos. Volver a estudiar, apuntarse a cursos de formación o incluso preparar unas oposiciones son ideas que pueden considerarse y que pueden ampliar nuestro horizonte laboral; en más de una ocasión, pueden terminar dando sus frutos.

Algunos consejos que pueden resultar útiles para hacer frente a un ambiente laboral tóxico, sobre todo en lo que a manejo del propio tiempo respecta, son: aprovechar el tiempo libre, buscar actividades que despejen la mente o dedicar una parte del tiempo a alguna actividad que no tenga que ver nada con el trabajo.

22. _____. Por ejemplo, no compartir demasiados detalles personales en el trabajo o tomarse un paseo a la hora del almuerzo fuera de la empresa.

Siguiendo estos consejos, será más fácil sonreír mentalmente y sentir mayor bienestar mientras buscamos opciones para poner fin a esta situación. Sin olvidar, que, con esfuerzo, lucha y persistencia conseguiremos escapar de esa toxicidad que tanto nos afecta.

(Adaptado de *www.lamenteesmaravillosa.com*)

FRAGMENTOS

A. El drama, las peleas y los problemas personales entre compañeros son parte de la rutina.

B. Así, una manera incorrecta de dirigir a un conjunto de personas puede llevar a la toxicidad ambiental.

C. Sobre todo, si nos encontramos inmersos en un ambiente laboral tóxico.

D. Para abordar esta situación, que en un principio puede parecer compleja, es recomendable establecer nuevas rutinas.

E. No hay duda de que nuestro trabajo suele ocupar un lugar importante en nuestras vidas.

F. Conviene, asimismo, tratar de blindarse contra el chismorreo.

G. Pero, lamentablemente, el mercado laboral no está en su mejor momento y este cambio podría resultar dificultoso.

H. En especial si se dan situaciones de ofensa personal.

Step 2 연습문제 ②의 완성된 지문과 정답을 확인하면서 내용을 해석해 보세요.

완성된 지문 및 정답

SOBREVIVIR EN UN AMBIENTE LABORAL TÓXICO

Independientemente de si el trabajo que realizamos nos agrada en mayor o menor medida, el ambiente en el que lo desarrollamos influye en nuestros resultados, en nuestro día a día y, en definitiva, en nuestra calidad de vida. **17. C.** Sobre todo, si nos encontramos inmersos en un ambiente laboral tóxico. De hecho, a veces ocurre que nos sentimos mal con nosotros mismos en muchos aspectos de nuestra vida y no somos conscientes de que el foco del problema se encuentra en un mal entorno laboral.

Hacerse ciertas preguntas sobre el trabajo, así como sobre el ambiente en el que se realiza, es de enorme importancia para tomar cierta perspectiva de la situación laboral en la que nos encontramos y las posibilidades con las que se cuenta en el futuro dentro de la empresa en la que se trabaja.

Generalmente, los problemas que se crean entre compañeros son consecuencia directa de un mal liderazgo. **18. B.** Así, una manera incorrecta de dirigir a un conjunto de personas puede llevar a la toxicidad ambiental. El favoritismo, la falta de respeto por la vida personal de cada uno, la ausencia de límites claros, el consentimiento de actitudes chismosas y poco profesionales entre empleados, etc., son actitudes que no deberían ir de la mano con un auténtico líder democrático.

19. F. Conviene, asimismo, tratar de blindarse contra el chismorreo. Es decir, huir siempre que se pueda de conversaciones tóxicas entre compañeros y tratar de no participar en ellas. **20. H.** En especial si se dan situaciones de ofensa personal.

Cuando se ha dado el caso y uno ha reconocido que el entorno laboral en el que desarrolla su trabajo es un ambiente tóxico, una de las primeras ideas que se suelen plantear es abandonar el trabajo. **21. G.** Pero, lamentablemente, el mercado laboral no está en su mejor momento y este cambio podría resultar dificultoso. De todas formas, eso no significa que estemos obligados a conformarnos. Volver a estudiar, apuntarse a cursos de formación o incluso preparar unas oposiciones son ideas que pueden considerarse y que pueden ampliar nuestro horizonte laboral; en más de una ocasión, pueden terminar dando sus frutos.

Algunos consejos que pueden resultar útiles para hacer frente a un ambiente laboral tóxico, sobre todo en lo que a manejo del propio tiempo respecta, son: aprovechar el tiempo libre, buscar actividades que despejen la mente o dedicar una parte del tiempo a alguna actividad que no tenga que ver nada con el trabajo.

22. D. Para abordar esta situación, que en un principio puede parecer compleja, es recomendable establecer nuevas rutinas. Por ejemplo, no compartir demasiados detalles personales en el trabajo o tomarse un paseo a la hora del almuerzo fuera de la empresa.

Siguiendo estos consejos, será más fácil sonreír mentalmente y sentir mayor bienestar mientras buscamos opciones para poner fin a esta situación. Sin olvidar, que, con esfuerzo, lucha y persistencia conseguiremos escapar de esa toxicidad que tanto nos afecta.

지시사항

다음의 텍스트를 읽으세요. 텍스트에는 6개 문장이 빠져 있습니다. (A부터 H까지) 주어진 8개 문장을 읽고, (17번부터 22번까지) 텍스트의 빈칸에 문장을 배치할 곳을 정하세요.

선택하지 말아야 하는 문장이 2개 있습니다.

선택한 보기를 **답안지**에 표기하세요.

유해한 근무 환경에서 살아남기

　　우리가 하는 일이 많이 좋아하는 일이거나 아닌 것과는 상관없이 우리가 근무하는 환경은 작업의 결과물, 우리의 일상 그리고 결정적으로 우리의 삶의 질에 영향을 준다. **17. C.** 특히 만일 우리가 매우 불쾌한 근무 환경에 있다면 말이다. 실제로 우리는 삶의 많은 면에서 우리 스스로에게 좋지 않은 감정을 느낄 때, 그 문제의 중심이 바로 나쁜 근무 환경에 있다는 것을 인지하지 못하는 경우가 종종 발생한다.

　　내가 하는 일에 대해 따져 보고 그 일을 실행하는 환경에 대해서도 잘 따져 보는 것이 바로 우리가 현재 처한 직업적 상황과 미래에 회사 내에서 발생할 수 있는 가능성에 대한 전망을 보는 데에 있어 매우 중요한 일이다.

　　동료들 사이에서 발생하는 문제들은 보통 나쁜 리더십에 대한 직접적인 결과이다. **18. B.** 따라서 사람들의 무리를 이끄는 데 잘못된 방법은 최악의 환경을 만들어 내는 결과를 가져올 수 있다. 편애, 각 개인의 삶에 대한 존중의 결여, 분명한 경계의 부재, 험담이나 프로답지 못한 행동에 대한 용납 등은 진정한 민주주의적 리더라면 갖고 있어서는 안 되는 태도들이다.

　　19. F. 또한, 남을 험담하는 것을 멀리하는 노력을 하는 것이 좋다. 다시 말해, 할 수 있는 경우에는 반드시 동료들 간의 유해한 대화로부터 도망치고 그것에 참여하지 않으려고 하는 것이다. **20. H.** 만일 그것이 인신 모욕의 상황이라면 특히나 그러하다.

　　만일 그런 경우가 이미 발생했고 본인이 일을 하는 작업 환경이 매우 나쁜 분위기라는 것을 인식했다면 가장 먼저 계획하게 되는 것 중 하나는 일을 그만두는 것이다. **21. G.** 하지만 안타깝게도 노동 시장은 현재 그리 좋은 시기가 아니며 이러한 변화는 어려울 수도 있다. 어쨌든 그것이 우리가 꼭 단념해야만 한다는 것을 의미하지는 않는다. 다시 공부하고, 강좌에 등록하고, 심지어 취업을 준비하는 것 등은 충분히 고려해 볼 수 있는 것들로, 우리의 직업적 시야를 넓힐 수 있는 것이며 언젠가 한 번쯤 최종적인 결실을 맺는 것일 수 있다.

　　유해한 작업 환경에 대처하는 데에 있어 유용한 조언, 특히 시간 관리에 관한 것은 다음과 같다. 그것은 바로 자유 시간을 활용하기, 정신을 맑게 할 수 있는 활동 찾기, 직업과는 전혀 관련 없는 활동을 하는 데에 시간의 일부를 할애하기 등이다.

　　22. D. 처음에는 복잡해 보일 수 있는 이런 일을 시작하기 위해서는 새로운 루틴을 설정하는 것이 좋다. 예를 들면, 직장 내에서 지나치게 사적인 이야기를 나누지 않기 혹은 점심시간에 회사 밖에서 산책을 즐기기 등과 같은 것이다.

　　이러한 조언들을 따르면 이 상황을 해결하기 위해 다른 가능성들을 찾는 와중에도 마음속으로 웃는 것과 더 높은 안정감을 느끼는 것이 더 쉬워질 것이다. 노력, 투쟁 그리고 끈기가 있어야만 그토록 우리에게 유해하게 다가오는 독성으로부터 도망칠 수 있다는 점을 잊지 말아야 한다.

문장

A. 극적인 사건, 다툼, 동료들 간의 개인적인 문제들은 일상의 한 부분이다.

B. 따라서 사람들의 무리를 이끄는 데 잘못된 방법은 최악의 환경을 만들어 내는 결과를 가져올 수 있다.

C. 특히 만일 우리가 매우 불쾌한 근무 환경에 있다면 말이다.

D. 처음에는 복잡해 보일 수 있는 이런 일을 시작하기 위해서는 새로운 루틴을 설정하는 것이 좋다.

E. 우리의 직업이 우리의 인생에서 중요한 입지를 차지한다는 것에는 의심의 여지가 없다.

F. 또한, 남을 험담하는 것을 멀리하는 노력을 하는 것이 좋다.

G. 하지만 안타깝게도 노동 시장은 현재 그리 좋은 시기가 아니며 이러한 변화는 어려울 수도 있다.

H. 만일 그것이 인신 모욕의 상황이라면 특히나 그러하다.

Step 3 연습문제 ②의 해설을 확인해 보세요.

C. Sobre todo, si nos encontramos inmersos en un ambiente laboral tóxico.

17.

첫 번째 문단은 근무 환경이 우리의 일상이나 삶의 질에 큰 영향을 준다는 내용으로 시작한다. 그리고 빈칸 뒤 문장에서는 우리가 좋지 않은 감정을 느끼는 이유가 나쁜 근무 환경 때문이라는 것을 인식하지 못하는 경우가 많다는 내용을 다루고 있다. 빈칸 앞뒤 문장의 내용을 살펴보았을 때, 17번 빈칸에는 나쁜 근무 환경이 우리에게 미치는 영향을 언급한 내용이 들어가야 한다. 따라서 정답은 보기 **C**. 'Tóxico(나쁜, 열악한, 불쾌한)' 근무 환경은 우리의 삶에 특히 더 영향을 준다는 것.

함정 피하기 이 빈칸에서는 보기 **E**도 적합한 것처럼 보이지만, 보기 **E**는 '직업'이 우리 인생에 중요한 영향을 끼친다는 내용이어서 '근무 환경'에 대해 언급하는 이 글의 흐름에는 어울리지 않는다.

B. Así, una manera incorrecta de dirigir a un conjunto de personas puede llevar a la toxicidad ambiental.

18.

18번 문제는 빈칸의 앞뒤 문장에서 'liderazgo(리더십)', 'líder(리더)'가 등장하는 것이 핵심이다. 특히 첫 번째 문장에서 'un mal liderazgo(나쁜 리더십)'은 동료들 간의 문제를 일으키는 직접적인 이유라고 말하는데, 이 내용에 이어지는 18번 빈칸의 정답 문장은 보기 **B**. 'Una manera incorrecta de dirigir a un conjunto de personas(사람들의 무리를 이끄는 데 잘못된 방법)'가 의미하는 바 역시 un mal liderazgo인 것이다. 보기 **B**에 사용된 así(따라서) 또한 정답을 찾는 단서가 되니 놓치지 말자.

F. Conviene, asimismo, tratar de blindarse contra el chismorreo.

이어지는 네 번째 문단은 중간의 'Es decir, huir siempre que se pueda de conversaciones tóxicas entre compañeros y tratar de no participar en ellas.'라는 문장을 통해 19번과 20번 문제의 정답을 모두 유추해야 한다. 우선 이 문장의 'es decir(즉, 다시 말해)'는 19번 빈칸에 들어갈 내용을 풀어서 설명하는 것이므로 결정적 단서가 되어 준다. 'Huir de(~로부터 도망치다)'와 'conversación tóxica(해로운 대화)'를 잘 이해한다면, 이 문제의 정답은 보기 F. 보기 F는 동사 convenir의 비인칭형을 사용한 문장으로, 이 구조는 'es conveniente(좋다, 이롭다, 적당하다)'로 해석해야 한다. 또한 blindarse contra el chismorreo는 남에 대한 험담하기를 피하라는 것으로, '험담, 구설, 뒷말'의 의미인 chismorreo를 반드시 암기해 둬야 한다.

19.

H. En especial si se dan situaciones de ofensa personal.

20번의 빈칸에 들어갈 내용 역시 문단 내 앞선 두 문장에서 언급된 내용과 흐름이 연결되어야 한다. 앞 문장에서 가능한 경우 동료들 간의 conversaciones tóxicas(유해한 대화)를 피해야 한다고 말하고 있으므로, '유해한 대화'와 연관된 문장이 빈칸에 들어가야 한다. 따라서 정답은 보기 H. 유해한 대화 중 특히 인신 모욕의 경우가 발생하는 경우, 그런 상황에 연루되지 않고 피해야 한다는 메시지를 담고 있는 것이다.

20.

G. Pero, lamentablemente, el mercado laboral no está en su mejor momento y este cambio podría resultar dificultoso.

21번 빈칸 앞 문장은 본인이 근무하는 직업 환경이 좋지 않다는 것을 인식했을 경우, 일을 그만두는 것을 계획하게 된다는 내용이 언급되고 있다. 이 내용과 연결되는 21번의 정답은 보기 G. 보기 G에서 가장 중요한 핵심 단서는 'este cambio(이러한 변화)'로, 이는 앞선 문장에서 언급한 'abandonar el trabajo(일을 그만두다)'를 일컫는 것이다. 현재 직장을 그만두게 되더라도 노동 시장의 현실상 재취업 과정이 어려울 수도 있다는 것. 또한, 빈칸 뒤에 이어지는 문장 'De todas formas, eso no significa que estemos obligados a conformarnos.'에서는 보기 G의 내용을 대명사 eso로 받아 주면서 오히려 다른 기회를 모색할 수 있다는 내용으로 전환되고 있기 때문에 전체적인 흐름이 자연스럽게 이어진다.

21.

D. Para abordar esta situación, que en un principio puede parecer compleja, es recomendable establecer nuevas rutinas.

22번 빈칸의 위치는 새로운 문단의 첫 문장에 해당하므로 앞 문단의 내용을 정확히 파악할 필요가 있다. 빈칸 앞 문단의 주요 핵심 내용은 나쁜 근무 환경에 직면하고 대처하기 위한 방법 중 특히 시간 관리에 관한 여러 가지 조언들이다. 22번 빈칸에 들어갔을 때 앞 문단의 내용과 자연스럽게 이어질 수 있는 정답은 보기 D. 보기 D의 'esta situación(이러한 일)'이 바로 앞 문단의 시간 관리에 관한 조언들을 지칭하고 있기 때문이다. 그리고 22번 빈칸 뒤 문장에서 언급하는 내용은 보기 D의 'nuevas rutinas(새로운 루틴)'에 대한 실질적인 예시에 해당하는 것임을 놓치지 말자.

22.

Tarea 3 · Ejercicios

Step 4 연습문제 ②의 필수 어휘를 익혀 보세요.

laboral	노동의, 직업의
tóxico	독의, 독성의, 유독한
medida	ⓕ 크기, 치수, 측정, 조치, 대책
día a día	매일, 하루하루
en definitiva	결국, 결론적으로, 명확히
de hecho	사실, 실제로, 진심으로
aspecto	ⓜ 외관, 양상, 관점
ser consciente de	자각하고 있다, 의식하고 있다
foco	ⓜ 초점, 중심, 근원, 스포트라이트, 전구
entorno	ⓜ 환경, 주위의 상황
así como	~과 마찬가지로, 뿐만 아니라, 또한
perspectiva	ⓕ 조망, 전망, 견해, 관점
contar con	~을 갖다
consecuencia	ⓕ 결과, 영향, 결론
liderazgo	ⓜ 리더십, 지도권, 지도력
favoritismo	ⓜ 편애, 편파
ausencia	ⓕ 결여, 결근, 결석, 부재
consentimiento	ⓜ 동의, 허가, 승낙
chismoso	남의 말하기 좋아하는, 험담하기 좋아하는
ir de la mano	손잡고 가다, 병행되다
auténtico	진정한
democrático	민주주의의, 민주적인
plantear	제기하다, 제출하다, 계획하다, (문제나 가능성 등이) 생기다
conformarse	따르다, 만족하다, 단념하다
apuntarse	등록되다, 회원이 되다
formación	ⓕ 형성, 양성, 교육
oposición	ⓕ 반대, 저항, 대립, 채용 시험, 취직 시험
horizonte	ⓜ 지평선, 수평선, 장래성, 시야
fruto	ⓜ 열매, 결실, 성과
hacer frente	대처하다, 직면하다, 당면하다
en lo que respecta a	(무엇에) 관해서는
manejo	ⓜ 취급, 조작, 경영, 관리, 운전

despejar	개다, 구름이 걷히다, 치우다, 제거하다
detalle	ⓜ 세부, 상세, 명세, 디테일
mentalmente	정신적으로, 마음속으로
bienestar	ⓜ 복지, 안락, 번영
poner fin	중지하다, 매듭을 짓다, 종료하다
persistencia	ⓕ 끈기, 집요함, 지속성
toxicidad	ⓕ 독성
afectar	가장하다, 습격하다, 슬프게 하다, 관여하다
drama	ⓜ 연극, 드라마, 극적인 사건, 희곡
rutina	ⓕ 일상의 일, 습관성
dirigir	지도하다, 지휘하다, 경영하다
conjunto	ⓜ 집합, 집단 / 결합된, 연대의, 관계가 있는
inmerso	잠긴, 상황에 있는, 생각에 잠긴
abordar	부딪치다, 충돌시키다, 꾀하다, 시도하다, 다루다, 논의되다
en un principio	당초에
complejo	복합적인, 복잡한
convenir	어울리다, 적당하다, 협정하다
asimismo	역시, 또한, 마찬가지로
blindarse	방어하다, 담쌓다, (배나 차량 등을) 장갑하다
chismorreo	ⓜ 험담하기
mercado laboral	ⓜ 노동 시장
dificultoso	무척 어려운, 용이하지 않은
ofensa	ⓕ 모욕, 치욕, 무례, 욕

Tarea 4 긴 글 속 빈칸에 알맞은 단어 고르기

핵심 포인트

- 한 편의 긴 글을 읽으며, 빈칸에 알맞은 단어를 삼지선다형 객관식으로 선택합니다.
- 내용 흐름을 파악하는 독해력도 필요하지만, 문장 구조와 같은 문법적 요소를 파악하는 것이 더 중요한 부분입니다.
- 어휘의 고유 용법, 동사 변형 및 대명사, 관계사, 접속사 등 주요 품사, 시제 등 기본 문법을 충분히 익혀 두어야 합니다.

글의 유형

- 문학 텍스트, 역사 텍스트, 전기문 등

빈출 주제

- 문학   현대 문학, 비평, 논평
- 역사   특정 사건 묘사글, 전기문

Tarea 4 완전 공략

1 어떻게 푸나요?

순서	제목 파악 → TEXTO 1차 독해 → 보기 대조 및 1차 선택 → TEXTO 2차 독해 → 최종 답안 선택

하나의 긴 글이 주어지며, 총 14개의 빈칸이 있습니다. 문제는 삼지선다형 객관식으로 출제됩니다. 빈출 문법 요소를 반복 훈련하여 유형에 익숙해진다면 생각보다 큰 부담 없이 정답을 선택할 수 있게 됩니다.

2 고득점 전략

- 보기와의 비교 없이 글 전체를 우선 1차 독해하여 내용 흐름을 빠르게 파악하고, 2차 독해에서 문법적으로 타당한 보기를 정답으로 선택합니다.
- 각 문장의 정확한 해석보다는 문장의 문법적 구조와 빈칸의 위치를 보는 데 중점을 둡니다.
- 3개의 보기가 각각 어떻게 다른지 정확히 파악하며 빈칸에 넣어야 합니다.

3 잠깐! 주의하세요

- 문법 공식에 관한 지식을 묻는 과제이므로 시험에 자주 출제되는 문법 포인트를 미리 익혀 두는 것이 필요합니다.
- 지문의 세부 내용까지 정확한 해석을 하지 않아도 좋으나, 전체적인 흐름의 파악을 위해 빈칸이 포함되지 않은 문장이라도 읽어 두면 도움이 됩니다.
- 응시자를 혼동에 빠뜨리기 위한 함정 보기가 있으므로, 다른 과제에 비해 출제자의 의도 파악이 무엇보다 중요합니다. 정답과 오답이 나뉘는 포인트를 정확히 파악하고, 실수하지 않도록 끝까지 집중력을 유지해야 합니다.

Tarea 4 Ejercicios 실전 연습 ①

INSTRUCCIONES

Lea el texto y rellene los huecos (23-36) con la opción correcta (a / b / c).

Marque las opciones elegidas en la **Hoja de respuestas.**

BIOGRAFÍA DE MIGUEL DE UNAMUNO

Filósofo y escritor español, Miguel de Unamuno nació en Bilbao el 29 de septiembre de 1864. Está considerado como el miembro _____ 23 _____ influyente de la Generación del 98 y uno de los principales intelectuales españoles de principios del siglo XX.

Licenciado _____ 24 _____ Filosofía y Letras, comenzó a trabajar como profesor en 1883 mientras colaboraba en diversas revistas. _____ 25 _____ una temporada en Europa, Unamuno volvió a España, donde _____ 26 _____ nombrado rector en la Universidad de Salamanca.

De tendencias políticas socialistas y republicanas, sufrió repetidamente el boicot de grupos conservadores. _____ 27 _____ la dictadura de Primo de Rivera fue desterrado a Fuerteventura para, posteriormente, exiliarse en París hasta la caída del régimen militar.

Tras la proclamación de la III República, en la que _____ 28 _____ un papel importante, decide alejarse del mundo político, visiblemente decepcionado tras cumplir una primera legislatura como diputado independiente.

Durante la Guerra Civil española toma _____ 29 _____ por el bando golpista, pero tras su primera defensa del alzamiento llegó una tremenda decepción y arrepentimiento al _____ 30 _____ la purga política y los fusilamientos, algunos de gente cercana a Unamuno, que ejecutó el bando franquista.

Tras una conocida discusión pública con Millán Astray, en la que le espetó su famoso "Venceréis pero no convenceréis", Unamuno acabó sus días recluido en su propia casa, _____ 31 _____ en una gran depresión y soledad.

En su obra se _____ 32 _____ claramente el espíritu de la Generación del 98 y su "Me duele España", el lamento más utilizado _____ 33 _____ los intelectuales de fin de siglo para hablar de la torpe evolución de una España a caballo entre viejas glorias y nuevas miserias. Unamuno trató el tema desde el ensayo cervantino, usando al Quijote como ejemplo y metáfora, hasta en escritos de carácter más filosóficos donde se aprecia la influencia de Kierkegaard o Hegel.

El eje de su obra, sobre todo en el tramo final, es la disyuntiva entre su racionalismo por un lado
_____34_____ su necesidad de creer en un Dios superior, en una bondad suprema, quizá en un
último sentido a la existencia. De sus ensayos _____35_____ destacar Del sentimiento trágico de la
vida (1913), y en narrativa Niebla (1914) y San Manuel Bueno Mártir (1933) puede que _____36_____
sus mejores y más conocidos trabajos.

Miguel de Unamuno murió en Salamanca el 31 de diciembre de 1936.

(Adaptado de *https://www.lecturalia.com/autor/2182/miguel-de-unamuno*)

OPCIONES

	a		b		c	
23.	a	muy	b	tan	c	más
24.	a	con	b	en	c	por
25.	a	Tras	b	Luego	c	Después
26.	a	fue	b	estuvo	c	hubo
27.	a	Abajo	b	Bajo	c	Debajo
28.	a	lee	b	pone	c	juega
29.	a	decisión	b	posesión	c	partido
30.	a	comprobar	b	comprobado	c	comprobando
31.	a	sumido	b	echado	c	pasado
32.	a	da cuenta	b	tiene lugar	c	aprecia
33.	a	por	b	de	c	con
34.	a	y	b	o	c	pero
35.	a	entra	b	pone	c	cabe
36.	a	sean	b	son	c	fueran

Tarea 4 · Ejercicios

Step 2 연습문제 ①의 완성된 지문과 정답을 확인하면서 내용을 해석해 보세요.

완성된 지문 및 정답

BIOGRAFÍA DE MIGUEL DE UNAMUNO

Filósofo y escritor español, Miguel de Unamuno nació en Bilbao el 29 de septiembre de 1864. Está considerado como el miembro **23. c** más influyente de la Generación del 98 y uno de los principales intelectuales españoles de principios del siglo XX.

Licenciado **24. b** en Filosofía y Letras, comenzó a trabajar como profesor en 1883 mientras colaboraba en diversas revistas. **25. a** Tras una temporada en Europa, Unamuno volvió a España, donde **26. a** fue nombrado rector en la Universidad de Salamanca.

De tendencias políticas socialistas y republicanas, sufrió repetidamente el boicot de grupos conservadores. **27. b** Bajo la dictadura de Primo de Rivera fue desterrado a Fuerteventura para, posteriormente, exiliarse en París hasta la caída del régimen militar.

Tras la proclamación de la III República, en la que **28. c** juega un papel importante, decide alejarse del mundo político, visiblemente decepcionado tras cumplir una primera legislatura como diputado independiente.

Durante la Guerra Civil española toma **29. c** partido por el bando golpista, pero tras su primera defensa del alzamiento llegó una tremenda decepción y arrepentimiento al **30. a** comprobar la purga política y los fusilamientos, algunos de gente cercana a Unamuno, que ejecutó el bando franquista.

Tras una conocida discusión pública con Millán Astray, en la que le espetó su famoso "Venceréis pero no convenceréis", Unamuno acabó sus días recluido en su propia casa, **31. a** sumido en una gran depresión y soledad.

En su obra se **32. c** aprecia claramente el espíritu de la Generación del 98 y su "Me duele España", el lamento más utilizado **33. a** por los intelectuales de fin de siglo para hablar de la torpe evolución de una España a caballo entre viejas glorias y nuevas miserias. Unamuno trató el tema desde el ensayo cervantino, usando al Quijote como ejemplo y metáfora, hasta en escritos de carácter más filosóficos donde se aprecia la influencia de Kierkegaard o Hegel.

El eje de su obra, sobre todo en el tramo final, es la disyuntiva entre su racionalismo por un lado **34. a** y su necesidad de creer en un Dios superior, en una bondad suprema, quizá en un último sentido a la existencia. De sus ensayos **35 c** cabe destacar Del sentimiento trágico de la vida (1913), y en narrativa Niebla (1914) y San Manuel Bueno Mártir (1933) puede que **36. a** sean sus mejores y más conocidos trabajos.

Miguel de Unamuno murió en Salamanca el 31 de diciembre de 1936.

지시사항

텍스트를 읽고 (23번부터 36번까지) 빈칸에 (a / b / c) 보기를 채우세요.

선택한 보기를 **답안지**에 표기하세요.

미겔 데 우나무노의 전기

스페인의 철학자이자 작가인 미겔 데 우나무노는 1864년 9월 29일 빌바오에서 태어났다. 그는 98세대(1898년 미국과 스페인 전쟁 기간에 스페인 민족 정신에 대한 새로운 검토를 시도했던 스페인의 지성인들을 일컫는 표현)에서 가장 영향력 있는 멤버이자 20세기 초 스페인의 주요 지식인 중 한 명으로 여겨진다.

철학과 문학을 전공한 그는 1883년 다양한 잡지에 기고하면서 교수로 일하기 시작했다. 유럽에서 한 시기를 보낸 뒤, 우나무노는 스페인으로 돌아와 살라망카 대학의 학장으로 임명되었다.

사회주의와 공화당 정치 성향의 그는 보수 단체의 보이콧을 여러 번 겪었다. 프리모 데 리베라 독재 정권 하에서 그는 푸에르테벤투라로 추방되었고, 후에 군사 정권이 몰락할 때까지 파리에서 망명했다.

그가 중요한 역할을 한 제3공화국의 선포 이후, 그는 무소속 의원으로서 첫 입법기를 수행한 뒤 눈에 띄게 실망한 정계를 떠나기로 결심한다.

스페인 내전 기간 동안 그는 쿠데타 편에 가담했지만, 반란에 대한 그의 첫 번째 지지 이후, 우나무노와 가까운 관계의 몇몇 사람들에게 프랑코파가 실행한 정치적 숙청과 총살을 확인하면서 그는 엄청난 실망과 후회를 얻게 되었다.

"당신들은 이기더라도 설득시킬 수는 없을 것이다."라는 그의 유명한 말을 남긴 미얀 아스트라이와의 공개 토론 이후, 우나무노는 깊은 우울감과 외로움에 잠겨 자신의 집에서 은둔하다가 생을 마감했다.

그의 작품에는 98세대의 정신과 세기말 지식인들이 오래된 영광과 새로운 불행 사이에서 나온 스페인의 서투른 진화에 대해 이야기하기 위해 가장 많이 사용했던 탄식인 "나는 스페인이 아프다."가 명확하게 보인다. 우나무노는 돈키호테를 예시와 비유로 사용하여 세르반테스의 에세이부터 키르케고르 혹은 헤겔의 영향을 볼 수 있는 더 철학적인 성격의 글에 이르기까지 이 주제를 다루었다.

특히 마지막 부분에서 그의 작품의 축은 합리주의라는 한 측면과 지고의 선이자 어쩌면 궁극적인 의미에서 우월한 신의 존재를 믿어야 하는 필요성이라는 다른 측면 사이의 양자택일이다. 그의 에세이 중에서는 <생의 비극적 감정 (1913)>이 뛰어나고, 소설 중에서는 <안개(1914)>와 <착한 성인 마누엘(1933)>이 가장 최고의 작품이자 제일 잘 알려진 작품일 수 있다.

미겔 데 우나무노는 1936년 12월 31일 살라망카에서 사망했다.

Step 3 연습문제 ①의 해설을 확인해 보세요.

23.

제시된 보기 3개가 모두 부사인 문제이다. 빈칸 앞에는 [정관사 + 명사] 형태의 'el miembro'가 있고, 빈칸 뒤에는 [형용사 + de] 형태의 'influyente de'가 있으므로, [정관사 + 명사 + más + 형용사 + de]의 문장 구조를 완성시켜야 하는 문제임을 알 수 있다. 이 구조는 최상급 표현에 해당하며 정관사와 más를 써서 '~ 중에 가장 ~한'으로 해석해야 한다. 정답은 보기 **c**. 참고로 23번 빈칸이 있는 문장의 주어는 앞 문장의 주어였던 'Miguel de Unamuno'이고, 동사 표현인 estar considerado como는 '~으로 간주된다'로 해석해야 한다.

함정 피하기 문장의 구조상 부사 muy가 적당할 것처럼 보이지만, 간과해서는 안 되는 단서는 명사 miembro 앞에 있는 정관사 el 이다. [정관사 + 명사 + 형용사]의 구조에서 muy를 사용하면 그 명사는 단 하나만 존재하는 것으로 특정되므로 답이 될 수 없다. 그리고 보기 **b**의 tan은 동등비교에서 사용되는 부사이므로 역시 답이 될 수 없다.

24.

24번 문제는 출제 빈도가 높은 유형인 전치사에 관한 문제이다. 빈칸 앞에는 생략된 주어인 Unamuno를 수식하는 과거분사 licenciado(전공한)가 있고, 빈칸 바로 뒤에는 'Filosofía y Letras(철학과 문학)'이라는 전공 분야가 언급되고 있다. '(무엇을) 전문으로 하다, 전공하다'의 표현에서 전문 분야 혹은 전공 분야는 전치사 en과 함께 표기하므로, 정답은 보기 **b**. Especializarse en(~을 전공하다), licenciarse en(학사 학위를 받다) 등의 표현을 암기하는 것이 필요하다.

25.

제시된 보기가 모두 시간적으로 '뒤, 이후'를 나타낼 수 있는 어휘들로 구성된 문제이다. 빈칸 뒤에 'una temporada(한 시기)'라는 명사만 나와 있으므로, 전치사 de 없이 단독으로 사용할 수 있는 전치사 tras만이 알맞게 들어간다. 따라서 정답은 보기 **a**. 시간의 흐름에 따른 서술이 자주 등장하는 전기문에서는 tras와 같은 전치사를 흔히 볼 수 있다는 것을 기억하자.

함정 피하기 부사 luego와 después의 경우, 'luego de, después de'와 같이 전치사 de와 함께 사용했을 때 시간적으로 '뒤, 이후'를 나타낼 수 있다. 하지만 이 문제에서는 de가 없으므로 정답이 될 수 없다.

26.

26번 빈칸에 들어갈 어휘로 ser, estar, haber 세 가지 동사의 직설법 단순과거 변형 형태가 제시되고 있다. 빈칸 뒤에서 동사 nombrar(이름을 말하다, 임명하다)의 과거분사 nombrado를 볼 수 있는데, 동사의 의미 해석을 통해 '~으로 임명되다'의 수동태 구조라는 것을 알아채야 한다. 스페인어의 수동태는 [ser + 과거분사]의 구조를 쓰는데, 본 문장의 경우 '그는 살라망카 대학의 학장으로 임명되었다'라는 해석이 적절하므로 정답은 보기 **a**.

함정 피하기 동사 estar를 사용해 과거분사로 수식하는 경우 과거분사는 단지 상태를 나타내는 형용사의 기능을 가지므로 보기 **b** 는 오답이다. 보기 **c**의 동사 haber는 현재완료 시제변형으로 쓰지만, 본 문장에서는 주어 Unamuno가 다른 누군가를 nombrar 했다는 문장의 내용이 아니므로 답이 될 수 없다.

27.

27번 문제의 보기는 모두 '밑, 아래' 등의 의미와 연관이 있는 어휘들로 구성되어 있다. 빈칸 뒤에 이어지는 la dictadura de Primo de Rivera는 프리모 데 리베라의 독재 정권 기간을 의미하는 표현으로, 이 경우 '독재 정권 아래에서'라는 의미를 나타낼 수 있는 보기 **b**가 정답이다. Bajo는 '낮은'이라는 뜻의 형용사로 쓰일 수도 있고, '아래, 밑에, ~하에'라는 뜻의 전치사로도 사용되는데, '통치하는 기간 동안'의 의미로 쓰일 때에는 항상 bajo를 쓴다는 것을 암기해 두도록 하자.

함정 피하기 보기 **a**의 abajo는 '아래, 아래쪽'이라는 절대적인 위치 방향을 나타내는 부사이다. 그리고 보기 **c**의 debajo는 '~의 밑에'와 같이 상대적인 위치를 나타내는 부사로, 'debajo de ~'의 형태로 사용된다.

28. 글의 네 번째 문단에서는 Unamuno가 정계로부터 멀어지기로 결심을 했다는 내용이 이어지는데, 이때 la III República(제3공화국)와 관계사 en la que를 연결하여 해석하면서 관계사절 내 동사로 어떤 것이 적합할지 생각해야 한다. 중요한 단서는 빈칸 뒤에 이어지는 papel importante이다. 명사 papel은 '종이, 서류, 원고' 등의 의미뿐만 아니라 '역할, 임무, 등장 인물' 등의 의미로도 많이 사용되는데, '중요한 역할을 하다'라는 의미로 사용될 때에는 일반적으로 동사 jugar와 함께 사용된다. 따라서 정답은 보기 c. 'Jugar un papel importante, jugar un papel fundamental, desempeñar un papel importante' 등의 표현을 반드시 암기해 두어야 한다.

29. 29번 빈칸에는 동사 tomar와 연결시켜 Unamuno가 bando golpista(쿠데타 세력)과 어떤 관계를 맺었는지를 설명해 주는 단어가 들어가야 한다. 이 문제의 정답을 찾기 위해서는 빈칸 뒤에 이어지는 'por el bando golpista'라는 표현 중 전치사 por를 눈여겨 봐야 한다. 제시된 보기 중 tomar와 por 사이에 들어갈 수 있고 문맥상으로도 적절한 어휘는 partido이므로, 정답은 보기 c. 'Tomar partido por'는 '누군가를 편애하다, 편을 들다'의 의미로, Unamuno가 프랑코 파인 쿠데타 세력에 가담했다는 의미로 해석해야 한다.

함정 피하기 보기 a를 활용한 tomar decisión은 '결정을 내리다'라는 뜻이고, 보기 b를 활용한 tomar posesión은 '점유하다, 직무에 취임하다'라는 의미인데, 두 숙어 표현 모두 문맥상 어울리지 않는다. 특히 보기 a의 명사 decisión은 정관사나 부정관사와 함께 표기되어야 하고, decisión 뒤에 오는 전치사 역시 sobre 혹은 en 등이 되어야 한다.

30. 30번은 빈칸 앞에 전치사 a와 정관사 el의 축약형인 al이 있는 것을 보고 풀어야 하는 문제이다. 이 문제의 핵심은 시간, 원인, 조건 등을 표현하는 [al + 동사원형]의 구조를 아는 것으로, 그 의미는 '~할 때, ~해서, ~하면' 등이다. 따라서 정답은 보기 a.

31. 31번의 정답을 선택하기 위해서는 빈칸 앞의 'Unamuno acabó sus días recluido en su propia casa'라는 문장부터 확인하는 것이 필요하다. Unamuno는 자신의 집에서 은둔하다가 생을 마감했다는 것인데, 이에 대한 부연 설명을 덧붙인 구간이 31번 빈칸이 있는 문장이다. 세 개의 보기는 모두 과거분사 남성 단수형 형용사이며, 수식하는 대상은 Unamuno이다. 결정적인 단서는 빈칸의 뒤에 이어지는 'en una gran depresión y soledad'인데 명사 depresión(낙심, 낙담, 우울증)과 soledad(고독, 외로움)의 뜻을 확인하여 적절한 형용사를 찾아내야 한다. 정답은 보기 a. 동사 sumirse는 '(물에) 가라앉다, 잠수하다'의 뜻으로, 형용사 sumido는 일정한 상태에 '빠져 있다'는 식의 표현이 된다. 참고로 형용사 sumido는 'sumido en la decepción(실망했다)', 'estar sumido en la tristeza(슬픔에 빠져 있다)'와 같은 형태로 쓰이며, 전치사 en과 함께 사용된다는 것을 기억해야 한다.

함정 피하기 보기 b의 echado는 주로 사람이 드러누운 상태를 묘사하는데 쓰이고, 보기 c의 pasado 역시 '지난, 지나간, 상한' 등의 의미로 사용되므로 문맥과 어울리지 않는다.

32. 32번 빈칸 바로 앞에 대명사 se가 있는데, 대명사 se와 보기의 동사 변형이 3인칭 단수라는 점을 감안하여 빈칸 뒤 명사 el espíritu부터 문장이 끝나는 지점까지가 모두 이 빈칸에 들어갈 동사의 의미적 주어가 된다는 결론을 내야 한다. Se를 함께 연결해 생각했을 때 빈칸에 들어갈 알맞은 정답은 보기 c. 동사 apreciar는 '평가하다, 존중하다, 감사하다, 가격을 매기다' 등의 의미뿐만 아니라 '감지하다, 감상하다'의 의미로도 사용되는데, 이 동사를 ~se형으로 쓰면 '보이다, 관찰되다'의 뜻이 되므로 문맥상 어울린다.

함정 피하기 보기 a의 dar cuenta는 ~se형으로 쓸 때 그 뜻이 '깨닫다, 알아차리다'의 의미이므로 문맥상 어울리지 않는다. 보기 b의 tener lugar는 '개최되다, 거행되다'의 의미이므로 역시 문장의 내용에 맞지 않는다.

33. 33번 역시 전치사를 묻는 문제이다. 빈칸 앞에 사용된 명사 lamento(한탄, 비탄, 유감)은 그 앞의 문장에서 직접 인용된 '"Me duele España"(나는 스페인이 아프다)'라는 표현을 가리키는데, 빈칸 뒤에 오는 명사 'los intelectuales de fin de siglo(세기말 지식인들)'은 바로 이 한탄을 많이 한 '행위자'에 해당한다. 즉, 스페인의 세기말 지식인들에 의해 '나는 스페인이 아프다'라는 탄식이 많이 사용되었다는 것. '(누구)에 의해 ~하게 되다'라는 의미의 수동태 문장에서 행위자에 대한 정보는 전치사 por로 연결시켜야 하므로 정답은 a.

34. 34번 빈칸이 포함된 문장은 그 구조를 파악하기가 조금 복잡하지만, 빈칸 앞쪽에는 'la disyuntiva entre(~ 사이의 양자택일)'라는 표현이 있고 빈칸 앞뒤로 [su Ⓐ, su Ⓑ] 형태의 내용이 나란히 언급되고 있음을 먼저 확인한다. 이를 통해 두 가지 선택지나 옵션에 대한 표현을 할 때 사용하는 [entre Ⓐ y Ⓑ]의 구조를 완성해야 하는 문제임을 파악할 수 있으므로, 정답은 보기 a.

35. 35번 빈칸 뒤에 동사 'destacar(두드러지다)'가 있고 제시된 보기가 모두 3인칭 단수 변형 형태의 동사이므로, destacar와 연결해서 사용할 수 있는 동사를 골라야 한다. 따라서 정답은 보기 c. 동사 caber는 '들어가다, 수용하다, 여지가 있다'의 뜻인데, 지금의 경우처럼 동사 destacar와 함께 사용한다면 '~을 고려할 필요가 있다, ~을 강조할 여지가 있다'의 의미가 된다. 이러한 활용에서 동사 caber는 3인칭 단수 변형 cabe로 사용한다는 것을 기억하자.

함정 피하기 보기 a의 entrar는 '(밖에서 안으로) 들어가다'의 뜻이며 보기 b의 poner는 '놓다, 두다'의 의미로, 두 동사 모두 동사 destacar와 연결해서 쓰는 표현은 없다.

36. 36번 문제의 제시된 보기 세 개는 모두 ser 동사의 3인칭 복수 변형 형태로, 보기 a는 접속법 현재형, 보기 b는 직설법 현재형, 보기 c는 접속법 과거형이다. 이 문제의 단서는 동사 poder를 3인칭 단수형으로 사용한 puede que의 무인칭 표현인데, puede que 뒤에 연결되는 종속절 내 동사 변형은 항상 접속법 변형을 해야 한다. 따라서 a와 c 중에서 정답을 골라야 하는데, puede가 현재 시제이므로 접속법 현재형인 sean을 연결해야 한다. 따라서 정답은 보기 a. 참고로 이 문장의 구조를 더 쉽게 이해하기 위해 순서를 바꾼다면 'En narrativa puede que Niebla y San Manuel Bueno Mártir sean sus mejores y más conocidos trabajos.'가 된다.

Step 4 연습문제 ①의 필수 어휘를 익혀 보세요.

biografía	ⓕ 전기, 일대기, 전기 문학	defensa	ⓕ 수비, 방어, 변호, 진술
filósofo	ⓜ ⓕ 철학자	alzamiento	ⓜ 상승, 반란
influyente	영향력을 가진, 유력한	tremendo	대단한, 어마어마한, 지독한
la Generación del 98	98세대	purga	ⓕ 숙청, 제거
letra	ⓕ 글자, 문자, 가사, 어음 ⓕ pl. 문학, 학문	fusilamiento	ⓜ 총살, 사살
nombrar	이름을 말하다, 임명하다	ejecutar	실행하다, 집행하다
rector	ⓜ ⓕ 교장, 학장, 원장, 총장	franquista	ⓜ ⓕ 프랑코주의자 / 프랑코파의, 프랑코주의의
tendencia	ⓕ 경향, 풍조, 추세	espetar	찌르다, 들이대다, 말하여 놀라게 하다
repetidamente	반복해서, 거듭, 자주	vencer	이기다, 극복하다, 한도를 넘다
boicot	ⓜ 보이콧(=ⓜ boicoteo)	recluir	가두다, 감금하다
desterrado	ⓜ ⓕ 추방된 사람 / 유배된, 추방된	sumido en	~에 잠긴, 가라앉은, 빠진
exiliarse	망명하다	lamento	ⓜ 한탄, 유감, 애도
caída	ⓕ 낙하, 탈락, 저하, 붕괴, 폭포, 실패	torpe	서툰, 우둔한, 멍청한
régimen	ⓜ 제도, 체제, 양상	a caballo	말을 타고, ~의 사이에
proclamación	ⓕ 선언, 선포, 발표	metáfora	ⓕ 은유, 은유법
jugar un papel importante	중요한 역할을 하다	eje	ⓜ 축, 중심
legislatura	ⓕ 입법기	tramo	ⓜ 구간, 한 구획
diputado	ⓜ ⓕ 국회의원	disyuntiva	ⓕ 선언 명제
tomar partido por	편들다	racionalismo	ⓜ 합리주의, 이성론
bando	ⓜ 파, 일당, 파벌	bondad	ⓕ 선, 선량함, 호의
golpista	ⓜ ⓕ 쿠데타 참가자 / 쿠데타의	ensayo	ⓜ 연습, 리허설, 수필, 에세이

Step 1 공략에 따라 Tarea 4 연습문제 ②를 풀어 보세요.

INSTRUCCIONES

Lea el texto y rellene los huecos (23-36) con la opción correcta (a / b / c).

Marque las opciones elegidas en la **Hoja de respuestas.**

EL PRINCIPITO

Antoine de Saint-Exupéry

Si quieres un amigo, ¡domestícame! Hay que ser paciente. Te sentarás al principio un poco lejos de mí, así, en la hierba. Te miraré de reojo y no dirás nada. La palabra es fuente _____ **23** _____ malentendidos. Pero, cada día, podrás sentarte un poco más cerca...

_____ **24** _____ siguiente volvió el principito.

— _____ **25** _____ sido mejor venir a la misma hora —dijo el zorro—. Si vienes, por ejemplo, a las cuatro de la tarde, comenzaré a ser feliz desde las tres. Cuanto más avance la hora, más feliz me sentiré. A las cuatro me sentiré agitado e inquieto; ¡descubriré el precio de la felicidad! Pero si vienes a cualquier hora, nunca sabré a qué hora preparar mi corazón... Los ritos son necesarios. Es _____ **26** _____ que hace que un día sea diferente de los otros días; una hora, de las otras horas. Entre los cazadores, por ejemplo, hay un rito. El jueves bailan con las muchachas del pueblo. El jueves es, pues, un día maravilloso. Voy a pasearme hasta la viña. Si los cazadores no _____ **27** _____ en día fijo, todos los días se parecerían y yo no tendría vacaciones.

Así el principito domesticó al zorro. Y cuando se acercó la hora de la partida:

—Ve y mira nuevamente las rosas. Comprenderás que la tuya es única en el mundo. Volverás para decirme adiós y te regalaré un secreto — dijo el zorro.

El principito se fue a ver nuevamente las rosas:

—No sois en absoluto parecidas a mi rosa; no sois _____ **28** _____ aún. Nadie os ha domesticado y no habéis domesticado a nadie. Sois como mi zorro. No era más que un zorro semejante _____ **29** _____ cien mil otros. Pero yo lo hice mi amigo y ahora es único en el mundo. Sois bellas, pero estáis vacías. No se puede morir por vosotras. Sin duda que un transeúnte común creerá que mi rosa se os parece. Pero ella sola es más importante que todas vosotras, puesto que es ella la rosa que he regado. Puesto que es ella la rosa que puse bajo un globo. Puesto que es ella la rosa que abrigué con el biombo. Puesto que es ella la rosa cuyas orugas maté (salvo las dos o tres que se ___30___ mariposas). Puesto que es ella la rosa ___31___ la que escuché quejarse, o alabarse, o aun, ___32___ veces, callarse. Porque ella es mi rosa.

Y volvió hacia el zorro:

—Adiós —dijo.

—Adiós —dijo el zorro—. He aquí mi secreto. Es muy simple: no se ve bien ___33___ con el corazón. Lo esencial es invisible a los ojos. El tiempo que perdiste ___34___ tu rosa hace que tu rosa ___35___ tan importante. Los hombres han olvidado esta verdad. Pero tú no debes olvidarla. Eres responsable para siempre de lo que has domesticado. Eres responsable de tu rosa...

— Lo esencial es invisible a los ojos. Soy responsable de mi rosa... —repitió el principito, ___36___ acordarse.

(Adaptado de *El principito*. Antoine de Saint-Exupéry)

OPCIONES

23.	a por		b de		c en
24.	a Al día		b En el día		c Hasta el día
25.	a Había		b Hubiese		c Haya
26.	a el		b los		c lo
27.	a han bailado		b bailarían		c bailaran
28.	a ningunas		b nada		c ninguna
29.	a a		b de		c por
30.	a convirtieron		b hicieron		c transformaron
31.	a con		b a		c desde
32.	a ningunas		b cualesquier		c algunas
33.	a sino		b si no		c pero
34.	a para		b a		c por
35.	a esté		b sea		c tenga
36.	a a fin de		b a pesar de		c para que

Step 2 연습문제 ②의 완성된 지문과 정답을 확인하면서 내용을 해석해 보세요.

완성된 지문 및 정답

EL PRINCIPITO
Antoine de Saint-Exupéry

Si quieres un amigo, ¡domestícame! Hay que ser paciente. Te sentarás al principio un poco lejos de mí, así, en la hierba. Te miraré de reojo y no dirás nada. La palabra es fuente **23. b** de malentendidos. Pero, cada día, podrás sentarte un poco más cerca...

24. a Al día siguiente volvió el principito.

—**25. b** Hubiese sido mejor venir a la misma hora —dijo el zorro—. Si vienes, por ejemplo, a las cuatro de la tarde, comenzaré a ser feliz desde las tres. Cuanto más avance la hora, más feliz me sentiré. A las cuatro me sentiré agitado e inquieto; ¡descubriré el precio de la felicidad! Pero si vienes a cualquier hora, nunca sabré a qué hora preparar mi corazón... Los ritos son necesarios. Es **26. c** lo que hace que un día sea diferente de los otros días; una hora, de las otras horas. Entre los cazadores, por ejemplo, hay un rito. El jueves bailan con las muchachas del pueblo. El jueves es, pues, un día maravilloso. Voy a pasearme hasta la viña. Si los cazadores no **27. c** bailaran en día fijo, todos los días se parecerían y yo no tendría vacaciones.

Así el principito domesticó al zorro. Y cuando se acercó la hora de la partida:

—Ve y mira nuevamente las rosas. Comprenderás que la tuya es única en el mundo. Volverás para decirme adiós y te regalaré un secreto — dijo el zorro.

El principito se fue a ver nuevamente las rosas:

—No sois en absoluto parecidas a mi rosa; no sois **28. b** nada aún. Nadie os ha domesticado y no habéis domesticado a nadie. Sois como mi zorro. No era más que un zorro semejante **29. a** a cien mil otros. Pero yo lo hice mi amigo y ahora es único en el mundo. Sois bellas, pero estáis vacías. No se puede morir por vosotras. Sin duda que un transeúnte común creerá que mi rosa se os parece. Pero ella sola es más importante que todas vosotras, puesto que es ella la rosa que he regado. Puesto que es ella la rosa que puse bajo un globo. Puesto que es ella la rosa que abrigué con el biombo. Puesto que es ella la rosa cuyas orugas maté (salvo las dos o tres que se **30. b** hicieron mariposas). Puesto que es ella la rosa **31. b** a la que escuché quejarse, o alabarse, o aun, **32. c** algunas veces, callarse. Porque ella es mi rosa.

Y volvió hacia el zorro:

—Adiós —dijo.

—Adiós —dijo el zorro—. He aquí mi secreto. Es muy simple: no se ve bien **33. a** sino con el corazón. Lo esencial es invisible a los ojos. El tiempo que perdiste **34. c** por tu rosa hace que tu rosa **35. b** sea tan importante. Los hombres han olvidado esta verdad. Pero tú no debes olvidarla. Eres responsable para siempre de lo que has domesticado. Eres responsable de tu rosa...

— Lo esencial es invisible a los ojos. Soy responsable de mi rosa... —repitió el principito, **36. a** a fin de acordarse.

지시사항

텍스트를 읽고 (23번부터 36번까지) 빈칸에 (a / b / c) 보기를 채우세요.

선택한 보기를 **답안지**에 표기하세요.

어린 왕자
앙투안 드 생텍쥐페리

친구를 원한다면 나를 길들여 줘! 인내심이 있어야 해. 처음에는 나에게서 좀 떨어져서 그렇게 잔디에 앉아 있어야 해. 내가 곁눈질로 너를 바라보면 너는 아무 말도 하지 말아야 해. 말이라는 것은 오해의 근원이니까. 그러나 하루하루 지나면서 너는 조금씩 가까운 곳에 앉을 수 있게 될 거야….

다음 날 어린 왕자가 다시 찾아왔다.

"늘 같은 시간에 오면 더 좋을 거야." 여우가 말했다. "가령, 오후 4시에 온다면 나는 3시부터 행복해질 거야. 시간이 더 흐르면 흐를수록 나는 더 행복하다고 느낄 거야. 4시가 되면 마음이 들떠 안절부절못하게 될 거야. 그리고 난 행복의 가치를 알게 될 걸! 그러나 네가 아무 때나 찾아오면 나는 언제부터 마음의 준비를 해야 할지 모를 거야. 그래서 의식이라는 것이 필요해. 어느 날과 다른 날을 구별하고 어떤 시간과 다른 시간을 구별하게 해 주는 것이지. 이를테면 사냥꾼에게도 의식이 있어. 매주 목요일에는 사냥꾼들이 마을 아가씨들과 춤을 추지. 그러니 목요일은 매우 즐거운 날이야. 나는 포도밭까지 산책을 할 거야. 사냥꾼들이 정해진 날에 춤을 추지 않는다면 모든 날이 다 같으니까 내게는 휴일이라는 것이 없지."

그리하여 어린 왕자는 여우를 길들였다. 그리고 떠날 시간이 가까워졌을 때 "가서 장미꽃들을 다시 봐봐. 너의 꽃이 이 세상에서 유일하다는 것을 알게 될 거야. 나에게 작별 인사를 하러 여기로 오면 네게 비밀 하나를 선물해 줄게."라고 여우가 말했다.

어린 왕자는 다시 장미꽃들을 보러 갔다.

"너희들은 내 장미꽃과 전혀 달라. 너희는 아직은 아무 존재도 되지 못해. 아무도 너희들을 길들이지 않았고 너희들도 누구 하나 길들이지 않았어. 너희들은 나의 여우 같아. 내 여우도 처음에는 수많은 다른 여우와 같았으니까. 그러나 나는 여우와 친구가 되었고, 이제는 이 세상에 하나밖에 없는 여우야. 너희들은 아름답지만, 너희들은 공허해. 아무도 너희들을 위하여 죽지는 않을 거야. 너희들을 보는 사람들은 누구나 나의 장미꽃이 너희들 중 어느 것과도 똑같다고 생각할 거야. 그러나 내 장미꽃은 너희들 모두보다 더 중요해. 왜냐하면 그녀는 내가 물을 주었고 유리 덮개로 씌워 주었고, 병풍으로 감싸 주었고, 그리고 벌레를 잡아 준 (두세 마리는 나비가 되었지만) 장미니까. 그리고 내 꽃이 불평하는 소리도, 자랑하는 말도, 심지어는 침묵을 지키고 있을 때도 들어주었지. 내 장미니까 말이야."

그리고 어린 왕자는 여우에게로 돌아갔다.

"잘 있어." 어린 왕자가 말했다.

"잘 가." 여우가 말했다. "내 비밀을 말해 줄게. 별거 아니야. 마음으로 보아야 잘 볼 수 있다는 거야. 가장 중요한 것은 눈에 보이지 않아. 네가 너의 장미 때문에 소비한 시간이 너의 장미를 소중하게 만들었어. 사람들은 이런 진리를 잊고 있어. 그러나 너는 그걸 잊지 말아야 해. 넌 네가 길들인 것에 대해 끝까지 책임을 져야 해. 너는 너의 장미에 대한 책임이 있어…"

"가장 중요한 것은 눈에 보이지 않아. 나는 나의 장미를 책임져야 해…" 어린 왕자는 잊지 않기 위하여 되풀이했다.

Step ③ 연습문제 ②의 해설을 확인해 보세요.

23. 빈칸의 앞뒤에 위치한 두 가지 명사를 연결시킬 수 있는 전치사를 선택하는 문제이다. 전치사 de는 한 명사의 '귀속, 귀결'을 표현할 수 있으므로, 정답은 보기 b. '샘, 분수'라는 뜻을 가진 fuente는 '기원, 출처, 원천'의 의미로도 쓰이고, malentendido는 '오해'라 는 의미로 사용된다. 즉, 이 문장에서 말하는 '오해의 근원'이 바로 palabra(말)라는 것.

함정 피하기 전치사 por는 '동기, 이유'를 표현하고, 전치사 en은 '장소'를 표현하므로 문맥에 맞지 않는다.

24. 문장의 첫 시작에 쓰인 시간 부사구에서 'día siguiente(다음 날)'라는 표현을 이끌 수 있는 전치사를 찾는 문제이다. 정답은 보기 a. 시간 표현에서 전치사 a를 쓰는 경우는 어떠한 순간, 찰나와 같은 짧은 시점에 대한 표현으로 사용되는데, 'a las(몇 시에)'라는 표현과 같이 'al día siguiente(다음 날에)'로 암기해 두면 편리하다.

함정 피하기 스페인어에서는 명사 día를 쓴 경우, 보기 b처럼 전치사 en을 함께 표기하지 않는다는 것을 잊지 말아야 한다. 보기 c 의 hasta의 경우는 어법상으로는 문제가 없지만, 의미적으로 연결이 부자연스럽다.

25. Ser 동사의 완료 형태인 sido와 함께 사용할 수 있는 조동사 haber의 시제변형에 대한 문제이다. 이 경우 haber의 접속법 과거완 료형, 즉 hubiera 와 hubiese 두 변형이 동일하게 사용될 수 있는데, 제시된 보기에는 hubiese만 있으므로 정답은 보기 b. 사실 이 구조는 직설법의 완료형을 대신해서 접속법의 과거완료형을 사용한 예외적인 경우에 해당하는데, 직설법 가능완료형을 사용할 경우에는 'habría sido'의 형태로 쓰일 수 있다. 이 경우는 과거 사실에 대한 반대 가정을 나타내는 '~했더라면'의 용법으로 사용된 것임을 함께 알아 두자.

함정 피하기 반드시 먼저 소거해야 할 보기는 c. 이와 같은 하나의 문장 구조 안에서 haya와 같은 접속법 현재완료형 변형을 하지 않기 때문이다. 이어서 보기 a의 había의 경우는 직설법 과거완료 변형이 되는데, 자신을 이미 찾아온 어린 왕자에게 여우가 말한 대사라는 것을 인지하면 빈칸에는 과거시제의 사용이 들어갈 수 없다는 것을 알 수 있다.

26. 26번 빈칸은 동사 변형 es 뒤에 오는 보어 자리에 있는데, es 앞에 생략된 주어는 앞 문장에서 언급된 'los ritos'이다. 따라서 이 문제의 정답은 중성관사 lo를 포함한 보기 c.

함정 피하기 이 문제에서는 주어가 남성명사인 rito라는 부분에서 오히려 함정에 빠질 수 있는데, 앞 문장에서 ritos라고 했다 하더 라도 동사변형 es 뒤에 보기 b의 남성 복수형 los가 올 수는 없다. 그리고 보기 a의 el이 들어가 'el que'의 형태로 사용하게 된다 면, rito라는 명사 중에서도 특히 한정시키거나 특정 짓는 '바로 그 rito' 로 구별해 쓰는 용법이 되기 때문에 적합하지 않다.

27.

조건절과 관련된 문제이다. 주절 내 변형 동사가 가능 변형으로 사용되었을 때, 조건절 내 변형 동사는 항상 접속법 과거형을 연결시켜야 한다는 것을 암기하도록 하자. 따라서 정답은 보기 c. 그 기능은 '~한다면, ~할텐데'의 현재 사실의 반대 가정의 용법이 된다.

함정 피하기 27번 빈칸과 같이 조건 접속사 si의 위치를 기준으로 조건절 내 변형 동사를 묻는 문제에서는 미래시제 혹은 가능 변형은 절대 답이 될 수 없으므로, 보기 b를 우선 소거해야 한다. 보기 a의 직설법 현재완료 변형은 si 조건절에서 사용은 가능하지만, 그 용법은 '이미 완료된 일에 대한 단순 가정' 밖에 되지 못한다.

28.

28번은 부정어에 관한 문제로, 문장 구조를 잘 살펴보면 주어는 vosotras(las rosas)이고 변형 동사는 sois이다. 빈칸 뒤에 이어지는 aún(아직, 여전히)과 함께 '너희는 아직은 아무 존재도 되지 못해'라는 해석으로 자연스럽게 연결되기 위해서는 부정명사인 nada가 빈칸에 어울린다. 따라서 정답은 보기 b.

함정 피하기 빈칸이 있는 문장의 주어가 vosotras이므로 보기 c의 단수형인 ninguna는 자동 소거된다. 보기 a의 ningunas는 부정대명사로 명사의 의미를 내포하지만, 빈칸에 들어갔을 때 '너희는 그 어떠한 꽃들도 아니다'와 같은 어색한 해석이 될 뿐이므로 답이 될 수 없다.

29.

29번 문제는 빈칸 앞에 있는 형용사 semejante와 빈칸 뒤에 있는 대명사 otros를 바르게 연결시킬 수 있는 전치사를 찾아야 한다. 정답은 보기 a. 스페인어에서는 '~와 같다, 비슷하다' 등의 표현을 할 때, 'igual, semejante, parecido' 등의 형용사에 전치사 a를 사용하는 것을 원칙으로 한다.

30.

모든 보기의 동사변형이 모두 직설법 단순과거 3인칭 복수형이므로, 해당 문장 내에서 어떤 동사를 사용해야 하는지 잘 파악해야 한다. 세 가지 보기의 동사들은 모두 '변형되다'와 유사한 의미인데, 이런 경우 동사와 연결되는 전치사의 사용에 주의해야 한다. 빈칸 주변에는 전치사가 따로 없으므로, 전치사 없이 사용하는 hacerse가 적합하다. 따라서 정답은 보기 b.

함정 피하기 보기 a의 convertirse와 보기 c의 transformarse는 보통 전치사 a 혹은 en을 함께 쓰는 동사들이어서 빈칸에 어울리지 않는다.

31.

31번 빈칸 역시 전치사 문제인데, 빈칸 뒤에 이어지는 관계사 la que를 보며 문장 구조를 살펴봐야 한다. 관계사절 내 주어는 yo, 변형 동사는 escuché이며, 동사 escuchar의 직접목적어가 바로 la que인 셈이다. 이때, 주어 yo와 동사 escuchar와 목적어인 rosa의 관계에서 rosa를 의인화하고 있다는 것이 중요하다. 따라서 빈칸에는 직접목적어가 사람일 때 사용할 수 있는 전치사 a가 적합하다. 정답은 보기 b. 그 꽃이 불평하는 소리도, 자랑하는 말도, 심지어는 침묵을 지키고 있는 것도 모두 어린 왕자가 들어주었다는 설명이다.

32. 32번 문제는 명사 veces 앞에 들어갈 알맞은 부정어를 찾는 문제이다. 스페인어에서는 '몇 번쯤'을 나타내는 표현으로 algunas veces를 사용하므로, 정답은 보기 c.

함정 피하기 보기 a의 ningunas는 '어떤...도 ~이 아니다'라는 의미를 가진 부정형이기 때문에 선택지에서 먼저 제외시킨다. 보기 b의 cualesquier는 '아무 ~나'라는 의미이므로 문맥상 적절하지 못하다.

33. 보기 a에 sino라는 접속사가 있는데, 이를 참고해서 빈칸 주위를 살펴보면 [No Ⓐ sino Ⓑ(Ⓐ가 아니라 Ⓑ다)]라는 문장 구조를 완성시키는 문제라는 것을 역으로 알 수 있다. 따라서 정답은 보기 a.

함정 피하기 영어의 [Not Ⓐ but Ⓑ]라는 표현에 착안하여 보기 c의 pero가 적합하다고 생각할 수 있지만, 스페인어에서는 sino를 사용하므로 유도된 함정인 보기 c를 주의하자. 보기 b의 si no는 띄어쓰기의 사용으로 인해 마치 조건접속사 si의 사용처럼 보이는 함정이다.

34. 34번 빈칸이 있는 문장의 주어는 tú, 동사는 perdiste, 직접목적어는 el tiempo인데, 보기의 전치사들을 모두 대입시켰을 때 '네가 너의 장미 때문에 소비한 시간'이라는 해석이 가장 자연스럽다. 따라서 정답은 보기 c. 전치사 por는 다양한 의미가 있지만 우선 '~때문에, 인하여, 대신에' 등의 우리말 해석으로 풀이해 보자.

함정 피하기 전치사 para는 '위하여, 치고는' 등으로 자주 해석되고, 전치사 a는 '~로, ~으로'로 해석된다.

35. 세 개의 보기에 모두 접속법 현재형 3인칭 단수 변형으로 나열되어 있으므로 ser, estar, tener 동사의 용법에 대한 문제라고 보면 된다. 문장 전체의 구조를 파악하면, 주어는 'el tiempo', 동사는 'hace', 목적절은 'que 명사절'로 이루어져 있다. 여기서 빈칸이 있는 종속절의 주어인 tu rosa와 보어 importante의 관계는 주어에 대한 본질적 묘사에 해당하므로, 빈칸에 알맞은 동사는 ser이다. 따라서 정답은 보기 b.

함정 피하기 보통 사역동사라고도 불리는 동사 hacer는 이어지는 종속절 동사변형을 접속법으로 변형시키므로 오답이다.

36. 36번 빈칸 뒤에 acordarse라는 재귀동사가 있으므로, 빈칸은 전치사구로 연결되어야 한다. 전치사 de가 포함된 보기 a, b 중에서 문맥상 적절한 표현은 'a fin de'이므로, 정답은 보기 a. 참고로, a fin de는 '~하기 위하여'라는 의미이므로, '목적'의 의미 전달을 하는 전치사 para, con la finalidad de 등과 함께 쓸 수 있다.

함정 피하기 보기 b의 a pesar de는 '~함에도 불구하고'의 뜻이므로 문맥상 어색한 표현이다. 그리고 빈칸 뒤에 acordarse라는 재귀동사가 있는 것을 확인했다면, 보기 c와 같은 접속사 para que는 쓸 수 없음을 빠르게 파악해야 한다.

Tarea 4 · **Ejercicios**

domesticar	길들이다
paciente	ⓜ ⓕ 환자 / 끈기 있는
hierba	ⓕ 풀, 잔디, 잡초, 목초
reojo	곁눈질로
fuente	ⓕ 샘, 분수, 기원, 출처, 원천
malentendido	ⓜ 오해
avanzar	전진하다, 진보하다, 향상하다
agitado	불안한, 흥분된, 걱정된
inquieto	불안한, 궁금한, 두려운
rito	ⓜ 의식, 관습, 습관
cazador	ⓜ ⓕ 사냥꾼 / 사냥하는
viña	ⓕ 포도밭
fijo	단단한, 고정된, 일정한, 정해진
partida	ⓕ 출발
vacío	빈, 비어 있는
transeúnte	ⓜ ⓕ 통행인 / 지나가는, 통행하는
regar	물을 뿌리다, 살수하다
biombo	ⓜ 병풍, 칸막이
oruga	ⓕ 애벌레, 유충
alabarse	뽐내다, 자랑하다, 우쭐거리다
he	있다 (aquí, ahí, allí 와 함께)
invisible	눈에 안 보이는

독해 종합 연습문제

PRUEBA DE COMPRENSIÓN DE LECTURA

INSTRUCCIONES

Usted va a leer un texto sobre la masificación turística en la ciudad de Barcelona. Después, debe contestar a las preguntas (1-6). Seleccione la respuesta correcta (a / b / c).

Marque las opciones elegidas en la **Hoja de respuestas**.

¿REALMENTE HAY TURISMOFOBIA EN BARCELONA?

Para muchos barceloneses, el problema no es el número de turistas que visita la ciudad, que está en torno a los 30 millones anuales entre alojados y visitantes de paso, sino la gestión de esa llegada de turistas. De hecho, en el último informe del Ayuntamiento de Barcelona sobre percepción del turismo en Barcelona (2016), el 86,7% de los encuestados afirmó que el turismo es beneficioso para la ciudad, el 76,3% opinó que la convivencia con los turistas era buena o muy buena y el 78,6% aseguró que en su barrio no hay un exceso de alojamientos turísticos.

Pero los vecinos de las zonas más visitadas son los que más lo sufren. Una de ellas es el barrio de la Sagrada Familia, donde es habitual la subida y bajada constante de grandes grupos de cruceristas liderados por un guía, que inevitablemente bloquean el paso al transeúnte. En los meses estivales, de hecho, la imagen puede llegar a evocar las migraciones de ñus en el Serengueti.

"Al barcelonés no le molesta tanto la masificación como la mala gestión de ese turismo. Los guías oficiales nos paramos sólo donde no interrumpimos el paso, conducimos el grupo de forma ordenada y no usamos micrófonos que pueden molestar a los vecinos, pero el problema es que hay muchos guías piratas operando sin habilitación oficial que no respetan esas normas", explica José Luís Caballero, guía oficial de Barcelona, que reclama mayores controles de esta actividad turística por parte de las administraciones.

"Cuando la masificación va demasiado lejos, las consecuencias son difíciles de revertir. Hay que considerar el impacto en términos de utilización de los servicios básicos y el deterioro que sufren sus principales monumentos o lugares de atracción. Además, los residentes son los más afectados por las aglomeraciones, tráfico, ruido y contaminación", advierte Alex Dichter de la consultora McKinsey.

Aunque lo cierto es que las aglomeraciones no son las únicas quejas de los ciudadanos. Inmediatamente después vienen el incivismo, el turismo de borrachera, la suciedad y el ruido. Además, los ciudadanos de Barcelona creen que el turismo hace subir los precios en la ciudad. Y la peor consecuencia es la sustitución de la vivienda residencial por la vivienda de uso turístico y especulativo, así como la sustitución del comercio de proximidad por los negocios turísticos.

Los recientes episodios de las pintadas ofensivas contra los turistas en los alrededores del Park Güell y los ataques a hoteles durante una protesta en Poblenou han traspasado fronteras y medios de comunicación y agencias internacionales se hicieron eco de la poca hospitalidad barcelonesa. "Los actos vandálicos que hemos vivido recientemente han llegado a la prensa internacional y dan una malísima imagen de la ciudad y una sensación de falta de seguridad entre los turistas que podría desencadenar en un descenso de la actividad turística en los próximos años", denuncia Jordi Clos, presidente del Gremi d'Hotelers de Barcelona.

(Adaptado de *www.lavanguardia.com*)

PREGUNTAS

1. En el texto se dice que los habitantes de Barcelona se muestran a favor de...

   a aumentar el número de alojamientos turísticos.

   b limitar el número de visitantes.

   c administrar mejor el turismo.

2. En el texto se dice que en el barrio de la Sagrada Familia...

   a los cruceristas obstaculizan el camino.

   b los vecinos impiden las visitas guiadas.

   c los visitantes evitan a los residentes.

3. En el texto, José Luís Caballero...

   a se responsabiliza del problema.

   b culpabiliza a trabajadores sin licencia.

   c demanda una menor regulación.

4. En el texto, Alex Dichter dice que la masificación...

   a crea rechazo social entre los habitantes.

   b implica una mayor inversión en mantenimiento.

   c contribuye al desgaste de la ciudad.

5. Según el texto, los barceloneses creen que el turismo...

   a genera especulación inmobiliaria.

   b reduce el coste de vida.

   c deprecia el coste de las viviendas.

6. Según Jordi Clos, la situación actual que vive la ciudad...

   a repercute en la percepción internacional.

   b incrementa la inseguridad.

   c decrecerá en el futuro.

INSTRUCCIONES

Usted va a leer cuatro textos en los que cuatro personas cuentan cómo vivieron el fin de una relación amorosa. Relacione las preguntas (7-16) con los textos (A, B, C y D).

Marque las opciones elegidas en la **Hoja de respuestas**.

PREGUNTAS

		A. MARÍA	B. LAURA	C. SANDRA	D. EVA
7.	¿Quién dice que no ha superado la ruptura?				
8.	¿Quién dice que la relación terminó por una infidelidad?				
9.	¿Quién dice que su novio estaba distante?				
10.	¿Quién dice que antes de romper se sentía mal anímicamente?				
11.	¿Quién dice que se arrepiente de su relación?				
12.	¿Quién dice que no soportaba el carácter de su novio?				
13.	¿Quién dice que la ruptura le pilló por sorpresa?				
14.	¿Quién dice que se culpa de la ruptura?				
15.	¿Quién dice que se reconcilió con su novio?				
16.	¿Quién dice que guarda mal recuerdo de su ruptura?				

TEXTOS

A. MARÍA

Lo nuestro fue un flechazo, lo que se dice amor a primera vista. Él era una persona muy atenta que me transmitía sosiego y serenidad. Después de varios meses de enamoramiento total, la relación empezó a deteriorarse y poco a poco la química empezó a desaparecer. Mi intuición femenina me decía que algo pasaba hasta que un día me enteré a través de un conocido que él tenía un lío con su ex. Me dejó después de una discusión muy intensa en la que se puso histérico, lo negó todo y me dijo que estaba como una cabra. Aunque terminar así me dejó muy mal sabor de boca, ahora pienso que durante la relación me acomodé demasiado y no puse mucho de mi parte para que lo nuestro llegara a buen puerto y funcionara. Me habría gustado que hubiéramos mantenido la amistad, pero finalmente he tenido que resignarme.

B. LAURA

Lo dejamos después de tres años de relación y fue un alivio. Aunque me decía que estábamos hechos el uno para el otro nos pasábamos el día tirándonos los trastos a la cabeza. Estaba acomplejado porque era calvo. Un día le hice un comentario sin malas intenciones sobre la posibilidad de comprarse una peluca y se volvió loco. A mí se me hacía muy difícil sobrellevar sus inseguridades. Además, era muy celoso y no me quitaba el ojo de encima cuando salíamos a la calle. Yo intentaba quitarle hierro al asunto, pero ahora me lamento de no haber tomado la decisión antes, porque lo nuestro no llevaba a ningún sitio. Trato de restarle importancia, pero siento que tiré por la borda los mejores años de mi vida. Lo más sorprendente es que recientemente hemos hecho las paces y tenemos una relación amistosa.

C. SANDRA

Mi ex y yo estuvimos juntos durante casi dos años y la verdad es que fue una relación maravillosa, llena de sentimientos y sobre todo de amor. Él fue mi primera pareja seria y yo la suya, y por eso conservo un millón de recuerdos increíbles. Nuestro mayor enemigo fue la rutina y eso fue lo que mató la relación poco a poco. Durante los últimos meses discutíamos muy a menudo y yo cada vez le notaba más frío, como que ya no estaba tan entregado y cada vez se esforzaba menos por lo nuestro. Pero, sin embargo, fue cuando parecía que todo volvía a ir bien cuando me dejó. Me quedé de piedra. Me dijo que ya no sentía lo mismo, que me tenía muchísimo cariño, pero que quería acabar con la relación. Sin olvidarse del típico "no quiero perder la amistad contigo a pesar de esto" Yo me quedé destrozada obviamente.

D. EVA

Él tenía muy mal temperamento, se pasaba el día refunfuñando y quejándose porque estaba agobiado por los exámenes, estaba muy susceptible, pero yo lo adoraba. En esa época yo estaba hecha polvo porque había sufrido una desgracia personal, estaba todo el día de bajón. Un día me mandó un mensaje diciendo que lo nuestro se había terminado. Todavía le guardo mucho rencor y no le perdono que me dejara cuando estaba tocando fondo. Después de un mes tratamos de reconciliarnos, pero el hecho de que nuestra relación fuera a distancia hizo que no lo lográramos. Fue muy difícil de asimilarlo e incluso llegué a sospechar que me estaba poniendo los cuernos. No hacía más que comerme la cabeza y crearme falsas esperanzas de que todo se solucionaría. Todavía tengo clavada esa espinita y a veces me pregunto si algún día volveremos. Eso sí, lo positivo es que esta ruptura me ha ayudado a crecer como persona.

INSTRUCCIONES

Lea el siguiente texto, del que se han extraído seis fragmentos. A continuación lea los ocho fragmentos propuestos (A-H) y decida en qué lugar del texto (17-22) hay que colocar cada uno de ellos.

HAY DOS FRAGMENTOS QUE NO TIENE QUE ELEGIR.

Marque las opciones elegidas en la **Hoja de respuestas**.

GUÍA PARA COMPRAR UN RELOJ

El reloj que llevamos es, en muchas ocasiones, un reflejo de nuestra personalidad, por lo que es común que se opte por comprar relojes certificados y de calidad. La adquisición de un reloj de lujo supone además una inversión para el futuro. **17.** _____. Por este motivo, a la hora de hacerse con un reloj de estas características es importante tener en cuenta ciertos aspectos que inclinarán nuestra decisión hacia determinados modelos o marcas.

A la hora de adquirir un reloj de lujo es importante atender a diferentes cuestiones relativas al diseño y a los acabados del propio reloj. Con respecto a la estética, también será de gran importancia la selección de la correa, puesto que con ella definiremos nuestro estilo. **18.** _____ _____.

En relación con las funcionalidades de un reloj, siempre es aconsejable optar por modelos que sean resistentes al agua, en concreto por aquellos que puedan sumergirse hasta los 50 metros de profundidad, puesto que serán los más resistentes y duraderos. **19.** _____ _____.

20. _____. Por ejemplo, si se viaja a menudo muy probablemente se necesitará un reloj GMT con un huso horario doble o triple.

Sería verdaderamente desastroso adquirir un reloj de lujo y que al poco tiempo éste presentase arañazos que dañasen su aspecto. **21.** _____. Los relojes están expuestos a una gran cantidad de daños, por lo que es importante optar siempre por aquellos materiales que mantengan su aspecto intacto como el primer día. En este sentido, habrá que tener en cuenta nuevamente el tipo de uso que se le dará. **22.** _____. Si por el contrario lo que se quiere es un reloj para el día a día, se podrán escoger modelos con diseños más finos con correas de cuero y esferas doradas.

Por último, un aspecto fundamental que hay que considerar a la hora de adquirir un reloj de lujo es su mecánica de funcionamiento. Hoy en día, existen básicamente dos modalidades: relojes electrónicos y relojes mecánicos. La elección, en este caso, dependerá en gran medida del gusto personal y de las necesidades de cada comprador.

(Adaptado de *www.elblogalternativo.com*)

FRAGMENTOS

A. Por lo tanto, se deben buscar relojes que también soporten tanto presiones elevadas como cambios de temperatura drásticos.

B. Así, si lo que se busca es un reloj para, por ejemplo, navegar, será interesante adquirir un modelo robusto de algún material como el acero.

C. En cambio, podemos buscar uno un poco más sofisticado ya que el riesgo es menor.

D. De esta forma, su ancho también será importante y deberá adaptarse a la complexión de la muñeca de cada persona.

E. Este mantenimiento consiste en desarmarlo por completo y limpiar cada una de sus piezas con máquinas y aditivos especiales.

F. Es un aspecto que hay que considerar puesto que durará años y muchas de sus piezas pueden revalorizarse con el paso del tiempo.

G. Asimismo, se deberán tener igualmente presentes otros aspectos muy vinculados al uso que se le quiera dar.

H. Por este motivo, para evitar rayones es especialmente recomendable optar por modelos cuyo vidrio sea de cristal de zafiro.

INSTRUCCIONES

Lea el texto y rellene los huecos (23-36) con la opción correcta (a / b / c).

Marque las opciones elegidas en la **Hoja de respuestas**.

EL VIEJO Y EL MAR
Ernest Hemingway

El tiburón se quedó un rato tranquilamente en la superficie y el viejo se paró a mirarlo. Luego el tiburón empezó a hundirse lentamente.

–Se llevó unas cuarenta libras –dijo el viejo _____ 23 _____ voz alta. "Se llevó también mi arpón y todo el cabo –pensó– y ahora mi pez sangra y vendrán otros tiburones."

No le agradaba ya mirar al pez porque había sido mutilado. Cuando el pez había sido atacado fue como si lo _____ 24 _____ él mismo.

"Pero he matado el tiburón que atacó a mi pez –pensó–. Y era el dentuso más grande que había visto jamás. Y bien sabe Dios que yo he visto dentusos grandes." "Era demasiado bueno para durar –pensó–. Ahora pienso que ojalá hubiera sido un sueño y que _____ 25 _____ hubiera pescado el pez y que me _____ 26 _____ solo en la cama sobre los periódicos."

–Pero el hombre no está hecho _____ 27 _____ la derrota –dijo–. Un hombre puede ser destruido, pero no derrotado.

"Pero siento haber matado al pez –pensó–.

Ahora llega el mal momento y ni siquiera tengo el arpón. El dentuso es cruel y capaz y fuerte e inteligente. Pero yo fui más inteligente _____ 28 _____ él. Quizá no –pensó–.

Acaso estuviera solamente mejor armado."

–No pienses, viejo –dijo en voz alta–. Sigue tu rumbo y _____ 29 _____ el pecho a la cosa cuando venga.

"Pero tengo que pensar –pensó–. Porque es lo único que me queda. Eso y el béisbol. Me pregunto _____ 30 _____ le habría parecido al gran Di Maggio la forma en que le di en el cerebro. No fue _____ 31 _____ cosa –pensó–. _____ 32 _____ hombre habría podido hacerlo. Pero ¿cree usted que mis manos hayan sido un inconveniente tan grande como las espuelas de hueso? No puedo saberlo. Jamás he tenido nada malo en el talón, salvo aquella vez en que la raya me lo _____ 33 _____ cuando la pisé nadando y me paralizó la parte inferior de la pierna _____ 34 _____ un dolor insoportable."

–Piensa en algo alegre, viejo –dijo–. Ahora cada minuto que pasa estás más cerca de la orilla. Tras haber perdido cuarenta libras navegaba más y más ligero.

Conocía perfectamente _____35_____ pudiera suceder cuando llegara a la parte interior de la corriente. Pero ahora no había nada que hacer.

–Sí, cómo no –dijo en voz alta–. Puedo amarrar el cuchillo al cabo de uno de los _____36_____.

(Adaptado de *EL VIEJO Y EL MAR. Ernest Hemingway*)

OPCIONES

23.	a con	b sin	c en
24.	a era	b fuera	c hubiera sido
25.	a algún día	b jamás	c siempre
26.	a hallara	b estuviera	c viera
27.	a por	b para	c de
28.	a que	b como	c de
29.	a le diste	b dándole	c dale
30.	a que	b qué	c cómo
31.	a gran	b grande	c alguna
32.	a Cualquiera	b Cualquier	c Un
33.	a pinchaba	b pinchó	c ha pinchado
34.	a causó	b causar	c causando
35.	a el que	b lo que	c la que
36.	a remos	b ruedas	c asientos

Tarea 1 독해 종합 연습문제 정답 및 해설

정답

1. c **2.** a **3.** b **4.** c **5.** a **6.** a

1 해석

지시사항

당신은 바르셀로나의 관광객 과밀화에 대한 텍스트를 읽을 것입니다. 이어서, (1번부터 6번까지) 질문에 답하세요. (a, b 또는 c) 정답을 선택하세요.

선택한 보기를 **답안지**에 표기하세요.

바르셀로나에는 정말 투어리즘 포비아가 있나?

많은 바르셀로나 사람들에게 있어서 가장 큰 문제는 매년 바르셀로나에 머물거나 거쳐가는 약 3천만 명에 달하는 관광객의 수가 아니라 그 관광객들의 방문에 대한 관리이다. 사실 바르셀로나 시청이 관광에 관한 사람들의 인식에 대해 낸 가장 최근(2016년) 보고서에 따르면 응답자의 86.7 퍼센트가 관광 사업이 도시에 이로운 것이라고 응답했고, 76.3퍼센트는 관광객들과의 공존은 '좋다' 혹은 '매우 좋다'라고 응답했으며, 78.6 퍼센트는 그들의 지역에 관광객 숙박 시설이 과하게 있지 않다고 대답했다.

하지만 가장 많은 고통을 겪고 있는 사람들은 바로 관광객이 가장 많이 찾는 지역에 살고 있는 사람들이다. 그중 하나는 '사그라다 파밀리아' 지역으로, 그곳은 가이드가 인솔하는 크루저 여행객 그룹들이 지속적으로 왔다 갔다하는 것이 일상인데, 이는 불가피하게 보행자들의 통행을 막는다. 여름철에는 그 모양이 흡사 세렝게티의 '누'의 이동을 연상시킬 정도인 것이다.

"바르셀로나 시민들에게 있어서 관광객의 과밀화는 그들에 대한 부실한 관리만큼이나 짜증스러운 것은 아닙니다. 저희 공식 가이드들은 통행을 방해하지 않는 곳에서만 머무르고 그룹을 질서 있게 이끌며 주민들에게 불편함을 줄 수 있는 마이크 사용을 하지 않습니다. 하지만 문제는 그러한 규칙을 따르지 않으며 공식 허가 없이 운영되는 불법 가이드가 많다는 것입니다."라고 바르셀로나 공식 가이드인 호세 루이스 카바예로는 설명하며, 행정부 측에게 관광 행위에 대한 더 엄격한 제한을 요청한다.

"과밀화가 지나치면 그 결과는 다시 되돌리기 어렵습니다. 기본적인 서비스의 이용과 주요 기념물이나 명소가 받는 손해 측면에서의 영향을 고려해야 합니다. 또한, 그 주민들이 바로 그 혼잡, 교통 체증, 소음과 공해 등의 영향을 받는 사람들입니다."라고 맥킨지 컨설팅 회사의 알렉스 디히터는 경고한다.

그러나 분명한 것은 혼잡함만이 시민들의 유일한 불평은 아니라는 것이다. 그것에 이어 사람들의 무례함, 음주 관광, 불결, 소음 등의 문제가 뒤따른다. 또한 바르셀로나의 시민들은 관광 때문에 도시의 물가가 올라간다고 생각한다. 그리고 최악의 결과는 주거용 주택들이 관광 및 투기 용도의 주택으로 대체되고 지역 상업이 관광 사업지로 대체되는 것이다.

최근 구엘 공원 주변에 관광객들에 대한 낙서 공격의 사건과 포블레누에서의 시위 기간 동안 호텔을 공격한 일은 국경을 넘어 전해졌고, 관광객에 대한 바르셀로나의 부족한 환대는 국제 언론과 여행사들에게 반향을 일으켰다. "최근 우리가 겪은 야만적인 행위들은 국제 언론에 도달하여 우리 도시에 매우 나쁜 이미지를 주고 있으며 치안에 대한 관광객들 사이의 좋지 않은 인식은 향후 몇 년 동안의 관광 활동의 하락으로 이어질 수 있을 것이다"라고 바르셀로나의 호텔 조합장인 조르디 클로는 말했다.

문제

1. 본문에서는 바르셀로나 시민들이 …에 찬성하는 것으로 보인다고 말한다.

   a 관광객 숙박 시설의 수를 늘리는 것

   b 관광객의 수를 제한하는 것

   c 관광업을 더 잘 관리하는 것

2. 본문에서는 '사그라다 파밀리아' 지역에서는 …라고 말한다.

   a 크루저 여행객들이 통행을 방해한다

   b 그 지역 주민들은 가이드가 인솔하는 관광객들을 막는다

   c 관광객들은 그곳 주민들을 피한다

3. 본문에서 호세 루이스 카바예로는 …

   a 이 문제에 대한 책임감을 느낀다.

   b 허가 없이 일하는 사람들에게 잘못을 돌린다.

   c 더 적은 관리를 요구한다.

4. 본문에서 알렉스 디히터는 과밀화가 …라고 말한다.

   a 거주민들 사이의 사회적 거부감을 만들어 낸다

   b 더 높은 유지 비용을 의미한다

   c 도시의 소모에 기여한다

5. 본문에 따르면, 바르셀로나 사람들은 관광이 …라고 믿는다.

   a 부동산 투기를 야기시킨다

   b 물가를 하락시킨다

   c 주택의 가격을 떨어뜨린다

6. 조르디 클로에 따르면 현재 도시가 겪고 있는 상황은 …

   a 국제적인 인식에 영향을 미친다.

   b 치안 악화를 증가시킨다.

   c 미래에는 감소할 것이다.

2 해설

1. 1번 문제에 대한 정답 문장은 바로 첫 번째 문단의 'el problema no es el número de turistas que visita la ciudad, que está en torno a los 30 millones anuales entre alojados y visitantes de paso, sino la gestión de esa llegada de turistas.'이다. 이 문장은 [el problema no es Ⓐ, sino Ⓑ]의 문장 구조를 사용한 형태이기 때문에, sino 이후에 언급된 내용을 잘 파악해야 한다. 이 문장에 따르면 바르셀로나 사람들에게 가장 큰 문제는 매년 엄청난 수의 관광객이 아니라 그들에 대한 gestión(관리, 처리, 경영)을 현재의 방식과는 다르게 개선해야 한다는 것이기 때문에, 정답은 보기 c.

2. 사그라다 파밀리아 지역에 대해 본문에서 언급한 내용이 무엇인지를 묻고 있다. 2번 문제의 정답을 확인할 수 있는 구간은 두 번째 문단 중 'es habitual la subida y bajada constante de grandes grupos de cruceristas liderados por un guía, que inevitablemente bloquean el paso al transeúnte.'로, 이 문장에서는 크루저 여행객 그룹들이 보행자의 이동을 막는다고 말하고 있다. 따라서 정답은 보기 a. 보기 a, b, c에서 사용된 동사 obstaculizar(방해하다), impedir(막다, 저지하다), evitar(피하다, 회피하다)의 해석에 주의해야 한다.

3. 이 문제는 세 번째 문단에 등장하는 호세 루이스 카바예로라는 인물이 전달하는 내용에서 정답을 찾아야 한다. 정답 문장은 'el problema es que hay muchos guías piratas operando sin habilitación oficial que no respetan esas normas'로, 허가 없이 일하는 불법 가이드를 pirata(해적)으로 표현하고 있다. 따라서 정답은 보기 b. 동사 culpabilizar는 '비난하다, 탓하다'의 의미이다.

4. 알렉스 디히터라는 사람이 말한 내용이 직접 인용된 네 번째 문단을 잘 살펴보자. 그는 'Hay que considerar el impacto en términos de utilización de los servicios básicos y el deterioro que sufren sus principales monumentos o lugares de atracción.'라며 관광객의 과밀화가 기본적인 서비스와 주요 기념물 등에 끼칠 수 있는 부정적인 영향을 고려해야 한다고 경고하고 있다. 관광객들에게 많은 '이용'을 당해서 서비스나 시설물들이 '손해'를 입게 되는 내용과 연결시킬 수 있는 정답은 보기 c.

5. 관광에 대한 바르셀로나 시민들의 생각을 묻는 문제이다. 본문의 다섯 번째 문단에서 관광객으로 인한 번잡함이나 혼잡 이상의 불편에 대해 말하고 있는데, 그중 'Y la peor consecuencia es la sustitución de la vivienda residencial por la vivienda de uso turístico y especulativo, así como la sustitución del comercio de proximidad por los negocios turísticos.'가 정답 문장이다. 주거용 주택들이 관광 및 투기 용도의 주택으로 대체되고 지역 상업이 관광 사업지로 대체되는 것이 가장 최악의 결과라는 것. 따라서 정답은 보기 a. 명사 especulación(투기)와 형용사 especulativo(투기적인)의 의미 해석이 중요하다.

6. 현재 도시가 겪고 있는 상황에 대한 조르디 클로의 생각을 묻고 있다. 마지막 문단에서 'Los actos vandálicos que hemos vivido recientemente han llegado a la prensa internacional y dan una malísima imagen de la ciudad y una sensación de falta de seguridad entre los turistas que podría desencadenar en un descenso de la actividad turística en los próximos años'라는 조르디 클로의 발언이 인용되어 있다. 이 문장의 의미는 바르셀로나에서 발생한 몇 가지 나쁜 사건들이 국제 언론을 통해 알려졌고, 그것은 관광객들 사이에서 바르셀로나에 대한 나쁜 이미지를 심어 주고 있다는 것이다. 따라서 정답은 보기 a. 보기 a에 사용된 명사 percepción 역시 '인식, 지각'이라는 의미이다.

3 어휘

masificación	ⓕ (사람의) 과밀화, 대중화, 보급	ofensiva	ⓕ 공격 태세, 공격, 습격, 침략
turismofobia	ⓜ 투어리즘 포비아(관광 · 관광객에 대한 거부 반응)	protesta	ⓕ 항의, 이의, 항의 데모
barcelonés	ⓜ ⓕ 바르셀로나 사람 / 바르셀로나의	traspasar	옮기다, 양도하다
en torno a	~의 주위에, 주변에	frontera	ⓕ 국경선, 접경
gestión	ⓕ 수속, 처리, 관리, 경영, 직무	hacerse eco	소문을 퍼뜨리다
percepción	ⓕ 지각, 직시, 인지, 감지	hospitalidad	ⓕ 자선, 환대, 접대, 후대
exceso	ⓜ 과다, 과잉, 초과	vandálico	잔인한, 난폭한, 야만의, 반달족의
crucerista	ⓜ ⓕ 크루저 여행객	desencadenar	쇠사슬에서 해방시키다, 연결을 끊다
bloquear	막다, 봉쇄하다, 방해되다	descenso	ⓜ 하강, 저하, 내리막길
estival	여름의, 하절	a favor de	~에 유리하게, ~를 지지하여
evocar	생각해 내다, 회상하다, 되짚다	limitar	경계를 정하다, 제한하다
migración	ⓕ 이민, 이주, 이동	obstaculizar	방해하다, 훼방놓다
ñu	ⓜ [동물] 누(소의 머리를 하고 작은 말 같은 남아프리카 영양)	responsabilizarse	책임지다, 책임이 있다
pirata	ⓜ ⓕ 해적, 무허가	culpabilizar	나무라다, 비난하다, 책하다
habilitación	ⓕ 자격 부여, 허가, 장소의 이용, 사용	demandar	요구하다, 요청하다, 고소하다
administración	ⓕ 관리, 경영	regulación	ⓕ 제어, 조절, 관리
revertir	되돌아가다, 반환되다, (무엇의) 결과가 되다	rechazo	ⓜ 거절, 격퇴
impacto	ⓜ 영향, 영향력, 충격, 자국, 흔적	implicar	관련시키다, 포함시키다
término	ⓜ 마지막, 끝남, 기한, 용어, 단어	inversión	ⓕ 투자, 역전, 반전
deterioro	ⓜ 파손, 악화, 손상, 파괴	desgaste	ⓜ 소모, 마멸
afectado	(어떤) 영향을 받은, 오염된, 나빠진, 거짓의, 위장한	especulación	ⓕ 투기
aglomeración	ⓕ 덩어리, 집단, 군집, 군중	inmobiliario	부동산의
incivismo	ⓜ 무례, 실례, 비시민성	coste de vida	ⓜ 생계비, 생활비
borrachera	ⓕ 취함, 취기, 만취	depreciar	가치를 떨어뜨리다, 절하되다
sustitución	ⓕ 대체, 교체, 대용, 대용품	repercutir	울려 퍼지다, 영향을 끼치다
especulativo	사색적인, 불확실한, 투기적인	decrecer	줄다, 감소하다
proximidad	ⓕ 가까움, 근접, 주변		

Tarea 2 독해 종합 연습문제 정답 및 해설

정답

| 7. D | 8. A | 9. C | 10. D | 11. B | 12. B | 13. C | 14. A | 15. B | 16. A |

1 해석

지시사항

당신은 그들의 연인 관계의 결말을 어떻게 겪었는지 이야기하는 네 명의 사람들의 텍스트를 읽게 될 것입니다. (7번부터 16번까지의) 질문에 (A, B, C 또는 D) 텍스트를 연결하세요.

선택한 보기를 **답안지**에 표기하세요.

문제

		A. 마리아	B. 라우라	C. 산드라	D. 에바
7.	결별을 극복하지 못했다고 말하는 사람은 누구인가?				
8.	불륜으로 인해 관계가 끝났다고 말하는 사람은 누구인가?				
9.	자신의 남자친구가 멀게 느껴졌다고 말하는 사람은 누구인가?				
10.	관계가 끝나기 전, 기분이 안 좋은 상태였다고 말하는 사람은 누구인가?				
11.	지나간 관계에 대해 후회하고 있다고 말하는 사람은 누구인가?				
12.	자신의 남자친구의 성격을 참기 힘들었다고 말하는 사람은 누구인가?				
13.	이별을 생각지도 못했다고 말하는 사람은 누구인가?				
14.	결별이 자신 탓이라고 말하는 사람은 누구인가?				
15.	남자친구와 화해했다고 말하는 사람은 누구인가?				
16.	결별이 나쁜 기억으로 남았다고 말하는 사람은 누구인가?				

텍스트

A. 마리아

우리의 경우는 흔히 말하는 첫눈에 반한 사랑인 '화살에 맞은' 것이었습니다. 그는 저에게 평온함과 안정감을 주던 매우 세심한 사람이었습니다. 총 몇 달간의 연애를 한 후 우리의 관계는 악화되기 시작했고 우리 사이의 좋은 느낌은 조금씩 사라지기 시작했습니다. 제 안의 여자만의 직감이 무언가 잘못되고 있다고 말하고 있었는데, 어느 날 저는 지인을 통해 그가 전 연인과 부정한 관계를 가지고 있다는 것을 알게 되었습니다. 어느 날 우리는 매우 격렬한 언쟁을 벌였는데 그는 히스테릭한 상태에서 모든 것을 부인하며 제가 정신이 이상해진 것이라고 말했습니다. 그 후 그는 저를 떠났습니다. 관계가 그런 식으로 끝나 버린 것이 제게는 무척 안 좋은 기억으로 남았지만, 지금 생각해 보면 그 관계를 유지하는 동안 제가 너무 많이 안주했고 우리의 관계가 좋은 결실을 맺고 좋은 결과를 낼 수 있도록 노력을 많이 하지 않았던 것입니다. 우리가 좋은 친구로 남았더라면 더 좋았겠지만 결국 저는 포기해야만 했습니다.

B. 라우라

우리는 3년의 관계 끝에 헤어졌고 그것은 제게는 후련한 일이었습니다. 비록 그는 우리가 천생연분이라고 말했었지만 우리는 하루 종일 격렬한 싸움만을 할 뿐이었습니다. 그는 대머리라는 이유로 콤플렉스가 있었습니다. 어느 날 저는 악의 없이 그에게 가발을 사는 것에 대한 가능성을 언급했고 그는 완전히 이성을 잃었습니다. 그가 가진 불안정함을 참아 주는 것은 너무나 힘들었습니다. 또한 그는 매우 질투심이 많아서 길에 나가면 제게서 눈을 떼지 못했습니다. 저는 이러한 것을 크게 중요하게 생각하지 않으려고 노력했었으나 지금은 되려 그 결정을 미리 내리지 않은 것을 후회합니다. 우리의 관계는 결말이 좋지 않을 것이었기 때문입니다. 개의치 않으려고 노력하지만 저는 제 인생에서의 가장 최고의 몇 년을 버렸다고 느낍니다. 그런데 가장 놀라운 점은 최근에 우리는 화해했고 지금은 친한 친구로 지내고 있다는 것입니다.

C. 산드라

예전 남자친구와 저는 거의 2년을 교제했고 그것은 진정 훌륭하고 애정이 가득하며 특히 사랑이 넘치는 관계였습니다. 그는 제가 진지하게 만난 첫 상대였으며 저 역시 그에게 그런 존재였으므로 지금도 저는 굉장한 추억들을 많이 가지고 있습니다. 우리의 가장 큰 적은 바로 익숙함이었으며 그것이 우리의 관계를 조금씩 파괴시켰습니다. 마지막 몇 달 간은 매우 자주 싸웠고 그럴수록 저는 그가 무정해지는 것을 느꼈습니다. 더 이상 예전처럼 헌신적이지 않았으며 우리의 관계를 위해 노력하지 않는다고 느꼈습니다. 하지만 그가 저를 떠났을 때에는 마치 모든 게 다시 잘 될 것처럼 보이던 때였습니다. 그래서 저는 망연자실했습니다. 그는 더 이상 예전의 감정을 느끼지 못한다고 말했고 저를 많이 아끼지만 관계를 끝내고 싶다고 말했습니다. "그럼에도 불구하고 친구로서의 관계마저 잃고 싶지는 않다"는 그 전형적인 말을 덧붙이는 것도 잊지 않았습니다. 당연히 저는 아주 큰 마음의 상처를 입었습니다.

D. 에바

그는 성미가 매우 나빴고, 시험 때문에 피곤한 탓에 예민해서 하루 종일 투덜거리거나 불평을 하곤 했지만 저는 그를 사랑했습니다. 그 당시 저는 개인적으로 불행한 일을 겪었고 그 때문에 기력이 없었으며 하루 종일 우울한 상태였습니다. 어느 날 그는 저에게 우리 관계가 끝났다고 말하는 메시지를 보냈습니다. 제가 극도로 불행했던 시기에 저를 떠났기 때문에 저는 지금까지도 그에게 앙심을 품고 있고 그를 용서할 수 없습니다. 한 달이 지난 후 우리는 화해를 시도했지만 우리는 먼 거리에 살고 있었기 때문에 화해에 실패했습니다. 그를 이해하기는 무척 어려웠고 심지어 그가 바람을 피운다는 의심을 하게 되었습니다. 저는 줄곧 곱씹어 생각하였고 모든 것이 해결될 것이라는 헛된 희망을 가지게 되었습니다. 저는 여전히 그 상처를 마음 속에 지니고 있으며 가끔은 우리가 언젠가 다시 만나게 될 것인가를 스스로에게 묻곤 합니다. 한 가지 분명한 것은 그 결별에서 긍정적이었던 부분은, 제가 사람으로서 더욱 성장할 수 있게끔 해 주었다는 사실입니다.

2 해설

7.	질문에서 놓쳐서는 안 될 키워드는 바로 'no superar la ruptura'로, 연인과의 이별을 극복하지 못하고 있다고 말하는 인물을 찾아야 한다. 정답은 **D** EVA. 정답 문장인 'Todavía le guardo mucho rencor y no le perdono que me dejara cuando estaba tocando fondo.'에서 동사의 변형이 현재시제로 표현되고 있으므로, 이별의 후유증이 지금까지도 여전히 지속되고 있다는 것을 파악해야 한다. 참고로 guardar rencor(앙심을 품다)의 표현을 반드시 암기하도록 하자.
8.	8번 질문의 핵심 내용을 파악할 수 있는 두 단어는 terminar와 infidelidad이다. 동사 terminar는 '끝나다'라는 뜻이고, 명사 infidelidad은 '불성실, 부정, 불륜'이라는 의미이다. 즉 불륜 때문에 관계가 끝났다고 말하는 사람을 찾아야 하는 문제로, 정답은 **A** MARÍA. 정답 문장은 'Mi intuición femenina me decía que algo pasaba hasta que un día me enteré a través de un conocido que él tenía un lio con su ex.'로, 관용 표현인 tener un lío(불륜 관계를 가지다)의 뜻을 알고 있어야 한다.
9.	질문의 핵심 단어는 형용사 distante(먼, 서먹서먹한, 쌀쌀한)이다. 9번 질문과 관련이 있는 정답 문장은 텍스트 **C**의 'Durante los últimos meses discutíamos muy a menudo y yo cada vez le notaba más frío, como que ya no estaba tan entregado y cada vez se esforzaba menos por lo nuestro.'이다. 형용사 frío(무정한)가 질문에 등장한 distante와 의미가 일맥상통하므로, 정답은 **C** SANDRA.
10.	10번 질문에서는 네 명의 인물 중 이별을 앞두고 기분이 좋지 않은 시기를 보내고 있었다고 말하는 사람이 누구인지를 묻고 있는데, 정답은 **D** EVA. 정답 문장은 'En esa época yo estaba hecha polvo porque había sufrido una desgracia personal, estaba todo el día de bajón.'와 이어서 등장하는 'Todavía le guardo mucho rencor y no le perdono que me dejara cuando estaba tocando fondo.'이다. EVA는 연인과 헤어지기 전 개인적으로 불행한 일을 겪고 있었기 때문에 기운이 없고 우울한 상태였다고 회상한다. Estar de bajón(슬럼프를 겪다)와 tocar fondo(불행의 끝에 다다르다) 등의 표현을 해석할 수 있어야 한다.

11. 질문에 사용된 동사 arrepentirse(후회하다)를 보고 이와 같은 말을 하는 인물을 찾아야 한다. 정답 문장은 텍스트 **B**의 'pero ahora me lamento de no haber tomado la decisión antes'로, 이전 남자친구와의 관계를 빨리 정리하지 못한 것에 대해 LAURA가 후회하고 있음을 알 수 있다. 따라서 정답은 **B** LAURA. 또한 그녀는 'Trato de restarle importancia, pero siento que tiré por la borda los mejores años de mi vida.'라는 문장에서도 자신의 인생에서 최고의 시간을 버렸다며 후회하고 있는데, 이 문장에서는 관용 표현인 tirar por la borda(버리다)를 정확히 해석해야 한다. 동사 tirar 이외에 'arrojar, echar' 등을 쓰기도 하니 함께 기억해 두자.

12. 질문에서 꼭 파악해야 할 내용은 no soportar(참기 힘들다)와 carácter(성격)이다. 이 문제의 정답 문장은 텍스트 **B**의 'A mí se me hacía muy difícil sobrellevar sus inseguridades.'로, 명사 inseguridad은 '불안정, 불확실'을 뜻한다. 남자친구의 불안정함을 참기 힘들었다는 것이며, 이어지는 문장에서도 그의 질투심에 대해 계속 언급하고 있다. 따라서 정답은 **B** LAURA.

13. 질문의 핵심 표현인 'pillar por sorpresa(생각지도 못하다)'를 주의해서 해석해야 한다. 해당 표현은 'coger por sorpresa'로도 쓸 수 있는데, 이는 미처 예상하지 못한 상황을 가리키는 표현이다. 이 문제의 정답은 **C** SANDRA. 정답과 관련된 문장은 'Pero, sin embargo, fue cuando parecía que todo volvía a ir bien cuando me dejó'로, SANDRA의 전 남자친구가 그녀를 떠났을 무렵 두 사람의 관계가 다시 좋아질 것처럼 보였기 때문에 그녀가 이별을 예상하지 못했음을 알 수 있다.

14. 동사 culparse의 정확한 해석이 필요한 질문으로, 결별의 원인이 본인에게 있다고 말하는 인물을 찾아야 한다. 정답은 **A** MARÍA. 정답과 관련된 문장은 'Aunque terminar así me dejó muy mal sabor de boca, ahora pienso que durante la relación me acomodé demasiado y no puse mucho de mi parte para que lo nuestro llegara a buen puerto y funcionara.'로, poner 혹은 hacer de su parte라는 표현은 '노력하다, 최선을 다하다'의 의미이다. 참고로 culpar는 '누군가에게 잘못을 돌리다'라는 뜻인데, culparse라는 재귀형태를 보고 '스스로에게 탓을 돌리다'라는 의미로 이해해야 한다.

15. 남자친구와 화해했다고 말하는 사람이 누구인지 묻고 있다. 정답은 **B** LAURA. 텍스트 **B**의 마지막 문장 'Lo más sorprendente es que recientemente hemos hecho las paces y tenemos una relación amistosa.'에서 정답의 단서를 찾을 수 있다. 참고로 질문에 사용된 동사 reconciliarse con은 '화해하다'의 의미이며, 이와 같은 표현으로는 'arreglarse, ponerse de acuerdo' 등이 있다. 또 hacer las paces(화해하다)의 관용 표현도 일반적으로 많이 사용하니 기억해 두자.

16. 16번 질문의 핵심 표현은 guardar mal recuerdo로, '좋지 않은 기억을 갖고 있다'는 의미이다. 이와 같은 의미를 가진 표현이 등장하는 부분은 텍스트 **A**의 'terminar así me dejó muy mal sabor de boca'이므로, 정답은 **A** MARÍA. 명사 sabor(맛)를 활용한 관용 표현인 'dejar mal sabor de boca'는 입 안에 남겨진 나쁜 맛에 빗대어 '누군가에게 좋지 않은 기억이 남겨진다'는 의미이다.

3 어휘

amoroso	사랑의, 애정의, 다정다감한
superar	능가하다, 극복하다, 뛰어넘다, 초과하다
ruptura	ⓕ 파괴, 파손, 단절, 고장, 결별
infidelidad	ⓕ 불성실, 불충분, 부정, 불륜
distante	먼, 떨어진, 서먹서먹한, 쌀쌀한, 데면데면한
anímicamente	감정적으로, 영적으로, 심적으로
arrepentirse	후회하다, 회개하다
carácter	ⓜ 성격, 인성, 개성, 특징
pillar por sorpresa	갑자기 덮쳐 붙잡다, 깜짝 놀라게 하다
culparse	자신을 나무라다
reconciliarse	화해하다
guardar	지키다, 보호하다, 보관하다
recuerdo	ⓜ 추억, 기억
flechazo	ⓜ 화살을 쏨, 화살로 인한 부상, 한눈에 반함
vista	ⓕ 시각, 시력, 전망, 풍경
transmitir	전달하다, 옮기다, 방송하다
sosiego	ⓜ 평온, 고요, 평안, 정적
serenidad	ⓕ 평정, 냉정, 침착, 고요
enamoramiento	ⓜ 연모, 연애
deteriorarse	손상되다, 망가지다, 악화되다
química	ⓕ 화학
intuición	ⓕ 직감, 직감력, 직관, 예감
enterarse de	알아차리다, 깨닫다
lío	ⓜ 다발, 꾸러미, 분쟁, 혼란, 소란, 불륜 관계, 부정
ex	ⓜ ⓕ 전 파트너 / 전, 구
discusión	ⓕ 토론, 토의, 논쟁, 언쟁
intenso	강한, 열렬한, 긴장된
histérico	ⓜ ⓕ 히스테리 환자 / 히스테리의, 히스테릭한
negar	거부하다, 거절하다, 부정하다
estar como una cabra	머리가 이상하다, 머리가 돌다, 정신이 나가다, 미치다
cabra	ⓕ 염소, 산양, 암양
dejar mal sabor de boca	나쁜 뒷맛이 남다, 나쁜 기억이 남다
sabor	ⓜ 맛, 풍미, ~풍

acomodarse	앉다, 정착하다, 자리잡다, 타협하다, 순응하다
puerto	ⓜ 항구, 항, 항구 도시
llegar a buen puerto	(사업이나 계획이) 만족스러운 결론에 이르다
amistad	ⓕ 우정, 우애
resignarse	감수하다, 체념하다, 단념하다
alivio	ⓜ 경감, 줄어듦, 쾌차, 완화, 안도
tirarse los trastos a la cabeza	격렬하게 말다툼을 하다
acomplejado	열등감을 가진
peluca	ⓕ 가발
sobrellevar	거들어 주다, 참다, 견디다, 못 본 척하다
inseguridad	ⓕ 불안정, 불확실
celoso	질투하는
quitar hierro al asunto	중요하게 여기지 않다
restar	빼다, 제거하다, 없애다
tirar por la borda	버리다, 내버려두다, 관계를 끊고 돌보지 않다
hacer las paces	화해하다
enemigo	ⓜ 적, 적군 / 싫어하는
entregado	ⓜ ⓕ 담당자 / 몰두한, 인수받은
esforzarse	힘쓰다, 애쓰다, 노력하다
quedarse de piedra	위축되다
destrozado	조각난, 손해를 입은, 의욕을 잃은, 피로한
temperamento	ⓜ 기질, 천성, 체질, 생기, 활력
refunfuñar	투덜거리다, 투덜대다
agobiado	기진맥진한, 지친, 피로한
susceptible	(영향을) 받기 쉬운, 민감한, 할 여지가 있는, 가능한
estar hecho polvo	극도로 기력이 없다, 녹초가 되다
desgracia	ⓕ 불운, 불행, 재난
bajón	ⓜ 폭락, 하락, 저하, 슬럼프
rencor	ⓜ 앙심, 원한
tocar fondo	불행의 끝에 다다르다
asimilar	동일시하다, 소화 흡수하다, 동화하다, 이해하다
poner los cuernos	부정을 저지르다, 바람을 피우다
comerse la cabeza	곱씹다, 계속해서 생각하다
espinita	ⓕ 잔가시

1 완성된 지문 및 정답

GUÍA PARA COMPRAR UN RELOJ

El reloj que llevamos es, en muchas ocasiones, un reflejo de nuestra personalidad, por lo que es común que se opte por comprar relojes certificados y de calidad. La adquisición de un reloj de lujo supone además una inversión para el futuro. **17. F.** Es un aspecto que hay que considerar puesto que durará años y muchas de sus piezas pueden revalorizarse con el paso del tiempo. Por este motivo, a la hora de hacerse con un reloj de estas características es importante tener en cuenta ciertos aspectos que inclinarán nuestra decisión hacia determinados modelos o marcas.

A la hora de adquirir un reloj de lujo es importante atender a diferentes cuestiones relativas al diseño y a los acabados del propio reloj. Con respecto a la estética, también será de gran importancia la selección de la correa, puesto que con ella definiremos nuestro estilo. **18. D.** De esta forma, su ancho también será importante y deberá adaptarse a la complexión de la muñeca de cada persona.

En relación con las funcionalidades de un reloj, siempre es aconsejable optar por modelos que sean resistentes al agua, en concreto por aquellos que puedan sumergirse hasta los 50 metros de profundidad, puesto que serán los más resistentes y duraderos. **19. A.** Por lo tanto, se deben buscar relojes que también soporten tanto presiones elevadas como cambios de temperatura drásticos.

20. G. Asimismo, se deberán tener igualmente presentes otros aspectos muy vinculados al uso que se le quiera dar. Por ejemplo, si se viaja a menudo muy probablemente se necesitará un reloj GMT con un huso horario doble o triple.

Sería verdaderamente desastroso adquirir un reloj de lujo y que al poco tiempo éste presentase arañazos que dañasen su aspecto. **21. H.** Por este motivo, para evitar rayones es especialmente recomendable optar por modelos cuyo vidrio sea de cristal de zafiro. Los relojes están expuestos a una gran cantidad de daños, por lo que es importante optar siempre por aquellos materiales que mantengan su aspecto intacto como el primer día. En este sentido, habrá que tener en cuenta nuevamente el tipo de uso que se le dará. **22. B.** Así, si lo que se busca es un reloj para, por ejemplo, navegar, será interesante adquirir un modelo robusto de algún material como el acero. Si por el contrario lo que se quiere es un reloj para el día a día, se podrán escoger modelos con diseños más finos con correas de cuero y esferas doradas.

Por último, un aspecto fundamental que hay que considerar a la hora de adquirir un reloj de lujo es su mecánica de funcionamiento. Hoy en día, existen básicamente dos modalidades: relojes electrónicos y relojes mecánicos. La elección, en este caso, dependerá en gran medida del gusto personal y de las necesidades de cada comprador.

2 해석

지시사항

다음의 텍스트를 읽으세요. 텍스트에는 6개 문장이 빠져 있습니다. (A부터 H까지) 주어진 8개 문장을 읽고, (17번부터 22번까지) 텍스트의 빈칸에 문장을 배치할 곳을 정하세요.

<u>선택하지 말아야 하는 문장이 2개 있습니다.</u>

선택한 보기를 **답안지**에 표기하세요.

시계 구입을 위한 지침

우리가 차고 다니는 시계는 많은 경우에 우리의 성격을 반영하는데, 그렇기 때문에 보증이 되고 품질이 좋은 시계를 선택하게 되는 것이 일반적이다. 더욱이 고급 시계를 구매하는 것은 미래를 위한 투자가 될 수도 있다. **17. F.** <u>이것은 고려해야 할 관점인데, 시계는 오래 가고 많은 시계들은 시간의 흐름과 함께 더 가치가 올라갈 수 있기 때문이다.</u> 이러한 이유로, 이러한 특징을 가진 시계를 가지게 될 때 특정 모델이나 브랜드에 대한 우리의 결심이 기울어 지도록 만들 측면들을 고려하는 것이 중요하다.

고급 시계를 구입할 때는 시계의 디자인과 마감 처리에 관한 다양한 문제에 유의하는 것이 중요하다. 시계의 외견적인 미에 있어서는 줄의 선택 또한 아주 중요한데, 왜냐하면 줄이 어떤 지에 따라 시계 스타일이 정해지기 때문이다. **18. D.** <u>이런 식으로, 그것의 너비 역시 아주 중요하며 각자의 손목 모양에 맞춰져야 한다.</u>

시계의 기능에 있어서는 물에 강한 모델을 선택하는 것이 늘 좋다. 구체적으로는 깊이 50미터까지 잠수가 가능한 모델이 좋은데, 그 이유는 그것들은 내구성이 더 좋고 오래가기 때문이다. **19. A.** <u>그러므로 높은 압력이나 급격한 기온의 변화에도 강한 시계를 찾아야 한다.</u>

20. G. <u>또한, 시계에 부여할 용도와 관련된 다른 관점들을 고려해야 할 것이다.</u> 예를 들어, 만일 자주 여행을 하는 사람이라면 분명 두 개 혹은 세 개의 시계축을 가진 그리니치 표준시의 시계가 필요할 것이다.

고급 시계를 구입하고 얼마 안 가 이 시계의 외관을 해칠 정도로 긁힌 자국이 나는 것은 참으로 참담할 것이다. **21. H.** <u>이런 이유로, 스크래치를 방지하기 위해서는 시계의 유리가 사파이어 크리스털로 된 모델을 선택하는 것이 좋다.</u> 시계는 많은 양의 흠집에 노출되어 있다. 그렇기 때문에 마치 처음 착용한 날과 같이 흠이 없는 상태로 외관을 유지시켜 주는 소재로 된 것을 선택하는 것이 중요하다. 이런 의미에서, 다시 한번 그 시계의 용도의 유형을 고려하는 것이 좋다. **22. B.** <u>예를 들어 만일 항해를 하기 위한 시계를 찾는 것이라면 강철과 같이 튼튼한 소재로 만든 모델을 찾는 것이 좋을 것이다.</u> 만일 반대로 매일 착용하기 위한 시계를 원하는 것이라면 가죽이나 금색 둥근 프레임으로 된 더 정교한 디자인의 모델을 선택할 수 있을 것이다.

마지막으로 고급 시계를 선택할 때 고려해야 하는 매우 중요한 관점은 그 시계의 작동 원리이다. 오늘날에는 기본적으로 전자식과 기계식 두 가지의 방식이 존재한다. 이 경우, 선택은 각자의 취향과 구매자의 필요성에 따라 아주 다를 것이다.

문장

A. 그러므로 높은 압력이나 급격한 기온의 변화에도 강한 시계를 찾아야 한다.

B. 예를 들어 만일 항해를 하기 위한 시계를 찾는 것이라면 강철과 같이 튼튼한 소재로 만든 모델을 찾는 것이 좋을 것이다.

C. 반면에 위험성이 더 적으므로 우리는 더 정교한 시계를 찾아볼 수 있다.

D. 이런 식으로, 그것의 너비 역시 아주 중요하며 각자의 손목 모양에 맞춰져야 한다.

E. 이 정비는 시계를 완전히 분해하고 각각의 부품을 기계와 특수 약품을 사용해 닦는 것이다.

F. 이것은 고려해야 할 관점인데, 시계는 오래 가고 많은 시계들은 시간의 흐름과 함께 더 가치가 올라갈 수 있기 때문이다.

G. 또한, 시계에 부여할 용도와 관련된 다른 관점들을 고려해야 할 것이다.

H. 이런 이유로, 스크래치를 방지하기 위해서는 시계의 유리가 사파이어 크리스털로 된 모델을 선택하는 것이 좋다.

3 해설

17.

F. Es un aspecto que hay que considerar puesto que durará años y muchas de sus piezas pueden revalorizarse con el paso del tiempo.

글의 첫 번째 문단을 읽기에 앞서 글의 제목이 'Guía para comprar un reloj(시계 구입을 위한 지침)'이라는 것을 먼저 확인해야 한다. 이어서 17번 빈칸의 위치를 확인한다면, 빈칸에 들어갈 내용은 앞 문장에서 언급한 내용을 구체적으로 설명해 주고 빈칸 뒤 내용의 원인에 해당하는 것임을 알 수 있다. 따라서 정답은 보기 F. 보기 F에서는 앞 문장에서 언급된 '고급 시계를 구매하는 것은 미래를 위한 좋은 투자가 될 수 있다'는 의견이 'un aspecto que hay que considerar(고려해야 할 측면)'이라고 설명한다. 또 시계의 가치는 시간이 지날수록 더 높게 평가될 수 있기 때문에 시계를 고를 때 여러 측면들을 고려하는 것이 중요하다는 것을 알 수 있다.

18.

D. De esta forma, su ancho también será importante y deberá adaptarse a la complexión de la muñeca de cada persona.

글의 두 번째 문단에서는 시계의 correa(줄)에 따라 스타일이 정해지기 때문에, 줄의 선택이 매우 중요하다고 말하고 있다. 이어지는 18번 빈칸에 들어올 정답 문장은 보기 D. 보기 D의 'de esta forma(이런 식으로)'라는 표현 뒤에 시계 줄의 너비에 대한 중요성을 언급하고 있는데, 이 내용은 시계의 외견적인 미에 있어 중요하게 고려해야 할 또 다른 요소를 추가적으로 언급한 것이다. 손목시계를 찰 때 시계줄의 폭이 사람의 손목의 형태에 따라 다르게 맞는 것을 연상시켜 보면 어렵지 않게 풀 수 있다. 물론 이를 위해서는 보기 D에서 언급하는 ancho(너비, 폭)과 muñeca(손목)의 뜻을 정확히 해석해야 한다.

A. Por lo tanto, se deben buscar relojes que también soporten tanto presiones elevadas como cambios de temperatura drásticos.

19. 세 번째 문단에서는 시계의 funcionalidad(기능, 성능)에 관한 이야기를 하고 있다. 빈칸 앞 문장에서 시계의 방수 기능을 위한 내구성의 중요성을 언급하고 있으니, 19번 빈칸 역시 시계의 기능이나 성능적인 부분에 대한 언급이 이어져야 한다. 따라서 정답은 보기 **A**. 방수 기능뿐만 아니라 고압이나 기온 변화를 잘 견디는 기능도 필요하다는 내용이다.

G. Asimismo, se deberán tener igualmente presentes otros aspectos muy vinculados al uso que se le quiera dar.

20. 20번 빈칸은 네 번째 문단의 첫 번째 문장 위치에 있는데, 빈칸 바로 뒤에 'Por ejemplo(예를 들어)'라는 표현이 있으므로 예시 내용과 관련된 문장을 보기에서 찾아야 한다. 예시로 언급된 내용은 자주 여행을 하는 사람에게 필요한 시계의 종류인데, 이를 통해 빈칸에는 시계의 용도나 목적에 대한 언급이 들어가야 함을 알 수 있다. 따라서 정답은 보기 **G**.

함정 피하기 보기 **B**는 내용만 봤을 때는 시계의 용도와 관련된 것이어서 정답으로 생각할 수 있지만, 빈칸 뒤에 나온 'por ejemplo(예를 들어)'라는 표현이 보기 **B**에도 중복으로 나오기 때문에 20번 빈칸에 삽입한다면 흐름이 매우 어색해진다.

H. Por este motivo, para evitar rayones es especialmente recomendable optar por modelos cuyo vidrio sea de cristal de zafiro.

21. 21번의 정답은 절대적으로 빈칸 앞 문장 내용과의 연결성으로 파악해야 한다. 앞 문장에서의 핵심 키워드는 'arañazo(긁힌 자국)'으로, 동사 arañar(할퀴다, 세게 긁다)의 명사 형태이다. 이와 관련된 21번의 정답은 보기 **H**. 'Por este motivo(이런 이유로)'라는 표현을 사용하면서 스크래치를 방지하기 위해 어떤 시계를 선택하는 것이 좋은지를 언급하고 있다. 참고로 보기 **H**에서 등장하는 명사 rayón(스크래치) 역시 arañar와 같은 의미로, 동사 rayar와 arañar의 동의어 관계를 이해해야 한다.

B. Así, si lo que se busca es un reloj para, por ejemplo, navegar, será interesante adquirir un modelo robusto de algún material como el acero.

22. 마지막 22번 빈칸이 있는 문단에서는 시계의 용도를 고려하여 소재를 선택하는 것이 중요하다는 내용을 언급한다. 그리고 빈칸 뒤 문장은 'si por el contrario(만일 반대로)'라는 형태의 si 가정문의 구조를 사용하며 'día a día(매일매일)' 착용할 시계와 관련된 예시를 언급하고 있다. 그러므로 빈칸에는 매일 착용하는 것이 아니라 특수한 경우에 사용하는 시계에 관한 예시가 들어가는 것이 자연스럽다. 따라서 22번의 정답은 보기 **B**. Navegar(항해하다)하는 경우를 예시로 언급하면서, 이러한 경우는 강철과 같이 튼튼한 소재의 시계를 사는 것이 필요하다고 이야기하는 문장이다.

4 어휘

reflejo	ⓜ 반영, 반사 작용
personalidad	ⓕ 인격, 개성, 명사
certificado	ⓜ 증명서, 자격증 / 등기의, 등기된, 증명된, 보증된
adquisición	ⓕ 취득, 획득, 입수, 구매
de lujo	호화로운, 사치스러운, 고급의
inversión	ⓕ 투자, 역전, 반전
a la hora de	~할 때에
hacerse con	생기다, 자기의 것이 되다
tener en cuenta	유의하다, 염두에 두다
inclinar	기울이다, 경사지게 하다, 편향하다
relativo a	관계있는, 상대적인, 어느 정도의
acabado	ⓜ 마무리, 완성, 뒷마감 / 완성된, 끝난, 완전한
con respecto a	~에 대해서, ~와 결부시켜
estética	ⓕ 미, 아름다움, 미용
correa	ⓕ 끈, 줄
definir	정의하다, 짓다, 분명히 하다
funcionalidad	ⓕ 기능성, 성능
aconsejable	충고할 수 있는, 권고할 수 있는
resistente	강인한, 저항력이 있는, 내구성이 있는
en concreto	구체적으로는
sumergirse	물에 잠기다, 가라앉다
profundidad	ⓕ 깊이, 깊은 곳, 심해, 대해
duradero	내구성이 있는, 질긴, 지속성이 있는
GMT	그리니치 표준시
huso	ⓜ 물레의 가락, 방추
desastroso	참담한, 매우 나쁜
arañazo	ⓜ 할퀸 자국, 상처, 생채기
dañar	손해를 주다, 손상하다, 해치다
estar expuesto a	~에 노출되어 있다
daño	ⓜ 손해, 피해, 병, 상처, 부상
intacto	손도 안 댄, 흠이 없는, 본래 그대로의
fino	가는, 얇은, 고운, 순수한
esfera	ⓕ 구, 구체, 지구, 범위, 시계 문자반

dorado	금색의
mecánica	⒡ 역학, 구조, 기구
modalidad	⒡ 양식, 방식, 방법, 방안
en gran medida	대단히, 많이
soportar	받치다, 참다, 견디다
presión	⒡ 압력, 기압, 혈압, 압박
drástico	격렬한, 과격한, 대담한
navegar	항해하다, 웹 서핑하다
robusto	강한, 튼튼한, 힘이 센
acero	⒨ 강철
sofisticado	세련된, 우아한, 정교한, 고성능의
ancho	⒨ 폭, 너비 / 넓은, 헐거운
complexión	⒡ 체격, 체질, 모양, 외관
consistir en	~에 기반을 두다, ~으로 구성되다
desarmar	해체하다, 분해하다, 무장 해제하다
aditivo	⒨ 첨가물, 첨가제, 혼합제 / 첨가의, 부가의
revalorizarse	가치를 회복하다, 재평가되다
vinculado	연결된, 관련있는, 결부된
rayón	⒨ 줄, 선, 절개
zafiro	⒨ 사파이어

1 완성된 지문 및 정답

EL VIEJO Y EL MAR
Ernest Hemingway

El tiburón se quedó un rato tranquilamente en la superficie y el viejo se paró a mirarlo. Luego el tiburón empezó a hundirse lentamente.

–Se llevó unas cuarenta libras –dijo el viejo **23. c** en voz alta. "Se llevó también mi arpón y todo el cabo –pensó– y ahora mi pez sangra y vendrán otros tiburones."

No le agradaba ya mirar al pez porque había sido mutilado. Cuando el pez había sido atacado fue como si lo **24. c** hubiera sido él mismo.

"Pero he matado el tiburón que atacó a mi pez –pensó–. Y era el dentuso más grande que había visto jamás. Y bien sabe Dios que yo he visto dentusos grandes." "Era demasiado bueno para durar –pensó–. Ahora pienso que ojalá hubiera sido un sueño y que **25. b** jamás hubiera pescado el pez y que me **26. a** hallara solo en la cama sobre los periódicos."

–Pero el hombre no está hecho **27. b** para la derrota –dijo–. Un hombre puede ser destruido, pero no derrotado.

"Pero siento haber matado al pez –pensó–.

Ahora llega el mal momento y ni siquiera tengo el arpón. El dentuso es cruel y capaz y fuerte e inteligente. Pero yo fui más inteligente **28. a** que él. Quizá no –pensó–.

Acaso estuviera solamente mejor armado."

–No pienses, viejo –dijo en voz alta–. Sigue tu rumbo y **29. c** dale el pecho a la cosa cuando venga.

"Pero tengo que pensar –pensó–. Porque es lo único que me queda. Eso y el béisbol. Me pregunto **30. b** qué le habría parecido al gran Di Maggio la forma en que le di en el cerebro. No fue **31. a** gran cosa –pensó–. **32. b** Cualquier hombre habría podido hacerlo. Pero ¿cree usted que mis manos hayan sido un inconveniente tan grande como las espuelas de hueso? No puedo saberlo. Jamás he tenido nada malo en el talón, salvo aquella vez en que la raya me lo **33. b** pinchó cuando la pisé nadando y me paralizó la parte inferior de la pierna **34. c** causando un dolor insoportable."

–Piensa en algo alegre, viejo –dijo–. Ahora cada minuto que pasa estás más cerca de la orilla. Tras haber perdido cuarenta libras navegaba más y más ligero.

Conocía perfectamente **35. b** lo que pudiera suceder cuando llegara a la parte interior de la corriente. Pero ahora no había nada que hacer.

–Sí, cómo no –dijo en voz alta–. Puedo amarrar el cuchillo al cabo de uno de los **36. a** remos.

2 해석

지시사항

텍스트를 읽고 (23번부터 36번까지) 빈칸에 (a / b / c) 보기를 채우세요.

선택한 보기를 **답안지**에 표기하세요.

노인과 바다
어니스트 헤밍웨이

상어는 한동안 바다 위에 가만히 떠 있었고 노인은 그런 상어를 가만히 지켜보았다. 점차 상어는 아주 천천히 물속으로 가라앉았다.

"저놈이 사십 파운드쯤은 가져가 버렸어." 노인이 큰 소리로 말했다. "내 작살이며 밧줄도 죄 채가버렸어." 노인은 생각했다. "그리고 이제 내 물고기가 피를 흘리고 있으니 다른 상어들이 나타나겠지."

노인은 몸이 뜯겨 나간 물고기를 더 보고 싶지 않았다. 물고기가 습격을 받던 순간은 꼭 자신이 당하는 것만 같았다.

"그래도 내 물고기를 덮친 상어를 내가 끝장냈어." 노인은 생각했다. "지금껏 내가 본 상어 중 제일 큰 덴투소였어. 내가 큰 놈들을 많이 봤다는 걸 신은 잘 아시겠지. 역시 좋은 일은 오래가지 않는 법이로군." 노인은 생각했다. "차라리 이게 꿈이라서 저 물고기를 잡은 적도 없고 신문지를 깐 내 침대에 혼자 누워 있는 거라면 얼마나 좋을까?"

"하지만 인간은 패배하도록 창조되지 않았어." 노인이 말했다. "인간은 파괴당할 수는 있어도 패배하지는 않아."

"그래도 상어 놈을 죽인 건 후회스럽군." 노인은 생각했다.

"이제 또 불운이 닥칠 텐데, 내겐 작살도 없지 않나. 저 덴투소는 잔인하고 능력 있고 힘세고 똑똑해. 하지만 그놈보다는 내가 더 똑똑했지. 아니, 그게 아닐지도 몰라." 노인은 생각했다.

"단지 내 무기가 더 좋았던 것뿐일지도 몰라."

"생각하지 마, 늙은이." 노인이 큰 소리로 말했다. "그저 가던 대로 배를 저어 가는 거야. 그러다 때가 오면 받아들이면 돼."

"하지만 나는 생각을 안 할 수가 없어." 노인은 생각했다. "그게 내게 남은 전부이지 않나. 내게 그것하고 야구 외에 뭐가 더 있나. 내가 상어 놈의 골통을 찌른 걸 봤다면 위대한 디마지오가 어찌 생각할지 모르겠군. 그리 대단한 일이랄 것도 없겠지." 노인은 생각했다. "사내라면 누구나 할 수 있는 일 아닌가. 하지만 자네는 내 두 손이 뒤꿈치 가시뼈처럼 불리한 조건이었다고 생각하나? 나야 알 수 없지. 헤엄치다 가오리를 밟는 바람에 그 침에 찔려 종아리가 마비되고 호되게 아팠을 때 말고는 발뒤꿈치에 문제가 있었던 적이 없었거든."

"뭔가 유쾌한 일을 생각해 봐, 늙은이." 노인이 말했다. "이제 매분이 지날 때마다 바닷가에 점점 가까워지고 있어. 사십 파운드를 덜어 냈으니 배도 한결 가볍고..."

배가 조류의 안쪽으로 들어가면 무슨 일이 벌어지는지 노인은 아주 잘 알고 있었다. 하지만 지금으로서는 어찌해 볼 방도가 없었다.

"아니야, 방법이 있어." 노인이 큰 소리로 말했다. "그래, 노 끝에 칼을 잡아매 두면 돼."

3 해설

23.

제시된 보기 중 빈칸에 알맞은 전치사를 골라야 하는 문제이다. 빈칸 앞에서는 '그(노인)는 ~라고 말했다'라는 문장이 언급되었고, 빈칸 뒤에는 voz alta(큰 목소리)라는 표현이 언급되었다. 목소리의 크고 낮음에 대한 표현은 항상 전치사 en으로 사용한다는 것을 암기하고 있다면 정답이 보기 c라는 것을 쉽게 찾을 수 있다. 반대로 '낮은 목소리로'는 'en voz baja'를 쓴다는 것도 기억해 두자.

함정 피하기 보기 a의 con은 우리말 해석으로는 답이 될 것처럼 생각되지만 오답이다.

24.

세 개의 보기가 모두 ser 동사의 변형 형태인데, 보기 a 만이 직설법 변형이고, 보기 b와 c는 접속법 변형이라는 구분을 먼저 해 두는 것이 유리하다. 24번 빈칸 앞의 접속사 como si와 연결시킬 수 있는 동사변형이 항상 접속법의 과거 혹은 과거완료형이기 때문이다. [Como si + 접속법 과거] 구조는 '현재 사실 반대 가설'에 대한 표현으로, '마치 ~이듯이, 마치 ~하듯이'로 해석된다. 반면 [Como si + 접속법 과거완료] 구조는 '과거 사실 반대 가설'에 대한 표현으로, '마치 ~였듯이, 마치 ~했듯이'로 해석된다. 24번 문제의 정답을 찾기 위해서는 빈칸이 있는 문장을 정확하게 이해해야 하는데, 그 내용은 바로 노인은 그가 잡은 물고기가 공격을 당했을 때 그 물고기가 마치 자기 자신이었던 것처럼 느꼈다는 것이다. 노인이 느낀 바는 이미 과거에 일어났던 일에 대한 상상에 해당하므로, 정답은 접속법 과거완료형에 해당하는 보기 c.

25.

25번과 같이 빈칸에 시간 혹은 빈도 부사가 들어가는 경우, 문법적으로는 제시된 보기가 모두 빈칸에 들어갈 수 있는 경우가 많기 때문에 문맥을 정확하게 파악하는 것이 필요하다. 노인의 독백이 이어지는 이 문장에는 부사 ojalá가 사용되었고, 빈칸 바로 뒤에는 ser 동사의 접속법 과거 완료형인 'hubiera sido'가 이어지고 있다. 즉, 빈칸이 있는 문장은 '과거 사실 반대 희망'을 나타내는 접속법 과거완료가 사용된 것이다. '그것이 차라리 꿈이었더라면...'으로 해석되는 문장 뒤에 25번 빈칸이 있는데, pescar el pez(그 물고기를 낚다)라는 사실 역시 '과거 사실 반대 희망'으로 표현되어야 한다. '꿈이었더라면, 그리고 그 물고기를 낚지 않았더라면'으로 연결해야 문맥상 내용이 자연스럽게 되는 것이다. 따라서 정답은 보기 b. 빈도 부사 jamás가 문장의 내용을 부정형으로 표현하고 있는데, 만약 빈도 부사 nunca 역시 보기로 등장했다면 정답이 될 수 있는 경우이다.

26.

26번의 보기는 모두 접속법 과거변형으로, 동사 hallar, estar, ver 중 문장의 내용에 맞는 동사를 찾아야 하는 문제이다. 25번 문제를 풀 때 확인했던 부사 ojalá가 26번 빈칸 앞의 접속사 que까지 이어지는 문장 구조라는 것을 파악한다면, 보기가 모두 접속법 과거 변형인 이유를 알 수 있다. 만약 문장 구조를 파악하는데 성공하지 못했다 하더라도 빈칸 바로 앞에 있는 대명사 me와 세 가지 동사가 갖는 특성을 이해한다면 풀 수 있는 문제이다. 정답은 보기 a. 동사 hallar의 뜻은 '발견하다, 찾아내다'인데, 이를 재귀동사로 사용하면 동사 estar와 같은 뜻인 '(어디에), (어떤 상태에) 있다'의 의미를 가지게 된다. 빈칸 바로 앞에 있는 me와 같은 짧은 대명사는 실제 시험에서 빠르게 문제를 푸는 탓에 미처 발견 못하는 경우가 있을 수 있으니 각별히 주의해야 한다.

함정 피하기 빈칸 앞에 위치한 대명사 me 때문에 보기 b의 동사 estar는 정답이 될 수 없다. 보기 c의 ver는 재귀동사로 활용하는 경우 '(어떤 상태에) 있다'라는 의미를 전달하지만, 해당 문장에서는 '상태'가 아닌 '위치, 장소'와 관련된 en la cama(침대에)가 언급되었으므로 답이 될 수 없다.

보기에서 전치사 por와 para가 함께 등장해 있는 경우, 우선 두 전치사의 용법을 구분하는 문제일 가능성이 높다. 이를 염두에 두고 빈칸을 기준으로 앞에 위치한 표현 estar hecho와 빈칸 뒤에 이어지는 la derrota를 어떤 전치사로 연결시키는 것이 맞을지 생각해야 한다. 정답은 보기 b. No estar hecho는 '만들어져 있지 않다'의 뜻이며, 빈칸 뒤에 이어지는 명사 derrota는 '패배, 실패'를 뜻하는데, 전치사 para를 사용하면 '~을 위하여, ~을 목적으로, ~을 하려고'의 원래의 뜻이 문맥상 적절히 어울린다. 인간은 패배할 목적으로 만들어지지 않았다는 내용이다.

27.

함정 피하기 Estar 동사를 활용한 수동태의 구조일 경우, 전치사 por는 '(수동태에서의 행위자) ~로 인하여'의 정보를 전달하는 기능으로 사용할 수 있는데, 빈칸에 들어갔을 경우 '인간은 패배로 인해 만들어진 게 아니다'라는 해석이 되면서 부자연스러운 문맥이 만들어진다. 보기 c의 전치사 de는 estar hecho의 표현과 함께 쓰일 때 'La mesa está hecha de madera. (그 테이블은 원목으로 만들어졌다.)'라는 문장처럼 '만들어진 재료'에 대한 정보를 전달할 수 있는데, 빈칸에 들어갔을 경우에는 어색한 표현이 된다.

빈칸의 앞뒤 내용을 보면 해당 문장은 비교급이 사용된 문장 구조라는 것을 알 수 있다. [Más/menos + 형용사]는 이어지는 비교 대상을 비교 접속사 que로 연결시켜야 하므로, 정답은 보기 a.

28.

함정 피하기 만일 [tan + 형용사]의 동등비교라면 답은 보기 b의 como가 되지만, más와 menos는 반드시 que와 연결을 해야 한다. 보기 c의 전치사 de는 'Yo fui el más inteligente de la clase. (나는 반에서 가장 똑똑한 사람이었다.)'와 같은 최상급의 표현에서 비교 집단의 정보를 전달하지만, 이 경우 más나 menos 앞에 정관사를 반드시 사용하고 있다는 것을 잊어서는 안 된다.

노인이 하는 독백의 대사가 이어지는 특성상 29번의 빈칸이 포함된 문장과 같이 명령법 변형이 문장에서 등장할 수 있다는 것에 주의하자. 특히 해당 문장에서 사용된 동사 seguir(따르다, 쫓다, 계속하다)의 tú 명령형, 그리고 'tu rumbo(너의 방향)'와 같이 본인 스스로에게 소유격 tu를 사용하는 문장에 익숙해져야 한다. 29번 문제의 경우 접속사 y 앞에 사용된 문장이 tú 명령형 구조라는 것을 파악한다면, 이어지는 빈칸 내 동사 dar 역시 tú 명령형으로 활용되어야 한다는 것을 알 수 있다. 따라서 정답은 보기 c. Dale에 사용된 대명사 le는 문장에서 간접목적어인 a la cosa를 의미한다. 참고로, dar el pecho의 표현은 '먹이다, 젖을 주다'라는 의미 뿐만 아니라, '위험 등에 맞서다'라는 관용적인 표현으로도 사용되는 것을 알아 두자.

29.

함정 피하기 빈칸 뒤쪽의 cuando venga(그것이 나중에 오면)이라는 표현은 미래 시점의 일에 대한 내용이므로, 보기 a의 과거시제 변형은 올 수 없다는 사실과 보기 b의 현재분사 역시 문장에서 맞지 않는다는 것을 알 수 있다.

30번 빈칸 앞에서는 'me pregunto(나는 스스로에게 묻는다)'라는 재귀동사의 표현을 볼 수 있고, 빈칸 뒤에서는 'le habría parecido...'로 시작하는 종속절이 이어지고 있다. 이를 통해 빈칸이 있는 문장은 동사 preguntar를 사용한 간접의문의 구조를 띄고 있다는 것을 파악할 수 있다. 중요한 것은 동사 preguntar를 사용한 간접의문문의 경우, [preguntar + (que) + 의문부사]의 구조를 사용하기 때문에 빈칸이 위치한 자리에 반드시 필요한 것은 바로 의문부사라는 점이다. 제시된 보기 중 종속절의 동사 parecer와 함께 사용했을 때 'Di Maggio에게는 la forma en que le di en el cerebro가 "어떻게" 여겨졌을까'라는 의미를 표현할 수 있는 의문부사는 qué이므로, 정답은 보기 b.

30.

함정 피하기 보기 c의 cómo 역시 '어떻게'라는 의미를 가지고 있지만, 스페인어에서는 동사 parecer를 사용하여 '어떻게 여겨지다'라는 표현을 할 때에는 반드시 cómo가 아닌 qué를 쓴다는 것을 잊어서는 안 된다. ¿Cómo te parece?는 절대로 할 수 없는 표현이다. 또한 간접의문문에서 의문부사 없이 접속사 que만 단독으로 사용할 수 없으므로, 보기 a는 함정이다.

31.

31번 빈칸은 여성 명사 단수형인 cosa(사물, 물건, 일) 앞에 들어갈 알맞은 형용사를 찾아야 하는 문제이다. 중요한 것은 보기 **b**의 형용사 grande(큰, 대단한, 위대한)는 남성/여성 명사 단수형 앞에 위치할 때는 반드시 gran으로 변형해 쓴다는 것이다. 따라서 정답은 보기 **a**.

함정 피하기 보기 **c**의 alguna는 여성 명사 cosa 앞에서는 쓸 수 있지만, no로 시작되는 부정문에서는 alguna가 아닌 ninguna로 쓰여야 한다.

32.

앞선 내용에서 노인은 그렇게 큰 덴투소를 직접 잡았다는 사실에 대해 복합적인 심경을 토로하는데, 31번 빈칸이 포함된 'No fue gran cosa. (그리 대단한 일도 아니었다.)'라는 문장을 정확히 해석한다면, 32번 빈칸이 포함된 문장에서는 '누구라도 그것을 했을 수 있었을 것이다.'라는 내용이 나올 것임을 유추할 수 있다. 우리말에서의 '누구라도'에 해당하는 표현을 만들기 위해서는 명사 hombre 앞에 '그 어떠한 사람, 아무나'를 의미할 수 있는 형용사를 넣어 주어야 하므로, 정답은 보기 **b**.

함정 피하기 보기 **c**의 un은 문맥에 맞지 않는 오답이며, 보기 **a**의 cualquiera는 명사 앞에서는 쓸 수 없다.

33.

33번 문제는 문맥에 맞는 동사 pinchar의 올바른 시제 변형을 찾아야 하는 문제이다. 33번 빈칸 앞에 'aquella vez(그 때)'라는 시간 표현이 사용되고 있는데, 이 표현이 사용된 문장은 반드시 단순 과거 시제 변형을 해야 한다. 과거의 한 시점에 발생하고 끝난 시간이기 때문이다. 따라서 정답은 보기 **b**. 참고로, aquella vez처럼 '과거 내 완료된 시점'을 나타낼 수 있는 표현으로는 una vez(한 번), aquel día(그 날), ese día(그 날) 등이 있다.

함정 피하기 보기 **a**는 불완료과거, 보기 **c**는 현재완료이므로 두 시제 모두 aquella vez와 함께 사용할 수 없다.

34.

세 가지 보기를 우선 파악하면, 동사 causar(야기하다, 불러일으키다)의 단순과거시제 변형이 **a**, 동사 원형이 **b**, 현재분사가 **c**로 자리하고 있다. 34번 문제는 빈칸 앞의 cuando 시간절 문장만을 파악하더라도 쉽게 답을 찾을 수 있는데, 'cuando la pisé...'로 시작하는 문장에서는 pisar(밟다) 동사의 단순과거 변형인 pisé를 사용하고 있다. 따라서 이어지는 문장에 들어갈 causar 동사의 경우, 그 형태는 현재분사로 표기되어야 하므로 정답은 보기 **c**.

35.

35번 빈칸은 관계사 문제이다. 변형동사 conocía에 이어지는 빈칸 위치의 특성상, 빈칸에 들어갈 관계대명사는 동사 conocer의 목적어가 된다는 것을 파악해야 한다. 빈칸이 있는 문장은 '조류의 안쪽으로 들어가면 어떤 일이 일어나는지를 정확히 알고 있었다'로 해석될 수 있는데, 이때 suceder(일어나다, 발생하다) 할 수 있는 것은 '사건, 상황, 문제' 등에 해당하는 내용으로 보아야 한다. 문맥상 정확한 남성 단수 혹은 여성 단수 명사를 일컫는 것이 아니라 '일어날 수 있는 일, 상황'을 가리킬 수 있는 관계대명사는 중성 관사를 표기한 lo que만이 가능하다. 정답은 보기 **b**.

36.

Tarea 4에서 언제든 등장할 수 있는 문제 유형인 '어휘' 문제이다. 어휘 문제는 문법적인 공식으로 가능하여 답을 유추하기는 쉽지 않고 보기에 제시된 어휘의 뜻을 정확하게 알고 있어야 한다. 빈칸이 있는 문장은 조류의 안쪽으로 들어갈 위기 상황에서 노인이 배의 한 부분에 칼을 묶어 두는 아이디어를 생각해 내는 내용인데, 중요한 것은 al cabo de가 '~의 끝에, 가장자리에'라는 뜻이라는 점이다. 제시된 어휘 중 노인이 끝부분에 칼을 묶을 수 있는 위치로는 remo(노)가 가장 적절하므로, 정답은 보기 **a**.

함정 피하기 보기 **c**의 asiento는 '좌석, 자리, 의자'를 의미하므로 문맥과 어울리지 않는다. 그리고 보기 **b**의 rueda는 빈칸의 앞에 위치한 정관사 남성복수형과 맞지 않는 여성형 명사이며, '바퀴, 원'이라는 의미도 내용상 어울리지 않는다. 만일 제시된 어휘의 뜻을 모르는 경우라면, 명사가 여성형인지 남성형인지에 따라 빈칸의 앞뒤에 사용된 단어들과 비교해 보는 것도 방법이다.

4 어휘

superficie	ⓕ 표면, 면, 지면, 면적
hundirse	잠기다, 가라앉다
libra	ⓕ 파운드 (무게의 단위, 화폐의 단위)
arpón	ⓜ 창, 작살
cabo	ⓜ 끝, 가장자리, 밧줄, 끈
sangrar	피를 흘리다
mutilado	잘린, 파손된, 절단된
dentuso	ⓜ 덴투소 (청상아리, 이빨이 고르지 않은 큰 상어의 일종)
pescar	낚다, 낚시질하다
hallarse	(어디에) 있다, (상태에) 있다
derrota	ⓕ 패배, 실패
derrotar	파괴하다, 부수다, 승리하다
armado	무장한, 갖춘
rumbo	ⓜ 방향, 진로
dar el pecho	젖을 주다, 먹이다, 위험이나 책임에 맞서다
inconveniente	ⓜ 지장, 방해, 단점, 결점 / 불편한, 부적절한
espuela	ⓕ 박차, 몰아댐, 자극
talón	ⓜ 발뒤꿈치
raya	ⓕ 선, 줄, 경계, 가오리
pinchar	찌르다, 쏘다
paralizar	마비시키다, 잠재우다, 중단하다
insoportable	참을 수 없는, 견딜 수 없는
navegar	항해하다, 웹 서핑하다
corriente	ⓕ 이동, 흐름, 기류, 해류, 경향 / 흐르는, 현재의, 흔한
amarrar	매다, 묶다
remo	ⓜ 노, 보트 경기, 조정

PRUEBA DE COMPRENSIÓN AUDITIVA

La prueba de **Comprensión auditiva** contiene cinco tareas.
Usted debe responder a 30 preguntas.

Duración: 40 minutos.

Marque sus opciones únicamente en la **Hoja de respuestas**.

듣기 평가

듣기 평가는 5개의 과제로 구성됩니다.
당신은 30개의 문제에 답해야 합니다.

시간: 40분

선택한 보기를 **답안지**에만 표기하시오.

COMPRENSIÓN AUDITIVA 듣기

출제 가이드

1 출제 경향

DELE B2 듣기 영역은 일상에서의 대화 내용부터 안내 방송, 광고, 라디오 뉴스, 인터뷰와 같은 전문 분야에 관련된 내용까지 다양한 주제를 다룹니다. 짧은 글 듣기와 긴 지문 듣기, 대화 내용 듣기 등 다양한 유형이 출제됩니다. 문제와 보기가 시험지에 기재되어 있으므로 실질적으로 듣기와 독해를 동시 진행하며 정답을 선택해야 합니다. 스페인어를 사용하는 여러 나라의 어휘, 표현법 및 억양이 두루 출제됩니다. 음성 재생 속도는 A2, B1보다 빠른 편이므로 충분한 듣기 훈련과 예상 대본 독해 훈련이 필요합니다.

2 유형 파악

문항 수	30문항		
시험 시간	40분		
Tarea 과제	유형	단어 수	문항 수
1	6편의 짧은 대화를 듣고 삼지선다형 문제 풀기	텍스트당 40~60	6
2	두 사람의 대화를 듣고 해당되는 화자와 연결하기	250~300	6
3	인터뷰 한 편을 듣고 삼지선다형 문제 풀기	400~450	6
4	6명이 말하는 내용과 부합하는 문장 선택하기	텍스트당 50~70	6
5	하나의 긴 지문을 듣고 삼지선다형 문제 풀기	400~450	6

3 듣기 완전 분석

순서	지시사항 파악 ➜ 문제와 보기 읽기 ➜ 1차 듣기 및 풀이 ➜ 2차 듣기 및 정답 선택 ➜ 다음 과제 시험지 파악

DELE B2 듣기 영역은 5개의 과제, 총 30문항으로 구성되어 있으며, 주어진 시간은 40분입니다. 과제 순서대로 문제를 풀게 되는데, 가장 관건은 시험지에 표기된 지시사항, 문제, 보기 등을 빠르게 훑으면서 앞으로 듣게 될 내용을 예측하는 실력입니다. 모든 듣기 지문은 두 번 들려주므로, 1차 듣기에서는 시험지에 답을 표기했다가 2차 듣기에서 최종 선택한 답을 답안지에 표기하도록 합니다. 문제 파악이 매우 중요한 만큼, 한 과제를 모두 푼 후 지체하지 않고 다음 과제의 문제를 읽어 나가도록 합니다.

Tarea 1 6편의 짧은 대화를 듣고 삼지선다형 문제 풀기

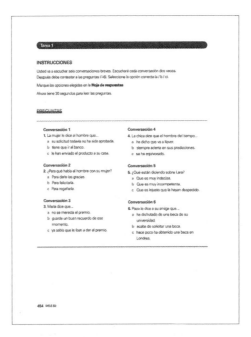

핵심 포인트

- 6편의 짧은 대화 내용을 듣고, 각 대화당 한 문항씩 삼지선다형 문제를 풀게 됩니다.
- 1편당 두 사람의 대화로 구성되며, 6편의 대화 내용은 서로 관련이 없습니다.

글의 유형

- 개인적, 전문적, 대중적, 학술적 영역에서의 담소 혹은 형식을 갖춘 대화

빈출 주제

- 일상적 대화   친구, 가족, 동료 사이 대화
- 형식을 갖춘 대화   유명인과의 인터뷰, 면접
- 기타   길 묻기, 관공서 내 대화

Tarea 1 완전 공략

1 어떻게 푸나요?

각기 다른 내용의 짧은 대화 6편을 듣습니다. 음성을 듣기 전 문제와 보기를 미리 읽으며 대화자들의 관계, 상황, 대화 내용 등을 예측해 봅니다. 짧은 대화에서 핵심이 되는 내용이나 어휘를 놓치지 말고 들어야 합니다.

2 고득점 전략

- 1차 듣기 전, 반드시 문제와 보기를 읽어 어떤 대화가 나올지 예상해 봅니다.
- 대화의 시작에 앞서, 지시문으로 들려주는 두 사람 사이의 관계나 대화의 유형을 파악해 둡니다.
- 듣기가 시작되면 시험지의 문제를 응시하면서, 정답 선택 또는 오답 탈락을 통한 소거법으로 최종 정답을 선택합니다.
- 2차 듣기에서 다시 한번 정답을 확인한 후, 다음 문제의 문제와 보기를 확인해 놓습니다.

3 잠깐! 주의하세요

- 문제와 보기를 반드시 미리 읽어 요약해 두어야 합니다. 대화 내용을 잘 듣는 것만큼이나 문제의 요지를 정확하게 파악하는 것이 매우 중요합니다.
- 화자 간의 관계나 상황을 예측해 보고, 관련 어휘를 시험지에서 미리 읽어 둠으로써 대화 내용을 훨씬 더 정확히 듣고 파악할 수 있습니다.
- 시험지에는 등장하지 않으나 대화 내용의 시작 전, 'Usted va a escuchar... (당신은 들을 것입니다)'로 시작하는 한 문장을 듣게 됩니다. 어떤 유형의 대화를 듣게 될지 혹은 화자 간의 관계가 어떠한지 등의 중요 정보를 담고 있으므로 잘 들어야 합니다.
- 대화 내용의 뉘앙스나 화자의 어투와 어조에 유의하여 듣고, 일부 대화에서 등장할 수 있는 관용 표현에 주의해야 합니다.

Tarea 1 **Ejercicios** 실전 연습 ①

INSTRUCCIONES

Usted va a escuchar seis conversaciones breves. Escuchará cada conversación dos veces. Después debe contestar a las preguntas (1-6). Seleccione la opción correcta (a / b / c).

Track 1-1

Marque las opciones elegidas en la **Hoja de respuestas**.

Ahora tiene 30 segundos para leer las preguntas.

PREGUNTAS

Conversación 1

1. El hombre le agradece a Marta que...

   a   haya traído un regalo.

   b   haya venido a cenar.

   c   haya pasado por su barrio.

Conversación 2

2. ¿Qué critica María de la casa?

   a   La ubicación

   b   Que necesita una reforma

   c   La antigüedad

Conversación 3

3. Julia dice que...

   a   como está agotada, su jefe le va a recompensar con unas vacaciones.

   b   ha tenido que hacer horas extras.

   c   necesita más vacaciones.

Conversación 4

4. Según la conversación, el chico dice que...

a   durante el examen no podía pensar.

b   no había estudiado.

c   va a pedir una revisión.

Conversación 5

5. El hombre ha ido a la secretaría para...

a   solicitar una beca.

b   informarse sobre una beca.

c   saber si le han concedido una beca.

Conversación 6

6. Según la conversación, el hombre tuvo problemas porque...

a   era muy joven.

b   había crisis económica.

c   no tenía experiencia.

Tarea 1 · **Ejercicios**

Conversación 1

30초

NARRADOR: Va a escuchar una conversación entre dos personas.

MUJER: Pablo, ¿qué tal? Estaba de paso por tu barrio y mira lo que tengo para ti.
HOMBRE: ¡Hombre! Muchas gracias, Marta. De verdad. No tenías que haberte molestado. Te habrá costado un dineral. Tal y como están las cosas, no deberías.
MUJER: Nada, nada. Es un pequeño obsequio. No le des más importancia.
HOMBRE: Es todo un detalle. Estamos a punto de cenar, ¿te apuntas?

5초
반복 재생
10초

Conversación 2

NARRADOR: Va a escuchar a dos amigos hablando sobre una casa.

HOMBRE: María, ¿ya fuiste a ver la casa que te recomendó el de la inmobiliaria?
MUJER: Pues habíamos quedado en ir a verla el jueves, pero al final cambiamos la fecha para hoy y de hecho acabo de verla. La vi en buen estado, pero perdida en medio de la nada. No veas lo lejos que está. Es de reciente construcción y los materiales son de buena calidad. La estructura de la casa no está mal. Es amplia y luminosa.

5초
반복 재생
10초

Conversación 3

NARRADOR: Va a escuchar a dos compañeros de trabajo.

HOMBRE: ¿Qué te pasa, Julia?
MUJER: Estoy agotada. Esta semana he tenido que trabajar fuera de mi horario de trabajo. Y ¿sabes lo que me ha dicho el jefe? Me ha dicho que siga así y que algún día me recompensará con unas vacaciones.
HOMBRE: No me lo creo. ¡Vaya cara que tiene!

5초
반복 재생
10초

Conversación 4

NARRADOR: Va a escuchar a dos amigos hablando sobre un examen.

MUJER: ¿Qué tal te ha salido el examen de esta mañana?
HOMBRE: Pues qué quieres que te diga. Me pasé toda la semana estudiando y cuando empezó el examen me quedé en blanco. Voy a ir a hablar con el profesor para ver si me lo puede repetir. No quiero que me quede esta asignatura pendiente.
MUJER: ¡Vaya! No creo que lo haga, pero ojalá tengas suerte.

5초
반복 재생
10초

Conversación 5	**NARRADOR:** Va a escuchar a dos personas hablando en la secretaría de una universidad.
	HOMBRE: Hola, ¿ya sabe algo sobre las becas para estudiar en el extranjero?
	MUJER: Lo siento, pero el plazo para solicitar las becas ha terminado.
	HOMBRE: No, si yo ya rellené y entregué la solicitud. Vine aquí la semana pasada, pero la persona que me atendió me dijo que me pasara hoy para informarme de los resultados de la convocatoria.
	5초
	반복 재생
	10초
Conversación 6	**NARRADOR:** Va a escuchar un fragmento de una entrevista a un empresario.
	MUJER: Cuéntanos Fernando sobre tu primera empresa. La fundaste muy joven, ¿verdad?
	HOMBRE: Si mal no recuerdo, tenía 21 años y acababa de dejar la universidad. Era una época de bonanza económica. Los bancos daban préstamos a todo el mundo y mi edad no fue un impedimento para que me dieran uno. Con el dinero monté mi primera empresa de logística.
	MUJER: ¿Y te fue bien con ella?
	HOMBRE: Bien, lo que se dice bien, pues no mucho. Debido a mi inexperiencia y un par de malas decisiones tuve que cerrarla a los dos años.
	5초
	반복 재생
	10초

Complete ahora la **Hoja de respuestas.**

30초

Tarea 1 · **Ejercicios**

Step 2 연습문제 ①의 내용을 해석해 보세요.

지시사항

당신은 짧은 대화 6개를 들을 것입니다. 각 대화는 두 번씩 듣게 됩니다. 이어서 (1번부터 6번까지) 질문에 답하세요. (a / b / c) 정답을 선택하세요.

선택한 보기를 **답안지**에 표기하세요.

지금부터 문제를 읽을 수 있는 시간을 30초간 갖게 됩니다.

문제

대화 1

1. 남자는 마르타에게 …을 감사히 여긴다.

　a　선물을 하나 가지고 온 것

　b　저녁을 먹으러 온 것

　c　본인의 동네를 들러 준 것

대화 2

2. 마리아는 그 집에 대해 무엇을 비판하는가?

　a　위치

　b　리모델링이 필요하다는 것

　c　오래됨

대화 3

3. 훌리아는 …(라)고 말했다.

　a　매우 지쳤기 때문에 그녀의 상사가 그녀에게 휴가로 보상을 해 줄 것이다

　b　추가 시간을 근무해야만 했다

　c　휴가가 더 필요하다

대화 4

4. 대화 내용에 따르면, 남자는 …(라)고 말했다.

　a　시험 시간 동안 생각을 할 수 없었다

　b　공부를 하지 않았다

　c　재검토를 요청할 것이다

대화 5

5. 남자는 그 사무실에 … 위하여 갔다.

　a　장학금을 신청하기

　b　장학금에 대해 문의하기

　c　장학금을 받게 되었는지 알아보기

대화 6

6. 대화 내용에 따르면 남자는 … 때문에 문제를 겪었다.

　a　매우 젊었기

　b　경제적 위기가 있었기

　c　경험이 없었기

Tarea 1 · Ejercicios

스크립트

대화 1	30초

내레이터: 당신은 두 사람 사이의 대화를 듣게 될 것입니다.

여자: 파블로! 어떻게 지내니? 너의 동네를 지나는 길에 네게 주려고 가지고 온 이걸 보렴.
남자: 이야! 정말 고마워 마르타, 진심으로. 귀찮게 뭘 가져왔어. 돈이 꽤 들었겠는걸. 지금처럼 물가가 비쌀 때에는 넌 그러지 않아도 되었는데.
여자: 별거 아니야. 아주 작은 선물일 뿐이야. 그 이상의 의미를 부여할 필요 없어.
남자: 정말 친절하구나. 우리는 지금 막 저녁 식사를 하려던 참이야. 너도 함께 하겠니?
5초
반복 재생
10초

대화 2

내레이터: 당신은 한 집에 대해 이야기하는 두 친구 사이의 대화를 듣게 될 것입니다.

남자: 마리아, 부동산의 그 사람이 추천해 준 집을 보러 갔었니?
여자: 사실 우린 목요일에 그 집을 보기로 했었는데, 결국은 날짜를 오늘로 변경했고, 마침 지금 막 그 집을 보고 왔어. 집은 상태가 좋아 보였지만 주변에는 아무것도 없이 덩그러니 있지 뭐니. 말도 마, 얼마나 멀리에 위치했는지. 새로 지은 집이고, 자재는 아주 좋은 것이었어. 집의 구조 역시 나쁘지 않아. 아주 넓고 채광도 좋은 집이야.
5초
반복 재생
10초

대화 3

내레이터: 당신은 두 명의 직장 동료의 대화를 듣게 될 것입니다.

남자: 무슨 일이니, 훌리아?
여자: 난 너무나 지쳤어. 이번 주에 나는 내 근무 시간 외에도 일을 해야만 했거든. 그리고 상사가 나에게 뭐라고 말했는지 아니? 계속 이런 식으로 일하면 그가 언젠가는 내게 휴가로 보상을 해 줄 거래.
남자: 믿을 수 없어. 정말 뻔뻔하구나!
5초
반복 재생
10초

대화 4

내레이터: 당신은 한 시험에 대해 이야기하는 두 친구 사이의 대화를 듣게 될 것입니다.

여자: 오늘 아침 시험 어땠어?
남자: 글쎄. 무슨 말을 더 해 줄까? 난 지난 일주일 내내 공부만 하며 보냈는데 시험이 시작되었을 때 나는 머릿속이 하얘져 버렸어. 선생님에게 찾아가서 혹시 시험을 다시 볼 수 있는지 말씀드려 볼 거야. 이 과목을 낙제하기 싫거든.
여자: 어머나! 선생님이 네 말을 들어주실지는 의문이지만, 행운을 빌게!
5초
반복 재생
10초

대화 5	**내레이터:** 당신은 한 대학의 교무과에서 나누는 두 사람 사이의 대화를 듣게 될 것입니다.

남자: 안녕하세요. 해외에서 공부할 수 있는 장학금에 대해 결정난 것이 있나요?

여자: 미안합니다만 장학금을 신청할 수 있는 기간은 끝났습니다.

남자: 그게 아니라 저는 이미 신청서를 작성해서 제출했습니다. 지난주에 이곳에 왔는데 그날 계셨던 분이 제게 모집 결과에 대해 알리면 오늘 다시 오라고 말씀하셨어요.

5초

반복 재생

10초

대화 6	**내레이터:** 당신은 한 기업인에 대한 인터뷰 내용의 일부분을 듣게 될 것입니다.

여자: 페르난도, 당신의 첫 번째 회사에 대해 우리에게 말해 주세요. 당신은 아주 젊었을 때 그 회사를 차렸습니다. 그렇죠?

남자: 제 기억이 맞다면, 전 21살이었고 그때는 막 대학교를 마쳤을 때였습니다. 그 당시는 정말 경제적으로 호황기였답니다. 은행들은 모든 사람들에게 대출을 승인해 주었고 제 나이는 대출을 받는 데 아무 문제가 되지 않았습니다. 그렇게 해서 그 돈으로 저는 제 첫 번째 물류 회사를 차렸습니다.

여자: 그러고 나서 회사는 잘되었나요?

남자: 글쎄요. 소위 말하는 잘된다라는 관점에서 보자면 그다지 잘되진 않았습니다. 저의 경험 부족과 몇몇 잘못된 결정 때문에 저는 그 회사를 2년 만에 닫아야 했습니다.

5초

반복 재생

10초

답안지를 작성하세요.

30초

Tarea 1 · Ejercicios

정답

1. a **2.** a **3.** b **4.** a **5.** c **6.** c

해설

1.	남자가 마르타에게 고마움을 느끼는 것이 무엇인지를 묻고 있다. 보기가 모두 완료형으로 되어 있는데, 이때 해석은 마르타가 '~을 한 것'을 고마워하고 있다고 풀이하면 된다. 여자의 첫 번째 대사에서 'mira lo que tengo para ti'라고 했으므로, 마르타가 남자를 위해 선물을 가져왔다는 것을 알 수 있다. 또한 여자의 'Es un pequeño obsequio.'라는 말에서 regalo와 같이 '선물'을 의미하는 명사 obsequio를 들을 수 있다. 따라서 정답은 보기 a.
2.	어떤 집에 관한 대화 속에서 마리아는 그 집의 어떤 부분을 비판하고 있는지를 묻고 있다. 마리아는 집에 대해 마음에 드는 부분과 마음에 들지 않는 부분을 동시에 말하고 있으므로 이를 정확히 분간해서 들어야 한다. 이 문제의 정답은 'La vi en buen estado, pero perdida en medio de la nada. No veas lo lejos que está.'라는 문장에서 단서를 찾을 수 있는데, 이때 과거분사 perdido에 주목해야 하며, 동시에 lo lejos que está (la casa)에 대한 이해 역시 중요하다. 문장을 듣게 되는 순서대로 정보를 취합하자면, 'la vi'에서 목적격 대명사 la가 바로 casa를 의미한다는 것부터 기억에 남기고, 이어지는 과거분사 형용사 perdida가 그 집에 대한 설명임을 파악해야 한다. Perdido en la nada(주위에 아무것도 없는 곳에 혼자 덩그러니 있는)의 관용 표현을 잘 들어야 하나, 혹시 이를 놓쳤다면 이어지는 문장 'No veas lo lejos que está.'를 들어도 역시 정답을 가늠할 수 있다. 정답은 보기 a.
3.	훌리아가 말한 내용과 관련된 것이 무엇인지를 묻고 있다. 훌리아의 대사 'Esta semana he tenido que trabajar fuera de mi horario de trabajo.'에서 fuera de mi horario de trabajo(근무 시간 이외의)라는 표현을 놓치지 않고 들어야 한다. 정답은 보기 b. **함정 피하기** 보기 a는 함정으로, 'Me ha dicho que siga así y que algún día me recompensará con unas vacaciones.'라는 문장을 통해, 훌리아의 상사가 휴가로 보상을 해 주겠다고 말한 것은 실현 가능성을 알 수 없는 불확실한 약속이라는 것을 파악해야 한다.
4.	대화 속 남자의 상황이 어떠한지를 묻고 있다. 핵심 문장은 남자의 발언 중 'Me pasé toda la semana estudiando y cuando empezó el examen me quedé en blanco.', 그중에서도 quedarse en blanco(머릿속이 하얘지다)에 정답의 단서가 있다. 따라서 정답은 보기 a. **함정 피하기** 남자는 repetir, 즉 시험을 다시 치를 수 있는지에 대해 선생님과 이야기해 보겠다고 말하고 있는데, 보기 c에서 말하는 명사 revisión은 '재검토'를 의미하므로 답이 될 수 없다.
5.	남자가 사무실에 간 목적에 대해 묻고 있다. 우선 세 개의 보기를 정확하게 해석해야 한다. 보기 a의 경우는 이제 막 신청을 하는 단계, b는 단순 문의하는 단계, c는 이미 문의와 신청을 거쳐 대기 중이며 conceder, 즉 인가가 났는지를 묻는 단계이다. 남자의 마지막 대사를 들어 보면 이미 신청서를 작성하고 제출했음을 알 수 있고, 특히 오늘 방문의 목적은 'para informarme de los resultados de la convocatoria'임을 알 수 있다. 따라서 정답은 보기 c.
6.	남자가 문제를 겪은 이유가 무엇인지를 묻고 있다. 핵심 문장은 'Debido a mi inexperiencia y un par de malas decisiones tuve que cerrarla a los dos años.'인데, 여기에서 명사 inexperiencia(경험이 없음)를 반드시 들어야 한다. 정답은 보기 c. **함정 피하기** 대화 중간에서 남자는 'mi edad no fue un impedimento'라고 언급하는데, 이 문장을 잘못 해석하면 보기 a의 함정에 빠질 수 있으므로 주의하자.

Step 4 연습문제 ①의 필수 어휘를 익혀 보세요.

agradecer	감사를 느끼다	luminoso	빛나는, 밝은, 명쾌한
barrio	ⓜ 구, 지구, 거주 지역	fuera de	~ 없이, ~ 외에, ~ 말고도, ~ 밖에
ubicación	ⓕ 위치	cara	ⓕ 얼굴, 표정, 안색, 표면, 체면, 면전, 철면피
reforma	ⓕ 개혁, 개축, 리모델링	quedarse en blanco	멍해지다, 아무 생각이 들지 않다, 머리 속이 하얘지다
antigüedad	ⓕ 옛날, 고대, 오래됨, 근속 연수, 유적, 유물, 골동품	asignatura	ⓕ 과목, 학과목, 교과
agotado	바닥난, 절판의, 지친, 고갈된	pendiente	ⓕ 경사, 비탈길 ⓜ 귀걸이 / 매달린, 경사진, 기대하는, 현안 중인
recompensar	상을 주다, 보상하다, 수당을 주다, 보답하다	plazo	ⓜ 기한, 기간, 분할불
revisión	ⓕ 재검토, 검사, 점검, 교정	rellenar	다시 채우다, 기입하다
solicitar	신청하다, 지원하다	entregar	건네다, 양도하다, 수여하다, 제출하다
conceder	주다, 인가하다, 허용하다	solicitud	ⓕ 신청, 청원, 신청서, 염려, 정성을 다함
crisis	ⓕ 위기, 고비, 공황	atender	대접하다, 돌보다, 수락하다, 전화를 받다
dineral	ⓜ 큰돈, 거액의 돈	convocatoria	ⓕ 소집, 소환, 호출
obsequio	ⓜ 선물, 경품, 답례품, 선물하기	fragmento	ⓜ 조각, 단편, 일절, 부분
detalle	ⓜ 세부, 상세, 명세, 디테일	fundar	창립하다, 설립하다, 세우다
apuntarse	등록되다, 회원이 되다	bonanza	ⓕ 잔잔함, 온화함, 번영
inmobiliaria	ⓕ 부동산 회사	préstamo	ⓜ 대여, 대부, 대여금, 대출
perdido	분실된, 낭비된, 사라진, 없어진	impedimento	ⓜ 방해, 지장, 방해물, 장애물
reciente	최근의, 신선한, 최근에 일어난	montar	타다, 조립하다, 장치하다, 설립하다
material	ⓜ 재료, 자료 / 물질적인	logística	ⓕ 물류 관리, 기호 논리학, 병참학
estructura	ⓕ 구조, 조직, 기구, 구성, 체계	inexperiencia	ⓕ 경험이 없음, 익숙지 못함, 미숙함

Tarea 1 Ejercicios 실전 연습 ②

Step **1** 공략에 따라 Tarea 1 연습문제 ②를 풀어 보세요.

INSTRUCCIONES

Usted va a escuchar seis conversaciones breves. Escuchará cada conversación dos veces. Después debe contestar a las preguntas (1-6). Seleccione la opción correcta (a / b / c).

Track 1-2

Marque las opciones elegidas en la **Hoja de respuestas**.

Ahora tiene 30 segundos para leer las preguntas.

PREGUNTAS

Conversación 1

1. La mujer ha llamado a su marido para decirle que...

   a   quiere decidir juntos qué coche comprar.

   b   ha pagado un anticipo por el coche.

   c   necesita pensar unos días sobre el coche.

Conversación 2

2. Para solucionar el problema, el hombre necesita...

   a   que le den un cable.

   b   que contraten a alguien más.

   c   que le den más tiempo.

Conversación 3

3. La mujer le dice al hombre que...

   a   debe pagar por los gastos de mantenimiento de la tarjeta.

   b   si pierde la tarjeta no le darán otra.

   c   con la tarjeta puede pagar por cuotas.

Conversación 4

4. El hombre ha ido a la tienda para...

a   quejarse del producto.

b   protestar por el servicio al cliente.

c   agradecer la atención telefónica recibida.

Conversación 5

5. Según la conversación, el hombre...

a   tiene muchas cosas que hacer.

b   se compromete a ayudarla.

c   no encuentra su agenda.

Conversación 6

6. La mujer le dice al hombre que...

a   se alojó en casa de una amiga.

b   nunca había estado en Cuenca.

c   quedó con su amiga cerca del centro.

Tarea 1 · Ejercicios

Conversación 1	30초
	NARRADOR: Va a escuchar a un matrimonio hablando por teléfono.
	MUJER: Paco, ya estoy en el concesionario viendo el coche. Me han dicho que puedo pagar a plazos o al contado y como no lo tengo claro voy a pensarlo durante unos días. Pero ya he dejado una señal.
	HOMBRE: Vale. Bueno, pues cuando vengas esta noche a casa lo hablamos y lo decidimos juntos.
	MUJER: Perfecto. Te veo en casa.
	5초
	반복 재생
	10초
Conversación 2	**NARRADOR:** Va a escuchar una conversación entre un empleado y su jefa.
	MUJER: ¿Cómo va todo, Andrés?
	HOMBRE: Pues, hasta arriba de trabajo. No soy capaz de dar abasto. Se me acumulan los pedidos.
	MUJER: ¿Y cómo podríamos solucionar esto? ¿Quieres que llame a los clientes para que amplíen los plazos de entrega?
	HOMBRE: Creo que lo mejor será que hables con los de recursos humanos para que nos echen un cable.
	5초
	반복 재생
	10초
Conversación 3	**NARRADOR:** Va a escuchar a dos personas hablando por teléfono.
	HOMBRE: Hola, buenos días. ¿Podría informarme sobre la tarjeta de cliente? He oído que ofrece muchas ventajas.
	MUJER: Sí, claro. Es una tarjeta gratuita. Puede comprar con ella en todos nuestros establecimientos, fraccionar sus pagos y no tiene gastos de mantenimiento.
	HOMBRE: ¿Y en caso de que la pierda?
	MUJER: En caso de que la pierda o se la roben, se la repondremos de manera inmediata y gratuita.
	5초
	반복 재생
	10초

Conversación 4	**NARRADOR:** Va a escuchar a dos personas hablando en una tienda.

HOMBRE: Buenos días, me gustaría hablar con el encargado de la tienda.
MUJER: Sí, soy yo. Dígame cómo le puedo ayudar.
HOMBRE: Mire, no sé cómo decírselo. La semana pasada compré un televisor en este establecimiento y tuve problemas para ordenar los canales y conectarlo a Internet. Llamé aquí y uno de sus empleados me dijo que eso no era problema de ustedes y que me las arreglara como pudiera. Por si fuera poco, me colgó. Esto es inaceptable.

5초
반복 재생
10초

Conversación 5	**NARRADOR:** Va a escuchar una conversación entre dos amigos.

MUJER: Hola, Manuel. Necesito tu ayuda. Como ya te dije, me voy a mudar y necesito a alguien que me ayude con la mudanza. Ya lo tengo todo más o menos preparado. Son muchas cajas y algún que otro mueble.
HOMBRE: Pues lo haría si pudiera. Tengo una semana muy ajetreada. No sé, llámame luego a ver si encuentro un hueco en mi agenda.
MUJER: Muy bien. Te llamo luego. Gracias.

5초
반복 재생
10초

Conversación 6	**NARRADOR:** Va a escuchar a dos personas que hablan sobre un viaje.

HOMBRE: Ana, ¿qué tal tu escapada de fin de semana?
MUJER: ¡Espectacular! Estuvo genial. Tenía muchas ganas de volver a Cuenca.
HOMBRE: ¿Y dónde te hospedaste esta vez?
MUJER: Bueno, había reservado un hotel, pero cuando mi amiga Pili se enteró de que iba a pasar unos días en su ciudad, me invitó a quedarme en su casa que está cerca del centro.

5초
반복 재생
10초

Complete ahora la **Hoja de respuestas.**

30초

Tarea 1 · Ejercicios

지시사항

당신은 짧은 대화 6개를 들을 것입니다. 각 대화는 두 번씩 듣게 됩니다. 이어서 (1번부터 6번까지) 질문에 답하세요. (a / b / c) 정답을 선택하세요.

선택한 보기를 **답안지**에 표기하세요.

지금부터 문제를 읽을 수 있는 시간을 30초간 갖게 됩니다.

문제

대화 1

1. 여자는 남편에게 …(라)고 말하기 위해 전화했다.

    a 어떤 차를 살지 함께 정하고 싶다

    b 차에 대한 선불금을 지불했다

    c 차에 대해 며칠 생각할 필요가 있다

대화 2

2. 그 문제를 해결하기 위해 남자는 …이 필요하다.

    a 줄 하나를 받는 것

    b 다른 누군가를 고용하는 것

    c 시간을 더 줄 것

대화 3

3. 여자는 남자에게 …(라)고 말했다.

    a 카드 유지비를 내야 한다

    b 만일 카드를 분실하면 다른 카드를 받지 못할 것이다

    c 카드로 할부 결제를 할 수 있다

대화 4

4. 남자는 … 위하여 그 상점에 갔다.

   a 상품에 대해 불평하기

   b 고객 서비스에 대해 항의하기

   c 그가 받은 전화 응대에 감사하기

대화 5

5. 대화 내용에 따르면 남자는 …

   a 할 일이 많다.

   b 그녀를 도울 것을 약속한다.

   c 자신의 수첩을 찾을 수 없다.

대화 6

6. 여자는 남자에게 …(라)고 말했다.

   a 한 친구의 집에서 묵었다

   b 쿠엔카에 한 번도 가 본 적이 없다

   c 시내 중심가 근처에서 친구와 만나기로 약속했다

스크립트

대화 1	30초 **내레이터:** 당신은 한 부부가 전화로 나누는 대화를 들을 것입니다. **여자:** 파코, 나는 대리점에서 차를 보고 있어요. 그들이 말하기를, 할부금으로 내거나 현금으로 낼 수 있다고 해요. 나는 아직 확신이 없어서 며칠 동안 생각을 해 봐야 할 것 같아요. 하지만 선불금은 이미 냈어요. **남자:** 좋아요. 그럼 당신이 오늘 밤 집에 오면 우리가 함께 이야기해 보고 결정해요. **여자:** 좋아요. 집에서 봐요. 5초 반복 재생 10초
대화 2	**내레이터:** 당신은 한 직원과 그의 상사 사이의 대화를 들을 것입니다. **여자:** 다 잘 되어 가고 있나요, 안드레스? **남자:** 일이 정말 끝이 없습니다. 제 능력 밖인 것 같습니다. 주문이 밀리고 있어요. **여자:** 그렇다면 이것을 우리가 어떻게 해결할 수 있을까요? 고객들이 물건을 받는 날짜를 조금 연기할 수 있도록 전화를 걸어 볼까요? **남자:** 제 생각에는 당신이 인사 담당자들과 이야기해서 우리에게 도움을 주도록 하는 게 가장 좋겠어요. 5초 반복 재생 10초
대화 3	**내레이터:** 당신은 두 사람이 전화로 나누는 대화를 들을 것입니다. **남자:** 안녕하세요, 좋은 아침입니다. 고객 카드에 대해 문의를 좀 드려도 될까요? 혜택이 아주 많다고 들었습니다. **여자:** 네, 물론입니다. 그 카드는 무료입니다. 당신은 그 카드로 저희의 모든 영업점에서 구매하고 할부로 결제할 수 있으며, 유지비가 없습니다. **남자:** 그런데 만일 제가 그것을 분실하게 되면요? **여자:** 카드를 분실하시거나 도난을 당했을 시에는 즉각 무료로 재발급해 드립니다. 5초 반복 재생 10초
대화 4	**내레이터:** 당신은 한 상점에서 이야기를 나누는 두 사람의 대화를 들을 것입니다. **남자:** 좋은 아침입니다. 저는 이 가게의 책임자와 이야기를 좀 나누고 싶습니다. **여자:** 네, 접니다. 어떤 도움이 필요하신지 말씀하세요. **남자:** 어떻게 말씀드려야 할지 모르겠네요. 저는 지난주에 이 가게에서 텔레비전을 샀는데 채널을 맞추고 인터넷에 연결하는 데 문제가 있었어요. 이곳에 전화를 걸었는데 당신의 직원들 중 한 명은 제게 그건 자신들의 문제가 아니라며 어떤 방법을 쓰든 제가 알아서 해결하라고 말했습니다. 그것도 모자라 먼저 전화를 끊어 버렸어요. 이건 용납할 수 없습니다. 5초 반복 재생 10초

대화 5	**내레이터:** 당신은 두 친구들 사이의 대화 내용을 들을 것입니다.
	여자: 안녕, 마누엘. 나는 네 도움이 필요해. 이미 네게 말했듯이 나는 이사를 할 건데 이사를 도와줄 누군가가 필요해. 나는 모든 것을 이미 어느 정도 준비해 두었어. 많은 상자들과 몇 안 되는 가구들이야.
	남자: 내가 할 수만 있다면 도와줄 텐데. 난 너무나 바쁜 한 주를 보낼 예정이야. 모르겠네, 다음에 나에게 전화를 주면 혹시 내가 일정에서 잠시 짬이 나는지 볼게.
	여자: 좋아. 다음에 전화할게. 고마워.
	5초
	반복 재생
	10초
대화 6	**내레이터:** 당신은 두 사람이 한 여행에 대해 나누는 대화를 들을 것입니다.
	남자: 아나, 주말 여행은 어땠어?
	여자: 훌륭했어! 정말 좋았단다. 나는 쿠엔카에 다시 가고 싶은 마음이 컸었거든.
	남자: 이번에는 어디에서 숙박했니?
	여자: 그게 말이지, 호텔을 예약해 두었는데 내 친구 필리가 자신의 도시에서 내가 며칠 지낼 것을 알고는 시내 중심가 근처의 본인의 집에서 묵을 것을 권유했어.
	5초
	반복 재생
	10초

답안지를 작성하세요.

30초

Step 3 연습문제 ②의 정답 및 해설을 확인해 보세요.

정답

1. b **2.** b **3.** c **4.** b **5.** a **6.** a

해설

1.	여자가 남편에게 전화한 이유를 묻고 있다. 여자가 남자에게 'ya estoy en el concesionario viendo el coche. ...ya he dejado una señal.'라고 했으므로, 정답은 보기 **b**. 참고로, '선불금' 또는 '보증금'을 의미하는 명사 anticipo는 señal, adelanto 등으로 대체할 수 있다. **함정 피하기** 여자의 말 중 'Me han dicho que puedo pagar a plazos o al contado y como no lo tengo claro voy a pensarlo durante unos días.'를 통해 여자가 며칠 더 생각해 보려는 것은 차량 그 자체가 아니라 차량 구입 방법에 관한 것임을 알 수 있으므로 보기 **c**는 함정이다.
2.	문제를 해결하기 위해 남자에게 필요한 것은 무엇인지 묻고 있다. 두 사람의 대화를 통해 남자의 업무 속도가 주문량에 미처 못 따라가고 있다는 것을 알 수 있다. 상사인 여자는 이 상황에 대한 해결책을 고민하는데, 남자는 'Creo que lo mejor será que hables con los de recursos humanos...'라고 했다. '인력, 인적 자원'을 의미하는 명사 recursos humanos를 잘 듣고, 보기 **b**를 정답으로 골라야 한다. **함정 피하기** 남자가 'para que nos echen un cable'이라고 한 말은 보기 **a**의 내용과 같이 실제로 줄이나 전선을 받겠다는 의미가 아니라, echar una mano와 유사한 '도움을 주다'의 관용 표현임을 알아 두자.
3.	여자가 남자에게 알려 준 내용이 무엇인지 묻고 있다. 한 남자가 고객 카드의 혜택에 대해 문의하자, 안내하는 여성이 'Puede comprar con ella en todos nuestros establecimientos, fraccionar sus pagos y no tiene gastos de mantenimiento.'라고 했다. 이때 대화에서 언급된 동사 fracciona(나누다, 분할하다)와 los pagos(납금)의 표현과 의미가 일맥 상통하는 것은 보기 **c**의 pagar por cuotas(할부 결제)이다. 따라서 정답은 **c**. '할부로 결제하다'라는 표현은 이 외에도 pagar en cuotas, pagar a plazos 등이 있으니 함께 외워 두자.
4.	남자가 상점에 간 목적을 묻고 있다. 남자가 여자에게 이 가게의 책임자와 이야기를 나누고 싶다면서 'Llamé aquí y uno de sus empleados me dijo que eso no era problema de ustedes y que me las arreglara como pudiera.'라고 했다. 이를 통해 남자는 고객 서비스에 대한 불만을 이야기하기 위해 상점을 방문했다는 것을 알 수 있다. 따라서 정답은 보기 **b**. Servicio al cliente(고객 서비스)는 atención al cliente라고 표현할 수도 있다. **함정 피하기** 두 사람의 대화에서 남자가 불평하는 내용이 상당 부분을 차지하고 있으나, 그가 불평하고 있는 내용은 보기 **a**처럼 producto(상품), 즉 텔레비전 자체에 대한 것이 아니므로 오답이다. 보기 **c**는 agradecer(감사하다)라고 표현했기 때문에 오답이다.
5.	대화 속 남자의 상태가 어떠한지를 묻고 있다. 여자가 남자에게 이사를 도와줄 수 있냐고 묻자, 남자는 'Pues lo haría si pudiera. Tengo una semana muy ajetreada.'라며 도와주기 어렵다고 대답했다. 여기서 반드시 들어야 할 핵심 표현은 형용사 ajetreado(바쁜, 분주한)이며, 정답은 보기 **a**.
6.	여자가 남자에게 말한 내용이 무엇인지를 묻고 있다. 두 사람의 대화의 끝에서 남자가 여자에게 이번 여행에서 숙박한 장소를 묻자, 여자는 'cuando mi amiga Pili se enteró de que iba a pasar unos días en su ciudad, me invitó a quedarme en su casa que está cerca del centro.'라고 답했다. 결론은 친구의 집에서 묵었다는 것. 따라서 정답은 보기 **a**. **함정 피하기** 친구와 만나기로 약속을 정했다는 내용은 대화에서 언급되지 않았으므로 보기 **c**는 오답이다.

Step 4 연습문제 ②의 필수 어휘를 익혀 보세요.

anticipo	ⓜ 선불금, 계약금	ampliar	넓히다, 확장하다, 확대하다, 늘리다
cable	ⓜ 전선, 케이블, 밧줄, 도움, 원조	entrega	ⓕ 인계, 수여, 제출, 헌신
contratar	계약하다	recursos humanos	ⓜ pl. 인적 자원
gasto	ⓜ 소비, 비용	echar un cable	도움을 주다
mantenimiento	ⓜ 유지, 정비	informarse de	알다, 정보를 얻다
cuota	ⓕ 몫, 할당분, 회비, 현금 지불	establecimiento	ⓜ 영업소, 시설, 설립
quejarse	이의를 제기하다, 한탄하다, 불평하다	fraccionar	나누다, 분할하다
protestar	항의하다, 반대하다, 거절하다	reponer	다시 놓다, 확충하다, 보충하다, 복직시키다
servicio al cliente	ⓜ 고객 서비스, 애프터서비스	encargado	ⓜ ⓕ 담당자, 책임자 / 부탁 받은, 의뢰 받은, 담당한
atención	ⓕ 주의, 예의, 접대	ordenar	정리하다, 차례로 늘어놓다, 명령하다
comprometerse a	~할 것을 굳게 약속하다	canal	ⓜ 수로, 운하, 채널
agenda	ⓕ 수첩, 메모장, 계획표	por si fuera poco	그것도 모자라
alojarse	묵다, 숙박하다	colgar	매달다, 걸치다, 수화기를 놓다
quedar	약속을 정하다, 남다	inaceptable	수락[승낙]할 수 없는, 받아들일 수 없는
concesionario	ⓜ 자동차 영업소, 자동차 대리점 / 양도하는	mudanza	ⓕ 이사, 변동
plazo	ⓜ 기간, 기한	algún que otro	몇 개 정도
al contado	현금으로, 즉시불로	ajetreado	바쁜, 분주한, 피로하게 하는, 지친
señal	ⓕ 표시, 도표, 신호, 기호, 흔적, 보증금	hueco	ⓜ 빈 곳, 틈, 속이 빈 공간, 여가, 짬, 틈 / 속이 빈
empleado	ⓜ ⓕ 종업원, 직원 / 사용된, 쓰인	escapada	ⓕ 피신, 도신, 탈출
abasto	ⓜ 생필품, 식료품, 식량	fenomenal	훌륭한, 근사한, 자연 현상의 / 아주 멋지게
dar abasto	충분히 주다, 충족시키다, 만족시키다	genial	천재적인, 훌륭한 / 아주 (=magníficamente)
acumular	축적하다, 모으다, 누적하다	hospedarse	숙박하다, 묵다
pedido	ⓜ 주문, 주문품, 의뢰, 부탁	enterarse de	알아차리다, 깨닫다

Tarea 2 두 사람의 대화를 듣고 해당되는 화자와 연결하기

핵심 포인트

- 특정 상황 속에서 두 사람이 나누는 긴 대화를 듣고 6개의 문제를 풀어야 합니다.
- 각 문제에 해당하는 화자를 찾아야 하므로, 대화 내용을 끝까지 놓치지 않고 들어야 합니다.
- 문제의 내용을 언급하더라도 두 사람 모두에게 해당하지 않는 경우도 포함될 수 있습니다.

글의 유형

- 사적 혹은 공적인 관계의 두 사람 간의 대화

빈출 주제

- 일상 대화   특정 상황, 에피소드
- 다양한 배경   가족, 친구, 학교, 일터, 공공장소 등
- 주제별   안부 묻기, 근황 설명, 부탁, 사죄, 감사, 초대 등

Tarea 2 완전 공략

1 어떻게 푸나요?

두 사람의 대화를 듣고, 해당되는 내용의 화자를 찾는 6개의 문제를 풉니다. 예시 0번을 제외하고, 실제로 풀어야 하는 7번부터 12번까지 각 문제의 내용을 말한 사람을 선택하면 됩니다. 만약 두 사람 모두 말하지 않은 내용이면 보기 C를 답으로 선택합니다.

2 고득점 전략

- 지시사항과 문제를 읽고 두 사람의 관계나 상황에 대한 정보가 있는지 반드시 확인합니다.
- 두 화자의 이름을 숙지하고, 두 사람의 상황별로 나누어 들을 준비를 합니다.
- 예시 0번의 내용과 정답 화자를 확인함으로써 대화 내용을 조금이라도 더 파악합니다.
- 문제를 미리 읽고 키워드를 간추려 놓아야 하며, 동시에 듣게 될 대화 내용에 대해 미리 유추해야 합니다.

3 잠깐! 주의하세요

- 각 화자가 본인 상황에 대해서만 말하지 않습니다. 서로에 대해 언급하는 내용에서도 정답 관련 내용이 들릴 수 있습니다. A가 말하는 B에 관한 내용을 놓쳐서는 안 됩니다.
- 1차 듣기를 하며 1차 선택을 시험지에 한 후, 2차 듣기에서 최종적으로 확인을 하며 정답을 확신합니다.
- 6문항의 정답 화자 분포는 무작위이므로, 정답을 선택할 때 분포를 고려할 필요는 없습니다.

Tarea 2 **Ejercicios** 실전 연습 ①

Step 1 공략에 따라 Tarea 2 연습문제 ①을 풀어 보세요.

INSTRUCCIONES

Usted va a escuchar una conversación entre dos amigos, Santi y Ana. Indique si los enunciados (7-12) se refieren a Santi (A), a Ana (B) o a ninguno de los dos (C). Escuchará la conversación dos veces.

Track 2-1

Marque las opciones elegidas en la **Hoja de respuestas**.

Ahora tiene 20 segundos para leer los enunciados.

		A SANTI	B ANA	C NINGUNO DE LOS DOS
0.	Durante una larga temporada, no ha jugado al tenis.	☐	✓	☐
7.	Chocó contra un árbol.	☐	☐	☐
8.	Se ha roto la pierna.	☐	☐	☐
9.	Tiene una cicatriz.	☐	☐	☐
10.	Se arrepiente de no haber renovado el seguro.	☐	☐	☐
11.	No se ha recuperado de una situación trágica.	☐	☐	☐
12.	Advierte de los peligros de comprar en Internet.	☐	☐	☐

TRANSCRIPCIÓN

20초

HOMBRE ¡Ana! ¡Qué sorpresa!

MUJER Sí, hacía meses que no venía por el club de tenis. ¿Qué tal todo?

HOMBRE ¡Fenomenal! Estoy esperando a que empiece la clase.

MUJER ¡Qué bien! Yo, hace tiempo que no juego. Desde que me torcí el tobillo no he vuelto a hacer deporte.

HOMBRE Sí, algo me contó tu marido de un accidente. ¿Qué pasó exactamente?

MUJER Pues mira, íbamos dando un paseo en bici por el parque. Él se puso a hacer el tonto, soltó el manillar, perdió el control y nos estrellamos contra una valla.

HOMBRE Tu marido es de lo que no hay. ¡Cómo le encanta hacer el indio!

MUJER ¡Qué me vas a contar a mí! Nos fuimos corriendo a urgencias porque él sangraba y a mí se me puso el tobillo como un globo. Una vez en urgencias, me hicieron unas radiografías y al final solo era un esguince. El traumatólogo me puso una escayola y tengo que llevarla durante un mes y medio.

HOMBRE ¡Vaya, no me digas! ¡Qué faena! ¿No?

MUJER ¡Y que lo digas! Y Paco se dio un golpe tremendo contra una piedra al caerse. Le pusieron 5 puntos de sutura.

HOMBRE ¡Vaya faena! Yo esta marca que tengo aquí es por lo mismo. Cuando tenía 12 años me golpeé contra un poste de la luz.

MUJER Ya, y lo peor es que no habíamos renovado el seguro médico, así que la broma nos costó un ojo de la cara. Teníamos que haberlo hecho, pero bueno, por lo menos no pasó una desgracia mayor. Bueno, ¿y tú qué tal?

HOMBRE Pues la verdad es que desde la muerte de mi abuela no levanto cabeza. Ya ves, he engordado muchísimo, así que estoy tomando unas pastillas para adelgazar que compro en Internet.

MUJER ¡Ojo con esas pastillas! No te fíes de lo que venden por Internet.

HOMBRE Es que no me queda de otra, me he puesto como una vaca. Oye, te dejo que empieza la clase. ¡Cuídate y hablamos! ¿Vale?

10초
반복
10초

Complete ahora la **Hoja de respuestas.**

30초

Step 2 연습문제 ①의 내용을 해석해 보세요.

지시사항

당신은 친구 사이인 산티와 아나의 대화를 들을 것입니다. (7번부터 12번까지) 문장들이 (A) 산티, (B) 아나에 대한 내용인지 또는 (C) 둘 다 해당되지 않는지 선택하세요. 대화는 두 번 듣게 됩니다.

선택한 보기를 **답안지**에 표기하세요.

이제 문장들을 읽을 수 있는 20초의 시간이 주어집니다.

	A 산티	B 아나	C 둘 다 아님
0. 오랜 기간 동안 테니스 경기를 하지 않았다.	☐	✓	☐
7. 나무에 들이박았다.	☐	☐	☐
8. 다리에 골절상을 입었다.	☐	☐	☐
9. 흉터를 가지고 있다.	☐	☐	☐
10. 보험을 갱신하지 않은 것에 대해 후회하고 있다.	☐	☐	☐
11. 어느 힘든 상황에서 회복하지 못하고 있다.	☐	☐	☐
12. 인터넷을 통한 구매의 위험에 대해 주의를 시킨다.	☐	☐	☐

스크립트

20초

남자　아나! 정말 놀랍구나!

여자　맞아, 테니스 클럽에 안 온지 몇 개월이나 되었지. 잘 지내고 있어?

남자　아주 잘 지내! 나는 지금 수업이 시작되길 기다리고 있어.

여자　잘됐다! 나는 경기를 안 한지 오래되었어. 발목을 삔 후로는 다시는 운동을 하질 않았어.

남자　그래, 너의 남편이 사고에 대해 이야기해 주었어. 정확히 어떻게 된 일이야?

여자　자, 봐봐. 우리는 공원에서 자전거를 타고 산책하던 중이었어. 그는 웃기는 짓을 하려고 핸들을 손에서 놓았는데, 중심을 잃어서 우리는 담장에 들이박았어.

남자　너의 남편은 정말 특이한 사람이야. 바보짓 하는 걸 어찌나 즐기는지!

여자　누가 아니라니! 우리는 서둘러서 응급실로 뛰어갔어. 그는 피를 흘리고 있었고 나는 발목이 풍선처럼 부었거든. 응급실에 도착한 후에는 엑스레이 사진을 찍었는데, 단지 삐기만 했던 거야. 의사는 내게 깁스를 해주었고 난 이 깁스를 한 달 반 동안 하고 있어야 해.

남자　세상에! 정말이야? 너무 힘들겠다! 안 그래?

여자　당연하지! 그리고 파코는 넘어지면서 돌에 아주 세게 부딪혔어. 그는 5바늘을 꿰맸어.

남자　진짜 힘들었겠다! 여기 있는 내 상처도 그렇게 해서 생긴 거야. 내가 12살 때 전봇대에 박았거든.

여자　그래, 그리고 최악의 상황은 바로 우리가 의료 보험을 갱신하지 않았다는 거야. 그래서 그 웃기려고 한 행동이 우리에게는 정말 많은 돈을 들게 한 거지. 보험 갱신을 했어야 하는데, 아무튼 적어도 더 큰일을 겪지 않은 것은 다행이야. 그런데 너는 어떻게 지냈니?

남자　실은 할머니가 돌아가신 후부터 나는 계속 마음이 아파. 네가 보다시피, 체중이 정말 많이 늘었어. 그래서 나는 인터넷으로 주문한 살 빼는 약을 먹고 있어.

여자　그런 약들 조심해! 인터넷으로 파는 것을 믿어서는 안 돼.

남자　그게 말이야, 다른 도리가 없는 게 나는 한 마리의 소처럼 되어 버렸잖아. 저기, 수업 시작해서 나 이만 가볼게. 몸 조심하고 또 이야기 나누자! 알겠지?

10초
반복
10초

답안지를 작성하세요.

30초

Tarea 2 · Ejercicios

[정답]

0. B **7.** C **8.** C **9.** A **10.** B **11.** A **12.** B

[해설]

0. Durante una larga temporada, no ha jugado al tenis. 오랜 기간 동안 테니스 경기를 하지 않았다.

대화 초반부에서 Ana는 'hacía meses que no venía por el club de tenis.'라며 'Yo, hace tiempo que no juego.'라고 말했다. 이를 통해 Ana가 테니스장에 온 것이 몇 개월 만의 일이고, 오랜 기간 동안 테니스 경기를 하지 않았음을 알 수 있다. 따라서 예시 문제의 정답은 보기 **B** Ana.

7. Chocó contra un árbol. 나무에 들이박았다.

Ana가 겪은 사고에 대한 두 사람의 대화 내용 중, Santi의 말을 잘 들어 보면 'nos estrellamos contra una valla'라는 표현이 들린다. 동사 chocar와 estrellarse는 모두 '부딪히다, 박다, 충돌하다'의 의미를 갖는 동의어이지만, Santi가 말한 문장 속 명사 valla는 '담장, 울타리'를 의미한다. Ana와 Santi 중 나무에 들이박은 사람은 없으므로 정답은 보기 **C**.

8. Se ha roto la pierna. 다리에 골절상을 입었다.

Ana가 말한 'Una vez en urgencias, me hicieron unas radiografías y al final solo era un esguince.'를 통해 Ana가 다친 부분은 esguince(발목)임을 알 수 있다. 이 문장에 사용된 torcerse el tobillo라는 표현 역시 '발목을 삐다'의 의미이기 때문에 Ana는 정답에 해당하지 않는다. 이어서 Santi도 본인의 어린 시절에 겪은 사고에 대해 말하지만, 이 역시 '다리 골절'에 해당하는 내용이 아니므로 정답은 보기 **C**.

9. Tiene una cicatriz. 흉터를 가지고 있다.

Santi는 어린 시절 본인의 경험에 대해 언급하며 'Yo esta marca que tengo aquí es por lo mismo.'라고 말했다. 명사 marca는 주로 '상표'라는 뜻으로 쓰이지만 '자국, 흔적'이라는 뜻도 지니므로 9번 문제에 등장한 cicatriz와 같은 의미로 쓰였음을 알 수 있다. 따라서 정답은 보기 **A** Santi. 참고로, Ana가 'Paco se dio un golpe tremendo contra una piedra al caerse. Le pusieron 5 puntos de sutura.'라고 했는데, '점'을 뜻하는 punto가 de sutura와 함께 쓰여 '바늘 땀'이라는 의미를 가지므로, Paco의 경우는 상처를 꿰맨 케이스라는 것을 파악해야 한다.

10. Se arrepiente de no haber renovado el seguro. 보험을 갱신하지 않은 것에 대해 후회하고 있다.

정답을 찾는 키포인트는 동사 arrepentirse(후회하다)의 의미를 정확하게 해석하는 것이다. Ana의 'y lo peor es que no habíamos renovado el seguro médico, ... Teníamos que haberlo hecho, ...'라는 말에서 단서를 찾을 수 있는데, [tener que]의 의무 표현을 불완료 과거시제로 표현하여 '...을 했어야 한다 (그러나 하지 않았다).'라는 의미를 전달한다. 이처럼 Ana는 보험을 갱신하지 않은 것에 대해 후회하고 있으므로, 정답은 보기 **B** Ana.

11. No se ha recuperado de una situación trágica. 어느 힘든 상황에서 회복하지 못하고 있다.

Ana가 Santi의 근황에 대해 묻자, Santi는 'Pues la verdad es que desde la muerte de mi abuela no levanto cabeza.'라고 답했다. 이를 통해 그가 할머니가 돌아가신 힘든 상황에서 회복하지 못하고 있다는 것을 알 수 있으므로, 정답은 보기 **A** Santi. Desde la muerte de mi abuela(할머니가 돌아가신 후부터)를 듣는 것은 어렵지 않지만, '(병이나 좋지 않은 상황에서) 회복하다, 쾌차하다'의 의미인 관용 표현 no levantar cabeza를 듣는 것이 핵심이다. 힘든 상황에서 떨군 고개를 들어 올리는 움직임을 상징적으로 비유한 것으로, 암기가 반드시 필요한 표현이다.

12. Advierte de los peligros de comprar en Internet. 인터넷을 통한 구매의 위험에 대해 주의를 시킨다.

대화 마지막에서 Santi가 인터넷으로 약을 구입해서 먹고 있다고 하자, Ana는 '¡Ojo con esas pastillas! No te fíes de lo que venden por Internet.'라고 답했다. ¡Ojo!, ¡Cuidado!와 같은 감탄문은 강한 경고를 주는 경우에 사용하며, 부정 명령 형태에 사용된 동사 fiarse는 '신뢰하다, 믿다'의 뜻이다. 따라서 정답은 보기 **B** Ana.

Step 4 연습문제 ①의 필수 어휘를 익혀 보세요.

temporada	⒡ 시즌, 철	radiografía	⒡ 엑스레이 사진
chocar	충돌하다, 부딪치다, 다투다	esguince	⒨ 뒤틀림, 접질림
cicatriz	⒡ 상처, 흉터	traumatólogo	⒨ ⒡ 외상 전문의
renovar	새롭게 하다, 바꾸다, 교환하다, 갱신하다	escayola	⒡ 석고, 회반죽, 석고 붕대
seguro	⒨ 보험, 안전 / 안전한, 확실한	faena	⒡ 육체·정신 노동, 수고
recuperarse	건강을 회복하다, 정상 상태로 돌아가다	y que lo digas	누가 아니래
trágico	비극의, 비극적인	punto	⒨ 점, 지점, 점수, 부분, 바늘땀
peligro	⒨ 위험	sutura	⒡ 봉합, 꿰맴
torcerse	꼬이다, 틀어지다, 삐다	marca	⒡ 소인, 기호, 상표, 흔적, 자국, 득점, 기준
tobillo	⒨ 발목	poste de la luz	⒨ 전주, 전신주, 전봇대
hacer el tonto	바보스럽게 행동하다	costar un ojo de la cara	값이 매우 비싸다, 비용이 많이 들다
soltar	놓다, 놓아주다, 풀다	desgracia	⒡ 불운, 불행, 재난
manillar	⒨ (자전거나 오토바이의) 핸들	levantar cabeza	병에서 회복하다, 쾌차하다
estrellarse	부딪히다, 충돌하다	engordar	살찌다, 비둔해지다
valla	⒡ 담장, 울타리	pastilla	⒡ 알약, 매우 작은 덩이
hacer el indio	우스운 행동·소리를 하다	adelgazar	(몸을) 날씬하게 하다, 가냘프게 하다, 가늘게 하다
urgencias	⒡ pl. 응급실	fiarse	신뢰하다, 믿다
sangrar	피를 흘리다, 배수하다	no quedar de otra	다른 도리가 없다

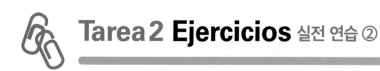

Tarea 2 **Ejercicios** 실전 연습 ②

INSTRUCCIONES

Track 2-2

Usted va a escuchar una conversación entre dos amigos, Pedro y Eva. Indique si los enunciados (7-12) se refieren a Pedro (A), a Eva (B) o a ninguno de los dos (C). Escuchará la conversación dos veces.

Marque las opciones elegidas en la **Hoja de respuestas**.

Ahora tiene 20 segundos para leer los enunciados.

		A PEDRO	B EVA	C NINGUNO DE LOS DOS
0.	Todos los fines de semana se va de tapas con sus amigos.	✓	☐	☐
7.	Siempre está muy ocupado.	☐	☐	☐
8.	Le reprocha que no tenga tiempo.	☐	☐	☐
9.	Lleva mucho tiempo sin ver a una persona.	☐	☐	☐
10.	Le echa en cara que nunca llama.	☐	☐	☐
11.	No quiere ver a alguien.	☐	☐	☐
12.	Le habría gustado quedar donde siempre.	☐	☐	☐

TRANSCRIPCIÓN

20초

HOMBRE	Pero Eva, ¡qué casualidad! ¿qué tal?
MUJER	Sí, el mundo es un pañuelo. ¿Qué haces por aquí?
HOMBRE	Pues nada, he venido a tomarme unas tapitas con unos amigos. Como todos los fines de semana. ¿Y tú?
MUJER	Ay, ¡qué bien vives! Yo he venido a comprar mariscos y verduras. Este finde tengo una fiesta en casa con mis amigas de la universidad.
HOMBRE	Tú tampoco vives nada mal, ¿eh? Oye, hablando de amigos, no estaría mal que un día nos reuniéramos el grupo del instituto. Hace mil años que no hacemos nada juntos.
MUJER	Oye, pues de hecho el sábado voy a ver a Paloma y Lara. ¿Te apuntas?
HOMBRE	Buff... el sábado estoy muy liado.
MUJER	Ya te vale. Mira que eres. Siempre igual. Siempre hablamos de vernos y al final si no es una cosa es la otra.
HOMBRE	Mira, te propongo lo siguiente: habla con ellas para ver si tienen tiempo el próximo fin de semana y si dicen que sí, pues organizamos algo, ¿qué te parece?
MUJER	Venga, por qué no. Pues se lo comento y te mando un WhatsApp.
HOMBRE	Vale, hecho.
MUJER	Sí, y también habría que llamar a Juan, ¿no? Estaría fenomenal que él también viniera. Hace un montón que no hablamos.
HOMBRE	Sí, tú tranquila. De eso me encargo yo. También avisaré a Ricardo.
MUJER	Uff, ¡qué mal me cae ese tío! No lo soporto ni en pintura.
HOMBRE	¡Qué va! Ya verás. Ha cambiado mucho. Desde que terminó con aquella novia que tenía es un trozo de pan.
MUJER	Bueno, anda, si no hay más remedio... ¿Y qué hacemos? ¿Dónde podemos ir?
HOMBRE	¿Y si fuéramos al bar ese donde siempre nos reuníamos? ¡Qué recuerdos! ¿eh?
MUJER	Pues no estaría mal si no fuera porque lo han cerrado. Mejor vamos a una de esas terrazas al aire libre que hay por el centro.
HOMBRE	¡Qué pena! Con lo bien que nos lo pasábamos ahí.
MUJER	Venga, pues primero lo voy a confirmar con las chicas.

10초
반복
10초

Complete ahora la **Hoja de respuestas.**

30초

Tarea 2 · Ejercicios

지시사항

당신은 친구 사이인 페드로와 에바의 대화를 들을 것입니다. (7번부터 12번까지) 문장들이 (A) 페드로, (B) 에바에 대한 내용인지 또는 (C) 둘 다 해당되지 않는지 선택하세요. 대화는 두 번 듣게 됩니다.

선택한 보기를 **답안지**에 표기하세요.

이제 문장들을 읽을 수 있는 20초의 시간이 주어집니다.

		A 페드로	B 에바	C 둘 다 아님
0.	주말마다 친구들과 타파스를 즐기러 다닌다.	✓	☐	☐
7.	항상 매우 바쁘다.	☐	☐	☐
8.	시간이 없는 것을 나무란다.	☐	☐	☐
9.	어떤 사람을 안 본 지 오래되었다.	☐	☐	☐
10.	상대방이 절대 전화를 걸지 않는 것을 비난한다.	☐	☐	☐
11.	누군가를 보고 싶어 하지 않는다.	☐	☐	☐
12.	늘 만나던 곳에서 만나기를 원했을 것이다.	☐	☐	☐

스크립트

20초

남자 에바, 이런 우연이! 어떻게 지내?

여자 그러게, 세상이 정말 좁구나. 여기서 뭐 해?

남자 그냥, 친구들이랑 이곳저곳 다니며 타파스 먹고 있어. 주말에는 늘 그렇듯이. 넌?

여자 이야, 정말 잘 지내고 있구나. 나는 해산물과 채소를 사러 왔어. 이번 주말에 나는 대학교 친구들이랑 집에서 파티를 할 거야.

남자 너도 아주 잘 지내고 있네, 그렇지? 저기, 친구들 얘기가 나와서 말인데, 우리 고등학교 때 친구들 다 같이 모이는 것도 나쁘지 않을 것 같아. 모두 함께 모여서 무언가를 한 것이 정말 오래되었어.

여자 있잖아, 사실 나는 토요일에 팔로마와 라라를 만날 거야. 너도 함께 만날래?

남자 음… 토요일엔 일정이 꽤 복잡한데.

여자 그래. 이것 봐. 넌 정말 항상 이런 식이지. 만나자는 말만 하고 결국에는 이런 일 아니면 저런 일이 늘 있는 거지.

남자 그럼, 내가 이런 제안을 할게. 그 친구들과 다음주 주말에 시간이 되는지 이야기해 봐. 그들이 된다고 하면 뭐라도 하자, 어때?

여자 야, 당연히 그래야지. 그럼 그 친구들에게 이야기하고 네게 와츠앱으로 알릴게.

남자 그래, 알았어.

여자 응. 그리고 후안에게도 전화해야 하지 않을까? 그도 온다면 정말 좋겠다. 이야기를 나눈 지도 정말 오래되었거든.

남자 알겠어, 걱정 마. 그 부분은 내가 책임질게. 리카르도에게도 알릴게.

여자 으, 걔는 정말 너무 싫은데! 나는 그를 극도로 혐오해.

남자 절대 아니야! 너도 보게 될 거야. 그는 많이 변했어. 그때 그 여자친구와 헤어진 후에 그는 아주 다정해졌어.

여자 알겠어, 그럼 어쩔 수 없지… 우리 뭘 할까? 어디에 갈 수 있을까?

남자 우리가 항상 만나던 그 바에 가면 어떨까? 정말 좋은 추억들이 있는데! 안 그래?

여자 그 가게가 문만 닫지 않았더라면 참 좋았을텐데. 차라리 시내 근처에 있는 야외 테라스 중 하나에 가자.

남자 유감이구나! 우린 그곳에서 정말 즐거웠는데.

여자 그럼 우선 친구들에게 확인해 볼게.

10초
반복
10초

답안지를 작성하세요.

30초

 **Tarea 2 · Ejercicios**

Step 3 연습문제 ②의 정답 및 해설을 확인해 보세요.

[정답]

0. A   **7.** A   **8.** B   **9.** B   **10.** C   **11.** B   **12.** A

[해설]

0. Todos los fines de semana se va de tapas con sus amigos. 주말마다 친구들과 타파스를 즐기러 다닌다.

0번 질문에서 볼 수 있는 irse de tapas라는 표현은 여러 장소를 다니며 스페인 전통 요리인 tapas를 즐기는 문화를 의미하는 동사이다. 동의어로는 tapear도 있다. 대화 속에서 Pedro가 'he venido a tomarme unas tapitas con unos amigos. Como todos los fines de semana.'라고 말했으므로, 예시 문제의 정답은 보기 **A** Pedro.

7. Siempre está muy ocupado. 항상 매우 바쁘다.

두 사람 중 항상 매우 바쁜 사람은 누구인지 주의 깊게 들어야 한다. 이미 다른 친구들과 약속을 정한 Eva는 Pedro에게 함께 보자는 제안을 하고, Pedro는 바쁘다고 답했다. 이에 Eva는 'Mira que eres. Siempre igual. Siempre hablamos de vernos y al final si no es una cosa es la otra.'라며 항상 바쁘다고 말하는 Pedro에게 불평을 하고 있다. 정답은 보기 **A** Pedro. 과거분사 liado는 '꼬인, 얽힌'과 '바쁜'의 의미를 동시에 가지며, 동의어로는 atareado, ocupado가 있다.

8. Le reprocha que no tenga tiempo. 시간이 없는 것을 나무란다.

8번 문제는 동사 reprochar를 정확하게 해석해야 하는데, 그 뜻은 regañar, recriminar와 같이 '비난하다, 나무라다'이다. 따라서 시간이 없다는 Pedro에게 'Ya te vale. Mira que eres. Siempre igual.' 등과 같은 표현으로 불평했던 보기 **B** Eva가 정답이 된다. Ya te vale라는 표현은 스페인에서 주로 쓰이며 '너무하다'라는 식의 비난의 의미를 지닌다.

9. Lleva mucho tiempo sin ver a una persona. 어떤 사람을 안 본 지 오래되었다.

이어서 두 사람은 다른 친구들에 대해 이야기하는데, 이때 Juan이라는 친구에 대해 Eva는 'Estaría fenomenal que él también viniera. Hace un montón que no hablamos.'라고 했다. [Hace + 시간 + que ...]의 구조에 '퇴적, 산더미'라는 뜻의 명사 un montón을 써서 '아주 오래된 시간'을 지칭하고 있는데, hace muchísimo tiempo라고 이해해야 한다. 정답은 보기 **B** Eva.

10. Le echa en cara que nunca llama. 상대방이 절대 전화를 걸지 않는 것을 비난한다.

10번 문제에 등장하는 관용 표현 echar en cara의 뜻에 주의하자. 말 그대로 '면전에서 비판하다'라는 의미이므로 전화를 걸지 않는 행동을 못마땅하게 여기는 화자를 찾아야 한다. Pedro가 시간이 없다는 것에 대해 Eva가 비난을 하자, Pedro는 친구들에게 연락해서 주말에 시간이 되는지 이야기해 보자고 말했다. 이에 따라 두 사람의 대화는 다른 친구들에게 연락을 하는 주제로 넘어간다. 이 과정에서 서로에게 전화를 걸지 않는 것에 대해 비난하는 대화는 이루어지지 않는다. 따라서 정답은 보기 **C**.

11. No quiere ver a alguien. 누군가를 보고 싶어 하지 않는다.

Eva는 Juan이라는 친구에게 전화할 것을 원하고 있지만, Pedro가 Ricardo라는 친구에 대해 언급하자 매우 다른 태도를 보인다. 정답의 단서는 Eva의 'Uff, ¡qué mal me cae ese tío! No lo soporto ni en pintura.'라는 말에서 찾을 수 있다. Caer mal이라는 표현에서 이미 답을 알 수 있지만 동시에 no soportar ni en pintura의 관용 표현도 정답을 찾는 데 도움을 준다. No soportar ni en pintura를 직역하자면 '그림으로도 싫다'라는 의미인데, 이는 곧 그 사람이 너무 싫다는 표현이 된다. 이를 통해 Eva는 Ricardo를 보고 싶어 하지 않는다는 것을 짐작할 수 있으므로, 정답은 보기 **B** Eva.

12. Le habría gustado quedar donde siempre. 늘 만나던 곳에서 만나기를 원했을 것이다.

12번 문제에 등장한 habría gustado를 정확하게 해석해야 한다. 이는 '~하면 좋았을 것이다'라는 의미로, 이루어질 수 없거나 이루어지지 않았던 사실에 대한 아쉬움을 드러내는 표현이다. Pedro의 '¿Y si fuéramos al bar ese donde siempre nos reuníamos?'라는 말에서 그들이 즐겨 가던 특정 장소가 있음을 알 수 있는데, 그곳이 더 이상 영업하지 않는다는 소식을 들은 Pedro는 '¡Qué pena! Con lo bien que nos lo pasábamos ahí.'라고 했다. 따라서 정답은 보기 **A** Pedro. 참고로 [con + 형용사 + que...]는 '~했는데도(양보)/~했으므로(원인)'라는 두 가지 뜻으로 쓰인다는 것을 알아 둔다.

Step 4 연습문제 ②의 필수 어휘를 익혀 보세요.

tapa	ⓕ 뚜껑, 덮개, 표지, 안주
reprochar	나무라다, 꾸중하다, 비난하다
echar en cara	면책하다
quedar	약속을 정하다, 남다
casualidad	ⓕ 우연, 우연성
pañuelo	ⓜ 손수건
finde	ⓜ fin de semana(주말)의 줄임말
instituto	ⓜ 단체, 협회, 중·고등학교
de hecho	사실, 실제로, 진심으로
apuntarse	등록되다, 회원이 되다, 참가하다
liado	복잡하게 꼬인, 얽히고설킨, 매우 바쁜
montón	ⓜ 더미, 산적, 상당한 수
encargarse	~에 책임을 지다
caer mal	잘 받지 않다, 좋은 인상이 아니다
soportar	받치다, 참다, 견디다
¡Qué va!	절대로 아니다!
trozo	ⓜ 조각, 단편, 부분
remedio	ⓜ 대책, 방법, 치료
recuerdo	ⓜ 추억, 회상, 기억, 기념품
al aire libre	야외에서, 노천에서
confirmar	확인하다, 확증하다, 확실히 하다

Tarea 3 인터뷰 한 편을 듣고 삼지선다형 문제 풀기

핵심 포인트

- 한 편의 인터뷰 내용을 듣고 6개의 삼지선다형 문제를 풉니다.
- 문제 및 보기의 글자수가 많으므로, 지문을 듣기 전 반드시 미리 읽어야 합니다.
- 지문이 긴 만큼 끝까지 집중력을 유지해서 들어야 합니다.

글의 유형

- 공적, 전문적, 학술적 내용을 다루는 라디오 혹은 TV 인터뷰

빈출 주제

- 일반 개인   의미 있는 업적이나 일화의 주인공
- 전문가   예술인, 스포츠 선수, 기업인 등
- 기타   비영리 단체나 기관의 대표

Tarea 3 완전 공략

⓵ 어떻게 푸나요?

인터뷰 한 편을 듣고 6개의 삼지선다형 문제를 풀어야 합니다. 인터뷰에는 질문을 하는 진행자와 질문을 받는 인터뷰 대상이 등장하며, 인터뷰 대상의 경험, 직업, 인생 등과 관련된 다양한 주제나 에피소드가 나올 수 있습니다. 긴 내용임에도 그 주제가 간단하지 않고 문제와 보기 역시 긴 편이므로 미리 읽어 두는 훈련이 필요하며 고도의 집중력을 요하는 과제입니다. 문제는 인터뷰 내용의 순서에 따라 순차적으로 출제되는 편입니다.

⓶ 고득점 전략

- 지시사항을 반드시 확인하여 듣게 될 내용과 관련된 정보가 있는지 살펴봅니다.
- 1차 듣기 전, 문제를 미리 읽고 관련 어휘를 되새겨 봅니다. 시간이 부족하더라도 읽을 수 있는 만큼 최대한 읽어 둡니다.
- 문제 및 보기에 나온 핵심 어휘와 표현을 시험지에 미리 밑줄 혹은 동그라미 표시해 둡니다.
- 듣기가 시작되면 시험지의 문제를 응시하면서, 정답을 선택하거나 오답을 소거하는 방식으로 최종 정답을 선택합니다.

⓷ 잠깐! 주의하세요

- 지시사항, 문제, 보기를 통해 지문 관련 정보를 최대한 파악합니다. 전문 분야의 글일 경우, 관련 어휘를 미리 읽어 두지 않으면 정답의 단서를 놓치기 쉽습니다.
- 지문이 길기 때문에, 듣기를 모두 마치고 문제를 풀려고 하면 앞에서 들려준 내용은 잊혀집니다. 음성을 들으며 동시에 풀어 가야 합니다.
- 질문을 하는 진행자와 핵심 화자인 인터뷰 대상자로 나뉘는 구조입니다. 하지만 질문을 하는 사람의 말을 거르고 들어서는 안 됩니다. 정답과 연관되는 핵심이 질문 속에 숨어 있을 수 있습니다.
- 매우 형식을 갖춘 대화체일 수 있습니다. 비유법, 반어법, 과장법 등의 기술이 사용되는 대화일 수 있으므로 주의해야 합니다.

Tarea 3 Ejercicios 실전 연습 ①

INSTRUCCIONES

Usted va a escuchar parte de una entrevista a Ignacio Echapresto, un famoso chef español.

Escuchará la entrevista dos veces. Después debe contestar a las preguntas (13-18).

Seleccione la respuesta correcta (a / b / c).

Marque las opciones elegidas en la **Hoja de respuestas**.

Ahora tiene 30 segundos para leer las preguntas.

Track 3-1

PREGUNTAS

13. En la entrevista, el cocinero Ignacio Echapresto dice que comenzó a trabajar en la cocina...

    a   por una enfermedad de su hermano.

    b   porque pidió cambiar de puesto.

    c   debido a una casualidad.

14. El entrevistado dice que cuando cocina piensa en...

    a   innovar.

    b   esmerarse.

    c   no meter la pata.

15. El cocinero cuenta en la entrevista que aprendió a cocinar...

    a   en muchos congresos de cocina.

    b   por sus propios medios.

    c   bajo la dirección de su madre.

16. El entrevistado dice que mientras cocina...

    a   está muy ocupado.

    b   intenta mantener la cocina limpia.

    c   procura no hacer otras cosas

17. Ignacio Echapresto dice que los cocineros hoy en día...

a   gozan de un buen reconocimiento.

b   han contribuido a la relevancia de la cocina.

c   han logrado ser importantes en los medios de comunicación.

18. El cocinero dice que su familia...

a   le critica más que nadie.

b   le exige ser constante.

c   quiere que se esfuerce y no se descuide.

TRANSCRIPCIÓN

30초

MUJER   ¿Por qué te interesaste en la cocina? ¿Qué te llevó a ser chef?

HOMBRE   Las circunstancias. En un principio, cuando abrimos el restaurante, mi papel no era ese. Yo estaba destinado a estar en la sala y atender a los clientes, pero una larga enfermedad cambió los planes y los puestos. Carlos, mi hermano, tuvo que hacerse cargo de mi espacio y yo posteriormente cuando pude incorporarme, el suyo que era la cocina. La cocina no estaba en mis planes, pero a veces el destino hace su trabajo y te depara gratas sorpresas. Yo siempre digo que todos tenemos un don y que algunos tenemos la suerte de descubrirlo.

MUJER   Cuando cocinas, ¿en qué pensás?

HOMBRE   Sinceramente no puedo dejar la mente en blanco, por lo que siempre estoy dando vueltas a cómo introducir novedades o poner en práctica nuevas ideas. Pero pongo toda mi atención en hacer las cosas bien para que, como mínimo, salgan regular. Mi principal objetivo es que la persona que se vaya a comer ese plato lo disfrute, le guste y se le quede un buen recuerdo.

MUJER   ¿Has estudiado en alguna escuela?

HOMBRE   No. Soy cocinero de formación autodidacta y como decía antes, mi maestra fue mi madre. Ella me enseñó mucho y gran parte de lo que he conseguido es gracias a ella. Después, a lo largo de mi carrera, sí me he ido formando en muchos congresos de cocina y varios intercambios en restaurantes de otros colegas. Nuestra profesión como todas, exige estar en constante formación para estar al día de técnicas, productos y tendencias.

MUJER   ¿Y qué hacés mientras cocinas?

HOMBRE   El tiempo en la cocina es muy entretenido, ya que normalmente cuando cocinamos siempre estamos haciendo cosas. Mientras se va cociendo un fondo, o se sofríe una cebolla, todos aprovechamos para hacer otras tareas. Yo suelo aprovechar los tiempos de las preparaciones largas para ir picando los ingredientes de otro plato o para pasar la bayeta, colocar los platos en el lavavajillas o recoger lo que vamos manchando para tener siempre la cocina lista e impecable.

MUJER   ¿Crees que se valora el trabajo de un cocinero?

HOMBRE   Sí. Sin duda. Hoy en día los cocineros estamos muy bien valorados; hasta hay alguno que da las campanadas en Noche Vieja. Pero bromas aparte, hemos conseguido una relevancia social que transciende fuera de nuestras cocinas y eso es importante. Los programas de televisión, y muchos medios de comunicación han contribuido a ello.

MUJER   ¿Qué opina tu familia del gran resultado que has conseguido?

HOMBRE   Están muy contentos y orgullosos. Siempre se agradece ver destacar a la gente a la que quieres. Pero al mismo tiempo, ellos son los más críticos y exigentes para que no me duerma en los laureles. Ser constante es muy importante.

10초
반복
10초

(Adaptado de *http://reporteroescolar.unir.net/2017/mindtalk/noticias/entrevista-a-un-chef-profesional/669800187976*)

Complete ahora la **Hoja de respuestas.**

30초

Step 2 연습문제 ①의 내용을 해석해 보세요.

지시사항

당신은 스페인 출신 유명 요리사 이그나시오 에차프레스토의 인터뷰의 한 부분을 들을 것입니다. 인터뷰는 두 번 듣게 됩니다. 이어서 (13번부터 18번까지) 질문에 답하세요. (a / b / c) 정답을 선택하세요.

선택한 보기를 **답안지**에 표기하세요.

이제 문장들을 읽을 수 있는 20초의 시간이 주어집니다.

문제

13. 인터뷰 내용에서 이그나시오 에차프레스토는 ⋯ 주방에서 요리하기 시작했다고 말했다.

 a   자신의 형제의 병 때문에

 b   직무를 변경하는 것을 요청했기 때문에

 c   우연의 일치로

14. 그는 요리를 할 때에 ⋯를 생각한다고 말했다.

 a   혁신하기

 b   정성 들이기

 c   실수하지 않기

15. 이 요리사는 인터뷰 내용에서 ⋯ 요리를 배웠다고 이야기한다.

 a   많은 요리 대회에서

 b   스스로 터득한 방식으로

 c   어머니의 지휘하에

16. 그는 요리를 하는 동안에 ···(라)고 말했다.

　a　매우 바쁘다

　b　주방을 청결히 유지하려고 노력한다

　c　다른 것을 하지 않으려 노력한다

17. 이그나시오 에차프레스토는 오늘날 요리사들이 ···(라)고 말했다.

　a　좋은 명성을 누린다

　b　요리의 중요성에 기여했다

　c　언론 매체에서 중요한 존재가 되었다

18. 그 요리사는 자신의 가족이 ···(라)고 말했다.

　a　누구보다도 자신을 더 비판한다

　b　꾸준한 자세로 임할 것을 요구한다

　c　노력하고 소홀히 하지 않기를 원한다

스크립트

30초

여자 당신은 왜 요리에 관심을 갖게 되었나요? 무엇이 당신을 요리사가 되게끔 했나요?

남자 주변 상황들이요. 처음에, 식당을 열었을 때에, 제 역할은 그것이 아니었어요. 저는 홀에서 고객들을 응대하는 임무를 맡고 있었는데, 오랜 투병이 계획과 직무를 바꾸어 놓았습니다. 저의 남자 형제인 카를로스는 제 자리를 맡아야만 했고, 후에 제가 다시 투입될 수 있었을 때는, 요리사였던 그의 역할을 담당하게 된 것이죠. 요리라는 것은 제 계획에는 없던 일이었지만, 가끔은 운명이 장난을 치며 기분 좋은 서프라이즈를 내 놓거든요. 전 우리 모두가 특별한 능력을 가지고 있지만 몇몇만이 그 능력을 발견하는 행운을 갖게 된다고 늘 말해요.

여자 당신은 요리할 때, 어떤 생각을 하나요?

남자 사실은 전 머릿속을 비울 수 없어서, 늘 새로운 트렌드를 도입시키거나 새로운 아이디어를 실행에 옮길 방법에 대해 생각을 하고 있죠. 하지만 전 제가 만드는 것이 최소한 중간 정도로는 나오게끔 최대한 집중합니다. 저의 주된 목표는 그 음식을 먹는 사람이 그것을 즐기고, 마음에 들어 하고 좋은 기억으로 남기는 것입니다.

여자 당신은 학교에서 공부를 한 적이 있나요?

남자 아니요. 저는 독학으로 배운 요리사입니다. 그리고 예전에도 말했듯이, 제 스승은 바로 저의 어머니이십니다. 그분은 제게 많은 것을 알려 주셨고 제가 달성해 낸 것의 대부분은 어머니 덕분입니다. 그 다음엔, 제가 지나온 세월 동안 많은 요리 대회에서 배워 나갔고 다른 동료들의 식당에서 서로 교류를 하며 배웠습니다. 우리의 직업은 다른 모든 직업들이 그렇듯 기술, 상품 그리고 경향에 있어서 항상 트렌드에 뒤지지 않기 위해 지속적인 훈련 과정에 있는 것을 요구합니다.

여자 요리를 하는 동안에는 다른 어떤 일을 하나요?

남자 주방에 있는 시간은 무척 즐거운 시간입니다. 왜냐하면 보통 우리가 요리를 할 때에는 늘 다른 무언가를 하고 있기 때문이죠. 국물 요리를 익히는 동안이나, 양파를 볶는 동안, 우리 모두는 다른 일을 하기 위해 시간을 활용합니다. 저는 요리 시간이 긴 경우에는 다른 음식의 재료를 손질하기 위해 시간을 활용하거나 걸레질을 하거나, 식기세척기에 접시를 넣거나 혹은 주방이 늘 준비되고 깨끗한 상태로 유지되도록 음식이 묻은 것을 치우기도 합니다.

여자 당신은 요리사라는 직업의 가치가 높이 평가된다고 생각하시나요?

남자 네. 물론입니다. 오늘날 우리 요리사들은 아주 좋은 대접을 받습니다. 제야의 종을 울리는 사람까지 있지요. 하지만 농담을 떠나서, 우리는 우리의 주방을 넘어서서 확대되는 사회적 중요도를 얻었고 이것은 아주 중요합니다. TV 프로그램이나 많은 언론 매체들이 그렇게 되게끔 기여를 한 것이죠.

여자 당신의 가족은 당신이 일구어 낸 대단한 성과에 대해 어떻게 생각하나요?

남자 그들은 매우 기뻐하고 자랑스러워합니다. 당신이 좋아하는 사람이 잘되는 것을 본다는 건 항상 기쁜 일일 수밖에요. 하지만 동시에 그들은 제가 자만하지 않도록 가장 비판적이고 까다로운 사람이 됩니다. 변함없는 자세를 유지하는 것이 아주 중요한 것이지요.

10초
반복
10초

답안지를 작성하세요.

30초

Step ③ 연습문제 ①의 정답 및 해설을 확인해 보세요.

정답

| 13. c | 14. a | 15. b | 16. b | 17. a | 18. c |

해설

13. 이그나시오가 요리를 시작하게 된 계기가 무엇인지 묻고 있다. 인터뷰 진행자가 그에게 요리에 관심을 갖게 된 동기를 묻자, 그는 'La cocina no estaba en mis planes, pero a veces el destino hace su trabajo y te depara gratas sorpresas.'라고 했다. Destino는 '운, 운명'이라는 뜻으로, 운명적이고 놀라웠다는 그의 답변을 통해 알 수 있는 정답은 보기 c.

함정 피하기 보기 **a**의 경우는 이그나시오 본인이 아니라 그의 enfermedad de su hermano(남자 형제)에게 해당하는 내용이어서 답이 될 수 없으며, 보기 **b**에서 말하는 pedir cambiar(변경을 요청하다)는 내용 역시 이그나시오가 말한 내용과는 다르다.

14. 이그나시오가 요리를 할 때 어떤 생각을 하는지에 대해 묻고 있다. 주의할 점은 인터뷰 진행자인 여성이 동사 pensar의 vos 변형으로 pensás를 쓴다는 것인데, '¿En qué piensas?'라고 이해하면 된다. 이그나시오가 답변한 내용 중 정답과 관련이 있는 핵심 문장은 'siempre estoy dando vueltas a cómo introducir novedades o poner en práctica nuevas ideas.'이다. 새로운 것의 도입과 새로운 아이디어의 실현을 구상하고 있다는 것과 같은 의미의 동사는 innovar이므로, 정답은 보기 **a**. 참고로 보기 **c**의 meter la pata는 equivocarse와 같이 '실수하다'라는 의미이며, 아주 보편적으로 쓰이는 관용 표현이므로 반드시 암기해 두어야 한다.

15. 이 문제는 이그나시오가 요리를 어디서 어떻게 배운 것인지에 대해 언급하는 부분을 잘 듣고 풀어야 한다. 인터뷰 진행자가 학교에서 공부한 적이 있냐고 묻자, 이그나시오는 'Soy cocinero de formación autodidacta y como decía antes, mi maestra fue mi madre.'라고 답했다. Autodidacto(독학의)의 의미를 정확히 알고 이해해야 정답을 찾을 수 있는데, 이 말은 por sus propios medios(자기 자신만의 방법으로)라는 표현과 의미와 유사하다. 따라서 정답은 보기 **b**.

함정 피하기 여기에서 주의할 점은 이그나시오는 'Después, a lo largo de mi carrera, sí me he ido formando en muchos congresos de cocina y varios intercambios en restaurantes de otros colegas.'라고도 했지만, 이는 분명 우선적으로 formación autodidacta를 한 후에 대회나 동료와의 교류 등을 통해서도 배울 수 있었다고 말하는 부분이므로, 보기 **a**는 답이 될 수 없다.

16. 요리를 하는 동안 이그나시오는 어떤 태도를 취하는지를 묻고 있다. 이 문제에서 중요하게 생각해야 할 부분은 mientras cocina, 즉 '요리를 하는 동시에' 어떤 상황이 발생하는지이다. 정답은 이그나시오의 대답 중 'Yo suelo aprovechar los tiempos de las preparaciones largas para ir picando los ingredientes de otro plato o para pasar la bayeta, colocar los platos en el lavavajillas o recoger lo que vamos manchando para tener siempre la cocina lista e impecable.'에서 찾을 수 있다. 이그나시오는 요리를 하는 긴 시간 동안 다른 여러 가지 일을 한다고 말했다. 그중에서도 중요한 것은 '걸레질하기, 식기세척기에 그릇 정리하기 혹은 더럽혀진 것을 치우기' 등이 해당되며, 그러한 행동들은 주방을 항상 '준비되고 깨끗한 상태'로 유지하기 위함이라고 했다. '무결점의, 깨끗한'이라는 뜻의 형용사 impecable가 결정적인 단서 역할을 하고 있다. 정답은 보기 b.

17. 오늘날 요리사들의 직업적 가치에 대해 이그나시오는 어떻게 생각하는지를 묻고 있다. 인터뷰를 진행하는 여자가 요리사라는 직업의 가치가 높이 평가된다고 생각하는지를 묻자, 이그나시오는 'Hoy en día los cocineros estamos muy bien valorados; hasta hay alguno que da las campanadas en Noche Vieja.'라며 동의한다. 따라서 정답은 보기 a.

함정 피하기 보기 b는 '요리의 중요성'에 대해 언급했으므로 답이 될 수 없다. 또한 보기 c의 경우에도 '요리사들이 언론 매체에서 부각된다'라고 했는데, 인터뷰 내용에서 주인공은 'Los programas de televisión, y muchos medios de comunicación han contribuido a ello.' 즉, 요리사들이 그러한 활약을 하는 데에는 언론 매체들이 기여했다고 말했으므로 같은 표현이 아니다.

18. 이그나시오가 가족에 관해 이야기하는 부분을 잘 들어야 한다. 남자는 그의 가족들이 자신의 성과에 대해 'Están muy contentos y orgullosos. ...ellos son los más críticos y exigentes para que no me duerma en los laureles.'한다고 언급한다. 이는 그의 가족들이 그가 변함없는 자세를 유지하고, dormirse en los laureres(얻은 명예에 만족하며 안주하다)하지 않게끔 옆에서 유심히 관심을 가진다는 뜻이다. 따라서 정답은 보기 c.

함정 피하기 이그나시오는 'Ser constante es muy importante.'라는 문장으로 이 인터뷰를 마치고 있지만, 이 문장은 본인의 생각을 표현한 것일 뿐, 가족들이 요구하는 부분이라고 말한 것이 아니므로 보기 b는 답이 될 수 없다. 또한, 정답 문장에서 그는 'son los más críticos'라는 표현을 사용하며 그의 가족들이 '비판적'이라고 말하고 있는데, 이 내용을 정확하게 이해하지 못한다면 보기 a를 정답으로 선택할 수 있으니 주의가 필요하다. 이그나시오의 가족들은 그가 para que no me duerma en los aureles(얻은 명예에 만족하며 안주하지 않게끔) 비판적인 자세를 취한다고 했는데, 보기 a는 이그나시오가 하는 모든 일에 대해 그 누구보다 앞장서서 가족들이 비판한다고 했으므로 오답이다.

innovar	개혁하다, 혁신하다	intercambio	ⓜ 교환, 교역, 무역
esmerarse	정성들이다, 애쓰다	estar al día	시세에 뒤지지 않다
meter la pata	실수하다	tendencia	ⓕ 경향, 풍조, 추세, 트렌드
dirección	ⓕ 방향, 방위, 지도, 지휘	entretenido	즐거운
procurar	~하려고 노력하다, 애쓰다	fondo	ⓜ 밑바닥, 배경, 자산, 자금, 국물 요리
gozar de	~을 즐기다, 누리다	sofreír	기름에 살짝 튀기다
reconocimiento	ⓜ 식별, 인식, 인지	picar	찌르다, 물다, 쏘다, 잘게 썰다, 따끔 따끔하게 아프다
relevancia	ⓕ 걸출, 우수성, 중요성	ingrediente	ⓜ 재료, 원료
descuidarse	주의를 기울이지 않다	bayeta	ⓕ 물행주, 걸레
destinado a	~을 할당받은	lavavajillas	ⓜ 식기세척기
atender	대접하다, 돌보다, 수락하다, 전화를 받다	manchar	얼룩을 묻히다, 더럽히다
hacerse cargo	담당하다, 인수하다	impecable	죄 없는, 흠 없는, 완벽한
deparar	주다, 공급하다, 앞에 놓다	campanada	ⓕ 종소리, 종을 침, 타종
grato	즐거운, 기쁜, 마음에 드는	Noche Vieja	ⓕ 제야
don	ⓜ 선물, 은총, 자비	aparte	별도로, 따로
dejar la mente en blanco	마음을 비워 두다	transcender	폭로되다, 퍼지다, 확대되다
dar vueltas	주변을 돌다, 이 생각 저 생각하다	destacar	강조하다, 빼어나다
novedad	ⓕ 새로움, 참신함, 변화	laurel	ⓜ 월계수, 월계관, 명예, 영광
poner en práctica	실천하다	dormirse en los laureles	얻은 명예에 만족하다
autodidacto	ⓜ ⓕ 독학자 / 독학의		

Tarea 3 Ejercicios 실전 연습 ②

Step 1 공략에 따라 **Tarea 3** 연습문제 ②를 풀어 보세요.

INSTRUCCIONES

Usted va a escuchar parte de una entrevista a Miquel Silvestre, un escritor y aventurero.
Escuchará la entrevista dos veces. Después debe contestar a las preguntas (13-18).
Seleccione la respuesta correcta (a / b / c).

Marque las opciones elegidas en la **Hoja de respuestas**.

Ahora tiene 30 segundos para leer las preguntas.

Track 3-2

PREGUNTAS

13. En la entrevista, el escritor Miquel Silvestre dice que dejó su trabajo...

   a porque tenía claro el argumento para su próxima novela.

   b para tomarse un descanso y escribir un libro.

   c para dar la vuelta al mundo en moto.

14. El entrevistado dice sobre las motos que...

   a tenía que mentir a su madre para que le dejara montar.

   b aprendió a montar gracias a su padre.

   c estuvieron siempre presentes en su niñez.

15. El escritor dice sobre la pobreza que...

   a es algo inaceptable.

   b en realidad, es lo normal.

   c no la puede tolerar.

16. Miquel Silvestre dice que necesita escribir...

   a   para hacer una nueva serie de televisión.

   b   para hablar de la realidad de los extranjeros.

   c   porque no puede dejarlo.

17. El escritor dice que pasó mucho miedo...

   a   cuando enfermó gravemente en Sudáfrica.

   b   en un accidente de moto en Namibia.

   c   pensando que le podrían secuestrar en Mauritania.

18. Sobre la serie de televisión, el entrevistado dice que...

   a   se inspiró en un libro sobre su vida.

   b   la hace a su manera.

   c   la financia con su dinero.

[TRANSCRIPCIÓN]

30초

MUJER Miquel, antes trabajabas como registrador de la propiedad. ¿Por qué decides abandonar un tipo de vida estable y lanzarte a recorrer continentes?

HOMBRE No lo decidí así. Ni por asomo se me pasó por la cabeza dejar el despacho para dar la vuelta al mundo en moto. Iba a ser un año sabático dedicado exclusivamente a crear una gran novela. Pensé que mientras aparecía en mi mente el argumento para mi gran novela, podría invertir parte de mi año sabático en viajar sobre una motocicleta y escribir sobre viajes.

MUJER ¿Por qué en moto?

HOMBRE Libros y motos están mezclados en mi infancia de modo indistinguible. Mi padre siempre tuvo motos. Las motos estuvieron ahí, de modo natural, sin darles importancia. Jamás tuve que engañar o convencer a mi madre para que me dejara montar. Mi padre me enseñó a no temerlas ni tampoco a adorarlas.

MUJER ¿Cuál es la cosa más importante que aprendiste en tus aventuras?

HOMBRE Lo primero que comprobé es que lo que yo creía que era lo normal no lo era. El 80% de la población es pobre. Lo que nosotros consideramos pobreza es la normalidad del mundo. Nosotros creemos que nuestro exceso de confort es lo normal, pero es una anomalía. El resto mayoritario de la humanidad vive en condiciones que se nos harían intolerables.

MUJER ¿Por qué escribes?

HOMBRE En el fondo, todo se resume a escribir. A mi afán, pasión y necesidad de escribir. No puedo renunciar a ello del mismo modo que no podría renunciar a respirar. Por eso salgo otra vez rumbo al Cáucaso. No tanto para hacer una serie de televisión, algo simplemente divertido, sino para escribir un nuevo libro. Porque lo que necesito es escribir de lo que mejor sé: de la realidad observada con los ojos de un extranjero.

MUJER ¿Y cuál fue la situación en la que te dijiste "de esta no salgo"?

HOMBRE Ha habido algunas. No demasiadas, pero recuerdo haberme quedado sin agua y con la moto encallada en arena en Namibia, haber enfermado en Sudáfrica y no saber exactamente si era grave o no, o cuando más miedo he pasado, que fue en Mauritania. Me quedé sin gasolina justo en la zona donde habían secuestrado a tres españoles. Pensé que podía pasarme lo mismo, afortunadamente pude salir con algo de ingenio y agilidad de reflejos.

MUJER   ¿Cómo fue la experiencia de hacer una serie para la televisión?

HOMBRE   Hacer una serie de televisión es una de las cosas más divertidas y apasionantes que me han pasado. Es como escribir un libro con pedacitos de vida. Tengo el privilegio de que Diario de un Nómada sea un proyecto completamente personal. No tengo un director que me diga cómo actuar, qué decir o qué temas tratar. Yo consigo el dinero y yo controlo todo el proceso desde la planificación de la ruta al montaje de los capítulos.

10초
반복
10초

(Adaptado de *https://www.liligo.es/magazine-viajes/entrevista-miquel-silvestre-un-nomada-sobre-ruedas-74074.html*)

Complete ahora la **Hoja de respuestas.**

30초

Step 2 연습문제 ②의 내용을 해석해 보세요.

지시사항

당신은 작가이자 모험가인 미켈 실베스트레의 인터뷰의 한 부분을 들을 것입니다. 인터뷰는 두 번 듣게 됩니다. 이어서 (13번부터 18번까지) 질문에 답하세요. (a / b / c) 정답을 선택하세요.

선택한 보기를 **답안지**에 표기하세요.

이제 문제를 읽을 수 있는 시간을 30초간 갖게 됩니다.

문제

13. 인터뷰에서, 작가 미켈 실베스트레는 … 자신의 직업을 그만두었다고 말했다.

  a 자신의 후속 소설을 위한 시나리오를 확실하게 구상하고 있었기 때문에

  b 한 번의 휴식을 취하며 책을 쓰기 위해

  c 오토바이로 세계 일주를 하기 위해

14. 미켈은 오토바이에 대해 …(라)고 말했다.

  a 어머니가 그에게 오토바이를 타도록 허락하게끔 거짓말을 해야 했다

  b 아버지 덕분에 오토바이 타는 것을 배웠다

  c 그의 유년기에 늘 존재했었다

15. 이 작가는 가난에 대해 …(라)고 말했다.

  a 그것은 받아들일 수 없는 무언가

  b 사실은 정상적인 것이다

  c 그것을 참을 수 없다

16. 미켈 실베스트레는 … 글쓰기를 해야 한다고 말했다.

  a 텔레비전 프로그램을 만들기 위하여

  b 외국인들의 현실에 대해 말하기 위하여

  c 그만둘 수 없기 때문에

17. 그 작가는 … 아주 큰 두려움을 느꼈다고 말했다.

  a 남아프리카에서 심각한 병을 앓았을 때

  b 나미비아에서 오토바이 사고를 겪었을 때

  c 모리타니아에서 납치를 당할 수 있다고 생각했을 때

18. 텔레비전 프로그램에 대해, 그는 …(라)고 말했다.

  a 자신의 인생에 관한 책에서 영감을 얻었다

  b 자신만의 방식으로 프로그램을 제작한다

  c 자신의 돈으로 제작 비용을 조달한다

스크립트

30초

여자 미켈, 당신은 전에 등기서 기록원으로 일했었죠. 그런데 왜 그런 안정적인 삶의 방식을 버리고 대륙을 횡단하는 모험으로 뛰어들게 된 건가요?

남자 제가 그런 결정을 한 것이 아닙니다. 저는 사무실을 떠나 오토바이로 세계 일주를 하려는 생각이 전혀 없었어요. 안식년은 오로지 작품을 쓰기 위해서만 할애할 생각이었습니다. 제 위대한 작품을 위한 시나리오가 머릿속에 있었기 때문에, 그 안식년의 일부를 오토바이를 타고 여행을 하며 여행에 관해 글을 쓰는 것에 써도 좋다고 생각했던 것입니다.

여자 왜 오토바이죠?

남자 책과 오토바이는 저의 어린 시절에 뗄 수 없는 방식으로 함께 섞여 있었습니다. 저의 아버지는 늘 오토바이를 가지고 계셨죠. 아주 자연스럽게, 의미를 부여하지 않고도 오토바이는 그저 늘 그곳에 있었어요. 전 제가 오토바이를 탈 수 있게끔 저의 어머니를 속이거나 설득시켜야 할 필요가 없었습니다. 제 아버지는 오토바이를 두려워하지 않되 그렇다고 너무 좋아하지도 않도록 제게 가르쳐 주셨습니다.

여자 당신의 모험들을 통해서 당신이 배운 것 중 가장 중요한 것은 무엇인가요?

남자 제가 가장 먼저 확인할 수 있었던 것은 바로, 제가 정상이라고 생각했던 것은 사실 정상이 아니었다는 것입니다. 전체 인구의 80%는 빈곤층이에요. 우리가 빈곤이라고 여기는 것이 사실은 이 세상에서는 정상인 것이죠. 우리는 쾌적한 설비의 과잉이 정상이라고 여기지만 사실 그것이 오히려 이례적인 것입니다. 인류의 대다수는 우리가 견딜 수도 없을 만한 조건에서 살고 있습니다.

여자 당신이 글을 쓰는 이유는 무엇인가요?

남자 사실 모든 것이 저술하는 것으로 요약됩니다. 저의 욕구, 열정 그리고 글을 써야 하는 필요성인 것이죠. 제가 숨을 쉬는 것을 멈출 수 없는 것처럼 저는 그것을 멈출 수 없어요. 그래서 저는 다시 한번 카우카소를 향해 출발합니다. 단지 흥미를 위해 TV 프로그램을 제작하기 위한 것이 아니라, 새로운 책을 쓰기 위함입니다. 왜냐하면 제가 필요한 것은 제가 가장 잘 아는 것에 대해서 쓰는 것이기 때문입니다. 그것은 바로 외국인의 눈으로 바라본 현실인 것입니다.

여자 그렇다면 어떤 상황에서 당신은 '이번엔 정말 망했구나.'라는 생각을 했나요?

남자 몇몇 상황들이 있었습니다. 지나치게 많은 건 아니었지만 나미비아에서 물도 없이 그리고 오토바이는 모래사장에 좌초한 채로 있었던 기억, 남아프리카에서 병이 들었는데 그것이 정확히 위중한 것인지 아닌지조차 몰랐던 적, 그리고 가장 크게 두려웠던 것은 마우리타니아에서의 기억이 있네요. 그때 저는 일전에 3명의 스페인 사람들이 납치되었던 바로 그 지점에서 기름이 떨어져 버렸습니다. 저는 저에게도 같은 일이 일어날 수 있을 것이라고 생각했었는데, 다행히도 기지를 발휘하고 민첩한 반사 작용을 가지고 헤쳐 나올 수 있었습니다.

여자 TV 프로그램을 제작하는 것은 어떤 경험이었나요?

남자   TV 프로그램을 만드는 것은 저에게 있었던 일 중 가장 재미있고 열정을 느낀 일 중 하나입니다. 그것은 마치 인생의 조각들을 가지고 책을 쓰는 것과도 같았습니다. 저는 '유목민의 일기'가 완전히 개인적인 프로젝트인 것에 대한 특권을 가지고 있습니다. 어떻게 연출할지, 어떤 말을 할지 혹은 어떤 주제를 다룰지에 대해 제게 말하는 감독은 없습니다. 돈을 구한 다음, 경로의 기획부터 에피소드들의 편집까지 모든 것을 제가 직접 감독합니다.

10초
반복
10초

답안지를 작성하세요.

30초

Step **3** 연습문제 ②의 정답 및 해설을 확인해 보세요.

정답

13. b　　**14.** c　　**15.** b　　**16.** c　　**17.** c　　**18.** b

해설

13.
인터뷰 첫 부분에서 여자는 작가에게 '¿Por qué decides abandonar un tipo de vida estable y lanzarte a recorrer continentes?'라고 질문하는데, 이 문장에서 lanzarse는 어떠한 일에 '뛰어들다' 혹은 '시작하다'로 해석해야 한다. 일을 그만두게 된 이유에 대한 질문을 받은 미켈은 'Ni por asomo se me pasó por la cabeza dejar el despacho para dar la vuelta al mundo en moto. Iba a ser un año sabático dedicado exclusivamente a crear una gran novela.'라고 대답했다. 여기에서의 핵심은 iba a ser, 즉 '~할 예정이었다'라는 표현을 사용하여 '소설을 쓰기 위해 안식년을 보내려고 한 것이었다.'라고 말한 부분이다. 따라서 정답은 보기 **b**.

함정 피하기 보기 **c**에서 말하는 내용인 '오토바이로 세계 일주를 하기 위함'은 작가가 원래 의도했던 것이 아니기 때문에 오답이다.

14.
대화 내용 중 미켈이 오토바이에 대해 말하는 구간을 정확히 들어야 한다. 미켈이 'Libros y motos están mezclados en mi infancia de modo indistinguible. ...Las motos estuvieron ahí, de modo natural, sin darles importancia.'라고 한 내용에 따라 정답은 보기 **c**.

함정 피하기 이어지는 문장인 'Jamás tuve que engañar o convencer a mi madre para que me dejara montar.'를 들어 보면 보기 **a**가 답이 아니라는 것을 알 수 있다. 동사 engañar와 mentir가 의미상 유사하다는 것을 알아야 한다. 그리고 'Mi padre me enseñó a no temerlas ni tampoco a adorarlas.' 문장을 보면 미켈의 아버지는 미켈에게 '오토바이를 두려워하지 않되 그렇다고 너무 좋아하지도 않도록 가르쳐 주었다'고 말하는데, 이는 보기 **b**에서 언급하듯 '아버지 덕분에 오토바이를 타게 되었다'는 사실이 되지 않으므로 오답이다.

15.
Pobreza(가난, 빈곤)에 관한 작가의 말에 집중해야 한다. 작가는 'El 80% de la población es pobre. Lo que nosotros consideramos pobreza es la normalidad del mundo.'라고 말했는데, 이는 가난이 사실은 정상적인 것이라는 의미이므로 정답은 **b**.

함정 피하기 보기 **a**나 **c**의 경우는 aceptar나 tolerar를 할 수 없다고 했으므로, 정답이 될 수 없다.

작가가 글쓰기를 하는 이유가 무엇인지를 묻고 있다. 대화 중반부에서 인터뷰 진행자는 '¿Por qué escribes?'라며 주인공에게 글을 쓰는 이유에 대해 묻고 있는데, 이에 대해 작가는 'No puedo renunciar a ello del mismo modo que no podría renunciar a respirar.'라고 답했다. 따라서 정답은 보기 c.

16. **함정 피하기** 보기 **b**의 경우, '외국인들의 현실에 대해 말하기 위하여'라고 하지만 대화에서 미켈이 언급한 내용은 '외국인의 눈으로 본 현실을 전하는 것'이므로 답이 될 수 없다.

작가가 pasar mucho miedo 했던 경험에 대해 말하는 구간을 주의하며 들어야 한다. 인터뷰 진행자의 질문이 재미있는데, '¿Y cuál fue la situación en la que te dijiste "de esta no salgo"?'라고 묻고 있다. 빠져나갈 출구가 없는 상황, 즉 매우 곤란한 상황에 처한 경험을 묻는 것이다. 이에 대해 작가는 남아프리카나 나미비아에서의 경험에 대해 먼저 언급하지만 'cuando más miedo he pasado, que fue en Mauritania'라고 하며 모리타니아에서의 경험이 가장 공포스러웠다고 했다. 일전에 세 명의 스페인 사람이 납치되었던 곳이라는 것을 알고 있었던 상황이어서 자신에게도 같은 일이 일어날까 봐 더욱 두려웠던 것이다. 따라서

17. 정답은 보기 **c**.

텔레비전 프로그램에 대해 작가가 어떻게 말하고 있는지를 묻고 있다. 대화의 마지막 부분에서 두 사람은 TV 프로그램 제작에 대한 이야기를 하고 있는데, 미켈은 'No tengo un director que me diga cómo actuar, qué decir o qué temas tratar. Yo consigo el dinero y yo controlo todo el proceso desde la planificación de la ruta al montaje de los capítulos.'라고 했다. 즉, 다른 간섭하는 사람 없이 본인이 원하는 방식으로 프로그램을 제작한다는 의미이므로 정답은 보기 **b**. A mí manera, a tu manera, a su manera는 '자기만의 방식으로, 원하는 대로'라고 해석해야 한다.

18. **함정 피하기** 미켈은 'Es como escribir un libro con pedacitos de vida.'라고 하며 TV 프로그램을 만드는 것을 책을 쓰는 것에 비유하고 있는데, 보기 **a**는 이와 관련된 함정이므로 주의해야 한다. 보기 **c** 역시 함정으로, 미켈은 conseguir dinero, 즉 '(다른 곳에서) 제작 비용을 구한다'라고 했으므로 **c**는 답이 될 수 없다.

Step 4 연습문제 ②의 필수 어휘를 익혀 보세요.

aventurero	모험적인, 대담한
argumento	ⓜ 의견, 줄거리, 구상, 각색
niñez	ⓕ 유년기, 어린 시절
pobreza	ⓕ 가난, 빈곤, 결핍, 빈약, 부족
inaceptable	수락(승낙)할 수 없는, 받아들일 수 없는
tolerar	인내하다, 참다, 묵인하다, 용서하다
serie	ⓕ 연속, 연속극, 연속 드라마
gravemente	심각하게, 중대하게
secuestrar	유괴하다, 납치하다
inspirarse en	불어넣다, 고취하다, 영감을 주다
financiar	원조하다, 출자하다, 돈을 내다
registrador	ⓜ 등기소 직원 / 기록하는
propiedad	ⓕ 소유지, 부동산, 재산, 속성, 특성
estable	고정된, 안정된, 견실한, 고른
lanzarse	뛰어들다, 돌진하다, 시작하다
ni por asomo	조금도, 전혀
pasársele algo por la cabeza	머리에 스치다
sabático	토요일의, 휴식, 안식년
invertir	투자하다, 역전시키다
indistinguible	식별할 수 없는, 불분명한
engañar	속이다, 사기하다
adorar	경배하다, 사모하다
normalidad	ⓕ 정상
exceso	ⓜ 과다, 과잉, 초과
confort	ⓜ 쾌적한 설비
anomalía	ⓕ 변칙, 이상, 이례, 불규칙
resto	ⓜ 나머지, 잔여, 잔액
resumir	요약하다, 간추리다
afán	ⓜ 열심, 의욕, 노고, 야망
renunciar	체념하다, 포기하다
rumbo	ⓜ 방향, 진로

encallado	좌초된, 좌절한
ingenio	ⓜ 재능, 독창력, 재치, 기지
agilidad	ⓕ 민첩함, 재간
reflejo	ⓜ 반영, 반사 작용
pedazo	ⓜ 조각, 토막, 단편
privilegio	ⓜ 특권, 특허
planificación	ⓕ 설계, 계획, 기획
ruta	ⓕ 길, 경로, 여정
montaje	ⓜ 조립, 설치, 몽타주

Tarea 4 6명이 말하는 내용과 부합하는 문장 선택하기

핵심 포인트

- 6명의 사람들이 한 가지 주제에 대해 각자의 경험, 생각, 의견 등을 말합니다.
- 각 사람의 진술 내용에 부합하는 보기 문장을 선택합니다.
- 말하는 사람 간에 서로 구별점이 되는 내용 및 특별히 강조하는 부분에 유의합니다.

글의 유형

- 전문 분야 혹은 학술적 분야에 있어서의 화자의 경험을 서술하거나 평가, 의견, 조언 등을 표현하는 짧은 독백 혹은 대화 내용

빈출 주제

- 비격식적 성격의 글   독백 혹은 대화 등
- 공통 주제 관련 글   경험담, 주장, 조언 등
- 기타   특정 분야 에피소드 및 인물의 발언

Tarea 4 완전 공략

1 어떻게 푸나요?

다른 과제와 달리 예시를 우선 듣게 되며, 시험지에는 이미 답으로 연결된 하나의 보기가 있습니다. 실제 시험에서는 지시사항과 함께 소개되는 이 예시는 굳이 들을 필요가 없으므로, 10개 문장 중 예시와 연결된 보기를 제거한 뒤, 남은 9개의 보기를 미리 정확히 읽고 요약해 둡니다. 6명이 말하는 경험이나 생각을 잘 듣고, 9개의 보기 중 연결될 6개의 내용을 선택해야 합니다.

2 고득점 전략

- 지시사항을 먼저 읽으며 말하는 사람과 관련된 정보나 말하는 내용에 관한 정보가 있는지 파악합니다.
- 예시와 연결된 문장을 제거한 9개의 보기 문장을 분석하며 중요한 핵심 단어들은 시험지에 표기해 둡니다.
- 1차 듣기에서 각 사람이 말하는 내용을 듣는 동시에, 보기 문장을 눈으로 훑어 가며 답안을 선택합니다.

3 잠깐! 주의하세요

- 예시는 굳이 듣지 않아도 됩니다. 곧바로 9개의 보기 문장 분석을 시작하도록 합니다.
- 보기 문장이 짧을수록 더 신중히 해석하고 요약해 두어야 합니다. 각 보기 문장의 핵심이 무엇인지 정확한 파악이 관건입니다.
- 보기 하나를 잘못 연결하기 시작하면 다른 문제들까지 연쇄적으로 오답을 고를 위험이 있습니다. 각 사람의 진술을 들을 때 앞서 이미 선택한 문장도 완전히 배제하지 말고 고려해 풀어야 합니다. 필요한 경우 앞에서 이미 선택한 답안을 수정해 가며 풉니다.

Tarea 4 **Ejercicios** 실전 연습 ①

INSTRUCCIONES

Usted va a escuchar a seis personas que dan consejos para buscar trabajo. Escuchará a cada persona dos veces. Seleccione el enunciado (A-J) que corresponde al tema del que habla cada persona (19-24). Hay diez enunciados incluido el ejemplo. Seleccione solamente seis.

Track 4-1

Marque las opciones elegidas en la **Hoja de respuestas**.

Ahora escuche el ejemplo:

Persona 0

La opción correcta es el enunciado **G**.

Ahora tiene 20 segundos para leer los enunciados.

ENUNCIADOS

A.	Aprender a gestionar el rechazo
B.	Usar las redes sociales
C.	Tener un buen currículo
D.	Enfocarse en un objetivo
E.	Confiar en sí mismo
F.	Preparar bien las entrevistas
G.	Postularse a puestos adecuados
H.	Analizar el mercado laboral
I.	Desarrollar una marca personal
J.	Mejorar las habilidades

	PERSONA	ENUNCIADO
0.	Persona 0	G
19.	Persona 1	
20.	Persona 2	
21.	Persona 3	
22.	Persona 4	
23.	Persona 5	
24.	Persona 6	

Tarea 4 · **Ejercicios**

Persona 0	Mira, te recomiendo que, para empezar, te enfoques en aquello para lo que estás preparado por el simple hecho de que ahorrarás tiempo tanto para ti, como para las empresas. Si te enfocas en tu sector, y en ofertas que se adapten a tu perfil es más probable que te contraten. Yo que tú, me centraría en eso.
	30초
Persona 1	Lo primero que debes hacer para comenzar a buscar trabajo es tener claro lo que quieres y centrarte en ello. Para muchas personas el hecho de no tener trabajo puede causarles estrés y desesperación, pero es necesario que mantengas la calma. En lugar de comenzar a postularte a cientos de ofertas de empleo, ten muy claro qué es lo que buscas.
	5초 반복 10초
Persona 2	¿Sabías que no hay nada más atractivo para un reclutador que un profesional que crea en sí mismo y en sus capacidades? Por eso, un consejo valioso, que es de gran utilidad al momento de salir a buscar empleo es trabajar en tu seguridad y, para ello, podés apoyarte en blogs o libros sobre autoconfianza, vídeos en YouTube sobre coaching o charlas motivacionales.
	5초 반복 10초
Persona 3	Antes de enviar tu currículum, te recomiendo que, para empezar, compruebes qué perfiles son los más demandados por las empresas. La base es que, partiendo de tus conocimientos y experiencia, esto te servirá para descubrir si encajas, qué necesidades tienen, qué nuevas habilidades puedes adquirir, si puedes evolucionar profesionalmente.
	5초 반복 10초
Persona 4	Te advierto que la primera impresión que tengan de ti es importante. Debes convencer a un empleador que te contrate, por ello, es importante que evites improvisar. Tómate el tiempo de investigar un poco sobre la cultura de la empresa y su código de vestimenta. Llega a la cita con cierta antelación y una copia impresa de tu currículo bajo el brazo.
	5초 반복 10초

Persona 5	Estar en búsqueda de empleo no significa que tengas que dejar a un lado tu formación profesional. Es importante que aproveches tu disponibilidad para prepararte y obtener más conocimientos que te hagan destacar en el mercado laboral. Te recomiendo que te apuntes a cursos de formación o cursos presenciales o en línea para mantener tu conocimiento actualizado. 5초 반복 10초
Persona 6	Los perfiles muy cualificados están demandados, pero ¿sabías que esto no significa que los técnicos de selección se vayan con el primer candidato que encuentren? Aparte del perfil técnico adecuado también debes tener unos valores integrados y una determinada forma de actuar. Lo que puede suponer que a veces encajes a nivel técnico en el perfil, pero no en todos los aspectos con la empresa. No te tomes eso como algo personal. 5초 반복 10초

Complete ahora la **Hoja de respuestas.**

30초

Step 2 연습문제 ①의 내용을 해석해 보세요.

지시사항

당신은 여섯 명의 사람들이 말하는 일자리를 찾기 위한 조언을 들을 것입니다. 각 사람의 말을 두 번씩 듣게 됩니다. (19번부터 24번까지) 각 사람이 말하는 주제에 연관되는 (A부터 J까지) 문장을 선택하세요. 예시를 포함한 10개의 문장이 있습니다. 여섯 개만 선택하세요.

선택한 보기를 **답안지**에 표기하세요.

이제 예시를 듣습니다.

사람 **0**

정답과 관련된 문장은 **G**입니다.

이제 보기를 읽을 시간 20초가 주어집니다.

문장

A.	거부당함을 잘 다스리도록 터득하기
B.	SNS를 활용하기
C.	좋은 이력서를 갖추기
D.	한 가지의 목표에 집중하기
E.	자기 스스로를 믿기
F.	면접을 잘 준비하기
G.	적합한 일자리에 지원하기
H.	노동 시장을 분석하기
I.	개인 브랜드를 개발하기
J.	능력을 향상시키기

	사람	문장
0.	사람 0	G
19.	사람 1	
20.	사람 2	
21.	사람 3	
22.	사람 4	
23.	사람 5	
24.	사람 6	

스크립트

사람 0	보세요, 저는 일단, 당신이 준비한 것에만 초점을 맞추는 것을 조언하는데, 그것은 당신에게뿐만 아니라 회사에게도 시간을 절약할 수 있는 간단한 방법이기 때문이에요. 당신의 분야와 당신의 프로필에 적합한 일자리에만 초점을 맞춘다면, 취직이 되는 것은 더 가능성이 있을 겁니다. 제가 당신이라면 그런 부분에 중점을 두겠어요. 30초
사람 1	일자리를 찾기 위해 가장 먼저 해야 할 것은 바로 당신이 원하는 것을 분명히 알고 그것에 집중하는 것입니다. 많은 사람들은 일자리가 없다는 사실 때문에 스트레스와 절망감을 느끼지만, 평정심을 유지하는 것이 필요합니다. 수백 가지의 일자리에 지원하는 것 대신, 당신이 정말 찾고 있는 것이 무엇인지를 분명히 하세요. 5초 반복 10초
사람 2	인사 담당자에게는 자기 자신과 자신의 능력에 대한 믿음이 있는 사람보다 더 매력적인 인재는 없다는 것을 알고 있나요? 그렇기에, 일자리를 찾기 시작하는 순간에 매우 유용할 수 있는 아주 중요한 조언을 드리자면 그것은 바로 당신의 자신감을 키우는 것이고, 그렇게 하기 위해서는 자신감에 관한 블로그나 책들 혹은 코칭에 대한 유튜브 영상이나 동기 부여 강연의 도움을 받을 수도 있습니다. 5초 반복 10초
사람 3	이력서를 보내기 전에, 우선, 기업들이 가장 선호하는 프로필이 어떤 것인지 확인해 보기를 권합니다. 이러한 이유는 바로, 당신의 지식과 경험을 바탕으로 당신이 그 일자리에 적합한 인재인지, 그들은 어떤 필요성을 가지고 있는지, 당신이 어떤 새로운 능력을 취득해야 하는지, 또한 당신이 직업적으로 더 진보할 수 있는지를 알아내는 데에 도움이 되기 때문입니다. 5초 반복 10초
사람 4	저는 당신에게 사람들이 당신에게 갖는 첫인상이 중요하다고 주의를 주겠어요. 당신은 한 고용인이 당신을 고용하도록 만들어야 하고, 그렇기 때문에 즉흥적으로 행동하지 않는 것이 중요합니다. 회사의 문화에 대해 조사해 보는 시간을 갖고 그들의 드레스 코드가 있는지 보세요. 면접에는 미리 도착하고 인쇄한 이력서 사본은 반드시 들고 있어야 합니다. 5초 반복 10초

사람 5	일자리를 찾고 있다는 것은 당신의 직업 교육을 제쳐 두어야 한다는 것을 의미하지는 않습니다. 당신을 발전시키고 노동 시장에서 더 부각되어 보일 수 있게 해 주는 지식을 얻는 것에 당신의 여유 시간을 활용하는 것이 중요합니다. 양성 과정 프로그램, 출석하는 수업 혹은 온라인 수업 등에 등록하여 당신의 지식을 업데이트하는 것을 유지할 것을 권합니다.
	5초
	반복
	10초
사람 6	숙련된 인재들이 많이 요구되는 것이 현실이지만, 당신은 인사 담당자들이 그들이 보게 되는 첫 번째 지원자만 뽑지 않는다는 것을 알고 있나요? 적합한 기술을 갖춘 프로필뿐만 아니라 다른 중요한 점들과 특정한 행동 양식들도 갖춰야 한다는 것입니다. 이러한 것이 의미하는 바는 가끔 당신이 프로필 상 기술적으로는 적합한 사람이지만, 그 회사와 모든 부분에서 다 맞지는 않을 수 있다는 것입니다. 그런 것을 너무 사적으로 받아들이지는 말아야 합니다.
	5초
	반복
	10초

답안지를 작성하세요.

30초

Tarea 4 · **Ejercicios**

〔정답〕

0. G   **19.** D   **20.** E   **21.** H   **22.** F   **23.** J   **24.** A

〔해설〕

0.	**Persona 0**	G Postularse a puestos adecuados. 적합한 일자리에 지원하기

예시 문제인 0번의 정답은 보기 G. 해당 인물은 시간 절약을 위해서도, 일자리를 더 수월히 찾기 위해서도 'te enfoques en aquello para lo que estás preparado'할 것을 제안하고 있다. 동사 enfocarse를 사용하여 다른 것에 눈을 돌리는 것이 아니라 정확한 한 가지에 집중을 할 것을 당부하는데, 이어지는 문장 'Si te enfocas en tu sector, y en ofertas que se adapten a tu perfil es más probable que te contraten.'에서도 역시 '당신의 관련 분야와 당신의 프로필에 맞는 일자리'에 집중할 것을 당부하고 있다. 정답 보기 **G**에서 언급하는 바 역시 puestos adecuados(적합한 일자리)에 지원하는 것으로, 두 내용 사이의 연결성이 있다.

19.	**Persona 1**	D Enfocarse en un objetivo. 한 가지의 목표에 집중하기

1번 사람이 말하는 첫 문장에서 'tener claro lo que quieres y centrarte en ello.'라고 했고, 마지막 문장에서 'En lugar de comenzar a postularte a cientos de ofertas de empleo, ten muy claro qué es lo que buscas.'라고 했다. 여기서 '확신하다'의 뜻인 tener claro의 표현을 사용하여 lo que buscas를 언급하는데, 이를 다시 말하면 '당신이 정녕 원하는 것, 찾는 것', 즉 objetivo(목표)를 의미한다. 따라서 정답은 **D**.

20.	**Persona 2**	E Confiar en sí mismo. 자기 스스로를 믿기

2번 사람은 첫 문장을 의문문으로 시작하는데, 결론은 'un reclutador que un profesional que crea en sí mismo y en sus capacidades'가 가장 매력적이라는 것. 이 문장만 잘 들어도 정답 보기 **E**를 찾는 것은 어렵지 않다. 이어서 언급한 문장에서도 'trabajar en tu seguridad'이라고 표현하며, 자신감 향상을 위해 여러 방법을 통해 훈련해야 한다고 조언하고 있다. 이 사람은 아르헨티나 특유의 억양과 vos의 용법을 사용하므로 더욱 주의해서 듣고 훈련하자.

21.	**Persona 3**	H Analizar el mercado laboral. 노동 시장을 분석하기

3번 사람의 경우, 이력서를 보내기에 앞서 먼저 신중할 것을 당부하는 문장으로 시작하고 있다. 핵심 문장은 'Te recomiendo que, para empezar, compruebes qué perfiles son los más demandados por las empresas.'로 어떤 인재를 기업들이 노동 시장에서 가장 선호하는지를 먼저 확인하는 것이 중요하다는 뜻이다. 따라서 정답은 보기 **H**. 보기에서 말하는 mercado laboral은 바로 '고용을 하는 업체, 기업, 회사'를 의미하며, 그들의 니즈를 분석을 하는 것이 중요하다는 것이다.

| 22. | Persona 4 | F Preparar bien las entrevistas. 면접을 잘 준비하기 |

4번 사람은 '첫인상'에 대한 언급으로 시작하는데, 주장하는 내용 전체를 들어 보면 그 내용은 면접을 잘 준비하기 위한 지침들과 연관된다. 그 지침은 바로 '기업 문화나 드레스 코드 등에 대해 조사해 보기, 면접 시간 이전에 미리 도착하기, 이력서 사본을 지참하기' 등이며, 이렇게 하는 행동들이 바로 이 사람이 말하는 'es importante que evites improvisar'인 것. Improvisar는 '즉흥으로 무언가를 하다'의 뜻인데, 맥락상 '준비 없이 임하기'로 이해하면 편하다. 정답은 보기 F.

| 23. | Persona 5 | J Mejorar las habilidades. 능력을 향상시키기 |

5번 사람이 말하는 첫 문장에서 가장 먼저 들어야 할 핵심 표현은 바로 'formación profesional'. 이어서 그는 'Te recomiendo que te apuntes a cursos de formación o cursos presenciales o en línea para mantener tu conocimiento actualizado.'라고 했는데, 이는 개인의 능력을 향상시켜 더 경쟁력을 갖추라는 조언이다. 따라서 정답은 보기 J.

| 24. | Persona 6 | A Aprender a gestionar el rechazo. 거부당함을 잘 다스리도록 터득하기 |

6번 인물의 조언 중 가장 중요한 부분은 'Lo que puede suponer que a veces encajes a nivel técnico en el perfil, pero no en todos los aspectos con la empresa. No te tomes eso como algo personal.'의 마지막 두 문장이다. 여기서는 면접을 본 기업에 취업이 안 되었을 경우에 대해 말하고 있다. 이는 정답 보기 A에서 등장하는 명사 rechazo(거부, 거절)와 내용이 연결된다. 보기에서 보이는 동사 gestionar는 주로 어떠한 일이나 업무 등을 '수행하다, 관리하다'라는 의미로 자주 쓰이지만, 이 경우에는 거절당한 상황 자체를 정신적으로 '다스리다'라는 뉘앙스로 쓰이고 있다. 즉, 너무 큰 좌절감을 느끼지 말고 극복하라는 메시지를 담고 있는 것이다.

Step 4 연습문제 ①의 필수 어휘를 익혀 보세요.

gestionar	처리하다, 운영하다, 관리하다
rechazo	ⓜ 거절, 부정, 거부
redes sociales	ⓕ pl. 소셜 네트워크
currículo	ⓜ 이력서, 커리큘럼(=ⓜ currículum)
enfocarse	주의를 집중하다, 초점을 맞추다
postularse	입후보로 나가다
marca	ⓕ 소인, 기호, 상표, 흔적, 자국, 득점, 기준
hecho	ⓜ 행위, 행동, 사실, 사건 / 만들어진
sector	ⓜ 부문, 분야
adaptarse	~에 적응하다, 순응하다
perfil	ⓜ 옆얼굴, 측면도, 프로필
centrarse	중심에 두다, 집중하다
desesperación	ⓕ 절망, 낙심
tener claro	확신하다
reclutador	ⓜ ⓕ 인사 담당자, 헤드헌터
valioso	아름다운, 소중한, 매우 가치 있는(=precioso, hermoso)
utilidad	ⓕ 유용성, 이득, 효용
seguridad	ⓕ 안전, 안전성, 안보, 확신, 자신감
apoyarse	기대다, 의지하다, 의거하다
autoconfianza	ⓕ 자신, 자신감
coaching	개인의 능력을 발휘하여 목표를 이룰 수 있도록 돕는 일
charla	ⓕ 면담, 수다, 강연
motivacional	동기 부여의
comprobar	확인하다, 증명하다
demandado	ⓜ 피고 / 요청되는, 요구되는
base	ⓕ 기초, 기반, 토대, 근거, 이유
partir de	나가다, 출발하다
encajar	적합하다, 일치하다, 부합하다
evolucionar	진보하다, 진화하다
impresión	ⓕ 인상, 느낌, 인쇄, 인쇄물
convencer	납득시키다, 확신시키다, 설득시키다

empleador	ⓜ ⓕ 고용인 / 고용하는
improvisar	즉석에서 하다, 즉흥으로 하다
código	ⓜ 코드, 법규, 부호, 신호표, 암호
vestimenta	ⓕ 의복, 의류
con antelación	미리, 진작
impreso	ⓜ 인쇄물, 용지 / 인쇄된
búsqueda	ⓕ 수색, 탐구, 추구
dejar a un lado	젖혀 놓다, 빠뜨리다, 생략하다
disponibilidad	ⓕ 가용성, 사용권
destacar	강조하다, 빼어나다
presencial	현존하는, 어떤 장소에 있는
cualificado	숙련된, 양질의
valor	ⓜ 가치, 가격
integrado	통합된

INSTRUCCIONES

Usted va a escuchar a seis personas que dan consejos para tener una relación de pareja saludable. Escuchará a cada persona dos veces. Seleccione el enunciado (A-J) que corresponde al tema del que habla cada persona (19-24). Hay diez enunciados incluido el ejemplo. Seleccione solamente seis.

Track 4-2

Marque las opciones elegidas en la **Hoja de respuestas**.

Ahora escuche el ejemplo:

Persona 0

La opción correcta es el enunciado **B**.

Ahora tiene 20 segundos para leer los enunciados.

ENUNCIADOS

A.	No tener celos
B.	Apoyarse el uno al otro
C.	Confiar
D.	Compartir tiempo de calidad
E.	Aprender a comunicarse
F.	Tener consideración
G.	No dejar de cuidar la relación
H.	Evitar reproches
I.	Respetar la libertad del otro
J.	No discutir

	PERSONA	ENUNCIADO
0.	Persona 0	B
19.	Persona 1	
20.	Persona 2	
21.	Persona 3	
22.	Persona 4	
23.	Persona 5	
24.	Persona 6	

[TRANSCRIPCIÓN]

Persona 0	Es muy importante ayudarse cuando uno de los dos se esté enfrentando, o pasando por momentos difíciles. Lo ideal no es agobiar a la pareja que atraviesa un mal momento con consejos, sino más bien acompañar, ayudar y creer en que él o ella, sí está en capacidad de resolver la situación, sea de índole laboral, familiar o financiera. 30초
Persona 1	Yo creo que deberías tener claro que el otro no te pertenece, que el otro es una persona que libremente decide mantener una relación contigo y que, por lo tanto, en cualquier momento es libre de marcharse. La base es aceptar que el otro tiene derecho a tomar las decisiones que quiera, y a elegir qué quiere hacer con su vida. 5초 반복 10초
Persona 2	Yo te diría que el diálogo es lo que permite crear un proyecto de vida en común, en donde es muy importante negociar, ceder y llegar a acuerdos. Esto puede hacer que las discusiones se conviertan en algo constructivo y que unan cada vez más a la pareja, en vez de separarla y crear rencores. 5초 반복 10초
Persona 3	¿Sabías que el terreno en el que más problemas da una comunicación inadecuada es el de las discusiones? Se puede aprender a discutir de una manera constructiva, en la que aportemos nuestro punto de vista con respeto y expliquemos cómo nos estamos sintiendo, sin necesidad de entrar en un círculo vicioso de críticas y acusaciones. No entres en recriminar a la otra persona e ignora si te ataca o cambia de tema. 5초 반복 10초

Persona 4	Está claro que en ocasiones llegamos a tener una vida muy ajetreada y prácticamente la vivimos en piloto automático sin darnos cuenta de lo que está ocurriendo a nuestro alrededor, pero salir algún día a cenar, una escapada de fin de semana o ver vuestra peli favorita con palomitas debería estar entre tus prioridades si tu objetivo es mantener una relación de pareja saludable.
	5초 반복 10초
Persona 5	Al principio de las relaciones solemos mostrar nuestra mejor parte al otro, somos detallistas, le decimos cumplidos y esas cosas. Sin embargo, con el paso del tiempo estos gestos suelen ir disminuyendo hasta que en ocasiones desaparecen. Las relaciones son como las plantas, si no las riegas, mueren. Así que si quieres mantener tu relación fresca y colorida nunca dejes de regarla.
	5초 반복 10초
Persona 6	El respeto en una relación se refleja en cómo se tratan unos a otros a diario. Las faltas de respeto deterioran las relaciones. El respeto es la clave para construir la confianza y mantener relaciones saludables con otras personas a lo largo de tu vida. Lo más importante es valorar los sentimientos y necesidades de tu pareja.
	5초 반복 10초

Complete ahora la **Hoja de respuestas.**

30초

Step 2 연습문제 ②의 내용을 해석해 보세요.

지시사항

당신은 여섯 명의 사람이 말하는 건강한 연인의 관계를 위한 조언을 들을 것입니다. 각 사람의 말을 두 번씩 듣게 됩니다. (19번부터 24번까지) 각 사람이 말하는 주제에 연관되는 (A부터 J까지) 문장을 선택하세요. 예시를 포함한 10개의 문장이 있습니다. 여섯 개만 선택하세요.

선택한 보기를 **답안지**에 표기하세요.

이제 예시를 듣습니다.

사람 0

정답과 관련된 문장은 **B**입니다.

이제 보기를 읽을 시간 20초가 주어집니다.

문장

A.	질투하기 않기
B.	서로가 서로에게 의지하기
C.	신뢰하기
D.	양질의 시간을 함께 보내기
E.	소통하는 법을 배우기
F.	배려심을 갖기
G.	계속해서 관계에 신경 쓰기
H.	비난을 피하기
I.	상대방의 자유를 존중하기
J.	말다툼하지 않기

	사람	문장
0.	사람0	B
19.	사람 1	
20.	사람 2	
21.	사람 3	
22.	사람 4	
23.	사람 5	
24.	사람 6	

스크립트

사람 0	두 사람 중 한 명이 매우 어려운 시기에 직면하고 있거나, 지나고 있을 때에는 서로 도와주는 것이 중요합니다. 가장 이상적인 것은 힘든 시기를 보내고 있는 상대방에게 조언을 하여 괴롭히는 것이 아니라, 함께 있어 주고 도와주며 그 혹은 그녀가 직업, 가족 혹은 재정 문제 그 어떤 것이 되었든 그 상황을 해결할 수 있는 능력이 있다고 믿어 주는 것입니다. 30초
사람 1	상대방이 당신의 소유가 아니라는 것을 분명히 해 두는 것이 필요하다고 생각하는데, 그 상대방은 본인의 자유로 당신과의 관계를 유지할 것을 결정을 하는 사람이며, 그렇기에 언제라도 떠날 자유 또한 있는 것입니다. 기본적인 것은 상대방이 원하는 결정을 내리고 본인의 인생에서 무슨 일을 할지에 대한 선택을 할 권리가 있음을 인정하는 것입니다. 5초 반복 10초
사람 2	제가 말할 수 있는 것은 바로, 공동으로 인생을 설계하려면 협상, 양보, 의견 절충이 잘 되는 대화가 가장 중요하다는 것입니다. 이렇게만 한다면 말다툼도 건설적인 것이 되고 연인 사이를 멀어지게 하거나 앙심을 품는 대신, 더욱 더 결합시켜 줄 수 있습니다. 5초 반복 10초
사람 3	당신은 부적절한 소통으로 야기되는 가장 큰 문제는 바로 말다툼이라는 것을 알고 있나요? 비난하고 잘못을 전가하는 악순환에 빠질 필요 없이 상대를 존중하는 자세로 나의 관점을 말하고, 나의 감정이 어떤지를 설명해 주는, 건설적인 방법으로 언쟁을 하는 법을 터득할 수 있습니다. 상대를 비난하는 자세를 취하지 않도록 해야 하며 그가 당신을 공격하거나 별개의 이야기를 꺼낸다면 그를 무시해야 합니다. 5초 반복 10초
사람 4	가끔 우리는 너무도 바쁜 일상을 보내는 나머지 우리의 주위에서 무슨 일이 일어나는지도 모른 채 자동 조종 장치의 상태로 삶을 살아가지만, 만일 당신이 건강한 연인 관계를 유지하길 원한다면, 언젠가 저녁 식사를 하러 가거나 주말에 잠시 짧은 여행을 떠나거나 팝콘을 가지고 가장 좋아하는 영화를 보는 것 등의 일들이 당신의 우선순위에 있어야 합니다. 5초 반복 10초

사람 5	교제의 첫 순간에는 우리의 가장 좋은 모습만을 상대방에게 보여 주고, 섬세하며, 칭찬을 건네는 등의 행동을 합니다. 하지만 시간이 지나면서 이러한 행동들은 점점 줄다가 일부의 경우에는 아예 사라져 버리기까지 합니다. 관계란 마치 식물 같은 것이라서 물을 주지 않으면 죽습니다. 그래서 당신의 관계를 신선하고 생생하게 유지하길 원한다면 절대로 물 주는 것을 멈추어서는 안 됩니다. 5초 반복 10초
사람 6	한 연인 관계 내에서의 존중이라는 것은 일상에서 서로가 서로에게 어떻게 대하는지를 보면 알 수 있습니다. 예의 부족은 관계를 망가트립니다. 존중이야말로 평생을 살며 다른 사람들과의 신뢰를 형성하고 건전한 관계를 유지할 수 있는 열쇠입니다. 가장 중요한 것은 상대방의 감정과 필요성을 알아주는 것입니다. 5초 반복 10초

답안지를 작성하세요.

30초

Tarea 4 · **Ejercicios**

정답

0. B	19. I	20. E	21. H	22. D	23. G	24. F

해설

0.	Persona 0	B Apoyarse el uno al otro. 서로가 서로에게 의지하기

예시 문제인 0번의 정답은 보기 B. 여자가 말한 첫 번째 문장에서 등장하는 핵심 단어는 ayudarse이며, 이는 보기 **B**에서 표현된 apoyarse 와 그 의미가 유사하다. 서로가 서로에게 도움이 되고 의지가 되는 것이 조언을 해서 상황을 바꾸어 놓으려 노력하는 것보다 더 중요하고 필요하다는 것이 핵심 메시지이다.

19.	Persona 1	I Respetar la libertad del otro. 상대방의 자유를 존중하기

1번 인물인 이 남자가 하는 말에는 계속해서 정답과 관련된 핵심 표현들이 등장한다. 'el otro es una persona que libremente decide mantener una relación contigo y que' 문장과 'en cualquier momento es libre de marcharse'에서는 계속해서 la libertad(자유) 와 연관된 내용을 들을 수 있다. 따라서 정답은 보기 I. 마지막 문장에서 등장하는 Tener derecho 역시 '~할 권리가 있다'는 표현으로, 연인 관계에서의 구속이나 속박, 또는 자유의 침해 등을 할 수 없다는 내용을 말하고 있다.

20.	Persona 2	E Aprender a comunicarse. 소통하는 법을 배우기

2번 인물은 첫 번째 문장에서 diálogo(대화)의 중요성을 강조하면서 'Yo te diría que el diálogo es lo que permite crear un proyecto de vida en común, en donde es muy importante negociar, ceder y llegar a acuerdos.'라고 했다. 따라서 정답은 보기 E.

함정 피하기 여자는 본인의 주장에 대한 뒷받침으로써, 올바른 방식으로 대화를 하게 되면 'las discusiones se conviertan en algo constructivo'라고 했는데, 이는 함정 보기인 **J**에서 말하듯 no discutir, 즉 아예 언쟁을 전혀 하지 않는 것을 의미하는 것은 아니니 특히 주의해야 한다.

21.	Persona 3	H Evitar reproches. 비난을 피하기

3번 인물은 부적절한 소통에서 야기되는 가장 큰 문제로 '말다툼, 언쟁'을 언급한다. 이어서 언쟁을 하더라도 취할 수 있는 방법이 있다고 말하는데, 이때 'sin necesidad de entrar en un círculo vicioso de críticas y acusaciones. No entres en recriminar a la otra persona e ignora si te ataca o cambia de tema.' 부분을 주의해서 듣고 내용을 파악해야 한다. 이 부분은 바로 보기 **H**의 evitar reproches와 동일한 내용이 된다. 따라서 정답은 보기 H.

| 22. | Persona 4 | D Compartir tiempo de calidad. 양질의 시간을 함께 보내기 |

4번째 인물인 여자가 강조하는 내용은, 바쁜 일상 속에서도 사소한 순간들을 함께 해야 한다는 것이다. 그 예로 'salir algún día a cenar, una escapada de fin de semana o ver vuestra peli favorita con palomitas...' 등을 들고 있으며, 시간을 함께 '나누는 것'이 바로 연인 간의 '양질의 시간'이 된다고 말하고 있다. 따라서 정답은 보기 D. '공유하다, 나누다'의 의미인 동사 compartir를 반드시 알아 두도록 하자.

| 23. | Persona 5 | G No dejar de cuidar la relación. 계속해서 관계에 신경 쓰기 |

이 사람은 연인 관계를 유지하는 데에 있어 첫 순간의 모습과 시간이 흐르며 자연스럽게 바뀌어 가는 모습에 대해 먼저 언급한다. 이어서는 관계를 planta(식물)에 비유하여 표현하는데, '물을 주다'의 뜻인 동사 regar가 핵심적인 역할을 한다. 정답을 유추할 핵심 문장은 마지막 문장인 'Así que si quieres mantener tu relación fresca y colorida nunca dejes de regarla.'인데, 계속해서 두 사람의 관계를 식물에 비유하며 형용사 fresco 와 colorido를 사용하고 있다. 이 문제의 정답은 보기 G. 식물이 죽지 않도록 하기 위해 물을 주는 행위는 정답 G에서 언급되는 cuidar 동사에 해당한다.

| 24. | Persona 6 | F Tener consideración. 배려심을 갖기 |

6번 인물의 경우, 첫 문장에서 respeto(존중)에 대한 언급으로 시작한다. 상대를 존중하는 자세, 예의를 갖추는 자세, 상대의 감정과 필요성을 존중하는 것 등의 행위는 보기 F에서 언급하는 consideración에 해당한다. 따라서 정답은 보기 F. 명사 consideración은 '생각, 고려, 숙고' 등으로 많이 쓰이지만, 지금의 문맥에서처럼 '배려, 동정심, 존경' 등의 의미로도 동일하게 쓰인다는 것을 주의해야 한다.

Tarea 4 · **Ejercicios**

saludable	건강에 좋은, 건강한
celo	ⓜ 열심, 열중, 질투, 질투심
apoyarse	기대다, 의지하다
de calidad	양질의, 중요한
consideración	ⓕ 고려, 숙고, 동정심, 배려
reproche	ⓜ 비난, 책망
respetar	존경하다, 존중하다
libertad	ⓕ 자유, 독립, 석방
enfrentar	맞서다, 대항하다, 대결하다
ideal	이상의, 이상적인, 가공적인
agobiar	강요하다, 괴롭히다
atravesar	걸쳐 놓다, 관통하다, 횡단하다, 건너다
índole	ⓕ 특징, 성질, 기질, 본질
laboral	노동의, 직업의
pertenecer	속하다, 관계가 있다
derecho	ⓜ 법, 정의, 권리, 정면 / 직선의, 올바른, 정당한, 우측의
diálogo	ⓜ 대화, 대담
en común	공동의, 공통으로, 공동으로
negociar	장사를 하다, 거래하다, 교섭하다
ceder	양보하다, 양도하다, 잃다
constructivo	건설적인
rencor	ⓜ 앙심, 원한
terreno	ⓜ 땅, 토지, 영역, 분야
inadecuado	부적절한
aportar	입항하다, 기여하다, 제공하다, 제시하다
punto de vista	ⓜ 견지, 관점
respeto	ⓜ 존경, 존중
círculo	ⓜ 원, 원형, 바퀴, 모임, 동아리
vicioso	악덕의, 악질의
acusación	ⓕ 고소, 고발, 죄의 전가, 비난
recriminar	비난하다, 꾸중하다

ignorar	모르다, 모른 체하다, 무시하다, 간과하다
atacar	공격하다, 괴롭히다
ajetreado	바쁜, 분주한, 피로하게 하는, 지친
piloto automático	ⓜ 자동 조종 장치
alrededor	ⓜ 주위, 근교 / 주위에, 주위를
peli	ⓕ película(영화)의 줄임말
palomitas	ⓕ pl. 팝콘
prioridad	ⓕ 우선권, 우선, 우선순위
mostrar	증명하다, 지시하다, 보여 주다
detallista	마음을 쓰는, 세심한
cumplido	ⓜ 선물, 칭찬
gesto	ⓜ 몸짓, 손짓, 제스처
disminuir	줄이다, 삭감하다
desaparecer	없어지다, 사라지다
planta	ⓕ 층, 식물, 풀
regar	물을 뿌리다
colorido	ⓜ 색조, 배색, 활기
reflejarse	반사되다, 비치다, 반영되다, 나타나다
falta de respeto	ⓕ 무례, 결례
deteriorar	손상하다, 망가뜨리다
clave	ⓕ 열쇠, 비결, 코드, 풀이

Tarea 5 하나의 긴 지문을 듣고 삼지선다형 문제 풀기

핵심 포인트

- 독백 형식의 긴 지문을 듣고 6개의 삼지선다형 문제를 풉니다.
- 문제 및 보기가 긴 편이므로, 지문을 들려주기 전 반드시 미리 읽어야 합니다.
- 지문이 긴 만큼 끝까지 집중력을 유지해서 들어야 합니다.

글의 유형

- 공적, 전문적 혹은 학문적 분야에서의 계획안 혹은 경험을 묘사하거나 서술하는 강연, 연설, 독백

빈출 주제

- 독백　　　일반 개인 또는 유명인의 진술
- 경험담　　개인 신변 및 전문 직업 관련
- 기타　　　자전적 기반 내용의 지문

Tarea 5 완전 공략

▋1 어떻게 푸나요?

강연이나 연설과 같은 독백 형식의 긴 지문을 듣게 됩니다. 말하는 사람의 경험, 업적, 살아온 인생 등 다양한 분야와 주제에 대해 말합니다. 총 6개의 객관식 질문은 글의 전반적 내용 또는 특정 정보에 대해 묻습니다. 문제는 글 내용의 순서에 따라 순차적으로 출제되는 편입니다.

▋2 고득점 전략

- 지시사항을 반드시 읽고 화자에 대한 설명 혹은 듣게 될 지문의 유형 등을 확인합니다.
- 1차 듣기 전, 반드시 문제를 미리 읽어 관련 어휘를 확인합니다. 만일 시간이 부족하다면 적어도 처음 3개 문제와 보기는 읽어 두도록 합니다.
- 문제와 보기에서 볼 수 있는 핵심 어휘와 표현법을 시험지에 표기해 둡니다.
- 지문의 길이가 긴 만큼, 마지막까지 집중하여 문제를 풀도록 합니다.

▋3 잠깐! 주의하세요

- 지시사항, 문제, 보기를 통해 지문 관련 정보를 최대한 파악합니다. 세부적인 분야에 관련된 글일 경우, 관련 어휘를 미리 읽어 두지 않으면 정답의 단서를 놓치기 쉽습니다.
- 지문이 길기 때문에, 지문을 다 듣고 나서 문제를 풀려고 하면 앞에서 들은 내용은 잊혀집니다. 음성을 들으며 동시에 풀어 가야 합니다.
- 출제 순서는 글의 내용 순서에 따르는 경우가 일반적이지만, 간혹 예외적인 경우도 있습니다.

Tarea 5 **Ejercicios** 실전 연습 ①

Step 1 공략에 따라 **Tarea 5** 연습문제 ①을 풀어 보세요.

INSTRUCCIONES

Track 5-1

Usted va a escuchar parte de una conferencia de una empresaria española. Escuchará la audición dos veces. Después debe contestar a las preguntas (25-30). Seleccione la opción correcta (a / b / c).

Marque las opciones elegidas en la **Hoja de respuestas**.

Ahora tiene 30 segundos para leer las preguntas.

PREGUNTAS

25. En la audición, la empresaria Laura López dice que se hizo autónoma...

   a para dedicarse exclusivamente a sus clientes.

   b porque su agencia se lo propuso.

   c porque quería trabajar por cuenta propia.

26. Durante los primeros 2 años de autónoma, Laura López se sentía frustrada porque...

   a el éxito no llegaba.

   b trabajaba demasiado.

   c el negocio no crecía.

27. Laura López cuenta que la idea de la *Calculadora Freelance*...

   a fue una idea original suya.

   b fue fruto de muchas horas de trabajo.

   c surgió por necesidad propia.

28. De la *Calculadora Freelance*, Laura López dice que...

 a   su funcionamiento es complejo.

 b   para registrarse no es necesario poner tus datos.

 c   te informa de si tus honorarios son apropiados.

29. Ahora Laura López...

 a   está captando nuevos clientes.

 b   supervisa diseños.

 c   orienta a otros diseñadores.

30. A quien tiene una idea de negocio, Laura López aconseja...

 a   dedicarse plenamente a desarrollarla.

 b   desarrollarla de forma continuada.

 c   preparar bien la estrategia.

30초

MUJER   Desde 2011 empecé a trabajar para pequeños proyectos como freelance y a hacer prácticas en diferentes agencias hasta que en 2013 di el paso de hacerme autónoma y dedicarme a mis propios clientes a tiempo completo. La decisión fue rápida y precipitada, porque no tenía intención de dar un salto al mundo de los autónomos en ese momento, pero la agencia en la que estaba no podía contratarme y me sugirieron que me hiciese autónoma para facturarles. Así que ese fue el empujón que necesitaba y que no me atrevía a dar.

Los primeros 2 años como freelance a tiempo completo fueron un aprendizaje continuo a modo de prueba-error. A pesar del éxito que tuvo mi aplicación *Calculadora Freelance* me sentía bastante frustrada, porque estaba todo el día trabajando para mis clientes y aun así veía que las ventas no aumentaban.

Veía que trabajaba mil horas y no me salían las cuentas y empecé a investigar para buscar una solución y ver lo que estaba haciendo mal. Así que llegué a una aplicación de una agencia mexicana llamada *Cosmonauta* que te ayudaba a calcular tu tarifa base/hora. Me pareció tan buena que me puse en contacto con ellos para crear yo mi propia versión y me ofrecieron su total apoyo, así que me puse en marcha para modificarla.

La *Calculadora Freelance* es una aplicación gratuita a la que se puede acceder desde cualquier navegador de internet sin necesidad de registro. No se piden datos al usuario y es de uso libre. Es una aplicación muy sencilla donde se responde a unas pocas preguntas y automáticamente se obtiene el precio/hora y facturación mensual necesaria para ser rentable. Así que cualquiera puede hacer este cálculo en unos minutos y poder saber si su tarifa es adecuada o estás perdiendo dinero.

Actualmente estoy centrada en la formación y asesoramiento de negocio a otros diseñadores freelances desde mi escuela online *Imperio Freelance* y además estoy trabajando en un par de diseños para negocios en la nube. Mi intención es seguir trabajando en mejorar mi programa formativo y sacarlo todos los años para poder ayudar cada vez a más freelances a conseguir más y mejores clientes.

Mucha gente tiene buenas ideas de negocio, pero no sabe si emprender o no. Yo pienso que se puede emprender progresivamente sin necesidad de dejarlo todo y lanzarse al vacío. Si tienes un trabajo y quieres tener un negocio por tu cuenta, es mejor empezar a montar la idea y sacar una web mínima viable para ver su acogida dedicando un par de horas al día. Creo que es esencial formarse en cuestión de negocios y tener presencia online desde tu propia web y acompañarlo con un blog para emprender, pero con una estrategia de fondo clara.

10초
반복
10초

(Adaptado de *http://gestron.es/laura-lopez-calculadora-freelance/*)

Complete ahora la **Hoja de respuestas**.

30초

La prueba ha terminado.

Step 2 연습문제 ①의 내용을 해석해 보세요.

지시사항

당신은 한 스페인 출신의 기업가의 강연의 일부분을 듣게 됩니다. 듣기 지문은 두 번 듣게 됩니다. 이어서 (25번부터 30번까지) 질문에 답하세요. (a / b / c) 정답을 선택하세요.

선택한 보기를 **답안지**에 표기하세요.

이제 문제를 읽을 수 있는 시간을 30초간 갖게 됩니다.

문제

25. 듣기 지문에서, 기업가 라우라 로페스는 ⋯ 자영업자가 되었다고 말했다.

    a   자신의 고객에게만 헌신하기 위하여

    b   본인의 에이전시가 제안했기 때문에

    c   자립으로 일하길 원했기 때문에

26. 자영업자로서의 처음 2년 동안 라우라 로페스는 ⋯ 때문에 좌절감을 느꼈었다.

    a   성공에 도달하지 못하고 있었기

    b   일을 지나치게 많이 했었기

    c   사업이 성장하지 않았기

27. 라우라 로페스는 '프리랜서 계산기'의 아이디어가 ⋯(라)고 전한다.

    a   그녀의 독창적인 아이디어였다

    b   오랜 시간 동안 작업한 결과물이었다

    c   본인의 필요성에 의해 만들어진 것이었다

28. '프리랜서 계산기'에 대해, 라우라 로페스는 …(라)고 말했다.

a   그 기능은 복잡하다

b   등록하기 위해 개인 정보를 입력할 필요가 없다

c   당신의 요금이 알맞은지 알려 준다

29. 라우라 로페스는 현재 …

a   새로운 고객을 호객하고 있다.

b   디자인을 감독한다.

c   다른 디자이너들을 지도한다.

30. 사업 아이디어를 갖고 있는 사람에게, 라우라 로페스는 …을 조언한다.

a   그것을 개발하는 것에 완전히 전념할 것

b   그것을 지속적으로 개발할 것

c   전략을 잘 준비할 것

스크립트

30초

여자   저는 2011년부터 프리랜서로 소규모 프로젝트를 위한 작업을 하며 여러 에이전시에서 인턴십을 하다가 2013년에 자영업자가 되었고 저의 고객들에게 모든 시간을 할애하기 시작했습니다. 저는 그 당시에는 자영업자의 세계로 들어갈 의도를 가지고 있는 상태는 아니었기 때문에, 그 결정은 빠르고 성급히 정해졌지만, 제가 속해 있던 에이전시에서는 저를 고용할 수 없었기에, 그들에게 비용을 청구하기 위하여 자영업자로 등록할 것을 제안받았습니다. 그래서 그것이 바로 저에게 필요한 일이었지만 용기를 내지 못하고 있었던 일에 대한 추진력이 된 것입니다.

풀 타임 프리랜서로서 첫 2년은 시행착오를 지속적으로 학습하는 기간이었습니다. '프리랜서 계산기' 어플리케이션이 성공했지만 저는 하루 종일 고객들을 위해 일하면서도 매출이 증가하지 않는 것을 보며 상당한 좌절감을 느꼈습니다.

저는 아주 많은 시간을 일하면서도 계산이 맞지 않는다는 것을 알았고, 무엇이 문제인지 알아보기 위해 해결책을 조사하기 시작했습니다. 그래서 저는 한 멕시코 에이전시의 '코스모나우타'라는 어플리케이션이 시간당 기본 요율을 계산하는데 도움이 된다는 것을 알게 되었습니다. 너무나도 마음에 든 나머지 저는 제 자신의 버전을 만들기 위해 그들에게 직접 연락했고, 그들은 저에게 전폭적인 지원을 제공했으며, 그래서 저는 그것을 수정하기 시작했습니다.

'프리랜서 계산기'는 별도의 등록 없이 모든 인터넷 브라우저에서 연결할 수 있는 무료 응용 프로그램입니다. 사용자에게 개인 정보가 요구되지 않으며 자유롭게 사용할 수 있습니다. 그것은 당신이 몇 가지 질문에 대답하면 수익성을 위해 필요한 가격/시간 및 월별 청구서를 자동으로 얻을 수 있는 매우 간단한 응용 프로그램입니다. 따라서 누구나 몇 분 안에 이 계산을 수행할 수 있으며 요율이 적절한지 또는 손해를 보고 있는지 알 수 있습니다.

현재 저는 '임페리오 프리랜스' 온라인 학교에서 다른 프리랜서 디자이너들에게 사업에 대한 교육 및 조언을 제공하고 있으며 클라우드 사업을 위한 몇 가지 디자인도 연구하고 있습니다. 저의 의도는 계속해서 양성 프로그램을 개선하고 매년 점점 더 많은 프리랜서를 도와 더 많은 고객을 확보할 수 있도록 노력하는 것입니다.

많은 사람들이 좋은 사업 아이디어를 가지고 있지만, 시작해야 할지 말아야 할지를 모르고 있습니다. 저는 모든 것을 버리고 허공으로 뛰어들 필요 없이 점진적으로 진행할 수 있다고 생각합니다. 만일 당신이 직업이 있는데도 사업을 하고 싶다면, 우선 아이디어를 모으고 반응을 확인할 수 있는 최소한의 웹 사이트를 하루에 몇 시간만을 이용해 만드는 것이 가장 좋습니다. 비즈니스에 대해 훈련하고 자신의 웹 사이트를 통해 온라인의 활동을 하며, 명확한 배경 전략을 가진 블로그를 가지고 사업에 착수하는 것이 필수적이라고 생각합니다.

10초
반복
10초

답안지를 작성하세요.

30초

시험이 끝났습니다.

Step 3 연습문제 ①의 정답 및 해설을 확인해 보세요.

정답

25. b **26.** c **27.** c **28.** c **29.** c **30.** b

해설

25.
라우라 로페스가 자영업자가 된 계기를 묻고 있으므로, autónoma라는 표현과 관련된 내용이 언급되면 주의 깊게 들어야 한다. 강연의 초입에서 그녀는 처음 어떻게 자영업자가 되었는지 그 배경을 말하고 있다. 정답과 관련된 문장은 'la agencia en la que estaba no podía contratarme y me sugirieron que me hiciese autónoma para facturarles'이다. 본인이 속해 있던 에이전시가 sugerir(제안하다)했다는 것. 따라서 정답은 보기 b.

함정 피하기 앞서 들을 수 있는 문장 'en 2013 di el paso de hacerme autónoma y dedicarme a mis propios clientes a tiempo completo.' 때문에 보기 a로 혼동할 수 있는데, 이는 그녀가 자영업을 하면서 고객들에게 시간을 모두 할애했다는 것일 뿐, 그 자체가 자영업자가 되기로 결심한 이유가 되지는 않는다.

26.
라우라가 처음 2년 동안 좌절감을 느꼈던 이유가 무엇인지를 묻고 있으므로, frustrada라는 표현과 관련된 내용이 언급되면 주의 깊게 들어야 한다. 그녀는 처음 2년간의 경험에 대해 이어 말하는데, 분명히 들어야 할 문장은 'A pesar del éxito que tuvo mi aplicación Calculadora Freelance me sentía bastante frustrada, porque estaba todo el día trabajando para mis clientes y aun así veía que las ventas no aumentaban.'이다. 이 문장에서 porque 이하 부분이 바로 정답과 직결되는 구간인데, 매출이 증가하지 않았다는 것은 사업이 성장하지 않는다는 의미이므로, 정답은 보기 c.

함정 피하기 정답과 관련된 문장에서 'el éxito que tuvo mi aplicación'라고 한 것을 듣고 보기 a를 오답으로 소거해야 한다. 그리고 단순히 일을 많이 했기 때문에 좌절한 것은 아니므로 보기 b는 답이 될 수 없다.

27.
라우라가 Calculadora Freelance라는 어플리케이션을 만들게 된 배경을 묻고 있으므로, 이 어플리케이션이 언급되는 부분을 잘 듣는다. 그녀는 본인이 하는 일에서 문제점을 발견했고, 'empecé a investigar para buscar una solución y ver lo que estaba haciendo mal. Así que llegué a una aplicación de una agencia mexicana llamada Cosmonauta...Me pareció tan buena que me puse en contacto con ellos para crear yo mi propia versión'라고 했다. 그리고 이어지는 문장 'La Calculadora Freelance...'을 통해서, 이 과정을 통해 만들어진 것이 '프리랜서 계산기'임을 알 수 있다. 따라서 정답은 보기 c. 주의할 것은, 문제에서 언급된 어플리케이션의 이름은 Calculadora Freelance인데, 듣기 내용에서는 Cosmonauta 라는 또 다른 어플리케이션이 등장하고 있으므로 둘 사이의 차이점을 파악해야 한다는 점이다.

함정 피하기 보기 a의 경우에는 정답의 내용과는 정반대되는 묘사가 되므로 주의해야 한다.

Calculadora Freelance라는 어플의 특징에 대해 묻고 있으므로, 해당 어플의 세부 특징을 언급하는 부분을 놓치지 말고 들어야 한다. 정답과 관련된 문장은 'La Calculadora Freelance...Así que cualquiera puede hacer este cálculo en unos minutos y poder saber si su tarifa es adecuada o estás perdiendo dinero.'로, 보기 c에서 등장하는 명사 honorario는 tarifa와 같은 의미인 '요금'이라는 뜻이다. 따라서 정답은 보기 c.

28. 함정 피하기 'Es una aplicación muy sencilla...'라는 문장을 듣고 보기 a를 소거해야 한다. 보기 b는 어느 정도 함정 요소가 있는데, 'La Calculadora Freelance es una aplicación gratuita a la que se puede acceder desde cualquier navegador de internet sin necesidad de registro. No se piden datos al usuario y es de uso libre.'라는 문장에서는 '등록' 자체가 필요없다고 했지만, 보기 b에서는 등록을 위해서 개인 정보를 요구하지 않는다고 했으므로 답이 될 수 없다.

라우라의 현재 상황을 묻고 있으므로, 현재 그녀가 어떤 일을 하는지에 대해 주의해서 듣는다. 보다 집중해서 들어야 할 구간은 'Actualmente estoy centrada en la formación y asesoramiento de negocio a otros diseñadores freelances desde mi escuela online Imperio Freelance...'로, 이 내용을 통해 그녀는 현재 다른 프리랜서 디자이너들을 양성하고 있음을 알 수 있다. 따라서 정답은 보기 c. 주의할 것은, 보기 c에서 등장하는 동사 orientar는 '지도하다, 인도하다'의 의미이나, 보기 b의

29. supervisar는 '감독하다, 지휘하다'의 의미라는 점이다.

사업 아이디어를 구상하고 이를 실행하려는 사람에게 라우라가 주는 조언 내용이 무엇인지 묻고 있다. 따라서 라우라의 의견이 언급되는 부분을 집중해서 듣는다. 정답과 관련된 문장은 'Yo pienso que se puede emprender progresivamente sin necesidad de dejarlo todo y lanzarse al vacío.'인데, 특히나 이 문장에서 핵심 단어가 되는 것은 바로 progresivamente(점차적으로, 점진적으로)이다. 따라서 정답은 보기 b.

30. 함정 피하기 보기 a의 경우 progresivamente가 묘사하는 내용과는 반대가 되므로 오답이다. 보기 c의 경우에는 estrategia(전략)에 대해 언급하고 있으나, 라우라는 마지막 문장에서 '명백한 전략을 갖춘 블로그'를 운용하라고 말했으므로 다른 내용이다.

Step 4 연습문제 ①의 필수 어휘를 익혀 보세요.

empresario	ⓜ ⓕ 기업가	apoyo	ⓜ 받침, 지지, 원조
autónomo	ⓜ ⓕ 자치권이 있는 사람, 자영업자	ponerse en marcha	전진하기 시작하다, 가동되다
exclusivamente	제외하고, 오로지, 독점적으로	modificar	변경하다
por cuenta propia	자립으로, 자신의 사업체를 가지고	aplicación	ⓕ 적용, 응용, 지원서, 어플리케이션
frustrado	좌절한, 실망한	navegador	ⓜ 항공사, 항해자, 브라우저 / 항해하는
original	최초의, 본래의, 독특한, 독창적인, 기발한	registro	ⓜ 등록, 기록, 등기, 등재
fruto	ⓜ 열매, 결실, 성과	usuario	ⓜ 이용자, 사용자 / 사용하는
surgir	분출하다, 치솟다, 나타나다, 출현하다, 일어나다	facturación	ⓕ 송장 작성
complejo	ⓜ 복합, 단지, 콤플렉스, 종합 시설 / 복합의, 복잡한	rentable	수익성이 있는, 돈벌이가 되는
honorario	ⓜ 요금, 수가	formación	ⓕ 형성, 양성, 교육
captar	얻다, 획득하다, 끌어들이다, 파악하다	asesoramiento	ⓜ 조언, 전문적 의견, 상담
plenamente	가득히, 완전히, 충분히	emprender	시작하다, 착수하다, 개시하다
práctica	ⓕ 연습, 실천, 실습	lanzarse	뛰어들다, 돌진하다, 시작하다
precipitado	분주한, 성급한, 경솔한	vacío	ⓜ 빔, 공허함, 공백, 빈 틈
salto	ⓜ 뛰기, 점프, 추락	montar	타다, 조립하다, 장치하다, 설립하다
facturar	청구하다, 짐을 부치다	viable	발육할 수 있는, 지속할 수 있는, 실현성이 있는
empujón	ⓜ 힘껏 밀어붙이기	acogida	ⓕ 환대, 환영, 수용, 유치
tarifa	ⓕ 가격, 요금, 가격표		

Tarea 5 Ejercicios 실전 연습 ②

INSTRUCCIONES

Usted va a escuchar una conferencia de un restaurador mexicano. Escuchará la audición dos veces.

Después debe contestar a las preguntas (25-30). Seleccione la opción correcta (a / b / c).

Marque las opciones elegidas en la **Hoja de respuestas**.

Ahora tiene 30 segundos para leer las preguntas.

Track 5-2

PREGUNTAS

25. En la audición, Juan Carlos dice que desarrolló el concepto de Río...

   a para transformar el restaurante.

   b porque el restaurante no marchaba bien.

   c sin tener ninguna experiencia.

26. Juan Carlos cuenta que su familia...

   a empezó en el negocio hace 3 años.

   b le aportó un espíritu emprendedor.

   c le facilitó fortalecerse en el mercado.

27. Juan Calos atribuye el éxito que tuvo...

   a a la experiencia de su equipo.

   b a la situación de la industria.

   c al funcionamiento del negocio.

28. Al desarrollar el concepto, Juan Carlos explica que se basó en...

   a ofrecer un precio económico.

   b satisfacer una necesidad del mercado.

   c fusionar la comida mexicana con la brasileña.

29. Juan Carlos dice que su restaurante logró estabilidad porque...

   a ofrecía una buena relación calidad-precio.

   b al cliente le gustaba el servicio de buffet.

   c desarrolló un nuevo modelo de venta.

30. En los momentos de estrés, Juan Carlos recomienda...

   a no tener miedo a equivocarse.

   b detenerse y pensar.

   c aprender de los errores.

TRANSCRIPCIÓN

30초

HOMBRE   Hola a todos, mi nombre es Juan Carlos Gutiérrez, director de Río Restaurant, y hoy les voy a contar cómo empecé mi andadura empresarial. Al principio, mi familia abrió un restaurante mexicano sin tener experiencia en el negocio, pero a los dos años de abrirlo no estaba funcionando, por lo que desarrollé el concepto de Río y decidimos transformar el local, que es nuestra primera sucursal.

Por suerte contaba con el valor y la iniciativa heredada de mi familia y decidí tomar las riendas del negocio hace 3 años. Y fue gracias a un concepto de mezcla que combinaba la tradición de la cocina brasileña y las costumbres de los mexicanos, lo que nos llevó a consolidarnos en el mercado.

En ese momento estaba estudiando la carrera de Derecho y tampoco poseía experiencia en el sector alimenticio. Sin embargo, no cabe duda de que parte del éxito se lo debo a que tuve la gran suerte de rodearme de un equipo con más tablas en la industria, que me ayudó a comprender la dinámica del negocio.

Al desarrollar el concepto me basé en diversos factores tales como mi gusto personal por la comida brasileña y la necesidad en el mercado de contar con un restaurante que ofreciera este tipo de menú a un precio accesible para el mercado medio, al igual que complementos tradicionales de la comida mexicana que atrajeran al público por algo más que la carne en espadas.

Nueve meses después de inaugurar nuestro primer punto de venta, el restaurante logró estabilidad gracias a la estrategia empresarial que hemos seguido en el resto de las sucursales de la cadena, basada en ofrecer una relación costo-beneficio que sea beneficiosa para el cliente, es decir, brindar el mejor producto posible al menor costo, lo que se refleja en nuestro modelo de venta: un servicio de buffet por 99 pesos.

No es fácil saber cuál es el secreto del éxito de un emprendedor y muchas veces me piden consejos. A los principiantes les aconsejaría no tener miedo a cometer fallos porque es de lo que más se aprende. Una lección que he sacado de la hostelería que puedo aplicar a toda mi vida es que en los momentos de estrés hay que pararse. En hostelería cuando estás en la batalla y lo que está pasando puede contigo, un buen gerente es el que se para y recuerda lo que tiene que hacer.

10초
반복
10초

(Adaptado de *http://elempresario.mx/actualidad/rio-restaurant-fusionar-tradiciones-los-lleva-al-exito*)

Complete ahora la **Hoja de respuestas**.

30초

La prueba ha terminado.

Step 2 연습문제 ②의 내용을 해석해 보세요.

지시사항

당신은 멕시코 출신 레스토랑 경영자의 강연 일부분을 듣게 됩니다. 듣기 지문은 두 번 듣게 됩니다. 이어서 (25번부터 30번까지) 질문에 답하세요. (a / b / c) 정답을 선택하세요.

선택한 보기를 **답안지**에 표기하세요.

이제 문제를 읽을 수 있는 시간을 30초간 갖게 됩니다.

문제

25. 듣기 지문에서, 후안 카를로스는 … '리오'의 컨셉을 개발하게 되었다고 말했다.

   a   식당을 개조하기 위하여

   b   식당의 운영이 잘 되지 않았었기 때문에

   c   어떠한 경험도 없이

26. 후안 카를로스는 그의 가족이 …(라)고 말했다.

   a   3년 전 그 사업을 시작했다

   b   그에게 사업가 기질을 주었다

   c   시장에서 강해질 수 있게 도와주었다

27. 후안 카를로스는 그가 얻은 성공을 …에 돌린다.

   a   그의 팀이 가진 경력

   b   이 산업의 상황

   c   그 식당의 영업

28. 그 식당의 컨셉을 개발했을 때, 후안 카를로스는 …에 근거했다고 설명한다.

   a   저렴한 가격을 제공하는 것

   b   시장의 어떤 필요성을 만족시키는 것

   c   멕시코 요리와 브라질 요리를 융합시키는 것

29. 후안 카를로스는 그 식당의 운영이 … 때문에 안정적일 수 있었다고 말했다.

   a   품질과 가격에서의 좋은 관계를 제공한 것

   b   고객들이 뷔페 서비스를 좋아한 것

   c   새로운 판매 모델을 개발한 것

30. 스트레스의 순간에, 후안 카를로스는 …를 조언한다.

   a   실수하는 것에 대해 두려워하지 않기

   b   잠시 멈추고 생각하기

   c   실수로부터 배우기

Tarea 5 · Ejercicios

스크립트

30초

남자 모두들 안녕하세요, 저는 '리오 레스타우란트'의 사장, 후안 카를로스 구티에레스입니다. 오늘 저는 제 사업의 여정이 어떻게 시작하게 되었는지 말씀드리려 합니다. 처음에, 저의 가족은 이러한 비즈니스의 경험이 없는 상태로 한 멕시코 식당을 개업하게 되었는데, 그 식당을 열고 2년이 지난 후에는 운영이 몹시 어려웠었고 그 때문에 저는 '리오'의 컨셉을 개발하여 오늘날 저희 식당의 제1호점인 그 매장을 개조하기로 결정했습니다.

다행히 저는 가족으로부터 물려받은 용기와 주도적인 면모가 있었으므로 3년 전에 경영을 맡기로 결정했습니다. 그리고 우리가 이 분야에서 입지를 굳힐 수 있었던 것은, 브라질 요리의 전통과 멕시코의 문화를 혼합한 컨셉 덕분이었습니다.

그 당시 저는 법학을 전공하고 있었고 음식 분야에서의 경험이 없었습니다. 그러나, 업계에서 가장 많은 경험을 가진 팀과 함께 할 수 있는 행운을 얻은 덕에 저의 이 성공이 가능했던 것이고, 이는 비즈니스의 역학을 이해하는 데 도움이 되었습니다.

저는 그 컨셉을 개발할 때 브라질 음식에 대한 저의 개인적인 취향과 더불어, 중산층이 접근하기 쉬운 가격으로 이러한 유형의 메뉴를 제공하는 레스토랑에 대한 시장의 필요성, 또한 칼을 꽂은 고기 이상의 무언가로 대중을 끌어들일 수 있는 멕시코 음식의 전통적인 부수적 요리들 등에 근거를 두었습니다.

첫 번째 판매 지점을 개업한 지 9개월이 지난 후에, 우리가 고객에게 득이 되는 비용-이익 비율을 제공하는 것을 바탕으로, 우리의 체인 사업의 모든 지점에서 기업 전략을 수행한 덕분에 그 레스토랑은 안정적인 운영을 하는 데 성공했고, 그러니까, 그것이 바로 최저의 비용으로 최고의 제품을 제공하는 저희의 판매 모델인 99페소 뷔페 서비스입니다.

기업가의 성공 비결이 무엇인지 아는 것은 쉽지 않지만, 사람들은 저에게 수 차례 조언을 요청합니다. 처음 사업을 시작하는 분들에게는 실패로부터 가장 많은 것을 배울 수 있기 때문에 저는 실패할 것을 두려워하지 말라고 말씀드리고 싶습니다. 제가 이 요식업에서 얻은, 제 평생에 적용할 수 있는 교훈 한 가지는 바로 스트레스의 순간에는 누구든 잠시 멈춰야 한다는 것입니다. 요식업에서 매우 전투적인 상황에 놓여 당신이 패배할 만한 상황에 있을 때, 좋은 관리자란 잠시 일을 멈추고 당신이 어떻게 그 상황을 해결할 수 있을 지 상기시켜 주는 그런 사람입니다.

10초
반복
10초

답안지를 작성하세요.

30초

시험이 끝났습니다.

Step **3** 연습문제 ②의 정답 및 해설을 확인해 보세요.

정답

| 25. b | 26. b | 27. a | 28. b | 29. a | 30. b |

해설

후안 카를로스가 'Río'라는 컨셉을 개발하게 된 배경을 묻고 있으므로, 이 사람이 사업을 시작하게 된 계기를 언급하는 부분과 'Río'라는 컨셉에 대해 언급하는 부분을 잘 듣는다. 이 문제는 보기에 등장하는 내용이 모두 들릴 수 있는 복잡한 문제에 해당하는데, 정확히 들어야 할 구간은 'mi familia abrió un restaurante mexicano...pero a los dos años de abrirlo no estaba funcionando, por lo que desarrollé el concepto de Río y decidimos transformar el local, que es nuestra primera sucursal.'이다. 정확한 [원인-결과] 관계의 구조를 보게 되면 funcionar(잘 나가다, 결과가 좋다)하지 않았기 때문에 '리오' 컨셉을 개발하게 되었다는 것이므로, 정답은 보기 b.

25. **함정 피하기** 처음 그의 가족이 식당을 개업했을 때에 사전 경험이 없었다고 했으므로, 보기 c는 답이 될 수 없다. 또한 '리오'라는 컨셉에 대한 개발이 우선 이루어졌고 그 후에 매장을 개조했다고 했으므로, 시간 순서상 보기 a 역시 답이 될 수 없다.

가족에 대한 후안의 생각을 묻고 있으므로, familia라는 표현과 관련된 내용이 언급되면 주의 깊게 들어야 한다. 이 문제의 정답을 찾기 위해서는 'Por suerte contaba con el valor y la iniciativa heredada de mi familia y decidí tomar las riendas del negocio hace 3 años.'라는 문장을 잘 들어야 한다. 동사 contar con의 뜻은 '가지다, 지니다'로, 본인의 용기와 진취적인 자세는 바로 가족으로부터 상속받은 것이라고 말하고 있다. 즉, 가족들이 그에게 사업가 기질을 물려주었다는 것. 정답은 보기 b이며,

26. 형용사 emprendedor는 '적극적인, 진취적인'의 의미이다.

후안이 성공을 할 수 있었던 이유를 묻고 있으므로, 그의 éxito(성공)와 관련된 내용이 언급되면 잘 들어야 한다. 정답과 관련된 문장인 'Sin embargo, no cabe duda de que parte del éxito se lo debo a que tuve la gran suerte de rodearme de un equipo con más tablas en la industria, que me ayudó a comprender la dinámica del negocio.'에서, 그는 성공을 그의 equipo(팀)에게 돌리고 있다. 특히, 관용 표현인 con más tablas에 주의해야 하는데, tabla는 '판, 판자, 보드'라는 뜻이지만 tener tablas는 한 분야에서 경험이 많다는 것을 의미한다. 정답은 보기 a.

27.

28.	후안이 이 식당의 컨셉을 개발했을 때 근거한 내용을 묻고 있으므로, concepto라는 표현과 관련된 내용이 언급되면 주의 깊게 들어야 한다. 정답과 관련된 문장은 'la necesidad en el mercado de contar con un restaurante que ofreciera este tipo de menú a un precio accesible para el mercado medio'이다. 중산층의 사람들이 쉽게 접근할 만한 가격으로 메뉴를 제공하는 것을 하나의 필요성으로 파악하고 이에 맞추려고 노력했다는 뜻으로, 이를 가장 정확히 서술한 정답은 보기 b이다. **함정 피하기** 보기 a의 경우, precio económico(저렴한 가격)을 선택하도록 유도하고 있지만, precio accesible para el mercado medio(중산층이 접근하기 쉬운 가격)이 반드시 저렴한 가격을 의미하는 것은 아니므로 함정이다.
29	후안이 언급한 식당의 성공 요인이 무엇인지를 묻고 있다. 듣기 지문과 29번 문제에서 모두 lograr, estabilidad의 표현을 사용하고 있으므로, 이 표현들이 언급되는 부분을 주의해서 듣고 문제를 풀어야 한다. 그는 'el restaurante logró estabilidad gracias a la estrategia empresarial que hemos seguido en el resto de las sucursales de la cadena'라고 했는데, 그가 말한 사업 전략은 바로 'brindar el mejor producto posible al menor costo'이다. 이는 저가로 최고 품질의 상품을 제공한다는 것을 의미하므로, 정답은 보기 a.
30	스트레스의 순간에 대한 후안의 조언 내용이 무엇인지 묻고 있다. 따라서 후안의 의견이 언급되는 부분을 집중해서 듣는다. 강연의 마무리에서 그는 자신의 경험을 바탕으로 실패와 스트레스에 대해 어떤 자세를 가져야 하는지를 조언하고 있다. 정답과 관련된 문장은 'Una lección que he sacado de la hostelería que puedo aplicar a toda mi vida es que en los momentos de estrés hay que pararse.'로, 동사 pararse는 '멈추다, 정지하다'의 뜻이다. 따라서 정답 보기는 b. **함정 피하기** 다른 보기의 내용도 역시 동일한 문단에서 들을 수 있지만, 보기 a 와 b에서 언급하는 내용은 후안이 principiante(초보자, 입문자)에게 주는 조언이기 때문에 답이 될 수 없다.

Step 4 연습문제 ②의 필수 어휘를 익혀 보세요.

restaurador	ⓜ ⓕ 식당 주인, 식당 경영자 / 복구하는, 복원하는
transformar	바꾸다, 변형시키다, 개조하다
marchar	나아가다, 떠나다, 출발하다
aportar	기여하다, 내주다, 불입하다
emprendedor	ⓜ 사업가 / 적극적인, 진취적인
facilitar	쉬워지게 하다, 용이하게 하다, 공급하다
fortalecerse	강해지다, 강화되다
atribuir	부여하다, 귀착시키다, 결과를 ~에 돌리다
equipo	ⓜ 팀, 단체, 장비, 도구
funcionamiento	ⓜ 기능, 상태, 작업, 조작
fusionar	융합시키다, 합병시키다
estabilidad	ⓕ 안정, 안정성, 평정
detenerse	멈추다, 중지하다
andadura	ⓕ 보행, 걸음발
empresarial	기업의, 경영의
local	ⓜ 시설, 점포 / 장소의, 지방의
sucursal	ⓕ 지점, 지사 / 지점의, 지사의
heredado	상속된, 계승된
tomar las riendas	고삐를 잡다, 주도권을 쥐다
consolidarse	강화되다, 굳세어지다
derecho	ⓜ 법률, 권리 / 올바른, 직선의, 우측의
sector	ⓜ 부문, 분야
más tablas	경험이 많은
accesible	손이 닿는, 접근할 수 있는, 도달할 수 있는
complemento	ⓜ 보족, 보완, 보어, 부속품, 옵션
espada	ⓕ 검, 칼
inaugurar	개업하다, 시작하다, 개관하다
brindar	건배하다, 축배를 들다, 제공하다
principiante	ⓜ ⓕ 시작하는 사람, 초보자 / 시작하는, 견습의
cometer	범하다, 저지르다
fallo	ⓜ 판결, 심사, 결정, 결함, 흠
hostelería	ⓕ 호텔 및 요식업점
gerente	ⓜ ⓕ 지배인, 경영자, 지점장

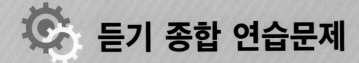

듣기 종합 연습문제

PRUEBA DE COMPRENSIÓN AUDITIVA

Tarea 1 듣기 종합 연습문제

INSTRUCCIONES

Usted va a escuchar seis conversaciones breves. Escuchará cada conversación dos veces. Después debe contestar a las preguntas (1-6). Seleccione la opción correcta (a / b / c).

Track 6-1

Marque las opciones elegidas en la **Hoja de respuestas**.

Ahora tiene 30 segundos para leer las preguntas.

PREGUNTAS

Conversación 1

1. La mujer le dice al hombre que...
   a en el almacén hay uno.
   b se han vendido todos.
   c vuelva antes de una semana.

Conversación 2

2. La mujer dice que...
   a el horario de su nuevo trabajo es flexible.
   b en su nuevo trabajo recibe un buen salario.
   c se levanta temprano.

Conversación 3

3. ¿Por qué no quiere ir el hombre a la reunión de antiguos alumnos?
   a Porque no tiene ganas de ver a nadie.
   b Porque su antiguo profesor le cae fatal.
   c Porque se encuentra enfermo.

Conversación 4

4. La mujer le dice a su amigo que...
   a se lamenta de no haber roto antes.
   b su relación era perfecta.
   c no le sorprendió la ruptura.

Conversación 5

5. El actor afirma que...
   a le hizo gracia no terminar sus estudios.
   b preferiría haber terminado sus estudios.
   c sus padres no le apoyaron.

Conversación 6

6. El hombre le reprocha a Ana que...
   a no haya trabajado lo suficiente.
   b no haya acabado el informe en dos días.
   c tenga que hacer otras cosas.

INSTRUCCIONES

Usted va a escuchar una conversación entre dos amigos, José y Esther. Indique si los enunciados (7-12) se refieren a José (A), a Esther (B) o a ninguno de los dos (C). Escuchará la conversación dos veces.

Marque las opciones elegidas en la **Hoja de respuestas**.

Ahora tiene 20 segundos para leer los enunciados.

		A JOSÉ	B ESTHER	C NINGUNO DE LOS DOS
0.	Necesita consejo.	✓	☐	☐
7.	No le sorprende la decisión del casero.	☐	☐	☐
8.	Considera el precio de venta barato.	☐	☐	☐
9.	Piensa que ahora no es buen momento para meterse en gastos.	☐	☐	☐
10.	Aconseja no comprarse un coche.	☐	☐	☐
11.	Ofrece ayuda económica.	☐	☐	☐
12.	No quiere endeudarse.	☐	☐	☐

INSTRUCCIONES

Usted va a escuchar parte de una entrevista a Shakira, una famosa cantante colombiana. Escuchará la entrevista dos veces. Después debe contestar a las preguntas (13-18). Seleccione la respuesta correcta (a / b / c).

Marque las opciones elegidas en la **Hoja de respuestas**.

Ahora tiene 30 segundos para leer las preguntas.

PREGUNTAS

13. En la entrevista, Shakira dice sobre *Waka Waka* que...

  a se siente afortunada de componerla.

  b se la dedicó a su novio.

  c su letra y música son mágicas.

14. La entrevistada dice sobre la fundación *Pies Descalzos* que...

  a le gustaría dedicarle más tiempo.

  b empezó a trabajar en ella cuando se hizo mayor de edad.

  c está implicada en la administración.

15. La cantante dice sobre tener hijos que...

  a no tiene intención de adoptar.

  b hay quien no tiene interés en ello.

  c no es una de sus aspiraciones.

16. En la entrevista, Shakira dice que en el camino al éxito...

  a ha obtenido mucho dinero.

  b ha tenido que renunciar a cosas.

  c ha afrontado un sentimiento de pena interior.

17. La entrevistada dice que *Lo que más*...

  a le ayudó a ser más fuerte.

  b es una canción pesimista.

  c trata sobre problemas de pareja.

18. La cantante dice de René que...

  a habla por los codos.

  b es muy gracioso.

  c le lleva tiempo escribir una letra.

INSTRUCCIONES

Usted va a escuchar a seis personas que dan consejos para hacerse youtuber. Escuchará a cada persona dos veces. Seleccione el enunciado (A-J) que corresponde al tema del que habla cada persona (19-24). Hay diez enunciados incluido el ejemplo. Seleccione solamente seis.

Marque las opciones elegidas en la **Hoja de respuestas**.

Ahora escuche el ejemplo:

Persona 0

La opción correcta es el enunciado **E**.

Ahora tiene 20 segundos para leer los enunciados.

ENUNCIADOS

A.	Editar con esmero	F.	Crear el canal
B.	Escoger el contenido	G.	No ser impaciente
C.	Planificar con tiempo	H.	Optimizar el canal
D.	Establecer una periodicidad	I.	Promocionar los vídeos
E.	Hacerse con el kit básico	J.	Cuidar la calidad

	PERSONA	ENUNCIADO
0.	Persona 0	E
19.	Persona 1	
20.	Persona 2	
21.	Persona 3	
22.	Persona 4	
23.	Persona 5	
24.	Persona 6	

INSTRUCCIONES

Usted va a escuchar una conferencia de una empresaria andaluza. Escuchará la audición dos veces.
Después debe contestar a las preguntas (25-30). Seleccione la opción correcta (a / b / c).

Marque las opciones elegidas en la **Hoja de respuestas**.

Ahora tiene 30 segundos para leer las preguntas.

PREGUNTAS

25. En la audición, Laura Bueno cuenta que el nombre de su empresa se lo puso...
    a un profesional en la materia.
    b después de barajar muchas opciones.
    c en honor a una profesora.

26. Después de formarse, Laura Bueno...
    a decidió invertir en una página web.
    b se puso en manos de expertos.
    c no buscaba algo definitivo.

27. Laura Bueno dice que daba charlas gratuitas para...
    a formar relaciones profesionales.
    b transmitir seguridad.
    c promocionar su negocio.

28. En opinión de Laura Bueno, por lo que concierne a la marca...
    a lo fundamental es que sea fuerte.
    b es imprescindible hacerla conocida.
    c lo primordial es crearla.

29. Laura Bueno cuenta que sus clientes...
    a saben muy bien lo que quieren.
    b perciben los beneficios.
    c quieren mejorar.

30. Laura Bueno recomienda crear algo...
    a que te apasione.
    b que perdure.
    c que sea rentable.

Tarea 1 듣기 종합 연습문제 정답 및 해설

정답

1. b   2. a   3. c   4. a   5. b   6. a

1 해석

지시사항

당신은 짧은 대화 6개를 들을 것입니다. 각 대화는 두 번씩 듣게 됩니다. 이어서 (1번부터 6번까지) 질문에 답하세요. (a / b / c) 정답을 선택하세요.

선택한 보기를 **답안지**에 표기하세요.

지금부터 문제를 읽을 수 있는 시간을 30초간 갖게 됩니다.

문제

대화 1

1. 여자는 남자에게 …(라)고 말했다.
    a 창고에 한 권이 있다
    b 모든 것이 다 팔렸다
    c 일주일이 되기 전에 다시 오라

대화 2

2. 여자는 …(라)고 말했다.
    a 그녀의 새 직장의 근무 시간은 탄력적이다
    b 그녀의 새 직장에서는 많은 급여를 받는다
    c 일찍 일어난다

대화 3

3. 왜 남자는 동창회에 가고 싶어 하지 않는가?
    a 그 누구도 보고 싶지 않기 때문에
    b 그의 예전 선생님이 너무 싫기 때문에
    c 아프기 때문에

대화 4

4. 여자는 친구에게 …(라)고 말했다.
    a 더 일찍 헤어지지 않은 것이 안타깝다
    b 그들의 관계는 완벽했다
    c 결별이 놀랍지 않다

대화 5

5. 그 배우는 …(라)고 단언한다.
    a 자신의 학업을 마치지 않은 것을 기쁘게 생각했다
    b 자신의 학업을 마쳤더라면 더 좋았을 것이다
    c 부모님이 그를 지원하지 않았다

대화 6

6. 남자는 아나에게 …는 것을 나무란다.
    a 일을 충분히 하지 않았다
    b 보고서를 이틀 만에 다 끝마치지 못했다
    c 다른 할 일이 있다

---

2 TRANSCRIPCIÓN

Conversación 1	**NARRADOR:** Va a escuchar a dos personas hablando en una librería.

HOMBRE: Hola, buenas. ¿Tienen el último libro de Pérez-Reverte?
MUJER: Pues no sé si se nos ha acabado. Ha tenido mucho éxito. Voy a mirar en el almacén a ver si nos queda alguno.
HOMBRE: Vale. Aquí le espero.
MUJER: Se nos ha agotado. Pásese por aquí en una semana.

Conversación 2	**NARRADOR:** Va a escuchar a dos amigos hablar sobre su trabajo.

MUJER: Estoy muy a gusto con mi nuevo trabajo.
HOMBRE: ¿Y eso? ¿Te pagan bien?
MUJER: ¡Qué va! Si no es por el sueldo. Lo mejor es que no tengo que madrugar. Y mira, además, puedo compaginar mi vida laboral con la personal porque me organizo el tiempo como quiero.

Conversación 3	**NARRADOR:** Va a escuchar una conversación entre dos novios.

MUJER: La reunión de antiguos alumnos empieza a las 9, ¿ya estás listo?
HOMBRE: ¡Qué va! Al final no voy. Es que estoy indispuesto. Mira que tenía ganas de ver a Don Ramón, el profe de historia. Bueno, me hacía ilusión ver a todos en general.
MUJER: ¿Don Ramón? ¡Pero si te tenía rabia! Siempre te echaba de clase.
HOMBRE: Sí, pero yo le tenía un gran aprecio. Lo que pasa es que yo estaba el día tocándole las narices.

Conversación 4	**NARRADOR:** Va a escuchar una conversación entre dos amigos.

HOMBRE: ¿Cómo te sientes? ¿Ya has superado la ruptura?
MUJER: Todavía estoy un poco dolida pero ya me encuentro mejor. Si te digo la verdad, no me lo esperaba.
HOMBRE: Pero si estaba clarísimo que no estabais hechos el uno para el otro. Os llevabais como el perro y el gato. Estabais todo el día discutiendo.
MUJER: Sí, eso es cierto. Mira que soy tonta. Tenía que haberte hecho caso y dejarlo cuando empecé a darme cuenta de lo celoso que era.

Conversación 5	**NARRADOR:** Va a escuchar un fragmento de una entrevista a un actor. **MUJER:** Martín, háblanos un poco de tu paso por la universidad. ¿Qué tal te iban los estudios? ¿Eras buen estudiante? **HOMBRE:** La verdad es que sí. Sacaba buenas notas y me llevaba muy bien con los profesores. Pero tuve que dejar la universidad a causa de una enfermedad y por desgracia no pude terminar mis estudios. Todavía me arrepiento de ello. Menos mal que mis padres estaban ahí para ayudarme.
Conversación 6	**NARRADOR:** Va a escuchar a dos personas hablando en una oficina. **HOMBRE:** Oye Ana, el informe está inacabado y la presentación es mañana. Si es que te llevo observando toda la semana y no has dado ni golpe. **MUJER:** Sí, lo sé. Es que he estado liada con otras cosas. **HOMBRE:** Eso me da igual. Pues... vas a tener que hacer horas extras. Esto debería estar listo desde hace dos días.

스크립트 해석

대화 1	**내레이터:** 당신은 한 서점에서 나누는 두 사람의 대화를 들을 것입니다. **남자:** 안녕하세요. 페레스 레베르테의 최신작이 있나요? **여자:** 이미 매진된 건 아닌지 모르겠네요. 판매가 정말 잘 되었거든요. 창고에 가서 혹시 남은 것이 있는지 볼게요. **남자:** 좋아요. 여기서 기다리겠습니다. **여자:** 모두 판매되었네요. 일주일이 될 때쯤에 다시 들르세요.
대화 2	**내레이터:** 당신은 두 친구가 직장에 대해 나누는 대화를 들을 것입니다. **여자:** 나는 새로운 직장이 아주 마음에 들어. **남자:** 정말? 돈을 많이 주니? **여자:** 전혀 그렇지 않아! 급여 때문이 아니야. 아침 일찍 일어나지 않아도 된다는 것이 가장 좋은 점이야. 그리고 또 나의 업무 시간과 개인 시간을 병행할 수 있어. 왜냐하면 내가 원하는 대로 시간을 정할 수 있거든.

대화 3	**내레이터:** 당신은 두 연인 사이의 대화를 들을 것입니다.
	여자: 동창회는 아홉 시에 시작해. 준비 다 끝났니?
	남자: 그럴 리가! 난 결국에는 안 가려고. 그게 사실은, 나 몸 상태가 안 좋아. 역사 선생님인 라몬 선생님을 간절히 보고 싶었는데! 사실은 모두를 다 보고 싶은 바람이 있었는데.
	여자: 라몬 선생님? 하지만 그는 널 좋아하지 않았잖니! 수업 시간에 늘 너를 쫓아내셨었지.
	남자: 맞아. 하지만 나는 그에게 큰 애정이 있었어. 사실 나는 하루 종일 그 선생님을 괴롭혔었어.

대화 4	**내레이터:** 당신은 두 친구 사이의 대화를 들을 것입니다.
	남자: 기분이 어때? 이별을 극복했니?
	여자: 아직은 마음이 좀 아프지만 이제는 좀 더 나아졌어. 사실은 말이야, 난 전혀 예상하지 못했거든.
	남자: 하지만 너희가 전혀 맞지 않는다는 것은 너무 확실했잖니. 너희는 마치 개와 고양이 같은 관계였잖아. 하루 종일 말싸움을 하곤 했었지.
	여자: 맞아. 그건 사실이야. 나 정말 바보 같구나! 네 말에 따라 그가 그렇게나 질투심이 강한 사람이라는 것을 알았을 때 난 그를 떠났어야 했어.

대화 5	**내레이터:** 당신은 한 남자 배우와의 인터뷰의 한 부분을 들을 것입니다.
	여자: 마르틴, 당신의 대학 시절에 대해 이야기해 주세요. 학업은 어땠나요? 우등생이었나요?
	남자: 사실은 맞습니다. 성적이 좋았고 교수님들과도 관계가 좋았습니다. 하지만 전 병으로 대학교를 그만두어야 했고 불행히도 학업을 마칠 수 없었습니다. 아직까지 그것에 대해 후회하고 있어요. 제 부모님이 저를 도와주셔서 다행이었습니다.

대화 6	**내레이터:** 당신은 사무실에서 두 사람이 나누는 대화를 들을 것입니다.
	남자: 아나, 보고서는 아직 미완성인데 발표는 바로 내일이군요. 내가 이번 주 내내 당신을 지켜봤는데 당신은 일을 전혀 하지 않고 있어요.
	여자: 네, 저도 알아요. 사실은... 제가 다른 할 일들이 있어서 정신이 없었어요.
	남자: 그건 내 알 바가 아니에요. 당신은 추가 시간을 근무해야 합니다. 이건 벌써 이틀 전에 끝났어야 하는 일이에요.

3 해설

1.

여자가 남자에게 말한 내용이 무엇인지 묻고 있다. 남자가 여자에게 찾고 있는 책에 대해 문의하자, 직원이 'Se nos ha agotado.' 라고 답했다. 동사 agotarse는 '바닥나다, 매진되다'라는 뜻으로, 정답은 보기 b.

함정 피하기 이 문제의 강력한 함정은 보기 c인데, antes de una semana는 '일주일이 되기 전에 올 것'을 의미한다. 하지만 대화에서 서점 직원은 'Pásese por aquí en una semana.'라고 말했는데, 이는 일주일이 되는 시점 즈음에 다시 오라고 한 것이므로 두 문장 사이에 시점 차이가 있다는 것에 유의하자.

2.

새로운 직장에 대해 여자가 어떻게 말하는지를 묻고 있다. 여자는 새로운 직장이 마음에 든다면서 'puedo compaginar mi vida laboral con la personal porque me organizo el tiempo como quiero.'라고 했다. 이는 자신이 원하는 대로 시간 조절을 할 수 있는 일이라는 의미이므로, flexible(탄력성이 있는, 유연한)이라는 단어를 사용하는 것이 적합하다. 따라서 정답은 보기 a. 참고로 남자가 여자에게 급여가 좋은 직장인지 묻자 여자는 '¡Qué va!'라고 답했는데, 여기에서의 ¡Qué va!는 '전혀 그렇지 않다, 절대로 아니다'라는 뜻임을 알아 두자.

3.

남자가 동창회에 가기 싫어하는 이유를 묻고 있다. 여자가 남자에게 동창회에 갈 준비가 끝났냐고 묻자, 남자는 참석하지 않을 것이라고 대답하면서 'Es que estoy indispuesto.'라고 했다. 따라서 정답은 보기 c. 유사한 표현으로는 estar mal dispuesto가 있으니 같이 외워 두도록 하자.

4.

여자가 친구에게 어떤 말을 했는지를 묻고 있다. 친구 사이인 두 사람 중 여자는 최근 연인과 결별한 것으로 보인다. 여자의 마지막 대사 'Tenía que haberte hecho caso y dejarlo cuando empecé a darme cuenta de lo celoso que era.'를 잘 들어야 하는데, 이 문장에서 사용된 [tenía que 동사원형] 표현은 '~했었어야 했다'라는 의미를 나타낸다. 여자는 과거에 미리 헤어지지 않았던 것을 후회하고 있으므로, 정답은 보기 a.

함정 피하기 여자는 앞서 'Si te digo la verdad, no me lo esperaba.'라며 이별을 예상하지 못했다고 했으므로 보기 c는 함정이다.

5.

인터뷰 주인공인 남자가 어떤 내용을 단언하는지를 묻고 있다. 남자는 대학교 과정 중간에 병으로 학교를 그만두어야 했던 일에 대해 'Todavía me arrepiento de ello.'라고 했다. 따라서 정답은 보기 b.

함정 피하기 함정인 보기 a에서 사용된 hacer gracia는 '어떠한 사실을 기쁘게 여기고 있다'라는 뜻이므로 남자가 말한 내용과 반대가 된다.

6.

남자가 아나에게 나무란 내용이 무엇인지를 묻고 있다. 남자는 그의 첫 번째 대사에서 아나에게 보고서가 아직 완성되지 않았다며 'Si es que te llevo observando toda la semana y no has dado ni golpe.'라고 했다. 여기서 핵심 표현은 no dar ni golpe(일을 하지 않는다)라는 관용 표현으로, 정답은 보기 a. No dar ni clavo나 no pegar golpe도 이와 동일한 의미로 쓸 수 있다.

함정 피하기 보기 b에서 표현된 것과 같이 dos días라는 구체적인 기한에 대해 말하지는 않았으므로, 보기 b는 함정이다.

4 어휘

almacén	ⓜ 창고, 상점, (복수) 백화점
flexible	유연한, 유순한, 탄성이 있는
lamentarse	슬퍼하다, 안타까워하다
ruptura	ⓕ 파괴, 파손, 단절, 고장, 결별
hacer gracia	재미있게 여겨지다, 유쾌하게 하다
apoyar	기대다, 기대어 놓다, 세우다, 의지하다
reprochar	나무라다, 꾸중하다, 비난하다
informe	ⓜ 알림, 통지, 보고, 보고서, 리포트
éxito	ⓜ 성공
agotar	바닥을 내다, 써서 없애다
a gusto	마음 편하게, 기쁘게
madrugar	새벽에 일어나다, 매우 일찍 일어나다
compaginar	양립시키다, 조정하다, 조화시키다, 병행하다
laboral	노동의, 직업의
organizarse	조직되다, 편성되다, 설립되다, 창설되다, 창립되다
indispuesto	몸 상태가 나쁜, 컨디션이 나쁜, 기분이 언짢은
manía	ⓕ 망상, 버릇, 기벽, 원망, 원한
aprecio	ⓜ 존경, 경의, 고마움
tocarle las narices a alguien	귀찮게 하다, 성가시게 하다, 못살게 굴다, 괴롭히다
superar	능가하다, 극복하다, 뛰어넘다, 초과하다
dolido	속이 상한, 아픈
estar hechos el uno para el otro	잘 어울리는 한 쌍이다
llevarse como el perro y el gato	견원지간이다, 앙숙이다
hacer caso	귀담아듣다, 유의하다
celoso	질투하는
por desgracia	불행히도, 불운하게
arrepentirse	후회하다, 회개하다
inacabado	미완성의
presentación	ⓕ 소개, 제시, 전시, 진열
no dar ni golpe	일하지 않다, 놀다
liado	복잡하게 꼬인, 얽히고설킨
dar igual	상관없다, 아랑곳없다

Tarea 2 듣기 종합 연습문제 정답 및 해설

정답

0. A	7. B	8. A	9. B	10. C	11. C	12. A

1 해석

지시사항

당신은 친구 사이인 호세와 에스테르의 대화를 들을 것입니다. (7번부터 12번까지) 문장들이 (A) 호세, (B) 에스테르에 대한 내용인지 또는 (C) 둘 다 해당되지 않는지 선택하세요. 대화는 두 번 듣게 됩니다.

선택한 보기를 **답안지**에 표기하세요.

이제 문장들을 읽을 수 있는 20초의 시간이 주어집니다.

		A 호세	B 에스테르	C 둘 다 아님
0.	조언이 필요하다.	✓	☐	☐
7.	집주인의 결정이 놀랍게 생각되지 않는다.	☐	☐	☐
8.	판매가를 매우 저렴하게 여긴다.	☐	☐	☐
9.	지출을 하기에 좋은 시기가 아니라고 생각한다.	☐	☐	☐
10.	자동차를 사지 말 것을 조언한다.	☐	☐	☐
11.	경제적인 지원을 제공한다.	☐	☐	☐
12.	빚을 지고 싶지 않다.	☐	☐	☐

2 TRANSCRIPCIÓN

HOMBRE	¡Hola Esther! Gracias por venir. Pasa, por favor.
MUJER	De nada. He venido lo antes posible. Parecías preocupado cuando hablamos por teléfono.
HOMBRE	Sí, siéntate y te cuento. ¿Tú qué tal? ¿Todo bien?
MUJER	Sí, como siempre. Nada nuevo. Pero contáme, me tenés muy intrigada.
HOMBRE	Pues te he llamado porque te considero una buena amiga y consejera y me encuentro en una situación que no sé qué hacer. Asesórame, por favor.
MUJER	¡Claro que sí! Soy toda oídos.
HOMBRE	A ver, me acaba de llamar mi casero y me ha dicho que tiene en mente vender este piso.
MUJER	¡No me digas! ¿De verdad? Aunque si te digo la verdad yo ya lo veía venir.
HOMBRE	Sí, bueno, en todo caso, dice que al ser inquilino tengo preferencia en el proceso de venta y cuando me ha dicho el precio he pensado; pero ¡vaya ganga! Si es que está tirado.
MUJER	Ah, ¿sí? Bueno, aun así, yo que vos, lo pensaría. Lo del piso es un gasto muy grande y tal y como están las cosas no está el horno para bollos.
HOMBRE	Ya, además justo ahora que tenía previsto comprarme un coche... Pero es una buena oportunidad, ¿no?
MUJER	No sé, quizás deberías replantearte lo del coche.
HOMBRE	Pues lo he pensado, pero para comprarme el piso tendría que pedir una hipoteca y sabes que siempre intento no deberle nada a nadie, y menos a un banco.
MUJER	Bueno, como siempre, tenés mi apoyo emocional. Eso sí, para asuntos de dinero no contés conmigo.
HOMBRE	Eres un cielo, tú siempre tan buena amiga. De todas formas, lo más probable es que lo deje pasar. Me supondría un esfuerzo económico demasiado grande y no quiero meterme en líos. Con lo bien que estoy ahora.
MUJER	Haces bien. Yo estoy hasta el cuello de deudas. ¿Qué querés que te diga? No llego a fin de mes. El mes pasado tuve que pedirle dinero a mi madre.
HOMBRE	Pues ten cuidado y que no te embarguen.

스크립트 해석

남자	안녕 에스테르! 와 줘서 고마워. 어서 들어오렴.
여자	천만에. 나는 최대한 빨리 왔어. 전화로 이야기 나누었을 때 너는 아주 걱정하는 것 같았거든.
남자	맞아. 네가 앉으면 이야기해 줄게. 넌 어떻게 지내? 잘 지내니?
여자	응, 언제나처럼. 새로운 건 없어. 근데 어서 이야기해 줘. 너무 궁금한걸.
남자	내가 너에게 전화한 것은, 널 정말 좋은 친구이자 조언자로 여기기 때문이야. 사실 나는 어떻게 해야 할지 모르겠는 상황에 있어. 조언을 해 주렴. 부탁이야.
여자	물론이지. 네 말을 잘 들어 볼게.
남자	실은 방금 집주인이 전화가 왔는데, 이 아파트를 팔 생각이라고 나에게 말했어.
여자	설마! 정말이야? 사실 난 이미 그렇게 될 거라고 생각했어.
남자	응, 그래, 아무튼, 그는 내가 세입자니까 내가 매매 과정에서 더 유리하다고 말했고 금액을 이야기해 줬을 때는, '너무 저렴하네!'라고 생각했어. 구입해 볼 만한 집인 거지.
여자	아 그래? 하지만 그렇다고 해도, 내가 너라면 더 생각해 볼 것 같아. 아파트를 사는 것은 아주 큰 지출이고 요즘 이런 상황에서는 아직은 시기상조라고 생각해.
남자	그렇지, 게다가 나는 마침 지금 자동차를 살 계획이 있었거든. 하지만 좋은 기회잖아, 아냐?
여자	모르겠어, 어쩌면 자동차 사는 것을 다시 생각해 봐야 할지도 모르겠네.
남자	그 생각도 해 봤는데, 아파트를 사기 위해서는 저당을 잡혀야 하지만 네가 알다시피 나는 빚을 지지 않도록 항상 노력하잖아. 특히나 은행이라면 더욱 그렇지.
여자	좋아, 언제나 그렇듯이 난 네게 감정적 지원을 해 줄게. 하지만 분명한 건, 돈 문제라면 난 네게 줄 수 없어.
남자	넌 진짜 좋은 사람이구나, 참 좋은 친구야. 아무튼, 난 이것을 그냥 넘길 가능성이 가장 커. 경제적으로 너무 큰 노력이 필요할 것 같은데 난 궁지에 몰리고 싶지 않거든. 지금으로도 나는 너무 좋은걸.
여자	잘하고 있어. 나는 지금 빚 때문에 너무도 곤란한 상황에 있어. 내가 무슨 말을 할 수 있겠니? 월말까지 버티지도 못하는걸. 지난달에는 어머니에게 돈을 부탁했어야만 했어.
남자	그럼 조심하고 압류 당하지 않도록 해.

3 해설

0. Necesita consejo. 조언이 필요하다.

대화의 첫 문장에서 José가 'Gracias por venir.'라고 했으므로, Esther는 José의 부탁으로 방문한 것을 알 수 있다. José가 Esther에게 방문을 부탁한 이유는 'Pues te he llamado porque te considero una buena amiga y consejera y me encuentro en una situación que no sé qué hacer. Asesórame, por favor.'라는 말에서 알 수 있다. 어떻게 해야 할지 모르는 상황에서 상대방에게 asesorar(조언하다, 상담하다)를 부탁하고 있으므로, José는 현재 조언이 필요한 상태이다. 따라서 예시 문제의 정답은 보기 A José.

7. No le sorprende la decisión del casero. 집주인의 결정이 놀랍게 생각되지 않는다.

José는 Esther에게 집주인이 자신에게 전화를 해서 그가 살고 있는 아파트를 팔 생각이라고 말했다는 사실을 알린다. 이에 Esther는 '¡No me digas! ¿De verdad? Aunque si te digo la verdad yo ya lo veía venir.'이라 말하는데, 여기에서 등장하는 ver venir라는 표현을 정확하게 해석해야 정답을 찾기 쉽다. 이 문장에서 ver venir는 '어떠한 일이 발생할 것이 눈에 뻔히 보였다'라는 뜻으로 쓰였는데, 이는 7번 문제에서 표현된 no sorprender와 의미가 유사하다. 따라서 정답은 보기 B Esther.

8. Considera el precio de venta barato. 판매가를 매우 저렴하게 여긴다.

집주인이 말한 아파트 매매 가격에 대해 José는 'cuando me ha dicho el precio he pensado; pero ¡vaya ganga! Si es que está tirado.'라고 말했다. 참고로 이 문장은 집주인의 말을 듣고 본인이 생각한 바를 그대로 옮기고 있는 형태인데, 여기서 '헐값, 싼값'을 의미하는 명사 ganga와 estar tirado를 정확히 들어야 한다. 정답은 보기 A José.

9. Piensa que ahora no es buen momento para meterse en gastos. 지출을 하기에 좋은 시기가 아니라고 생각한다.

José는 저렴한 가격에 아파트를 매매할 수 있다고 들떠 있던 순간을 회상하지만, 이를 들은 Esther는 'Bueno, aun así, yo que vos, lo pensaría. Lo del piso es un gasto muy grande y tal y como están las cosas no está el horno para bollos.'라고 했다. 이 문장에서 주의할 점은 주격대명사 tú 대신 vos를 썼다는 점으로, yo que vos는 '내가 너라면'이라는 의미이다. 정답의 핵심은 no estar el horno para bollos(빵을 굽기에는 오븐이 아직 준비가 안되었다)라는 관용 표현에 있는데, 이는 곧 '시기가 적절하지 않다'라는 뜻이므로 정답은 보기 B Esther. 참고로 no estar el horno para bollos에서 horno는 '오븐, 화덕'을 의미한다.

10. Aconseja no comprarse un coche. 자동차를 사지 말 것을 조언한다.

10번 문제는 자동차를 사지 않을 것을 조언하는 인물이 누구인지 묻고 있다. José가 차를 살 계획이었다고 하자, Esther는 'No sé, quizás deberías replantearte lo del coche.'라고 말했다. [Deberías + 동사원형] 구조는 조언을 나타내는 표현이지만, 이 문장에 사용된 동사 replantearse는 '다시 계획을 세우다, 재검토하다'의 뜻을 지닌다. 즉 Esther는 자동차를 사려는 계획을 재검토해 보라고 조언을 한 것이지, 자동차를 사지 말라고 조언한 것은 아니다. 따라서 정답은 보기 C. 꼼꼼한 해석으로 함정을 피하도록 하자.

11. Ofrece ayuda económica. 경제적인 지원을 제공한다.

11번 문제에서는 ayuda económica(경제적인 지원)를 제공하는 사람이 누구인지를 묻고 있다. 큰 지출에 대한 José의 고민에 Esther는 'Bueno, como siempre, tenés mi apoyo emocional. Eso sí, para asuntos de dinero no contés conmigo.'라 답하고 있다. 따라서 정답은 보기 C. 동사 tener의 vosear 변형인 tenés와 contar의 부정 명령형 no contés를 주의해서 들어야 한다.

함정 피하기 Esther가 한 말은 감정적, 정신적으로는 얼마든지 도움을 줄 수 있지만 돈에 관한 문제라면 도움을 줄 수 없다는 뜻이므로 보기 B는 답이 될 수 없다.

12. No quiere endeudarse. 빚을 지고 싶지 않다.

12번 문제에 등장하는 동사 endeudarse는 '빚(deuda)을 지다'라는 의미이다. José는 빚, 채무에 관해 'Pues lo he pensado, pero para comprarme el piso tendría que pedir una hipoteca y sabes que siempre intento no deberle nada a nadie, y menos a un banco.'라고 했으므로, 정답은 보기 A. '담보'를 의미하는 명사 hipoteca를 반드시 알아야 하며, 'siempre intento no deberle nada a nadie'에서 쓰인 동사 deber는 '해야 한다'의 의무 표현이 아닌 '누군가에게 ~을 지다'라는 뜻으로 해석해야 한다.

4 어휘

consejo	ⓜ 의견, 충고, 회의, 이사회
decisión	ⓕ 결정, 결심, 판단, 심판
casero	집의, 가정의, 수제의
gasto	ⓜ 소비, 비용
aconsejar	충고하다, 조언하다
ofrecer	주다, 제공하다
endeudarse	빚을 지다, 은혜를 입다
intrigado	흥미로워하는, 궁금해 하는
consejero	ⓜ ⓕ 고문, 컨설턴트
asesorar	조언하다, 상담하다
ser todo oídos	경청하다, 귀담아듣다
tener algo en mente	생각하고 있다
inquilino	ⓜ ⓕ 세입자, 임차인
preferencia	ⓕ 편애, 우선
ganga	ⓕ 싸구려, 바겐세일
tirado	끌린, 아주 쉬운, 매우 싼, 입수하기 쉬운
no estar el horno para bollos	어떤 일을 하기에는 때가 아직 적당하지 못하다
previsto	예상된, 예지된
replantear	계획을 다시 세우다, 재설정하다
hipoteca	ⓕ 저당, 담보

Tarea 3 듣기 종합 연습문제 정답 및 해설

정답

| **13.** a | **14.** c | **15.** b | **16.** b | **17.** c | **18.** b |

1 해석

지시사항

당신은 콜롬비아 출신 유명 가수인 샤키라의 인터뷰의 한 부분을 들을 것입니다. 인터뷰는 두 번 듣게 됩니다. 이어서 (13번부터 18번까지) 질문에 답하세요. (a / b / c) 정답을 선택하세요.

선택한 보기를 **답안지**에 표기하세요.

이제 문제를 읽을 수 있는 시간을 30초간 갖게 됩니다.

문제

13. 인터뷰에서 샤키라는 '와카와카'라는 곡에 대해 …(라)고 말했다.

 a 그 곡을 쓰게 된 것은 운이 따랐다

 b 그의 남자친구에게 바치는 곡이었다

 c 그 곡의 가사와 음악은 신비스럽다

14. 그녀는 '맨발들' 재단에 대해 …(라)고 말했다.

 a 더 많은 시간을 할애하고 싶다

 b 성인 나이가 되었을 때부터 재단에서 일하기 시작했다

 c 운영에 개입되어 있다

15. 그 가수는 자식을 갖는 것에 대해서 …(라)고 말했다.

 a 입양할 의도가 없다

 b 그런 일에 관심이 없는 사람도 있다

 c 그녀가 열망하는 것들 중 하나는 아니다

16. 인터뷰에서, 샤키라는 성공으로 가는 길에 …(라)고 말했다.

 a 돈을 많이 벌었다

 b 몇몇 일들을 포기해야만 했다

 c 내적인 고통의 감정을 직면했다

17. 주인공은 '로 케 마스'에 대해 …(라)고 말했다.

 a 그녀가 더 강해질 수 있도록 도움을 주었다

 b 비관적인 곡이다

 c 연인 간의 문제에 대해 다룬다

18. 이 가수는 레네에 대해 …(라)고 말했다.

 a 말이 지나치게 많다

 b 아주 재미있는 사람이다

 c 작사를 하는데 시간이 오래 걸린다

2 TRANSCRIPCIÓN

HOMBRE ¿Alguna vez imaginaste que *Waka Waka* se pudiera convertir en el éxito que ha sido?

MUJER Cuando la escribí me di cuenta de que tenía una canción importante entre manos, porque compuse la letra y la música al mismo tiempo. Cuando esas cosas me pasan, es como si fuera magia. Además, si no fuera por esa canción no habría conocido a mi actual pareja. Así que mira, una canción me cambió la vida; por suerte se me ocurrió.

HOMBRE ¿Qué tan involucrada estás en la fundación *Pies Descalzos*?

MUJER Mucho, mucho, muchísimo. Invierto una gran parte de mi tiempo en todo eso, desde los 18 años, cuando empecé a trabajar con María Emma, presidenta ejecutiva de la fundación *Pies descalzos*. Siempre estamos en contacto y con la gente de la fundación reviso todo; estoy muy metida en la gestión y es una de las satisfacciones más grandes que tengo.

HOMBRE Muchas veces te han preguntado acerca de tener hijos. ¿Hacen falta los hijos para ser feliz?

MUJER Creo que uno puede ser padre de tantas cosas, de tus proyectos y de las mascotas que tienes en casa. El ser humano siempre necesita proteger algo, cuidar algo, alimentar algo; no necesariamente tiene que ser un hijo propio, de tu carne. Sí, me encantaría tener un hijo y, si no, adoptarlo. No todo el mundo tiene la vocación para criar hijos y educarlos, pero todo el mundo tiene la vocación para cuidar a alguien y amarlo.

HOMBRE Para alcanzar el éxito, ¿qué has perdido que no te hubiera gustado sacrificar?

MUJER Creo que... No sé, trato de esquivar el arrepentimiento y me doy cuenta de que la culpa también es obsoleta; entonces, al final, creo que la cuenta matemática da una ganancia y me quedo con lo que he ganado, con lo que he aprendido. En el camino hay cosas que se sacrifican, pero la cuenta es positiva, es más lo que se gana.

HOMBRE ¿En qué te inspiraste para *Lo que más*?

MUJER *Lo que más* es una historia personal de esos momentos en que sientes que... bueno, toda relación tiene momentos de crisis, ¿no? Tiene esos momentos y te das cuenta de que a veces se sale fortalecida de las crisis. Escribo mucho de lo personal.

HOMBRE ¿Cómo fue trabajar con René de Calle 13 en la canción *Gordita*?

MUJER Siempre me parecen muy interesantes las colaboraciones, y trabajar con René, verlo escribir tan rápido, fue fantástico. Se sienta frente a su computadora y en media hora tiene la letra de una canción y te llena la cabeza con las cosas que dice. Es tan ocurrente, tan ingenioso... *Gordita* tiene mucho humor; es para reírse de uno mismo y, además, es un tema musical alegre, para que lo pases bien.

(Adaptado de *https://www.vanidades.com/celebs/entrevista-con-shakira/*)

스크립트 해석

남자	당신은 '와카와카'라는 곡이 지금처럼 이렇게 성공할 것이라고 상상했던 적이 있나요?
여자	처음 그 곡을 썼을 때 아주 엄청난 곡이 지금 내 손에 있다는 것을 알았는데, 왜냐하면 저는 작사와 작곡을 동시에 했기 때문이에요. 그런 일이 저에게 일어날 때 그것은 마치 마법과도 같습니다. 더욱이, 그 곡이 아니었다면 지금의 연인을 만나지 못했을 거예요. 그래서 확실한 것은, 그 곡은 제 인생을 바꾸어 놓았다는 것이고 정말 운이 좋게도 그런 일이 제게 일어났어요.
남자	당신은 '맨발들'이라는 재단에 얼마만큼 개입되어 있나요?
여자	정말 아주 많이요. 저는 18살 때 이 '맨발들' 재단의 회장인 마리아 엠마와 함께 일하기 시작했고, 그때부터 저의 시간의 대부분을 이 모든 것에 투자했습니다. 우리는 항상 서로 연락을 취하고 재단의 사람들과 함께 모든 것을 검토합니다. 저는 운영에 깊이 관여하고 있으며 이것은 제가 가진 가장 큰 만족감 중에 하나입니다.
남자	자녀를 갖는 것에 대해 많은 질문을 받았을 것 같은데요. 행복하기 위해서는 반드시 자녀가 있어야 할까요?
여자	사람은 누구나 많은 것들의 부모가 될 수 있다고 생각하는데, 당신의 프로젝트, 집에 있는 반려동물 등과 같이요. 인간은 늘 무언가를 보호하고, 돌보고, 먹이를 주어야 합니다. 하지만 꼭 그것이 실제 자식, 혈육의 자식일 필요는 없습니다. 그렇습니다, 저는 아이를 갖기를 원하지만, 아니면, 입양을 하는 것도 좋을 것 같습니다. 모든 사람이 자녀를 양육하고 교육시키는 소명을 갖지는 않지만, 모든 사람들은 누군가를 돌보고 사랑하는 소명을 가지고 있으니까요.
남자	당신은 성공에 도달하기 위해서, 희생하고 싶지 않았지만 어쩔 수 없이 잃어버린 것이 있나요?
여자	제 생각에는… 글쎄요, 저는 후회하지 않으려고 노력하는 편이고 죄책감은 쓸모없다는 것을 알고 있습니다. 그래서, 결국에는, 수학적인 계산으로는 이득을 얻고 난 후 얻은 것과 배운 것에 대해 만족을 하는 편입니다. 성공으로 가는 길에는 희생되어야 하는 것들이 물론 있지만, 결과적으로 셈을 하면 흑자인 것이죠, 이득이 더 많습니다.
남자	'로 케 마스'라는 곡은 어디서 영감을 받아서 쓴 곡인가요?
여자	'로 케 마스'는 개인적인 이야기인데, 그런 감정의 순간들이 있잖아요… 뭐, 모든 관계는 위기의 순간들이 있기 마련이니까요, 그렇지 않나요? 그런 순간들은 분명히 있고 가끔은 그 관계는 위기로부터 더 굳건해지는 것을 알 수 있죠. 저는 개인적인 이야기에 대해 많이 쓰는 편입니다.
남자	'고르디타'라는 곡에서 레네 데 카예13과 함께 작업한 것은 어땠나요?
여자	공동 작업을 하는 것은 늘 흥미롭고, 레네와 함께 작업을 하면서, 그가 작사를 그토록 빨리 하는 것을 보게 된 것은 정말 환상적이었어요. 그는 컴퓨터 앞에 앉아 30분 만에 노래 한 곡의 가사를 완성하는데, 그 가사를 통해 말하는 내용들은 상대를 완전히 매료시킵니다. 그는 정말 재치가 넘치고 재능이 있는 사람입니다. '고르디타'는 매우 유머러스한 노래입니다. 스스로에 대해 웃을 수 있고, 또, 당신의 기분을 좋아지게 하는 쾌활한 곡입니다.

3 해설

13.	여자가 '와카와카'라는 곡에 대해 샤키라가 언급한 내용이 무엇인지를 묻고 있다. 샤키라는 인터뷰 초반에 이 곡에 대해 'Así que mira, una canción me cambió la vida; por suerte se me ocurrió.'라고 말하고 있는데, 여기에서의 핵심 표현은 por suerte(운이 좋게도)이다. 따라서 정답은 보기 **a**. Afortunado의 동의어로는 suertudo가 있다. **함정 피하기** 샤키라는 이 곡 덕분에 현재의 연인을 만나게 되었다고 말하는데, 이 부분 때문에 보기 **b**를 혼동해서는 안 된다.
14.	'Pies descalzos'라는 재단 운영에 관한 대화의 내용을 주의해서 들어야 한다. 샤키라는 해당 재단에 대해 'estoy muy metida en la gestión y es una de las satisfacciones más grandes que tengo.'라고 말했으므로, 정답은 보기 **c**. Estar implicado와 estar metido는 두 가지 모두 '개입되어 있다, 연루되어 있다'라는 표현이다. 명사 administración과 gestión 역시 '관리, 운영'이라는 뜻으로 동의어이다. **함정 피하기** 대화에서 샤키라는 'desde los 18 años, cuando empecé a trabajar con María Emma'라고 했는데, 성인이 되었을 때부터 재단에서 일한 것이 아니라 18세 때부터 마리아 엠마라는 인물과 함께 일하기 시작했다는 내용이므로, 보기 **b**는 함정이다.
15.	자녀를 갖는 것에 대한 샤키라의 생각을 알 수 있는 문장을 잘 들어야 한다. 인터뷰에서 그녀는 'El ser humano siempre necesita proteger algo, cuidar algo, alimentar algo; no necesariamente tiene que ser un hijo propio, de tu carne.'라며, 자식이 아니더라도 다른 것을 돌보는 데 관심을 기울이면 된다고 말했다. 즉, 샤키라는 자녀를 갖는 것이 꼭 필수적인 것은 아니라고 생각하고 있으므로, 이를 통해 유추할 수 있는 정답은 보기 **b**. **함정 피하기** 샤키라의 경우에는 아이를 갖기 원하고 입양도 좋다고 했으므로, 보기 **a**와 **c**는 답이 될 수 없다.
16.	샤키라가 성공으로 가는 과정이 어떠했는지를 묻고 있으므로, 해당 내용이 언급되는 부분을 주의 깊게 들어야 한다. 정답과 관련된 문장은 'En el camino hay cosas que se sacrifican, pero la cuenta es positiva, es más lo que se gana.'인데, 이를 통해 그녀는 성공으로 가는 길에 몇 가지를 포기했다는 것을 알 수 있다. 따라서 정답은 **b**. **함정 피하기** 이 부분에서 그녀는 'la cuenta matemática da una ganancia y me quedo con lo que he ganado, con lo que he aprendido.'라고도 언급했는데, 이때의 ganancia는 보기 **a**에서 말하듯 '돈'이나 '재물'을 꼭 의미하는 것이 아니므로 주의해야 한다.
17.	'Lo que más'라는 노래에 대해 샤키라가 어떻게 생각하는지를 묻고 있다. 샤키라는 '*Lo que más* es una historia personal de esos momentos en que sientes que... bueno, toda relación tiene momentos de crisis.'라고 말했는데, 두 문장을 잘 듣고 해석해 보면, 이 노래는 위기의 순간을 맞기도 하는 연인 관계에서 본인이 느낀 감정에 대한 노래라는 것을 알 수 있다. 따라서 정답은 보기 **c**. **함정 피하기** 위기의 순간을 맞기도 하는 연인 관계이지만 이로부터 더 단단해질 수 있다는 이야기로 이어지므로 보기 **b**는 답이 될 수 없으며, 더 강인해지는 것은 그녀 자신이 아니라 연인 관계이므로 보기 **a** 역시 답이 될 수 없다.

18.	'레네'라는 인물에 대해 말하는 샤키라의 의견이 무엇인지 잘 들어야 한다. 샤키라는 레네에 대해 'Es tan ocurrente, tan ingenioso...'이라고 했는데, 형용사 ocurrente는 divertido, gracioso, chistoso와 같이 '웃기는, 재미있는 사람'을 뜻한다. 따라서 정답은 보기 b.

4 어휘

afortunado	ⓜ ⓕ 자산가 / 운이 좋은, 성공한, 돈이 있는
componer	구성하다, 창작하다
descalzo	맨발의
implicado	연결된, 연루된, 내포된
administración	ⓕ 관리, 경영
adoptar	입양하다, 채용하다, 채택하다, 결정하다
aspiración	ⓕ 호흡, 흡입, 동경, 열망, 야망
afrontar	대질시키다, 대항하다, 맞서다
pena interior	ⓕ 내적 고통
pesimista	ⓜ ⓕ 비관론자 / 비관적인, 염세주의의
hablar por los codos	말을 너무 많이 하다
involucrado	개입된, 관계있는, 내포된
invertir	거꾸로 하다, 역전시키다, 투자하다
revisar	다시 보다, 점검하다, 수리하다
metido	넣어진, 들어간, 열중한
gestión	ⓕ 수속, 처리, 관리, 경영, 직무
carne	ⓕ 고기, 살, 육체
vocación	ⓕ 천직, 천성, 자질, 재능
criar	기르다, 키우다, 사육하다
sacrificar	바치다, 희생하다
esquivar	피하다, 비키다
arrepentimiento	ⓜ 후회, 죄책감, 뉘우침
obsoleto	낡은, 쓸모없게 된, 거의 쓰이지 않는, 진부한
ganancia	ⓕ 이익, 벌이, 이득
fortalecido	굳어진, 견고한, 단련된
ocurrente	위트 있는, 재치 있는
ingenioso	재능이 있는, 독창적인

정답

0. E	19. F	20. B	21. G	22. I	23. D	24. C

---

1 해석

지시사항

당신은 여섯 명의 사람들이 말하는 유튜버가 되기 위한 조언을 들을 것입니다. 각 사람의 말을 두 번씩 듣게 됩니다. (19번부터 24번까지) 각 사람이 말하는 주제에 연관되는 (A부터 J까지) 문장을 선택하세요. 예시를 포함한 10개의 문장이 있습니다. 여섯 개만 선택하세요.

선택한 보기를 **답안지**에 표기하세요.

이제 예시를 듣습니다.

사람 **0**

정답과 관련된 문장은 **E**입니다.

```
        A    B    C    D    E    F    G    H    I    J
0    ⊂──⊃ ⊂──⊃ ⊂──⊃ ⊂──⊃ ⊂━━⊃ ⊂──⊃ ⊂──⊃ ⊂──⊃ ⊂──⊃ ⊂──⊃
```

이제 보기를 읽을 시간 20초가 주어집니다.

문장

A.	정성을 들여 편집하기	F.	채널을 생성하기
B.	컨텐츠를 고르기	G.	조급해하지 않기
C.	미리 계획하기	H.	채널을 최적화하기
D.	주기성을 설정하기	I.	영상을 홍보하기
E.	기본 도구로 제작하기	J.	품질을 관리하기

	사람	문장
0.	사람 0	E
19.	사람 1	
20.	사람 2	
21.	사람 3	
22.	사람 4	
23.	사람 5	
24.	사람 6	

2 TRANSCRIPCIÓN

Persona 0 (Ejemplo)	Lo primero que debes saber es que necesitarás una cámara de vídeo en alta resolución o incluso puede valer la de tu teléfono si graba en HD, pero necesitarás un trípode para el móvil. También te hará falta un programa de edición básica en tu ordenador, un micrófono, unos buenos focos y... mucha imaginación.
Persona 1	Yo que tú, pensaría bien el nombre, pues será por el que te conozcan todos tus seguidores. No sé, considera que funcionan mejor los cortos, pues son más fáciles de recordar. Si además incluyes palabras clave en su título, podrás conseguir que los internautas te localicen más fácilmente al utilizar el buscador de Google. Personalízalo con un logotipo que te identifique y un diseño cuidado.
Persona 2	Pero ¿qué piensas hacer? ¿contar tu día a día? ¿probar productos de belleza? ¿hacer tutoriales? Elige lo que más te guste, pero te recomiendo que los vídeos tengan un enfoque novedoso. Yo que tú, lo meditaría bien antes de lanzarme y, sobre todo, decántate por algo que te guste y con lo que estés cómodo.
Persona 3	Si piensas que te harás rico enseguida con tus vídeos, posiblemente abandones tu propósito de hacerte youtuber cuando lleves incluso menos de 10 vídeos. Al principio, los seguidores tardan en llegar al canal, porque crear una comunidad fiel de usuarios es una tarea que requiere mucho esfuerzo, sacrificio y años de trabajo en muchas ocasiones. Recuerda que debes ser constante.
Persona 4	La verdad es que no basta con publicarlos y ya está. Una vez subidos a la plataforma, no sé, muévelos en tus redes sociales, compártelos en Facebook, en Twitter, otras redes sociales, en foros especializados... haz que el resto de los internautas los conozca, no sólo quienes ya te siguen en YouTube.
Persona 5	Mira, algo que debes tener presente es que deberías imponerte un ritmo de publicación. No sé, piensa en ello, pero podría ser diaria, bisemanal, semanal... Depende de ti, de acuerdo con tus capacidades y recursos. Eso sí, trata de cumplir los plazos para que los usuarios ansíen tu próxima entrega.
Persona 6	Un vídeo corto de tres minutos es resultado de muchas horas de trabajo y esfuerzo. Yo que vos, pensaría con detenimiento qué querés comunicar, cómo son los planos que necesitás, la música que utilizarás... debes tener claro hasta el más mínimo detalle y que sepas que esto constituye una parte importante para lograr el resultado final.

스크립트 해석

사람 0	당신이 우선 알아야 할 것은 바로 고화질의 비디오 카메라가 필요할 것이라는 것 혹은 당신의 휴대 전화의 카메라가 HD로 촬영 가능하다면 쓸 수 있지만, 휴대 전화용 삼각대가 필요하다는 것입니다. 마찬가지로 당신의 컴퓨터에 기본적인 편집 프로그램이 있어야 하고, 마이크, 좋은 조명들… 그리고 많은 상상력이 필요할 것입니다.
사람 1	제가 당신이라면, 이름을 잘 생각해 볼 것 같아요, 그러면 당신의 팔로워들이 그 이름을 통해 당신을 알아볼 테니까요. 글쎄요, 짧은 이름이 더 기억하기 쉬우므로 좋을 것 같다는 것을 고려해 보세요. 또한, 제목에 핵심 단어를 포함시키면, 누리꾼들이 구글 검색에서 당신을 더 쉽게 찾을 수 있게 될 것입니다. 당신의 정체를 분명히 드러나게 해 주는 로고와 디자인을 통해 개인화 시키세요.
사람 2	그런데, 당신은 무엇을 할 생각인가요? 일상을 이야기하기? 화장품을 테스트해 보기? 강의하기? 당신이 가장 좋아하는 것을 선택해야 하지만, 영상은 새로운 관점을 가져야 한다는 것을 조언하고 싶습니다. 제가 당신이라면, 우선 시작하기 전에 곰곰이 생각해 볼 것 같은데, 특히, 당신이 좋아하고 당신이 편안해하는 것 쪽으로 선택하세요.
사람 3	당신의 동영상을 가지고 곧바로 부자가 될 수 있다고 생각한다면, 아마도 10개도 채 되지 않는 동영상을 제작한 후 유튜버가 되려는 의지를 포기할 수도 있을 것입니다. 처음에는, 구독자가 채널에 도달하는 데 시간이 걸리는데, 충실한 이용자 단체를 생성하는 것은 많은 노력, 희생 및 수년간의 작업이 필요한 일이기 때문입니다. 당신은 꾸준한 노력을 해야 한다는 것을 기억하십시오.
사람 4	사실은 그 영상들을 게시하는 것만으로는 충분하지 않다는 것입니다. 플랫폼에 업로드를 한 후에는, 글쎄요, 당신의 SNS에도 옮겨 담고 페이스북, 트위터 등 기타 SNS 및 특수 게시판 등에 공유하세요. 이미 유튜브에서 당신을 팔로우하는 사람들뿐만 아니라 나머지 인터넷 사용자들에게도 알려야 합니다.
사람 5	보세요, 당신이 명심해야 하는 것은 바로 영상 게시에 대한 페이스를 유지해야 한다는 것입니다. 글쎄요, 당신이 생각해 보면 알 수 있겠지만, 매일, 격주로, 매주가 가능할 수 있을 것입니다. 당신의 능력과 자원에 따라 당신에게 달려 있습니다. 물론, 이용자들이 당신의 다음 연재를 손꼽아 기다릴 수 있는 기간을 충분히 지킬 수 있도록 노력해야 합니다.
사람 6	3분짜리 짧은 비디오는 많은 작업 시간과 노력의 결과입니다. 제가 당신이라면, 당신이 전달하고 싶은 것이 무엇인지, 어떤 화면들이 필요하며, 사용할 음악은 무엇인지 등에 대해 신중히 생각해 볼 것입니다. 아주 사소한 디테일까지도 정확히 알고 있어야 하며 이것이 바로 최종 결과를 달성하는 데 중요한 부분을 구성한다는 것을 알고 있어야 합니다.

3 해설

| 0. | Persona 0 | E Hacerse con el kit básico. 기본 도구로 제작하기 |

예시 문제인 0번의 정답은 보기 E. 0번 인물은 'Lo primero que debes saber es que necesitarás una cámara de vídeo...'라고 말문을 연 후, 유튜버가 되기 위해 필요한 도구들에 대해 이야기를 하는데, 이 문제에서는 보기 E에서 사용된 명사 kit의 이해가 중요하다. 우리말로는 '도구 한 벌' 정도의 뜻이 되는데, 여러 가지 장비나 물품에 대해 말하는 내용을 듣고 정답과 연결시킬 수 있어야 한다.

| 19. | Persona 1 | F Crear el canal. 채널을 생성하기 |

1번 사람이 제안하는 것은 우선 pensar bien el nombre(좋은 이름을 생각하기)이다. 또한 이어진 incluir palabras claves en el título(타이틀에 핵심단어를 포함시킬 것), personalizar con un logotipo que te identifique y un diseño cuidado(정체를 드러나게 해 주는 로고와 디자인을 통해 개인화 시킬 것)에 대한 언급을 종합해 보면, 우리는 그가 유튜브 컨텐츠의 제작에 앞서 먼저 해야 하는 단계들에 대해 설명하고 있음을 알 수 있다. 즉, 채널 운영을 위해 가장 먼저 해야 하는 것이 바로 채널의 이름을 짓고 채널을 만들어야 한다는 조언인 것. 보기 문장에서 가장 중요한 단어는 바로 crear(생성하기)로, 정답은 F.

| 20. | Persona 2 | B Escoger el contenido. 컨텐츠를 고르기 |

2번 인물은 '¿qué piensas hacer?'라는 질문을 먼저 던지면서 어떤 '내용'을 다뤄야 하는지에 대해 이야기하고 있다. 그리고 마지막에 'decántate por algo que te guste y con lo que estés cómodo.'라고 조언을 하고 있으므로, 정답은 보기 B. 명사 contenido는 '내용, 내용물, 컨텐츠'라는 뜻인데, 듣기 텍스트의 내용만 집중해서 잘 듣는다면 그리 어렵지 않게 답을 선택할 수 있다.

| 21. | Persona 3 | G No ser impaciente. 조급해하지 않기 |

3번 인물은 유튜브를 통해 수익을 얻기 위해서는 시간이 필요하다는 조언을 하고 있다. 정답을 확인할 수 있는 구간은 'crear una comunidad fiel de usuarios es una tarea que requiere mucho esfuerzo, sacrificio y años de trabajo en muchas ocasiones'이며, 핵심 키워드는 muchos años de trabajo. 이 사람이 언급하는 마지막 문장 'Recuerda que debes ser constante.' 역시 중요한 단서가 되는데, ser constante는 '한결 같다, 꾸준하다'의 의미이므로, 정답은 보기 G.

| 22. | Persona 4 | I Promocionar los vídeos. 영상을 홍보하기 |

이 사람은 영상을 게시한 후에 해야 할 일들에 대해 조언을 한다. 다양한 SNS를 활용해서 영상들을 공유할 것을 조언하고 있는데, 마지막 문장인 'haz que el resto de los internautas los conozca, no sólo quienes ya te siguen en YouTube.'를 보면, 동사 hacer의 명령형을 사용하여 직접 명령을 하는 문장 형태이다. '사람들이 게시물들을 볼 수 있게끔 만들어라'라는 내용으로, 이는 보기 I의 promocionar에 해당하는 내용이 된다. 따라서 정답은 보기 I.

| 23. | Persona 5 | D Establecer una periodicidad. 주기성을 설정하기 |

이 사람이 언급하는 첫 번째 문장에서 들어야 할 핵심 키워드는 'un ritmo de publicación'으로, 영상을 게시하는 것에 있어 '리듬, 페이스'를 유지할 것을 말하고 있다. 영상을 올리는 기간을 정하고 주기를 지킬 것을 당부하므로 정답은 보기 D. 시험지에서 미리 문제를 읽을 때 명사 periodicidad(주기성, 정기성)의 의미를 정확히 해석해야만 한다.

| 24. | Persona 6 | C Planificar con tiempo. 미리 계획하기 |

6번 인물의 메시지 중 첫 번째 문장에서 강조하는 점은 바로 'muchas horas de trabajo y esfuerzo'이다. 영상은 짧을 지라도 준비하는 시간과 노력은 그에 비해 크다는 것. 이어서 이 사람은 'pensaría con detenimiento qué querés comunicar, cómo son los planos que necesitás, la música que utilizarás'라고 했는데, 이는 미리 모든 부분에 대해 잘 계획하고 구상할 것을 의미한다. 정답은 보기 C이며, 동사 planificar는 '계획하다'의 의미이다.

4 어휘

esmero	ⓜ 세심함, 정성을 들임
planificar	계획을 세우다, 계획하다
periodicidad	ⓕ 정기성, 주기성
kit	ⓜ 도구 한 벌
impaciente	성급한, 조급한
optimizar	최고로 활용하다, 가장 능률적으로 이용하다
resolución	ⓕ 결심, 결의, 결정, 결단성, 해결, 선명도, 해상도
HD	고선명도(high-definition)
trípode	ⓜ 삼각대
edición	ⓕ 출판, (행사, 경기 등의) 회, 제작, 편집
foco	ⓜ 초점, 중심, 근원, 스포트라이트, 전구
seguidor	ⓜ ⓕ 추종자, 팬, 서포터 / 따르는
internauta	ⓜ ⓕ 누리꾼, 네티즌
buscador	ⓜ 검색자 / 찾는, 구하는
personalizar	개인화하다, 인격화하다, 자기의 이름을 붙이다
logotipo	ⓜ 로고, 상징, 마크
día a día	매일, 하루하루
probar	시험하다, 증명하다, 먹어 보다, 입어 보다
producto de belleza	ⓜ 화장품
tutorial	ⓜ 강좌
enfoque	ⓜ 초점, 시점, 관점
meditar	사색에 잠기다, 명상하다, 곰곰이 생각하다
lanzarse	던지다, 뛰어들다, 팔기 시작하다
decantarse	마음이 기울다
enseguida	즉시, 즉각
propósito	ⓜ 의도, 목적, 취지, 의향
usuario	ⓜ 사용자, 이용자
constante	ⓕ 불변의 것, 정수 / 항구적인, 일정한, 끊임없는
bastar con	충분하다, 족하다
plataforma	ⓕ 대, 단, 높은 곳, 승강장, 발판
foro	ⓜ 공개 토론, 포럼
tener presente	마음속에 품다, 기억하다, 간직하다
imponerse	(억지로) 짊어지다, 강제되다, 강요되다

publicación	ⓕ 출판, 간행, 공표, 발표, 출판물
bisemanal	격주의, 주 2회의
de acuerdo con	~에 따라서, ~에 따르면
recurso	ⓜ 수단, 방법, 자원, 자금
cumplir	완수하다, 실행하다, 지키다, 만 ~살이다
plazo	ⓜ 기간, 기한
ansiar	열망하다, 간절히 바라다
entrega	ⓕ 인계, 수여, 제출
detenimiento	ⓜ 체포, 저지, 주의
plano	ⓜ 평면; 면, 도면, 지도, 측면 / 반반한, 납작한
constituir	구성하다, 설립하다, 조직하다
resultado	ⓜ 결과, 성과, 성적

Tarea 5 듣기 종합 연습문제 정답 및 해설

정답

25. b 26. b 27. a 28. c 29. b 30. a

1 해석

지시사항

당신은 안달루시아 출신의 한 기업가의 강연의 일부분을 듣게 됩니다. 듣기 지문은 두 번 듣게 됩니다. 이어서 (25번부터 30번까지) 질문에 답하세요. (a / b / c) 정답을 선택하세요.

선택한 보기를 **답안지**에 표기하세요.

이제 문제를 읽을 수 있는 시간을 30초간 갖게 됩니다.

문제

25. 듣기 지문에서, 라우라 부에노는 자신의 회사의 이름은 … 지은 것이라고 말했다.

a 그 분야의 한 전문가가

b 수많은 옵션들을 생각해 본 후

c 한 교수님에게 경의를 표하며

26. 훈련 과정을 거친 후에 라우라 부에노는 …

a 한 웹 사이트에 투자하기로 결심했다.

b 전문가들의 손에 맡겼다.

c 결정적인 무언가를 찾지 않았다.

27. 라우라 부에노는 … 위하여 무료 강연을 했었다고 말했다.

a 전문적 관계를 형성하기

b 확신을 전하기

c 본인의 사업을 홍보하기

28. 라우라 부에노의 의견에 따르면, 브랜드라는 것에 있어서 …

a 근본적인 것은 강해야 한다는 것이다.

b 그것을 알리는 것이 필수적이다.

c 그것을 만들어 내는 것이 우선이다.

29. 라우라 부에노는 자신의 고객들이 …(라)고 말했다.

a 본인들이 원하는 것을 잘 알고 있다

b 무엇이 이익이 되는지 인지한다

c 개선하기를 원한다

30. 라우라 부에노는 … 무언가를 만들어 내길 권한다.

a 당신에게 열정을 주는

b 오래 지속되는

c 수익성이 있는

2 TRANSCRIPCIÓN

MUJER   Hola, mi nombre es Laura Bueno, fundadora de *Karismatia*. Agradezco a todos la asistencia a esta conferencia. Os voy a hablar del comienzo de mi andadura empresarial y de cómo creé mi negocio.

Encontrar el nombre no fue fácil. Al principio contraté a un experto en crear nombres de marca. Sin embargo, el nombre se gestó tras muchos días de lluvia de ideas con mis tías, mis sobrinas, en aquella época de 7 y 2 años y otros familiares. Finalmente, el nombre se lo debo a una persona que me conoce bien, a María Jesús Ruiz Muñoz, profesora de la Universidad de Málaga.

Mi primera inversión tras pasar por un período de formación fue crear un logo, una tarjeta y una página web profesional, corporativa, elegante y que pudiese crecer conforme *Karismatia* crece. No quería hacer cosas provisionales para salir del paso. Aposté por profesionales en el sector para desarrollar mi proyecto. Esas fueron las apuestas principales y bueno, también salir en el periódico y escribir en mi blog y en otros.

Pero los negocios como todo en la vida se basan en la confianza, así que para generar una red de contactos me dediqué a dar charlas gratuitas allá donde me lo ofrecían: organismos públicos y privados donde hay empresarios, en escuelas de negocio, etc.

¿La estrategia para darme a conocer? Muchos te dirán que lo importante es salir a darte a conocer y que tras eso ya llega el desarrollar la marca. En mi caso, para mí el concebir una marca es básico, quería que mis clientes me conociesen, pero tener una imagen sólida, aunque fuese comenzar desde cero.

La mayor dificultad es la labor educativa que necesitas hacer con los clientes, ya que no es como vender un bolígrafo, que la persona sabe lo que está buscando y para qué lo quiere. Esto va más allá. Es saber que puedes estar mejor de lo que estás y que las herramientas que hasta ahora utilizas se quedan cortas. Lo que más me gusta de esta decisión es que me reafirmo en mi proyecto con cada cliente, ya que son capaces de ver el valor añadido, que es mucho.

Si quieres crear un negocio, piensa en aquello que podrías pasar toda la vida haciendo, eso que te entusiasma. Da igual lo absurdo que lo veas. Hazlo especial, crea la forma para rentabilizarlo. Justo ahí tienes la oportunidad de crear algo estupendo. Que no encuentras nada, es sencillo. Sigue viviendo, disfrutando, aprendiendo y llegará el día que lo veas claro. Si el plan no funciona, cambia el plan no la meta, recuerda que el único obstáculo en tu camino, eres tú. Muchas gracias.

(Adaptado de *http://gestron.es/karismatia/*)

여자 안녕하세요. 저는 '카리스마티아'의 창립자인 라우라 부에노입니다. 이 강연에 참석해 주신 모든 분들께 감사드립니다. 저는 제 사업 경력의 시작과 어떻게 이 사업을 만들어 냈는지에 대해 이야기할 것입니다.

그 이름을 찾아내는 것은 쉽지 않았습니다. 처음에 저는 브랜드 이름을 만드는 전문가를 고용했습니다. 하지만, 그 이름은 저의 이모들과 그 당시 7살과 2살이었던 저의 조카들, 그리고 다른 친척들과 정말 오랜 시간 동안 브레인스토밍을 거친 후에 고안된 것입니다. 마침내, 그 이름은 말라가 대학의 교수님이자 저를 잘 아시는 마리아 헤수스 루이스 무뇨스 씨 덕분에 지어지게 되었습니다.

일정 훈련 기간을 거친 후 제가 가장 먼저 투자한 부분은 바로 로고와 명함을 제작하고 '카리스마티아'가 성장함에 따라 함께 성장할 수 있을 전문적이고 기업적이며 우아한 웹 사이트를 만드는 일이었습니다. 저는 그 단계를 그저 마무리 짓기 위해 임시방편으로 일을 하고 싶지 않았습니다. 저는 제 프로젝트를 개발하기 위해 그 분야의 전문가들에게 사활을 걸었습니다. 이러한 것들이 제가 한 주된 베팅이었고 또한, 신문에도 홍보하고 제 블로그와 다른 곳들에도 글을 썼습니다.

하지만 인생의 모든 것이 그렇듯 사업이라는 것도 결국엔 신뢰를 기반으로 하기 때문에 저는 관계의 네트워크를 만들어 내기 위해서 기업인들이 있는 공공 기관과 민간 기관 그리고 비지니스 스쿨 등 저에게 요청하시는 어디에서든 무료 강연을 하는 것에 전념했습니다.

제 스스로를 알리는 전략은 어떤 것일까요? 많은 사람들은 외부로 자신을 알리는 것이 중요하고 그 이후에 브랜드의 개발이 시작된다고 말할 것입니다. 제 경우에는, 브랜드를 형성하는 것이 우선 기본이라고 생각하고, 저의 고객들이 저를 알기를 원했습니다. 하지만 견고한 하나의 이미지를 갖는 것을 원했어요, 비록 그것이 원점에서부터 시작하는 것이라고 할 지라도요.

가장 큰 어려움은 고객들과 함께 해야 할 교육적 작업인데, 왜냐하면 그것은 본인이 찾는 것과 무엇을 위해 그것을 원하는지를 알고 있는 사람에게 볼펜 한 자루를 판매하는 것과는 다르기 때문입니다. 이것은 그 이상의 일이죠. 그것은 당신이 현재보다 더 나아질 수 있고 지금까지 사용한 도구들은 충분하지 않다는 것을 알게 되는 과정입니다. 이 결정에서 제가 가장 마음에 드는 것은 각각의 고객과의 프로젝트에서 제가 재차 확인할 수 있다는 것인데, 그들은 상당한 부가 가치를 볼 수 있는 사람들이기 때문입니다.

만약 당신이 사업을 시작하고 싶다면, 평생을 할 수 있을 만한 일, 당신이 열정을 느낄 만한 일이 무엇인지를 생각해 보십시오. 그것이 아무리 어리석어 보여도 상관없습니다. 그것을 특별한 것으로 만들고, 수익성을 높이는 방법을 만들어 내십시오. 바로 그곳에 무언가 특별한 것을 만들 수 있는 기회가 있습니다. 만일 아무것도 발견해 내지 못한다고 해도 방법은 간단합니다. 그저 계속 생활하고, 즐기고 또한 배워 나가다 보면 그것이 뚜렷이 보이는 날이 올 것입니다. 만일 이런 계획이 실행되지 않는다면, 목표가 아닌 계획을 바꿔야 하며, 잊지 마세요, 이 길에서 유일한 방해물은 당신 자신입니다. 감사합니다.

3 해설

25.	라우라 부에노가 자신의 회사 이름을 짓게 된 배경을 묻고 있으므로, 회사의 nombre와 관련된 내용이 언급되면 주의 깊게 들어야 한다. 정답과 관련된 문장은 'el nombre se gestó tras muchos días de lluvia de ideas con mis tías, mis sobrinas, en aquella época de 7 y 2 años y otros familiares'인데, 동사 gestarse는 '생각이나 아이디어를 품다'라는 뜻이고 lluvia de ideas는 '여러 대안을 만들어 내는 회의'를 뜻한다. 따라서 정답은 보기 **b**. **함정 피하기** 마지막 문장에서 결국은 한 교수님이 이름을 선택하는 것을 최종적으로 도와줬다는 사실을 알 수 있지만, 보기 **c**의 내용에서는 'en honor a'라는 표현을 쓰고 있으므로 정답이 아니다.
26.	일정 기간의 '훈련 기간'을 거친 후의 라우라의 행보가 어떠했는지를 묻고 있으므로, 훈련 기간 이후 시기에 대해 언급하는 부분을 잘 듣는다. 정답과 관련된 문장은 'Aposté por profesionales en el sector para desarrollar mi proyecto.'로, 정답은 보기 **b**. Poner en manos de라는 표현은 우리말의 표현과 흡사한 '~의 손에 맡기다, 일임하다'의 의미이다. **함정 피하기** 라우라는 로고, 명함, 웹 사이트 등의 제작에 투자했다고 말하는데, 이는 '하나의 특정 웹 사이트에 투자하다'라는 맥락인 보기 **a**와는 다른 사실이다.
27.	라우라가 무료 강연을 한 이유를 묻고 있으므로, charlas gratuitas라는 표현과 관련된 내용을 주의 깊게 들어야 한다. 중요한 것은 27번 문제는 para 즉, 무엇을 위해 강연을 했는지에 대한 질문이므로, 정답 구간 'para generar una red de contactos me dediqué a dar charlas gratuitas'을 놓쳐서는 안 된다. 정답은 보기 **a**이며, 명사 red은 '망, 그물, 네트'의 뜻이다.
28.	라우라가 가진 '브랜드'에 대한 생각을 묻고 있으므로, marca에 대한 그녀의 생각이 언급되는 부분을 주의 깊게 들어야 한다. 그녀는 브랜드를 알리는 것에 대한 자신의 생각을 언급하고 있는데, 이때 [Muchos te dirán que..., En mi caso, ... (많은 사람들은 ...라 말하지만 나의 경우는 ...이다)]의 구조로 자신의 생각을 전하고 있다. 정답 구간은 'En mi caso, para mí el concebir una marca es básico...'로, 우선 브랜드를 확실하게 구상한 후에 홍보를 한다는 순으로 이해해야 한다. 따라서 정답은 보기 **c**. 여기서 사용된 동사 concebir는 원래 '잉태하다, 임신하다'의 뜻이지만 '생각이나 구상을 품다'의 뜻으로 많이 쓰인다는 점을 함께 알아두자.
29.	자신의 고객들에 대한 라우라의 생각을 묻고 있으므로, 라우라가 본인의 clientes에 대해 이야기하는 대목을 잘 들어 보아야 한다. 정답과 관련된 문장은 'Lo que más me gusta de esta decisión es que me reafirmo en mi proyecto con cada cliente, ya que son capaces de ver el valor añadido, que es mucho.'이다. 이 문장에서 'son capaces...'라는 표현을 사용하는데, 이때의 동사 ser의 주어는 los clientes이다. 고객들은 매우 큰 '부가 가치'를 따져 볼 수 있는 능력이 있다는 설명으로, 정답은 보기 **b**. 동사 percibir는 '인식하다, 지각하다'의 의미이다.
30.	라우라가 조언하는 내용이 무엇인지를 묻고 있다. 따라서 라우라의 의견이 언급되는 부분을 집중해서 듣는다. 정답과 관련된 문장은 마지막 문단의 첫 번째 문장인 'Si quieres crear un negocio, piensa en aquello que podrías pasar toda la vida haciendo, eso que te entusiasma.'로, 정답은 보기 **a**. 동사 entusiasmar는 apasionar, emocionar, exitar 등의 동사와 유사한 '열광시키다'는 의미이다.

4 어휘

materia	ⓕ 물질, 물체, 재료, 교과, 과목
barajar	패를 뒤섞다, 뒤섞다, 여러 가능성을 생각하다
en honor a	(누구를) 위하여, (누구)에게 경의를 표하여, 기념하여
poner en manos de	(누구에게) 맡기다, 일임하다
definitivo	결정적인, 결정짓는, 확실한
charla	ⓕ [조류] 큰 개똥지빠귀, 지껄임, 잡담, 구두 논평, 강연
concernir	속하다, 관계하다
imprescindible	묵과할 수 없는, 필요 불가결한
primordial	가장 중요한, 기본적인
percibir	받다, 수취하다, 지각하다, 알다, 인식하다
perdurar	존속하다, 오래 지속하다
rentable	수익성이 있는, 돈벌이가 되는
fundador	ⓜ ⓕ 창시자, 창설자, 설립자 / 창설의
experto	ⓜ ⓕ 전문가, 숙련가 / 능란한, 노련한
gestarse	준비되다, 고안해 내다
lluvia de ideas	ⓕ 브레인스토밍, 창조적 집단 사고
inversión	ⓕ 투자, 역전, 반전
conforme	ⓜ 승인 / 만족한, 찬성의, 적합한
salir del paso	난국을 헤쳐 나가다
provisional	일시적인, 잠정적인, 임시의
apostar	걸다, 내기를 하다, (무엇에) 걸다
apuesta	ⓕ 내기, 거는 돈, 판돈
confianza	ⓕ 신뢰, 신임, 자신, 확신
generar	발생시키다, 일으키다, 낳다
red	ⓕ 그물, 망, 인터넷
darse a conocer	신분을 밝히다, 알려지다
concebir	임신하다, 품다, 개념을 형성하다, 이해하다
sólido	ⓜ 고체 / 단단한, 견고한, 고체의, 확고한, 확실한
labor	ⓕ 노동, 근로, 공로, 수예
herramienta	ⓕ 연장, 도구, 공구
reafirmar	다시 단언하다, 재확인하다
entusiasmar	열광시키다, 감격시키다

dar igual	상관없다, 대수롭지 않게 생각하다
rentabilizar	수익이 있게 하다, 유리하게 하다
meta	ⓕ 목적, 목표, 결승점, 결승선, 골
obstáculo	ⓜ 방해, 장애, 장애물

듣기 종합 연습문제

PRUEBA DE EXPRESIÓN E INTERACCIÓN ESCRITAS

La prueba de **Expresión e interacción escritas** contiene <u>dos tareas</u>.

Duración: 80 minutos.

Haga sus tareas únicamente en la **Hoja de respuestas**.

작문 평가

작문 평가는 <u>2개의 과제</u>로 구성됩니다.

시간: 80분

작성한 과제는 **답안지**에만 쓰시오.

EXPRESIÓN E INTERACCIÓN ESCRITAS 작문

출제 가이드

1 출제 경향

DELE B2의 작문 영역에서는 첫 번째로 자료를 듣고 중요 내용을 정리해 편지 혹은 이메일을 쓰게 되는 과제가 출제되고, 두 번째로 기사, 도표, 그래프, 통계 자료 등에 대해 분석하며 글을 쓰는 과제가 출제됩니다. 이는 곧 응시자의 쓰기 능력뿐만 아니라 주어지는 보조 자료에 대한 청취력과 이해력을 동시에 요구함을 의미합니다. 보조 자료에서 듣고 읽는 내용을 정확히 파악하고 핵심 주제를 명확히 잡아서 작문해야 고득점을 받을 수 있습니다.

2 유형 파악

문항 수	2 개		
시험 시간	80 분		
Tarea 과제	유형		단어 수
1	듣기 자료와 시험지의 지시사항을 취합하여 서신 작성하기		150 ~ 180
2	보조 지문, 그래프, 통계 자료 등을 분석하여 논설문 작성하기		150 ~ 180

3 작문 완전 분석

DELE B2 작문 영역은 과제당 1문항씩 총 2문항으로 구성되며 주어진 시간은 80분입니다. 제한 시간 안에 시험지를 읽고 분석하고 작문할 내용을 구상하며, 다 쓰고 난 후 간략히 검토하는 시간까지 모두 포함해야 합니다. 따라서 실제 시험 전까지는 다양한 유사 문제를 충분히 써 보는 훈련을 해야만 합니다. 듣기 자료, 독해 지문 외에도 그래프나 통계 자료 등 다양한 보조 자료를 통해 작문할 내용에 대한 정보를 정확히 분석하고 구상하는 것이 관건입니다. 작문 실전 훈련을 시작하기 전, 다음 기본 사항들을 반드시 숙지하세요.

EXPRESIÓN E INTERACCIÓN ESCRITAS 작문

① **시험지부터 완벽 분석!**

- 올바른 작문의 출발은 정확한 과제 이해입니다.
- 지시사항, 요구 조건, 보조 지문을 정확하게 해석해야만 작문 내용을 바르게 구성할 수 있습니다.

② **시간 안배는 필수!**

- 주어진 80분은 작성 시간, 시험지를 읽고 분석하는 시간, 연습용 작문 시간, 제출 전 마지막 검토하는 시간까지 모두 포함입니다. 평소 작문 연습 시 시간 안배에 유의하여 훈련합니다.
- 시험 감독관이 제공하는 연습 용지에 초벌 작문을 해 볼 수 있습니다. 단, 글의 처음부터 끝까지 초벌 작성 후 답안지에 옮겨 적으려다 시간이 부족할 수 있으므로, 남은 시간을 계속 염두에 둡니다.
- 과제 1과 2의 작성 순서는 상관없습니다. 훈련을 통해 본인이 좀 더 시간을 절약할 수 있는 순서를 파악하여 시험장에서도 그대로 진행하면 됩니다.
- 과제 2의 두 옵션을 모두 써 보고 적합한 것으로 고를 시간은 없습니다. 하나를 빨리 선택하여 작성하되, 중간에 다른 옵션으로 다시 쓰는 일이 없도록 신중하게 판단해야 합니다.

③ **출제 의도에 들어맞는 고득점 작문 요령!**

- 꼭 필요한 내용만 간결하게 씁니다.
- 지나치게 개인적이거나 추상적인 경험보다는, 보편적이고 누구나 이해할 수 있는 논지로 씁니다. 스페인 원어민이 읽고 채점한다는 사실을 고려하세요.
- 다양한 문장 구조와 어휘를 충분히 사용하여 글을 구성합니다.
- 정해진 단어 수를 지킵니다. 최소 단어 수가 모자라면 감점되며, 최대 단어 수를 초과하면 채점 범위에서 제외됩니다.

④ **좋은 필체와 정확한 표기법을 놓치면 낭패! 답안지 작성법도 곧 실력!**

- 답안지를 연필 혹은 볼펜으로 작성하도록 사전에 안내됩니다. 이에 따라 정확한 필기구 사용을 하도록 합니다. 채점관이 잘 알아볼 수 있도록 또박또박 정자체로 쓰는 것이 바람직합니다.

• 문법 및 철자 오류, 잘못된 문장 부호 사용 또한 감점 요소입니다. 실수하기 쉬운 스페인어 표기 규칙을 알아 봅시다.

	틀린 예	바른 예
강세 강세가 붙는 모음은 정확히 구별되도록 á / é / í / ó / ú 로 표기해야 합니다. 대문자 강세 역시 Á / É / Í / Ó / Ú와 같이 정확히 표기해야 합니다.	¿Como estas? Adios. Tu vas a tú casa. dífícíl El trabaja conmígo. Me dicen qué vienen mañana.	¿Cómo estás? Adiós. Tú vas a tu casa. difícil Él trabaja conmigo. Me dicen que vienen mañana.
문장 부호 필요한 부분에 마침표, 쉼표를 적으며 물음표와 느낌표는 반드시 문장 앞뒤에 모두 적어야 합니다.	Hola! Qué tal? Nos vemos	¡Hola! ¿Qué tal? Nos vemos.
대소문자 스페인어 대소문자 규칙을 준수해야 합니다.	Mis amigos y Yo En españa se habla Español. En Agosto salgo de vacaciones.	Mis amigos y yo En España se habla español. En agosto salgo de vacaciones.

• 제출 전 반드시 재빨리 검토하여 최대한 동사 변형, 성·수 일치 등 간단한 문법 오류까지 수정하도록 합니다. 아래의 예를 참조하세요.

동사 변형

동사의 인칭 변형, 시제 변형, 직설법 및 접속법 활용 규칙에 유의합니다.

Yo no pudo hacer nada. → Yo no pude hacer nada.

Tú solo hace lo que te permita tu mamá. → Tú solo haces lo que te permite tu mamá.

성·수 일치

성·수 불일치에 따른 감점이 상당히 많으므로 작성 시 반드시 유의합니다.

La programa es muy importante. → El programa es muy importante.

Durante el viaje tomamos muchos fotos. → Durante el viaje tomamos muchas fotos.

Nos sentimos muy alegre. → Nos sentimos muy alegres.

Mis amigas salen juntos. → Mis amigas salen juntas.

Tarea 1 듣기 자료와 시험지의 지시사항을 취합하여 서신 작성하기

핵심 포인트

- 시험지에 제시된 지시사항을 읽음과 동시에 듣기 자료를 들은 뒤, 내용을 취합하여 한 통의 서신을 작성합니다.
- 듣기 보조 자료의 핵심적인 내용을 잘 메모하여 서신의 내용을 구성해야 합니다.

보조 자료

- 기사, 광고, 설명, 스포츠 중계 등 내용의 듣기 자료 [단어 수 200~250]

Tarea 1 완전 공략

1 어떻게 쓰나요?

순서 지시사항 파악 ➡ 듣기 자료 청취 및 메모 ➡ 내용 구상 및 개요 잡기 ➡ 작문하기 ➡ 오류 점검

듣기 자료를 청취하기 전, 우선 시험지에 쓰인 지시사항을 읽고 어떤 내용의 서신을 작성해야 하는지 파악해야 합니다. 듣기 자료는 두 번 듣게 되며, 필요한 내용을 메모해 가며 들어야 합니다. 두 번의 듣기가 모두 끝난 후, 우선 내용을 구상하고 개요를 잡아 글의 흐름을 정한 다음 서신을 작성합니다.

2 고득점 전략

- 시험지를 배포 받은 후 가장 먼저 과제 1의 페이지를 읽고 내용을 파악합니다.
- 지시사항에는 가장 중요한 보내는 사람, 받는 사람이 각각 누구인지 기재되어 있으므로 반드시 놓치지 말고 파악합니다.
- 서신의 내용 안에 꼭 포함해야 할 흐름이 이미 약 4가지의 요구 조건에 등장하므로 이를 정확히 읽고 파악합니다.
- 듣기 보조 자료의 내용을 모두 받아 적을 순 없습니다. 내가 쓸 서신에 포함시켜야 할 부분만을 메모해 놓습니다.
- 요구 조건에 제시된 '반드시 써야 할 내용'을 계속 확인해 가며 작문을 구성합니다. 반드시 써야 할 내용부터 빠짐없이 정해진 글자 수를 고려해 가며 살을 붙여 작성하면 무난합니다.

3 잠깐! 주의하세요

- 서신의 형태이므로 반드시 시작 부분에서는 받는 사람의 이름, 마침 부분에는 보내는 사람의 이름이 언급되어야 합니다.
- 듣기 보조 자료는 두 번 듣게 됩니다. 가능한 많은 내용을 메모하는 것이 유리할 수 있으며 두 번째 듣기가 끝난 후에도 잠시 기억을 더듬어 들은 내용을 더 정리해 둡니다.
- 듣기 보조 자료의 내용을 지나치게 많이 포함하지 않아도 됩니다. 시험지에 적힌 내용에 충실히 따른다는 마음으로 서신을 작성하되, 듣기 지문에서는 부분적인 내용으로만 언급하도록 합니다.
- 요구 내용 외에 추가로 창작할 땐 가급적 쉬운 내용으로 설정해야 안전합니다.
- 제출 전 반드시 검토하여 문법 오류를 최대한 수정하도록 합니다.

Step 1 다음 지시사항을 재빨리 파악한 후 이어서 해당 듣기 자료를 재생합니다. 주의 깊게 들으며 포함시킬 내용을 메모하세요.

INSTRUCCIONES

Usted es un usuario esporádico del servicio de transporte urbano en autobús de su ciudad. Escriba una carta al director de un periódico para expresar su oposición a la subida de la tarifa del autobús. En la carta deberá:

- presentarse y exponer por qué motivo escribe;
- decir qué tipo de usuario de autobús es usted y para qué usa el servicio de autobuses;
- explicar por qué le afecta a usted la subida del precio del billete de autobús;
- expresar su malestar por la medida anunciada;
- dar su opinión sobre la situación de las paradas y el estado de los autobuses;
- sugerir posibles soluciones.

Para ello va a escuchar una noticia sobre la subida de la tarifa. Escuchará la audición dos veces. Tome notas para luego utilizarlas en su carta.

Número de palabras: **entre 150 y 180.**

듣기 자료 메모 작성란

Track 7-1

Tarea 1 · **Ejercicios**

_____

_____

_____

_____

_____

_____

_____

_____

_____

_____

_____

_____

_____

_____

_____

소요 시간: _____

단어 수: _____

Step 3 문제와 듣기 자료 스크립트를 해석하며 중요 내용을 확인해 보세요.

지시사항

당신은 당신이 사는 도시의 시내 버스 서비스를 가끔씩 사용하는 이용자입니다. 버스 요금의 인상에 반대하는 내용의 편지를 한 신문사 편집장에게 쓰세요. 편지에서 당신은 다음을 해야 합니다.

- 자신을 소개하고 편지의 이유를 밝히기
- 당신이 어떤 유형의 버스 이용자인지 말하고 무엇을 위해 버스를 이용하는지 말하기
- 버스 운임비의 인상이 당신에게 왜 영향을 미치는지 설명하기
- 통지된 방안에 대한 당신의 불쾌감 표현하기
- 버스 정류장의 상황과 버스들의 상태에 대한 당신의 의견 말하기
- 가능한 해결책 제안하기

이를 위해 당신은 요금 인상에 대한 한 뉴스를 듣게 됩니다. 듣기 자료는 두 번 듣습니다. 당신의 편지에 포함시킬 내용을 메모하세요.

단어 수: **150~180.**

Tarea 1 · Ejercicios

듣기 자료

Los usuarios lo tienen claro: el precio del viaje sencillo en autobús es muy caro, tanto que ni siquiera lo compensa la prometida gratuidad del billete para los menores de doce años y las rebajas para los mayores de 65 anunciadas anteayer por el Ayuntamiento y que se aplicarán más adelante.

Desde ayer, el viaje sencillo en autobús cuesta 1,55 euros, cinco céntimos más que en mayo. La subida ha indignado a unos usuarios que no solo subrayan que es el más caro de la provincia, sino que también creen que no ayuda a fomentar su uso.

Quienes utilizan bono de viajes no sufrirán ningún incremento, tan solo aquellos viajeros esporádicos, que ayer fueron informados del nuevo precio por los conductores.

Numerosos usuarios expresaron su indignación por la subida del precio del billete de un servicio interurbano que tiene multitud de deficiencias y de quejas, pero que sin embargo es de los más caros de toda España. Critican que en las paradas no hay información ni sobre las rutas ni sobre los horarios, por no hablar de las frecuencias y del estado de algunos autobuses.

El presidente de la asociación de vecinos expresó la necesidad de rediseñar el recorrido de las líneas para que el autobús sea efectivo. Habría que mejorar las frecuencias, los precios y ampliar los servicios nocturnos, propuestas todas ellas que desde su asociación ya han trasladado al ayuntamiento.

(Adaptado de *https://www.elcomercio.es/aviles/precio-billete-autobus-aviles-20180602001012-ntvo.html*)

스크립트

이용객들은 확신한다. 버스 편도 운행의 가격은 너무나 비싸서, 그저께 시청이 발표한 향후에 적용될 예정인 12세 미만 아이들을 위한 무임승차권과 65세를 초과한 노인들을 위한 가격 인하로도 보상되지 않을 정도라는 것을 말이다.

어제부터 버스 편도 운임은 5월보다 5센티모 더 비싼 1.55유로이다. 이러한 요금 인상은 버스 이용객들을 매우 분개시켰는데, 그들은 시내버스 요금이 주(州)에서 가장 높을 뿐만 아니라 버스에 대한 이용을 장려하는 데에 도움이 되지 못한다고 강조한다.

정기권을 이용하는 사람들은 요금 인상에 대한 영향을 받지 않고, 버스를 가끔씩 이용하는 사람들만이 영향을 받는데, 그들은 어제 버스 기사들을 통해 새로운 요금에 대해 알게 되었다.

수많은 이용객들은 많은 단점과 고충이 있음에도 거의 스페인 전체에서 가장 비싼 버스 중 하나에 속하는 이 시외버스의 서비스 요금이 인상된 것에 대해 분노를 표출했다. 그들은 버스의 운행 주기나 몇몇 버스의 상태에 대한 부분은 차치하더라도 정류장에 버스 노선이나 운행 시간에 대한 정보조차 없다고 비판한다.

주민 단체 위원장은 버스의 더 효과적인 운영을 위해 버스 노선을 다시 구상해야 할 필요성을 언급했다. 운행 주기, 요금을 개선하고 야간 운임을 확대하는 것 등의 모든 제안들은 그 주민 단체가 이미 시청으로 넘긴 제안 사항들이다.

Step 4 답안 구성 방법을 분석해 보세요.

글의 유형	편지
보내는 이	버스를 가끔 이용하는 시민
받는 이	신문사 편집장
핵심 내용	버스 운임 인상에 대한 반대 의견 주장
듣기 자료 내용	요금 인상에 관한 뉴스
요구 조건 1	자신을 소개하고 편지 작성 이유를 밝히기
요구 조건 2	당신이 어떤 유형의 버스 이용자인지 말하고 무엇을 위해 버스를 이용하는지 말하기
요구 조건 3	버스 운임비의 인상이 당신에게 왜 영향을 미치는지 설명하기
요구 조건 4	통지된 방안에 대한 당신의 불쾌감 표현하기
요구 조건 5	버스 정류장의 상황과 버스들의 상태에 대한 당신의 의견 말하기
요구 조건 6	가능한 해결책 제안하기
주의 사항	- 반대 의견의 정확한 표현 - 반대 의견에 대한 정확한 뒷받침 내용 표현

Step 5 필수 표현을 익히세요.

주제	불쾌감 표현
문형 1	• Es + **indignante / lamentable / fastidioso / incómodo / inoportuno** + [내용]
문형 2	• Hacer + **enfadar / enfurecer / indignar / incomodar / disgustar** + [내용]
활용 예	• **Es indignante** esta subida de precios. 이번 요금 인상은 정말 말도 안 됩니다. • Esta subida de precios **hace incomodar** a todos los ciudadanos. 이 요금 인상은 모든 시민들을 불편하게 만듭니다.

Step 6 모범답안을 확인하세요.

[모범답안]

Estimado señor:

Mi nombre es Juan Palomares. Le escribo esta carta porque no me parece bien la subida de tarifa del autobús. En mi caso no uso el servicio de transporte a menudo. Solo lo uso en ocasiones para desplazamientos cortos cuando llueve o cuando voy a visitar a mi abuela, que vive en la otra punta de la ciudad. La verdad es que la subida de precio del billete de autobús me afecta considerablemente, ya que estoy en paro y mi subsidio de desempleo no me da para nada. Es indignante esta subida de precios. Además, nuestro servicio es de los más caros de España. Es increíble el estado lamentable de las paradas. En muchos casos no cuentan con información de las rutas ni de los horarios. Por otro lado, el estado de los autobuses también es bastante malo. Creo que deberían destinar más dinero a cuidar las paradas y los autobuses. En ese caso la subida de precios podría ser más lógica.

Sinceramente,

Juan Palomares

[해석]

친애하는 귀하:

제 이름은 후안 팔로마레스입니다. 이번 버스 요금 인상이 적절치 않다고 생각해서 이 편지를 보냅니다. 저의 경우에는 버스를 자주 이용하지는 않습니다. 비가 올 때 근거리 이동이나 도시 반대편에 살고 계시는 제 할머니를 방문하는 경우에만 버스를 탑니다. 사실은 이 버스 요금의 인상은 저에게는 아주 많은 영향을 주는데, 저는 지금 실직 상태이며 제 실업 수당은 매우 적은 금액입니다. 그렇기 때문에 이번 요금 인상은 정말 말도 안 됩니다. 게다가, 이 버스 요금은 스페인에서 가장 높은 요금 중 하나입니다. 탄식을 자아내는 버스 정류장의 상태는 아주 놀라울 정도고요. 많은 경우에 버스 구간이나 시간대에 대한 정보는 찾아볼 수 없습니다. 또 한편으로, 버스들의 상태도 역시 매우 나쁜 편입니다. 버스 정류장과 버스를 관리하는 데에 더 많은 재정을 들이는 것이 좋을 것이라 생각합니다. 그렇다면 이러한 요금의 인상이 더 합리적일 수 있을 것입니다.

진심을 담아서,

후안 팔로마레스

Step 7 필수 어휘를 익히세요.

usuario	ⓜ 사용자, 이용자	indignación	ⓕ 분개, 분노, 격분
esporádico	산발적인, 산발성의, 때때로 일어나는	interurbano	도시 간의, 도시를 연결하는, 시외의
urbano	도시의, 시내의	multitud	ⓕ 다수, 군중, 대중
oposición	ⓕ 반대, 저항, 대립	deficiencia	ⓕ 결함, 결점, 부족, 결핍, 단점
tarifa	ⓕ 가격, 요금, 가격표	queja	ⓕ 불평, 고충
exponer	진열하다, 전시하다, 설명하다, 밝히다	ruta	ⓕ 경로, 루트, 여정, 길
afectar	습격하다, 작용하다, 관여하다, 슬프게 하다	frecuencia	ⓕ 빈번, 빈발, 빈도, 주파수
malestar	ⓜ 불쾌함, 불쾌감	rediseñar	다시 디자인하다
medida	ⓕ 크기, 치수, 측정, 조치, 대책	recorrido	ⓜ 한 바퀴 돌기, 여행, 산책, 달린 거리
sugerir	제안하다, 권유하다, 상기시키다	efectivo	ⓜ 현금 / 효과적인, 현실의, 실제의
sencillo	단순한, 간단한, 소박한, 소탈한, 단일의, 편도의	nocturno	밤의, 야간의
compensar	보상하다, 배상하다, ~하는 가치가 있다	trasladar	옮기다, 이전하다
gratuidad	ⓕ 무료, 무료성, 무임	a favor de	~에 유리하게, ~를 지지하여
rebaja	ⓕ 할인, 가격 인하	en contra de	~에 반대하여, ~를 어기고
aplicarse	적용되다, 실시되다, 스스로 ~을 바르다, 전념하다	indignante	화나는, 충격적인, 난폭한
más adelante	앞으로, 나중에	inoportuno	부적당한, 부적절한
indignar	분개시키다, 화나게 하다, 분개하다, 화내다	enfurecer	(누구를) 화나게[성나게, 노하게] 하다, 격노시키다
subrayar	밑줄을 긋다, 강조하다	desplazamiento	ⓜ 이동, 이전
fomentar	자극하다, 조장하다, 촉진하다, 장려하다	punta	ⓕ 뾰족한 끝, 가장자리
bono	ⓜ 회수권, 티켓	considerablemente	상당히, 꽤
sufrir	당하다, 견디다, 참다, 인내하다, 치르다	subsidio	ⓜ 보조금, 수당
incremento	ⓜ 증가, 증식, 발전	desempleo	ⓜ 실업, 실직
conductor	ⓜ ⓕ 운전수, 지도자, 지휘자	destinar	할당하다, 임명하다, 배속하다
numeroso	다수의, 수많은		

INSTRUCCIONES

Usted es un joven usuario habitual del Centro Municipal de Juventud de su pueblo. Escriba una carta al concejal de Juventud para expresar su rechazo al cierre del centro los fines de semana durante el verano y la supresión de los talleres de ocio y tiempo libre. En la carta deberá:

- presentarse y exponer por qué motivo escribe;
- decir desde cuándo es usuario del Centro Municipal de Juventud;
- contar en qué actividades organizadas por del Centro Municipal de Juventud ha participado y qué le han parecido;
- expresar su oposición a la supresión de los talleres de ocio y tiempo libre y explicar por qué le afecta a usted;
- exponer las consecuencias que, en su opinión, provocará el cierre del centro los fines de semana durante el verano;
- proponer soluciones alternativas.

Para ello va a escuchar una noticia sobre el Centro Municipal de Juventud. Escuchará la audición dos veces. Tome notas para luego utilizarlas en su carta.

Número de palabras: **entre 150 y 180.**

듣기 자료 메모 작성란

Track 7-2

Step 2 지시사항의 내용과 듣고 메모한 내용을 취합하여 직접 작문해 보세요.

_____

_____

_____

_____

_____

_____

_____

_____

_____

_____

_____

_____

_____

_____

_____

소요 시간: _____

단어 수: _____

Step 3   문제와 듣기 자료 스크립트를 해석하며 중요 내용을 확인해 보세요.

지시사항

당신은 시립 청소년 센터를 자주 이용하는 젊은 이용자입니다. 당신은 하계 기간 동안 주말에 센터를 운영하지 않는 것과 취미 여가 수업의 폐지에 대한 반대 의견을 표현하기 위해 청소년 담당 시의원에게 편지를 써야 합니다. 편지에서 당신은 다음을 해야 합니다.

- 자기소개 및 편지를 쓰는 이유 설명하기
- 언제부터 시립 청소년 센터의 이용자였는지 밝히기
- 시립 청소년 센터에서 구성된 활동 중 어떤 것에 참가한 적이 있는지 그리고 그 활동이 어땠는지 말하기
- 취미와 여가 활동 수업들의 폐지에 대한 반대를 주장하고 왜 그것이 당신에게 영향을 주는지 설명하기
- 당신이 생각할 때, 하계 기간 동안 주말에 센터 운영을 하지 않는 것이 초래할 결과에 대해 말하기
- 대체 방안 제안하기

이를 위해 당신은 시립 청소년 센터에 대한 한 뉴스를 듣게 됩니다. 듣기 자료는 두 번 듣습니다. 당신의 편지에 포함시킬 내용을 메모하세요.

단어 수: **150~180.**

듣기 자료

TRANSCRIPCIÓN

La presidenta de la Federación de Asociaciones Juveniles ha lamentado el cierre del Centro Joven los fines de semana de julio y agosto y la supresión de los talleres de ocio y tiempo libre destinados a los jóvenes. Se trata de un nuevo paso en la reducción de las actividades de ocio juvenil y en la falta de soluciones y alternativas que ofrece el Ayuntamiento. Actualmente no existe ninguna propuesta de ocio y tiempo libre (ni nocturna ni diurna) para los jóvenes del pueblo.

Los talleres y actividades se han ido reduciendo progresivamente en estos tres últimos años hasta su completa desaparición este verano, cuando se ha dejado sin oferta a los jóvenes tanto del casco urbano como de los alrededores y también a gran parte de población infantil.

Hace unos años, talleres de Danza Oriental, Baile Moderno, Teatro, Sevillanas, Escalada, Informática, Cocina y Fotografía eran habituales en el Centro Joven durante todo el año, así como excursiones guiadas y actividades dirigidas en parajes naturales y lugares de interés histórico.

También se construyó y se dotó el Centro Joven de salas de ensayo para grupos musicales, sala de nuevas tecnologías y espacio de ocio con futbolín, ping-pong, dianas y videoconsolas.

Sin embargo, ahora la dejadez y la falta de ilusión de los responsables políticos dejan esta programación sin prácticamente contenido. Es una pena, además de una irresponsabilidad, que no se ofrezcan alternativas a los niños y jóvenes que deben pasar el verano en su pueblo y que tienen todo el derecho de disfrutar.

(Adaptado de *https://www.murcia.com/caravaca/noticias/2018/07/12-nngg-lamenta-el-cierre-del-centro-joven-de-caravaca-los-fines-de-semana-del-verano-y-la-supresion-de-los-talleres-d.asp*)

스크립트

청소년 연합 회장은 청소년 센터를 7월과 8월에 걸쳐 주말에 운영을 하지 않고 청소년들을 위한 취미와 여가 활동의 수업들을 폐지하는 것에 대해 유감을 표했다. 이것은 청소년 여가 활동의 감소 그리고 시청이 제공하는 해결 방안과 대체 방안의 부족에 있어서의 새로운 단계이다. 현재는 이 지역의 젊은이들을 위한 취미나 여가 활동(야간과 주간 모두)이 전혀 존재하지 않는다.

도시뿐만 아니라 시외의 청소년들과 어린이들에게 제공되는 모든 수업과 활동들은, 올해 여름 완전히 없어지게 되기 전까지 최근 3년간 지속적으로 감소되어 왔다.

몇 해 전만 해도 동양 무용, 현대 무용, 연극, 세비야 전통 민속춤, 등산, 컴퓨터, 요리, 사진 등의 수업들과 가이드 동반 소풍, 자연과 역사의 장소에서의 활동들이 청소년 센터에서 일년 내내 이루어졌었다.

또한 청소년 센터에는 음악 모임을 위한 연습실, 신기술 연구실, 테이블 축구, 탁구, 다트, 비디오 게임 등의 시설을 갖춘 공간 등이 지어지고 설치되었다.

하지만 현재 이에 대한 책임자들의 방임과 무관심이 이러한 프로그램들을 모두 사라지게 만들었다. 이렇듯 자신의 마을에서 여름을 보내야 하고 즐길 권리를 가진 아이들과 청소년들에게 아무런 대체 방안을 제공해주지 않는다는 것은 무책임한 일일 뿐만 아니라 매우 유감스러운 일이다.

Step 4 답안 구성 방법을 분석해 보세요.

글의 유형	편지글
보내는 이	시립 청소년 센터를 자주 이용하는 젊은 이용자
받는 이	청소년 담당 시의원
핵심 내용	하계 기간 동안 주말에 센터를 운영하지 않는 것과 취미 및 여가 수업의 폐지에 대해 반대 의견을 표현
듣기 자료 내용	시립 청소년 센터에 대한 한 뉴스
요구 조건 1	자기소개 및 편지를 쓰는 이유 설명
요구 조건 2	언제부터 시립 청소년 센터의 이용자였는지 밝히기
요구 조건 3	시립 청소년 센터에서 구성된 활동 중 어떤 것에 참가한 적이 있는지 그리고 그 활동이 어땠는지 말하기
요구 조건 4	취미와 여가 활동 수업들의 폐지에 대한 반대를 주장하고 왜 그것이 당신에게 영향을 주는지 설명하기
요구 조건 5	당신이 생각할 때, 하계 기간 동안 주말에 센터 운영을 하지 않는 것이 초래할 결과에 대해 말하기
요구 조건 6	대체 방안 제안하기
주의 사항	- 듣기 보조 자료에서 언급하는 활동들에 대해 듣고 본인이 참가한 프로그램으로 재구성하기 - 반대 의견의 정확한 주장 및 뒷받침 내용 표현

Step 5 필수 표현을 익히세요.

주제	찬성과 반대
문형 1	• Estar a favor de / Estar en contra de + [내용]
문형 2	• Me parece muy bueno / bien + [내용] • Me parece muy malo / mal + [내용]
활용 예	• **Estoy a favor de** la supresión de los talleres de ocio y tiempo libre... 나는 취미와 여가 활동 수업들의 폐지에 대해 찬성한다. • **Estoy en contra de** la supresión de los talleres de ocio y tiempo libre... 나는 취미와 여가 활동 수업들의 폐지에 대해 반대한다. • No **me parece bien** que se supriman estos talleres, porque... 이러한 수업들을 폐지하는 것은 매우 적절치 않아 보인다. 왜냐하면 ⋯

Tarea 1 · Ejercicios

Step 6 모범답안을 확인하세요.

모범답안

Estimado señor:

Mi nombre es Leo Martín y soy usuario habitual del Centro de Juventud. Le escribo esta carta porque estoy muy disgustado después de escuchar una noticia en la que se informa que el centro se cerrará los fines de semana durante el verano y que se han suprimido los talleres de ocio y tiempo libre.

En mi caso he participado en muchas actividades organizadas por el centro, tales como Escalada, Cocina y Danza Oriental. He de decir que son actividades que he disfrutado mucho y me han ayudado a hacer amigos. No me parece bien que se supriman estos talleres, porque en nuestro pueblo no existe ninguna propuesta de ocio y tiempo libre para los jóvenes como yo. Desde mi punto de vista, esta medida tendrá muchas repercusiones negativas y favorecerá otro tipo de ocio menos saludable como el consumo de alcohol y drogas. Debido a esto, considero que sería mejor buscar soluciones alternativas como, por ejemplo, la supresión de solo algunos de los talleres y abrir el centro fines de semana alternos durante el verano.

Espero que considere mi sugerencia.

Atentamente,

Leo Martín

해석

친애하는 귀하:

제 이름은 레오 마르틴이며 저는 청소년 센터를 자주 이용하는 사람입니다. 저는 그 센터가 여름 동안 주말에는 문을 닫을 것이며 취미 및 여가 활동 수업들이 폐지된다는 한 뉴스를 들은 후에 매우 언짢은 마음이 들어 이 편지를 씁니다.

저의 경우에는 센터에서 주최한 등산, 요리, 동양 무용 등과 같은 활동에 참가한 바 있습니다. 저는 그 수업들이 아주 즐거웠으며 저에게 친구들을 만들 기회를 주었다고 말하고 싶습니다. 이러한 수업들이 폐지되는 것은 매우 적절치 않아 보이는데, 왜냐하면 마을에는 저와 같은 청소년을 위한 다른 여가나 취미 활동이 전혀 없기 때문입니다. 제 관점에서 볼 때, 이러한 방침은 아주 부정적인 결과를 초래할 것이라 생각하며, 술이나 마약의 소비와 같은 덜 건전한 것을 하도록 만들 것입니다. 그렇기 때문에, 저는 하계 기간 동안에 최소한의 수업들만 폐지하고 격주 주말마다 기관을 운영하는 것과 같은 대체 해결 방안을 찾아보는 것이 더 좋을 것이라 생각합니다.

제 제안을 고려해 주시기 바랍니다.

정중히,

레오 마르틴

Step 7 필수 어휘를 익히세요.

habitual	습관적인, 버릇된, 평소의, 잦은	casco	⑩ 두개골, 헬멧, 주택가, 지구
municipal	⑩ 경찰관 / 시의, 자치 도시의	alrededor	⑩ 교외, 근교, 주변
juventud	⑤ 청춘, 젊음, 청년, 청소년	sevillanas	⑤ pl. 세비야 민속 춤
concejal	⑩ ⑤ 시의원	escalada	⑤ 등반, 등산, 클라이밍
rechazo	⑩ 거절, 격퇴	dirigido	~을 향하는, 지휘되어지는
cierre	⑩ 폐쇄, 종결, 마감	paraje	⑩ 곳, 장소
supresión	⑤ 폐지, 삭제, 억제	dotar	주다, 부여하다, 비치하다, 설치하다
taller	⑩ 공방, 공장, 작업소, 실습	futbolín	⑩ (탁상의) 인형으로 하는 축구 경기 놀이 기구
oposición	⑤ 반대, 저항, 적대, 대립	diana	⑤ 과녁
consecuencia	⑤ 결과, 영향, 결론	dejadez	⑤ 태만, 나태
alternativa	⑤ 교대, 교체, 대체, 대안	irresponsabilidad	⑤ 무책임
federación	⑤ 연방, 연합, 협회	disgustado	언짢은, 못마땅한, 불쾌한
asociación	⑤ 조합, 단체, 협력	suprimir	폐지하다, 없애다, 소멸시키다
lamentar	슬퍼하다, 비탄하다	tal como	~하는 그대로, ~와도 같은
paso	⑩ 지나가기, 통과, 걸음, 발소리, 보폭	medida	⑤ 크기, 치수, 측정, 조치, 대책
reducción	⑤ 축소, 삭감, 절감	repercusión	⑤ 반향, 반사, 영향, 파문
juvenil	청춘의, 젊은, 청소년의	favorecer	호의를 베풀다, 유리하다
nocturno	밤의, 야간의	saludable	건강에 좋은, 건강한
diurno	낮의, 주간의	alterno	(날, 달, 해 등이) 하나씩 거른, 교체되는
progresivamente	서서히, 단계적으로	sugerencia	⑤ 제안, 조언
desaparición	⑤ 소멸, 실종, 고갈, 멸종		

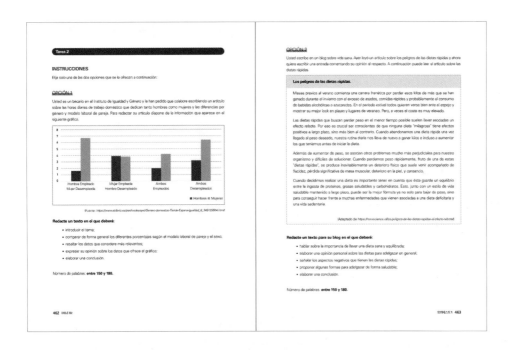

핵심 포인트

- 주어지는 보조 자료를 토대로 형식을 갖춘 논설문 혹은 평가문을 써야 합니다.
- 두 가지 옵션 중 하나만 선택해서 써야 합니다.

보조 자료

- **OPCIÓN 1** 그래프, 통계 자료 표 등
- **OPCIÓN 2** 신문, 블로그, SNS 등의 짧은 뉴스 혹은 연극, 영화, 책 등의 시놉시스 [단어 수 200~250]

Tarea 2 완전 공략

1 어떻게 쓰나요?

순서	시험지 파악 ➜ 옵션 선택 ➜ 지시사항, 요구 조건, 보조 자료 파악 ➜ 내용 구상 및 윤곽 잡기 ➜ 작문하기 ➜ 오류 점검

과제 1의 작문을 마무리 짓는 대로 과제 2의 시험지를 빠르게 읽고 두 가지 옵션 중 하나를 선택합니다. 선택 후에는 작문할 내용에 대한 지시사항과 요구 조건을 정확히 읽고 파악하며 보조 자료에 대한 분석을 합니다. 핵심 내용이 무엇인지, 보조 자료에서 전달하는 내용 중 가장 부각되는 부분이 무엇인지 등에 대해 최대한 논리적으로 분석해서 작문해야 하는 과제입니다.

2 고득점 전략

- 2개의 옵션 중 더 쉽게 잘 쓸 수 있는 것으로 선택합니다.
- 보조 지문을 잘 이해하는 것도 중요하나 시험지에 쓰여진 지시사항과 요구 조건들을 더 정확하고 중점적으로 파악해야 합니다.
- 요구 조건의 순서대로 내용을 쓰면 자연스러운 전개가 될 수 있습니다.
- 주된 내용과 뒷받침 내용이 모두 명확하고 상세하며 논리정연하게 전달되어야 합니다.
- 내용 특성상 사실적이고 논리적인 격식이 있는 글을 써야 하며, 개인의 경험이나 의견을 쓰라는 조건이 요구되는 경우라도 지나치게 주관적인 내용으로 쓰지 않는 것이 좋습니다.

3 잠깐! 주의하세요

- 어떤 옵션을 쓸 것인지를 빠르고 신중하게 선택합니다. 쓰다가 중도 포기하고 다른 옵션으로 다시 쓰려면 낭비된 시간을 만회하기 어렵습니다.
- 그래프나 통계 자료, 시놉시스 등에 대한 표현법과 관련 어휘를 미리 암기하고 훈련해야 합니다.
- 옵션 2의 경우, 써야 하는 글이 특정 이벤트나 작품 등에 대한 평가문이라면 이미 경험했다는 가정 하에 허구로 써야 합니다. 그러므로 보조 자료에서 등장하지 않은 부분이라도 지어내서 쓸 수 있어야 합니다.
- 보조 자료에 지나치게 집중한 나머지 글의 전개를 놓쳐서는 안 됩니다. 글의 전개는 반드시 시험지에 기재된 요구 조건의 순서를 지켜 써야 합니다.
- 단어 수가 150~180자를 초과되지 않도록, 반드시 필요한 내용 위주로 구성합니다.

Tarea 2 Ejercicios 실전 연습 ①

INSTRUCCIONES

Elija solo una de las dos opciones que se le ofrecen a continuación:

OPCIÓN 1

Usted trabaja en una ONG ecologista chilena que se preocupa por la conservación del medio ambiente y le han asignado la redacción de un artículo sobre las razones que dan los chilenos para no reciclar. Para redactar el artículo dispone de la información que aparece en el siguiente gráfico:

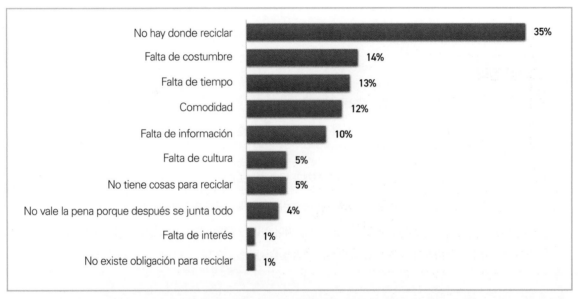

No hay donde reciclar	35%
Falta de costumbre	14%
Falta de tiempo	13%
Comodidad	12%
Falta de información	10%
Falta de cultura	5%
No tiene cosas para reciclar	5%
No vale la pena porque después se junta todo	4%
Falta de interés	1%
No existe obligación para reciclar	1%

Fuente: *http://www.plataformaurbana.cl/archive/2015/03/12/un-66-de-los-chilenos-recicla-y-la-micro-es-el-medio-de-transporte-mas-utilizado-en-el-pais/razon-para-no-reciclar-primera-encuesta-nacional-de-medio-ambiente/*

Redacte un texto en el que deberá:

- introducir el tema y comentar la importancia que tiene esforzarse en cuidar el medio ambiente y reciclar;
- comparar de forma general los porcentajes de los distintos motivos;
- destacar los datos que considere más relevantes;
- expresar su opinión sobre los datos que ofrece el gráfico;
- elaborar una conclusión.

Número de palabras: **entre 150 y 180.**

OPCIÓN 2

Usted tiene un blog sobre lectura. Ayer leyó un libro infantil que muchos de los lectores de su blog le habían recomendado y quiere escribir una reseña de este. A continuación puede ver la información extraída de la página web de la editorial que publica el libro.

Fray Perico y su borrico

De 8 a 12 años

En el siglo XIX, la llegada de fray Perico y su burro Calcetín va a trastornar la apacible existencia de los veinte frailes de un convento de Salamanca, que viven haciendo el bien y repartiendo lo poco que tienen. El convento no tardará en vivir situaciones disparatadas, llenas de humor y alegría, gracias a este simpático personaje. Una divertida historia de aventuras sobre un fraile y su borrico.

Colección: El Barco de Vapor
Autor: Juan Muñoz Martín
Número de páginas: 160
Género: Humor
Tipo libro: Narrativa

Biografía

Juan Muñoz Martín nació el 13 de mayo de 1929 en Madrid, donde estudió Filología Francesa. Además de escribir, su otra gran pasión es la lectura, especialmente de los clásicos.

Es uno de los autores españoles que más venden, aunque poco conocido. Siempre modesto y discreto, su obra Fray Perico y su borrico ha superado ampliamente el millón de libros vendidos en el mercado de habla hispana.

En 1966 consiguió su primer reconocimiento literario, el Premio Doncel. Años más tarde, en 1979 llegó el Premio El Barco de Vapor por su libro más famoso, cómo no, Fray Perico y su borrico. Cinco años más tarde se hizo con el Gran Angular de novela juvenil por El hombre mecánico (1984). En 1992 consiguió el I Premio Complutense Cervantes chico de Literatura Infantil y Juvenil como el autor más leído por los niños.

(Adaptado de *https://es.literaturasm.com/libro/fray-perico-su-borrico#gref*)

Redacte un texto en el que deberá:

- hacer una pequeña introducción sobre la importancia de la lectura en los niños;
- proponer algunas maneras de incentivar y fomentar la lectura en los niños;
- escribir una reseña del libro y comentar por qué lo recomienda;
- elaborar una opinión personal sobre el libro y el autor.

Número de palabras: **entre 150 y 180.**

Step **2** 선택한 옵션의 지시사항과 보조 자료의 내용을 취합하여 직접 작문해 보세요.

OPCIÓN: _____

_____

_____

_____

_____

_____

_____

_____

_____

_____

_____

_____

_____

_____

_____

_____

_____

소요 시간: _____

단어 수: _____

Step 3 문제와 보조 자료의 해석을 확인해 보세요.

지시사항

다음에 주어지는 두 개의 옵션 중 하나만 선택하세요.

옵션 1

당신은 환경 보호에 대해 우려하는 칠레의 한 환경 비정부 기구에서 일하고 있으며, 칠레인들이 재활용을 하지 않는 이유에 관한 기사를 쓰도록 임명 받았습니다. 그 기사를 쓰기 위해 다음 그래프에서 보이는 정보를 참고해야 합니다.

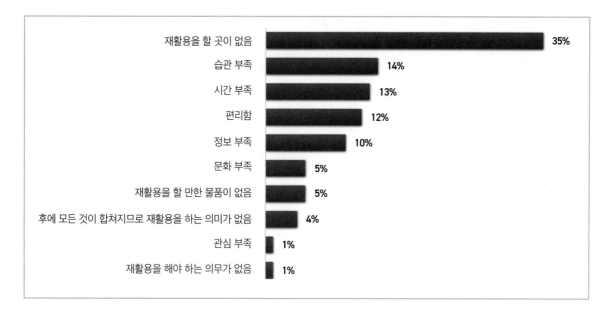

텍스트를 작문하면서 당신은 다음 사항을 해야 합니다.

- 주제를 소개하고, 환경을 보호하는 노력과 재활용을 해야 하는 것이 갖는 중요성에 대해 언급하기
- 다양한 이유들의 퍼센티지에 대해 총괄적인 비교하기
- 당신이 보기에 가장 중요해 보이는 부분 강조하기
- 그래프가 보여 주는 내용에 대한 당신의 의견 표현하기
- 결론 짓기

단어 수: **150~180.**

옵션 2

당신은 독서에 관한 블로그를 가지고 있습니다. 어제 당신은 블로그의 많은 구독자들이 권했던 한 권의 동화책을 읽었으며 이 책에 대한 서평을 쓰려 합니다. 이어서 당신은 책을 출판하는 출판사의 웹 사이트에서 발췌한 정보를 보게 됩니다.

페리코 수도사와 그의 당나귀
8세에서 12세까지

19세기 살라망카에서 선행을 베풀고 적은 것이라도 나누어 주는 스무 명의 수도사가 살고 있는 평화로운 수도원은 페리코 수도사와 그의 당나귀 칼세틴의 등장으로 어수선해진다. 그 수도원은 이 사랑스러운 인물 덕분에 머지않아 유머와 기쁨이 가득한 황당한 상황들을 겪게 될 것이다. 한 수도사와 그의 당나귀에 대한 재미있는 모험 이야기.

시리즈: 기선
저자: 후안 무뇨스 마르틴
페이지 수: 160
장르: 유머
유형: 단편 소설

전기

후안 무뇨스 마르틴은 1929년 5월 13일 마드리드에서 태어났고, 그곳에서 프랑스 철학을 공부했다. 작가 활동 외에도 그의 엄청난 열정은 바로 독서였으며, 특히 고전 문학을 즐겼다.

그는 거의 알려지지 않았으나 가장 많은 책을 판매하는 스페인 작가들 중 한 명이다. 항상 겸손하며 신중한 그는 《페리코 수도사와 그의 당나귀》라는 작품으로 스페인어권 시장에서 백만 부를 훨씬 웃도는 판매를 했다.

1966년 그는 그의 첫 문학상인 '돈셀' 상을 탔으며, 몇 년 후인 1979년에는 물론 가장 유명했던 그의 작품인 《페리코 수도사와 그의 당나귀》로 '엘 바르코 데 다포르' 상을 탔다. 5년 후인 1984년에는 《기술공》이라는 작품으로 청소년 소설의 '그란 안굴라르' 상을 받았다. 1992년에는 아이들이 가장 많이 읽은 작가로서 제1회 콤플루텐세 세르반테스 아동 청소년 문학상을 받았다.

텍스트를 작문하면서 당신은 다음 사항을 해야 합니다.

- 유아 독서의 중요성에 대한 간결한 도입부 작성하기
- 유아 독서를 자극하고 촉진할 몇 가지 방법 제안하기
- 책의 개요를 쓰고 왜 그 책을 추천하는지 언급하기
- 그 책과 저자에 대한 개인적인 의견 작성하기

단어 수: **150~180.**

Step 4 답안 구성 방법을 분석해 보세요.

옵션 1

글의 유형	기사글
핵심 내용	칠레인들이 재활용을 하지 않는 이유에 대한 원인 분석
요구 조건 1	주제를 소개하고, 환경을 보호하는 노력과 재활용을 해야 하는 것이 갖는 중요성에 대해 언급하기
요구 조건 2	다양한 이유들의 퍼센티지에 대해 총괄적인 비교하기
요구 조건 3	당신이 보기에 가장 중요해 보이는 부분 강조하기
요구 조건 4	그래프가 보여 주는 내용에 대한 당신의 의견 표현하기
요구 조건 5	결론 짓기
주의 사항	- 재활용 및 환경 보호와 관련된 어휘 및 표현법 - 중요한 부분에 대한 강조 및 의견 표현

옵션 2

글의 유형	서평
핵심 내용	유아 독서의 권장과 특정 도서에 대한 소개
요구 조건 1	유아 독서의 중요성에 대한 간결한 도입부 작성하기
요구 조건 2	유아 독서를 자극하고 촉진할 몇 가지 방법 제안하기
요구 조건 3	책의 개요를 쓰고 왜 그 책을 추천하는지 언급하기
요구 조건 4	그 책과 저자에 대한 개인적인 의견 작성하기
주의 사항	작품 소개만 하는 것이 아닌 유아 독서에 대한 메시지도 전달할 것

Step 5 필수 표현을 익히세요.

옵션 1

주제	주제의 도입
문형 1	• [주제] + **es un problema** / **es un asunto** / **es una cuestión** + muy 형용사
문형 2	• Todos sabemos que [주제] + **es un tema** / **es un asunto** + muy 형용사
문형 3	• Hoy en día [주제] + **da muchos problemas** / **tiene mucha importancia** / **causa mucha controversia**
활용 예	• La conservación del medioambiente **es un asunto** de actualidad que a todos nos concierne. 환경 보호는 우리 모두에게 속하는 시사적인 일이다.

옵션 2

주제	중요도 언급
문형 1	• [주제] es (muy) + **importante** / **significativo** / **principal** / **trascendental** / **fundamental** / **vital** + [내용]
문형 2	• [주제] tiene una importancia muy + **grande** / **fundamental** / **vital** + [내용]
활용 예	• En mi opinión, la lectura **es fundamental** para los niños. 제 생각에는, 독서는 아이들에게 매우 중요합니다.

Step 6 모범답안을 확인하세요.

옵션 1

[모범답안]

La conservación del medioambiente es un asunto de actualidad que a todos nos concierne. Tanto la basura de los hogares como la basura tecnológica provocan graves daños y por esta razón todos deberíamos preocuparnos más por el reciclaje.

En esta gráfica podemos ver los principales motivos por los que los chilenos no reciclan.

Como podemos apreciar, el principal motivo es que no hay donde reciclar con el 35% de los encuestados. Otros motivos que dan los encuestados son: la falta de costumbre con el 14%, la falta de tiempo con el 13%, la comodidad con el 12% y la falta de información con el 10%. Al final de la gráfica podemos encontrar otros factores menos relevantes como la falta de interés y que no existe obligación de reciclar con el 1% en los dos casos.

En mi opinión estos datos nos ofrecen información muy importante y es que la falta de lugares donde reciclar motiva que la gente recicle menos.

En conclusión, el gobierno debería esforzarse más e invertir en contenedores de reciclaje para que los chilenos ya no tengan excusa para no reciclar.

[해석]

환경 보호는 우리 모두에게 속하는 시사적인 일이다. 가정 내 쓰레기뿐만 아니라 공업 폐기물 또한 아주 심각한 피해를 야기시키며 그러한 이유로 우리 모두는 재활용에 더 신경을 써야 한다.

이 그래프에서 우리는 칠레 사람들이 재활용을 하지 않는 주된 이유를 볼 수 있다. 우리가 알 수 있듯이 가장 주된 원인은 응답자들의 35퍼센트가 말한 '재활용을 할 곳이 없다'는 점이다. 응답자들이 밝힌 다른 이유들은 이렇다: 14퍼센트가 습관 부족, 13퍼센트가 시간 부족, 12퍼센트가 편리함이라고 했고 10퍼센트는 정보 부족이라고 말했다. 그래프 마지막 부분의 '관심 부족'이나 '재활용을 해야 하는 의무가 없다'는 것과 같이 중요도가 덜한 두 경우의 요인들에서는 1퍼센트의 답변이 있었다.

내 생각에는 이 자료들은 우리에게 아주 중요한 정보를 제공하는데, 이는 사람들이 재활용을 많이 하지 않는 원인을 제공하는 것이 바로 재활용할 장소들의 부족이라는 것이다.

결론은, 칠레 사람들이 더 이상 재활용을 하지 않을 변명거리를 없애기 위해서 정부는 더 많은 재활용 수거함을 만들도록 노력해야 할 것이다.

옵션 2

[모범답안]

Ayer leí un libro infantil y me hizo reflexionar mucho sobre la lectura y los niños. En mi opinión, la lectura es fundamental para los niños. Es muy importante para que se desarrollen mentalmente, así que los padres deberían intentar crear hábitos de lectura en casa.

Desde mi punto de vista, una buena manera para incentivar y fomentar la lectura en los niños sería que los padres se animasen a leer con ellos. De esta manera los niños lo verían como una actividad en familia y divertida. Especialmente en el caso de los niños pequeños, los padres podrían leerles cuentos antes de dormir para crear un bonito recuerdo que les ayude a crear un hábito de lectura en el futuro.

La verdad es que el libro que me recomendasteis, Fray Perico y su borrico, es un libro muy entretenido y divertido. Estoy seguro de que a cualquier niño le gustará. Además, su autor es uno de los autores españoles que más venden y ha conseguido numerosos premios. Si buscas un libro que regalar o recomendar a un niño, ni lo dudes. Este libro le encantará.

[해석]

어제 저는 한 동화책을 읽었고 그 책은 제가 독서와 아이들에 대해 많이 생각해보도록 만들었습니다. 제 생각에는, 독서는 아이들에게 매우 중요합니다. 아이들이 정신적으로 발전하는 것은 매우 중요하므로 부모님들은 집에서 독서 습관을 만들어 주도록 노력해야 합니다.

저의 관점에서, 아이들에게 독서를 자극하고 격려하는 좋은 방법은 부모가 그들과 함께 읽도록 격려하는 것입니다. 이런 식으로 아이들은 그것을 재미있는 가족 활동으로 보게 될 것입니다. 특히 어린 자녀의 경우, 부모님들은 잠잘 때 이야기책을 읽어 주어 미래에 독서 습관을 만드는 데 도움이 되는 좋은 기억을 만들어 줄 수 있습니다.

실은 당신들이 저에게 추천한 책, 《페리코 수도사와 그의 당나귀》는 매우 유쾌하고 재미있는 책이었습니다. 저는 어떤 아이라도 그것을 좋아할 것이라고 확신합니다. 또한 그 저자는 가장 많이 팔고 수많은 상을 수상한 스페인 작가들 중 한 명입니다. 자녀에게 선물하거나 권할 책을 찾고 있다면 주저하지 마십시오. 아이는 이 책을 무척 좋아할 것입니다.

Step ⑦ 필수 어휘를 익히세요.

옵션 1

ONG	ⓕ 비정부기구 (Organización No Gubernamental)
ecologista	ⓜ ⓕ 자연 보호 전문가, 생태학자 / 환경 보호주의의
conservación	ⓕ 보존, 보관, 유지
asignar	할당하다, 지정하다, 정착시키다
redacción	ⓕ 편집, 작성, 글짓기, 작문
artículo	ⓜ 기사, 논설, 논문, 관절, 관사, 조항, 물품
reciclar	재생 처리[이용]하다, 재생 가공하다, 재활용하다
comodidad	ⓕ 편리함, 쾌적함
juntar	합치다, 모으다, 잇다
obligación	ⓕ 의무, 책임, 채권
introducir	끼워 넣다, 삽입하다, 안내하다
esforzarse	힘쓰다, 애쓰다, 노력하다
comparar	비교하다, 대비하다
destacar	강조하다, 빼어나다
relevante	걸출한, 두드러진, 중요한
concernir	속하다, 관계하다
daño	ⓜ 손해, 피해, 병, 상처, 부상
reciclaje	ⓜ 재활용
apreciar	가격을 매기다, 평가하다, 감사하다, 존중하다, 감상하다
factor	ⓜ 요인, 요소, 인자
invertir	거꾸로 하다, 역전시키다, 투자하다
contenedor	ⓜ 컨테이너, 쓰레기통
excusa	ⓕ 변명, 핑계, 구실

옵션 2

lector	ⓜ ⓕ 독자, 낭독자 / 읽는, 독서의
reseña	ⓕ 개요, 개설, 요약, 서평
extraer	꺼내다, 추출하다
editorial	ⓕ 출판사 / 출판의
fray	~사(師), ~ 수도사, ~ 수사
borrico	ⓜ 당나귀
burro	ⓜ 당나귀, 촌스럽고 무지한 남자 / 우매한, 촌스럽고 무지한
trastornar	뒤집다, 뒤엎다, 당황하게 하다, 어지럽히다
apacible	얌전한, 온화한, 평온한
fraile	ⓜ [종교] 수도사, 수사(修士)
convento	ⓜ 수도원
hacer el bien	자선을 베풀다, 선을 행하다
disparatado	엉터리의, 아무렇게 하는
personaje	ⓜ 인물, 배역
barco de vapor	ⓜ 기선
narrativa	ⓕ 단편, 이야기
biografía	ⓕ 전기, 일대기
modesto	겸손한, 겸허한, 간소한, 초라한
discreto	신중한, 조심성이 많은, 입이 무거운, 적당한
superar	능가하다, 극복하다, 뛰어넘다, 초과하다
ampliamente	광범위하게, 널리
habla	ⓕ 말, 언어, 언사
reconocimiento	ⓜ 식별, 인식, 승인, 감사
incentivar	자극하다
fomentar	자극하다, 조장하다, 촉진하다, 장려하다
hábito	ⓜ 습관, 습성
animarse	힘을 내다, 기운을 내다, 용기를 내다
cuento	ⓜ 이야기, 만들어 낸 이야기

Tarea 2 Ejercicios 실전 연습 ②

Step 1 공략에 따라 연습문제를 파악하며 **OPCIÓN**을 선택하세요.

INSTRUCCIONES

Elija solo una de las dos opciones que se le ofrecen a continuación:

OPCIÓN 1

Usted colabora en la revista que edita mensualmente el Instituto de Salud y le han pedido que redacte un artículo sobre quiénes, según los ciudadanos, son los responsables de que México ocupe el primer lugar a nivel mundial en obesidad infantil y de que los niños en México se encuentren en esta situación. Para escribir su artículo dispone de la información que aparece en el siguiente gráfico.

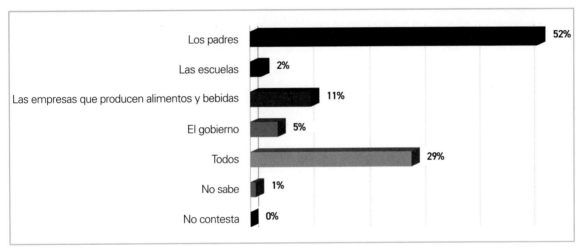

Fuente: *http://www.parametria.com.mx/carta_parametrica.php?cp=4488*

Redacte un texto en el que deberá:

- introducir el tema y comentar los riesgos y consecuencias de la obesidad infantil;
- comparar de forma general los diferentes porcentajes;
- resaltar los datos que considere más relevantes;
- expresar su opinión sobre los datos que ofrece el gráfico;
- elaborar una conclusión;

Número de palabras: **entre 150 y 180.**

OPCIÓN 2

Usted tiene un blog sobre cultura y ha leído una noticia sobre la cancelación de un festival de música. Lea la noticia que apareció en la prensa y escriba una entrada en su blog dando su opinión al respecto.

El Festival Sueños de Libertad echa el cierre por la falta de patrocinadores y de público.

El Festival Sueños de Libertad, que debía celebrar su quinta edición los días 17 y 18 de mayo, echa el cierre por la falta de patrocinadores privados, la escasa ayuda de las instituciones públicas y por falta de interés del público. Así lo ha anunciado su impulsor, Adrián Rodríguez, en un texto publicado en las redes sociales, en el que ha anunciado que se devolverá el importe de las entradas que ya se habían vendido.

"Hoy debemos admitir que la batalla se ha perdido. Hemos decidido cancelar la edición de 2019 por motivos económicos y de salud. No habrá quinto aniversario. Necesitamos un descanso para volver a reivindicar que Ibiza necesita más cultura. Sabemos que la lucha es desigual; que es más rentable el negocio fácil que el amor por la música o el arte", ha afirmado Adrián Rodríguez.

"Después de cuatro años programando a artistas o grupos que reúnen miles de personas cuando tocan en la península (o en Mallorca), en Ibiza sigue costando una barbaridad. Da igual traer a virtuosos como Fantastic Negrito o Shawn James, a estrellas internacionales y nacionales como Orishas, Buika, Leiva, The Wailers, Ivan Ferreiro, Amaral, Loquillo, Amparanoia, Depedro, etc.", ha afirmado el impulsor, quien ha matizado que todo el esfuerzo es en vano si no sale en verde la cuenta de resultados.

(Adaptado de *https://www.noudiari.es/2019/03/el-festival-suenos-de-libertad-echa-el-cierre-por-la-falta-de-patrocinadores-y-de-publico/*)

Redacte un texto para el blog en el que deberá:

- hablar sobre lo importante que es fomentar la cultura;
- señalar los aspectos positivos que tienen los festivales de música y otros eventos culturales;
- criticar la falta de apoyo por parte de instituciones públicas y de patrocinadores privados;
- elaborar una opinión personal sobre la cancelación del festival.

Número de palabras: **entre 150 y 180.**

Step 2 선택한 옵션의 지시사항과 보조 자료의 내용을 취합하여 직접 작문해 보세요.

OPCIÓN: _____

_____

_____

_____

_____

_____

_____

_____

_____

_____

_____

_____

_____

_____

소요 시간: _____

단어 수: _____

Step **3** 문제와 보조자료의 해석을 확인해 보세요.

지시사항

다음에 주어지는 두 개의 옵션 중 하나만 선택하세요.

옵션 1

당신은 보건 단체에서 매달 발행하는 잡지에 글을 기고하고 있으며, 시민들에 생각에 따르면 멕시코는 세계적으로 소아 비만율이 가장 높은 나라인데 이에 대한 책임을 누가 가지고 있고 왜 멕시코의 아이들이 이러한 상황에 놓여 있는지에 대한 기사글을 작성할 것을 위임받았습니다. 기사글을 작성하기 위해 다음 그래프에서 보여지는 정보를 활용하세요.

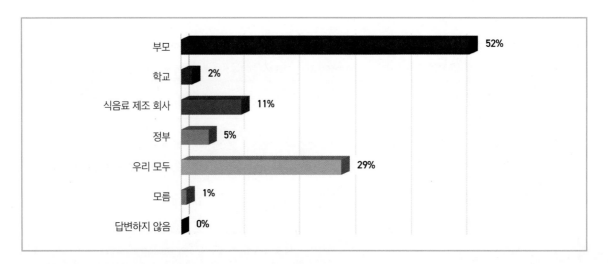

당신은 글에서 다음을 해야 합니다:

- 주제를 소개하고 소아 비만의 위험성과 그 결과에 대해 언급하기
- 다양한 퍼센티지를 전체적으로 비교하기
- 가장 중요하다고 생각하는 부분 부각하기
- 그래프가 제공하는 정보에 대한 당신의 개인 의견 표현하기
- 결론 짓기

단어 수: **150~180.**

옵션 2

당신은 문화에 대한 블로그를 운영하고 있으며 한 음악 페스티벌의 취소에 관한 뉴스를 읽었습니다. 신문에 나온 뉴스를 읽고 그에 관한 당신의 의견을 쓰는 블로그 게시글을 작성하세요.

'자유의 꿈' 축제는 후원자와 대중의 관심 부족으로 폐지된다.

5월 17일과 18일에 다섯 번째 회차를 개최해야 하는 '자유의 꿈' 축제는 개인 후원자들의 부족, 공공 기관 측의 적은 도움 그리고 대중의 관심 부족으로 인해 결국 폐지된다. 이 축제의 추진자인 아드리안 로드리게스 씨가 SNS에 게시된 한 텍스트에서 그렇게 발표하였으며, 그는 이미 판매된 입장권의 금액은 환불될 것이라고 말했다.

"오늘 우리는 싸움에서 패했다는 것을 인정해야 합니다. 우리는 금전적인 이유와 건강상의 이유로 2019년 회차를 취소하기로 정했습니다. 제5회 축제는 열리지 않을 것입니다. 우리는 이비자에 더 많은 문화가 필요하다는 사실을 다시 주장하기 위한 휴식이 필요합니다. 그 싸움은 불공평하다는 것을 알고 있으며 음악이나 예술에 대한 사랑보다는 쉬운 비즈니스가 더 돈벌이가 된다는 것을 우리는 알고 있습니다."라고 아드리안 로드리게스는 말했다.

"반도 내에서 (혹은 마요르카에서) 연주를 하면 수천 명의 사람들을 모으는 아티스트들과 그룹들로 구성을 한 지 4년의 시간이 흘렀지만, 이비자에서는 여전히 엄청난 비용이 듭니다. 판타스틱 네그리토 혹은 숀 제임스와 같은 거장을 데리고 와도, 오리샤스, 부이카, 레이바, 더 웨일러스, 이반 페레이로, 아마랄, 로키요, 암파라노이아, 데페드로와 같은 해외 및 국내 스타들을 데리고 와도 소용이 없었습니다."라고 그 추진자는 밝혔으며, 결과적으로 손익 계산서에서 이익이 좋게 나오지 않으면 모든 노력은 헛된 것이라고 말했다.

블로그에 게시할 텍스트를 쓰세요. 그 글에서 당신은 다음을 해야 합니다:

- 문화를 장려하는 것의 중요성에 대해 말하기
- 음악 페스티벌과 다른 문화 이벤트들이 가진 긍정적인 측면 지적하기
- 공공 기관과 개인 후원자들의 도움의 부족 비판하기
- 그 페스티벌의 취소에 대한 개인 의견 작성하기

단어 수: **150~180.**

Step 4 답안 구성 방법을 분석해 보세요.

옵션 1

글의 유형	기사글
핵심 내용	소아 비만과 그에 대한 책임과 원인
요구 조건 1	주제를 소개하고 소아 비만의 위험성과 그 결과에 대해 언급하기
요구 조건 2	다양한 퍼센티지를 전체적으로 비교하기
요구 조건 3	가장 중요하다고 생각하는 부분 부각하기
요구 조건 4	그래프가 제공하는 정보에 대한 당신의 개인 의견 표현하기
요구 조건 5	결론짓기
주의 사항	소아 비만의 위험성에 대해 언급하기

옵션 2

글의 유형	블로그 게시글
핵심 내용	문화 및 페스티벌의 중요성
요구 조건 1	문화를 장려하는 것의 중요성에 대해 말하기
요구 조건 2	음악 페스티벌과 다른 문화 이벤트들이 가진 긍정적인 측면 지적하기
요구 조건 3	공공 기관과 개인 후원자들의 도움 부족 비판하기
요구 조건 4	그 페스티벌의 취소에 대한 개인 의견 작성하기
주의 사항	중요한 점 지적 및 부족한 점에 대한 비난

Step 5 필수 표현을 익히세요.

옵션 1

주제	그래프의 전체적인 설명
문형 1	• A través de la gráfica, se puede + **observar / saber / ver que** + [내용]
문형 2	• En la gráfica, se observa que + [내용] • Como vemos en la gráfica, + [내용]
문형 3	• OOO + **piensa que / considera que / contesta que** + [내용] + con el OO%.
문형 4	• El OO% + **piensa que / considera que / contesta que** + [내용]
활용 예	• **Como vemos en esta gráfica**, los ciudadanos **consideran que** los padres son los principales responsables de la obesidad infantil **con el** 52% de los resultados. 그래프에서 볼 수 있듯이 소아 비만의 가장 큰 책임이 있는 사람이 부모라고 생각하는 시민들은 전체 결과의 52퍼센트에 해당합니다.

옵션 2

주제	비난 및 비판
문형	• Dar / Causar + **lástima / pena / enfado / tristeza / coraje / rabia** + 동사원형 / que 접속법
활용 예	• Me **da** mucha **lástima que** las instituciones públicas no hayan hecho un esfuerzo por salvar este festival... 공립 기관들이 이 축제를 살리기 위해 노력하지 않은 것은 매우 안타깝다.

Step 6 모범답안을 확인하세요.

옵션 1

모범답안

Llevar una dieta sana y equilibrada es la mejor forma de cuidar nuestra salud y la obesidad es uno de los principales problemas que sufre nuestro país. Este problema afecta especialmente la salud y la calidad de vida de los niños.

Como vemos en esta gráfica, los ciudadanos consideran que los padres son los principales responsables de la obesidad infantil con el 52% de los resultados. El 29% considera que todos somos responsables de este problema que tanto nos afecta. Solo el 11% piensa que la culpa es de las empresas que producen alimentos y bebidas. Por último, un menor número de encuestados cree que los responsables son el gobierno y las escuelas con el 5% y el 2% respectivamente.

Lo más relevante de estos datos es que algo más de la mitad de los ciudadanos consideran a los padres como los principales responsables de este problema nacional.

En conclusión, los padres deberían cuidar más la alimentación de sus hijos e inculcarles un estilo de vida más sano.

해석

건강하고 균형 잡힌 식단을 유지하는 것은 우리의 건강을 지키기 위한 가장 좋은 방법이며 비만은 우리나라가 겪는 가장 주된 문제들 중 하나입니다. 이 문제는 특히 아이들의 건강과 삶의 질에 지장을 줍니다.

이 그래프에서 볼 수 있듯이 소아 비만의 가장 큰 책임이 있는 사람이 부모라고 생각하는 시민들은 전체 결과의 52퍼센트에 해당합니다. 29퍼센트는 이 심각한 문제의 책임이 우리 모두에게 있다고 생각합니다. 단 11퍼센트만이 식품과 음료를 제조하는 기업의 잘못이라고 생각합니다. 마지막으로, 적은 수의 응답자들은 정부와 학교가 그 책임이 있다고 생각하고 있으며 이는 각각 5퍼센트와 2퍼센트에 해당합니다.

이 데이터에서 가장 중요한 것은 바로 절반이 조금 더 넘는 수의 시민들이 이러한 국가적 문제의 가장 주된 책임자가 바로 부모라고 생각한다는 것입니다.

결론적으로, 부모님들은 자녀들의 식품 섭취를 더 조심시키고 더 건강한 삶의 방식을 그들에게 주입시켜 주어야 할 것입니다.

옵션 2

모범답안

No cabe duda de que la cultura es parte importantísima de nuestra sociedad y sin ella no podríamos avanzar. Por eso, es de vital importancia fomentarla a través de eventos culturales como, por ejemplo, los festivales de música. Este tipo de eventos genera un gran bienestar físico y emocional, nos produce una sensación reconfortante y nos ayuda a liberarnos de nuestro estrés diario. Es una pena que las instituciones públicas no apoyen más este tipo de eventos, porque son fundamentales en nuestra sociedad. También las instituciones privadas deberían hacer un esfuerzo en patrocinarlas y apoyarlas.

Recientemente he leído una noticia en las redes sociales sobre la cancelación de El Festival de Sueños de Libertad que por falta de patrocinadores privados no va a celebrar su quinta edición. Es lamentable que se haya llegado a esta situación después de tantos años trayendo a grandes artistas a Ibiza. Me da mucha lástima que las instituciones públicas no hayan hecho un esfuerzo por salvar este festival y espero que en un futuro cercano recapaciten y se den cuenta del enorme valor que este tipo de eventos supone para la sociedad.

해석

문화가 우리 사회의 매우 중요한 한 부분이라는 것에는 의심의 여지가 없으며, 문화가 없으면 우리는 앞으로 나아갈 수 없습니다. 따라서 음악 페스티벌과 같은 문화 행사를 장려하는 것은 매우 중요합니다. 이러한 유형의 이벤트는 훌륭한 신체적, 정신적 웰빙을 생성하고, 편안한 느낌을 제공하며 일상에서의 스트레스에서 벗어날 수 있도록 도와줍니다. 공공 기관이 더 이상 이러한 유형의 행사를 지원하지 않는 것은 매우 안타까운 일인데, 왜냐하면 이러한 행사들은 우리 사회의 근본이기 때문입니다. 또한 사립 기관은 이를 후원하고 지원하기 위해 노력해야 합니다.

최근에 저는 개인 후원자의 부족으로 인해 다섯 번째 회차를 개최하지 않기로 한 '자유의 꿈' 페스티벌의 취소에 대한 뉴스를 SNS에서 읽었습니다. 수년간 훌륭한 예술가들을 이비자에 데려온 후 이런 상황에 도달한 것은 참으로 불행한 일입니다. 공립 기관들이 이 축제를 구하기 위해 노력하지 않은 것은 매우 유감이며 가까운 시일 내에 다시 심사숙고하여 이러한 유형의 행사가 사회에 미치는 막대한 가치를 깨닫기를 바랍니다.

Step 7 필수 어휘를 익히세요.

옵션 1

colaborar	기고하다, 투고하다
editar	출판하다, 발행하다, 편집하다, 제작하다
mensualmente	매월
ocupar	차지하다, 점유하다, 쓰다, 고용하다
mundial	전 세계의, 세계적인
obesidad	⑦ 비만, 비대증
infantil	유아의, 소아적인
disponer de	소유하다, 자유롭게 사용하다
alimento	⑩ 음식, 식품, 양식
riesgo	⑩ 위험, 재해
comparar	비교하다
consecuencia	⑦ 결과
resaltar	튀어나오다, 두드러지다, 분명하게 하다, 강조하다, 부각하다
relevante	두드러진, 중요한, 의의가 있는
elaborar	가공하다, 생성하다, 짓다
dieta	⑦ 식이 요법, 다이어트
equilibrado	균형 잡힌, 안정된, 평온한
principal	제일 중요한, 주된
afectar	습격하다, 작용하다, 관여하다, 슬프게 하다
respectivamente	제각기, 각각, 각자, 저마다
inculcar	주입시키다, 심어 주다, 고취시키다

옵션 2

prensa	⒡ 신문, 잡지, 언론, 보도진
al respecto	그 일에 관하여
echar el cierre	닫다, 끝내다
patrocinador	ⓜ ⒡ 후원자 / 후원하는, 지원하는
edición	⒡ 출판, 간행, 편집, 회
público	ⓜ 대중, 공중 / 공공의, 공개의
privado	사적인, 개인적인, 개인 소유의, 민간의
escaso	근소한, 부족한, 적은
impulsor	ⓜ ⒡ 추진자 / 추진하는
devolver	되돌리다, 반환하다
importe	ⓜ 대금, 금액
batalla	⒡ 전투, 싸움
reivindicar	요구하다, 회복하다, 주장하다
desigual	똑같지 않은, 불공평한, 험준한
rentable	수익성이 있는, 돈벌이가 되는
barbaridad	⒡ 야만성, 무모한 말이나 행동
dar igual	상관없다, 아랑곳없다
virtuoso	덕 있는, 명인, 거장, 대가
matizar	배색하다, 변화를 주다, 뉘앙스를 띄다
vano	헛된, 무익한
salir en verde	청신호가 켜지다
fomentar	자극하다, 조장하다, 촉진하다, 장려하다
señalar	표시하다, 지적하다, 가리키다
aspecto	ⓜ 외관, 양상, 관점
criticar	비난하다, 비평하다
falta	⒡ 부족, 결여, 부재, 결석, 결근
vital	살아 있는, 생생한, 생명의, 지극히 중요한, 불가결의
generar	발생시키다, 일으키다
bienestar	ⓜ 복지, 안락, 번영
reconfortante	ⓜ 강장제 / 기운이 솟게 하는, 원기를 회복시키는
patrocinar	후원하다, 지원하다, 옹호하다
salvar	구하다, 돕다
recapacitar	깊이 생각하다, 심사숙고하다

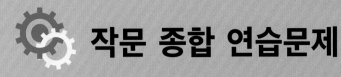

작문 종합 연습문제

PRUEBA DE EXPRESIÓN E INTERACCIÓN ESCRITAS

Tarea 1 작문 종합 연습문제

INSTRUCCIONES

Usted vive en una ciudad costera y cerca de donde vive hay un proyecto para construir un hotel de lujo y un rascacielos a pie de playa. Escriba una carta al alcalde de su ciudad para expresar su rechazo a la construcción del hotel y del rascacielos. En la carta deberá:

- presentarse;
- exponer los motivos por los que escribe esta carta;
- dar su opinión sobre el proyecto;
- expresar su rechazo al proyecto;
- explicar el impacto ambiental que, en su opinión, tendrá el proyecto en el litoral y en la ciudad;
- proponer soluciones alternativas.

Para ello va a escuchar una noticia sobre el Centro Municipal de Juventud. Escuchará la audición dos veces. Tome notas para luego utilizarlas en su carta.

Número de palabras: **entre 150 y 180.**

듣기 자료 메모 작성란

Track 7-3

소요 시간: _____

단어 수: _____

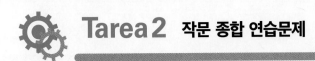

INSTRUCCIONES

Elija solo una de las dos opciones que se le ofrecen a continuación:

OPCIÓN 1

Usted colabora con una revista digital de deporte y le han pedido que escriba un artículo sobre los motivos principales por los que la población ha practicado deporte este año. Para redactar el artículo dispone de la información que aparece en el siguiente gráfico:

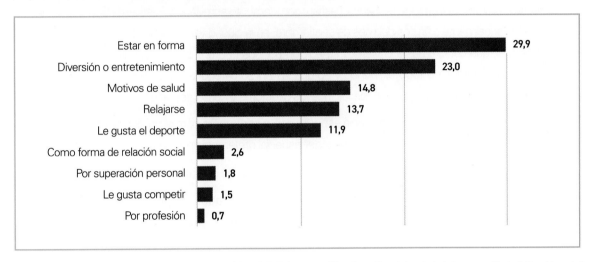

Fuente: *http://www.culturaydeporte.gob.es/servicios-al-ciudadano-mecd/dms/mecd/servicios-al-ciudadano-mecd/estadisticas/deporte/ehd/Encuesta_de_Habitos_Deportivos_2015_Sintesis_de_Resultados.pdf*

Redacte un texto en el que deberá:

- introducir el tema y comentar los beneficios de practicar deporte;
- comparar de forma general los porcentajes de los distintos motivos por los que la población ha practicado deporte;
- resaltar los datos que considere más relevantes;
- expresar su opinión sobre los datos que ofrece el gráfico;
- elaborar una conclusión;

Número de palabras: **entre 150 y 180.**

OPCIÓN 2

Usted es un gran fanático del cine y tiene un blog sobre películas. El domingo asistió al Festival de Cine de San Sebastián y quiere escribir una crítica sobre este. A continuación puede leer un comentario sobre el festival.

Festival de Cine de San Sebastián

El Festival Internacional de Cine de San Sebastián, comúnmente abreviado a Festival de San Sebastián se celebra anualmente a finales del mes de septiembre, en la ciudad vasca de San Sebastián (España). Este festival, que celebra hasta el viernes su edición 65, nos trae una buena cantidad de excelentes películas procedentes de todo el mundo y agrupadas en 20 categorías entre las que sobresalen la muestra oficial, cine en construcción, perlas, nuevos directores y horizontes latinos.

San Sebastián es un festival de referencia especialmente importante para el público latinoamericano, por ser el más importante en español y por tener especial preferencia por el cine de nuestra región.

Este festival destaca por su extraordinaria organización y además ofrece:

- Una excelente atención a la prensa y a los acreditados de la industria: Más de 10 proyecciones especiales para acreditados diariamente, acceso sin límites a las ruedas de prensa (solo con acreditación) y casilleros para recibir información personalizada.
- Teatros grandes, a cortas distancias y bien dotados.
- Una aplicación móvil que permite acceder a horarios, funciones e información de prensa.
- Alfombra roja para que el público esté en contacto con los artistas. Como los grandes festivales, este tiene un abanico impresionante de estrellas visitantes. El festival organiza sesiones fotográficas diarias para que las estrellas posen con el público del festival.
- Gran puntualidad.

(Adaptado de *http://blogs.eltiempo.com/el-tiempo-del-cine/2017/09/28/joyas-del-festival-de-cine-de-san-sebastian/*)

Redacte un texto para el blog en el que deberá:

- hablar sobre la importancia de los festivales de cine;
- valorar la organización del Festival de Cine de San Sebastián;
- contar cómo reaccionó el público que asistió al evento;
- dar consejos para quienes vayan a asistir;
- elaborar una opinión personal sobre el festival.

Número de palabras: **entre 150 y 180.**

OPCIÓN: _____

_____

_____

_____

_____

_____

_____

_____

_____

_____

_____

_____

_____

_____

_____

소요 시간: _____

단어 수: _____

1 해석

지시사항

당신은 해안 도시에 살고 있으며 당신이 사는 곳 근처에서는 해안가를 따라서 한 호화 호텔과 초고층 빌딩의 건축 계획이 예정되어 있습니다. 그 호텔과 빌딩의 건설에 대한 거부 의사를 표현하기 위해 시장에게 편지를 쓰세요. 편지에서 당신은 다음을 해야 합니다:

- 자기소개하기
- 이 편지를 쓰는 이유 말하기
- 그 계획에 관한 당신의 의견 제시하기
- 그 프로젝트에 대한 당신의 거부 의사 표현하기
- 당신이 생각했을 때 그 프로젝트가 해안가와 도시에 가져올 환경적 영향을 설명하기
- 대체 방안 제안하기

이를 위해 당신은 그 건축 계획과 관련된 한 뉴스를 듣게 됩니다. 듣기 자료는 두 번 듣습니다. 당신의 편지에 포함시킬 내용을 메모하세요.

단어 수: **150~180.**

듣기 자료

TRANSCRIPCIÓN

El portavoz de la asociación Nuestra Ciudad, Manuel García, ha vuelto a insistir en que el proyecto de construcción de un hotel de lujo y un rascacielos en primera línea de playa transformará de una manera drástica la imagen de la ciudad y relegará a un segundo plano otros edificios importantes y emblemáticos de la ciudad. De igual modo, desde la asociación piden al equipo de gobierno adoptar todas las medidas oportunas desde la Gerencia Municipal de Urbanismo y Playas y Sostenibilidad Medioambiental, para llevar a cabo estudios serios y rigurosos de viabilidad ambiental e impacto paisajístico del proyecto. También exigen un estudio en el que se garantice la máxima participación pública junto con todas las garantías de un proceso administrativo transparente.

Por último, también instan al equipo de gobierno a que se impulse un debate en profundidad sobre el proyecto con la máxima participación ciudadana consultando a los expertos en materia de hoteles, profesionales y de técnicos de un reconocido prestigio y solvencia profesional, con informes técnicos serios y rigurosos, por tratarse de una obra que va a perdurar durante muchas décadas y que transformaría por completo la imagen de nuestra ciudad.

Además, ha criticado que es un proyecto gestado a espaldas de la gente y fuera de la legalidad, que de consumarse quedaría alterada para siempre la más bella imagen de la ciudad.

(Adaptado de *https://www.elestrechodigital.com/2017/03/20/rechazo-la-construccion-hotel-lujo-puerto-malaga/*)

스크립트

'우리의 도시' 협회 대변인인 마누엘 가르시아는 해안가의 가장 첫 번째 라인에 호화 호텔과 초고층 건물을 건축하는 프로젝트가 도시의 이미지를 급격하게 바꾸어 놓을 것이며 도시의 다른 중요하고 상징적인 건물들을 이차적인 지위로 강등시키게 될 것이라고 재차 주장하였다. 마찬가지로, 협회는 정부 기관에게 환경 지속성 및 그 프로젝트가 가져올 환경적인 영향에 대해 진지하고 엄격한 연구를 수행하도록 '도시 계획과 해변 그리고 자연 보호에 관한 시 관리' 차원에서의 모든 적절한 방법을 취할 것을 요청한다. 그들은 또한 최대한의 공개 참여와 투명한 행정 과정에 대한 모든 보장을 약속하는 연구를 요청하고 있다.

마지막으로, 호텔 관련 전문가 및 인정받은 명성과 전문적 능력을 갖춘 전문가에게 조언을 얻을 것과 엄중하고 신뢰할 만한 기술 보고서를 통한 최대한의 시민 참여 프로젝트를 진행할 것에 대해 심도 있는 토론을 촉진할 것을 정부 기관에게 당부했는데, 그 공사는 수십 년 동안 지속될 것이며 우리 도시의 이미지를 완전히 바꿔 놓을 것이기 때문이다.

이외에도, 그는 사람들의 의견을 고려하지 않은, 법의 테두리 밖에서 준비된 프로젝트이기 때문에 만약 완성된다면 도시의 가장 아름다운 이미지가 영원히 바뀔 것이라고 비판했다.

2 답안 구성 방법 및 필수 표현

답안 구성 방법

글의 유형	편지글
보내는 이	한 해안 도시에 사는 시민
받는 이	시장
핵심 내용	호화 호텔과 초고층 빌딩의 건설에 대한 거부 의사 표현
듣기 자료 내용	건축 계획과 관련된 한 뉴스
요구 조건 1	자기소개하기
요구 조건 2	이 편지를 쓰는 이유 말하기
요구 조건 3	그 계획에 관한 당신의 의견 제시하기
요구 조건 4	그 프로젝트에 대한 당신의 거부 의사 표현하기
요구 조건 5	당신이 생각했을 때 그 프로젝트가 해안가와 도시에 가져올 환경적 영향을 설명하기
요구 조건 6	대체 방안 제안하기
주의 사항	- 환경적 악영향에 대한 구체적이고 명확한 근거 주장 - 절충안이 될 수 있는 대체 방안 제안

필수 표현

주제	편지의 이유 설명
문형 1	• Escribo esta carta porque + 직설법 • La razón por la que escribo esta carta es que + 직설법
문형 2	• Como + 직설법, escribo esta carta.
활용 예	• Le **escribo esta carta porque** he oído una noticia sobre la futura construcción de un hotel y un rascacielos en primera línea de playa. 저는 해안가의 첫 번째 라인에 한 호텔과 초고층 건물을 지을 것이라는 계획에 대한 소식을 들었기 때문에 이 편지를 씁니다.

주제	의견 주장
문형	• Estoy seguro/a de que + 직설법 • Estoy convencido/a de que + 직설법 • Es un hecho que + 직설법 • Esta claro que + 직설법 • No cabe duda de que + 직설법
활용 예	• **Estoy seguro de que** se generarán muchísimos residuos y, sobre todo aglomeraciones en la playa y sus alrededores. 아주 많은 양의 쓰레기가 발생될 것이며 특히 바닷가에는 퇴적물이 쌓일 것을 확신합니다.

3 모범답안

Estimado señor:

Mi nombre es Pablo López y le escribo esta carta porque he oído una noticia sobre la futura construcción de un hotel y un rascacielos en primera línea de playa. Estoy totalmente en contra de este proyecto ya que, en mi opinión, y seguramente en la opinión de muchos otros ciudadanos, transformará negativamente la imagen de la ciudad. Creo que este proyecto solo favorece a los empresarios que buscan un beneficio económico, pero que en realidad no les preocupa la felicidad de los residentes. Las playas son un bien común y deben ser conservadas. Estas construcciones afectarán no solo al paisaje de la ciudad sino también al medioambiente. Estoy seguro de que se generarán muchísimos residuos y, sobre todo aglomeraciones en la playa y sus alrededores. Una buena solución alternativa sería construir el rascacielos en una zona más alejada de la playa para que no afecte al paisaje. En el caso del hotel, lo mejor sería que fuera un hotel pequeño y que embelleciera la playa. Espero que el ayuntamiento considere estas demandas.

Atentamente,

Pablo López

해석

친애하는 귀하:

제 이름은 파블로 로페스입니다. 저는 해안가의 첫 번째 라인에 한 호텔과 초고층 건물을 지을 것이라는 계획에 대한 소식을 들었기 때문에 이 편지를 씁니다. 저는 이 계획에 절대로 반대하는데 그 이유는, 제 의견으로는, 또한 다른 많은 시민들의 의견도 그러할 것이라 생각하지만, 이 프로젝트는 도시의 이미지를 매우 부정적으로 바꾸어 놓을 것이라 생각하기 때문입니다. 저는 이 계획이 경제적인 이익을 찾고 실제로는 거주민들의 행복에 대해서는 신경쓰지 않는 기업인들에게만 유익할 것이라 봅니다. 바다는 공동의 재산이며 보존되어야 합니다. 이러한 공사는 도시의 경관에만 영향을 미치는 것이 아니라 자연 환경에도 영향을 줄 것입니다. 아주 많은 양의 쓰레기가 발생될 것이며 특히 해변과 바닷가에는 퇴적물이 쌓일 것입니다. 한 가지의 대체 방안은 경관을 해치지 않도록 초고층 건물을 바닷가에서 조금 더 떨어진 구역에 짓는 것입니다. 호텔의 경우는, 바다를 더 아름답게 보이게 하는 작은 호텔을 짓는 것이 좋을 것이라 생각합니다. 저는 시청이 이러한 요구를 고려해 주시길 바랍니다.

정중히,

파블로 로페스

4 어휘

costero	연안의, 해안의, 측면의, 옆의	impulsar	밀다, 자극하다, ~하게 작용하다
de lujo	호화로운, 사치스러운, 고급의	debate	ⓜ 토론, 의론
rascacielos	ⓜ 초고층 건물	en profundidad	깊이, 철저히, 심도 있게
a pie de	~에 맞추어	materia	ⓕ 물질, 물체, 재료, 교과, 과목
alcalde	ⓜ 시장	reconocido	인정받는, 감사하는, 공인의
impacto	ⓜ 영향, 영향력, 충격, 자국, 흔적	prestigio	ⓜ 명성, 권위, 위신
ambiental	환경의, 대기의	solvencia	ⓕ 신뢰성, 확실성, 신용력
litoral	ⓜ 연안 지대 / 해변의, 연안의	perdurar	존속하다, 오래 지속하다
portavoz	ⓜ ⓕ 대변인 ⓜ 메가폰	década	ⓕ 10개가 한 벌이 된 것, 10일간, 10년간, 연대
insistir	집착하다, 강조하다, 고집하다, 우기다	gestar	준비하다, 준비되다, 임신하다
línea	ⓕ 선, 열, 계열, 라인	a espaldas	등 뒤에서, 몰래, 모르고, 고려하지 않고
drástico	격렬한, 과격한, 대담한	legalidad	ⓕ 합법성, 적법성, 정당성
relegar	격하시키다, 강등시키다, 밀쳐 버리다	consumar	완수하다, 완성하다, 이행하다
plano	ⓜ 평면, 면, 도면, 지도, 측면 / 반반한, 납작한	alterado	형태가 바뀐, (마음이) 노한, 혼란된, 변질된
emblemático	대표적인, 상징적인	favorecer	호의를 베풀다, 유리하다
de igual modo	같은 방법으로	empresario	ⓜ ⓕ 기업가
adoptar	입양하다, 채용하다, 채택하다, 결정하다	beneficio	ⓜ 이익, 선행, 효용
gerencia	ⓕ 관리, 경영, 관리직	residente	ⓜ ⓕ 거주자 / 거주하는
urbanismo	ⓜ 도시 계획, 도시 공학, 도시화 운동	bien	ⓜ 선, 안녕, 이익, 재산 / 잘, 바르게, 매우
sostenibilidad	ⓕ 지속성, 유지성, 환경 파괴 없이 지속될 수 있음	paisaje	ⓜ 풍경, 경치, 경관
medioambiental	환경의	medioambiente	ⓜ 환경, 자연 환경
llevar a cabo	실행하다, 수행하다	generar	발생시키다, 일으키다
riguroso	혹독한, 가혹한, 매우 엄격한, 정확한	residuo	ⓜ 나머지, 잔류물
viabilidad	ⓕ 생육력, 지속성, 실현성	aglomeración	ⓕ 덩어리, 집단, 군중
paisajístico	풍경의	alejado	먼
garantizar	보증하다, 다짐하다	embellecer	장식하다, 아름답게 하다
transparente	투명한, 속이 비치는, 명료한, 명백한	demanda	ⓕ 수요, 주문, 요구, 제소
instar	간청하다, 당부하다, 진정하다		

Tarea 2 작문 종합 연습문제 정답 및 해설

1 해석

지시사항

다음에 주어지는 두 개의 옵션 중 하나만 선택하세요.

옵션1

당신은 디지털 스포츠 잡지와 협력하고 있으며 그들은 당신에게 올해 사람들이 운동을 한 가장 주된 동기에 대해 기사를 쓸 것을 요청했습니다. 기사를 쓰기 위해 당신은 다음 그래프에서 나타나는 정보를 보게 됩니다:

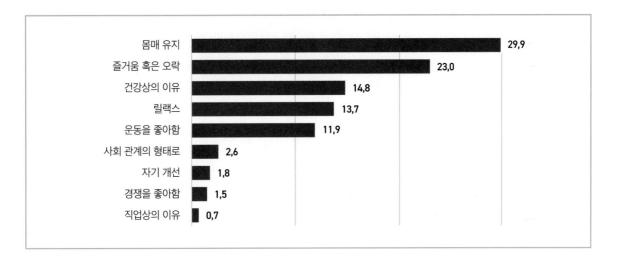

텍스트를 작문하면서 당신은 다음 사항을 해야 합니다.

- 주제를 소개하고 운동을 하는 것이 주는 이점 말하기
- 사람들이 운동을 한 다양한 이유들의 퍼센티지를 전체적으로 비교하기
- 가장 중요하게 생각되는 부분 부각하기
- 그래프가 보여 주는 데이터에 대한 당신의 의견 표현하기
- 결론 짓기

단어 수: **150~180.**

옵션 2

당신은 영화의 엄청난 팬이며 영화에 대한 블로그를 가지고 있습니다. 지난 일요일에 당신은 산 세바스티안 영화제에 참석했으며 이에 대한 리뷰를 작성하려고 합니다. 이어서 당신은 그 영화제에 대한 한 의견을 읽을 수 있습니다.

산 세바스티안 영화제

일반적으로는 '산 세바스티안 영화제'로 약칭되는 산 세바스티안 국제 영화제는 매년 9월 말 바스크 지방의 산 세바스티안(스페인)에서 열립니다. 제65회를 맞아 금요일까지 개최되는 이 영화제는 전 세계의 수많은 훌륭한 양질의 영화를 선보이며, 공식 전시회, 제작 중인 영화, 진주 셀렉션(다른 영화제들을 통해 알려진 그 해의 최고의 영화들에게 작품상과 관객상 등을 시상하는 부문), 새로운 감독들, 라틴 아메리카 영역 등과 같은 눈에 띄는 20개의 범주로 분류됩니다.

산 세바스티안 영화제는 라틴 아메리카 대중에게 특히 중요한 영화제인데, 스페인어권에서 가장 중요한 영화제이며 우리 지역이 갖는 영화에 대한 특별한 관심 때문입니다.

이 영화제는 매우 뛰어난 구성으로 유명하며 이외에도 아래 항목들을 제공합니다.

- 업계의 언론 보도 기관들과 유명인들에게 완벽한 응대: 매일 10편 이상의 특별 상영이 유명 인사들에게 제공, 기자 회견에(보증된 경우에만) 무제한 입장, 개인 맞춤형 정보를 받아 볼 수 있는 사물함
- 가까운 거리에 잘 구비된 대형 극장들
- 상영 일정과 행사, 언론 정보를 볼 수 있는 모바일 어플리케이션
- 대중이 아티스트들과 만나볼 수 있는 레드 카펫. 대형 영화제들이 그러하듯, 영화제를 방문하는 스타들의 범위는 매우 폭넓습니다. 이 영화제는 스타들이 관객과 함께 포즈를 취할 수 있는 포토 세션을 매일 구성합니다.
- 시간 엄수

블로그에 게시할 텍스트를 쓰세요. 그 글에서 당신은 다음을 해야 합니다:

- 영화제의 중요성에 대해 말하기
- 산 세바스티안 영화제의 구성 평가하기
- 행사에 참가한 대중의 반응이 어땠는지 이야기하기
- 참석할 사람들을 위해 조언하기
- 이 영화제에 대한 개인 의견 작성하기

단어 수: **150~180.**

2 답안 구성 방법 및 필수 표현

옵션 1

[답안 구성 방법]

글의 유형	기사글
핵심 내용	운동을 하는 이유와 장점
요구 조건 1	주제를 소개하고 운동을 하는 것이 주는 이점 말하기
요구 조건 2	사람들이 운동을 한 다양한 이유들의 퍼센티지를 전체적으로 비교하기
요구 조건 3	가장 중요하게 생각되는 부분을 부각하기
요구 조건 4	그래프가 보여 주는 데이터에 대한 당신의 의견 표현하기
요구 조건 5	결론 짓기
주의 사항	사람들이 운동을 하는 다양한 이유들에 대한 정확한 분석

[필수 표현]

주제	부각되는 부분 언급
문형 1	• Lo que me parece más relevante es + [내용] • Lo más relevante para mí es + [내용] • El dato más relevante para mí es + [내용]
문형 2	• Es + **sorprendente / impresionante / raro que** + 접속법
문형 3	• Llamar la atención que + 접속법 • Sorprender que + 접속법
활용 예	• **Me sorprende** que muy pocos encuestados lo asocien a motivos de salud. 매우 적은 응답자들만이 운동을 건강에 연관시키고 있다는 사실은 놀랍습니다.

옵션 2

[답안 구성 방법]

글의 유형	블로그 게시글
핵심 내용	영화제에 대한 평가 및 의견
요구 조건 1	영화제의 중요성에 대해 말하기
요구 조건 2	산 세바스티안 영화제의 구성 평가하기
요구 조건 3	행사에 참가한 대중의 반응이 어땠는지 이야기하기
요구 조건 4	참석할 사람들을 위해 조언하기
요구 조건 5	이 영화제에 대한 개인 의견 작성하기
주의 사항	대중의 반응과 영화제의 분위기 등을 상상하여 말하기

[필수 표현]

주제	대중의 반응 묘사
문형 1	• Sorprenderse + [내용] • Emocionarse + [내용] • Disfrutar + [내용] • Gozar + [내용] • Impresionarse + [내용] • Divertirse + [내용] • Asombrarse + [내용] • Decepcionarse + [내용] • Desilusionarse + [내용]
문형 2	• Estar + 형용사 • Quedarse + 형용사
활용 예	• El público asistente **disfrutó** de lo lindo y por todos lados se veían caras de satisfacción. 참석한 대중은 상당히 즐거워했으며 이곳저곳에서 만족스러워하는 표정들이 보였습니다.

3 모범답안

옵션 1

[모범답안]

Practicar deporte tiene innumerables beneficios para nuestra salud tanto física como mental. El ejercicio nos ayuda a sentirnos bien, aliviar el estrés y nos ayuda a tener una buena figura.

En esta gráfica podemos encontrar los principales motivos por los que la población ha practicado deporte este año. Podemos ver que el principal motivo es "Estar en forma" con el 29,9% de los resultados. A continuación, le sigue "Diversión o entretenimiento" con el 23%, "Motivos de salud" con el 14,8%, "Relajarse" con el 13,7% y "Le gusta el deporte" con el 11,9%. Al final de la gráfica encontramos otros motivos menos relevantes como son "Como forma de relación social" con el 2,6%, "Por superación personal" con el 1,8%, "Le gusta competir" con el 1,5% y finalmente "Por profesión" con el 0,7% de los resultados.

Por lo que se ve en la gráfica la gente asocia el deporte con estar en forma y divertirse principalmente. Me sorprende que muy pocos encuestados lo asocien a motivos de salud.

En conclusión, el deporte es una buena manera de estar en forma divirtiéndose y no hay que olvidar todos los beneficios que reporta en nuestra salud.

[해석]

운동을 하는 것은 우리의 육체적인 건강뿐 아니라 정신적인 건강에도 무수히 많은 이점을 가져다줍니다. 운동은 기분을 좋게 하고 스트레스를 해소하며 몸매를 가꾸는 데 도움이 됩니다.

이 그래프에서 우리는 올해 사람들이 운동을 한 주된 이유들을 발견할 수 있습니다. 가장 주된 이유는 이 전체 결과의 29.9퍼센트인 '몸매 유지'라는 것을 볼 수 있습니다. 이어서, 23퍼센트인 '즐거움 혹은 오락', 14.8퍼센트인 '건강상의 이유', 13.7퍼센트인 '릴랙스' 및 11.9퍼센트의 '운동을 좋아함'의 순으로 이어집니다. 그래프의 마지막에서는 비교적 더 적은 수로 2.6퍼센트인 '사회 관계의 형태로', 1.8퍼센트인 '자기 개선', 1.5퍼센트의 '경쟁을 좋아함' 그리고 마지막으로는 전체 중 0.7퍼센트인 '직업상의 이유'가 있습니다.

그래프에서 볼 수 있듯이 사람들은 운동을 주로 몸매 유지와 즐거움과 연관시키고 있습니다. 소수의 응답자만이 건강상의 이유를 운동과 연관시키고 있는 것은 놀라운 일입니다.

결론적으로, 운동은 즐기면서 몸매를 가꿀 수 있는 좋은 방법이지만 우리의 건강에 가져다주는 모든 이점들에 대해서 잊지 말아야 합니다.

옵션 2

[모범답안]

Hola a todos. Hoy me gustaría hablar sobre un tema que, en mi opinión, es muy relevante. Se trata de la importancia de los festivales de cine. En mi opinión, este tipo de festivales son muy importantes para fomentar el amor por el cine y dar a conocer a nuevos directores o actores. Este domingo asistí al Festival de Cine de San Sebastián y he de decir que la organización fue espectacular. El público asistente disfrutó de lo lindo y por todos lados se veían caras de satisfacción. El festival cuenta con excelentes instalaciones y una aplicación móvil muy útil. De hecho, me encantaría recomendar esta aplicación para quien quiera asistir a este festival. Te informa de los horarios y otro tipo de informaciones relacionadas con el festival. Si vas a ir no dudes en descargártela. Lo que más me gustó del festival fue que todas las películas empezaron a su hora y que pude ver en persona a algunos de los artistas. De hecho, me pude sacar fotos con algunos de ellos. En definitiva, un festival muy recomendable.

[해석]

여러분 안녕하세요. 오늘 저는 제 의견으로는 매우 중요한 주제에 대해 이야기하고 싶습니다. 그것은 바로 영화제의 중요성입니다. 제 생각에 이러한 유형의 영화제는 영화에 대한 사랑을 키우고 새로운 감독이나 배우를 알리는 데 매우 중요합니다. 저는 이번 일요일에 산 세바스티안 영화제에 참석했으며 그 구성은 훌륭했다고 말할 수 있을 것입니다. 참석한 대중은 상당히 즐거워했으며 이곳저곳에서 만족스러워하는 표정들이 보였습니다. 이 축제는 훌륭한 시설들과 매우 유용한 모바일 어플리케이션을 갖추고 있습니다. 사실 저는 이 영화제에 참석하고 싶은 사람에게 이 응용 프로그램을 추천하고 싶습니다. 이 프로그램은 영화제의 일정 및 기타 관련된 정보를 알려 줍니다. 당신이 이 영화제에 갈 것이라면 주저하지 말고 다운로드 하십시오. 이 영화제에서 가장 마음에 든 것은 모든 영화가 제 시간에 시작되었고 일부 예술가들을 직접 볼 수 있었다는 것입니다. 실제로 저는 그들 중 몇몇과 함께 사진을 찍을 수 있었습니다. 한마디로, 강력히 추천할 수 있는 영화제입니다.

4 어휘

옵션 1

población	ⓕ 인구, 마을, 주민	resaltar	돌출하다, 빼어나다, 분명하게 하다, 두드러지게 하다
estar en forma	몸의 상태가 좋다, 몸매가 좋다	innumerable	무수한, 셀 수 없는
diversión	ⓕ 오락, 레크리에이션	aliviar	완화시키다, 경감하다, 가볍게 하다
entretenimiento	ⓜ 오락, 즐거움	figura	ⓕ 모습, 인물, 저명인사
relación social	ⓕ 사회 관계, 사회 유대	asociar	관련시키다, 참가시키다, 연상시키다
superación	ⓕ 극복, 극기, 향상	sorprender	갑자기 덮쳐 붙잡다, 놀라다, 의외다
competir	경쟁하다, 경합하다, 겨루다	reportar	가져오다, 내다, 행동이나 감정을 참다
beneficio	ⓜ 이익, 선행, 효용		

옵션 2

fanático	ⓜ 광신도, 광신자 / 열광적인, 광신적인	atención	ⓕ 주의, 예의, 접대
crítica	ⓕ 비평, 평론, 비판, 비난	acreditado	믿어지는, 신용 있는, 보증되는
comúnmente	일반적으로, 보통, 대개	rueda de prensa	ⓕ 기자 회견
abreviado	요약한, 생략한	acreditación	ⓕ 신용, 신임, 보증
vasco	ⓜ 바스크어 ⓜ ⓕ 바스크 사람 / 바스크의	casillero	ⓜ 사물함, 우체통, 정리 선반, 상자
procedente	~에서 온, ~발(發)의, 근거가 있는, 타당한	personalizado	개인화된, 인격화된
agrupado	집결된, 집단을 이룬	dotado	설치된, 비치된
sobresalir	두드러지다, 빼어나다	abanico	ⓜ 부채, 범위, 폭
muestra	ⓕ 견본, 샘플, 증명	posar	포즈를 취하다
perla	ⓕ 진주, 구슬	puntualidad	ⓕ 시간 엄수, 면밀함
horizonte	ⓜ 지평선, 수평선, 장래성, 시야	valorar	평가하다, 견적하다
referencia	ⓕ 언급, 보고, 보고서, 참고 문헌	dar a conocer	알리다, 공표하다
preferencia	ⓕ 편애, 우선	de lo lindo	무척, 상당히
región	ⓕ 지방, 지역, 지대	por todos lados	곳곳으로, 사방에서
destacar	강조하다, 빼어나다	satisfacción	ⓕ 만족, 만족도, 만족감, 충족
extraordinario	유별난, 뛰어난, 굉장한	descargar	다운로드하다

PRUEBA DE EXPRESIÓN E INTERACCIÓN ORALES

La prueba de **Expresión e interacción orales** contiene <u>tres tareas</u>:

TAREA 1. Valorar propuestas y conversar sobre ellas. (6-7 minutos)

Usted deberá hablar durante 3-4 minutos de las ventajas e inconvenientes de una serie de soluciones propuestas para una situación determinada. A continuación, conversará con el entrevistador sobre el tema. Deberá elegir una de las dos opciones propuestas.

TAREA 2. Describir una situación imaginada a partir de una fotografía y conversar sobre ella. (5-6 minutos)

Usted debe imaginar una situación a partir de una fotografía y describirla durante 2-3 minutos. A continuación conversará con el entrevistador acerca de sus experiencias y opiniones sobre el tema de la situación. Tenga en cuenta que no hay una respuesta correcta: debe imaginar la situación a partir de las preguntas que se le proporcionan. Deberá elegir una de las dos opciones propuestas.

TAREA 3: Opinar sobre los datos de una encuesta. (3-4 minutos)

Usted debe conversar con el entrevistador sobre los datos de una encuesta, expresando su opinión al respecto. Deberá elegir una de las dos opciones propuestas.

Tiene 20 minutos para preparar las **Tareas 1 y 2**. Usted puede tomar notas y escribir un esquema de su exposición que podrá consultar durante el examen; en ningún caso podrá limitarse a leer el esquema o sus notas.

회화 평가

회화 평가는 <u>3개의 과제</u>로 구성됩니다.

과제 1. 몇 가지 제안 사항을 평가하고 그에 대하여 대화 나누기 (6~7분)

당신은 한 특정 상황에 대한 일련의 해결 방안의 장점과 단점에 대해 3~4분간 발표해야 합니다. 이어서, 그 주제에 대해 감독관과 대화를 나눌 것입니다. 주어지는 두 개의 옵션 중 한 가지를 선택해야 합니다.

과제 2. 한 장의 사진을 보고 가상의 상황을 지어내 발표하고 그것에 대해 대화 나누기 (5~6분)

당신은 한 장의 사진으로부터 상황을 하나 떠올리고 그 상황을 2 ~3분 동안 묘사해야 합니다. 이어서는 감독관과 그 상황의 주제에 대해 당신의 경험과 의견에 대해 대화를 나눌 것입니다. 정답이 있지는 않다는 것을 명심하세요. 시험지에 적힌 질문들을 보며 하나의 상황을 떠올리면 됩니다. 주어지는 두 개의 옵션 중 하나를 선택해야 합니다.

과제 3. 한 설문 조사의 자료에 대해 의견 말하기 (3~4분)

당신은 한 설문 조사의 자료에 대해 당신의 의견을 표현하며 감독관과 대화를 나누어야 합니다. 주어지는 두 개의 옵션 중 하나를 선택해야 합니다.

과제 1과 2를 준비하기 위한 시간이 20분 주어집니다. 과제 1과 2를 위해 당신은 메모를 하거나 답변의 초안을 쓸 수 있습니다. 시험 시간에 당신은 메모를 볼 수 있지만 상세히 읽을 수는 없습니다.

EXPRESIÓN E INTERACCIÓN ORALES 회화

출제 가이드

1 출제 경향

DELE B2 회화 영역은 일상적인 주제보다는 시사적인 주제에 대해 자신의 의견을 발표할 수 있어야 합니다. 독백 형식으로 발표하는 것뿐만 아니라 감독관의 질문에 답하기, 사진을 토대로 가상의 상황 꾸며 내기, 주어진 설문 조사의 데이터를 비교 분석하기 등의 방식은 사전에 충분한 훈련이 되어 있어야만 고득점이 가능한 유형입니다.

2 유형 파악

과제 수	3개		
시험 시간	40분 (Tarea 1, 2 사전 준비 20분 포함)		
Tarea 과제	**유형**	**발표 시간**	**사전 준비**
1	하나의 주제에 대한 자신의 의견 발표하고 질문에 답하기	6~7분	O
2	한 장의 사진을 보고 가상의 상황을 떠올려 묘사하고 질문에 답하기	5~6분	O
3	한 설문 조사에 대해 발표하며 분석하기	3~4분	X

3 회화 완전 분석

일상에서 쓰이는 일반적인 표현들이 아닌, 특정 주제에 대해 올바른 발표 방식을 구사할 수 있는지 평가하는 영역입니다. 발표 능력뿐만 아니라, 우선 시험지에서 보여지는 보조 자료(논란이 되고 있는 특정 주제, 사진, 설문 조사 결과 등)에 대한 정확한 이해 능력이 사실상 더 중요합니다. 3개 과제의 유형과 전략을 충분히 숙지하고 각 과제의 기본 발표 구성 훈련을 반복하되, DELE B2 레벨에 맞는 어휘와 풍부한 표현력으로 실력을 뒷받침해야 합니다. 과제 1과 2는 시험지를 미리 보고 발표할 내용을 준비할 수 있는 사전 준비 시간 20분이 주어지므로 이를 효과적으로 활용해야 합니다. 전반적인 발표 내용이 흐름에 맞게 전개되도록 신경쓰면서, 어휘와 표현을 풍부하게 구사하며, 자신 있는 태도와 어투로 발표하는 것이 필요합니다. 목소리가 너무 작거나 긴장한 모습이 역력해 보이면 좋지 않습니다. 또한 문법 오류가 잦으면 감점 요인이 되므로 유의합니다.

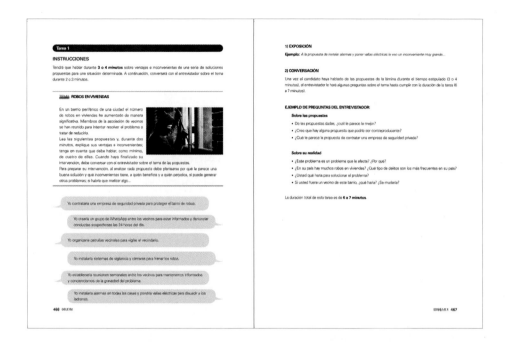

핵심 포인트

- 시험장 입장 전, 별도의 공간에서 발표 내용을 메모하며 준비하는 과제입니다.
- 2개의 주제 중 하나를 고르게 되며, 주로 시사적으로 찬, 반 의견이 분분할 수 있는 주제가 제시됩니다.
- 시험 시작 전 미리 준비할 수 있는 과제이므로 철저히 준비해 자신감 있게 발표해야 시험 마무리까지 잘 치를 수 있습니다.

보조 자료

- 문제가 되는 하나의 상황과, 그 상황을 해결하거나 개선하기 위한 6개의 제안 사항이 담긴 표

Tarea 1 완전 공략

① 어떻게 발표하나요?

시험 시작 전, 안내자가 제시하는 2개의 다른 주제 중 하나를 선택하여 사전 준비 용지에 발표할 내용을 적어 가며 준비합니다. 시험이 시작되면 앞서 미리 준비한 내용을 토대로 먼저 독백 형식으로 발표를 해야 합니다. 이어서 감독관이 개입해 몇 개의 질문을 하며 응시자는 질문의 내용에 맞는 답변을 해야 합니다. 전체 과제 진행시간은 6~7분이며, 독백 형식으로 해야 하는 발표는 최소 3~4분입니다. 따라서, 감독관의 질문을 받는 시간은 남은 2~3분 정도가 됩니다. 물론, 시간에 대해서는 감독관이 통제하고 안내하는 부분이니 응시자는 감독관이 지시하기 전까지는 발표를 자연스럽게 이어 나가면 됩니다.

② 발표 전략

[사전 준비 시간]

- 시험 안내자가 제시한 2개의 주제 중 더 잘 이해하고, 평소에 더 많은 배경 지식을 가지고 있으며, 더 많은 관련 어휘를 구사할 수 있는 주제로 선택합니다.

- 우선 시험지에 쓰인 주제와 주제의 부연 설명, 6개 정도의 가상의 제안 사항 등을 정확히 읽고 파악합니다. 시험지를 대충 읽고 잘못 이해하면 발표 내용의 논리가 어긋나며 감점 요소가 됩니다.

- 시험지에 쓰여진 대로 각 propuesta(제안)의 ventajas(장점)과 inconvenientes(단점)에 대해 발표하는 전개를 지켜야 합니다.

- 사전 준비 용지에 말할 내용을 모두 메모하기보다는 발표 내용에 꼭 필요한 필수 어휘와 표현법 위주로 적어 두는 것이 좋습니다.

- 메모할 때는 언급하고자 하는 필수 어휘들을 발표할 순서에 맞게 메모하는 것이 발표할 때 헤매지 않고 참고하기 용이합니다.

[내용 구성 핵심 포인트]

- 과제 1은 주제에 대한 자율 발표가 아닙니다. 시험지에 등장한 6가지 제안들을 보며, 각각의 제안에 대해 내가 생각하는 장점과 단점을 말하는 것입니다.

- 6가지 제안에 대해 모두 발표하려 한다면 시간이 부족할 수 있으니 읽어 보고 가장 잘 발표할 수 있는 제안을 몇 가지 정해서 발표하는 것도 좋습니다. 실제로 시험지에서는, 최소한 4개의 제안에 대해서는 언급해야 한다고 명시되어 있습니다.

- 감독관의 질문이 시작되면 무엇보다도 질문을 정확히 듣고 이해하여 질문에 연결되는 답변을 해야 합니다. 이때 감독관은 하나의 제안에 대한 더욱 구체적인 내용 질문, 시험지에 등장하지 않는 다른 연관 내용, 나의 개인적인 견해나 찬성 혹은 반대 의견, 내가 사는 곳의 상황 등 매우 자유로운 형태로 질문을 하게 됩니다. 단답형이 아닌, 충분한 뒷받침 근거를 들어 답변합니다.

3 잠깐! 주의하세요

- 연습 용지에 미리 메모한 내용은 잠깐씩 곁눈으로 보는 것만 허용됩니다. 보고 읽어서는 안 됩니다.

- 지나치게 심도 있는 내용을 말하려 애쓰거나 장황하게 나열할 필요 없이, 간결하면서 명확하게 말하도록 합니다.

- 독백 형식의 발표에서는 감독관이 별도로 언급하기 전까지는 멈추지 말고 계속 발표해야 합니다.

- 가상의 주장과 제안의 내용이므로 과제 1의 제안들은 거의 항상 condicional(가능법) 변형의 문장으로 등장합니다. 응시자의 발표 내용 역시 가능법 변형의 활용이 많을 수밖에 없습니다.

- 나의 생각에 대해 자유롭게 내용 구성을 해도 좋습니다. 논리적으로 정답이 있는 내용은 아니므로 평소 내가 갖고 있던 생각이나 의견을 말하면 됩니다.

- 자신감을 유지하며 발표합니다. 과제 1은 그 내용이 상대를 설득할 수 있을 만한 주장이 대부분이므로 기죽은 태도로 말하면 설득력이 떨어집니다.

Tarea 1 **Ejercicios** 실전 연습 ①

Step 1 공략에 따라 문제를 잘 읽고 파악하여 발표할 내용을 떠올려 보세요.

INSTRUCCIONES

Tendrá que hablar durante **3 o 4 minutos** sobre ventajas e inconvenientes de una serie de soluciones propuestas para una situación determinada. A continuación, conversará con el entrevistador sobre el tema durante 2 o 3 minutos.

TEMA: **MÓVILES EN LA ESCUELA**

Últimamente los alumnos se distraen mucho con los móviles en la escuela. Los expertos en educación advierten que esto podría afectar a su rendimiento escolar. Un grupo de profesores se ha reunido para discutir algunas medidas que ayuden a solucionar esta situación.

Lea las siguientes propuestas y, durante dos minutos, explique sus ventajas e inconvenientes; tenga en cuenta que debe hablar, como mínimo, de cuatro de ellas. Cuando haya finalizado su intervención, debe conversar con el entrevistador sobre el tema de las propuestas.

Para preparar su intervención, al analizar cada propuesta debe plantearse por qué le parece una buena solución y qué inconvenientes tiene, a quién beneficia y a quién perjudica, si puede generar otros problemas; si habría que matizar algo...

> Yo establecería una serie de normas básicas para el buen uso de los móviles en la escuela.

> Yo obligaría a dejar los móviles en un lugar especial hasta que las clases terminen.

> Yo castigaría severamente a los niños que usen los móviles durante la clase.

> Yo prohibiría completamente el uso de los móviles en las escuelas.

> Yo no haría nada. Creo que es bueno que los alumnos usen los móviles en el colegio.

> Yo haría reuniones periódicas con los padres e intentaría concienciarles del problema para que eduquen a sus hijos en el uso correcto del móvil.

 **Tarea 1 · Ejercicios**

---

1 EXPOSICIÓN

Ejemplo: *A la propuesta de prohibir completamente el uso de los móviles le veo un inconveniente muy grande...*

2 CONVERSACIÓN

Una vez el candidato haya hablado de las propuestas de la lámina durante el tiempo estipulado (3 o 4 minutos), el entrevistador le hará algunas preguntas sobre el tema hasta cumplir con la duración de la tarea (6 a 7 minutos).

EJEMPLO DE PREGUNTAS DEL ENTREVISTADOR:

Sobre las propuestas

- De las propuestas dadas, ¿cuál le parece la mejor?
- ¿Cree que hay alguna propuesta que podría ser contraproducente?
- ¿Qué piensa sobre la propuesta de castigar severamente a los niños que usen el móvil en clase?

Sobre su realidad

- ¿Está a favor o en contra del uso de los móviles en la escuela? ¿Por qué?
- ¿Cree que el uso de los móviles en la escuela puede ayudar a los niños en su aprendizaje? ¿Por qué?
- ¿En su país está permitido el uso de los móviles en la escuela? ¿En qué casos no está prohibido?
- ¿Usted qué haría para solucionar el problema?

La duración total de esta tarea es de **6 a 7 minutos**.

Step 2 실제 시험과 동일하게 답변을 준비하고 발표해 보세요.

학습에 앞서 약 **10분간**의 시간 동안 준비 용지의 공란에 발표 내용을 미리 준비해 보세요.

Tarea 1 · Ejercicios

🔊 이제 준비한 내용을 발표해 봅니다. 말하는 내용을 녹음하여 모범답안과 비교, 문제점을 진단할 수 있도록 합니다.
3-4min 실제 시험까지 반복적으로 훈련하세요.

이어서 예상 질문들을 하나씩 읽으며, 알맞은 답변을 떠올려 발표해 보세요.

감독관 ── De las propuestas dadas, ¿cuál le parece la mejor?

응시자

감독관 ── ¿Cree que hay alguna propuesta que podría ser contraproducente?

응시자

감독관 ── ¿Qué piensa sobre la propuesta de castigar severamente a los niños que usen el móvil en clase?

응시자

감독관 ── ¿Está a favor o en contra del uso de los móviles en la escuela? ¿Por qué?

응시자

감독관　¿Cree que el uso de los móviles en la escuela puede ayudar a los niños en su aprendizaje? ¿Por qué?

응시자

감독관　¿En su país está permitido el uso de los móviles en la escuela? ¿En qué casos no está prohibido?

응시자

감독관　¿Usted qué haría para solucionar el problema?

응시자

Step 3 문제를 해석하며 중요 내용을 확인해 보세요.

지시사항

당신은 한 가지 특정 상황에 대한 일련의 해결 방안들의 장점과 단점에 대해 **3~4분간** 이야기해야 합니다. 이어서 그 주제에 대해 감독관과 2~3분간 대화를 나누게 될 것입니다.

주제: 교내에서의 휴대 전화 사용

최근 학생들은 학교에서 휴대 전화를 사용하며 놉니다. 교육 전문가들은 이것이 그들의 학교 성적에 영향을 줄 수 있을 것이라 경고합니다. 선생님들로 구성된 한 그룹이 이 상황을 해결할 수 있을 몇몇 방안들을 논의하기 위하여 모였습니다.

다음 제안들을 읽고 2분간 그것들의 장점과 단점에 대해 설명하세요. 제안들 중 최소 4개에 대해서 발표해야 한다는 것을 유념하세요. 발표가 끝나면 그 제안들의 주제에 대해 감독관과 대화를 나누어야 합니다.

발표를 준비하기 위해서는 각각의 제안을 분석해 가며 그것이 왜 좋은 해결 방안으로 보이는지, 어떤 단점이 있는지, 누구에게 이로운지 그리고 누구에게는 해가 되는지, 다른 문제들을 야기할 수 있는지, 무언가를 조정해야 할지에 대해 생각해 보아야 합니다.

> 학교에서의 올바른 휴대 전화의 사용을 위한 기본 지침들을 몇 가지 정해야 할 것이다.

> 수업이 끝날 때까지 정해진 곳에 휴대 전화를 두도록 해야 할 것이다.

> 수업 시간에 휴대 전화를 사용하는 아이들을 엄중하게 처벌해야 할 것이다.

> 학교에서는 휴대 전화의 사용을 완전히 금지시켜야 할 것이다.

> 아무것도 하지 않을 것 같다. 학생들이 학교에서 휴대 전화를 사용하는 것은 좋은 것이라 생각한다.

> 학부모님들과 정기적인 모임을 주선하고, 휴대 전화의 올바른 사용에 대해 자녀들을 교육할 수 있도록 이 문제점을 그들에게 자각시키려고 할 것 같다.

1 발표문

예시문: *휴대 전화의 사용을 완전히 금지시키자는 제안은 매우 큰 불편함이 보여지는데…*

2 대화

응시자가 정해진 시간(3~4분) 동안 표 안의 제안들에 대해 발표를 마치면, 감독관은 과제1의 소요 시간(6~7분)이 끝날 때까지 주제와 관련한 몇 가지의 질문을 할 것입니다.

감독관의 예상 질문들:

제안들에 대하여

- 주어진 제안들 중에서 당신이 보기에 어떤 것이 가장 나은 제안인가요?
- 역효과가 날 수 있을 것 같은 제안이 있다고 생각하나요?
- 수업 시간 동안 휴대 전화를 사용하는 아이들을 엄중하게 처벌하자는 제안에 대해 어떻게 생각하나요?

당신의 현실에 대하여

- 학교에서의 휴대 전화 사용을 찬성하나요 혹은 반대하나요? 왜 그런가요?
- 학교에서의 휴대 전화 사용이 아이들의 학습에 도움을 줄 수 있다고 생각하나요? 왜 그런가요?
- 당신의 나라에서는 학교에서 휴대 전화 사용이 허용되나요? 어떠한 경우에 금지되지 않나요?
- 당신이라면 이 문제를 해결하기 위해 어떻게 하실 건가요?

본 과제의 전체 소요 시간은 **6~7분**입니다.

1 발표문

> Yo establecería una serie de normas básicas para el buen uso de los móviles en la escuela.

La propuesta de establecer una serie de normas básicas para el buen uso de los móviles en la escuela **me parece una buena solución, ya que** así los estudiantes pueden hacer un uso adecuado de los móviles sin que se prohíba nada.

학교에서 휴대 전화를 올바르게 사용하기 위한 기본 지침을 정해야 한다는 이 제안은 매우 좋은 해결책으로 보여집니다. 왜냐하면 이런 방식을 통해 학생들은 어떠한 금지 사항 없이도 휴대 전화를 적절하게 사용할 수 있기 때문입니다.

> Yo obligaría a dejar los móviles en un lugar especial hasta que las clases terminen.

Esta propuesta de obligar a dejar los móviles en un lugar especial hasta que las clases terminen **es muy conveniente**. De esta manera los estudiantes pueden utilizar el móvil todo lo que quieran en los recreos o en camino a casa, etc.

수업이 끝날 때까지 휴대 전화를 정해진 곳에 두도록 해야 한다는 이 제안은 매우 적절합니다. 이렇게 함으로써 학생들은 쉬는 시간이나 집으로 가는 길 등에서 그들이 원하는 만큼 휴대 전화를 사용할 수 있습니다.

> Yo castigaría severamente a los niños que usen los móviles durante la clase.

La propuesta de castigar severamente a los niños que usen los móviles durante la clase **es absurda**. Usar el móvil no es tan malo como para castigar a los niños. Lo único que se necesita es ayudarlos a que sepan cómo hacer un uso correcto.

수업 시간에 휴대 전화를 사용하는 아이들을 엄중하게 처벌한다는 제안은 말도 안 됩니다. 휴대 전화를 사용하는 것은 아이들을 처벌할 정도로 나쁜 일이 아닙니다. 그저 아이들이 올바르게 사용하는 방법을 알 수 있도록 도와주기만 하면 됩니다.

Yo prohibiría completamente el uso de los móviles en las escuelas.

Para mí, esta propuesta de prohibir completamente el uso de los móviles en las escuelas **es un poco desmesurada**. Los estudiantes deben tener la libertad de comunicarse con su familia o con quien quieran en los descansos o en las horas de comida.

제 생각에는 학교에서 휴대 전화의 사용을 완전히 금지시키자는 제안은 조금 지나치다고 생각합니다. 학생들은 휴식 시간이나 점심 시간에 그들의 가족이나 그들이 원하는 누군가와 소통을 하는 자유를 가져야만 합니다.

Yo no haría nada. Creo que es bueno que los alumnos usen los móviles en el colegio.

Esta propuesta que dice "Yo no haría nada." **es muy imprudente**. Todos sabemos que un uso excesivo de móvil es perjudicial. Además, hay que ser más responsable al tratarse de un problema para los niños.

"아무것도 하지 않을 것 같다."라고 하는 이 제안은 매우 경솔한 의견입니다. 우리 모두는 휴대 전화의 지나친 사용은 해롭다는 것을 알고 있습니다. 또한, 아이들에 관한 문제에 있어서는 더 책임감 있는 자세를 취해야 합니다.

Yo haría reuniones periódicas con los padres e intentaría concienciarles del problema para que eduquen a sus hijos en el uso correcto del móvil.

Estoy completamente a favor de la propuesta de hacer reuniones periódicas con los padres. Es importante que los padres sean conscientes del problema, porque si no se educa en casa, no tiene sentido el esfuerzo que se hace en la escuela.

저는 학부모님들과 정기적인 모임을 갖는다는 제안에 완전히 찬성합니다. 부모님들이 이러한 문제에 대해 자각을 하는 것은 매우 중요합니다. 왜냐하면 가정에서 잘 교육이 되지 않는다면, 학교에서 노력하는 것은 무의미하기 때문입니다.

2 대화

감독관
De las propuestas dadas, ¿cuál le parece la mejor?

주어진 제안들 중에서 당신이 보기에 어떤 것이 가장 나은 제안인가요?

응시자
De las propuestas dadas, a mí me parece que la mejor propuesta es la de dejar los móviles en un lugar especial hasta que las clases terminen. Es que para mí es algo inevitable que los estudiantes tengan un teléfono móvil y ellos lo necesitan utilizar cuando no sean horas de clase. Entonces, dejando los móviles en un lugar especial durante las clases, los estudiantes pueden concentrarse en el estudio.

주어진 제안들 중에서, 제가 볼 때에는 수업이 끝날 때까지 정해진 곳에 휴대 전화를 두도록 하자는 제안이 가장 좋은 제안인 것 같습니다. 제가 생각했을 때에는 학생들이 휴대 전화를 소유하는 것은 피할 수 없는 것으로, 수업 시간이 아닐 때에는 그들이 그것을 사용할 필요가 있기 때문입니다. 그러므로, 수업이 끝날 때까지 정해진 곳에 휴대 전화를 두면 학생들은 공부에 집중할 수 있을 것입니다.

감독관
¿Cree que hay alguna propuesta que podría ser contraproducente?

역효과가 날 수 있을 것 같은 제안이 있다고 생각하나요?

응시자
Sí. La propuesta de prohibir completamente el uso de los móviles en las escuelas me parece excesiva. Lo que se quiere lograr es que los niños se concentren en las clases. En otras palabras, se tiene que respetar su libertad en cuanto al uso del móvil fuera de clases.

그렇습니다. 학교에서 휴대 전화의 사용을 완전히 금지시키자는 제안은 제가 보기에는 지나친 것 같습니다. 얻고 자 하는 것은 학생들이 수업 시간에 집중을 할 수 있게끔 만드는 것입니다. 다시 말하면, 수업 시간이 아닐 때에는 휴대 전화의 사용에 있어서의 그들의 자유를 존중해야 합니다.

감독관
¿Qué piensa sobre la propuesta de castigar severamente a los niños que usen el móvil en clase?

수업 시간 동안 휴대 전화를 사용하는 아이들을 엄중하게 처벌하자는 제안에 대해 어떻게 생각하나요?

응시자
Pienso que no es muy buena solución, porque no es bueno que los niños sean castigados y que se sientan mal en clase. Si un niño es castigado severamente por el profesor, no se va a concentrar en el estudio de todas formas.

저는 그것이 좋은 해결책이라고 생각하지 않습니다. 왜냐하면 아이들이 체벌을 받아서 수업 시간 동안 나쁜 기분 으로 있는 것은 좋은 방법이 아니라고 생각하기 때문입니다. 만일 한 아이가 선생님에게 매우 심하게 혼난다면, 어 차피 공부에 집중하지 못할 것입니다.

감독관

¿Está a favor o en contra del uso de los móviles en la escuela? ¿Por qué?

학교에서의 휴대 전화 사용을 찬성하나요 혹은 반대하나요? 왜 그런가요?

Yo estoy completamente a favor del uso de los móviles en la escuela. La razón es que, pienso que el uso de los móviles no es algo malo ni dañino si lo estás utilizando de manera correcta.

학교에서의 휴대 전화 사용에 대해 완전히 찬성합니다. 그 이유는, 만일 학생들이 올바른 방법으로 그것을 사용하고 있다면, 휴대 전화의 사용이 나쁜 것도, 해로운 것도 아니라고 생각하기 때문입니다.

응시자

감독관

¿Cree que el uso de los móviles en la escuela puede ayudar a los niños en su aprendizaje? ¿Por qué?

학교에서의 휴대 전화의 사용이 아이들의 학습에 도움을 줄 수 있다고 생각하나요? 왜 그런가요?

Sí. El uso de los móviles ayuda al aprendizaje. Es que un smartphone tiene muchísimas funciones muy útiles. Además, poder acceder a Internet para hacer alguna búsqueda es algo imprescindible.

그렇습니다. 휴대 전화의 사용은 학습에 도움이 됩니다. 스마트폰은 아주 유용한 기능들을 갖고 있기 때문입니다. 또한, 어떠한 검색을 하기 위해 인터넷에 접속하는 것은 필수불가결한 일입니다.

응시자

감독관

¿En su país está permitido el uso de los móviles en la escuela? ¿En qué casos no está prohibido?

당신의 나라에서는 학교에서의 휴대 전화 사용이 허용되나요? 어떠한 경우에 금지되지 않나요?

En Corea, muchas veces el uso de los móviles está prohibido durante las horas de clases. Y en eso estoy de acuerdo, porque obviamente un estudiante presente en la clase tiene la obligación de poner atención al profesor. Cuando no está prohibido el uso de los móviles es cuando no son horas de clase. O sea que, tener un móvil no está prohibido y no será tan fácil prohibirlo, porque hoy en día casi todos los niños y jóvenes tienen su propio teléfono móvil.

한국에서는 수업 시간에는 휴대 전화의 사용이 금지되는 경우가 많습니다. 또 저는 그런 부분에서는 동의합니다. 왜냐하면 수업 시간 동안에는 학생은 당연히 선생님에게 집중해야 하는 의무가 있기 때문입니다. 휴대 전화의 사용이 금지되지 않는 때는 바로 수업 시간이 아닌 시간입니다. 다시 말해, 휴대 전화를 소지하는 것 자체는 금지되지 않으며, 이를 금지하는 것은 그리 쉽지 않을 것입니다. 왜냐하면 요즘 시대에는 거의 모든 아이들과 청소년들이 본인의 휴대 전화를 가지고 있기 때문입니다.

응시자

감독관

¿Usted qué haría para solucionar el problema?

당신이라면 이 문제를 해결하기 위해 어떻게 하실 건가요?

Para solucionar el problema, yo pondría algunas reglas. Por ejemplo, apagar el móvil antes de que empiece la clase, así como en los cines o teatros. Si es que esta regla no funciona bien, dejar el móvil en un lugar especial también me parece una buena idea. Sobre todo, pienso que es importante concienciar a los niños y jóvenes sobre el buen uso del móvil para que ellos mismos puedan saber que hay momentos para usar el móvil y momentos para no hacerlo.

— 응시자

이 문제를 해결하기 위해서, 저라면 몇 가지의 규칙을 정할 것 같습니다. 예를 들어, 영화관이나 극장과 같이, 수업이 시작되기 전에는 휴대 전화를 끄는 것입니다. 만일 이 규칙이 효과적이지 않다면, 정해진 장소에 휴대 전화를 두는 것 역시 아주 좋은 생각이라고 봅니다. 특히, 어린이들과 청소년들에게 휴대 전화의 올바른 사용에 대해 자각시키는 것이 매우 중요하다고 생각하는데, 그렇게 함으로써 그들 스스로가 휴대 전화를 사용할 수 있는 순간과 그렇게 하지 말아야 할 순간이 있다는 것을 알게 하기 위해서입니다.

Step 5 필수 어휘를 익히세요.

ventaja	ⓕ 유리한 점, 장점	contraproducente	역효과의
inconveniente	ⓜ 지장, 방해, 단점, 결점 / 불편한, 부적절한	conveniente	편리한, 적절한
serie	ⓕ 연속, 연속극, 연속 드라마	recreo	ⓜ 오락, 레크리에이션, 휴식 시간, 쉬는 시간
propuesta	ⓕ 신청, 제안, 견적, 견적서, 추천	en camino a	~로 가는 길에
móvil	ⓜ 휴대폰 (teléfono móvil, celular) / 움직일 수 있는	absurdo	비이성적인, 말 같잖은, 어이없는, 터무니없는
distraerse	유희하다, 기분 전환하다	desmesurado	ⓜ ⓕ 건방진 사람 / 과도한, 지나친
experto	ⓜ ⓕ 전문가, 명인 / 노련한	libertad	ⓕ 자유, 여가
advertir	알아차리다, 주의하다, 경고하다	imprudente	ⓜ ⓕ 경솔한 사람 / 경솔한, 신중하지 못한
afectar	가장하다, 습격하다, 슬프게 하다, 관여하다, ~에 영향을 미치다	excesivo	과도한, 과잉의
rendimiento	ⓜ 수익, 효율, 생산성, 성적	perjudicial	유해한
escolar	ⓜ ⓕ 학생 / 학교의, 학생의	ser consciente	자각하고 있다, 의식하고 있다
discutir	토론하다, 토의하다, 언쟁하다, 말다툼하다	esfuerzo	ⓜ 노력, 수고, 힘
medida	ⓕ 사이즈, 측정, 대책	inevitable	피할 수 없는, 면하기 어려운
intervención	ⓕ 개입, 간섭, 중재, 참가, 출동	lograr	달성하다, 성취하다
plantearse	숙고하다, (문제나 가능성이) 생기다	en otras palabras	다시 말해
beneficiar	선을 베풀다, 이익을 주다	respetar	존경하다, 존중하다
perjudicar	해를 끼치다, 손해를 주다	en cuanto a	~에 관해서
generar	발생시키다, 일으키다	de todas formas	좌우지간에, 여하튼
matizar	배색하다, 색을 배합하다, 미묘한 변화를 내다	dañino	유해한, 해로운, 근성이 나쁜
establecer	설립하다, 창설하다, 확립하다, 분명하게 하다, 수립하다	función	ⓕ 기능, 직무, (공연, 연극 등의) 상연
norma	ⓕ 규정, 규칙 (= ⓕ regla, ⓜ reglamento)	acceder	접근하다, 도달하다, 들어가다, 동의하다
obligar	강요하다, 강제하다, 의무를 지게 하다	búsqueda	ⓕ 수색, 탐구, 검색, 추구
castigar	벌주다, 징계하다, 혼내 주다, 패널티를 가하다	imprescindible	묵과할 수 없는, 필수 불가결한
severamente	엄히, 호되게, 엄격히	obligación	ⓕ 의무, 책임, 채권
periódico	ⓜ 신문, 일간 신문 / 정기적인, 주기적인	poner atención	주의를 기울이다, 집중하다
concienciar	자각하게 하다, 자각시키다	regla	ⓕ 규정, 규칙 (= ⓕ norma, ⓜ reglamento)
estipulado	정한, 규정한, 규정된	apagar	끄다, 진압하다, 정지시키다, 꺼지다

Tarea 1 **Ejercicios** 실전 연습 ②

INSTRUCCIONES

Tendrá que hablar durante **3 o 4 minutos** sobre ventajas e inconvenientes de una serie de soluciones propuestas para una situación determinada. A continuación, conversará con el entrevistador sobre el tema durante 2 o 3 minutos.

TEMA: **FALTA DE INTERÉS POR LA CULTURA**

En una ciudad existe un problema de falta de interés de los ciudadanos por la cultura. El Consejo Municipal de Cultura se ha reunido para tratar de buscar soluciones a este problema.

Lea las siguientes propuestas y, durante dos minutos, explique sus ventajas e inconvenientes; tenga en cuenta que debe hablar, como mínimo, de cuatro de ellas. Cuando haya finalizado su intervención, debe conversar con el entrevistador sobre el tema de las propuestas.

Para preparar su intervención, al analizar cada propuesta debe plantearse por qué le parece una buena solución y qué inconvenientes tiene, a quién beneficia y a quién perjudica, si puede generar otros problemas; si habría que matizar algo...

> Yo bajaría el precio de las entradas a museos y galerías de arte y ofrecería entradas gratuitas a los jóvenes y estudiantes.

> Yo organizaría periódicamente jornadas de eventos y talleres culturales en cada barrio de la ciudad.

> Yo usaría las redes sociales para fomentar la cultura mediante concursos de iniciativas artísticas y culturales.

> Yo impulsaría la cultura callejera. Subvencionaría conciertos al aire libre y patrocinaría a artistas callejeros.

> Yo retransmitiría eventos culturales en vivo a través de la web oficial del Ayuntamiento.

> Yo crearía una página web como medio de difusión para apoyar todo tipo de actividades culturales locales.

1 EXPOSICIÓN

Ejemplo: *A la propuesta de bajar el precio de las entradas a museos y galerías le veo una ventaja muy grande...*

2 CONVERSACIÓN

Una vez el candidato haya hablado de las propuestas de la lámina durante el tiempo estipulado (3 o 4 minutos), el entrevistador le hará algunas preguntas sobre el tema hasta cumplir con la duración de la tarea (6 a 7 minutos).

EJEMPLOS DE PREGUNTAS DEL ENTREVISTADOR:

Sobre las propuestas

- De las propuestas dadas, ¿cuál le parece la mejor?
- ¿Cree que hay alguna propuesta que podría ser contraproducente?
- ¿Qué piensa sobre la propuesta de usar las redes sociales para fomentar la cultura?

Sobre su realidad

- ¿Qué piensa sobre la oferta cultural de su ciudad? ¿Cree que es variada? ¿Por qué?
- ¿Cree que los museos deberían ser gratuitos o le parece correcto que se cobre una entrada? ¿Por qué?
- ¿Cree que en su país se le da a la cultura la importancia que merece? ¿Por qué?
- ¿Usted qué haría para solucionar el problema?

La duración total de esta tarea es de **6 a 7 minutos**.

Tarea 1 · Ejercicios

⏱️ 학습에 앞서 약 **10**분간의 시간 동안 준비 용지의 공란에 발표 내용을 미리 준비해 보세요.

🔊 이제 준비한 내용을 발표해 봅니다. 말하는 내용을 녹음하여 모범답안과 비교, 문제점을 진단할 수 있도록 합니다.
3-4min 실제 시험까지 반복적으로 훈련하세요.

이어서 예상 질문들을 하나씩 읽으며, 알맞은 답변을 떠올려 발표해 보세요.

감독관 | De las propuestas dadas, ¿cuál le parece la mejor?

응시자

감독관 | ¿Cree que hay alguna propuesta que podría ser contraproducente?

응시자

감독관 | ¿Qué piensa sobre la propuesta de usar las redes sociales para fomentar la cultura?

응시자

감독관 | ¿Qué piensa sobre la oferta cultural de su ciudad? ¿Cree que es variada? ¿Por qué?

응시자

감독관
¿Cree que los museos deberían ser gratuitos o le parece correcto que se cobre una entrada? ¿Por qué?

응시자

감독관
¿Cree que en su país se le da a la cultura la importancia que merece? ¿Por qué?

응시자

감독관
Usted qué haría para solucionar el problema?

응시자

Step **3** 문제를 해석하며 중요 내용을 확인해 보세요.

지시사항

당신은 한 가지 특정 상황에 대한 일련의 해결 방안들의 장점과 단점에 대해 **3~4분간** 이야기해야 합니다. 이어서 그 주제에 대해 감독관과 2~3분간 대화를 나누게 될 것입니다.

주제: **문화에 대한 관심의 부족**

어떤 도시에는 문화에 대한 시민들의 관심 부족에 대한 문제점이 존재합니다. 시의회 문화 재단은 이 문제에 대한 해결책을 찾기 위해 모였습니다.

다음 제안들을 읽고 2분간 그것들의 장점과 단점에 대해 설명하세요. 제안들 중 최소 4개에 대해서 발표해야 한다는 것을 유념하세요. 발표가 끝나면 그 제안들의 주제에 대해 감독관과 대화를 나누어야 합니다.

발표를 준비하기 위해서는 각각의 제안을 분석해 가며 그것이 왜 좋은 해결 방안으로 보이는지, 어떤 단점이 있는지, 누구에게 이로운지 그리고 누구에게는 해가 되는지, 다른 문제들을 야기할 수 있는지, 무언가를 조정해야 할지에 대해 생각해 보아야 합니다.

나는 박물관과 미술관의 입장 요금을 낮추고 젊은이들과 학생들에게는 무료 입장을 제공할 것 같다.

도시의 각 동네마다 정기적으로 이벤트 데이와 문화 체험 공간을 구성할 것 같다.

예술적이고 문화적인 자발성에 대한 대회를 통해 문화를 독려하기 위해 SNS를 사용할 것이다.

나는 거리 문화를 독려할 것 같다. 야외 콘서트에 보조금을 주고, 거리의 예술인들을 후원할 것 같다.

시청의 공식 웹 사이트를 통해 생중계로 문화 행사를 방송할 것이다.

지역 내 모든 유형의 문화 활동을 지원하기 위한 홍보 수단으로서 하나의 웹 사이트를 만들 것 같다.

 **Tarea 1 · Ejercicios**

[1] 발표문

예시문: *박물관과 미술관의 입장 요금을 낮춰야 한다는 제안에는 아주 큰 장점이 보이는데…*

[2] 대화

응시자가 정해진 시간(3~4분) 동안 표 안의 제안들에 대해 발표를 마치면, 감독관은 과제1의 소요 시간(6~7분)이 끝날 때까지 주제와 관련한 몇 가지의 질문을 할 것입니다.

감독관의 예상 질문들:

제안들에 대하여

- 주어진 제안들 중에서 당신이 보기에 어떤 것이 가장 나은 제안인가요?
- 역효과가 날 수 있을 것 같은 제안이 있다고 생각하나요?
- 문화를 독려하기 위해 SNS를 사용하자는 제안에 대해 당신은 어떻게 생각하나요?

당신의 현실에 대하여

- 당신이 살고 있는 도시의 문화 제공에 대해 어떻게 생각하나요? 그것이 다양하다고 생각하나요? 왜 그런가요?
- 당신은 박물관의 입장이 무료여야 한다고 생각하나요, 아니면 입장 요금을 받는 것이 옳다고 생각하나요? 왜 그런가요?
- 당신이 사는 나라에서는 문화에 충분한 중요성이 주어지고 있다고 생각하나요? 왜 그렇게 생각하나요?
- 당신이라면 이 문제를 해결하기 위해 어떻게 하실 건가요?

본 과제의 전체 소요 시간은 **6~7분**입니다.

Step 4 다음 모범답안을 통해 답변을 연습해 보세요.

1 발표문

> Yo bajaría el precio de las entradas a museos y galerías de arte y ofrecería entradas gratuitas a los jóvenes y estudiantes.

La propuesta de bajar el precio de las entradas a museos y galerías de arte y ofrecer entradas gratuitas a los jóvenes y estudiantes **me parece una buena solución, ya que** hay mucha gente que, aunque quiera acceder a museos y galerías, no puede por el alto precio de las entradas. Sobre todo, sería muy bueno para la gente joven.

박물관과 미술관의 입장 요금을 낮추고 젊은이들과 학생들에게 무료 입장을 제공하는 것은 아주 좋은 해결책으로 보여집니다. 왜냐하면 많은 사람들이 박물관이나 미술관에 가고 싶어도 금액이 너무 높기 때문에 가지 못하기 때문입니다. 특히, 젊은 사람에게는 아주 좋을 것입니다.

> Yo organizaría periódicamente jornadas de eventos y talleres culturales en cada barrio de la ciudad.

Esta propuesta de organizar periódicamente jornadas de eventos y talleres culturales en cada barrio de la ciudad **es muy beneficioso**. De esta manera, los ciudadanos pueden disfrutar varias actividades culturales, incluso los ciudadanos que, por problemas personales, tienen dificultades para ir hasta donde se encuentran los teatros o museos.

도시의 각 동네마다 정기적으로 이벤트 데이와 문화 체험 공간을 구성한다는 이 제안은 아주 유익합니다. 이러한 방법으로, 심지어 극장이나 박물관이 있는 곳까지 가는 데에 개인적인 어려움이 있는 사람들까지도, 시민들은 다양한 문화 활동을 즐길 수 있습니다.

> Yo usaría las redes sociales para fomentar la cultura mediante concursos de iniciativas artísticas y culturales.

A la propuesta de usar las redes sociales para fomentar la cultura mediante concursos de iniciativas artísticas y culturales **le veo una ventaja** muy grande, puesto que la gente de hoy en día se engancha mucho a las redes sociales. Así que se garantizará mucha participación de la gente.

예술적이고 문화적인 자발성에 대한 대회를 통해 문화를 독려하기 위해 SNS를 사용하자는 제안은 큰 이점을 가진 것으로 보입니다. 왜냐하면 오늘날 사람들은 SNS를 아주 많이 사용하고 있기 때문입니다. 그렇기 때문에 사람들의 높은 참여가 보장될 것입니다.

> Yo impulsaría la cultura callejera. Subvencionaría conciertos al aire libre y patrocinaría a artistas callejeros.

La propuesta de impulsar la cultura callejera **me parece un poco contradictoria**, dado que la cultura callejera es algo a lo que la gente concurre fácilmente. Dudo que la gente se interese más por la cultura que se ofrece en los museos o teatros.

거리 문화를 독려하자는 제안은 저에게는 조금 모순되게 여겨집니다. 왜냐하면 거리 문화라는 것은 사람들이 쉽게 모일 수 있는 것이기 때문입니다. 이를 통해 사람들이 박물관이나 극장에서 제공하는 문화에 대해 더 많은 관심을 가질지 의문입니다.

> Yo retransmitiría eventos culturales en vivo a través de la web oficial del Ayuntamiento.

Esta propuesta que dice "Yo retransmitiría eventos culturales en vivo a través de la web oficial del Ayuntamiento." **es muy conveniente**. De esta manera, los ciudadanos pueden disfrutar varios eventos culturales muy cómodamente desde su casa.

"시청의 공식 웹 사이트를 통해 생중계로 문화 행사를 방송할 것이다."라고 말하고 있는 이 제안은 매우 적절합니다. 이러한 방법으로, 시민들은 그들의 집에서 매우 편안하게 다양한 문화 행사를 즐길 수 있습니다.

> Yo crearía una página web como medio de difusión para apoyar todo tipo de actividades culturales locales.

Estoy muy de acuerdo con la propuesta de crear una página web como medio de difusión para apoyar todo tipo de actividades culturales locales. Una buena página web donde se pueda publicar información sobre todo tipo de actividades culturales, no solo sería favorable para los ciudadanos, sino también para los organizadores.

저는 지역 내 모든 유형의 문화 활동을 지원하기 위해 하나의 웹 사이트를 만들어 홍보 수단으로 사용하자는 이 제안에 아주 동의합니다. 모든 종류의 문화 활동에 대한 정보를 게시하는 좋은 웹 사이트는 시민들에게만 이로운 것이 아니라 주최자들에게도 또한 이로울 것입니다.

[2] 대화

감독관
De las propuestas dadas, ¿cuál le parece la mejor?

주어진 제안들 중에서 당신이 보기에 어떤 것이 가장 나은 제안인가요?

응시자
Entre todas las propuestas me parece la mejor la propuesta de crear una página web como medio de difusión para apoyar todo tipo de actividades culturales locales. Muchas veces sucede que uno pierde mucho tiempo buscando información sobre lo que quiere, pero no siempre el resultado es satisfactorio. Una buena página web puede servir de guía para la gente.

모든 제안들 가운데 가장 좋다고 여겨지는 것은 바로 지역 내 모든 유형의 문화 활동을 지원하기 위해 하나의 웹 사이트를 만들어 홍보 수단으로 사용하는 것입니다. 누군가 자신이 원하는 것에 대한 정보를 찾으면서 많은 시간을 허비하는데, 결과가 항상 만족스럽지만은 않은 일이 많이 발생합니다. 좋은 웹 사이트는 사람들에게 안내서의 역할을 할 수 있습니다.

감독관
¿Cree que hay alguna propuesta que podría ser contraproducente?

역효과가 날 수 있을 것 같은 제안이 있다고 생각하나요?

응시자
Sí. La propuesta de impulsar la cultura callejera me parece un poco contraproducente. Pienso que, aunque hubiera mucha oferta de cultura callejera, los ciudadanos seguirían teniendo la misma indiferencia por otro tipo de cultura. Me refiero a que la cultura que se ofrece en los museos o teatros no tiene mucho que ver con los conciertos al aire libre.

네. 거리 문화를 독려하자는 제안은 조금은 역효과가 있을 것이라 생각합니다. 저는 아무리 많은 거리 문화 제공이 있다 하더라도, 시민들은 다른 종류의 문화에 대해서는 동일한 무관심을 갖게 될 것이라 생각합니다. 저는 박물관이나 극장에서 제공되는 문화는 야외 콘서트와는 무관하다는 점을 말하는 것입니다.

감독관
¿Qué piensa sobre la propuesta de usar las redes sociales para fomentar la cultura?

문화를 독려하기 위해 SNS를 사용하자는 제안에 대해 당신은 어떻게 생각하나요?

응시자
Me parece muy favorable y pienso que usando las redes sociales es posible fomentar cualquier cosa. Es bueno que un tema que pueda parecer un poco aburrido se exhiba más donde hay cosas divertidas. La gente lo va a encontrar más familiar y más cercano.

제가 보기에 그것은 아주 좋은 내용입니다. 그리고 SNS를 활용하는 것은 그 어떤 것이라도 장려할 수 있다고 생각합니다. 어쩌면 조금 지루해 보일 수 있는 주제라면 흥미로운 것들이 있는 곳에 노출되는 것이 좋기 때문입니다. 사람들은 그 주제를 더 친숙하고 더 가깝게 느낄 것입니다.

감독관
¿Qué piensa sobre la oferta cultural de su ciudad? ¿Cree que es variada? ¿Por qué?

당신이 살고 있는 도시의 문화 제공에 대해 어떻게 생각하나요? 그것이 다양하다고 생각하나요? 왜 그렇나요?

> Pienso que la oferta cultural de mi ciudad no es muy variada. La razón es que la gente coreana trabaja mucho y dedica muy poco tiempo a lo que es la cultura o el ocio. Esto hace que no haya mucha demanda de actividades culturales.
>
> 제가 살고 있는 도시의 문화 제공은 매우 다양하진 않다고 생각합니다. 그 이유는, 한국 사람은 일을 많이 하며 문화나 여가에는 매우 적은 시간을 소비하기 때문입니다. 이러한 현실은 문화적인 활동에 대한 수요가 많지 않게끔 만듭니다.

응시자

> ¿Cree que los museos deberían ser gratuitos o le parece correcto que se cobre una entrada? ¿Por qué?
>
> 당신은 박물관의 입장이 무료여야 한다고 생각하나요, 아니면 입장 요금을 받는 것이 옳다고 생각하나요? 왜 그렇나요?

감독관

> Pienso que se tiene que cobrar algo para poder mantener la calidad de lo que se ofrece. Si los museos fueran gratuitos, sería difícil mantenerlos o desarrollarlos. La gente los visitaría menos si estos fueran menos atractivos.
>
> 저는 박물관이 제공하는 것의 품질을 유지하기 위해 어느 정도는 받아야 한다고 생각합니다. 만일 박물관이 모두 무료라면 유지하거나 개선하기 어려울 것입니다. 만일 박물관들이 덜 매력적이게 된다면 사람들은 덜 방문할 것입니다.

응시자

> ¿Cree que en su país se le da a la cultura la importancia que merece? ¿Por qué?
>
> 당신이 사는 나라에서는 문화에 충분한 중요성이 주어지고 있다고 생각하나요? 왜 그렇게 생각하나요?

감독관

> Absolutamente no. Así como he mencionado, en mi país la gente prioriza más otras cosas más "productivas" y no se le da la importancia que merece a la cultura. Es triste que mucha gente considere la cultura como una pérdida de tiempo.
>
> 전혀 그렇지 않습니다. 제가 이미 언급했듯이, 우리나라에서는 사람들이 더 '생산적인' 다른 일들을 더 우선시하며 문화가 지닌 중요성에 대해 인식하지 않습니다. 많은 사람들이 문화를 하나의 시간 낭비처럼 여기는 것은 슬픈 일입니다.

응시자

> ¿Usted qué haría para solucionar el problema?
>
> 당신이라면 이 문제를 해결하기 위해 어떻게 하실 건가요?

감독관

> Pues... un poco de todo. Todas estas propuestas resultarían beneficiosas para fomentar la cultura y para que los ciudadanos tengan más interés por la cultura. Lo que también sería necesario es alguna ayuda o subvención por parte del gobierno para poder realizar todos estos intentos.
>
> 음... 전부 조금씩 다 할 것 같습니다. 이 모든 제안들은 문화를 촉진시키고 시민들이 문화에 대한 관심을 더 가질 수 있도록 하는 데 유용할 것입니다. 더불어 중요한 것은 이러한 모든 시도를 실행할 수 있도록 하는 정부로부터의 도움과 지원입니다.

응시자

Step 5 필수 어휘를 익히세요.

falta	ⓕ 부족, 결여, 부재, 결석, 결근	importancia	ⓕ 중요성, 중대함
consejo	ⓜ 의견, 충고, 이사회	merecer	~의 가치가 있다
municipal	시의, 시립의, 시영의, 자치 도시의	acceder	접근하다, 도달하다, 들어가다, 동의하다
galería de arte	ⓕ 미술관, 화랑	engancharse	걸리다, 마음을 사로잡히다, 중독되다
ofrecer	주다, 제공하다	contradictorio	모순된, 상반된
periódicamente	정기적으로, 주기적으로	concurrir	참가하다, 한군데 모이다
jornada	ⓕ 하루, 1일, 노동 시간	cómodamente	용이하게, 쉽게, 편하게
taller	ⓜ 일터, 작업장, 수리 공장, 공방, 실습	publicar	출판하다, 공표하다, 게시하다
barrio	ⓜ 지구, 지역, 동네	organizador	ⓜ ⓕ 조직자, 주최자 / 조직하는
fomentar	자극하다, 조장하다, 촉진하다, 장려하다	satisfactorio	만족스러운
iniciativa	ⓕ 발의, 솔선 행위, 주도, 자주적 행동	indiferencia	ⓕ 무관심, 냉담
impulsar	밀다, 자극하다, ~하게 작용하다, 추진하다, 촉진하다	tener que ver con algo	관계가 있다
callejero	거리의	exhibir	공개하다, 전시하다, 진열하다, 노출하다
subvencionar	보조금을 주다	familiar	ⓜ 친척 / 가족의, 익숙해진, 친숙한
patrocinar	후원하다, 지원하다, 옹호하다	cercano	가까운, 근처의
retransmitir	다시 방송하다, 재방송하다	demanda	ⓕ 수요, 주문, 요구, 제소
en vivo	산채로, 생중계의	calidad	ⓕ 품질, 성능
difusión	ⓕ 확산, 유포, 방송	priorizar	우선권을 주다
apoyar	기대다, 기대어 놓다, 세우다, 의지하다, 지원하다, 후원하다, 지지하다	productivo	생산적인, 유익한
local	ⓜ 장소, 시설, 점포 / 장소의, 지방의	pérdida	ⓕ 잃음, 분실, 상실, 손해, 낭비
oferta cultural	ⓕ 문화 제공	intento	ⓜ 시도, 기도
variado	여러 가지의, 다양한		

Tarea 2 한 장의 사진을 보고 가상의 상황을 떠올려 묘사하고 질문에 답하기

핵심 포인트

- 시험장 입장 전, 별도의 공간에서 발표 내용을 메모하며 준비하는 과제입니다.
- 2개의 사진 중 하나를 고르게 되며, 독백 형식으로 가상의 상황에 대해 묘사를 한 후 감독관의 질문을 받고 답합니다.
- 시험 시작 전 미리 준비할 수 있는 과제이므로 철저히 준비해 자신감 있게 발표해야 시험 마무리까지 잘 치를 수 있습니다.

보조 자료

- 한 장의 사진, 상황을 묘사하는 지문과 응시자의 발언을 위한 지침을 담은 도표

Tarea 2 완전 공략

1 어떻게 발표하나요?

시험 시작 전에 안내자가 제시하는 2개의 다른 사진을 보고 하나를 선택하여 사전 준비 용지에 발표할 내용을 적어가며 준비합니다. 시험이 시작되면 앞서 미리 준비한 내용을 토대로 먼저 독백 형식으로 발표를 해야 합니다. 이어서는 감독관이 개입해 몇 가지의 질문을 하며 응시자는 질문의 내용에 맞는 답변을 해야 합니다. 전체 과제 이행 시간은 5~6분이며, 독백 형식으로 해야 하는 발표는 최소 2~3분입니다. 따라서, 감독관의 질문을 받는 시간은 남은 2~3분 정도가 됩니다. 물론, 시간에 대해서는 감독관이 통제하고 안내하는 부분이니 응시자는 감독관이 지시하기 전까지는 발표를 자연스럽게 이어나가면 됩니다.

2 발표 전략

[사전 준비 시간]

- 시험 안내자가 제시한 2개의 사진 중, 사진 속 내용에 대한 이해가 더 잘되는 사진, 가상의 상황을 만들어 내기 더 쉬워 보이는 사진을 선택합니다.

- 사진에 대한 관찰을 하기 전 시험지에 적힌 지시사항을 우선 잘 읽고 사진에 대한 간략한 설명을 확인합니다.

- 사진 속 배경 공간, 인물(들), 행동 등이 말하고 있는 핵심 줄거리를 정확히 파악해야 합니다.

- 사전 준비 용지에, 말할 내용을 모두 메모하기보다는 발표 내용에 꼭 필요한 필수 어휘와 표현법을 위주로 적어두는 것이 좋습니다.

[내용 구성 핵심 포인트]

- 과제 2는 사진을 보고 단순 묘사하는 과제가 아닙니다. 시험지에 적힌 지시사항에 따르면 "debe imaginar una situación a partir de una fotografía y describirla... 해당 사진을 보고 특정 상황을 상상하여 묘사하기"입니다.

- 시험지에는 사진뿐만 아니라 사진의 제목, 간략한 소개, 가이드 라인 및 질문들이 명시되어 있습니다. 준비 시간에 이 부분을 정확히 읽어 파악하고 내용을 구성해야 합니다.

- 가이드 라인의 질문들은 예시일 뿐, 반드시 포함시켜야 하는 구성은 아닙니다. 하지만 상황을 만들어 발표하기 위해 참고하면 도움이 될 수 있으며 특히 이 질문들 안에서 사진 속 상황과 직접 연관되는 어휘를 파악할 수 있습니다.

- 이어지는 감독관과의 대화 역시 지시사항에서는 "conversará con el entrevistador acerca de sus experiencias y opiniones sobre el tema de la situación... 주제와 관련된 당신의 경험과 의견에 대해 감독관과 대화를 할 것입니다"라고 하여, 사진 속 상황과 연관된 주제에 있어서 당신의 개인적인 경험이나 의견에 대해 대화를 나눈다고 명시합니다.

- 감독관의 질문이 시작되면 무엇보다도 질문을 정확히 듣고 이해하여 질문에 연결되는 답변을 해야 합니다. 이때 감독관은 사진 속 상황에 대한 더욱 구체적인 내용, 주제와 연관된 나의 경험이나 의견, 내가 사는 곳의 상황 등 매우 자유로운 형태로 질문을 하게 됩니다. 단답형의 답이 아닌, 충분한 뒷받침 근거를 들어 답변합니다.

3 잠깐! 주의하세요

- 사진을 고를 때, 두 장의 사진을 재빨리 관찰하고 반드시 더 쉽게 발표할 수 있는 내용의 사진으로 고르도록 합니다.

- 연습 용지에 미리 메모한 내용은 잠깐씩 곁눈으로 보는 것만 허용됩니다. 보고 읽어서는 안 됩니다.

- 사진의 기본적인 묘사만으로 답변을 마쳐서는 안 되며 사진을 보고 가상의 줄거리를 만들어 발표합니다.

- 독백 형식의 발표에서 감독관이 별도로 언급하기 전까지는 멈추지 말고 계속 발표해야 합니다.

- 감독관의 질문 역시, 단순히 사진 속 내용을 되묻는 질문이 아니라는 점을 명심하여 질문을 주의 깊게 듣고 대답합니다.

Tarea 2 Ejercicios 실전 연습 ①

INSTRUCCIONES

Usted debe imaginar una situación a partir de una fotografía y describirla durante unos dos o tres minutos. A continuación, conversará con el entrevistador acerca de sus experiencias y opiniones sobre el tema de la situación. Tenga en cuenta que no hay una respuesta correcta: debe imaginar la situación a partir de las preguntas que se le proporcionan.

FOTOGRAFÍA: **UN NUEVO HOGAR**

Esta pareja acaba de casarse y se han mudado juntos a una nueva casa. Imagine la situación y hable sobre ella durante, aproximadamente, dos minutos. Estos son algunos aspectos que puede comentar:

- ¿A qué tipo de casa cree que se han mudado? ¿Por qué cree que han elegido ese tipo de casa? ¿Cree que es una casa alquilada o que la han comprado? ¿Por qué cree eso?
- ¿En qué zona de la ciudad se encuentra esa casa? ¿Por qué cree que han elegido esa zona para mudarse?
- ¿Cómo imagina que es cada uno de ellos? ¿Cómo cree que se sienten en este momento? ¿Por qué?
- ¿Cómo cree que cambiará su vida a partir de ahora? ¿Cree que su relación cambiará significativamente? ¿Por qué cree eso?
- ¿Cómo cree que va a ser la convivencia en el futuro? ¿Cree que tendrán problemas? ¿Por qué?

Una vez haya descrito la fotografía durante el tiempo estipulado (2-3 minutos), el entrevistador le hará algunas preguntas sobre el tema de la situación hasta cumplir con la duración de la tarea.

EJEMPLO DE PREGUNTAS DEL ENTREVISTADOR:

- ¿Cree que hoy en día para los jóvenes es fácil comprar una casa? ¿Por qué cree eso?
- ¿Cuáles cree que son los problemas de convivencia más frecuentes entre las parejas? ¿Por qué cree que surgen estos problemas?
- ¿Alguna vez ha convivido con su pareja u otra persona? En caso de que sí, ¿cómo fue la experiencia? En caso de que no, ¿por qué no? ¿Cree que le gustaría? ¿Por qué?

La duración total de esta tarea es de **5 a 6 minutos**.

Step 2 실제 시험과 동일하게 답변을 준비하고 발표해 보세요.

🕙 학습에 앞서 약 **10분간의** 시간 동안 준비 용지의 공란에 발표 내용을 미리 준비해 보세요.

🔊 이제 준비한 내용을 발표해 봅니다. 말하는 내용을 녹음하여 모범답안과 비교, 문제점을 진단할 수 있도록 합니다.
2-3min 실제 시험까지 반복적으로 훈련하세요.

이어서 예상 질문들을 하나씩 읽으며, 알맞은 답변을 떠올려 발표해 보세요.

감독관 ¿Cree que hoy en día para los jóvenes es fácil comprar una casa? ¿Por qué cree eso?

응시자

감독관 ¿Cuáles cree que son los problemas de convivencia más frecuentes entre las parejas? ¿Por qué cree que surgen estos problemas?

응시자

감독관 ¿Alguna vez ha convivido con su pareja u otra persona? En caso de que sí, ¿cómo fue la experiencia? En caso de que no, ¿por qué no? ¿Cree que le gustaría? ¿Por qué?

응시자

Step 3 문제를 해석하며 중요 내용을 확인해 보세요.

지시사항

당신은 한 장의 사진을 보고 상황을 떠올리고 2~3분 동안 그 상황을 묘사해야 합니다. 이어서, 그 상황의 주제와 연관된 당신의 경험과 의견에 대해 감독관과 대화를 나누게 될 것입니다. 정해진 답이 있지 않다는 것을 명심하세요. 주어진 질문들을 읽고 상황을 상상하세요.

<u>사진</u>: **새 집**

이 커플은 이제 막 결혼을 했고 새로운 집으로 함께 이사를 왔습니다. 상황을 상상하여 그것에 대해 대략 2분간 말하세요. 다음은 당신이 언급할 수 있는 점들입니다.

- 당신은 그들이 어떤 유형의 집으로 이사를 했다고 생각하나요? 그들이 그런 유형의 집을 선택한 이유는 무엇이라고 생각하나요? 임대하는 집일까요 혹은 그들이 구입한 집일까요? 왜 그렇게 생각하나요?
- 그 집은 도시의 어느 지역에 위치하나요? 그들은 이사하기 위해서 왜 그 지역을 선택했을 거라 생각하나요?
- 그들은 각자 어떤 성격의 사람들이라고 상상되나요? 지금 이 순간 그들은 어떤 감정을 느끼고 있다고 생각하나요? 왜 그렇게 생각하나요?
- 지금부터 그들의 삶은 어떻게 바뀔 것이라 생각하나요? 그들의 관계가 상당히 변화할 것이라 생각하나요? 왜 그렇게 생각하나요?
- 미래에는 동거의 형태가 어떻게 될 것이라고 생각하나요? 문제점이 있을 것이라고 생각하나요? 왜 그럴까요?

응시자가 정해진 시간(2~3분) 동안 사진을 묘사하고 나면 감독관은 과제의 소요 시간이 끝날 때까지 상황의 주제와 관련한 몇 가지의 질문을 할 것입니다.

감독관의 예상 질문들:

- 당신은 오늘날 젊은 사람들에게 있어서 집을 구입하는 것은 쉬운 일이라고 생각하나요? 왜 그렇게 생각하나요?
- 연인들이 함께 생활하는 데 있어 가장 빈번한 문제들은 어떤 것들이라고 생각하나요? 이러한 문제들이 생기는 이유는 무엇이라고 생각하나요?
- 당신은 당신의 연인 혹은 다른 사람과 함께 동거를 한 적이 있나요? 만일 있다면, 그 경험은 어땠나요? 만일에 없다면, 왜 없나요? 한 번쯤 경험해 본다면 좋을까요? 왜 그렇나요?

본 과제의 전체 소요 시간은 **5~6분**입니다.

Step 4 다음 모범답안을 통해 답변을 연습해 보세요.

1 사진 묘사

모범답안

En la fotografía se ve una pareja y pienso que son una pareja de recién casados. Me imagino que ellos han elegido un estudio pequeño alquilado porque no se ve muy amplia la habitación, además comprar una casa es muy caro hoy en día.

Ellos han elegido este estudio en el centro de la ciudad, porque los dos trabajan y estudian. Entonces es mucho más conveniente una zona céntrica para ellos.

Pienso que el hombre es muy responsable y trabajador. También la chica es muy activa y positiva. En este momento ellos deben estar muy contentos por la casa nueva y por el inicio de su convivencia.

Creo que, de ahora en adelante, su vida cambiará en muchos aspectos. Es que he oído que convivir con la pareja no es tan fácil al principio. Pero con el tiempo se acostumbrarán y se adaptarán.

Quizás lleguen a tener algunos problemas, porque es muy normal que haya conflictos cuando se convive en una misma vivienda. Incluso una familia llega a tener problemas.

해석

사진에는 한 커플이 보이고 저는 그들이 이제 막 결혼한 신혼 부부라고 생각합니다. 그들은 작은 임대 스튜디오를 선택한 것이라 생각됩니다. 왜냐하면 방이 아주 넓어 보이지는 않으며 또한 요즘에는 집을 사는 것은 아주 비싸기 때문입니다.

그들은 도시의 중심에 있는 이 스튜디오를 선택했습니다. 왜냐하면 둘은 일을 하고 공부도 하기 때문입니다. 그렇다면 그들에게는 시내 중심가가 훨씬 더 적합합니다.

제 생각에 남자는 매우 책임감이 있고 부지런한 사람인 것 같습니다. 또한 여자 역시 매우 활발하고 긍정적입니다. 지금 이 순간 그들은 새로운 집과 그들의 동거 시작을 이유로 매우 기쁜 상태입니다.

제 생각에 지금 이후부터 앞으로는 그들의 삶이 많은 부분에서 바뀔 것이라 생각합니다. 연인과 함께 사는 것은 처음에는 전혀 쉽지 않다고 들었습니다. 하지만 시간이 지나면 서로가 서로에게 길들여지게 되고 적응할 것입니다.

어쩌면 그들은 몇 가지의 문제를 가질 수도 있겠습니다. 왜냐하면 같은 집에 다른 사람과 함께 살 때에는 갈등이 있는 것이 매우 정상이기 때문입니다. 심지어 가족 간에도 문제는 발생합니다.

2 대화

감독관

¿Cree que hoy en día para los jóvenes es fácil comprar una casa? ¿Por qué cree eso?

당신은 오늘날 젊은 사람들에게 있어서 집을 구입하는 것은 쉬운 일이라고 생각하나요? 왜 그렇게 생각하나요?

응시자

No. Pienso lo contrario. Hoy en día es muy difícil comprar una casa para los jóvenes. Es que las viviendas son mucho más caras que antes y la cuestión del desempleo cada vez es peor.

아닙니다. 저는 반대로 생각합니다. 오늘날 젊은이들에게는 집을 사는 것이 매우 어렵습니다. 집은 예전에 비해 훨씬 더 비싸고 실업 문제는 가면 갈수록 더 나빠지기 때문입니다.

감독관

¿Cuáles cree que son los problemas de convivencia más frecuentes entre las parejas? ¿Por qué cree que surgen estos problemas?

연인들이 함께 생활하는 데 있어 가장 빈번한 문제들은 어떤 것들이라고 생각하나요? 이러한 문제들이 생기는 이유는 무엇이라고 생각하나요?

응시자

Creo que los problemas de convivencia más frecuentes son los surgidos por la diferencia de hábitos o costumbres personales. Por ejemplo, puede que a una persona le guste ducharse por la noche antes de dormir, pero que la otra persona deteste escuchar el ruido de la ducha antes de dormir. Así, cosas muy simples.

함께 사는 데 있어 가장 빈번한 문제는 개인의 버릇이나 습관의 차이에서 발생한다고 생각합니다. 예를 들어, 어떤 사람은 자기 전 밤에 샤워하는 것을 좋아할 수 있으나, 다른 사람은 자기 전에 샤워하는 소리를 듣는 것을 싫어할 수도 있습니다. 이렇듯, 아주 사소한 문제들 말입니다.

감독관

¿Alguna vez ha convivido con su pareja u otra persona? En caso de que sí, ¿cómo fue la experiencia? En caso de que no, ¿por qué no? ¿Cree que le gustaría? ¿Por qué?

당신은 당신의 연인 혹은 다른 사람과 함께 동거를 한 적이 있나요? 만일 있다면, 그 경험은 어땠나요? 만일에 없다면, 왜 없나요? 한 번쯤 경험해 본다면 좋을까요? 왜 그럴나요?

응시자

Sí. Fue hace dos años cuando fui a Barcelona. Como ya sabe usted, en Barcelona es lo más común compartir un piso entre los jóvenes. Mis compañeros de piso eran dos japoneses y un italiano. La verdad es que a mí no me gustó mucho la experiencia, porque siempre surgía algún problema por la limpieza o el mantenimiento de la casa. Siempre hay gente que limpia más y hay quien desordena más.

그렇습니다. 그것은 2년 전에 제가 바르셀로나에 갔을 때였습니다. 당신도 알다시피, 바르셀로나에서는 젊은 사람들끼리 아파트를 공유하는 것이 가장 일반적입니다. 저의 하우스메이트는 두 명의 일본인과 한 명의 이탈리아 남자였습니다. 사실 저는 그 경험이 아주 좋지는 않았는데 왜냐하면 항상 집의 청결이나 유지로 인한 문제가 있었기 때문입니다. 항상 다른 사람보다 청소를 더 많이 하는 사람과 더 많이 어지르는 사람이 있습니다.

Step 5 필수 어휘를 익히세요.

imaginar	상상하다
a partir de	~부터, ~이후에
a continuación	계속해서, 이어서
acerca de	~에 대하여
tener en cuenta	유의하다, 염두에 두다
proporcionar	균형을 잡히게 하다, 비례시키다, 제공하다
hogar	ⓜ 가정, 집, 가족
aspecto	ⓜ 외관, 양상, 관점
elegir	고르다, 선택하다
alquilado	임대된, 빌린
significativamente	의미심장하게, 상당히
convivencia	ⓕ 동거, 공동 생활, 합숙
una vez	일단 ~한 후에, ~하면
hoy en día	오늘날
frecuente	빈번한, 자주 일어나는, 흔히 있는
surgir	분출하다, 치솟다, 나타나다, 출현하다, 발생하다
recién	최근, 방금, 갓 ~한
estudio	ⓜ 공부, 학습, 연구, 연구실, 스튜디오, 원룸
conveniente	편리한, 적절한
céntrico	중앙의, 중심에 있는
trabajador	ⓜ ⓕ 노동자 / 일하는, 근면한, 부지런한
de ahora en adelante	지금부터 앞으로 쭉
adaptarse	~에 적응하다, 순응하다
conflicto	ⓜ 충돌, 갈등, 불일치
contrario	ⓜ ⓕ 적, 상대방 / 반대의, 역의, 상대의
vivienda	ⓕ 주거, 집
desempleo	ⓜ 실업, 실직
hábito	ⓜ 습관, 습성
detestar	저주하다, 싫어하다, 혐오하다
limpieza	ⓕ 깨끗함, 청소
mantenimiento	ⓜ 유지, 정비
desordenar	어지르다, 난잡하게 하다, 혼란케 하다

Tarea 2 Ejercicios 실전 연습 ②

Step 1 공략에 따라 문제를 잘 읽고 파악하여 발표할 내용을 떠올려 보세요.

INSTRUCCIONES

Usted debe imaginar una situación a partir de una fotografía y describirla durante unos dos o tres minutos. A continuación, conversará con el entrevistador acerca de sus experiencias y opiniones sobre el tema de la situación. Tenga en cuenta que no hay una respuesta correcta: debe imaginar la situación a partir de las preguntas que se le proporcionan.

FOTOGRAFÍA: **PROBLEMAS EN LA ESCUELA**

La directora de un centro educativo ha llamado a la madre de una niña para hablar sobre un problema. Imagine la situación y hable sobre ella durante, aproximadamente, dos minutos. Estos son algunos aspectos que puede comentar:

- ¿Qué problema cree que ha ocurrido? ¿Cree que es un problema grave? ¿Cree que es la primera vez que ocurre este problema? ¿Por qué lo cree?
- ¿Quién de estas personas cree que es la directora? ¿Cómo cree que es? ¿Por qué?
- ¿Cómo cree que es la madre? ¿Cómo cree que es la niña? ¿Cómo es la relación entre ellas? ¿Por qué?
- ¿Cómo cree que se siente la niña? ¿Y la madre? ¿Por qué?
- ¿Qué cree que está diciendo la madre? ¿Qué cree que está pensando la directora? ¿Por qué?
- ¿Qué cree que va a suceder después? ¿Cree que algo cambiará en la vida de la niña? ¿Por qué?

Una vez haya descrito la fotografía durante el tiempo estipulado (2-3 minutos), el entrevistador le hará algunas preguntas sobre el tema de la situación hasta cumplir con la duración de la tarea.

EJEMPLO DE PREGUNTAS DEL ENTREVISTADOR:

- ¿Cree que los niños de hoy en día tienen los mismos problemas en la escuela que antes? ¿Por qué cree eso?

- ¿Cuáles cree que son los problemas más frecuentes en la escuela? ¿Por qué cree que surgen estos problemas?

- ¿Alguna vez ha tenido problemas en la escuela? En caso de que sí, ¿qué tipo de problema tuvo? ¿Qué tipo de estudiante era usted?

La duración total de esta tarea es de **5 a 6 minutos**.

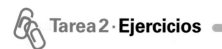

Tarea 2 · **Ejercicios**

Step 2 실제 시험과 동일하게 답변을 준비하고 발표해 보세요.

🕙 학습에 앞서 약 **10분간**의 시간 동안 준비 용지의 공란에 발표 내용을 미리 준비해 보세요.

Tarea 2 · Ejercicios

◀》) 이제 준비한 내용을 발표해 봅니다. 말하는 내용을 녹음하여 모범답안과 비교, 문제점을 진단할 수 있도록 합니다.
2-3min 실제 시험까지 반복적으로 훈련하세요.

이어서 예상 질문들을 하나씩 읽으며, 알맞은 답변을 떠올려 발표해 보세요.

감독관 ¿Cree que los niños de hoy en día tienen los mismos problemas en la escuela que antes? ¿Por qué cree eso?

응시자

감독관 ¿Cuáles cree que son los problemas más frecuentes en la escuela? ¿Por qué cree que surgen estos problemas?

응시자

감독관 ¿Alguna vez ha tenido problemas en la escuela? En caso de que sí, ¿qué tipo de problema tuvo? ¿Qué tipo de estudiante era usted?

응시자

> Step **3**　문제를 해석하며 중요 내용을 확인해 보세요.

지시사항

당신은 한 장의 사진을 보고 상황을 떠올리고 2~3분 동안 그 상황을 묘사해야 합니다. 이어서, 그 상황의 주제와 연관된 당신의 경험과 의견에 대해 감독관과 대화를 나누게 될 것입니다. 정해진 답이 있지 않다는 것을 명심하세요. 주어진 질문들을 읽고 상황을 상상하세요.

사진: **학교에서의 문제**

한 교육 기관의 교장은 어떤 문제에 대해 대화하기 위해 한 여자아이의 어머니에게 연락을 했습니다. 상황을 상상하여 그것에 대해 대략 2분간 말하세요. 다음은 당신이 언급할 수 있는 점들입니다.

- 어떤 문제가 발생했다고 생각하나요? 그 문제는 심각하다고 생각하나요? 이 문제가 발생한 것이 이번이 처음이라고 생각하나요? 왜 그렇게 생각하나요?
- 이 사람들 중에 누가 교장 선생님이라고 생각하나요? 그녀는 어떤 사람일까요? 왜 그럴까요?
- 어머니는 어떤 분이라고 생각하나요? 아이는 어떤 것 같나요? 그 두 사람의 관계가 어떨까요? 왜 그렇게 생각하나요?
- 아이는 기분이 어떨 것이라고 생각하나요? 어머니는 어떨까요? 왜 그렇게 생각하나요?
- 어머니는 어떤 말을 하고 있다고 생각하나요? 선생님은 어떤 생각을 하고 있나요? 왜 그럴까요?
- 이후에 어떤 일이 일어날 것이라 생각하나요? 아이의 인생에서 무언가가 바뀔 것이라 생각하나요? 왜 그럴까요?

응시자가 정해진 시간(2~3분) 동안 사진을 묘사하고 나면 감독관은 과제의 소요 시간이 끝날 때까지 주제와 관련한 몇 가지의 질문을 할 것입니다.

감독관의 예상 질문들:

- 오늘날의 아이들은 학교에서 예전의 아이들과 동일한 문제를 가지고 있을까요? 왜 그렇게 생각하나요?
- 학교에서 발생하는 가장 빈번한 문제는 무엇이라고 생각하나요? 왜 이러한 문제들이 발생한다고 생각하나요?
- 학교에서 문제를 겪은 적이 있나요? 만일 그렇다면, 어떤 유형의 문제였나요? 당신은 어떤 유형의 학생이었나요?

본 과제의 전체 소요 시간은 **5~6분**입니다.

Step 4 다음 모범답안을 통해 답변을 연습해 보세요.

1 사진 묘사

모범답안

Por lo que veo en la fotografía, ha ocurrido un problema con una niña, que pienso que tiene unos 10 años. Y la directora de su escuela hizo que se presentara la madre de la niña. La directora le cuenta a su madre que la niña no está muy atenta en clase y que a veces se porta mal, y que la niña no obedece mucho a su maestra.

Creo que esta no es la primera vez que ocurre, porque de haber sido así, la directora no le habría llamado a la madre. Pienso que la directora es un poco estricta y mientras habla con la madre sigue siendo poco comprensiva, por lo que la niña sigue sintiéndose mal por toda esta situación. Me preocupa que la niña siga con ese humor y sea menos obediente con su maestra.

Después de esta reunión, la madre le tendrá que explicar muy bien para que la niña reflexione sobre su actitud y entienda que en la escuela tiene que obedecer a la maestra.

해석

사진에서 볼 때, 한 여자아이에게 문제가 생겼으며 저는 그 아이가 10살 정도 된다고 생각합니다. 학교의 교장 선생님은 아이의 어머니가 출석하도록 했습니다. 교장 선생님은 아이의 어머니에게 아이가 수업 시간에 집중을 잘 하지 않으며 가끔은 나쁜 행동을 하거나 선생님을 잘 따르지 않는다고 말합니다.

제 생각에는 이러한 일이 일어난 것은 처음이 아닌 것 같습니다. 왜냐하면 만약 처음으로 있는 일이었다면 교장 선생님은 어머니에게 전화하지는 않았을 것 같습니다. 교장 선생님은 조금 엄한 분인 것 같으며 어머니와 대화를 하는 와중에도 아주 너그러운 태도는 아닌 것 같습니다. 그렇기 때문에 아이는 이러한 모든 상황에 대해 기분이 좋은 것 같지 않습니다. 저는 그 아이가 그러한 기분을 계속 유지하고 선생님을 덜 따를까 우려됩니다.

이 만남 이후에, 어머니는 아이가 본인의 태도에 대해 잘 생각해 보고 학교에서는 선생님을 따라야 한다는 것을 이해할 수 있도록 매우 잘 설명해 줘야 할 것 같습니다.

2 대화

감독관

¿Cree que los niños de hoy en día tienen los mismos problemas en la escuela que antes? ¿Por qué cree eso?

오늘날의 아이들은 학교에서 예전의 아이들과 동일한 문제를 가지고 있을까요? 왜 그렇게 생각하나요?

응시자

No. Yo pienso que los niños de hoy en día tienen otro tipo de problemas en la escuela que antes. La razón es que los tiempos han cambiado, la gente ha cambiado, las circunstancias, la forma de pensar... todo ha cambiado. Entonces pienso que los niños de hoy en día son muy diferentes a los niños de antes y obviamente los problemas también son diferentes.

그렇지 않습니다. 저는 오늘날의 아이들은 학교 내에서 예전과는 다른 유형의 문제들을 가진다고 생각합니다. 그 이유는 시대가 변화했고, 사람들과 상황들, 사고 방식 등 모든 것이 바뀌었기 때문입니다. 그러므로 오늘날의 아이들은 예전의 아이들과는 매우 다르며 당연히 문제들도 다르다고 생각합니다.

감독관

¿Cuáles cree que son los problemas más frecuentes en la escuela? ¿Por qué cree que surgen estos problemas?

학교에서 발생하는 가장 빈번한 문제는 무엇이라고 생각하나요? 왜 이러한 문제들이 발생한다고 생각하나요?

응시자

Los problemas más frecuentes en la escuela son por la conducta de los niños y yo pienso que los niños de hoy en día son más autónomos e independientes que antes. Quizás esto haga que, en el caso de algunos niños, sean menos obedientes con sus profesores o tutores.

학교 내 가장 빈번한 문제들은 아이들의 품행 때문입니다. 제 생각에 오늘날의 아이들은 과거에 비해 더 자립적이고 독립적인 것 같습니다. 어쩌면 몇몇 아이들의 경우, 이러한 점이 선생님이나 지도 교사를 따르지 않게 만든다고 생각합니다.

감독관

¿Alguna vez ha tenido problemas en la escuela? En caso de que sí, ¿qué tipo de problema tuvo? ¿Qué tipo de estudiante era usted?

학교에서 문제를 겪은 적이 있나요? 만일 그렇다면, 어떤 유형의 문제였나요? 당신은 어떤 유형의 학생이었나요?

응시자

Yo era un estudiante muy obediente y disciplinado. Como no quería que me regañaran, siempre respetaba las reglas. Sobre todo, en Corea los estudiantes deben ser muy respetuosos con sus profesores.

저는 매우 말을 잘 듣고 예의 바른 학생이었습니다. 혼나는 것을 원치 않기 때문에 늘 규칙을 존중했습니다. 특히, 한국에서는 학생들은 선생님들에게 매우 예의 바르게 굴어야 합니다.

Step 5 필수 어휘를 익히세요.

centro educativo	ⓜ 교육 기관
grave	무거운, 중요한, 심각한, (병이) 중태의
contar	이야기하다, 계산하다
atento	주의하고 있는, 주의 깊은, 친절한, 예의 바른
portarse	행동을 하다, 처신하다
obedecer	복종하다, ~에 따르다, (명령을) 준수하다
estricto	엄격한, 엄정한
comprensivo	인내심이 있는, 이해력이 있는, 포함하는, 너그러운
humor	ⓜ 기분, 유머, 명랑함
obediente	순종하는, 복종하는, 말을 잘 듣는
reflexionar	숙고하다, 자숙하다, 고찰하다, 돌이키다
actitud	ⓕ 태도, 자세, 포즈
circunstancia	ⓕ 상황, 사정, 자격, 조건
conducta	ⓕ 행동, 거동, 품행
autónomo	ⓜ ⓕ 자영업자, 프리랜서 / 자율적인, 자립한
independiente	독립의, 자립적인, 자주적인
tutor	ⓜ ⓕ 후견인, 가정 교사, 보호자, 지도 교사
disciplinado	예절 바른, 잘 훈련된
regañar	꾸짖다, 나무라다, 혼내다
regla	ⓕ 규정, 규칙 (= ⓕ norma, ⓜ reglamento)
respetuoso	공손한, 정중한

Tarea 3 한 설문 조사에 대해 발표하며 분석하기

Tarea 3

INSTRUCCIONES

Usted debe conversar con el entrevistador sobre los datos de una encuesta, expresando su opinión al respecto. Deberá elegir una de las dos opciones propuestas.

ENCUESTA: PROBLEMAS SOCIALES

Este es un cuestionario realizado por un organismo público para conocer cuáles son los problemas sociales que más preocupan a los ciudadanos. Seleccione las respuestas según su criterio personal:

1. ¿Qué problema social le preocupa más en la actualidad?

- INSEGURIDAD
- DESEMPLEO
- POBREZA
- CORRUPCIÓN
- EDUCACIÓN

2. ¿Cuál de las siguientes frases refleja mejor su opinión sobre la acción del gobierno para solucionar los principales problemas que afectan a la sociedad?

- El gobierno hace todo lo que puede para solucionar los problemas, pero no es tarea fácil.
- Los problemas sociales siempre han existido y el gobierno no puede solucionarlos.
- El gobierno está más preocupado en otras cosas que en solucionar los problemas sociales.

Fíjese ahora en los resultados de la encuesta.

1. ¿Qué problema social le preocupa más en la actualidad?

- INSEGURIDAD 43%
- DESEMPLEO 34%
- POBREZA 5%
- CORRUPCIÓN 6%
- EDUCACIÓN 12%

모의테스트 1 **469**

2. ¿Cuál de las siguientes frases refleja mejor su opinión sobre la acción del gobierno para solucionar los principales problemas que afectan a la sociedad?

- El gobierno hace todo lo que puede para solucionar los problemas, pero no es tarea fácil. 54%
- Los problemas sociales siempre han existido y el gobierno no puede solucionarlos. 7%
- El gobierno está más preocupado en otras cosas que en solucionar los problemas sociales. 39%

INSTRUCCIONES

Comente ahora con el entrevistador su opinión sobre los datos de la encuesta y compárelos con sus propias respuestas:

- ¿En qué coinciden? ¿En qué se diferencian?
- ¿Hay algún dato que le llame especialmente la atención? ¿Por qué?

EJEMPLO DE PREGUNTAS DEL ENTREVISTADOR:

- ¿Por qué ha escogido esa opción? ¿Podría poner un ejemplo?
- ¿Con qué opción está menos de acuerdo? ¿Por qué?
- ¿Cree que en su país los resultados serían los mismos? ¿Qué?

La duración total de esta tarea es de **3 a 4 minutos.**

470 DELE B2

핵심 포인트

- 특정 주제에 관한 조사, 설문 조사 결과, 시사적 주제를 다루는 기사문 등을 보고 감독관과 대화를 나누게 됩니다.
- 회화 영역 중 과제 3만이 유일하게 사전 준비 시간이 없습니다.
- 설문지의 내용을 읽으며 동시에 발표해야 하는 과제입니다.

보조 자료

- 과제에 대한 설명과 대화를 나누기 위한 보조 자료(설문지 결과, 시사 관련 기사 등)가 담긴 한 개 혹은 두 개의 도표

Tarea 3 완전 공략

1 어떻게 발표하나요?

과제 3은 사전 준비 과정 없이 감독관의 안내에 따라 시험지를 보고 그 자리에서 바로 발표를 해야 하는 고난이도의 과제입니다. 감독관이 2개의 설문지 혹은 조사 결과표 등을 보여 주면 응시자가 그 중 하나를 선택해야 합니다. 시험지에는 설문지의 주제와 내용이 간략히 표기되어 있으며 동일한 설문지의 내용이 두 번 중복되어 있습니다. 상단에 보이는 설문지에서는 응시자의 개인적인 경험과 생각을 발표하게 되며, 하단에 등장하는 특정 조사 결과값에 대해 비교하는 방식으로 감독관이 질문을 합니다. 전체 소요 시간은 3~4분이며 감독관의 안내에 따라 질문을 받고 대답해야 합니다.

2 발표 전략

• 시험지에서 설문 내용의 주제와 설명을 훑어본 후 이어지는 질문과 보기를 읽어 가며 설문 내용에 대한 응시자의 답변을 덧붙여 발표합니다. 이때, 질문과 보기를 우선 소리 내어 읽어 이해하며 답변을 준비해도 좋습니다. 답변은 한 가지의 보기 내용만을 골라 발표하되 뒷받침 내용을 반드시 연결하도록 합니다.

| 예 | La pregunta número uno dice ¿cuál de las siguientes fuentes internas de ruido le resulta más molesta en su vivienda? Y yo pienso que... (답변 구상)

Los vecinos porque... |

• 질문과 보기의 내용이 모두 잘 이해된다면 상관없지만, 만일 보기의 내용이 모두 이해되지 않는다면 가장 정확히 이해되는 보기 중에서 선택해 나의 답변으로 꾸며내는 것도 방법입니다. 정해진 답이 있지 않으며, 반드시 나의 실제 상황에 꼭 맞게 답해야 하는 것도 아닙니다. 단, 적절한 근거를 반드시 들어 부연 설명을 추가합니다.

• 설문 내용에 대한 나의 경험과 기준으로 답변을 마치고 나면, 감독관은 하단에 등장하는 조사 결과값에 대해 읽어 보기를 유도합니다. 이때에는 감독관이 '¿En qué coinciden? (조사 결과값과 당신의 경험은) 어느 부분에서 일치합니까?', '¿En qué se diferencian? 어떤 부분에서는 다릅니까?', '¿Hay algún dato que le llame especialmente la atención? 특히 눈길이 가는 정보가 있습니까?', '¿Por qué? 왜 그렇습니까?' 등과 같은 질문을 할 수 있습니다. 정확히 듣고 답해야 합니다.

| 예 | Mi respuesta de la pregunta número uno coincide con la respuesta de esta encuesta, ya que el 48 por ciento de los encuestados piensan que 'los vecinos' son la fuente interna de ruido que más molesta en su vivienda. |

3 잠깐! 주의하세요

- 준비 시간이 별도로 주어지지 않으므로 감독관이 시험지를 보여 주자마자 시험지 읽기와 판단, 발표를 동시에 시작 해야 하는 과제입니다. 순발력 있게 읽으며 말할 내용을 구성해야 합니다.

- 시험지에서 설문 내용의 주제와 설명 관련 정보부터 반드시 빠르게 훑도록 합니다.

- 설문지 질문은 'usted'으로 표기하고 있으나, 응시자가 답변의 형태로 발표할 때에는 1인칭으로 변경하여 '나는 ...한 다. (Yo... 혹은 En mi caso... 등)' 형태로 말해야 합니다.

- 설문지의 질문에 따르는 다수의 보기를 모두 말할 필요 없이 하나만 선택해 답하되 'porque..., ya que...' 등의 표현 을 덧붙여 내용을 뒷받침합니다.

- 하단에 보이는 조사 결과값을 미리 나의 답변에 반영하여 구성할 필요는 없습니다.

- 하단에 보이는 조사 결과값에 대해 발표할 때는 비율이 가장 높거나 낮은 보기 위주로 발표하면 좀 더 용이합니다.

Step 1 공략에 따라 문제를 잘 읽고 파악하여 발표할 내용을 떠올려 보세요.

INSTRUCCIONES

Usted debe conversar con el entrevistador sobre los datos de una encuesta, expresando su opinión al respecto. Deberá elegir una de las dos opciones propuestas.

ENCUESTA: **CONTAMINACIÓN ACÚSTICA**

Este es un cuestionario realizado por un organismo público para conocer cuáles son los problemas de ruido que más molestan a los ciudadanos. Seleccione las respuestas según su criterio personal:

1. ¿Cuál de las siguientes fuentes internas de ruido le resulta más molesta en su vivienda?
   - INSTALACIONES DEL EDIFICIO
   - ELECTRODOMÉSTICOS
   - VECINOS

2. ¿Cuál de las siguientes fuentes externas de ruido le resulta más molesta en su vivienda?
   - TRÁFICO
   - AGLOMERACIONES
   - OBRAS
   - OCIO
   - ACTIVIDADES

Fíjese ahora en los resultados de la encuesta:

1. ¿Cuál de las siguientes fuentes internas de ruido le resulta más molesta en su vivienda?
   - INSTALACIONES DEL EDIFICIO   32%
   - ELECTRODOMÉSTICOS   20%
   - VECINOS   48%

2. ¿Cuál de las siguientes fuentes externas de ruido le resulta más molesta en su vivienda?
   - TRÁFICO   60%
   - AGLOMERACIONES   4%
   - OBRAS   10%
   - OCIO   20%
   - ACTIVIDADES   6%

INSTRUCCIONES

Comente ahora con el entrevistador su opinión sobre los datos de la encuesta y compárelos con sus propias respuestas:

- ¿En qué coinciden? ¿En qué se diferencian?
- ¿Hay algún dato que le llame especialmente la atención? ¿Por qué?

EJEMPLO DE PREGUNTAS DEL ENTREVISTADOR:

- ¿Por qué ha escogido esa opción? ¿Podría poner un ejemplo?
- ¿Con qué opción está menos de acuerdo? ¿Por qué?
- ¿Cree que en su país los resultados serían los mismos? ¿Por qué?

La duración total de esta tarea es de **3 a 4 minutos**.

Step **2** 실제 시험과 동일하게 답변을 발표해 보세요.

🔊 이제 선택한 내용을 발표해 봅니다. 말하는 내용을 녹음하여 모범답안과 비교, 문제점을 진단할 수 있도록 합니다.
3-4min 실제 시험까지 반복적으로 훈련하세요.

이어서 예상 질문들을 하나씩 읽으며, 알맞은 답변을 떠올려 발표해 보세요.

감독관
¿Por qué ha escogido esa opción? ¿Podría poner un ejemplo?

응시자

감독관
¿Con qué opción está menos de acuerdo? ¿Por qué?

응시자

감독관
¿Cree que en su país los resultados serían los mismos? ¿Por qué?

응시자

Step ③ 문제를 해석하며 중요 내용을 확인해 보세요.

지시사항

당신은 한 설문 조사의 자료에 대해 당신의 의견을 표현하며 감독관과 대화를 나누어야 합니다. 두 가지의 옵션 중 하나를 선택해야 합니다.

설문: 소음 공해

이것은 시민들이 가장 불편해하는 소음의 문제가 어떤 것인지를 알아보기 위해 한 공공 기관이 실행한 설문지입니다. 당신의 견해에 따라 답변을 선택하세요.

1. 다음 소음의 근원 중 당신의 거주지 내에서 가장 불편한 것은 어떤 것인가요?
   - 건물 내 설비 시설
   - 가전제품
   - 이웃

2. 다음 소음의 근원 중 당신의 거주지 외에서 가장 불편한 것은 어떤 것인가요?
   - 교통
   - 군중
   - 공사
   - 여가 활동
   - 일상 활동

이제 다음 설문 조사의 결과를 잘 살펴보세요.

1. 다음 소음의 근원 중 당신의 거주지 내에서 가장 불편한 것은 어떤 것인가요?
   - 건물 내 설비 시설   32%
   - 가전제품   20%
   - 이웃   48%

2. 다음 소음의 근원 중 당신의 거주지 외에서 가장 불편한 것은 어떤 것인가요?
   - 교통   60%
   - 군중   4%
   - 공사   10%
   - 여가 활동   20%
   - 일상 활동   6%

지시사항

설문 조사의 자료에 대한 당신의 의견을 감독관과 이야기하며 당신의 답변과 비교하세요.

- 두 답변은 어떤 점에서 일치하나요? 어떤 점에서 다른가요?
- 특히 눈길이 가는 정보가 있습니까? 왜 그런가요?

감독관의 예상 질문들:

- 왜 그 옵션을 골랐나요? 예를 들어볼 수 있나요?
- 어떤 옵션에 가장 덜 동의하나요? 왜 그런가요?
- 당신의 나라에서도 동일한 결과가 나올 것이라 생각하나요? 왜 그런가요?

본 과제의 전체 소요 시간은 **3~4분**입니다.

Step 4 다음 모범답안을 통해 답변을 연습해 보세요.

1 발표문

예시 1

La pregunta número uno es sobre la fuente interna de ruido que me resulta más molesta en mi vivienda y... mi respuesta sería "Vecinos". Porque cuando estoy en mi casa, puedo apagar los electrodomésticos si no quiero ruido y quiero descansar, pero si los vecinos hacen ruido y lo estoy escuchando desde mi casa no hay manera de evitarlo. Donde vivo ahora, hay algunos vecinos que ponen música hasta muy tarde o tienen visitas y hacen mucho ruido. De verdad, es detestable tener vecinos tan ruidosos como ellos.

Y mi respuesta para la segunda pregunta sería... "Obras". Es que las otras fuentes de ruido también son muy molestas, pero en mi caso, el ruido que se escucha por las obras es lo peor. Son ruidos muy fuertes y a veces son como vibraciones. A mí me afecta mucho.

해석

첫 번째 질문은 제가 사는 곳에서 들리는 내부적 소음의 근원에 관한 질문이며 저의 답변은… '이웃'이 될 것입니다. 그 이유는, 제가 집에 있을 때 만일 소음을 원하지 않고 휴식을 취하고 싶다면 가전제품은 전원을 끄면 되지만, 이웃들이 소음을 낸다면 저는 그 소리를 집에서 듣게 되며 피할 방법이 없기 때문입니다. 현재 살고 있는 집에는 아주 늦은 시간까지 음악을 틀어 놓거나 방문객이 있어서 많은 소음을 내는 이웃들이 있습니다. 정말로, 그들과 같이 시끄러운 이웃을 둔다는 것은 정말 끔찍한 일입니다.

그리고 두 번째 질문에 대한 저의 답변은… '공사'입니다. 다른 소음의 근원들 또한 아주 짜증스럽지만, 저의 경우에는 공사로 인한 소음을 듣는 것이 최악입니다. 그것은 아주 강한 소음이며 가끔은 진동 소리 같습니다. (그 소음은) 저에게 아주 많은 영향을 미칩니다.

예시 2

Ahora que veo entre los resultados, mi respuesta para la primera pregunta coincide con la respuesta de la encuesta. Aquí se observa que el 48 por ciento de los encuestados respondieron que los vecinos son la fuente interna de ruido más molesta. En cambio, para la segunda pregunta, mi respuesta se diferencia de la respuesta de la encuesta. La mayoría de los encuestados dijeron que el tráfico es la fuente externa de ruido más molesta. Si hay algo que me llama especialmente la atención es que el 20 por ciento de los encuestados consideran el ocio como la fuente externa de ruido más molesta. Pienso que el porcentaje es muy alto y se debería de hacer algo para disminuirlo, porque el ocio es para que alguien haga lo que le guste y le divierta. Entonces sería contradictorio que alguien esté en busca de su diversión, pero que alguna otra persona tenga que sufrir por el ruido provocado por ese ocio.

해석

결과들을 살펴보니, 첫 번째 질문에 대한 저의 답변은 여론 조사의 답변과 일치합니다. 이 여론 조사에서 설문 응답자들의 48퍼센트가 '이웃'이 가장 짜증스러운 내부적 소음의 근원이라고 답한 것이 발견되었습니다. 반면, 두 번째 질문에서는 저의 답변과 설문 조사의 답변은 상이합니다. 응답자들의 대부분은 가장 싫은 외부적 소음의 근원이 '교통'이라고 말했습니다. 특별히 눈에 띄는 부분이 있다면, 응답자들의 20퍼센트가 가장 견디기 힘든 외부적 소음의 근원으로 '여가 활동'이라고 답했다는 것입니다. 제가 생각할 때 그 비율은 아주 높아 보이며 그 수치를 감소시키기 위해서는 조치를 취해야 할 것이라고 봅니다. 왜냐하면 여가 활동이란 누군가 자신이 좋아하고 즐기는 것을 하기 위함이기 때문입니다. 그런데 누군가는 자신의 재미를 찾는 반면, 다른 누군가가 그 여가 생활로 인한 소음 때문에 고통받아야만 하는 건 모순일 수 있습니다.

2 대화

감독관

¿Por qué ha escogido esa opción? ¿Podría poner un ejemplo?

왜 그 옵션을 골랐나요? 예를 들어볼 수 있나요?

응시자

He elegido "Actividades" y un buen ejemplo sería el ruido que se escucha de un mercado. Se escucharía el grito de los vendedores y clientes o alguna música.

저는 '일상 활동' 옵션을 선택했으며 좋은 예시로는 바로 시장에서 들려오는 소음일 겁니다. 상인들과 손님들의 고함 소리나 음악 소리가 들리게 됩니다.

감독관

¿Con qué opción está menos de acuerdo? ¿Por qué?

어떤 옵션에 가장 덜 동의하나요? 왜 그런가요?

응시자

La opción con la que estoy menos de acuerdo es "Electrodomésticos". Es que en una vivienda es inevitable que haya electrodomésticos y si a alguien le molesta el ruido, pues simplemente puede dejar de utilizarlo. En mi caso, cuando no utilizo algún electrodoméstico, lo desconecto y así no se escucha nada.

가장 동의하기 어려운 옵션은 바로 '가전제품'입니다. 가정에서는 가전제품을 쓰는 것이 필연적이며 만일 누군가가 그 소음이 신경 쓰인다면 심플하게 그 가전제품의 사용을 중단하면 되기 때문입니다. 저의 경우에는 안 쓰는 가전제품이 있으면 그 플러그를 뽑는데, 그렇게 하면 아무 소리도 들리지 않습니다.

감독관

¿Cree que en su país los resultados serían los mismos? ¿Por qué?

당신의 나라에서도 동일한 결과가 나올 것이라 생각하나요? 왜 그런가요?

응시자

Sí. Pienso que en mi país los resultados serían muy similares a estos resultados. Porque la forma de vivienda más común en Corea son los apartamentos. No es nada raro oír alguna noticia de peleas fuertes entre los vecinos por el ruido. Como se escucha muy bien todo entre los pisos, hay gente que no soporta el ruido y se queja.

그렇습니다. 우리나라에서도 결과는 이 설문 결과와 매우 유사할 것이라 생각합니다. 왜냐하면 한국에서의 가장 일반적인 주거 형태가 바로 아파트이기 때문입니다. 소음으로 인한 이웃 간의 심한 싸움에 대한 뉴스를 듣게 되는 것은 전혀 이상하지 않은 일입니다. 층 사이에서 모든 소리가 다 잘 들리기 때문에 소음을 못 견디고 불평하는 사람이 있습니다.

Step 5 필수 어휘를 익히세요.

encuesta	ⓕ 설문, 조사, 앙케트
al respecto	그 일에 관하여
contaminación	ⓕ 오염, 공해 (=ⓕ polución)
acústico	청각의, 청력의, 음향의
cuestionario	ⓜ 문제집, 질문 사항
organismo	ⓜ 유기체, 생물, 인체, 기관, 기구
ciudadano	ⓜ ⓕ 도시 사람, 시민 / 도시의
criterio	ⓜ 기준, 척도, 관점, 견해
fuente	ⓕ 샘, 분수, 기원, 근원, 원천, 출처
interno	ⓜ ⓕ 기숙생, 레지던트 / 내부의, 안의, 내적인
vivienda	ⓕ 주거, 집
electrodoméstico	ⓜ 가정용 전기 기구 / 가전제품의, 가전용의
externo	바깥쪽의, 외부의, 외적인, 외국의, 대외의
aglomeración	ⓕ 덩어리, 집단, 군집, 군중
comparar	비교하다, 대비하다
coincidir	일치하다, 부합하다
diferenciarse	상이하다, 반하다, 반대되다, 괴리되다
evitar	회피하다, 막다
detestable	증오할 만한, 싫은, 지겨운
vibración	ⓕ 진동
encuestado	ⓜ ⓕ 여론 조사를 받은 사람, 응답자
porcentaje	ⓜ 백분율, 퍼센티지
disminuir	줄이다
contradictorio	모순된, 상반된
diversión	ⓕ 오락, 레크리에이션
sufrir	당하다, 겪다, 이겨 내다
provocado	선동된, 자극된, 유도된, 유발된, 생긴
grito	ⓜ 외침, 고함, 비명
inevitable	피할 수 없는, 부득이한, 필연적인, 당연한
desconectar	절단하다, 전원을 끊다
pelea	ⓕ 싸움, 전투, 시합
quejarse	이의를 제기하다, 한탄하다, 불평하다

Tarea 3 Ejercicios 실전 연습 ②

INSTRUCCIONES

Usted debe conversar con el entrevistador sobre los datos de una encuesta, expresando su opinión al respecto. Deberá elegir una de las dos opciones propuestas.

ENCUESTA: **LAS REDES SOCIALES**

Este es un cuestionario realizado por una revista para conocer cuáles son las opiniones de sus lectores sobre las redes sociales. Seleccione las respuestas según su criterio personal:

1. ¿Con cuál de las siguientes ideas relaciona principalmente las redes sociales?
   - Una pérdida de tiempo
   - Una buena herramienta comunicativa
   - El mejor invento del siglo
   - Adicción
   - Un mundo irreal

2. ¿Para qué usa mayormente las redes sociales?
   - Comunicarme con familiares y/o amigos
   - Compartir información
   - Enseñanza y aprendizaje
   - Pasar el tiempo
   - Negocios

Fíjese ahora en los resultados de la encuesta:

1. ¿Con cuál de las siguientes ideas relaciona principalmente las redes sociales?
   - Una pérdida de tiempo   12%
   - Una buena herramienta comunicativa   38%
   - El mejor invento del siglo   17%
   - Adicción   25%
   - Un mundo irreal   8%

2. ¿Para qué usa mayormente las redes sociales?

- Comunicarme con familiares y/o amigos   **68%**
- Compartir información   **12%**
- Enseñanza y aprendizaje   **9%**
- Pasar el tiempo   **10%**
- Negocios   **1%**

INSTRUCCIONES

Comente ahora con el entrevistador su opinión sobre los datos de la encuesta y compárelos con sus propias respuestas:

- ¿En qué coinciden? ¿En qué se diferencian?
- ¿Hay algún dato que le llame especialmente la atención? ¿Por qué?

EJEMPLO DE PREGUNTAS DEL ENTREVISTADOR:

- ¿Por qué ha escogido esa opción? ¿Podría poner un ejemplo?
- ¿Con qué opción está menos de acuerdo? ¿Por qué?
- ¿Cree que en su país los resultados serían los mismos? ¿Por qué?

La duración total de esta tarea es de **3 a 4 minutos.**

Step 2 실제 시험과 동일하게 답변을 발표해 보세요.

🔊 이제 선택한 내용을 발표해 봅니다. 말하는 내용을 녹음하여 모범답안과 비교, 문제점을 진단할 수 있도록 합니다.
3-4min 실제 시험까지 반복적으로 훈련하세요.

이어서 예상 질문들을 하나씩 읽으며, 알맞은 답변을 떠올려 발표해 보세요.

감독관 ¿Por qué ha escogido esa opción? ¿Podría poner un ejemplo?

응시자

감독관 ¿Con qué opción está menos de acuerdo? ¿Por qué?

응시자

감독관 ¿Cree que en su país los resultados serían los mismos? ¿Por qué?

응시자

Step 3 문제를 해석하며 중요 내용을 확인해 보세요.

지시사항

당신은 한 설문 조사의 자료에 대해 당신의 의견을 표현하며 감독관과 대화를 나누어야 합니다. 두 가지의 옵션 중 하나를 선택해야 합니다.

설문: **SNS 서비스**

이것은 한 잡지사가 자신들의 구독자들이 SNS 서비스에 대해 갖는 의견이 어떤 것인지 알아보기 위해 실행한 한 설문 조사입니다. 당신의 견해에 따라 답변을 선택하세요.

1. 당신은 다음 개념들 중에 어떤 것을 주로 SNS 서비스와 연관 짓나요?
- 시간 낭비
- 하나의 좋은 소통 도구
- 세기 최고의 발명품
- 중독
- 비현실적인 세상

2. 당신은 주로 무엇을 하기 위해 SNS 서비스를 사용하나요?
- 가족 혹은 친구들과 소통하기
- 정보 공유하기
- 교육 및 학습
- 시간 보내기
- 비즈니스

이제 다음 설문 조사의 결과를 잘 살펴보세요.

1. 당신은 다음 개념들 중에 어떤 것을 주로 SNS 서비스와 연관 짓나요?
- 시간 낭비   **12%**
- 하나의 좋은 소통 도구   **38%**
- 세기 최고의 발명품   **17%**
- 중독   **25%**
- 비현실적인 세상   **8%**

2. 당신은 주로 무엇을 하기 위해 SNS 서비스를 사용하나요?

- 가족 혹은 친구들과 소통하기　　　**68%**
- 정보 공유하기　　　**12%**
- 교육 및 학습　　　**9%**
- 시간 보내기　　　**10%**
- 비즈니스　　　**1%**

지시사항

설문 조사의 자료에 대한 당신의 의견을 감독관과 이야기하며 당신의 답변과 비교하세요.

- 두 답변은 어떤 점에서 일치하나요? 어떤 점에서 다른가요?
- 특히 눈길이 가는 정보가 있습니까? 왜 그런가요?

감독관의 예상 질문들:

- 왜 그 옵션을 골랐나요? 예를 들어볼 수 있나요?
- 어떤 옵션에 가장 덜 동의하나요? 왜 그런가요?
- 당신의 나라에서도 동일한 결과가 나올 것이라 생각하나요? 왜 그런가요?

본 과제의 전체 소요 시간은 **3~4분**입니다.

1 발표문

예시 1

La pregunta uno dice, ¿con cuál de las siguientes ideas relaciona principalmente las redes sociales?, y mi respuesta es "Una buena herramienta comunicativa". Es que las redes sociales son una buena manera de comunicarme con mis amigos, incluso cuando estamos muy lejos unos de otros.

Y mi respuesta para la pregunta dos que dice que para qué uso mayormente las redes sociales, sería "Pasar el tiempo". Lo que pasa es que sí me comunico con familiares o amigos, o también las uso para compartir alguna información interesante, pero pensándolo bien, creo que la mayor parte del tiempo que paso en las redes sociales es simplemente para pasar el tiempo. Me refiero, cuando no tengo otra cosa mejor que hacer.

해석

첫 번째 질문에서는 다음 개념들 가운데 SNS 서비스와 주로 연관시킬 수 있는 것은 어떤 것이냐고 말하고 있으며 저의 답변은 '하나의 좋은 소통 도구'입니다. SNS 서비스는 친구들과 제가 서로 멀리 떨어져 있을 때 조차도 그들과 소통할 수 있는 좋은 방법이기 때문입니다.

또한 주로 무엇을 위해 SNS 서비스를 이용하는지에 대해 묻는 두 번째 질문에 대한 저의 답변은 바로 '시간을 보내기 위해'입니다. 저는 가족이나 친구들과 소통을 하거나 혹은 어떤 흥미로운 정보를 공유하기 위해서도 쓰는데, 잘 생각해 보면 SNS 서비스를 이용하는 대부분의 시간은 주로 그저 시간을 보내기 위한 것 같습니다. 다시 말해, 마땅히 다른 할 일이 없을 때 그것을 이용합니다.

예시 2

A través de los resultados de la encuesta puedo observar que en el caso de la primera pregunta, la mayoría de los encuestados respondieron que para ellos las redes sociales son una buena herramienta comunicativa, con un 38 por ciento, lo cual coincide con mi respuesta. En el caso de la segunda pregunta, la respuesta de los encuestados se diferencia de la mía, ya que el 68 por ciento de ellos usa las redes sociales para comunicarse con sus familiares o amigos. Lo que me llama especialmente la atención es que el 25 por ciento de los encuestados consideran que las redes sociales son como una adicción. Me sorprende que un cuarto de los encuestados crean que las redes sociales es algo a lo que la gente puede ser adicta.

해석

설문 조사의 결과를 통해서 저는 첫 번째 질문의 경우에 응답자들의 대다수인 38퍼센트가 SNS 서비스는 하나의 좋은 소통의 도구라고 답을 했다는 것을 관찰할 수 있었고, 그것은 제 답변과 일치합니다. 두 번째 질문의 경우, 응답자들의 답변은 저의 답변과는 다른데, 왜냐하면 그들의 68퍼센트는 SNS 서비스를 가족과 친구들과 소통을 하기 위해 사용한다고 말했기 때문입니다. 특별히 제 주의를 끄는 것은 바로 응답자들의 25퍼센트가 SNS 서비스를 하나의 중독으로 간주하는 것입니다. 설문 응답자들의 4분의 1이 SNS 서비스를 사람들이 중독될 수 있는 무언가로 믿고 있다는 사실이 놀랍습니다.

Tarea 3 · Ejercicios

2 대화

감독관
¿Por qué ha escogido esa opción? ¿Podría poner un ejemplo?

왜 그 옵션을 골랐나요? 예를 들어볼 수 있나요?

응시자
He escogido "Una buena herramienta comunicativa" y la razón es que, pienso que las redes sociales son la manera más rápida y segura de comunicarme con mis amigos o con quien quiera, aunque haya diferencia de tiempo y distancia. Por ejemplo, tengo amigos que viven en España y si quiero saber de ellos, lo único que tengo que hacer es meterme en las cuentas de mis amigos y sé hasta el último detalle más reciente de ellos. Pienso que esto antes era imposible de realizar, cuando la única manera de comunicarse con los amigos en el extranjero era a través de cartas o postales.

저는 '하나의 좋은 소통 도구'를 선택했으며 그 이유는, SNS 서비스는 시간과 거리의 차이가 있어도 저의 친구들이나 제가 원하는 그 누군가와의 아주 빠르고 확실한 소통을 할 수 있는 방법이기 때문입니다. 예를 들어서, 저는 스페인에 살고 있는 친구들이 있는데 만일 제가 그들의 소식을 알고 싶으면, 제가 해야 할 유일한 것은 친구들의 계정에 들어가는 것이고 그러면 그들의 가장 최근의 소식 하나까지도 알 수 있습니다. 외국에 있는 친구들과 소통을 할 수 있는 방법이 편지나 엽서를 통해서만 가능했던 예전에는 이런 것은 실현 불가능했을 것이라 생각합니다.

감독관
¿Con qué opción está menos de acuerdo? ¿Por qué?

어떤 옵션에 가장 덜 동의하나요? 왜 그런가요?

응시자
La opción con la que estoy menos de acuerdo es la de "Enseñanza y aprendizaje". Es que opino que para aprender algo bien, no se debería hacerlo a través de las redes sociales. Es que la información que se difunde por Internet o las redes sociales no es muy de fiar.

제가 가장 동의할 수 없는 옵션은 바로 '교육 및 학습'입니다. 저는 무언가를 제대로 배우기 위해 SNS 서비스를 통해서 하는 것은 안 된다고 생각합니다. 인터넷이나 SNS 서비스에서 유포되는 정보는 아주 믿을 만한 정보는 아니기 때문입니다.

감독관
¿Cree que en su país los resultados serían los mismos? ¿Por qué?

당신의 나라에서도 동일한 결과가 나올 것이라 생각하나요? 왜 그런가요?

응시자
Sí. Corea es uno de los países donde más se usa Internet y la gente está muy acostumbrada a dedicar mucho tiempo a las redes sociales. Pienso que la gente en mi país también relacionaría las redes sociales con "Una buena herramienta comunicativa" y respondería que usa las Redes sociales para comunicarse, porque en mi país la gente suele comunicarse mucho con sus familiares y amigos.

그렇습니다. 한국은 인터넷을 가장 많이 사용하는 나라 중 하나이며 사람들은 SNS 서비스에 많은 시간을 할애하는 것에 매우 익숙해져 있습니다. 우리나라에서 사람들은 마찬가지로 SNS 서비스를 '하나의 좋은 소통 도구'와 연관 지을 것이며 서로 소통하기 위해 사용한다고 답변할 것이라 생각합니다. 왜냐하면 우리나라에서는 사람들은 가족이나 친구들과 아주 많이 소통하는 편이기 때문입니다.

Step 5 필수 어휘를 익히세요.

red social	ⓕ 소셜 미디어, 소셜 네트워크(SNS)
lector	ⓜ ⓕ 독자, 낭독자 / 읽는, 독서의
principalmente	우선, 주로, 대개
pérdida	ⓕ 잃음, 분실, 상실, 죽음, 낭비, 손해
herramienta	ⓕ 연장, 도구, 공구
comunicativo	전달되는, 통신의, 붙임성이 있는
invento	ⓜ 발명, 발명품, 고안, 창안
adicción	ⓕ 중독, 탐닉
irreal	비현실적인, 실존하지 않는
mayormente	특히, 주로, 일반적으로, 대체로
familiar	ⓜ 친척 / 가족의, 익숙해진, 친숙한
un cuarto	4분의 1
adicto	ⓜ ⓕ 신봉자, 지지자, 중독자 / 전념하는, 몰두하는, 중독된
meterse	들어가다, 참견하다
cuenta	ⓕ 계산, 회계, 계좌, 계정, 책임
reciente	최근의, 신선한
postal	ⓕ 우편엽서 / 우편의
difundir	유포시키다, 방송하다
fiar	신뢰하다, 믿다, 보증하다

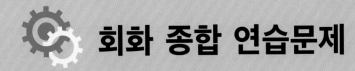

회화 종합 연습문제

PRUEBA DE EXPRESIÓN E INTERACCIÓN ORALES

INSTRUCCIONES

Tendrá que hablar durante 3 o 4 minutos sobre ventajas e inconvenientes de una serie de soluciones propuestas para una situación determinada. A continuación, conversará con el entrevistador sobre el tema durante 2 o 3 minutos.

TEMA: **VIDA SEDENTARIA**

Los jóvenes pasan cada vez más tiempo en casa, se relacionan menos y llevan una vida más sedentaria. Los psicólogos alertan de las consecuencias negativas en su salud física y mental. Expertos en la materia se han reunido para buscar soluciones a este problema.

Lea las siguientes propuestas y, durante dos minutos, explique sus ventajas e inconvenientes; tenga en cuenta que debe hablar, como mínimo, de cuatro de ellas. Cuando haya finalizado su intervención, debe conversar con el entrevistador sobre el tema de las propuestas. Para preparar su intervención, al analizar cada propuesta debe plantearse por qué le parece una buena solución y qué inconvenientes tiene, a quién beneficia y a quién perjudica, si puede generar otros problemas; si habría que matizar algo...

Yo no haría nada. Creo que cada persona debe ser libre para elegir qué hacer con su tiempo libre y su salud.

Yo promovería el deporte como alternativa de ocio saludable y forma de socializarse entre los jóvenes.

Yo lanzaría campañas en las redes sociales para concienciarles del grave problema que supone el sedentarismo en su salud.

Yo ofrecería jornadas de ocio nocturno alternativo de forma periódica y promocionaría estos eventos especiales en los centros educativos.

Yo organizaría talleres donde los jóvenes puedan aprender a llevar una vida más sana y activa.

Yo establecería asociaciones juveniles donde los jóvenes puedan hacer amigos y desarrollar sus habilidades.

1 EXPOSICIÓN

Ejemplo: *A la propuesta de ofrecer jornadas de ocio nocturno alternativo le veo una ventaja muy grande...*

2 CONVERSACIÓN

Una vez el candidato haya hablado de las propuestas de la lámina durante el tiempo estipulado (3 o 4 minutos), el entrevistador le hará algunas preguntas sobre el tema hasta cumplir con la duración de la tarea (6 a 7 minutos).

EJEMPLOS DE PREGUNTAS DEL ENTREVISTADOR:

Sobre las propuestas

- De las propuestas dadas, ¿cuál le parece la mejor?
- ¿Cree que hay alguna propuesta que podría ser contraproducente?
- ¿Qué piensa sobre la propuesta de organizar talleres?

Sobre su realidad

- ¿Cree que el sedentarismo es un problema social? ¿Es un problema que le afecta a usted personalmente? ¿Por qué?
- ¿En su país el sedentarismo es un problema? ¿Cree que en su país la gente lleva un estilo de vida más activo y se alimenta mejor que la de otros países? ¿Por qué?
- ¿Usted qué haría para solucionar el problema?

La duración total de esta tarea es de **6 a 7 minutos**.

INSTRUCCIONES

Usted debe imaginar una situación a partir de una fotografía y describirla durante unos dos o tres minutos. A continuación, conversará con el entrevistador acerca de sus experiencias y opiniones sobre el tema de la situación. Tenga en cuenta que no hay una respuesta correcta: debe imaginar la situación a partir de las preguntas que se le proporcionan.

FOTOGRAFÍA: **UN NUEVO PROYECTO**

Estas personas se han reunido para hablar sobre un nuevo proyecto. Imagine la situación y hable sobre ella durante, aproximadamente, dos minutos. Estos son algunos aspectos que puede comentar:

- ¿De qué tipo de proyecto cree que se trata?
- ¿Quién cree que es el jefe del proyecto? ¿Por qué? ¿Qué tipo de jefe cree que es?
- ¿Cree que las personas que forman parte del equipo ya se conocen de antes? ¿Cree que ya han trabajado juntas en otros proyectos? ¿Qué tipo de personas son? ¿Cómo imagina que es cada uno de ellos? ¿Por qué cree eso?
- ¿Cómo cree que es el ambiente en la reunión? ¿Cree que se sienten a gusto? ¿Por qué?
- ¿Cree que ese proyecto va a tener éxito? ¿Cree que tendrán obstáculos? ¿Qué tipo de retos tendrán que afrontar? ¿Por qué?

Una vez haya descrito la fotografía durante el tiempo estipulado (2-3 minutos), el entrevistador le hará algunas preguntas sobre el tema de la situación hasta cumplir con la duración de la tarea.

EJEMPLO DE PREGUNTAS DEL ENTREVISTADOR:

- ¿Cree que formar parte de un proyecto en equipo es mejor que hacer un proyecto de manera individual? ¿Por qué cree eso?
- ¿Cuáles cree que son los problemas más comunes cuando se trabaja en equipo?
- ¿Alguna vez ha participado en un proyecto en equipo? En caso de que sí, ¿qué tipo de proyecto? En caso de que no, ¿cree que le resultaría difícil? ¿Por qué?

La duración total de esta tarea es de **5 a 6 minutos.**

INSTRUCCIONES

Usted debe conversar con el entrevistador sobre los datos de una encuesta, expresando su opinión al respecto. Deberá elegir una de las dos opciones propuestas.

ENCUESTA: **TURISMO Y VIAJES**

Este es un cuestionario realizado por una agencia de viajes para conocer cuáles son las preferencias de los viajeros. Seleccione las respuestas según su criterio personal:

---

1. ¿Qué factor tiene más en cuenta a la hora de elegir un viaje?

- El coste del viaje
- El clima
- La distancia
- La oferta de ocio y cultural
- La recomendación de amigos y familiares

2. ¿Qué tipo de turismo prefiere?

- Turismo cultural
- Turismo de sol y playa
- Turismo de aventuras
- Turismo gastronómico
- Turismo rural

Fíjese ahora en los resultados de la encuesta:

---

1. ¿Qué factor tiene más en cuenta a la hora de elegir un viaje?

• El coste del viaje	**35%**
• El clima	**21%**
• La distancia	**12%**
• La oferta de ocio y cultural	**25%**
• La recomendación de amigos y familiares	**7%**

2. ¿Qué tipo de turismo prefiere?

• Turismo cultural	**22%**
• Turismo de sol y playa	**43%**
• Turismo de aventuras	**8%**
• Turismo gastronómico	**15%**
• Turismo rural	**12%**

INSTRUCCIONES

Comente ahora con el entrevistador su opinión sobre los datos de la encuesta y compárelos con sus propias respuestas:

- ¿En qué coinciden? ¿En qué se diferencian?
- ¿Hay algún dato que le llame especialmente la atención? ¿Por qué?

EJEMPLO DE PREGUNTAS DEL ENTREVISTADOR:

- ¿Por qué ha escogido esa opción? ¿Podría poner un ejemplo?
- ¿Con qué opción está menos de acuerdo? ¿Por qué?
- ¿Cree que en su país los resultados serían los mismos? ¿Por qué?

La duración total de esta tarea es de **3 a 4 minutos**.

Tarea 1 회화 종합 연습문제 정답 및 해설

1 해석

지시사항

당신은 한 가지 특정 상황에 대한 일련의 해결 방안들의 장점과 단점에 대해 3~4분간 이야기해야 합니다. 이어서는 그 주제에 대해 감독관과 2~3분간 대화를 나누게 될 것입니다.

주제: 은둔 생활

가면 갈수록 더 많은 젊은 사람들은 집에서 더 많은 시간을 보내고, 사람들과 덜 어울리며 더 은둔형 삶을 살아갑니다. 심리학자들은 신체적, 정신적 건강에 미치는 부정적인 결과에 대해 경고합니다. 이 분야의 전문가들은 이 문제의 해결책을 찾기 위해 모였습니다.

다음 제안들을 읽고 2분간 그것들의 장점과 단점에 대해 설명하세요. 제안들 중 최소 4개에 대해서 발표해야 한다는 것을 유념하세요. 발표가 끝나면 그 제안들의 주제에 대해 감독관과 대화를 나누어야 합니다.

발표를 준비하기 위해서는 각각의 제안을 분석해 가며 그것이 왜 좋은 해결 방안으로 보이는지, 어떤 단점이 있는지, 누구에게 이로운지 그리고 누구에게는 해가 되는지, 다른 문제들을 야기할 수 있는지, 무언가를 조정해야 할지에 대해 생각해 보아야 합니다.

나는 아무것도 하지 않을 것 같다. 자신의 여가 시간과 건강을 가지고 무엇을 할지는 각자 자유가 있어야 한다고 생각한다.

나는 건전한 대체 여가 활동 그리고 젊은이들 사이에서의 교류의 형태로 운동을 권장할 것 같다.

나는 은둔 생활이 그들의 건강에 초래하는 심각한 문제에 대한 인식을 높이기 위해 SNS를 통한 캠페인을 해야 한다고 생각한다.

나는 주기적으로 야간 여가 활동의 시간을 제공하고 교육 기관 내 이러한 특별 활동들을 촉진시킬 것이다.

나는 젊은이들이 더 건강하고 활기찬 삶을 사는 것을 배울 수 있는 워크숍들을 구성할 것 같다.

나는 젊은이들이 친구도 사귀고 본인의 능력을 발전시킬 수 있는 청년 연합을 조직할 것 같다.

1 발표문

예시문: *야간 시간의 여가 활동 시간을 제공하자는 제안에는 아주 큰 장점이 보이는데…*

2 대화

응시자가 정해진 시간(3~4분) 동안 표 안의 제안들에 대해 발표를 마치면, 감독관은 과제1의 소요 시간(6~7분)이 끝날 때까지 주제와 관련한 몇 가지의 질문을 할 것입니다.

감독관의 예상 질문들:

제안들에 대하여

- 주어진 제안들 중에서 당신이 보기에 어떤 것이 가장 나은 제안인가요?
- 역효과가 날 수 있을 것 같은 제안이 있다고 생각하나요?
- 워크숍들을 구성해야 한다는 제안에 대해 어떻게 생각하나요?

당신의 현실에 대하여

- 은둔 생활이 하나의 사회적 문제라고 생각하나요? 당신에게 개인적으로 영향을 주는 문제인가요? 왜 그렇나요?
- 당신의 나라에서는 은둔 생활이 문제가 되나요? 당신의 나라에서는 사람들이 다른 나라들보다 더 활기찬 삶의 방식을 가지고 올바른 식생활을 한다고 생각하나요? 왜 그런가요?
- 당신이라면 이 문제를 해결하기 위해 어떻게 하실 건가요?

본 과제의 전체 소요 시간은 **6~7분**입니다.

2 모범답안

1 발표문

> Yo no haría nada. Creo que cada persona debe ser libre para elegir qué hacer con su tiempo libre y su salud.

La propuesta de no hacer nada me parece una mala solución, ya que el sedentarismo es un problema bastante grave, que tiene consecuencias negativas en nuestra salud física y mental.

아무것도 할 필요가 없다고 말하는 이 제안은 제가 보기에는 나쁜 해결책인 것 같습니다. 왜냐하면 은둔 생활이라는 것은 우리의 신체적 그리고 정신적 건강에 부정적인 결과를 주는 아주 심각한 문제이기 때문입니다.

> Yo promovería el deporte como alternativa de ocio saludable y forma de socializarse entre los jóvenes.

Esta propuesta de promover el deporte como alternativa de ocio saludable y forma de socializarse entre los jóvenes **es muy conveniente**. De esta manera, los jóvenes consiguen tener un ocio saludable y también una vida social más activa. He escuchado que lo que evita los problemas mentales es una buena práctica deportiva y también tener buenos compañeros.

건전한 대체 여가 활동 그리고 젊은이들 사이에서의 교류의 형태로 운동을 권장할 것이라는 이 제안은 매우 적절합니다. 이러한 방식으로, 젊은이들은 건전한 여가 활동과 더불어 더 활발한 사회 생활을 할 수 있습니다. 저는 정신적 문제를 예방하게 하는 것은 충분한 체육 활동과 더불어 좋은 동료들을 가지는 것이라 들은 바 있습니다.

> Yo lanzaría campañas en las redes sociales para concienciarles del grave problema que supone el sedentarismo en su salud.

La propuesta de lanzar campañas en las redes sociales para concienciarles del grave problema que supone el sedentarismo en su salud **es muy efectiva**. Pienso que las redes sociales son una buena herramienta para transmitir cualquier tipo de mensaje, ya que hoy en día, todos nosotros las usamos constantemente todos los días.

은둔 생활이 그들의 건강에 심각한 문제를 초래한다는 것을 자각시키기 위해 SNS를 통해 캠페인을 해야 한다는 제안은 매우 효과적입니다. 제 생각에 SNS는 어떤 유형의 메시지든지 잘 전달하는 도구인 것 같습니다. 왜냐하면 오늘날 우리 모두는 매일 한결같이 SNS를 사용하기 때문입니다.

Yo ofrecería jornadas de ocio nocturno alternativo de forma periódica y promocionaría estos eventos especiales en los centros educativos.

Para mí, esta propuesta de ofrecer jornadas de ocio nocturno alternativo de forma periódica y promocionar estos eventos especiales en los centros educativos **es perjudicial. Pienso que** si los jóvenes tuvieran algo que hacer por la noche, no descansarían lo suficiente, por lo que de día querrían llevar una vida aún más sedentaria.

제 생각에는, 주기적으로 야간 여가 활동의 시간을 제공하고 교육 기관 내 이러한 특별 활동들을 촉진시켜야 할 것이라 말하는 이 제안은 유해합니다. 저는 만일 젊은이들이 밤에 무언가 해야 할 일이 생긴다면, 그들은 충분히 쉬지 못할 것이며, 그래서 낮시간에는 되려 더 은둔 생활을 하길 원할 것이라고 생각합니다.

Yo organizaría talleres donde los jóvenes puedan aprender a llevar una vida más sana y activa.

Esta propuesta que dice "Yo organizaría talleres donde los jóvenes puedan aprender a llevar una vida más sana y activa." **es** muy **oportuna**. Porque los jóvenes pueden aprender a llevar una vida sana y activa, pero también, estos talleres pueden convertirse en un punto de encuentro para que los jóvenes se conozcan en persona.

"나는 젊은이들이 더 건강하고 활기찬 삶을 사는 것을 배울 수 있는 워크숍들을 구성할 것 같다."라고 말하는 이 제안은 매우 적절합니다. 왜냐하면 젊은이들은 더 건강하고 활기찬 삶을 사는 것을 배울 수 있을 뿐만 아니라, 이러한 수업들은 그들이 실제로 만나서 서로를 알게 될 수 있는 만남의 장이 될 수 있기 때문입니다.

Yo establecería asociaciones juveniles donde los jóvenes puedan hacer amigos y desarrollar sus habilidades.

Estoy completamente a favor de la propuesta de establecer asociaciones juveniles donde los jóvenes puedan hacer amigos y desarrollar sus habilidades. La razón es que, es menos probable que uno lleve una vida sedentaria si tiene muchos amigos.

저는 젊은이들이 친구도 사귀고 본인의 능력을 발전시킬 수 있는 청년 연합을 조직해야 한다는 제안에 완전히 찬성합니다. 그 이유는 바로, 친구가 많이 있다면 은둔 생활을 할 가능성이 더 적기 때문입니다.

2 대화

감독관

De las propuestas dadas, ¿cuál le parece la mejor?

주어진 제안들 중에서 당신이 보기에 어떤 것이 가장 나은 제안인가요?

응시자

De todas las propuestas dadas, la mejor es la de lanzar campañas en las redes sociales para concienciarles del grave problema que supone el sedentarismo en su salud. Es que, incluso yo, no prestaría mucha atención a este tipo de publicidad de interés general si lo encontrara en alguna otra parte. Pero si fuera por las redes sociales, sí lo podría mirar y leer.

주어진 모든 제안들 중에서 가장 좋은 것은 은둔 생활이 그들의 건강에 야기하는 심각한 문제에 대해 자각할 수 있도록 SNS 내 캠페인을 실행하는 것입니다. 이런 종류의 공익 광고를 다른 장소에서 본다면 사실 저 조차도 그리 주의 깊게 살펴보지 않을 것 같습니다. 하지만 만일 SNS라면 더 자세히 보고 읽게 될 것 같습니다.

감독관

¿Cree que hay alguna propuesta que podría ser contraproducente?

역효과가 날 수 있을 것 같은 제안이 있다고 생각하나요?

응시자

Sí. La propuesta de ofrecer jornadas de ocio nocturno me parece contraproducente. La razón es que, en mi opinión personal, para tener una vida activa se tiene que descansar bien por la noche. Pero si los jóvenes tuvieran algo que hacer por la noche, se acostarían tarde y al día siguiente se levantarían tarde o no tendrían ganas de hacer nada de día.

그렇습니다. 주기적으로 야간 여가 활동 시간을 제공하자는 제안은 역효과일 것이라 생각합니다. 그 이유는, 제 개인적인 의견으로는 활기찬 삶을 살기 위해서는 밤에 휴식을 잘 취해야 한다고 생각하기 때문입니다. 하지만 만일 청년들이 밤에 해야 할 무엇인가가 있다면, 늦게 자게 될 것이며 다음날에는 늦게 일어나거나 낮에 아무것도 하고 싶지 않을 것입니다.

감독관

¿Qué piensa sobre la propuesta de organizar talleres?

워크숍들을 구성해야 한다는 제안에 대해 어떻게 생각하나요?

응시자

La propuesta de organizar talleres me parece una buena solución. Es que, si los jóvenes se presentaran a estos talleres, saldrían de casa y pasarían de una vida sedentaria a una vida más activa. Además, como hoy en día muchos jóvenes solo tienen amigos en línea, por fin tendrán una oportunidad para conocer a gente nueva en persona.

워크숍들을 구성해야 한다는 제안은 좋은 해결책 같습니다. 젊은이들이 이러한 수업에 참가한다면, 집 밖으로 나오게 되는 것이며, 은둔 생활에서 더 활기찬 삶으로 나오는 것이 됩니다. 게다가, 오늘날의 많은 젊은이들은 오로지 온라인상으로만 친구를 맺는데, 마침내 그들은 실제로 새로운 사람들을 알게 될 수 있는 기회를 갖게 될 것입니다.

감독관 ¿Cree que el sedentarismo es un problema social? ¿Es un problema que le afecta a usted personalmente? ¿Por qué?

은둔 생활이 하나의 사회적 문제라고 생각하나요? 당신에게 개인적으로 영향을 주는 문제인가요? 왜 그렇나요?

Sí, puede ser un problema social, porque en una sociedad los jóvenes importan mucho. Ellos son el futuro de la sociedad y son quienes tienen que hacer crecer la sociedad. A mí, personalmente sí me afecta un poco, porque tengo algunos amigos que llevan una vida bastante sedentaria y ellos no aparecen cuando quiero que se reúna todo el grupo de amigos. **응시자**

그렇습니다. 이것은 사회적인 문제입니다. 왜냐하면 젊은이들은 한 사회에서 매우 중요한 존재이기 때문입니다. 그들은 사회의 미래이자 그 사회를 성장시켜야 하는 사람들입니다. 저에게는 개인적으로 약간은 영향을 주는 문제입니다. 왜냐하면 은둔 생활을 하는 친구들이 몇몇 있는데, 모든 친구들이 함께 모이길 원할 때에도 그들은 나타나지 않기 때문입니다.

감독관 ¿En su país el sedentarismo es un problema? ¿Cree que en su país la gente lleva un estilo de vida más activo y se alimenta mejor que la de otros países? ¿Por qué?

당신의 나라에서는 은둔 생활이 문제가 되요? 당신의 나라에서는 사람들이 다른 나라들보다 더 활기찬 삶의 방식을 가지고 올바른 식생활을 한다고 생각하나요? 왜 그런가요?

En Corea, no creo que sea muy grave este problema del sedentarismo. En mi país, la gente lleva un estilo de vida muy activo y se alimenta mejor que la de otros países. Es más, pienso que mucha gente lleva un estilo de vida demasiado activo, o sea, una vida demasiado pesada y ocupada. Muchas veces veo a gente que no para de trabajar o estudiar. **응시자**

한국에서는 은둔 생활의 문제가 매우 심각한 것은 아닙니다. 우리나라에서는 사람들은 매우 활발한 삶을 살며 다른 나라에 비해 좋은 식생활을 하는 편입니다. 오히려 많은 사람들이 지나치게 활발한 삶의 방식을 가지고 있는데, 다시 말해 너무도 버겁고 바쁜 생활을 합니다. 저는 일이나 공부를 멈추지 않는 사람들을 자주 보곤 합니다.

감독관 ¿Usted qué haría para solucionar el problema?

당신이라면 이 문제를 해결하기 위해 어떻게 하실 건가요?

Para solucionar el problema, ayudaría a los jóvenes a encontrar lo que les gusta hacer. Lo más fácil puede ser a través de actividades de ocio o algún programa de formación o talleres. Si algo te gusta y te entretiene, por más que te obliguen no te puedes quedar en casa. **응시자**

이 문제를 해결하기 위해서 저는 청년들이 본인들이 좋아하는 것을 찾을 수 있도록 도울 것 같습니다. 가장 쉬운 방법은 여가 활동이나 양성 프로그램 혹은 워크숍 등을 통하는 것입니다. 만일 무언가 좋아하는 것이 생기고 즐거움을 느낀다면, 아무리 강요해도 집에 머무를 수 없기 때문입니다.

3 어휘

sedentario	별로 움직이지 않는, 외출하기를 좋아하지 않는	transmitir	전달하다, 옮기다, 방송하다
relacionarse	관계가 있다, 상관이 있다, 교제하다	perjudicial	유해한
psicólogo	ⓜ ⓕ 심리학자	oportuno	적절한, 시기적절한
alertar	~에 대해 경고하다	punto	ⓜ 점, 지점, 점수, 정각, 상태
consecuencia	ⓕ 결과	en persona	자신이, 손수, 실물로, 직접
física	ⓕ 물리학, 육체, 신체	probable	있음직한, 있을 법한, 가능성이 있는
promover	촉진하다, 조장하다, 승진시키다	prestar atención	주의를 기울이다, 주목하다
alternativa	ⓕ 교대, 교체, 대안	publicidad	ⓕ 광고, 선전, 공개
socializarse	사회화되다, (사람들과) 어울리다	interés general	ⓜ 공익
lanzar	던지다, 뛰어들다, 팔기 시작하다, 착수하다	actitud	ⓕ 태도, 자세, 포즈
campaña	ⓕ 평원, 평야, 운동, 캠페인	indiferente	중요하지 않은, 무관심한
suponer	상상하다, 추정하다	en línea	[컴퓨터] 온라인으로
sedentarismo	ⓜ 칩거 생활, 두문불출하는 생활	por fin	마침내, 드디어
nocturno	밤의, 야간의	importar	수입하다, 중요하다, 관계가 있다, 총계가 ~가 되다
promocionar	촉진하다, 승진시키다	crecer	성장하다, 발육하다, 늘다, 증대하다
sano	건강한, 안전한, 건강에 좋은	pesado	무거운, 깊은, 불쾌한, 무료한
establecer	설립하다, 창설하다, 확립하다, 분명하게 하다, 수립하다	parar de	멈추다, 그만하다
asociación	ⓕ 협회, 단체, 협력, 조합	entretener	즐겁게 하다, 기분 전환을 시키다
estilo de vida	ⓜ 생활 방식, 생활 양식	obligar	강요하다, 강제하다, 의무를 지게 하다
herramienta	ⓕ 연장, 공구, 도구		

Tarea 2 회화 종합 연습문제 정답 및 해설

1 해석

지시사항

당신은 한 장의 사진을 보고 상황을 떠올리고 2~3분 동안 그 상황을 묘사해야 합니다. 이어서, 그 상황의 주제와 연관된 당신의 경험과 의견에 대해 감독관과 대화를 나누게 될 것입니다. 정해진 답이 있지 않다는 것을 명심하세요. 주어진 질문들을 읽고 상황을 상상하세요.

사진: **새로운 프로젝트**

이 사람들은 하나의 새로운 프로젝트에 대해 이야기하기 위하여 모였습니다. 상황을 상상하여 그것에 대해 대략 2분 간 말하세요. 다음은 당신이 언급할 수 있는 점들입니다.

- 어떤 유형의 프로젝트를 다루는 것 같나요?

- 누가 프로젝트의 책임자라고 생각하나요? 왜 그렇나요? 그는 어떤 유형의 리더일까요?

- 팀을 구성하는 사람들은 예전부터 서로를 알고 있었을까요? 다른 프로젝트에서 이미 함께 일했을까요? 그들은 어떤 유형의 사람들일까요? 그들 개개인의 성격은 어떨 것이라 상상하나요? 왜 그렇게 생각하나요?

- 그 모임의 분위기는 어떻다고 생각하나요? 그들은 기분이 좋을까요? 왜 그렇나요?

- 그 프로젝트는 성공하게 될까요? 장애물이 있을 것 같나요? 그들이 넘어야 하는 벽은 무엇일까요? 왜 그렇나요?

응시자가 정해진 시간(2~3분) 동안 사진을 묘사하고 나면 감독관은 과제의 소요 시간이 끝날 때까지 주제와 관련한 몇 가지의 질문을 할 것입니다.

감독관의 예상 질문들:

- 팀으로서 프로젝트의 구성원이 되는 것이 개인적으로 프로젝트를 진행하는 것보다 더 좋다고 생각하나요? 왜 그렇게 생각하나요?

- 팀으로 작업할 때 발생하는 가장 빈번한 문제들은 어떤 것들이 있을까요?

- 당신은 팀으로 하나의 프로젝트를 진행해 본 적이 있나요? 만일 그렇다면, 어떤 프로젝트였나요? 만일 아니라면, 어려울 것이라 생각하나요? 왜 그렇나요?

본 과제의 전체 소요 시간은 **5~6분**입니다.

2 모범답안

1 사진 묘사

Creo que se trata de un proyecto colaborativo entre dos empresas diferentes. Los dos hombres que están de pie y se están dando un apretón de manos son los dos jefes del proyecto. Como ya han terminado una larga reunión de unas horas, aclarando varios puntos y llegando a muchos acuerdos mutuos, por fin tienen bien planeado el proyecto colaborativo.

Pienso que los dos jefes son del tipo de jefes muy abierto y progresista. Me imagino que ellos no se conocían de antes y esta es la primera vez que trabajan juntos, porque normalmente se dan un apretón de manos entre personas que no se conocen de antes. Sin embargo, para ser la primera reunión, el ambiente de la reunión parece muy agradable y no se siente ninguna tensión o estrés. Pienso que todos ellos se sienten muy a gusto, porque se les ve en sus caras. Todos tienen una gran sonrisa.

Creo que el proyecto colaborativo entre los dos equipos va a ser bastante exitoso, porque veo que están muy contentos y animados por empezar el proyecto. Lo único que ellos van a tener que afrontar es saber cómo solucionar cuando haya algún conflicto o malentendido. Me refiero a que puede haber desacuerdos o problemas por trabajar con alguien o algún equipo desconocido.

해석

이것은 다른 두 회사 간의 공동 프로젝트에 관한 것이라 생각합니다. 서서 악수를 하고 있는 두 남자가 바로 프로젝트의 두 책임자입니다. 그들은 이미 몇 시간에 걸친 긴 회의를 마치고 몇 가지 사항을 명확히 하고 많은 상호 합의에 도달하여 마침내 잘 계획된 협업 프로젝트를 갖게 되었습니다.

두 명의 책임자들은 매우 개방적이고 진보적인 유형의 사람들이라고 생각합니다. 그들은 예전부터 알던 사이는 아니며 이번에 처음으로 함께 일하는 것으로 생각되는데, 그 이유는 보통 예전부터 알던 사이가 아닌 사람들이 이런 식으로 악수를 나누기 때문입니다. 그럼에도 첫 번째 회의치고는 그 회의의 분위기는 매우 편안하며 그 어떠한 긴장감이나 스트레스가 느껴지지 않습니다. 제 생각엔 그들은 매우 기분이 좋아 보이는데, 왜냐하면 그들의 표정에서 나타나기 때문입니다. 모두 큰 웃음을 짓고 있습니다.

저는 그 두 팀 사이의 공동 프로젝트는 아주 성공적일 것이라 생각합니다. 왜냐하면 그들은 그 프로젝트를 시작하는 것에 대해 매우 기뻐하고 흥분하고 있기 때문입니다. 그들이 유일하게 직면해야 할 것은 혹시 갈등이나 오해가 발생하는 경우에 어떻게 대처해야 하는지를 아는 것입니다. 낯선 누군가 혹은 낯선 팀과 함께 작업하므로 의견의 불일치나 문제가 발생할 수 있다는 점을 말입니다.

[2] 대화

감독관

¿Cree que formar parte de un proyecto en equipo es mejor que hacer un proyecto de manera individual? ¿Por qué cree eso?

팀으로서 프로젝트의 구성원이 되는 것이 개인적으로 프로젝트를 진행하는 것보다 더 좋다고 생각하나요? 왜 그렇게 생각하나요?

응시자

Por supuesto que sí. Es mejor hacer un proyecto o cualquier trabajo en equipo que solo. Trabajando entre varios miembros, se puede conseguir sinergias y la velocidad es incomparable. Por ejemplo, una persona se puede encargar de investigar mientras que la otra persona puede hacer cálculos. Trabajando de manera individual, puede ser un poco más cómodo por no tener que comunicarse con los otros miembros, pero es mucho más lento.

당연히 그렇습니다. 프로젝트든 그 어떠한 작업이든 간에 혼자 하는 것보다는 팀으로 하는 것이 더 좋습니다. 다양한 팀원들 사이에서 작업하면 시너지 효과를 얻을 수 있으며 속도가 비교 불가능합니다. 예를 들어, 한 명이 계산하는 동안 다른 한 사람은 조사하는 것을 담당할 수 있습니다. 혼자 작업하면 다른 멤버들과 소통해야 할 필요가 없기 때문에 조금 더 편할 수는 있지만, 속도는 훨씬 더 느립니다.

감독관

¿Cuáles cree que son los problemas más comunes cuando se trabaja en equipo?

팀으로 작업할 때 발생하는 가장 빈번한 문제들은 어떤 것들이 있을까요?

응시자

Los problemas más comunes al trabajar en equipo son los problemas de comunicación. Es que, desde que se inicia el trabajo hasta que se termine, hay que tener en cuenta que trabajar en equipo requiere de mucha paciencia y comprensión. Si no, uno se puede enfadar pensando que el otro no quiere trabajar o no quiere colaborar. Pero puede ser un simple malentendido por la falta de comunicación.

팀으로 일할 때 가장 일반적인 문제점은 바로 소통의 문제입니다. 그 일이 시작될 때부터 끝날 때까지, 팀으로 일한다는 것은 많은 인내심과 이해심을 요구한다는 것을 유념해야 합니다. 만일 그렇지 않으면, 다른 사람이 일을 하고 싶어 하지 않거나 협조하고 싶어하지 않는다고 생각하며 감정이 상할 수도 있기 때문입니다. 하지만 알고 보면 그것은 소통의 부재로 인한 단순한 오해일 수 있습니다.

감독관

¿Alguna vez ha participado en un proyecto en equipo? En caso de que sí, ¿qué tipo de proyecto? En caso de que no, ¿cree que le resultaría difícil? ¿Por qué?

당신은 팀으로 하나의 프로젝트를 진행해 본 적이 있나요? 만일 그렇다면, 어떤 프로젝트였나요? 만일 아니라면, 어려울 것이라 생각하나요? 왜 그렇나요?

Sí. Cuando estudiaba en la universidad, los profesores siempre dejaban trabajos o proyectos en equipo. Creo que la intención era para ver si teníamos la capacidad de colaborar entre los miembros y ver qué resultados se daban entre varios estudiantes. Por ejemplo, me acuerdo de un proyecto de montar una pequeña obra de teatro, ¡pero en el idioma japonés! Un miembro del equipo se encargó de hacer el guion, otro compañero lo tradujo al japonés y los otros miembros, incluyéndome a mí, hicimos la obra. El resultado fue exitoso, pero pensándolo bien, si lo hubiera hecho yo solo, no lo habría podido hacer.

응시자

그렇습니다. 대학교에서 공부할 당시, 교수님들은 항상 팀으로 하는 과제나 프로젝트를 내주셨습니다. 그 의도는 우리가 다양한 구성원들 사이에서 협동하는 것에 대한 능력을 보고 다양한 학생들 사이에서 어떤 결과가 나오는지를 보고자 함이었다고 생각합니다. 예를 들어, 한 편의 단편 연극을 만들어야 하는 프로젝트에 대해 기억이 납니다. 그런데 그 연극을 일본어로 해야 했습니다! 팀의 한 멤버가 대본을 쓰는 것을 담당했고 다른 동료는 그것을 일본어로 번역했으며 저를 포함한 다른 구성원들은 그 연극을 하였습니다. 결과는 성공적이었으나 잘 생각해 보면 만약 제가 혼자 해야만 했다면 하지 못했을 것 같습니다.

3 어휘

proyecto	ⓜ 계획, 프로젝트
formar parte de	~의 일부를 이루다
equipo	ⓜ 팀, 단체, 장비, 도구
ambiente	ⓜ 공기, 대기, 환경, 자연 환경, 분위기
a gusto	마음 편하게, 기쁘게
éxito	ⓜ 성공
obstáculo	ⓜ 방해, 장애, 장애물
reto	ⓜ 도전, 도발, 위협, 어려운 목표
afrontar	대질시키다, 대항하다, 맞서다
individual	ⓜ 단식 경기 / 개인의, 단독의, 1인용의
colaborativo	공동의, 협동적, 협조적
de pie	서 있는, 기립해 있는
apretón de manos	ⓜ 악수
aclarar	맑게 하다, 분명히 밝히다, 해명하다
acuerdo	ⓜ 일치, 합의, 동의
mutuo	서로의, 상호의
progresista	ⓜ ⓕ 진보주의자 / 진보적인, 진보주의의
tensión	ⓕ 당기는 힘, 팽팽함, 긴장
sonrisa	ⓕ 미소, 웃는 얼굴
exitoso	성공한, 성공적인

conflicto	ⓜ 싸움, 분쟁, 투쟁
desacuerdo	ⓜ 불일치, 부조화
desconocido	ⓜ ⓕ 낯선 사람 / 낯선, 알지 못하는
miembro	ⓜ 일원, 회원, 멤버
sinergia	ⓕ 상승 효과, 상승 작용, 시너지
velocidad	ⓕ 속도, 속력
incomparable	비교할 수 없는
cálculo	ⓜ 계산, 결산, 셈
lento	느린, 더딘
tener en cuenta	유의하다, 염두에 두다
requerir	필요하다, 알리다, 요구하다
paciencia	ⓕ 인내, 인내심, 끈기
comprensión	ⓕ 이해, 이해력
falta	ⓕ 부족, 결여, 부재, 결석, 결근
intención	ⓕ 의도, 의향, 목적
resultado	ⓜ 결과, 성과, 성적
montar	타다, 조립하다, 장치하다, 설립하다
obra de teatro	ⓕ 연극
guion	ⓜ 하이픈, 대시, 시나리오, 대본
traducir	번역하다, 통역하다

Tarea 3 회화 종합 연습문제 정답 및 해설

1 해석

지시사항

당신은 한 설문 조사의 자료에 대해 당신의 의견을 표현하며 감독관과 대화를 나누어야 합니다. 두 가지의 옵션 중 하나를 선택해야 합니다.

설문: 관광과 여행

이것은 한 여행사가 여행자들의 선호도를 알아보기 위해 실행한 설문 조사입니다. 당신의 견해에 따라 답변을 선택하세요.

---

1. 당신은 여행을 선택할 때 어떤 요소를 가장 많이 고려하나요?

- 여행 경비
- 기후
- 거리
- 여가 및 문화 요소
- 친구와 가족들의 추천

2. 당신은 어떤 유형의 관광을 선호하나요?

- 문화 관광
- 태양과 해변 관광
- 모험 관광
- 미식 관광
- 농촌 관광

이제 다음 설문 조사의 결과를 잘 살펴보세요.

---

1. 당신은 여행을 선택할 때 어떤 요소를 가장 많이 고려하나요?

- 여행 경비   35%
- 기후   21%
- 거리   12%
- 여가 및 문화 요소   25%
- 친구와 가족들의 추천   7%

2. 당신은 어떤 유형의 관광을 선호하나요?

- 문화 관광   22%
- 태양과 해변 관광   43%
- 모험 관광   8%
- 미식 관광   15%
- 농촌 관광   12%

지시사항

설문 조사의 자료에 대한 당신의 의견을 감독관과 이야기하며 당신의 답변과 비교하세요.

- 두 답변은 어떤 점에서 일치하나요? 어떤 점에서 다른가요?
- 특히 눈길이 가는 정보가 있습니까? 왜 그런가요?

감독관의 예상 질문들:

- 왜 그 옵션을 골랐나요? 예를 들어볼 수 있나요?
- 어떤 옵션에 가장 덜 동의하나요? 왜 그런가요?
- 당신의 나라에서도 동일한 결과가 나올 것이라 생각하나요? 왜 그런가요?

본 과제의 전체 소요 시간은 **3~4분**입니다.

2 모범답안

1 발표문

[예시 1]

Para la primera pregunta de la encuesta, yo diría que el coste del viaje es lo que tengo más en cuenta a la hora de elegir un viaje. Dependiendo del presupuesto que tengo, puedo hacer mis planes para el viaje. Por ejemplo, si cuento con mucho presupuesto, me podré quedar en un hotel lujoso, pero si el presupuesto es escaso, tendré que buscar algún albergue barato.

Y el tipo de turismo que prefiero es, sin duda, el turismo de sol y playa. La razón es muy simple. ¡Donde vivo no hay playa! Entonces cada vez que tengo oportunidad de hacer un viaje, quiero sol y playa. Es que cuando viajo, soy de no hacer nada más que relajarme, en vez de tener una lista llena de los lugares que hay que visitar o cosas que hay que hacer.

[해석]

첫 번째 질문에 대해서 저는 여행을 선택할 때 가장 많이 고려하는 것은 여행 경비라고 답변할 것 같습니다. 제가 가진 예산에 따라 그 여행의 계획을 세울 수 있기 때문입니다. 예를 들어, 예산이 많으면 저는 고급 호텔에 머무를 수 있을 것이지만 예산이 적다면 저렴한 숙소를 찾아봐야 할 것입니다.

이어서, 제가 선호하는 관광의 유형은 당연히 태양과 해변의 관광입니다. 이유는 매우 간단합니다. 제가 사는 곳에는 바다가 없습니다! 그래서 저는 여행을 할 기회가 있을 때마다 태양과 해변을 원하는 것입니다. 저는 여행을 할 때에는 방문할 곳이나 해야 할 일로 가득 찬 목록을 가지는 것보다는 아무것도 하지 않고 그저 편히 쉬는 것을 좋아하는 편입니다.

예시 2

Ahora veo que mis respuestas coinciden con las respuestas de la encuesta. En el caso de la primera pregunta, la mayoría de los encuestados consideran el coste del viaje como el factor más importante para elegir un viaje. Es que es obvio que la gente piensa en el dinero cuando va a hacer un viaje. Cualquier detalle puede cambiar dependiendo de la cantidad de dinero que pensamos gastar en este viaje. Para la segunda pregunta también, y no es nada raro, que a todo el mundo le gusta un viaje tranquilo y relajante. Lo que me llama la atención de los resultados es que casi la mitad de los encuestados respondieron que prefiere el turismo de sol y playa. Sabía que era el tipo de turismo más común, pero, aun así, es sorprendente que sea la mitad de los encuestados.

해석

지금 저의 답변들은 설문 조사의 답변들과 일치하는 것을 볼 수 있습니다. 첫 번째 질문의 경우, 응답자들의 대다수는 여행을 선택하는 데 있어 여행 경비를 가장 중요한 요소로 간주하고 있습니다. 사람들이 여행을 하게 될 때 돈을 먼저 생각하는 것은 당연한 것이기 때문입니다. 이 여행에서 얼마나 지출할지 생각하는 돈의 액수에 따라 어떤 세부 사항이든 바뀔 수 있는 것입니다. 두 번째 질문의 경우에도 마찬가지인데, 모든 사람들이 평온하고 긴장을 풀 수 있는 여행을 좋아하는 것은 전혀 이상하지 않습니다. 결과에서 가장 눈에 띄는 것은 설문 응답자의 절반 가까이가 태양과 해변의 관광을 선호한다고 답했다는 것입니다. 그것이 가장 일반적인 관광 유형인 것을 알고는 있었지만, 그렇다고 해도 응답자의 절반이라는 것은 놀랍습니다.

[2] 대화

감독관

¿Por qué ha escogido esa opción? ¿Podría poner un ejemplo?

왜 그 옵션을 골랐나요? 예를 들어볼 수 있나요?

응시자

He escogido esta opción de "La recomendación de amigos y familiares", porque tengo un mal recuerdo de un viaje y la experiencia puede servir de ejemplo. Fue una vez que viajé a una isla pequeña en Boracay. Antes un amigo mío me había dicho que era agotador llegar a esa isla y que no valdría la pena. En ese momento no me importó mucho lo que dijo mi amigo y fui a la isla, y al final me arrepentí aun cuando ni siquiera había llegado al destino. Aprendí que se tiene que tomar en cuenta la opinión de los que ya han estado en ese lugar al que quieres llegar, así que he escogido esa opción.

저는 '친구와 가족들의 추천' 옵션을 선택했는데, 그 이유는 바로 한 여행에 대한 좋지 않은 기억이 있기 때문이며, 그 경험을 예로 들 수 있겠습니다. 저는 보라카이의 작은 섬으로 여행을 한 번 갔습니다. 그 전에 제 친구 한 명이 저에게 그 섬에 가는 길은 너무도 힘들고 그렇게까지 해서 갈 가치가 없다고 말한 적이 있었습니다. 그 때는 저는 친구가 말한 것을 그리 중요하게 여기지 않고 그 섬으로 갔지만 결국에는 목적지에 채 도착하기도 전에 벌써 후회 했습니다. 가고 싶은 장소에 이미 가본 사람들의 의견을 고려해야 한다는 것을 배웠기 때문에 저는 그 옵션을 선택 했습니다.

감독관

¿Con qué opción está menos de acuerdo? ¿Por qué?

어떤 옵션에 가장 덜 동의하나요? 왜 그런가요?

응시자

La opción con la que estoy menos de acuerdo es la de "El clima", porque para hacer un viaje el clima no puede ser un obstáculo. Si hay algún lugar que me interesa y quiero visitar, no me importa si hace calor o frío, porque son solo unos días y no es quedarse a vivir permanentemente.

제가 가장 동의하지 않는 옵션은 바로 '기후'입니다. 왜냐하면 여행하는 것에 있어서 기후는 방해 요인이 될 수 없 기 때문입니다. 제가 관심 있는 장소가 있고 그곳을 방문하고 싶다면 그곳의 날씨가 덥건 춥건 중요하지 않습니다. 왜냐하면 그것은 단지 며칠의 여행이지 영구적으로 사는 것이 아니기 때문입니다.

감독관

¿Cree que en su país los resultados serían los mismos? ¿Por qué?

당신의 나라에서도 동일한 결과가 나올 것이라 생각하나요? 왜 그런가요?

응시자

Sí. En Corea los resultados serían casi los mismos. La gente considera el coste del viaje como el factor más importante, y esto se refleja en las numerosas aplicaciones de viaje y turismo que hay. Se puede hacer búsquedas de hoteles y también hacer una comparación al instante. Y en cuanto al tipo de turismo, también la gente coreana diría que prefiere el turismo de sol y playa. Por una parte, es porque generalmente se estresan mucho por el trabajo o estudio.

그렇습니다. 한국에서도 결과는 거의 동일할 것 같습니다. 사람들은 여행 경비를 가장 중요한 요소로 간주하며 이 것은 현재 존재하는 수없이 많은 여행과 관광의 애플리케이션에서 반영됩니다. 호텔 검색을 할 수 있으며 즉시 비 교해 볼 수도 있습니다. 그리고 관광의 유형에 대해서도 역시 한국 사람들은 태양과 해변의 관광을 선호한다고 말 할 것입니다. 한편으로 그것은, 사람들은 보통 일이나 학업으로 인해 스트레스를 많이 받기 때문입니다.

3 어휘

turismo	ⓜ 관광, 관광 사업
factor	ⓜ 요인, 요소, 인자
a la hora de	~할 때에
coste	ⓜ 비용, 요금, 값
oferta	ⓕ 제안, 제의, 공급, 특가
recomendación	ⓕ 추천, 의뢰
gastronómico	미식의, 요리의
rural	시골의, 전원의
tener en cuenta	유의하다, 염두에 두다
presupuesto	ⓜ 예산, 견적
escaso	근소한, 약간의, 적은, 희박한
albergue	ⓜ 숙박소, 숙박지, 작은 호텔
relajante	ⓜ 이완제 / 긴장을 풀게 하는, 이완시키는
aun así	그렇더라도, 그럼에도 불구하고
agotador	고갈시키는, 피로하게 하는
arrepentirse	후회하다
obstáculo	ⓜ 방해, 장애, 장애물
permanentemente	영구적으로, 끝없이
reflejarse	반사되다, 비치다, 반영되다, 나타나다
aplicación	ⓕ 응용, 적용, 지원서, 애플리케이션
búsqueda	ⓕ 수색, 탐구, 검색, 추구
comparación	ⓕ 비교, 비유
al instante	곧바로, 즉각
estresarse	스트레스를 받다, 과로하다

CHAPTER 2
DELE B2

모의테스트

2세트의 모의테스트를 통해 실전처럼 문제를 풀고 풀이 방법을 복습해
봅시다. CHAPTER 1에서 학습한 내용을 기억하면서 차근차근 풀고
내 것으로 만들어 시험을 준비한다면 B2 합격이 수월해질 수 있습니다.

PRUEBA DE COMPRENSIÓN DE LECTURA

La prueba de **Comprensión de lectura** contiene <u>cuatro tareas</u>.
Usted debe responder a 36 preguntas.

Duración: 70 minutos.

Marque sus opciones únicamente en la **Hoja de respuestas.**

INSTRUCCIONES

Usted va a leer un texto sobre la contaminación y sus peligros para la salud. Después, debe contestar a las preguntas (1-6). Seleccione la respuesta correcta (a / b / c).

Marque las opciones elegidas en la **Hoja de respuestas**.

LA LUCHA CONTRA LA CONTAMINACIÓN ES UN ASUNTO SERIO

Uno de los problemas de la contaminación ambiental es lo insidioso de sus efectos. Salvo aquellas personas que tienen asma o problemas respiratorios, los demás apenas notan que esté ahí. Ni siquiera cuando la "boina" que cubre las metrópolis se hace tan densa que no se distinguen los coches de la calle desde las torres altas, como ocurre en Pekín, o no deja ver el horizonte, como ocurre en Madrid, la ciudadanía tiene conciencia del peligro que eso representa.

Si los ciudadanos supieran realmente cómo la contaminación va carcomiendo su salud, serían mucho más exigentes y apremiarían a las autoridades para tomar medidas. En lugar de quejarse por las dificultades para circular a causa de las limitaciones de tráfico deberían exigir con vehemencia medidas que la redujeran. Pero la polución no pica. Simplemente va ensuciando nuestros pulmones y nuestras arterias, de manera que una parte importante de las muertes por enfermedades respiratorias y cardiovasculares son muertes prematuras a causa de la contaminación.

La relación entre contaminantes ambientales y mortalidad prematura está bien establecida desde el punto de vista científico. Desde que en 2007 se publicaron los estudios de Arden Pope, que seguía desde 1982 la evolución de la salud de un millón de adultos de EE UU, son numerosos y muy concluyentes los estudios que demuestran una relación directa entre la contaminación ambiental y la aparición o agravamiento de enfermedades.

El aumento de CO_2, NO_2, ozono y partículas finas en el aire no solo agrava la situación de personas con enfermedades previas, como asma o enfermedad obstructiva crónica (causada en muchos casos por el tabaco), sino que multiplica de forma significativa el riesgo de padecer una enfermedad pulmonar, incluido cáncer de pulmón, o de morir por un infarto o un ictus. De hecho, algunos estudios han constatado un aumento súbito de la mortalidad coincidiendo con episodios de alta contaminación.

La Agencia Europea de Medio Ambiente estima que la contaminación atmosférica causa en España 27.000 muertes prematuras al año. Ciudades como Madrid o Barcelona superan con frecuencia los umbrales de contaminación que la OMS considera graves para la salud. Y, sin embargo, cuando las instituciones quieren adoptar medidas, chocan con la incomprensión de la población. El asunto es muy serio, pero acaba imponiéndose la dinámica de la comodidad y la inercia de un modelo basado en el uso intensivo del coche privado. Si en los paneles de tráfico figuraran los niveles de contaminación y las estadísticas de mortalidad atribuida a la polución, tal vez muchos conductores acabarían tomando conciencia del daño que provocan desplazándose en coche privado cuando podrían hacerlo en transporte público.

En todo caso, además de las restricciones para reducir los niveles de contaminación en episodios puntuales, los gobernantes deben abordar planes estructurales para evitar que esos episodios se produzcan. No es fácil y seguramente no recibirán el aplauso inmediato, pero han de hacerlo sin demora.

(Adaptado de *www.elpais.com*)

PREGUNTAS

1. Según el texto, la contaminación ambiental...

   a es difícil de percibir.

   b entorpece la circulación de vehículos.

   c supone un peligro para las ciudades.

2. En el texto el autor dice sobre los ciudadanos que...

   a protestan porque no se hace lo suficiente.

   b exigen acciones inmediatas.

   c desaprueban las medidas restrictivas.

3. El texto dice que los estudios que se han publicado sobre contaminación ambiental...

   a especulan sobre las consecuencias en la salud.

   b prueban los efectos nocivos de la contaminación.

   c corroboran los estudios anteriores.

4. En el texto se dice que el empeoramiento de la contaminación...

   a aumenta ligeramente la posibilidad de sufrir una enfermedad.

   b incrementa repentinamente el número de muertes.

   c perjudica más a los enfermos.

5. En el texto, el autor dice sobre la población que...

   a tiene dificultades para entender las acciones que se toman.

   b es consciente de los riesgos.

   c se opone al uso del transporte público.

6. Según el autor del texto, los gobernantes...

   a se retrasan en sus decisiones.

   b deberían apresurarse.

   c no reciben el apoyo necesario.

INSTRUCCIONES

Usted va a leer cuatro textos en los que cuatro personas cuentan su experiencia en un curso de cocina. Relacione las preguntas (7-16) con los textos (A, B, C y D).

Marque las opciones elegidas en la **Hoja de respuestas**.

PREGUNTAS

		A. JUAN	B. ANTONIO	C. MANOLO	D. PEDRO
7.	¿Quién dice que en el curso había falta de compañerismo?				
8.	¿Quién dice que el profesor no estaba cualificado?				
9.	¿Quién dice que quería perfeccionar su conocimiento?				
10.	¿Quién dice que le daba miedo ir a un taller?				
11.	¿Quién dice que el precio le pareció económico?				
12.	¿Quién dice que le pareció que el curso duró demasiado?				
13.	¿Quién dice que su curso no era para principiantes?				
14.	¿Quién dice que cumplió un deseo que tenía?				
15.	¿Quién dice que había mal ambiente?				
16.	¿Quién dice que era negado para la cocina?				

TEXTOS

A. JUAN

Ya había hecho algún que otro curso anteriormente, pero esta vez quería profundizar más y por eso opté por un intensivo de un mes para entendidos y aficionados experimentados en el que se tocaban todos los palos de la baraja: sopas, cremas y caldos, pescados y guarniciones, carnes y sofritos, iniciación a la pastelería... Lo encontré en una página de internet por el módico precio de 100 euros y pensé que estaba tirado. Cada sesión duraba dos horas y media aproximadamente y los profesores eran un curtido grupo de cocineros, con más de quince años de trayectoria en la enseñanza. Los menús se realizan por grupos para fomentar la cooperación y el trabajo en equipo. En mi caso me tocó una pareja bastante borde que no estaba por la labor de ayudar y que a ratos me hizo pasar un mal trago. Eso sí, el ambiente era muy cálido y fue un auténtico lujo como experiencia.

B. ANTONIO

Yo me apunté a un taller que iba cambiando cada trimestre y que seguía una línea culinaria saludable: cocina mediterránea, italiana, vegetariana, repostería... Las clases, que se me pasaban volando, duraban dos horas y media, con cena incluida: aperitivo, entrante, principal y postre, con bebida. Lo disfruté como un enano porque aprender repostería era una asignatura pendiente que tenía desde hacía tiempo. El curso lo encontré ojeando unos folletos en el centro cívico de mi barrio. No fue una ganga, pero mereció la pena. Al principio no estaba seguro, pensaba que sería una pérdida de tiempo. Además, ponerme en frente de los fogones me daba pánico. Al final y con un pequeño empujón de mi pareja me envalentoné y decidí darle una oportunidad. ¿Qué tenía que perder? Finalmente fue sin duda una experiencia de las que no tiene precio. ¡Sin olvidarme del trato recibido por todo el equipo, excepcional!

C. MANOLO

En mi caso hice un curso monográfico de tapas creativas que me costó unos 50 euros, algo prohibitivo para mí así que me tocó rascarme el bolsillo. Estaba diseñado tanto para acoger a alumnos que no tenían ni idea de cocina como para aficionados más avezados así que decidí aventurarme. En clase se suponía que teníamos que practicar a las órdenes de un chef especializado en la materia y el taller terminaba con una cena cuyo menú era lo habíamos cocinado antes. Mi impresión sin embargo es que era un poco novato y estaba como pez fuera del agua, quizás por eso había muy mal rollo y se podía cortar el ambiente con un cuchillo. Aunque me pareció un timo no tuve más remedio que terminarlo. Lo que sí puedo decir es que me sirvió para iniciarme en la cocina y es que yo soy de esos casos extremos que se le puede quemar hasta el agua.

D. PEDRO

Me acababa de independizar y quería celebrar una fiesta de inauguración. Por supuesto solo pensaba en quedar bien con mis amigos y sorprenderles con una cena exquisita pero no quería recurrir a los típicos tutoriales de Youtube. Me animé a participar en un curso de cocina exótica del sudeste asiático porque era el que más triunfaba. Hice un taller que duraba tres horas y media que al final se me hizo eterno, no veía la hora de que terminara. El ambiente sin embargo era acogedor y relajado, como si estuviéramos en casa. En el taller enseñaban chefs profesionales autóctonos de esos países y que, aunque a veces no se les entendía eran bastante agradables. Quedé encantado y disfruté mucho compartiendo el taller con más gente, ya que era un espacio muy tranquilo e informal, en el que podíamos hacer bromas y reírnos todos juntos.

INSTRUCCIONES

Lea el siguiente texto, del que se han extraído seis fragmentos. A continuación lea los ocho fragmentos propuestos (A-H) y decida en qué lugar del texto (17-22) hay que colocar cada uno de ellos.

HAY DOS FRAGMENTOS QUE NO TIENE QUE ELEGIR.

Marque las opciones elegidas en la **Hoja de respuestas**.

EL PERFIL DE LA MUJER EN EL NUEVO MUNDO LABORAL

En la actualidad la presencia de las mujeres en el mundo laboral es una realidad tras el largo camino recorrido por la figura femenina para alcanzar puestos de alta dirección. **17.** _____. Progresivamente se está produciendo un cambio en la naturaleza del liderazgo: las mujeres jóvenes tienen una posición ideal para destacar en las presentes y futuras carreras profesionales.

Según últimos estudios, las causas que motivan y retienen a los líderes españoles en sus puestos son diferentes en función del género. **18.** _____.

La tendencia actual es el incremento de mujeres cada vez más jóvenes, conocidas como la "Generación Y", que tienen entre veinte y treinta y ocho años. **19.** _____. Lejos de poseer habilidades de liderazgo tradicionales como la persuasión, la confianza o la extroversión, la nueva generación de mujeres aporta una serie de habilidades completamente diferentes y más relevantes para el mundo empresarial de hoy y del mañana. **20.** _____. Esto es debido a que los líderes tendrán que filtrar cantidades ingentes de información para convertirlas en decisiones significativas.

Además, las mujeres más jóvenes destacan por tener muy desarrolladas algunas competencias que serán claves para las posiciones de liderazgo del futuro cercano como el altruismo, las habilidades sociales y el optimismo. **21.** _____. A medida que las empresas siguen evolucionando y progresando, las mujeres de esta nueva generación se encuentran mejor posicionadas que nunca para ocupar los primeros puestos en el mundo empresarial en las próximas décadas de incertidumbre y cambio.

Para las compañías del nuevo mundo laboral la diversidad de género es absolutamente necesaria para avanzar y alcanzar los objetivos de éxito. La presencia de la mujer en cargos de liderazgo aporta riqueza y visiones complementarias. El cambio en los recursos humanos ha pasado por priorizar el mérito profesional sin que el género suponga un obstáculo para el ascenso a un puesto de dirección o responsabilidad.

En definitiva, la mujer tiene que continuar confiando en su potencial en el mundo laboral y sacarles partido a sus habilidades. **22.** _____. Pese a eso, finalmente ellas suelen ser las elegidas para el puesto, posiblemente porque las que llegan tienen un nivel competencial muy alto.

(Adaptado de *www.mercados21.es*)

FRAGMENTOS

A. Este tipo de mujeres destaca por ser socialmente seguras, orientadas al servicio, organizadas y meticulosas, comparadas con sus iguales varones.

B. Tienen la intuición desarrollada lo que permite ofrecer soluciones más rápidas y entender y adaptarse tanto al cliente como a la situación de la empresa.

C. No obstante, esta realidad actual demuestra que las mujeres tienen las mismas capacidades de liderazgo que un hombre.

D. Cada año hay un porcentaje superior de mujeres que van asumiendo perfiles directivos y mandos intermedios.

E. Estas destrezas les ayudarán a manejarse en un futuro en el que tendrán mucha importancia los datos.

F. A pesar de esto, la empresa se beneficia de una mayor seguridad psicológica y un nivel de innovación más eficiente.

G. Obviando el tema salarial, para las mujeres que están en puestos directivos, la flexibilidad, seguida de la promoción, la formación y el bonus son factores clave.

H. Los estudios demuestran que el número de hombres candidatos a ocupar un puesto directivo continúa siendo superior al de mujeres.

INSTRUCCIONES

Lea el texto y rellene los huecos (23-36) con la opción correcta (a / b / c).

Marque las opciones elegidas en la **Hoja de respuestas**.

¿POR QUÉ LEER EL QUIJOTE POR LO MENOS UNA VEZ EN LA VIDA?

La lectura de El Quijote no es trabajo académico: solo tienes que hacerlo porque te apetece. Es un reto personal: saber que has ____ **23** ____ capaz de leer una obra tan larga, tan importante; poder decirlo, compartirlo, contarla, hablar de ____ **24** ____ . El Quijote es una parodia de los libros de caballerías, de los caballeros andantes, es una burla, por lo tanto está cargado ____ **25** ____ humor.

El Quijote pertenece al pasado y muchas de las gracias derramadas en su texto no son fáciles de entender ____ **26** ____ el lector actual. Por eso ____ **27** ____ usar una edición anotada con explicaciones y comentarios breves de palabras antiguas y referencias históricas, literarias y mitológicas.

El Quijote ofrece ____ **28** ____ completa visión panorámica de la sociedad española del siglo de oro. La novela cervantina esconde la construcción de un lúdico que se desarrolla en un juego codificado por Don Quijote ____ **29** ____ las reglas de la caballería andante. Así lo explicó Torrente Ballester, el mayor heredero de Cervantes en los últimos tiempos: Don Quijote finge su locura para ser caballero andante y protagonista de un libro, como tal ____ **30** ____ comporta en sus aventuras y encuentros con otros personajes, busca su reconocimiento por los demás y respeta las reglas de su juego; pero hay gente como el cura y el barbero que las quebrantan y así retiran al caballero ____ **31** ____ en una jaula.

El Quijote representa también una forma de vida ____ **32** ____ elegida: el visionario Don Quijote crea su realidad, su nombre, sus armas, el nombre de Rocinante y ____ **33** ____ de su amada, Dulcinea del Toboso, que constituye el ideal ____ **34** ____ sublime imaginado por el ser humano. El caballero nunca decae en la defensa de su ideal amoroso.

La gran novela cervantina constituye una magistral síntesis de vida y literatura, de vida soñada y vida vivida; afirma los más nobles valores del heroísmo; refleja los afanes y penas de la prosa de la vida cotidiana; encarna una imperecedera lección de solidaridad, justicia y amor ____ **35** ____ bien, como resultado de una capacidad de comprensión de todo lo humano nunca superada ni antes ni después; y es un canto a la libertad, entonado por un genial hidalgo manchego que, leyendo libros, se convirtió en el lector ideal, creyendo cuanto leía y poniéndolo en ____ **36** ____ como Don Quijote de la Mancha.

(Adaptado de *https://www.librospopulares.com/2020/09/17/porque-leer-el-quijote-por-lo-menos-una-vez-en-la-vida*)

OPCIONES

23.	a sido	**b** estado	**c** podido
24.	a él	**b** ella	**c** la
25.	a de	**b** con	**c** por
26.	a por	**b** para	**c** en
27.	a convenía	**b** convenga	**c** conviene
28.	a una	**b** mucha	**c** la
29.	a a fin de	**b** antes de	**c** de acuerdo con
30.	a le	**b** lo	**c** se
31.	a encerrado	**b** protegido	**c** amparado
32.	a libertad	**b** libremente	**c** libre
33.	a el	**b** la	**c** le
34.	a muy	**b** bastante	**c** más
35.	a a	**b** al	**c** a la
36.	a práctica	**b** teoría	**c** orden

PRUEBA DE COMPRENSIÓN AUDITIVA

La prueba de **Comprensión auditiva** contiene <u>cinco tareas</u>.
Usted debe responder a 30 preguntas.

Duración: 40 minutos.

Marque sus opciones únicamente en la **Hoja de respuestas.**

Track 8-1

INSTRUCCIONES

Usted va a escuchar seis conversaciones breves. Escuchará cada conversación dos veces.
Después debe contestar a las preguntas (1-6). Seleccione la opción correcta (a / b / c).

Marque las opciones elegidas en la **Hoja de respuestas**.

Ahora tiene 30 segundos para leer las preguntas.

PREGUNTAS

Conversación 1

1. La mujer le dice al hombre que...

  a su solicitud todavía no ha sido aprobada.

  b tiene que ir al banco.

  c le han enviado el producto a su casa.

Conversación 2

2. ¿Para qué habla el hombre con su mujer?

  a Para darle las gracias.

  b Para felicitarla.

  c Para regañarla.

Conversación 3

3. María dice que...

  a no se merecía el premio.

  b guarda un buen recuerdo de ese momento.

  c ya sabía que le iban a dar el premio.

Conversación 4

4. La chica dice que el hombre del tiempo...

  a ha dicho que va a llover.

  b siempre acierta en sus predicciones.

  c se ha equivocado.

Conversación 5

5. ¿Qué están diciendo sobre Lara?

  a Que es muy indecisa.

  b Que es muy incompetente.

  c Que es injusto que la hayan despedido.

Conversación 6

6. Paco le dice a su amiga que...

  a ha disfrutado de una beca de su universidad.

  b acaba de solicitar una beca.

  c hace poco ha obtenido una beca en Londres.

INSTRUCCIONES

Usted va a escuchar una conversación entre dos amigos, Jaime y Leticia. Indique si los enunciados (7-12) se refieren a Jaime (A), a Leticia (B) o a ninguno de los dos (C). Escuchará la conversación dos veces.

Marque las opciones elegidas en la **Hoja de respuestas**.

Ahora tiene 20 segundos para leer los enunciados.

		A JAIME	B LETICIA	C NINGUNO DE LOS DOS
0.	Acaba de llegar de un viaje.	☐	☑	☐
7.	Asegura que se divirtió mucho.	☐	☐	☐
8.	Le sorprendió la hospitalidad de la gente.	☐	☐	☐
9.	El clima le pareció menos frío y seco.	☐	☐	☐
10.	Recomienda organizar el viaje con antelación.	☐	☐	☐
11.	Le habría gustado visitar más sitios.	☐	☐	☐
12.	No terminó el viaje por problemas económicos.	☐	☐	☐

INSTRUCCIONES

Usted va a escuchar parte de una entrevista a Pedro Guerra, un cantante canario. Escuchará la entrevista dos veces. Después debe contestar a las preguntas (13-18). Seleccione la respuesta correcta (a / b / c).

Marque las opciones elegidas en la **Hoja de respuestas**.

Ahora tiene 30 segundos para leer las preguntas.

PREGUNTAS

13. En la entrevista, Pedro Guerra dice sobre vivir en Madrid que...
    a le incomoda el bullicio.
    b no encuentra lugares tranquilos.
    c no soporta las aglomeraciones.

14. El cantante cuenta que es una persona...
    a que se enfada muy fácilmente.
    b a la que le indigna la violencia.
    c que expresa su enfado pacíficamente.

15. El entrevistado dice que ahora...
    a nadie escucha su disco entero.
    b la música es perecedera.
    c los hábitos de consumo han mejorado.

16. Pedro Guerra dice que la canción Contamíname...
    a no es su canción más famosa.
    b es una canción reciente.
    c habla de mezcla de culturas.

17. El entrevistado opina sobre los isleños que...
    a saben arreglárselas solos.
    b tienen mal genio.
    c están mejor informados.

18. El cantante dice sobre Internet que...
    a no le agrada.
    b le resulta extraño.
    c le perjudica.

INSTRUCCIONES

Usted va a escuchar a seis personas que dan consejos para vendedores y comerciales. Escuchará a cada persona dos veces. Seleccione el enunciado (A-J) que corresponde al tema del que habla cada persona (19-24). Hay diez enunciados incluido el ejemplo. Seleccione solamente seis.

Marque las opciones elegidas en la **Hoja de respuestas**.

Ahora escuche el ejemplo:

Persona 0

La opción correcta es el enunciado **E**.

Ahora tiene 20 segundos para leer los enunciados.

ENUNCIADOS

A.	No perder la paciencia	F.	Crear canales de comunicación
B.	Ser sincero con los clientes	G.	No desanimarse
C.	Aprender a negociar	H.	Ofrecer productos complementarios
D.	Conocer bien al consumidor	I.	No defraudar a los clientes
E.	Buscar la mejor solución para el cliente	J.	Mostrarse accesible

	PERSONA	ENUNCIADO
0.	Persona 0	E
19.	Persona 1	
20.	Persona 2	
21.	Persona 3	
22.	Persona 4	
23.	Persona 5	
24.	Persona 6	

INSTRUCCIONES

Usted va a escuchar parte de una conferencia de un empresario que habla de su negocio. Escuchará la audición dos veces. Después debe contestar a las preguntas (25-30). Seleccione la opción correcta (a / b / c).

Marque las opciones elegidas en la **Hoja de respuestas**.

Ahora tiene 30 segundos para leer las preguntas.

PREGUNTAS

25. En la audición, el empresario Miguel Rodríguez opina que emprender...

a es un camino largo.

b es más difícil si se hace solo.

c es un esfuerzo gratificante.

26. Miguel Rodríguez dice que las personas que intentan acceder a un puesto en la Administración Pública...

a son gente muy atareada.

b no quieren desaprovechar el tiempo.

c están exentos de obligaciones.

27. Miguel Rodríguez dice que su academia online...

a está dirigida a opositores que trabajan.

b posibilita optimizar tu tiempo.

c permite esforzarse menos.

28. Los opositores, según Miguel Rodríguez, son gente...

a conflictiva.

b conservadora.

c inflexible.

29. Miguel Rodríguez dice que en la actualidad...

a se están centrando más en las oposiciones a nivel nacional.

b ofrecen más cursos de preparación.

c están abriendo nuevos centros por todo el país.

30. Miguel Rodríguez dice que su éxito...

a se debe a grandes inversiones en publicidad.

b se basa en el grado de satisfacción de los alumnos.

c se puede comprobar.

PRUEBA DE EXPRESIÓN E INTERACCIÓN ESCRITAS

La prueba de **Expresión e interacción escritas** contiene <u>dos tareas</u>.

Duración: 80 minutos.

Haga sus tareas únicamente en la **Hoja de respuestas**.

INSTRUCCIONES

Usted es un estudiante universitario en España y quiere recibir una de las becas para estudiar en el extranjero que el Estado lleva ofreciendo en los últimos años, pero que corren peligro de desaparecer. Escriba una carta a los responsables del Ministerio de Educación para expresar su desacuerdo con la posible supresión del programa de becas. En la carta deberá:

- presentarse y exponer por qué motivo escribe;
- explicar por qué quiere recibir la beca y por qué le afecta la desaparición de esta;
- expresar su oposición a la medida anunciada;
- ofrecer argumentos que justifiquen su postura;
- proponer alguna solución o alternativa.

Para ello va a escuchar una noticia relacionada con el asunto. Escuchará la audición dos veces. Tome notas para luego utilizarlas en su carta.

Número de palabras: **entre 150 y 180.**

듣기 자료 메모 작성란

Track 8-2

소요 시간:

단어 수:

INSTRUCCIONES

Elija solo una de las dos opciones que se le ofrecen a continuación:

OPCIÓN 1

Usted es un becario en el Instituto de Igualdad y Género y le han pedido que colabore escribiendo un artículo sobre las horas diarias de trabajo doméstico que dedican tanto hombres como mujeres y las diferencias por género y modelo laboral de pareja. Para redactar su artículo dispone de la información que aparece en el siguiente gráfico.

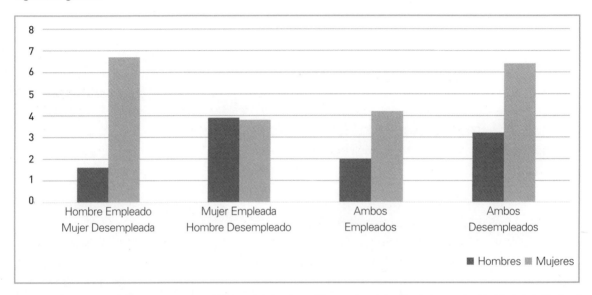

(Fuente: *https://www.eldiario.es/piedrasdepapel/Genero-domestico-Tiende-Espana-igualdad_6_345125504.html*)

Redacte un texto en el que deberá:

- introducir el tema;
- comparar de forma general los diferentes porcentajes según el modelo laboral de pareja y el sexo;
- resaltar los datos que considere más relevantes;
- expresar su opinión sobre los datos que ofrece el gráfico;
- elaborar una conclusión.

Número de palabras: **entre 150 y 180.**

OPCIÓN 2

Usted escribe en un blog sobre vida sana. Ayer leyó un artículo sobre los peligros de las dietas rápidas y ahora quiere escribir una entrada comentando su opinión al respecto. A continuación puede leer el artículo sobre las dietas rápidas.

Los peligros de las dietas rápidas.

Meses previos al verano comienza una carrera frenética por perder esos kilos de más que se han ganado durante el invierno con el exceso de asados, comidas rápidas y probablemente el consumo de bebidas alcohólicas o azucaradas. En el período estival todos quieren verse bien ante el espejo y mostrar su mejor look en playas y lugares de veraneo. Pero, a veces el coste es muy elevado.

Las dietas rápidas que buscan perder peso en el menor tiempo posible suelen llevar asociadas un efecto rebote. Por eso es crucial ser conscientes de que ninguna dieta "milagrosa" tiene efectos positivos a largo plazo, sino más bien al contrario. Cuando abandonamos una dieta rápida una vez llegado al peso deseado, nuestra rutina diaria nos lleva de nuevo a ganar kilos e incluso a aumentar los que teníamos antes de iniciar la dieta.

Además de aumentar de peso, se asocian otros problemas mucho más perjudiciales para nuestro organismo y difíciles de solucionar. Cuando perdemos peso rápidamente, fruto de una de estas "dietas rápidas", se produce inevitablemente un deterioro físico que suele venir acompañado de flacidez, pérdida significativa de masa muscular, deterioro en la piel, y cansancio.

Cuando decidimos realizar una dieta es importante tener en cuenta que ésta guarde un equilibrio entre la ingesta de proteínas, grasas saludables y carbohidratos. Esto, junto con un estilo de vida saludable mantenido a largo plazo, puede ser la mejor fórmula ya no solo para bajar de peso, sino para conseguir hacer frente a muchas enfermedades que vienen asociadas a una dieta deficitaria y una vida sedentaria.

(Adaptado de *https://newscience.cl/los-peligros-de-las-dietas-rapidas-el-efecto-rebote/*)

Redacte un texto para su blog en el que deberá:

- hablar sobre la importancia de llevar una dieta sana y equilibrada;
- elaborar una opinión personal sobre las dietas para adelgazar en general;
- señalar los aspectos negativos que tienen las dietas rápidas;
- proponer algunas formas para adelgazar de forma saludable;
- elaborar una conclusión.

Número de palabras: **entre 150 y 180.**

OPCIÓN: _____

_____

_____

_____

_____

_____

_____

_____

_____

_____

_____

_____

_____

_____

_____

_____

소요 시간: _____

단어 수: _____

PRUEBA DE EXPRESIÓN E INTERACCIÓN ORALES

La prueba de **Expresión e interacción orales** contiene <u>tres tareas</u>:

TAREA 1. Valorar propuestas y conversar sobre ellas. (6-7 minutos)
Usted deberá hablar durante 3-4 minutos de las ventajas e inconvenientes de una serie de soluciones propuestas para una situación determinada. A continuación, conversará con el entrevistador sobre el tema. Deberá elegir una de las dos opciones propuestas.

TAREA 2. Describir una situación imaginada a partir de una fotografía y conversar sobre ella. (5-6 minutos)
Usted debe imaginar una situación a partir de una fotografía y describirla durante 2-3 minutos. A continuación conversará con el entrevistador acerca de sus experiencias y opiniones sobre el tema de la situación. Tenga en cuenta que no hay una respuesta correcta: debe imaginar la situación a partir de las preguntas que se le proporcionan. Deberá elegir una de las dos opciones propuestas.

TAREA 3: Opinar sobre los datos de una encuesta. (3-4 minutos)
Usted debe conversar con el entrevistador sobre los datos de una encuesta, expresando su opinión al respecto. Deberá elegir una de las dos opciones propuestas.

Tiene 20 minutos para preparar las **Tareas 1 y 2**. Usted puede tomar notas y escribir un esquema de su exposición que podrá consultar durante el examen; en ningún caso podrá limitarse a leer el esquema o sus notas.

INSTRUCCIONES

Tendrá que hablar durante **3 o 4 minutos** sobre ventajas e inconvenientes de una serie de soluciones propuestas para una situación determinada. A continuación, conversará con el entrevistador sobre el tema durante 2 o 3 minutos.

TEMA: **ROBOS EN VIVIENDAS**

En un barrio periférico de una ciudad el número de robos en viviendas ha aumentado de manera significativa. Miembros de la asociación de vecinos se han reunido para intentar resolver el problema o tratar de reducirlo.

Lea las siguientes propuestas y, durante dos minutos, explique sus ventajas e inconvenientes; tenga en cuenta que debe hablar, como mínimo, de cuatro de ellas. Cuando haya finalizado su intervención, debe conversar con el entrevistador sobre el tema de las propuestas.

Para preparar su intervención, al analizar cada propuesta debe plantearse por qué le parece una buena solución y qué inconvenientes tiene, a quién beneficia y a quién perjudica, si puede generar otros problemas; si habría que matizar algo...

> Yo contrataría una empresa de seguridad privada para proteger el barrio de robos.

> Yo crearía un grupo de WhatsApp entre los vecinos para estar informados y denunciar conductas sospechosas las 24 horas del día.

> Yo organizaría patrullas vecinales para vigilar el vecindario.

> Yo instalaría sistemas de vigilancia y cámaras para frenar los robos.

> Yo establecería reuniones semanales entre los vecinos para mantenernos informados y concienciarnos de la gravedad del problema.

> Yo instalaría alarmas en todas las casas y pondría vallas eléctricas para disuadir a los ladrones.

1) EXPOSICIÓN

Ejemplo: *A la propuesta de instalar alarmas y poner vallas eléctricas le veo un inconveniente muy grande...*

2) CONVERSACIÓN

Una vez el candidato haya hablado de las propuestas de la lámina durante el tiempo estipulado (3 o 4 minutos), el entrevistador le hará algunas preguntas sobre el tema hasta cumplir con la duración de la tarea (6 a 7 minutos).

EJEMPLO DE PREGUNTAS DEL ENTREVISTADOR:

Sobre las propuestas

- De las propuestas dadas, ¿cuál le parece la mejor?
- ¿Cree que hay alguna propuesta que podría ser contraproducente?
- ¿Qué le parece la propuesta de contratar una empresa de seguridad privada?

Sobre su realidad

- ¿Este problema es un problema que le afecta? ¿Por qué?
- ¿En su país hay muchos robos en viviendas? ¿Qué tipo de delitos son los más frecuentes en su país?
- ¿Usted qué haría para solucionar el problema?
- Si usted fuera un vecino de este barrio, ¿qué haría? ¿Se mudaría?

La duración total de esta tarea es de **6 a 7 minutos**.

INSTRUCCIONES

Usted debe imaginar una situación a partir de una fotografía y describirla durante unos dos o tres minutos. A continuación, conversará con el entrevistador acerca de sus experiencias y opiniones sobre el tema de la situación. Tenga en cuenta que no hay una respuesta correcta: debe imaginar la situación a partir de las preguntas que se le proporcionan.

FOTOGRAFÍA: **PROBLEMAS DE PAREJA**

Esta pareja no está pasando por su mejor momento y tiene varios problemas. Imagine la situación y hable sobre ella durante, aproximadamente, dos minutos. Estos son algunos aspectos que puede comentar:

- ¿Qué problema están teniendo en este momento? ¿Por qué?
- ¿Cree que llevan saliendo juntos mucho tiempo? ¿Por qué? ¿Qué tipo de pareja es?
- ¿Cómo imagina que son cada uno de ellos? ¿Qué tipo de personas son? ¿Por qué cree eso?
- ¿Cómo cree que se siente la chica en este momento? ¿Qué cree que está pensando? ¿Por qué? ¿Cree que al chico le preocupa cómo se siente ella? ¿Por qué?
- ¿Qué otros problemas cree que tiene esta pareja en su relación? ¿Cree que él es consciente de la situación?
- ¿Cree que van a solucionar sus problemas? ¿Piensa que van a superar su crisis de pareja? ¿Cree que romperán? ¿Por qué?

Una vez haya descrito la fotografía durante el tiempo estipulado (2 minutos), el entrevistador le hará algunas preguntas sobre el tema de la situación hasta cumplir con la duración de la tarea.

EJEMPLO DE PREGUNTAS DEL ENTREVISTADOR:

- ¿Cree que es fácil tener una buena relación de pareja? ¿Por qué cree eso?
- ¿Cuáles cree que son los problemas más frecuentes entre las parejas?
- ¿Alguna vez ha tenido un problema parecido al de la pareja de la foto? En caso de que sí, ¿qué problema? ¿Cómo lo solucionó?

La duración total de esta tarea es de **5 a 6 minutos**.

INSTRUCCIONES

Usted debe conversar con el entrevistador sobre los datos de una encuesta, expresando su opinión al respecto. Deberá elegir una de las dos opciones propuestas.

ENCUESTA: **PROBLEMAS SOCIALES**

Este es un cuestionario realizado por un organismo público para conocer cuáles son los problemas sociales que más preocupan a los ciudadanos. Seleccione las respuestas según su criterio personal:

---

1. ¿Qué problema social le preocupa más en la actualidad?

- INSEGURIDAD
- DESEMPLEO
- POBREZA
- CORRUPCIÓN
- EDUCACIÓN

2. ¿Cuál de las siguientes frases refleja mejor su opinión sobre la acción del gobierno para solucionar los principales problemas que afectan a la sociedad?

- El gobierno hace todo lo que puede para solucionar los problemas, pero no es tarea fácil.
- Los problemas sociales siempre han existido y el gobierno no puede solucionarlos.
- El gobierno está más preocupado en otras cosas que en solucionar los problemas sociales.

Fíjese ahora en los resultados de la encuesta:

---

1. ¿Qué problema social le preocupa más en la actualidad?

• INSEGURIDAD	43%
• DESEMPLEO	34%
• POBREZA	5%
• CORRUPCIÓN	6%
• EDUCACIÓN	12%

2. ¿Cuál de las siguientes frases refleja mejor su opinión sobre la acción del gobierno para solucionar los principales problemas que afectan a la sociedad?

- El gobierno hace todo lo que puede para solucionar los problemas, pero no es tarea fácil. 54%
- Los problemas sociales siempre han existido y el gobierno no puede solucionarlos. 7%
- El gobierno está más preocupado en otras cosas que en solucionar los problemas sociales. 39%

INSTRUCCIONES

Comente ahora con el entrevistador su opinión sobre los datos de la encuesta y compárelos con sus propias respuestas:

- ¿En qué coinciden? ¿En qué se diferencian?
- ¿Hay algún dato que le llame especialmente la atención? ¿Por qué?

EJEMPLO DE PREGUNTAS DEL ENTREVISTADOR:

- ¿Por qué ha escogido esa opción? ¿Podría poner un ejemplo?
- ¿Con qué opción está menos de acuerdo? ¿Por qué?
- ¿Cree que en su país los resultados serían los mismos? ¿Por qué?

La duración total de esta tarea es de **3 a 4 minutos**.

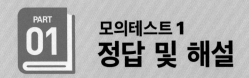

PRUEBA DE COMPRENSIÓN DE LECTURA

독해 영역 정답

1	a	2	c	3	b	4	b	5	a	6	b
7	A	8	C	9	A	10	B	11	A	12	D
13	A	14	B	15	C	16	C	17	D	18	G
19	A	20	E	21	B	22	H	23	a	24	b
25	a	26	b	27	c	28	a	29	c	30	c
31	a	32	b	33	a	34	c	35	b	36	a

Comprensión de lectura

1 해석

지시사항

당신은 환경 오염과 그것이 건강에 미치는 위험에 관한 텍스트를 읽을 것입니다. 이어서, (1번부터 6번까지) 질문에 답하세요. (a, b 또는 c) 정답을 선택하세요.

선택한 보기를 **답안지**에 표기하세요.

환경 오염과의 싸움은 심각한 문제이다.

환경 오염의 문제 중 하나는 그 영향이 가진 잠복성이다. 천식이나 호흡기 질환을 앓는 사람들을 제외한 나머지 사람들은 그런 문제가 존재하기는 한다는 것 정도를 겨우 느낀다. 베이징에서 발생하는 것처럼 높은 타워에서 길에 다니는 자동차를 구별할 수 없을 정도의 농도 짙은 '베레모'가 대도시를 덮는 경우라든지 혹은 마드리드에서 지평선이 보이지 않는 경우에서 조차도 시민들은 이것이 나타내는 위험에 대해 자각하지 못한다.

만일 시민들이 환경 오염이 어떻게 그들의 건강을 서서히 갉아먹는지 잘 알고 있다면 아마도 그들은 훨씬 더 많은 것을 요구하며 당국에 조치를 취할 것을 촉구할 것이다. 교통 제한의 이유로 차량 운행의 어려움에 대한 불평을 하는 것이 아니라 반대로 환경 오염을 줄일 조치에 대해 더 격렬히 요청할 수밖에 없을 것이다. 하지만 환경 오염은 티가 나지 않는다. 그저 우리의 폐와 동맥을 서서히 더럽혀 나가서, 결국 호흡기 및 심혈관 질환으로 인한 사망의 주요 원인이 환경 오염으로 인한 조기 사망이 되고 마는 것이다.

환경 오염 물질과 조기 사망률의 관계는 과학적인 관점에서 분명히 성립되어 있다. 2007년 연구(1982년부터 미국에서 성인 백만 명의 건강 진화를 추적한 아덴 포프의 연구)가 발표된 이후, 환경 오염과 질병의 출현 혹은 악화 사이의 직접적인 관계를 보여 주는 연구들은 수없이 등장했고 그 연구들은 매우 결정적이다.

대기 중 이산화탄소, 이산화질소, 오존 및 미세 입자의 증가는 천식이나 만성 폐쇄성 질환(대부분 흡연이 원인인)과 같은 지병이 있는 사람들에게 심각한 문제가 될 뿐만 아니라 폐암을 포함한 폐질환을 앓게 되거나 혹은 심장 마비나 뇌졸중으로 사망할 위험성을 급격히 증가시킨다. 실제로, 많은 연구들을 통해 환경 오염이 급격히 악화된 경우에 사망률도 갑작스럽게 증가한 사실이 확인되었다.

유럽 환경청은 스페인의 대기 오염으로 인해 연간 2만 7천 명의 조기 사망이 발생한다고 추정한다. 마드리드나 바르셀로나와 같은 도시들은 WHO가 건강에 치명적이라고 간주하는 오염 수치를 능가한다. 하지만 제도적인 해결 방안을 이행하려 할 시에는 시민들의 몰이해에 부딪히게 된다. 이것은 매우 심각한 문제이지만 결국에는 자가용의 주된 사용에 기반을 둔 타성과 편안함의 역학이 이기고 마는 것이다. 만일 교통 표지판에 오염도와 오염으로 인한 사망자 통계를 노출한다면 어쩌면 많은 운전자들은 대중 교통 대신 자가용으로 이동하는 것이 야기하는 피해에 대해 자각할 수 있을지도 모른다.

어쨌든 정권 담당자들은 세세한 사건에서 발생하는 환경 오염도를 줄이기 위한 제재와 더불어 그러한 사건들이 발생하는 것을 막을 구조적인 계획 수립에 착수해야 한다. 그것은 쉽지 않고 당장 박수를 받을 수도 없겠지만, 지체 없이 실행해야 한다.

문제

1. 본문에 따르면, 환경 오염은 …

    a 자각하기 어렵다.

    b 차량의 통행을 방해한다.

    c 도시에 위험을 초래한다.

2. 글쓴이는 본문에서 시민들이 …라고 전한다.

    a 문제 해결이 충분히 이루어지지 않기 때문에 항의한다

    b 신속한 실행을 요구한다

    c 제한하는 방침들에 동의하지 않는다

3. 본문은 환경 오염에 대해 발표된 연구들이 …라고 전한다.

    a 건강에 미치는 결과에 대해 추측한다

    b 환경 오염의 유해한 영향을 입증한다

    c 이전의 연구들을 확증시킨다

4. 본문에서는 환경 오염의 악화가 …라고 말한다.

    a 병에 걸리게 될 가능성을 약간 증가시킨다

    b 급작스럽게 사망률을 증가시킨다

    c 지병을 앓는 사람들에게 더 해롭다

5. 본문에서 글쓴이는 시민들이 …라고 말한다.

    a 그들이 취하는 행동을 이해하는 데 어려움이 있다

    b 위험성에 대해 자각하고 있다

    c 대중교통의 이용에 반대한다

6. 글쓴이에 따르면 정권 담당자들은 …

    a 결정을 내리는 데 늦는다.

    b 서둘러야 할 것이다.

    c 필요한 지원을 받지 못한다.

1. 글의 첫 번째 문단의 내용은 글의 제목의 내용과는 대조적인 부분이 있다. 제목에서는 환경 오염 문제는 심각하다고 했지만, 첫 번째 문단에서는 그 심각성에 비해 사람들은 문제점을 정확히 인지하지 못하고 있다고 말한다. 가장 뚜렷하게 정답을 가늠할 수 있는 문장은 'Salvo aquellas personas que tienen asma o problemas respiratorios, los demás apenas notan que esté ahí.'로, 천식이나 호흡기 질환이 있는 환자들을 제외한 일반적인 경우에는 사람들이 환경 오염의 심각성을 거의 알지 못한다는 것. 따라서 정답은 보기 **a**. 부사 apenas는 '가까스로 ~하다, 거의 ~하지 않는다'라는 뜻으로, casi no(거의 ~이 없다)로 바꾸어 해석하는 것도 방법이다.

2. 두 번째 문단을 통해 글쓴이는 사람들이 환경 문제를 직접적으로 인식하지 못하는 부분에 대해 비판적인 목소리를 내고 있다. 2번 문제의 정답 문장은 'En lugar de quejarse por las dificultades para circular a causa de las limitaciones de tráfico deberían exigir con vehemencia medidas que la redujeran.'. 환경 오염을 줄일 방침을 더 강력히 요구해야 하는데, 반대로 사람들은 차량 운행 제한에 대한 불평만 토로하고 있다는 것이다. 따라서 정답은 보기 **c**. 동사 desaprobar(비난하다, 반대하다, 동의하지 않다)의 해석에 주의해야 한다.

3. 환경 오염에 대해 발표된 연구들이 어떤 내용을 다루고 있는지를 묻고 있다. 정답을 확인할 수 있는 문장은 'son numerosos y muy concluyentes los estudios que demuestran una relación directa entre la contaminación ambiental y la aparición o agravamiento de enfermedades'. 2007년에 발표된 한 연구를 시작으로, 이어지는 수많은 연구들이 환경 오염과 질병 간의 관계를 매우 분명하게 보여 준다는 것. 따라서 정답은 보기 **b**.

4. 네 번째 문단에서는 환경 오염이 실제로 어떤 결과로 이어지는지 자세히 말하고 있다. 마지막 문장 'De hecho, algunos estudios han constatado un aumento súbito de la mortalidad coincidiendo con episodios de alta contaminación.'을 통해 알 수 있는 정답은 보기 **b**.

함정 피하기 첫 번째 문장은 긴 문장이지만 [No solo Ⓐ sino Ⓑ (Ⓐ뿐만 아니라 Ⓑ)]의 구조를 기반으로 문장을 해석해야 한다. 이 문장의 구조를 잘 파악해서 해석하면 보기 **c**가 함정이라는 것을 알 수 있다. 그리고 보기 **a**의 경우는 부사 ligeramente(가볍게, 조금, 약간) 때문에 답이 될 수 없다.

5. 5번 문제는 환경 문제에 대한 시민들의 태도가 어떠한지를 묻고 있다. 다섯 번째 문단에서 정답 문장 'cuando las instituciones quieren adoptar medidas, chocan con la incomprensión de la población.'을 확인해야 한다. 제도적으로 해결 방안을 도입하려고 해도 사람들이 그것을 이해하지 못한다는 뜻으로, 정답은 보기 **a**.

함정 피하기 해당 문단 마지막의 si로 시작하는 가정문 중 'tal vez muchos conductores acabarían tomando conciencia del daño que provocan desplazándose en coche privado cuando podrían hacerlo en transporte público.'를 잘 살펴보면, 교통 표지판에 환경 오염이나 사망 지수에 대한 정보를 노출한다면 운전자들이 대중 교통 대신 자가용을 선택했을 때의 피해에 대해 '어쩌면' tomar conciencia(자각하다)가 가능할 수도 있겠지만, 실제로는 그렇지 않다는 내용을 말하고 있다. **b**가 답이 될 수 없는 이유이다.

6. 본문의 마지막 문단에서 글쓴이는 정권 담당자들이 해야 할 의무에 대해 언급한다. 정답 문장은 마지막에 언급된 'No es fácil y seguramente no recibirán el aplauso inmediato, pero han de hacerlo sin demora.'로, sin demora(지체 없이) 곧바로 실행해야 함을 말하고 있다. 따라서 정답은 보기 **b**. 참고로 han de hacerlo는 '~해야 한다'의 뜻을 가진 [haber de 동사원형]의 의무 표현이다.

contaminación	ⓕ 오염, 공해 (=ⓕ polución)	agravar	더 무겁게 하다, 악화시키다
lucha	ⓕ 투쟁, 싸움, 레슬링	previo	앞선, 사전의, 예비적인
ambiental	환경의, 대기의	obstructivo	방해되는, 폐쇄되는
insidioso	잠복성의, 음험한, 교활한, 음흉한	crónico	장기간에 걸친, 만성의, 고질적인
efecto	ⓜ 효과, 효능, 결론	multiplicar	증가시키다, 증대시키다, 곱하다
salvo	~을 제외하고, ~이외에는	significativo	의미심장한, 중요한, 뜻깊은
asma	ⓕ 천식	padecer	(병 등에) 걸리다, 걸려 있다
respiratorio	호흡의	pulmonar	폐의
apenas	겨우, 고작, 단지, ~하자마자	infarto	ⓜ 경색, 괴사
notar	깨닫다, 알아차리다, 감지하다	ictus	ⓜ 발작
boina	ⓕ 베레모	constatar	확인하다
metrópolis	ⓕ 대도시, 주요 도시	súbito	갑작스러운, 돌연한, 뜻밖의
denso	단단한, 짙은, 밀도가 높은, 걸쭉한	coincidir	일치하다, 부합하다
conciencia	ⓕ 의식, 자각, 양심	estimar	평가하다, 생각하다, 사랑하다, 귀여워하다
carcomer	좀먹다, 갉아먹다, 침식하다, 해치다	atmosférico	대기의, 공기의, 대기 중의
exigente	많은 것을 요구하는, 엄한, 까다로운	umbral	ⓜ 문턱, 시작, 초기, 경계, 분기점
apremiar	독촉하다, 서두르게 하다, 압박하다, 짓누르다	OMS	ⓕ Organización Mundial de la Salud 세계 보건 기구, WHO
circular	돌다, 순회하다, 통행하다	adoptar	채택하다, 결정하다, 입양하다
vehemencia	ⓕ 격렬함, 맹렬함, 열기	chocar	충돌하다, 부딪히다, 다투다
polución	ⓕ 오염, 공해 (=ⓕ contaminación)	incomprensión	ⓕ 이해력의 부족, 몰이해
picar	찌르다, 물다, 쏘다, 잘게 썰다, 따끔따끔하게 아프다	evolución	ⓕ 진전, 발달, 진화
pulmón	ⓜ 폐	imponerse	강요되다, 강제되다, 우위를 점하다, 이기다
arteria	ⓕ 동맥, 대동맥, 간선, 간선 도로	comodidad	ⓕ 편리함, 쾌적함
cardiovascular	심장의, 심장 혈관의	inercia	ⓕ 관성, 탄성, 무력, 이완
prematuro	ⓜ ⓕ 조산아, 미숙아 / 시기상조의, 너무 이른, 조숙한	panel	ⓜ 패널, 판벽
mortalidad	ⓕ 사망률	figurar	나타내다, 묘사하다, 적혀 있다
evolución	ⓕ 진전, 발달, 진화	conciencia	ⓕ 의식, 자각, 양심
concluyente	결정적인, 단호한, 단정적인, 설득력 있는	daño	ⓜ 손해, 피해, 병, 상처, 부상
aparición	ⓕ 출현, 등장	desplazarse	옮기다, 이동하다, 이주하다
agravamiento	ⓜ 악화, 가중, 증가	restricción	ⓕ 제한, 제약, 유보
ozono	ⓜ 오존	reducir	만들다, ~화 하다, 축소하다, 줄이다
partícula	ⓕ 입자, 미립자	episodio	ⓜ 한 사건, 발생 사건, 해프닝
fino	가는, 엷은, 고운, 순수한	puntual	시간을 엄수하는, 충실한, 면밀한

abordar	부딪치다, 충돌시키다, 꾀하다, 시도하다, 다루다, 논의되다	empeoramiento	ⓜ 악화, 감퇴
estructural	구조의, 구조적인, 구조상의	ligeramente	가볍게, 슬쩍, 약간
aplauso	ⓜ 박수	incrementar	증가시키다, 증대하다
demora	ⓕ 지연, 지체	repentinamente	갑자기, 별안간, 느닷없이
entorpecer	우둔하게 하다, 훼방을 놓다, 얼빠지다	perjudicar	해를 끼치다, 손해를 주다
desaprobar	비난하다, 반대하다, 동의하지 않다	oponerse a	~와 반대다, 반대하다
restrictivo	제한하는, 한정하는	retrasarse	늦다, 지연되다
especular	투기하다, 이론을 세우다, 추측하다	apresurarse	서두르다, 급히 ~하다
nocivo	해로운, 나쁜, 유해한	apoyo	ⓜ 받침, 지지, 원조
corroborar	확증하다, 입증하다		

1 해석

지시사항

당신은 요리 수업에서의 경험에 대해 이야기하는 네 명의 사람들의 텍스트를 읽게 될 것입니다. (7번부터 16번까지의) 질문에 (A, B, C 또는 D) 텍스트를 연결하세요.

선택한 보기를 **답안지**에 표기하세요.

문제

		A. 후안	B. 안토니오	C. 마눌로	D. 페드로
7.	강좌를 듣는 동안 동료 의식이 없었다고 말하는 사람은 누구인가?				
8.	강사가 실력이 없었다고 말하는 사람은 누구인가?				
9.	본인의 지식을 완벽히 하고 싶었다고 말하는 사람은 누구인가?				
10.	실습 수업에 참가하는 것이 두려웠다고 말하는 사람은 누구인가?				
11.	금액이 매우 저렴하게 여겨졌다고 말하는 사람은 누구인가?				
12.	강의가 지나치게 길게 느껴졌다고 말하는 사람은 누구인가?				
13.	본인이 들은 강좌가 초보자들을 위한 것이 아니었다고 말하는 사람은 누구인가?				
14.	본인이 가지고 있던 바람을 이루었다고 말하는 사람은 누구인가?				
15.	수업 분위기가 좋지 않았다고 말하는 사람은 누구인가?				
16.	요리에 무능했었다고 말하는 사람은 누구인가?				

A. 후안

저는 이미 다른 코스를 했었지만 이번에는 더 심층적으로 공부하고 싶었습니다. 따라서 전문가와 경험이 있는 아마추어를 위한 한 달짜리 집중 과정을 선택했습니다. 이 수업은 수프, 크림 및 국물 요리, 생선 및 곁들임 요리, 육류 및 볶음 요리, 케이크 제조 입문 등 모든 분야에 대해 다루는 것이었습니다. 저는 그 강좌를 100유로라는 저렴한 가격으로 한 웹 사이트에서 찾았고 굉장히 싼값이라고 생각했습니다. 매 수업은 두 시간 반 동안 진행되었으며 교사들은 15년 이상의 강의 경험을 가진 훈련된 요리사들이었습니다. 모든 메뉴는 협력과 팀워크를 장려하기 위해 그룹으로 준비했습니다. 저의 경우에는 전혀 도움이 되지 않는 한 바보 같은 커플과 함께 하게 되었고 그들 때문에 저는 때때로 무척 고생을 했습니다. 물론, 수업 분위기는 아주 따뜻했고 럭셔리한 경험이었습니다.

B. 안토니오

저는 지중해식 식단, 이태리식 식단, 채식 식단, 제과 기술 등의 매우 건강한 요리 방법으로 3개월마다 내용이 바뀌던 한 실습 수업에 등록했습니다. 시간이 순식간에 흘렀던 그 수업들은 두 시간 반 동안 진행되었고, 저녁 식사를 포함했으며 식전주, 전채 요리, 메인 요리, 후식과 음료로 구성되었습니다. 저는 그 강의를 무척 즐겼습니다. 왜냐하면 제과 기술을 배우는 것은 오래 전부터 제가 하고 싶었으나 미루어 왔던 일이었기 때문입니다. 그 수업은 제가 사는 동네의 한 시민 센터에서 팸플릿을 뒤적이다가 보게 되었습니다. 아주 저렴한 것은 아니었지만 충분히 가치가 있었습니다. 처음에는 확신이 없었고 그것은 시간 낭비일 수도 있을 것이라 생각했습니다. 또한, 스토브 앞에 서는 것이 무척 두려웠습니다. 결국에는 제 연인의 작은 응원에 힘입어 용기를 내어 도전해 보기로 결심했습니다. 잃을 것이 뭐가 있었겠나요? 결국 그것은 돈으로 가치를 매길 수 없는 경험이었습니다. 팀 전체에게 받은 훌륭한 대우 역시 잊을 수 없습니다!

C. 마놀로

저는 창의적인 타파스 요리 전문 과정을 들었습니다. 그 수업은 50유로였는데, 제게는 아주 비싼 금액이었기 때문에 억지로 지불했습니다. 그 수업은 요리에 대해 전혀 모르는 학생들뿐만 아니라 경험이 풍부한 아마추어까지 모두 수용하도록 설계된 수업이었기 때문에 저는 모험을 하기로 결심했습니다. 우리는 수업 시간에 이 분야의 전문 요리사의 명령에 따라 실습해야 했고 그 수업은 우리가 만든 요리로 구성된 저녁 식사를 하는 것으로 마쳤습니다. 하지만 제가 느낀 것은 그가 신참자인 것만 같았고 매우 어색했다는 것입니다. 어쩌면 그렇기 때문에 수업 분위기는 칼로 자른 것처럼 딱딱했습니다. 사기라고 느껴졌지만 저는 그 강의를 마치는 것 말고는 다른 방법이 없었습니다. 물론 제가 요리에 입문하게 되는 것에는 유용했다고 말할 수 있겠습니다. 사실 저는 물도 태워 먹을 정도의 극단적인 실력의 사람이기 때문입니다.

D. 페드로

저는 그 당시 막 독립을 했을 때였고 그 시작을 기념하는 파티를 열고 싶었습니다. 물론 저는 무엇보다도 친구들에게 잘 보이길 원했으며 아주 맛있는 저녁 식사로 그들을 놀라게 만들고 싶었습니다. 하지만 유튜브에 으레 있는 강좌를 보고 싶진 않았습니다. 저는 동남아시아의 이국적인 요리 강의를 듣기로 마음을 먹었는데 그 이유는 그 강좌가 가장 인기가 많았었기 때문입니다. 제가 들었던 실습 강의는 세 시간 반이 걸렸는데 나중에는 그 시간이 너무도 길게 느껴지며 끝이 날 것 같지 않았습니다. 하지만 분위기는 마치 우리가 집에 있는 것과 같이 매우 우호적이고 편안했습니다. 그 실습에서는 동남아시아 출신의 원주민 전문가 요리사들이 가르쳤었는데 가끔은 언어 소통이 잘 안되기도 했지만 매우 친절한 분들이었습니다. 저는 그 수업에서 많은 사람들과 함께 소통하며 매우 즐거웠습니다. 그곳은 우리가 농담도 주고받으며 함께 웃을 수 있는 아주 평온하고 허물없는 공간이었기 때문입니다.

7. 질문에 등장한 명사 compañerismo는 '동료애, 교우, 동료 의식'을 뜻하는데 이것이 부족했다고 말하고 있는 인물을 찾아보아야 한다. 정답은 **A** JUAN. JUAN이 참여한 요리 수업은 팀워크를 장려하기 위해 그룹으로 진행되었지만, 'En mi caso me tocó una pareja bastante borde que no estaba por la labor de ayudar y que a ratos me hizo pasar un mal trago.'라는 문장에서 알 수 있듯이 그와 함께 작업한 커플들에게 팀워크를 느낄 수 없었던 것. 관용 표현인 pasar un mal trago(고생을 하다, 지겨운 한 때를 보내다)의 해석에도 주의해야 한다.

8. 이 질문에서는 말하는 화자가 아닌 제3의 인물, profesor(강사)에 대한 정보를 묻고 있다. 강의를 진행한 강사에 대해 언급하고 있는 텍스트는 **A**, **C**, **D**인데, 이 중에서 질문의 'no estaba cualificado(실력이 없는)'과 관련이 있는 정답은 **C** MANOLO. MANOLO는 'Mi impresión sin embargo es que era un poco novato y estaba como pez fuera del agua, quizás por eso había muy mal rollo y se podía cortar el ambiente con un cuchillo.'라며 강사의 실력이 나빴다고 평가하고 있다. 참고로 이 문장에서는 명사 novato(신참, 풋내기, 미경험자)와 물 밖에 있는 물고기의 행동이 부자연스러운 것에 빗댄 관용어 estar como pez fuera del agua(낯선 환경에서 불편하게 느끼다)를 눈여겨보아야 한다.

9. 질문에서 말하는 perfeccionar el conocimiento는 '이미 갖고 있는 지식 혹은 학문을 더 완벽히 다지다'의 뜻으로 이해해야 한다. 이 문제와 관련된 정답은 **A** JUAN. 정답 문장은 첫 번째 문장인 'Ya había hecho algún que otro curso anteriormente, pero esta vez quería profundizar más y por eso opté por un intensivo...'로, JUAN은 이미 요리를 공부한 적이 있으나 이번 수업을 통해 한층 더 심층적으로 깊이 공부하기를 원했다고 말하고 있다. 동사 profundizar(깊이 파다, 연구하다)를 반드시 암기해야 한다.

10. 질문에 사용된 dar miedo(두려워하게 하다, 겁 내게 하다)의 해석을 정확히 한 후, 수업에 가는 것이 두려웠다고 말하는 사람을 찾아보도록 하자. 이 문제의 정답은 **B** ANTONIO. 그는 수업을 듣기 전에는 확신이 없었고 시간 낭비일 수 있다고 생각했으며, 'Además, ponerme en frente de los fogones me daba pánico.'였다고도 말하고 있다. 요리 수업의 특성상 fogón(불, 스토브) 앞에 서는 것이 매우 두려웠다는 것이다. 참고로 pánico는 'miedo, espanto, temor' 등과 같은 의미이다.

11. 질문에 보이는 형용사 económico는 '저렴한, 싼'의 의미로, 수업료를 저렴하게 생각한 인물을 찾아야 한다. 정답은 **A** JUAN. JUAN은 'Lo encontré en una página de internet por el módico precio de 100 euros y pensé que estaba tirado.'라고 말하고 있는데, 이 문장에서의 형용사 módico는 'barato, económico, asequible' 등과 같이 '저렴한'이라는 의미이다. 또한 estar tirado의 관용 표현도 '매우 싼'이라는 뜻이니 기억해 둔다.

12. 12번 문제의 질문에 사용된 동사 durar는 진행되는 시간을 의미하는데, 여기서 주의할 것은 동사 parecer의 해석이다. 실제로 강의 시간이 길었는지보다는 그렇게 느꼈다고 말하는 사람을 찾아야 하는 문제로, 정답은 **D** PEDRO. 정답 문장은 'Hice un taller que duraba tres horas y media que al final se me hizo eterno, no veía la hora de que terminara.'로, 그는 본인이 들었던 수업이 eterno(영원한)하게 느껴졌고 끝날 시간이 보이지 않았다고 말하고 있다. 참고로 '누군가에게 ~하게 여겨지다'의 뜻을 전달하는 표현으로는 parecer(le)의 표현뿐만 아니라 hacerse(le)의 표현도 매우 일반적으로 쓰이니 기억해 두자.

함정 피하기 텍스트 **A**에서도 수업 시간과 관련된 표현이 언급되기는 했지만, JUAN은 'Cada sesión duraba dos horas y media aproximadamente...'라고만 했을 뿐, 이 시간이 '길게 느껴졌다'는 표현을 하지 않았으므로 답이 될 수 없다.

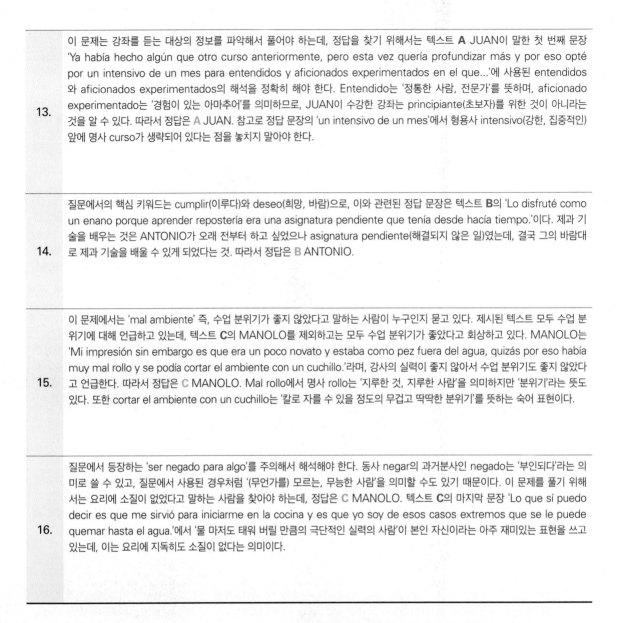

13. 이 문제는 강좌를 듣는 대상의 정보를 파악해서 풀어야 하는데, 정답을 찾기 위해서는 텍스트 **A** JUAN이 말한 첫 번째 문장 'Ya había hecho algún que otro curso anteriormente, pero esta vez quería profundizar más y por eso opté por un intensivo de un mes para entendidos y aficionados experimentados en el que...'에 사용된 entendidos 와 aficionados experimentados의 해석을 정확히 해야 한다. Entendido는 '정통한 사람, 전문가'를 뜻하며, aficionado experimentado는 '경험이 있는 아마추어'를 의미하므로, JUAN이 수강한 강좌는 principiante(초보자)를 위한 것이 아니라는 것을 알 수 있다. 따라서 정답은 **A** JUAN. 참고로 정답 문장의 'un intensivo de un mes'에서 형용사 intensivo(강한, 집중적인) 앞에 명사 curso가 생략되어 있다는 점을 놓치지 말아야 한다.

14. 질문에서의 핵심 키워드는 cumplir(이루다)와 deseo(희망, 바람)으로, 이와 관련된 정답 문장은 텍스트 **B**의 'Lo disfruté como un enano porque aprender repostería era una asignatura pendiente que tenía desde hacía tiempo.'이다. 제과 기술을 배우는 것은 ANTONIO가 오래 전부터 하고 싶었으나 asignatura pendiente(해결되지 않은 일)였는데, 결국 그의 바람대로 제과 기술을 배울 수 있게 되었다는 것. 따라서 정답은 **B** ANTONIO.

15. 이 문제에서는 'mal ambiente' 즉, 수업 분위기가 좋지 않았다고 말하는 사람이 누구인지 묻고 있다. 제시된 텍스트 모두 수업 분위기에 대해 언급하고 있는데, 텍스트 **C**의 MANOLO를 제외하고는 모두 수업 분위기가 좋았다고 회상하고 있다. MANOLO는 'Mi impresión sin embargo es que era un poco novato y estaba como pez fuera del agua, quizás por eso había muy mal rollo y se podía cortar el ambiente con un cuchillo.'라며, 강사의 실력이 좋지 않아서 수업 분위기도 좋지 않았다고 언급한다. 따라서 정답은 **C** MANOLO. Mal rollo에서 명사 rollo는 '지루한 것, 지루한 사람'을 의미하지만 '분위기'라는 뜻도 있다. 또한 cortar el ambiente con un cuchillo는 '칼로 자를 수 있을 정도의 무겁고 딱딱한 분위기'를 뜻하는 숙어 표현이다.

16. 질문에서 등장하는 'ser negado para algo'를 주의해서 해석해야 한다. 동사 negar의 과거분사인 negado는 '부인되다'라는 의미로 쓸 수 있고, 질문에서 사용된 경우처럼 '(무언가를) 모르는, 무능한 사람'을 의미할 수도 있기 때문이다. 이 문제를 풀기 위해서는 요리에 소질이 없었다고 말하는 사람을 찾아야 하는데, 정답은 **C** MANOLO. 텍스트 **C**의 마지막 문장 'Lo que sí puedo decir es que me sirvió para iniciarme en la cocina y es que yo soy de esos casos extremos que se le puede quemar hasta el agua.'에서 '물 마저도 태워 버릴 만큼의 극단적인 실력의 사람'이 본인 자신이라는 아주 재미있는 표현을 쓰고 있는데, 이는 요리에 지독히도 소질이 없다는 의미이다.

compañerismo	ⓜ 우정, 동료애, 동료 의식, 단결 정신	trago	ⓜ 한 입, 한 모금, 한 잔, 불행, 불운, 불쾌함, 불쾌감
cualificado	숙련된, 자격이 있는, 양질의	cálido	뜨거운, 더운, 열렬한, 마음이 따뜻한
perfeccionar	완성하다, 완성되다, 완결되다	trimestre	ⓜ 3개월, 3학기제 학기
taller	ⓜ 공방, 공장, 작업소, 실습	línea	ⓕ 선, 열, 길, 기준, 윤곽, 경향, 방향
económico	경제의, 절약이 되는, 싼	culinario	요리의
principiante	ⓜ ⓕ 시작하는 사람, 초보자 / 시작하는, 견습의	repostería	ⓕ 제과 만들기 기술, 제과 공장, 제과점
negado	ⓜ ⓕ 무능한 사람 / 무능한	pasar volando	빨리 지나가다
algún que otro	몇몇, 약간의	aperitivo	ⓜ 아페리티프, 식전술, 전채
profundizar	깊이 파다, 깊이 연구하다	entrante	ⓜ 전채 요리
optar por	고르다, 뽑다, 선택하다	disfrutar como un enano	무척 즐거워하다
entendido	ⓜ ⓕ 전문가, 박식한 사람 / 이해된, 정통한, 박식한	pendiente	ⓕ 경사, 비탈길 ⓜ 귀고리 / 매달린, 경사진, 기대하는, 현안 중인
tocar todos los palos	다양한 부분을 다루다	ojear	대충 보다, 스쳐보다
baraja	ⓕ 트럼프, 카드 놀이	folleto	ⓜ 소책자, 팸플릿, 안내서
caldo	ⓜ 수프, 국물 요리	cívico	도시의, 시민의, 공공의
guarnición	ⓕ 장식, 요리의 첨가물, 곁들이는 것	ganga	ⓕ 싸구려, 바겐세일
sofrito	ⓜ 소프리토 소스, 저냐 / 기름에 살짝 튀긴	fogón	ⓜ 모닥불, 스토브
iniciación	ⓕ 개시, 창업, 입문	pánico	ⓜ 공황, 패닉, 공포, 당황
pastelería	ⓕ 케이크 제조, 다과	empujón	ⓜ 힘껏 밀어붙이기
módico	저렴한, 그저 그런, 사소한	envalentonarse	기운을 내다, 용기 내다
tirado	끌린, 아주 쉬운, 매우 싼, 입수하기 쉬운	excepcional	예외적인, 유별난, 뛰어난
curtido	단련된, 익숙한, 햇볕에 태운	monográfico	특수 전문의
trayectoria	ⓕ 궤도, 동선, 진로, 코스, 흐름	prohibitivo	금지하는, 금지의, 매우 비싼
fomentar	자극하다, 조장하다, 촉진하다, 장려하다	rascarse el bolsillo	마지못해 돈을 쓰다
equipo	ⓜ 팀, 단체, 장비, 도구	acoger	맞아들이다, 받아들이다, 유치하다
borde	ⓜ 가장자리, 테두리, 모서리 / 아둔한, 바보스러운	avezado	경험이 풍부한
labor	ⓕ 노동, 근로, 공로, 수예	aventurarse	모험을 무릅쓰다
a ratos	이따금, 때때로	a las órdenes	~의 명령대로

impresión	ⓕ 인상, 느낌, 인쇄, 인쇄물	inauguración	ⓕ 개막, 개원, 개업, 개관, 개회식
novato	ⓜ ⓕ 미경험자, 풋내기, 신참	recurrir	도움을 구하다, 호소하다, 상소하다
sentirse como pez fuera del agua	낯선 환경에서 불편하게 느끼다	tutorial	ⓜ 강좌
rollo	ⓜ 롤, 원통형, 필름, 따분한 것, 따분한 사람, 분위기	exótico	외국의, 이국적인, 드문, 색다른
timo	ⓜ 사기, 사취	eterno	영원한, 영구의, 불후의, 불변의
no tener más remedio que	~을 할 수밖에 없다	autóctono	ⓜ ⓕ 토착민, 원주민 / 토착의

1 완성된 지문

EL PERFIL DE LA MUJER EN EL NUEVO MUNDO LABORAL

En la actualidad la presencia de las mujeres en el mundo laboral es una realidad tras el largo camino recorrido por la figura femenina para alcanzar puestos de alta dirección. **17. D.** Cada año hay un porcentaje superior de mujeres que van asumiendo perfiles directivos y mandos intermedios. Progresivamente se está produciendo un cambio en la naturaleza del liderazgo: las mujeres jóvenes tienen una posición ideal para destacar en las presentes y futuras carreras profesionales.

Según últimos estudios, las causas que motivan y retienen a los líderes españoles en sus puestos son diferentes en función del género. **18. G.** Obviando el tema salarial, para las mujeres que están en puestos directivos, la flexibilidad, seguida de la promoción, la formación y el bonus son factores clave.

La tendencia actual es el incremento de mujeres cada vez más jóvenes, conocidas como la "Generación Y", que tienen entre veinte y treinta y ocho años. **19. A.** Este tipo de mujeres destaca por ser socialmente seguras, orientadas al servicio, organizadas y meticulosas, comparadas con sus iguales varones. Lejos de poseer habilidades de liderazgo tradicionales como la persuasión, la confianza o la extroversión, la nueva generación de mujeres aporta una serie de habilidades completamente diferentes y más relevantes para el mundo empresarial de hoy y del mañana. **20. E.** Estas destrezas les ayudarán a manejarse en un futuro en el que tendrán mucha importancia los datos. Esto es debido a que los líderes tendrán que filtrar cantidades ingentes de información para convertirlas en decisiones significativas.

Además, las mujeres más jóvenes destacan por tener muy desarrolladas algunas competencias que serán claves para las posiciones de liderazgo del futuro cercano como el altruismo, las habilidades sociales y el optimismo. **21. B.** Tienen la intuición desarrollada lo que permite ofrecer soluciones más rápidas y entender y adaptarse tanto al cliente como a la situación de la empresa. A medida que las empresas siguen evolucionando y progresando, las mujeres de esta nueva generación se encuentran mejor posicionadas que nunca para ocupar los primeros puestos en el mundo empresarial en las próximas décadas de incertidumbre y cambio.

Para las compañías del nuevo mundo laboral la diversidad de género es absolutamente necesaria para avanzar y alcanzar los objetivos de éxito. La presencia de la mujer en cargos de liderazgo aporta riqueza y visiones complementarias. El cambio en los recursos humanos ha pasado por priorizar el mérito profesional sin que el género suponga un obstáculo para el ascenso a un puesto de dirección o responsabilidad.

En definitiva, la mujer tiene que continuar confiando en su potencial en el mundo laboral y sacarles partido a sus habilidades. **22. H.** Los estudios demuestran que el número de hombres candidatos a ocupar un puesto directivo continúa siendo superior al de mujeres. Pese a eso, finalmente ellas suelen ser las elegidas para el puesto, posiblemente porque las que llegan tienen un nivel competencial muy alto.

지시사항

다음의 텍스트를 읽으세요. 텍스트에는 6개 문장이 빠져 있습니다. (A부터 H까지) 주어진 8개 문장을 읽고, (17번부터 22번까지) 텍스트의 빈칸에 문장을 배치할 곳을 정하세요.

<u>선택하지 말아야 하는 문장이 2개 있습니다.</u>

선택한 보기를 **답안지**에 표기하세요.

새로운 노동 시장에서의 여성의 모습

현재 노동 시장에서 여성들의 존재는 회장단의 자리까지 도달하기 위해 여성들이 걸어온 아주 긴 여정의 끝에서 얻어진 현실이다. **17.** <u>D.</u> 간부직과 중간 경영자층을 맡는 여성의 비율이 해마다 더 높아지고 있다. 리더십의 자질에서 한 가지 변화가 점차적으로 발생하고 있는데, 그것은 바로 젊은 여성들이 현재와 미래의 직업 경력에서 두드러질 만한 이상적인 포지션을 갖는 것이다.

가장 최근의 연구 내용에 따르면 스페인 리더들에게 동기 부여를 주고 그들의 자리를 지키게끔 만드는 이유들은 성별에 따라 다르다. **18.** <u>G.</u> 임금 문제를 떠나서 보았을 때, 관리직에 있는 여성들에게 있어서는 유연성, 진급, 육성, 보너스 등이 바로 핵심 요인이다.

현재 추세는 20~38세 사이의 "Y세대"라고 알려진, 전보다 더 낮은 연령층 여성들의 증가이다. **19.** <u>A.</u> 이러한 여성들은 같은 연령의 남자들에 비해 사회적으로 더 신뢰할 만하고, 봉사를 하는 것에 익숙하고, 일을 잘 하며 세심하다는 점이 부각된다. 설득, 확신 또는 외향성과 같은 기존의 리더십 자질과는 거리가 먼 새로운 여성들의 세대는 오늘과 미래의 비즈니스 세계에 완전히 다르고 더 두드러지는 일련의 능력을 제공한다. **20.** <u>E.</u> 이러한 기량들은 자료들이 더 중요시될 미래에서 그들이 처세를 하는 것에 도움이 될 것이다. 이것은 바로 리더들이 방대한 양의 정보들을 걸러내 그것들을 중요한 결정으로 전환해야 할 것이기 때문이다.

또한 더 젊은 여성들은 이타주의, 사회적 능력, 낙관주의와 같이 가까운 미래의 리더십 포지션에 있어서 핵심이 될 수 있는 몇 가지 능력이 매우 잘 발달된 것이 특징이다. **21.** <u>B.</u> 그들은 더 빠른 해결책을 제안할 수 있고 고객뿐만 아니라 회사의 상황에 대해서도 이해하고 적응할 수 있는 발달된 직감을 가지고 있다. 기업들이 계속해서 진화하고 발전해 감에 따라, 향후 수십 년 동안 불확실성과 변화가 많을 것으로 보이는 기업 세계에서 이 새로운 세대의 여성은 가장 높은 자리를 차지하기 위해 그 어느 때보다도 더 유리한 위치에 있다.

새로운 노동 세계에 있는 기업들에게는 성공의 목표에 도달하고 달성하기 위해 성별의 다양성이 절대적으로 필요하다. 지도자의 위치에 있는 여성의 존재는 풍요와 상호 보완적인 비전을 제공한다. 인적 자원의 변화는 관리직이나 책임자직으로 승진하는 데 성별이 걸림돌이 되는 대신 전문적인 자질을 우선시하는 과정을 거쳤다.

결론적으로 여성은 노동 세계에서 자신의 잠재력을 계속 신뢰하고 자신의 능력을 이용해야 한다. **22.** <u>H.</u> 연구에 따르면 관리직에 지원하는 남성 지원자들의 수가 여성의 수보다 계속해서 더 높은 것으로 나타났다. 그럼에도 불구하고, 결국은 여성들이 그 자리에 선택되는 경향이 있는데, 아마도 지원한 여성들은 매우 높은 수준의 능력을 가지고 있기 때문일 것이다.

문장

A. 이러한 여성들은 같은 연령의 남자들에 비해 사회적으로 더 신뢰할 만하고, 봉사하는 것에 익숙하고, 일을 잘 하며 세심하다는 점이 부각된다.

B. 그들은 더 빠른 해결책을 제안할 수 있고 고객뿐만 아니라 회사의 상황에 대해서도 이해하고 적응할 수 있는 발달된 직감을 가지고 있다.

C. 그렇지만 이러한 현실은 여성들이 남성들과 동일한 리더십의 능력을 갖고 있다는 것을 나타내 보인다.

D. 간부직과 중간 경영자층을 맡는 여성의 비율이 해마다 더 높아지고 있다.

E. 이러한 기량들은 자료들이 더 중요시될 미래에서 그들이 처세하는 것에 도움이 될 것이다.

F. 그럼에도 불구하고, 회사는 더 큰 심리적 안전성과 더 효율적인 수준의 혁신을 얻는 것이다.

G. 임금의 문제를 떠나서 보았을 때, 관리직에 있는 여성들에게 있어서는 유연성, 진급, 육성, 보너스 등이 바로 핵심 요인이다.

H. 연구에 따르면 관리직에 지원하는 남성 지원자들의 수가 여성의 수보다 계속해서 더 높은 것으로 나타났다.

17.

D. Cada año hay un porcentaje superior de mujeres que van asumiendo perfiles directivos y mandos intermedios.

글의 첫 문장에서는 현재 노동 시장에서의 여성들의 존재가 오랜 시간 그녀들이 회장단의 위치까지 도달하기 위해 노력해 온 결과라고 언급하고 있다. 이어지는 17번 빈칸에 알맞은 정답 문장은 보기 **D**. 여성이 간부직과 중간 경영자층을 맡게 되는 비율이 매년 더 높아지고 있다는 내용으로, 빈칸 앞 문장에서의 명사 puestos de alta dirección(회장단의 자리)이 의미하는 것이 바로 보기 **D**에 나온 perfiles directivos y mandos intermedios(간부직과 중간 경영자층)이다. 또한 동사 alcanzar(도달하다, 따라잡다) 역시 보기 **D**에서 등장하는 동사 asumir(맡다, 지다)와 유사한 의미로 사용된 것을 알 수 있다.

함정 피하기 보기 **C**의 경우 빈칸 앞 문장에서 언급하는 la actualidad(현재, 현실)와 유사한 의미인 realidad actual(이러한 현실) 때문에 정답으로 혼동할 수 있겠으나, 앞의 내용과 반대되는 맥락으로 전환시키는 no obstante(그렇지만, 하지만)가 사용되었기 때문에 문맥과 어울리지 않는다.

18.

G. Obviando el tema salarial, para las mujeres que están en puestos directivos, la flexibilidad, seguida de la promoción, la formación y el bonus son factores clave.

두 번째 문단은 스페인의 리더들이 동기 부여를 받고 리더의 자리를 유지하게 만드는 이유가 성별에 따라 다르다는 내용으로 시작된다. 18번에 들어갈 문장으로는 바로 이 이유들에 대한 설명이 이어지는 것을 찾으면 된다. 정답은 보기 **G**. 18번 빈칸 앞 문장에서 사용된 명사 causas와 보기 **G**의 factor clave가 같은 맥락을 구성한다는 것이 확인되어야 한다.

19.

A. Este tipo de mujeres destaca por ser socialmente seguras, orientadas al servicio, organizadas y meticulosas, comparadas con sus iguales varones.

19번 빈칸 앞 문장에서는 'Y 세대'라고 알려진 연령층의 여성들이 증가하는 것이 현재 추세라고 말한다. 이에 이어지는 정답 문장은 보기 **A**. 보기 **A**의 주어 'este tipo de mujeres'가 가리키는 대상이 바로 빈칸 앞 문장에서 말한 Y 세대의 여성들로, 보기 **A**에서는 이 여성들이 가지고 있는 특징을 구체적으로 설명하고 있다.

함정 피하기 보기 **B**의 경우, 주어를 생략한 구조를 가진 문장인데 문맥을 정확하게 파악하지 않으면 정답으로 혼동할 수 있다. 19번 빈칸이 있는 세 번째 문단은 Y 세대 여성들이 가진 리더십에 대해 설명하고 있는데, 보기 **B**는 그 여성들이 가진 발달된 직감력을 언급하고 있다. 이는 해당 문단의 주제인 리더십과는 직접적인 관련이 없는 내용이므로 오답이다.

20.

E. Estas destrezas les ayudarán a manejarse en un futuro en el que tendrán mucha importancia los datos.

20번 정답은 빈칸 앞뒤 내용을 모두 연결할 수 있는 문장으로 찾아야 한다. 20번 문제의 정답은 보기 **E**. 보기 **E**의 'estas destrezas(이러한 기량들)'이 빈칸 앞 문장의 'habilidades(능력들)'의 동의어로 사용되었다는 것을 빠르게 파악하는 것이 필요하다. 또한 빈칸 뒤 문장이 'esto es debido a que(이는 바로 ~때문이다)'로 시작되는데, 보기 **E**의 내용이 빈칸 뒤 문장과 인과 관계로 연결되기 때문에 문맥상으로도 자연스럽다. 명사 datos와 información의 사용을 눈여겨보아야 한다.

B. Tienen la intuición desarrollada lo que permite ofrecer soluciones más rápidas y entender y adaptarse tanto al cliente como a la situación de la empresa.

21. 이어지는 문단에서는 리더십 포지션에서 핵심이 될 수 있는 젊은 여성들의 몇 가지 능력에 대해 언급한다. 21번 문제의 정답은 보기 **B**. 그들의 직감력 덕택에 고객뿐만 아니라 기업의 상황에 대한 이해를 하여 빠른 해결책을 제공할 수 있다는 것. 21번 빈칸 뒤에 이어지는 문장 역시 같은 맥락으로, 젊은 여성들이 가지고 있는 이러한 능력 덕분에 기업들이 변화하고 진화하는 상황에서 리더의 자리를 차지하기에 더 유리하다는 내용을 설명하고 있다. 젊은 여성들이 가진 능력들이 리더십 포지션을 얻는 데에 어떻게 유리한 방면으로 작용하는지 설명하는 흐름으로 21번 빈칸 앞뒤 내용을 연결하는 것이 중요하다.

H. Los estudios demuestran que el número de hombres candidatos a ocupar un puesto directivo continúa siendo superior al de mujeres.

22. 22번 빈칸은 텍스트 전체 내용에 대한 결론을 짓는 마지막 문단에 위치하고 있다. 22번 문제의 정답을 유추하는데 직접적인 역할을 하는 단서는 빈칸 뒤 문장에 사용된 'pese a(~에도 불구하고)'로, 빈칸 뒤 문장과 상반되는 내용이 22번 빈칸에 들어가야 한다. 따라서 이 문제의 정답은 보기 **H**. 연구 내용에 따르면 현재 여성의 수보다 많은 수의 남성들이 관리직에 지원하고 있다는 것. 빈칸 뒤 마지막 문장은 이러한 현실에도 불구하고 여성들이 더 높은 비중으로 선택되고 있다는 내용이므로, 보기 **H**와도 내용이 자연스럽게 연결된다.

perfil	ⓜ 옆얼굴, 측면도, 프로필, 윤곽, 모습	riqueza	ⓕ 부, 풍요로움, 재산
laboral	노동의, 직업의	visión	ⓕ 보기, 봄, 시야, 시각, 시력, 관점, 비전, 광경
presencia	ⓕ 존재, 출석, 참가, 차림새	complementario	보충의, 추가적인
alcanzar	닿다, 도달하다, 이르다	recursos humanos	ⓜ pl. 인적 자원
puesto	ⓜ 자리, 노점, 지위, 순위	priorizar	우선권을 주다
alta dirección	ⓕ 회장단	mérito	ⓜ 공로, 공적, 가치, 장점
progresivamente	서서히, 단계적으로	obstáculo	ⓜ 방해, 장애, 장애물
liderazgo	ⓜ 리더쉽, 지도권, 지도력	ascenso	ⓜ 증가, 상승, 승진, 출세
destacar	강조하다, 빼어나다	en definitiva	결국, 결론적으로, 명확히
retener	만류하다, 억제하다, 유지하다, 구류하다	potencial	ⓜ 잠재력, 가능성 / 잠재적인
en función de	~에 따라서, ~에 의거해서	sacar partido	이익을 얻다, 활용하다
género	ⓜ 종류, 분야, 장르, 성	pese a	~에도 불구하고
tendencia	ⓕ 경향, 풍조, 추세	orientado	지향하는, 향하는
incremento	ⓜ 증가, 증식, 발전	organizado	정리된, 조직화된, 통제가 있는
habilidad	ⓕ 능력, 재능	meticuloso	세심한, 소심한
persuasión	ⓕ 설득, 확신	intuición	ⓕ 직감, 직감력, 직관, 예감
extroversión	ⓕ 외향성	demostrar	증명하다, 분명하게 드러내다, 입증하다
aportar	입항하다, 기여하다, 제공하다, 제시하다	superior	위의, 상부의, 상질의, 고등의, 많은
relevante	두드러진, 중요한, 의의가 있는	asumir	지다, 맡다, 획득하다, 얻다
filtrar	여과로 거르다, 침투시키다, 스며들다	mandos intermedios	ⓜ pl. 중간 관리층
ingente	거대한, 매우 큰, 위대한	destreza	ⓕ 솜씨, 숙달
significativo	의미심장한, 중요한, 뜻깊은	beneficiarse de	은혜를 입다, 이득을 보다
competencia	ⓕ 경쟁, 겨룸	innovación	ⓕ 신기축, 새 제도, 혁신, 변혁
altruismo	ⓜ 이타, 이타심	eficiente	유능한, 능률[효율]이 좋은, 효과적인
optimismo	ⓜ 낙관, 낙천주의	obviar	피하다
incertidumbre	ⓕ 불확실성, 의문	salarial	임금의, 급여의
diversidad	ⓕ 다양성, 각양	candidato	ⓜ ⓕ 후보자, 지원자
absolutamente	절대로, 전혀, 완전히	ocupar	차지하다, 점유하다, 쓰다, 고용하다
cargo	ⓜ 직책, 책임, 부담, 하중		

1 완성된 지문

¿POR QUÉ LEER EL QUIJOTE POR LO MENOS UNA VEZ EN LA VIDA?

La lectura de El Quijote no es trabajo académico: solo tienes que hacerlo porque te apetece. Es un reto personal: saber que has **23. a** sido capaz de leer una obra tan larga, tan importante; poder decirlo, compartirlo, contarla, hablar de **24. b** ella. El Quijote es una parodia de los libros de caballerías, de los caballeros andantes, es una burla, por lo tanto está cargado **25. a** de humor.

El Quijote pertenece al pasado y muchas de las gracias derramadas en su texto no son fáciles de entender **26. b** para el lector actual. Por eso **27. c** conviene usar una edición anotada con explicaciones y comentarios breves de palabras antiguas y referencias históricas, literarias y mitológicas.

El Quijote ofrece **28. a** una completa visión panorámica de la sociedad española del siglo de oro. La novela cervantina esconde la construcción de un lúdico que se desarrolla en un juego codificado por Don Quijote **29. c** de acuerdo con las reglas de la caballería andante. Así lo explicó Torrente Ballester, el mayor heredero de Cervantes en los últimos tiempos: Don Quijote finge su locura para ser caballero andante y protagonista de un libro, como tal **30. c** se comporta en sus aventuras y encuentros con otros personajes, busca su reconocimiento por los demás y respeta las reglas de su juego; pero hay gente como el cura y el barbero que las quebrantan y así retiran al caballero **31. a** encerrado en una jaula.

El Quijote representa también una forma de vida **32. b** libremente elegida: el visionario Don Quijote crea su realidad, su nombre, sus armas, el nombre de Rocinante y **33. a** el de su amada, Dulcinea del Toboso, que constituye el ideal **34. c** más sublime imaginado por el ser humano. El caballero nunca decae en la defensa de su ideal amoroso.

La gran novela cervantina constituye una magistral síntesis de vida y literatura, de vida soñada y vida vivida; afirma los más nobles valores del heroísmo; refleja los afanes y penas de la prosa de la vida cotidiana; encarna una imperecedera lección de solidaridad, justicia y amor **35. b** al bien, como resultado de una capacidad de comprensión de todo lo humano nunca superada ni antes ni después; y es un canto a la libertad, entonado por un genial hidalgo manchego que, leyendo libros, se convirtió en el lector ideal, creyendo cuanto leía y poniéndolo en **36. a** práctica como Don Quijote de la Mancha.

지시사항

텍스트를 읽고 (23번부터 36번까지) 빈칸에 (a / b / c) 보기를 채우세요.

선택한 보기를 **답안지**에 표기하세요.

왜 평생에 걸쳐 돈키호테를 최소한 한 번은 읽어야 하는가?

돈키호테 읽기는 학문적인 일이 아니다. 단지 당신은 그것을 하고 싶다는 이유로 해야 한다. 그것은 개인적인 도전이다. 당신이 그렇게 길고 중요한 작품을 읽을 수 있었다는 것을 아는 것, 그것을 말하고, 공유하고, 스토리를 전하거나 작품에 대한 언급을 할 수 있다는 것이다. 돈키호테는 기사도 소설을 패러디하고 편력 기사를 조롱하는 것이므로 이 책은 유머로 가득 차 있다.

돈키호테는 과거에 속하며 그 작품의 텍스트에 넘쳐 흐르는 정취의 대다수는 현대의 독자가 이해하기 쉽지 않다. 그렇기 때문에 고어체와 역사적, 문학적, 신화적 참조에 대한 설명이나 짧은 주석이 달린 판을 쓰는 것이 좋다.

돈키호테는 황금 세기 스페인 사회에 대한 완벽한 파노라마 뷰를 보여 준다. 세르반테스의 그 소설은 돈키호테가 편력 기사도의 규칙에 따라 자기 스스로의 암호를 만들어 하나의 놀이로 발전하는 완전한 유희 체계의 구축을 감추고 있다. 최근 세르반테스의 영향을 가장 많이 받은 토렌테 바예스테르는 다음과 같이 설명했다. 돈키호테는 편력 기사이자 책의 주인공이 되기 위해 그의 모험과 다른 인물들과의 만남에서 그러하듯이 미친 척하며, 다른 사람들로부터 인정받는 것을 추구하고 그의 게임의 규칙들을 지킨다. 하지만 성직자와 이발사와 같이 그 규칙들을 파괴하고 그 기사를 교도소에 가두어 버리는 사람들도 있다.

돈키호테는 또한 자유롭게 선택한 삶의 방식을 나타낸다. 공상가 돈키호테는 그의 현실, 이름, 무기, 로시난테와 그의 사랑하는 둘시네아 델 토보소의 이름을 창조한다. 이는 인간이 상상하는 가장 숭고한 이상이다. 그 기사는 결코 자신의 이상적 사랑을 옹호하는 데 억제하지 않는다.

이 위대한 세르반테스 소설은 삶과 문학, 꿈 속의 삶, 그리고 살아있는 삶의 훌륭한 종합을 정립하며 영웅주의의 가장 고귀한 가치를 확립한다. 일상의 무미건조함에 대한 열정과 아픔을 반영하며 모든 인간이 전에도 그 이후에도 결코 뛰어넘지 못한 이해력에 대한 결과로서의 연대, 정의, 선에 대한 사랑의 불후의 교훈을 구현한다. 그리고 그것은 라 만차 출신의 한 훌륭한 시골 신사가 노래한 자유의 노래이다. 그는 독서를 하며 이상적인 독자가 되었으며 읽는 모든 것을 믿었고 읽은 것을 '라 만차의 돈키호테'로서 실천한 것이다.

23. 23번은 빈칸 바로 앞에 있는 조동사 haber의 현재시제 2인칭 단수변형 has와 하나의 과거분사를 연결해 직설법 현재완료형을 완성시켜야 하는 문제이다. 답을 선택하기 위해서는 빈칸 바로 뒤에 이어지는 형용사 capaz(할 줄 아는, 할 수 있는)와 연결시켜야 하는 동사가 무엇인지 생각할 것. 정답은 보기 a. [Ser capaz de 동사원형]은 '~할 능력이 있다'는 의미이다.

함정 피하기 보기 b의 동사 estar와 보기 c의 poder(할 수 있다) 뒤에 형용사 capaz가 이어지는 표현은 없으므로 함정이다.

24. 24번 문제의 보기를 우선 파악하면, 보기 a와 b는 모두 주격대명사이고 보기 c는 정관사 혹은 직접목적격 대명사 여성 단수형이다. 이 중에서 빈칸 앞의 전치사 de에 이어 쓸 수 있는 것은 él이나 ella와 같은 주격대명사인데, 빈칸이 있는 문장의 주어가 여성형 명사인 obra(작품)이므로 정답은 보기 b.

함정 피하기 정관사의 경우는 명사 혹은 형용사 앞에 위치해야 하고 직접목적격 대명사의 경우는 동사와 함께 위치해야 하므로, 보기 c는 답이 될 수 없다.

25. 25번처럼 전치사와 관련된 문제는 빈칸의 앞뒤 표현에 집중해서 문제를 풀어야 한다. 이 문제의 빈칸 앞에는 estar cargado라는 표현이 있는데, 동사 cargar는 '짐을 싣다, 적재하다'의 의미이다. 이 동사의 과거분사 형태인 형용사 cargado는 '(무엇이) 가득한, 가득 찬'이라는 뜻이며, 그 뒤에 오는 명사를 수식할 때는 항상 전치사 de와 함께 쓰인다. 따라서 정답은 보기 a. 'Cargado de(~으로 가득 찬)'와 비슷한 의미를 가진 표현으로는 'lleno de, repleto de' 등이 있으므로 함께 알아 두자.

26. 26번 문제 역시 전치사 문제로, 빈칸에 들어갈 전치사가 연결시키는 구간은 'no son fáciles de entender(그것들은 이해하기에 쉽지 않다)'와 'el lector actual(현대의 독자)'이다. 이 부분의 문장을 해석해 보면 돈키호테 텍스트에 넘쳐 흐르는 글의 정취는 현대의 독자들에게 이해되기 어렵다는 의미이므로, 빈칸 뒤에 이어지는 el lector는 그러한 어려운 정취를 이해해야 하는 대상이 된다. 따라서 문맥상 빈칸에 알맞게 어울리는 전치사는 para이므로, 정답은 보기 b.

27. 27번 문제는 동사 convenir(적당하다)의 세 가지 변형 형태가 보기로 제시되어 있는데, 보기 a와 c는 직설법 변형 형태이고 보기 b는 접속법 변형 형태이다. 이 문제와 같이 특정 접속사나 부사 뒤에 어떤 동사 변형 형태가 들어가야 하는지를 묻는 경우, 해당 접속사나 부사가 직설법 혹은 접속법 중 한 가지 경우에만 사용할 수 있는 어휘인지를 먼저 파악하도록 하자. 이 문제의 경우 결과를 의미하는 접속사인 por eso가 빈칸 바로 앞에 있으므로, 빈칸이 있는 부분에는 직설법 변형 형태가 들어가야 한다. 따라서 보기 a와 c 중에서 정답을 선택해야 하는데, 빈칸이 있는 문장에서는 앞에서 언급된 내용에 이어서 '현 시대의 독자'가 현재 돈키호테를 독서할 때 어떤 방법을 사용하는 것이 좋은지를 설명해 주고 있다. 따라서 빈칸에는 현재시제가 적합하므로, 정답은 보기 c.

함정 피하기 Por eso가 사용된 문장에는 접속법 변형 형태를 쓸 수 없으므로, 보기 b는 자동 소거된다.

28. 28번 문제의 보기에는 부정관사, 형용사, 정관사가 각각 등장한다. 형용사 completa 앞에서 올바르게 쓰일 수 있는 것은 부정관사와 정관사인데, 문맥에 맞게 '하나의 완벽한 파노라마 뷰'라는 표현을 만들기 위해서는 부정관사 una가 사용되어야 한다. 따라서 정답은 보기 a.

함정 피하기 세 가지 보기 중 문장 구조상 알맞지 않은 보기는 b. '형용사+형용사' 형태인 mucha completa 뒤에 명사 visión을 연결하는 것은 어색하다. 그리고 만약 보기 c의 정관사 la가 빈칸에 들어간다면, 'completa visión panorámica de la sociedad española del siglo de oro(황금 세기 스페인 사회에 대한 완벽한 파노라마 뷰)'를 특정해서 표현한 '그 파노라마 뷰'가 되어서 어색한 문장이 된다. 정관사 단수형으로 특정 지을 수 있는 경우는 특정한 하나의 대상인 경우이므로, 지금의 문장에서는 어울리지 않는다.

29. 29번 문제는 'un juego codificado por Don Quijote(돈키호테가 만든 자신만의 놀이)'와 'las reglas de la caballería andante(편력 기사도 규칙)'를 연결시키는 적당한 전치사구를 빈칸에 넣어야 하는 문제이다. 빈칸이 있는 부분을 살펴보면, 돈키호테가 자신만의 놀이를 즐기기 위해 편력 기사도 규칙을 기준으로 삼아 자기 스스로의 암호를 만들었다는 흐름이 가장 자연스럽다. 따라서 정답은 보기 c. 전치사구 de acuerdo con은 '~에(~를) 따라서'의 의미이며, 'conforme a' 혹은 'según'도 이와 같은 의미로 쓸 수 있다.

함정 피하기 보기 a의 a fin de는 '목적'을 표현하는 전치사구로 그 의미는 '(무엇을) 목적으로, (무엇을) 위해서'이다. 보기 b의 antes de는 '시간, 공간'을 표현하는 전치사구로 그 해석은 '~전에, ~의 앞에'의 뜻이다. '편력 기사도 규칙'은 돈키호테가 놀이를 만든 목적이 되지 않고, 시간과 공간에 해당하는 내용도 아니므로 두 전치사구 모두 문맥상 적절하지 않다.

30. 30번 빈칸이 있는 문장은 'Don Quijote finge...'부터 집중해서 파악하도록 하자. 빈칸 앞에 있는 부사 como는 '~처럼, ~과 같이'라는 의미이고, tal은 '그렇게, 그런 식으로'의 의미여서, 이 두 어휘가 합쳐진 como tal은 '~하는 그런 식과 같이'라는 의미가 된다. 빈칸의 앞 내용에서 반드시 파악할 것은 주어가 돈키호테라는 것이며 como tal로 연결되는 구간 역시 계속해서 돈키호테가 주어로 사용되고 있다는 것이다. 동사 comportar는 타동사로 쓰면 그 의미가 '포함하다, 수반하다'의 뜻이지만 재귀형으로 쓰면 '행동하다, 처신하다'의 의미가 되는데, 돈키호테가 그의 다른 모험이나 다른 인물들과의 만남에서 '행동하듯이' 그 자신이 스스로 미친 척한다는 흐름으로 연결시키는 것이 자연스럽다. 따라서 정답은 재귀대명사에 해당하는 보기 c.

함정 피하기 보기 a와 b는 3인칭 남성형 단수에 해당하는 목적격 대명사인데, 빈칸 앞뒤에 3인칭 목적격 대명사로 대체할 만한 다른 표현이 언급되지 않았음을 알아채야 한다.

31. 31번의 빈칸의 보기는 모두 동사의 과거분사 남성단수형으로, 31번 빈칸 앞에 위치한 caballero를 수식하는 형용사의 역할을 한다. 이 경우, 문법적으로는 정답을 구분할 단서가 없고, 문맥상 자연스러운 의미를 가진 동사의 과거분사 형태를 찾아야 한다. 보기 a의 동사 encerrar는 '가두다, 감금하다', 보기 b의 동사 proteger는 '지키다, 보호하다'의 의미이고, 보기 c의 동사 amparar도 동사 proteger와 유사한 의미인 '보호하다, 감싸다'이다. 이 중에서 빈칸 뒤에 나온 'en una jaula(교도소에)'와 의미상 가장 부합하는 동사는 encerrar이기 때문에, 정답은 보기 a.

함정 피하기 일부 사람들이 돈키호테를 교도소에 보호하거나 감싸 둔다는 내용은 어색하기 때문에, 동사 proteger나 amparar는 문맥상 어울리지 않는다.

32. 32번 빈칸에 뒤에 위치한 어휘 elegida는 동사 elegir(고르다, 선택하다)의 과거분사형 형용사로, '선택한'이라는 의미로 해석해야 한다. 제시된 보기 3가지는 각각 명사 libertad(자유), 부사 libremente(자유롭게), 형용사 libre(자유로운)인데, 형용사 elegida 앞에서 사용할 수 있는 어휘는 부사 libremente이므로, 정답은 보기 **b**. libremente elegida는 '자유롭게 선택한'으로 해석할 수 있다.

33. 33번 정답을 찾기 위해서는 빈칸 앞에 있는 접속사 y 와 빈칸 뒤 'de su amada, Dulcinea del Toboso'의 구조를 잘 살펴보도록 하자. 이 구조는 하나의 명사가 두 번 반복 사용될 때 쓰이는데, 내용의 흐름을 파악하며 어떤 명사를 두 번 반복했는지 깨닫는 데 집중해야 한다. 해당 부분의 문맥을 살펴보면 '로시난테(돈키호테의 말)의 이름과 그의 연인인 둘시네아 델 토보소의 이름'을 모두 돈키호테가 지었다는 것을 알 수 있는데, 이 때 반복되는 어휘는 바로 'nombre(이름)'이다. 이 경우 두 번째 nombre가 사용되는 위치에는 중복되는 명사 대신 정관사만을 남겨 쓸 수 있으므로, 정답은 보기 **a**.

함정 피하기 명사 amada(연인)의 성과 수에 맞추어 보기 **b**의 정관사 la를 선택하지 않도록 해야 한다.

34. 빈칸의 위치를 확인해 보면 바로 앞에 정관사 el과 명사 ideal(이상)이 있고, 빈칸의 뒤에는 형용사 sublime(숭고한, 뛰어난)가 위치하고 있다. 제시된 보기 중 정관사와 함께 사용할 수 있는 것은 최상급 표현을 만들 수 있는 más 뿐이므로 정답은 보기 **c**.

함정 피하기 이 문장에서 부사 muy와 bastante는 정관사와 함께 쓰일 수 없는 구조가 되는데, 만일 '가장 숭고한 위상'이 아닌 '아주 숭고한 이상'의 의미를 나타내기 위해 muy 또는 bastante를 넣는다면, 정관사 el 대신 부정관사 un을 빈칸 앞에 사용해야 한다.

35. 35번 문제의 빈칸은 명사 amor와 bien 사이에 위치해 있다. 명사 amor의 경우 전치사 a 혹은 por와 함께 쓰여 '(~에의) 사랑, 애정'을 표현한다는 것을 우선 알고 있어야 하는데, 세 가지 보기 모두 전치사 a를 포함하고 있다. 따라서 각 보기들에서 부각되어 보이는 것은 정관사의 유무인데, 보기 **a**와는 달리 **b**와 **c**에서는 정관사 남성 단수형과 여성 단수형이 등장한다. 여기서 중요한 포인트는 빈칸에 이어지는 bien이 부사가 아니라 명사로 사용되었다는 것이다. 명사로 쓰인 bien은 '선, 이익, 복지' 등의 의미로 활용되는 남성 명사이므로, 정답은 보기 **b**. Bien과 mal을 일반적으로 사용되는 부사로 파악을 해서 빈칸 앞에 관사가 올 리가 없다는 단순한 판단을 해서는 안 되고, 보기에 나온 정관사를 보고 bien과 mal이 명사로 사용된 것은 아닌지 의문이 들어야 하겠다.

36. 36번 빈칸 앞에는 동사 poner를 사용한 'poniéndolo en'이라는 표현이 있는데, 제시된 보기와 문맥을 참고해 보았을 때 'poner en práctica(실천하다, 실행에 옮기다)'라는 숙어 표현을 완성시켜야 하는 문제임을 알 수 있다. 따라서 정답은 보기 **a**. 이와 같은 숙어 표현은 사전 지식이 있어야 비교적 쉽게 알아볼 수 있는데, 비슷한 의미의 'llevar a la práctica(실천하다)'라는 숙어 표현도 함께 암기해 두도록 하자.

함정 피하기 보기 **c**의 경우 poner en orden은 '정돈하다, 배열하다'의 의미이기 때문에 문맥과 어울리지 않는다.

lectura	ⓕ 독서, 낭독, 독해	personaje	ⓜ 인물, 배역
académico	학술적, 학문적, 학구적	reconocimiento	ⓜ 식별, 인식, 인지
reto	ⓜ 도전, 도발, 어려운 목표	cura	ⓜ 사제 / ⓕ 치료, 치유
parodia	ⓕ 모방, 패러디	barbero	ⓜ 이발사
caballería	ⓕ 기사도, 스페인의 기사단, 기병대	quebrantar	잘게 부수다, 파괴하다, 위반하다, 약화시키다
caballero	ⓜ 남성, 기사, 신사, 귀족	retirar	제거하다, 치우다, 철수시키다, 빼앗다
andante	걷는, 걸어가는	jaula	ⓕ (동물의) 우리, 교도소
burla	ⓕ 조롱, 우롱, 농담	visionario	ⓜ ⓕ 공상가, 몽상가 / 공상적인, 환영의
cargado de	(무엇으로) 가득 채워진	sublime	숭고한, 뛰어난, 훌륭한
gracia	ⓕ 호의, 감사, 우스움, 농담, 정취	decaer	저하하다, 기운이 빠지다, 쇠퇴하다
derramado	흘린, 흘러내린, 넘쳐 흐른	defensa	ⓕ 수비, 방어, 변호, 진술
lector	ⓜ ⓕ 독자, 낭독자 / 읽는, 독서의	magistral	능숙한, 훌륭한, 권위 있는, 교사의, 우쭐거리는
anotado	주석이 달린	síntesis	ⓕ 총합, 합성
breve	간결한, 짧은	valor	ⓜ 가치, 가격, 효력, 의의, 용기
mitológico	신화의	heroísmo	ⓜ 영웅주의, 영웅심, 의협심
panorámico	파노라마의, 전경의	afán	ⓜ 열심, 의욕, 노고, 야망
siglo de oro	ⓜ 황금 시대	pena	ⓕ 형벌, 괴로움, 곤란, 슬픔
esconder	숨기다, 내포하다	prosa	ⓕ 산문, 문장, 범속
lúdico	유희적인	encarnar	화신으로 나타나다, 구현하다
codificado	부호화된, 체계적으로 분리된	imperecedero	불사의, 불멸의, 영원한
regla	ⓕ 규정, 규칙 (= ⓕ norma, ⓜ reglamento)	solidaridad	ⓕ 결속, 연대
heredero	ⓜ ⓕ 상속인, 계승자, 후계자	entonado	억양을 붙인, 강해진
fingir	만들어 내다, ~척하다, ~체하다	manchego	라만차 (la Mancha) 태생의
como tal	~하는 것처럼	poner en práctica	실천하다
comportarse	행동하다, 처신하다		

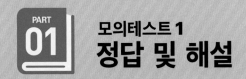

PART
01

모의테스트 1
정답 및 해설

PRUEBA DE COMPRENSIÓN AUDITIVA

듣기 영역 정답

1	a	2	c	3	b	4	c	5	b	6	a
7	B	8	A	9	C	10	B	11	C	12	B
13	a	14	c	15	b	16	c	17	a	18	c
19	D	20	H	21	A	22	J	23	G	24	B
25	c	26	a	27	b	28	b	29	b	30	b

1 해석

지시사항

당신은 짧은 대화 6개를 들을 것입니다. 각 대화는 두 번씩 듣게 됩니다. 이어서 (1번부터 6번까지) 질문에 답하세요. (a / b / c) 정답을 선택하세요.

선택한 보기를 **답안지**에 표기하세요.

지금부터 문제를 읽을 수 있는 시간을 30초간 갖게 됩니다.

문제

대화 1

1. 여자는 남자에게 …(라)고 말했다.

  a   그의 요청 사항이 승인되지 않았다

  b   은행으로 가야 한다

  c   그의 집으로 상품을 보냈다

대화 2

2. 남자는 무엇을 위해 부인과 대화를 나누는가?

  a   고마움을 전하기 위해

  b   그녀를 축하하기 위해

  c   그녀를 나무라기 위해

대화 3

3. 마리아는 …(라)고 말했다.

  a   본인은 그 상을 받을 만하지 않았다

  b   그 순간에 대해 좋은 기억을 간직하고 있다

  c   이미 상을 받을 줄 알고 있었다

대화 4

4. 여자는 일기 예보 아나운서가 …(라)고 말했다.

  a   비가 내릴 것이라 말했다

  b   항상 예보를 적중시킨다

  c   틀렸다

대화 5

5. 두 사람은 라라에 대해 어떻게 말을 하고 있는가?

  a   매우 우유부단한 사람이다.

  b   매우 무능력한 사람이다.

  c   그녀가 해고된 것은 부당하다.

대화 6

6. 파코는 친구에게 …(라)고 말했다.

  a   대학에서 주는 장학금을 받았다

  b   지금 막 장학금을 신청했다

  c   얼마 전 런던에서 장학금을 받았다

Conversación 1	NARRADOR	Va a escuchar a dos personas hablando por teléfono.
	MUJER	Hola, buenos días, mi nombre es Ana, ¿cómo le puedo ayudar?
	HOMBRE	Buenos días. Estoy intentando comprar un producto a través de su página web. Ya he elegido mi opción de pago y he seleccionado el importe de la cuota mensual. ¿Ya puedo pasar por la tienda para recoger el producto?
	MUJER	Todavía no ha terminado el proceso de compra. Su pedido será redirigido a la web de su banco para continuar el proceso de solicitud. Una vez que su solicitud haya sido aprobada, su compra será enviada a su domicilio.
Conversación 2	NARRADOR	Va a escuchar una conversación entre un matrimonio.
	HOMBRE	Mira que eres. Te dije que no hablaras con mi madre, pero tú ni caso.
	MUJER	Sí, ya lo sé. Pero es que te veía tan decaído que solo quería ayudar. ¿Has hablado con ella? Me dijo que la llamaras y que no te preocuparas por lo de tu despido. Dice que ya encontrarás un empleo mejor y que aproveches para descansar.
Conversación 3	NARRADOR	Va a escuchar un fragmento de una entrevista a una actriz.
	HOMBRE	Y díganos, María, ¿cómo se sintió cuando recibió el premio que le dieron por su trayectoria profesional?
	MUJER	Bueno, lo del premio fue una sorpresa. La verdad es que no me lo esperaba. Siempre es un honor recibir un premio, pero este era especial porque se valoraba y reconocía mi trayectoria como actriz y eso es de agradecer. Lo recuerdo con mucho cariño y mucha emoción.
Conversación 4	NARRADOR	Va a escuchar a una pareja haciendo planes.
	HOMBRE	¿Qué tal si hacemos una escapada al pueblo de mis padres? Ayer les dije que probablemente iríamos a visitarles.
	MUJER	Pues no sé. El hombre del tiempo dijo que haría un día estupendo, pero creo que vamos a tener que dejarlo para otro día. ¿Has visto el cielo? Tiene toda la pinta de que va a caer un chaparrón. Estos del tiempo no dan ni una.
	HOMBRE	¡Qué faena! Mis padres se van a llevar un disgusto.
Conversación 5	NARRADOR	Va a escuchar una conversación entre dos compañeros de trabajo.
	MUJER	Oye, ¿te has enterado de que han echado a Lara?
	HOMBRE	¿En serio? Bueno, yo ya lo veía venir. Estaba cantado. Mira, si al final no sabes hacer bien tu trabajo pues es normal que te despidan. Aquí o te pones las pilas o te ponen de patitas en la calle.
	MUJER	Sí, la verdad es que no daba un palo al agua y era muy poco eficaz.
Conversación 6	NARRADOR	Va a escuchar una conversación entre dos amigos que se encuentran por la calle.
	MUJER	¡Paco!, ¿qué tal? Hace mucho que no nos veíamos.
	HOMBRE	Sí, he estado estudiando en Londres gracias a unas becas que ofrece mi universidad y acabo de volver hace poco.
	MUJER	Ah, ¡qué bien! A ver cuándo nos vemos para tomar un café y me contás qué tal la experiencia.

대화 1	내레이터	당신은 전화로 이야기하는 두 사람의 대화를 들을 것입니다.
	여자	안녕하세요. 좋은 아침입니다. 제 이름은 아나입니다. 어떻게 도와드릴까요?
	남자	좋은 아침입니다. 저는 당신의 웹 사이트에서 상품을 하나 구매하려고 합니다. 이미 지불 방식을 선택했고 월 할부금 액수를 선택했습니다. 상품을 가지러 이제 상점에 들러도 되나요?
	여자	당신은 아직 구매 단계를 다 마치지 않으셨습니다. 주문 절차를 계속 진행하기 위하여 당신의 요청 사항은 은행 사이트로 다시 보내질 것입니다. 주문이 승인된 후에 상품은 자택으로 발송될 것입니다.

대화 2	내레이터	당신은 두 명의 친구 사이의 대화 내용을 듣게 될 것입니다.
	남자	너란 사람은 정말! 우리 엄마랑 대화하지 말라고 했잖아. 하지만 넌 귀담아듣지 않는구나.
	여자	그래, 알고 있어. 하지만 네가 너무 기운이 없어 보여서 단지 널 도와주고 싶었어. 어머니와 이야기 나누어 보았어? 어머니께서 전화하라고 하셨어. 그리고 해고된 거에 대해서 너무 걱정하지 말라고 하셨어. 더 나은 일자리를 찾을 거라고 말씀하시고 이 기회에 휴식을 취하라고 하셔.

대화 3	내레이터	당신은 한 여배우의 인터뷰 한 구절을 들을 것입니다.
	남자	우리에게 말해 주세요, 마리아. 당신의 직업적 경력 덕택으로 그 상을 받았을 때, 기분이 어땠나요?
	여자	그 상은 너무나 놀라운 일이었습니다. 사실 저는 예상을 전혀 하지 않았으니까요. 상을 받는다는 것은 항상 큰 영광이지만, 배우로서의 저의 경력을 알아봐 주고 인정해 주는 이 상은 특별했습니다. 그것은 정말 감사한 일입니다. 그 순간을 여전히 애정과 감동으로 기억합니다.

대화 4	내레이터	당신은 계획을 세우고 있는 한 연인의 대화를 들을 것입니다.
	남자	내 부모님이 계신 시골로 잠깐 바람 쐬러 가면 어떨까? 어제 나는 부모님에게 아마 우리가 찾아뵐 거라고 말했어.
	여자	글쎄, 모르겠어. 일기 예보 아나운서는 아주 좋은 날씨일 거라고 말했지만, 우리는 그 계획을 다음으로 미뤄야 할 것 같은데. 하늘을 봤니? 딱 소나기가 올 것 같은 모양새야. 기상 예보하는 사람들은 정말이지 항상 틀린다니까.
	남자	이런! 부모님이 언짢아하시겠는걸.

대화 5	내레이터	당신은 두 직장 동료 사이의 대화를 들을 것입니다.
	여자	저기, 라라가 해고된 거 알니?
	남자	정말이야? 그래, 난 그것이 일어날 것을 이미 알고 있었어. 분명히 예견되어 있는 일이었던 것이지. 잘 봐, 네 일을 잘 못하면 결국에는 해고당하는 거야. 여기에서는 빠릿빠릿하게 굴거나 아니면 내쫓기는 거지.
	여자	그래, 사실은 정말 하는 일은 없었고 효율적이지도 않았었지.

대화 6	내레이터	당신은 길에서 만난 두 친구 사이의 대화를 들을 것입니다.
	여자	파코! 어떻게 지내? 오랜만이다!
	남자	맞아. 나는 대학교에서 주는 장학금 덕분에 런던에서 공부를 했고, 얼마 전에 막 돌아왔어.
	여자	이야, 좋겠다! 우리 언제 커피 한잔하면서 네 경험이 어땠는지 들려주라.

3 해설

1.
온라인 구매에 대한 전화 문의 내용 중, 여자가 남자에게 말한 내용이 무엇인지를 묻고 있다. 여자가 말하는 마지막 두 문장은 proceso de solicitud(구매 과정)에 대한 단계별 설명으로, 그중에서도 결정적 힌트가 되는 마지막 문장 'Una vez que su solicitud haya sido aprobada, su compra será enviada a su domicilio.'는 꼭 놓치지 않도록 하자. Una vez que는 '~하면, ~한 후에'라는 의미이며, después de que와 같은 뜻을 지닌다. Haya sido의 접속법 현재완료형을 쓴 것으로 보아 아직 ser aprobada(승인되다)하지 않았다는 시간적 관계를 파악해야 한다. 정답은 보기 a.

2.
남자가 부인과 대화를 나누는 목적이 무엇인지 묻고 있다. 남자는 첫 대사부터 여자에게 'Te dije que no hablaras con mi madre, pero tú ni caso.'라고 말하며 나무라기 시작한다. 자신의 어머니와 대화를 하지 말라고 했던 남자의 부탁을 여자가 듣지 않았다는 것. 따라서 정답은 보기 c이다. 동사 regañar는 reprochar와 동일하게 '나무라다'라는 의미를 갖는다.

3.
마리아가 자신이 받은 상에 대해서 어떻게 언급했는지를 묻고 있다. 마지막 문장인 'Lo recuerdo con mucho cariño y mucha emoción.'에서 정답의 근거를 찾을 수 있는데, 여기서 동사 recordar와 명사 recuerdo의 쓰임을 잘 파악해야 한다. 정답은 보기 b. 이 문장에서는 동사 recordar의 변형인 recuerdo를 듣게 되고 정답 보기 b에서는 guardar recuerdo(추억을 간직하다), 즉 명사 형태의 recuerdo를 볼 수 있다.

함정 피하기 보기 a는 함정인데, 마리아는 인터뷰 내용에서 상을 받을 것이라고 예상하지 못했다고만 언급했을 뿐, 그녀가 상을 받을 자격을 가지지 못했다는 의미로 말한 것은 아니다.

4.
여자가 일기 예보 아나운서의 일기 예보 내용에 대해 어떻게 생각하는지를 묻고 있다. 여자가 말한 마지막 문장인 'Estos del tiempo no dan ni una.'에서 관용 표현인 no dar ni una은 no acertar와 동일하게 '알아맞히지 못하다'라는 뜻이다. 따라서 정답은 보기 c. 참고로, '소나기가 내리다'라는 표현인 caer un chaparrón을 꼭 알아 두자.

5.
이미 해고된 동료인 라라에 대해 두 사람이 어떻게 말하고 있는지를 묻고 있다. 대화에는 많은 관용 표현이 등장하는데, 우선 남자가 말한 문장인 'Estaba cantado.'는 '이미 예견되어 있었다'라는 뜻이다. 이런 일이 일어날 것이라고 예측했던 이유는 'Mira, si al final no sabes hacer bien tu trabajo pues es normal que te despidan.'에서 알 수 있다. 일을 잘 못해서 결국에는 해고를 당했다는 것. 이어 여자도 'Sí, la verdad es que no daba un palo al agua y era muy poco eficaz.'라고 했다. No dar un palo al agua 역시 관용 표현으로 '아무 일도 하지 않다'라는 뜻이다. 정답은 보기 b. 형용사 incompetente(무능력한)은 incapaz, ineficaz와 같은 뜻이다.

6.
파코가 친구에게 알려 준 내용이 무엇인지를 묻고 있다. 남자가 말한 'Sí, he estado estudiando en Londres gracias a unas becas que ofrece mi universidad y acabo de volver hace poco.'에서 정답의 실마리를 얻을 수 있다. 남자는 자신이 다니는 대학교에서의 장학금 제도 덕분에 런던에 있다가 최근 돌아왔다고 했으므로 정답은 보기 a이다.

함정 피하기 혼동할 수 있는 보기는 c인데, 남자는 런던에서 공부를 했을 뿐, 장학금을 주는 기관의 소재가 런던이라는 내용은 언급되지 않았다는 것을 파악해야 함정을 피할 수 있다.

solicitud	ⓕ 신청, 청원, 주문, 부탁, 요청
aprobar	승인하다, 승낙하다, 합격하다
dar las gracias	감사하다, 사의를 표하다
regañar	꾸짖다, 나무라다
merecerse	~할 가치가 있다
recuerdo	ⓜ 추억, 기억
premio	ⓜ 상, 상금, 수상자
hombre del tiempo	ⓜ 일기 예보관, 일기 예보 아나운서
acertar	적중시키다, 맞추다, 알아내다
predicción	ⓕ 예언, 예보, 예지
indeciso	결단성이 없는, 우유부단한, 분명치 않은
incompetente	무능한, 부적격한, 자격 없는, 불합격한
injusto	부당한, 불공평한
despedir	작별하다, 헤어지다, 해고하다, 발사하다, 분출하다
beca	ⓕ 장학금
intentar	의도하다, 시도하다
importe	ⓜ 금액, 요금, 대금
mensual	매월의, 달마다의
recoger	다시 잡다, 수집하다, 채집하다, 찾으러 가다
redirigir	다시 보내다
una vez que	~하면, ~한 후에
domicilio	ⓜ 자택, 거주지
decaído	원기가 없는, 기력이 쇠한
despedido	ⓜ 해고, 기각
aprovechar	유익하게 사용하다
trayectoria	ⓕ 궤도, 동선, 경력
honor	ⓜ 명예, 의례
reconocer	인정하다, 승인하다, 인지하다, 감별하다, 검사하다
pinta	ⓕ 겉모습, 겉모양
chaparrón	ⓜ 소나기, 폭우
no dar ni una	항상 예상에서 벗어나다[빗나가다], 항상 틀리다
faena	ⓕ 육체 노동, 정신 노동
llevarse un disgusto	실망하다
estar cantado	쉽게 예견할 수 있다
ponerse las pilas	빠릿빠릿한 상태로 되다
poner a alguien de patitas en la calle	몰아내다, 쫓아내다
no dar un palo al agua	빈둥빈둥 놀며 지내다
eficaz	효과적인, 유능한

1 해석

지시사항

당신은 친구 사이인 하이메와 레티시아의 대화를 들을 것입니다. (7번부터 12번까지) 문장들이 (A) 하이메, (B) 레티시아에 대한 내용인지 또는 (C) 둘 다 해당되지 않는지 선택하세요. 대화는 두 번 듣게 됩니다.

선택한 보기를 **답안지**에 표기하세요.

이제 문장들을 읽을 수 있는 20초의 시간이 주어집니다.

		A 하이메	B 레티시아	C 둘 다 아님
0.	방금 막 여행에서 돌아왔다.		✓	
7.	아주 즐거웠다고 단언한다.			
8.	사람들의 환대에 놀랐다.			
9.	기후가 덜 춥고 건조하게 느껴졌다.			
10.	여행을 사전에 준비하는 것을 추천한다.			
11.	더 많은 곳을 가 보기를 바랐다.			
12.	자금 문제로 여행을 끝마칠 수 없었다.			

HOMBRE Leticia, ya estás de vuelta. ¿Qué tal tu viaje?

MUJER Aquí estoy, recién llegada y agotada. Anoche no pude pegar ojo por el jet lag. Mira qué ojeras llevo.

HOMBRE Sí, se te ve mala cara y estás delgaducha. Parece que vienes de la guerra.

MUJER Pues te juro que no lo había pasado tan bien en mi vida. Tengo mil anécdotas que contarte. Oye, si no me equivoco, tú también estuviste de viaje por Latinoamérica, ¿no?

HOMBRE Sí, el año pasado con mi novia. Bueno exnovia porque después del viaje lo dejamos.

MUJER ¿Y eso?

HOMBRE Ella quería visitar todos los lugares turísticos de cada ciudad, pero yo no estaba por la labor. Nos pasamos todo el viaje discutiendo. Pensábamos que el viaje nos iba unir más, pero al final nos salió el tiro por la culata.

MUJER Bueno, eso de viajar en pareja es complicado.

HOMBRE Ni que lo digas.

MUJER Oye y, ¿la gente local? A mí me sorprendió mucho. Yo pensaba que iban a ser más fríos y secos.

HOMBRE Sí, a mí también. Te digo que nunca nadie me había abierto tanto los brazos ni me había ofrecido tanto sin esperar nada a cambio. Si es que me hacían sentir como en casa. Oye, y tú el viaje, ¿cómo lo organizaste? ¿Fuiste a una agencia?

MUJER ¡Qué va! Fue todo improvisado. Simplemente compré el billete de ida y nada más. Pero sin duda es mejor prepararlo antes para no tener imprevistos. En mi caso tuve algunos contratiempos que probablemente no habría tenido si lo hubiera preparado mejor. Si es que ya lo dicen: más vale prevenir que curar.

HOMBRE Y que lo digas. Oye, y te regresaste antes de tiempo, ¿no? Tenía entendido que volverías la próxima semana. ¿Qué pasó?

MUJER Pues sí, la verdad es que mi objetivo era llegar hasta Patagonia. Lo que pasa es que me organicé muy mal y al final me quedé sin blanca, así que tuve que volverme a España. De todas formas, ya no podía más. Estaba cansada de tanta mochila, tanto autobús y tanta espera. Pero bueno, quiero volver, así que voy a empezar a ahorrar para el próximo viaje.

HOMBRE ¡Qué tía! Acabas de llegar y ya estás pensando en el próximo viaje. No tienes remedio.

남자	레티시아, 이제 돌아왔구나. 여행 어땠어?
여자	이제 막 도착했고 아주 지친 상태로 여기 있어. 어젯밤에는 시차 부적응 때문에 잠을 잘 수가 없었어. 내 다크서클 봐.
남자	그렇네, 얼굴이 너무 안 좋고 몸이 여위었어. 전쟁터에서 온 사람 같아 보여.
여자	근데 난 살면서 그렇게 좋은 때를 보낸 적은 없었다고 장담해. 네게 말해 줄 일화가 수천 가지야. 참, 내가 헷갈린 게 아니라면, 너도 라틴 아메리카로 여행가지 않았어?
남자	맞아, 난 작년에 여자친구랑 갔다 왔지. 정확히는 전 여자친구야, 왜냐하면 여행을 마친 후에 우린 헤어졌거든.
여자	왜?
남자	그녀는 가는 도시마다 모든 관광지를 방문하고 싶어 했지만, 나는 그러고 싶지 않았지. 우린 여행 내내 말다툼을 했어. 우리는 그 여행이 우리를 더 돈독하게 해 줄 거라 생각했지만 결국엔 우리의 바람과는 반대로 되어 버렸어.
여자	맞아, 연인끼리 함께 여행을 하는 것은 쉽지 않아.
남자	그렇고 말고.
여자	아 참 그리고, 그 지역 사람들은 어땠어? 나는 매우 놀랐어. 난 그들이 더 차갑고 무뚝뚝할 거라 생각했거든.
남자	맞아, 나도 그랬어. 누군가가 나에게 그 정도로 마음을 열고 대해 준 적도 없고, 아무 대가를 바라지 않고 그렇게 많은 것을 준 적도 없었어. 마치 내가 집에 있는 것처럼 느끼게 해 줬다니까. 그런데, 너는 여행을 어떻게 계획했어? 여행사에 갔니?
여자	그럴 리가! 모든 것이 즉흥적이었어. 난 그저 가는 편 표만 산 게 전부였어. 하지만 돌발 상황을 피하기 위해서는 당연히 미리 준비하는 것이 가장 좋은 것 같아. 내 경우에도 만일 더 잘 준비했더라면 겪지 않았을 몇 가지 상황들이 있었어. 흔히 말하듯이, 예방하는 것이 치료하는 것보다 더 낫지.
남자	그렇고 말고. 아, 그런데 너 예정된 시점보다 더 빨리 돌아온 거 아니야? 다음주에 돌아올 거라고 알고 있었는데. 무슨 일 있었어?
여자	응, 사실 내 목표는 파타고니아까지 가는 것이었어. 문제는 내가 너무 계획을 못 세워서 결국에는 돈이 모두 떨어졌다는 거지, 그래서 난 스페인으로 돌아와야만 했어. 어찌 되었든, 사실 난 더 이상은 버티기 힘들었어. 너무 무거운 가방과, 너무나 많은 버스, 그리고 수없이 많은 기다림… 이런 것들에 너무 지쳐 있었거든. 하지만, 난 다시 가 보고 싶어. 그래서 나는 다음 여행을 위해서 저축을 하기 시작할 거야.
남자	너란 아이는 정말! 이제 막 돌아와서는 벌써 다음 여행을 생각하다니. 정말 구제불능이구나.

---

0. Acaba de llegar de un viaje. 방금 막 여행에서 돌아왔다.

대화 시작에서 Jaime는 Leticia에게 여행에 대해 물었고, 이에 Leticia는 'Aquí estoy, recién llegada y agotada.'라고 답했다. 따라서 예시 문제의 정답은 보기 B Leticia. 부사 recién은 과거분사와 함께 쓰여 '지금 막 ~한 상태'라는 뜻을 나타낸다.

---

7. Asegura que se divirtió mucho. 아주 즐거웠다고 단언한다.

Jaime가 Leticia의 몸 상태에 대해 걱정하자, Leticia는 'Pues te juro que no lo había pasado tan bien en mi vida.'라고 했다. 이를 통해 그녀는 비록 겉모습은 지치고 힘들어 보이지만 실제로는 아주 즐거웠다는 것을 알 수 있다. 따라서 정답은 보기 B Leticia.

---

8. Le sorprendió la hospitalidad de la gente. 사람들의 환대에 놀랐다.

Leticia는 남미 사람들의 성향이 fríos y secos할 거라고 예상했으나 본인의 생각과는 달라서 놀랐다고 말한다. 이에 Jaime도 'Sí, a mí también. Te digo que nunca nadie me había abierto tanto los brazos ni me había ofrecido tanto sin esperar nada a cambio. Si es que me hacían sentir como en casa.'라고 했다. 해당 대화를 듣고 8번 문제에 해당하는 화자를 Leticia로 혼동할 수 있지만, 이 문제에서 묻는 내용은 사람들의 환대에 대해 놀라워한 인물이라는 점을 정확하게 파악해야 한다. 따라서 정답은 보기 A Jaime. Abrir los brazos는 '두 팔을 벌리다, 마음을 열다'를 뜻하는 관용 표현이다.

---

9. El clima le pareció menos frío y seco. 기후가 덜 춥고 건조하게 느껴졌다.

바로 앞 8번 문제와 연관된 내용 중 Leticia가 표현한 'Yo pensaba que iban a ser más fríos y secos.'의 문장에 대해 주의해야 한다. Leticia가 말한 fríos y secos라는 표현은 clima(기후)에 대한 것이 아니고, Jaime 또한 기후에 대해 언급한 내용이 없으므로 정답은 보기 C. Frío, seco, cálido 등의 형용사가 사람이나 성격 등을 묘사할 수 있다는 것을 기억하도록 하자.

---

10. Recomienda organizar el viaje con antelación. 여행을 사전에 준비하는 것을 추천한다.

Jaime는 Leticia에게 여행사를 통해서 여행을 계획했는지 물었고, 이에 Leticia는 즉흥적으로, 즉 계획을 제대로 세우지 않고 여행을 했다고 말하며 그것은 좋은 방법이 아니었다고 평가한다. 정답의 실마리는 'Pero sin duda es mejor prepararlo antes para no tener imprevistos.'에서 찾을 수 있다. 해당 문장에서 con antelación은 previamente, con anticipación, de antemano, antes, con tiempo 등의 다양한 표현들과 함께 '사전에, 미리'의 의미를 지닌다. 정답은 보기 B Leticia.

---

11. Le habría gustado visitar más sitios. 더 많은 곳을 가 보기를 바랐다.

Jaime나 Leticia 두 사람 모두 더 많은 장소에 가지 못해서 아쉽다는 이야기는 하지 않는다. Jaime의 경우는 예전 여자친구와 달리 본인은 이곳저곳을 다니고 싶은 마음이 없었다고 했고, Leticia의 경우에는 'la verdad es que mi objetivo era llegar hasta Patagonia.'라고 했지만 이 문장은 그저 특정 장소까지 가는 것이 애초의 목표였다는 사실일 뿐, 11번 문제에서 말하는 le habría gustado(~했으면 좋았을 것이다)의 후회나 아쉬움의 표현은 아니다. 따라서 정답은 보기 C.

---

12. No terminó el viaje por problemas económicos. 자금 문제로 여행을 끝마칠 수 없었다.

Leticia는 여행에서 돌아오게 된 이유에 대해 'Lo que pasa es que me organicé muy mal y al final me quedé sin blanca, así que tuve que volverme a España.'라고 했다. 여행에서 돌아온 가장 중요한 이유는 돈이 떨어져서 자금 문제가 생겼기 때문으로, 관용 표현인 quedarse sin blanca(무일푼이다)를 들어야만 풀 수 있는 문제이다. 정답은 보기 B Leticia.

---

asegurar	확언하다, 보증하다
hospitalidad	ⓕ 자선, 환대, 접대, 후대
seco	마른, 건조된, 무뚝뚝한
con antelación	진작, 미리미리, 지레
sitio	ⓜ 장소, 지역, 공간, 위치
agotado	바닥난, 절판의, 지친, 고갈된
pegar ojo	잠을 자다, 눈 붙이다
jet lag	ⓜ 시차
ojera	ⓕ 다크서클
delgaducho	가느다란, 여윈
jurar	맹세하다, 강하게 단언하다
anécdota	ⓕ 일화, 비화
estar por la labor	지시받은 일을 할 준비가 되어 있다, 찬성하다, 마음이 내키다
unir	결합시키다, 하나로 만들다
salir el tiro por la culata	바라던 것과 반대의 결과가 되다, 일이 틀어지다
local	ⓜ 시설, 점포 / 장소의, 지방의
abrir los brazos	팔을 벌리다
improvisado	즉흥의, 즉석의
ida	ⓕ 편도, 직행, 단반향
imprevisto	ⓜ 예측 불능의 사태 / 의외의, 예상치 않은
contratiempo	ⓜ 뜻밖의 사고, 봉변, 재난
prevenir	준비하다, 예방하다, 막다, 방지하다
curar	치료하다, 고치다, 낫다
tener entendido	~라 알고 있다, 양해하고 있다
blanca	ⓕ 블랑카(옛 스페인의 구리와 은의 합금 동전)
sin blanca	무일푼이다
espera	ⓕ 기다림, 대기
no tener remedio	고칠 수 없다, 교정할 수 없다

1 해석

지시사항

당신은 카나리아 제도 출신 가수인 페드로 게라의 인터뷰의 한 부분을 들을 것입니다. 인터뷰는 두 번 듣게 됩니다. 이어서 (13번부터 18번까지) 질문에 답하세요. (a / b / c) 정답을 선택하세요.

선택한 보기를 **답안지**에 표기하세요.

이제 문장들을 읽을 수 있는 30초의 시간이 주어집니다.

문제

13. 인터뷰에서, 페드로 게라는 마드리드에 사는 것에 대해 …(라)고 말했다.

   a 큰 소란이 불편하게 여겨진다
   b 조용한 장소를 발견할 수 없다
   c 혼잡한 것을 견딜 수 없다

14. 그 가수는 본인이 … 사람이라 말했다.

   a 쉽게 화를 내는
   b 폭력에 분개하는
   c 자신의 분노를 평화적으로 표현하는

15. 그는 지금 현재에는 …(라)고 말했다.

   a 자신의 음반 전체를 듣는 사람이 없다
   b 음악은 수명이 짧다
   c 소비 습관이 더 좋아졌다

16. 페드로 게라는 '콘타미나메' 노래가 …(라)고 말했다.

   a 본인의 가장 유명한 노래가 아니다
   b 가장 최근 곡이다
   c 문화의 혼합에 대해 말했다

17. 주인공은 섬 출신의 사람들에 대해 …(라)고 생각한다.

   a 스스로 해결하는 능력이 있다
   b 성격이 좋지 않다
   c 정보를 더 잘 받아 본다

18. 그 가수는 인터넷에 대해 …(라)고 말했다.

   a 마음에 들지 않는다
   b 이상해 보인다
   c 그에게 해가 된다

MUJER	¿Qué no le gusta sobre Madrid?
HOMBRE	Pues el ruido de la gente llega a ser una molestia. Yo vengo de una zona costera poco poblada y muy tranquila. Aquí es difícil encontrar un sitio donde descansar del alboroto y el griterío. Recuerdo que al principio me costó un montón acostumbrarme a la cantidad de gente que hay por la calle, pero ahora lo veo como algo normal. Supongo que a todo el mundo le pasa lo mismo.
MUJER	¿Qué le saca de sus casillas?
HOMBRE	Mis maneras de expresar mi rabia son calmadas, y lo estoy puliendo. Estoy empezando a aprender a cabrearme. Hay muchas cosas que me sacan de quicio y que me indignan. No soy de manifestarlo con hostilidad o violencia o violentar.
MUJER	Y en la música, ¿qué le indigna?
HOMBRE	Por ejemplo, no sé si tanto como que me indigna, pero si yo pienso en cómo era el mundo de la música en los años noventa, cuando saqué *Golosinas* y lo miro ahora, veo que hemos perdido unos hábitos de consumo que eran muy buenos, uno se compraba un disco... Lo escuchabas entero, lo disfrutabas. Y eso lo hemos suprimido y cambiado por el consumo de canciones aisladas, que tienen una vida muy corta, duran un mes o dos a lo sumo. Dentro de dos meses es vieja, y entonces ponme una nueva.
MUJER	¿Qué canción suya pondría para resumir su sentimiento con la música?
HOMBRE	Pues yo creo que *Contamíname* me define bastante. Al margen de ser la más conocida por la temática: es una canción que es sobre el mestizaje, un tema que escribí hace 25 años y que lamentablemente sigue siendo actual y cada vez más. Esa canción define mi estilo musical y es una de mis favoritas.
MUJER	¿A qué le ha obligado ser isleño?
HOMBRE	Esa conciencia de aislamiento enseña a buscarse la vida. Los isleños nos las ingeniamos cuando las cosas van mal. Estamos al lado de África, camino de América... Somos mestizos, nos llega información e influencia de todas partes.
MUJER	¿Qué piensa de Internet?
HOMBRE	Extraño el mundo como era cuando no había redes sociales ni Internet. Y eso no quiere decir que esté en contra de ello. Estoy muy a favor. Y mira que a mí no me beneficia en absoluto, todo lo contrario. Todas las épocas tienen cosas buenas, y en principio todos los cambios son para bien.

(Adaptado de *https://www.20minutos.es/noticia/3449186/0/entrevista-pedro-guerra-golosinas-rozalen-juanes-la-gemte-es-menos-libre-que-nunca-golosinas/#xtor=AD-15&xts=467263*)

여자	당신은 마드리드의 어떤 점이 싫은가요?
남자	사람들의 소음은 정말 짜증스럽습니다. 저는 인구 수가 적고 매우 고요한 해안 지역 출신입니다. 이곳에서는 큰 소리나 떠들썩한 분위기로부터 피해 쉴 수 있는 그런 장소를 찾기 힘듭니다. 처음에는 길에서 볼 수 있는 수많은 사람에게 적응을 하기 쉽지 않았던 것이 기억나는데, 지금은 그저 평범한 일로 여기죠. 아마도 모든 사람들이 같을 것이라 생각합니다.
여자	당신을 화나게 만드는 것은 어떤 것인가요?
남자	저의 화를 내는 표현 방식은 매우 침착하며, 저는 그것을 더 연습하고 있습니다. 화를 내는 방식을 배우기 시작하고 있죠. 저를 분개하게 하고 화나게 하는 것은 여러 가지의 일들이 있습니다. 하지만 저는 그것을 적대적으로나 폭력적으로 표현하거나 폭력을 가하는 사람은 아닙니다.
여자	그렇다면 음악에 있어서는, 어떤 것에 화가 나나요?
남자	화가 난다고까지 말할 수 있을 지는 모르겠지만, 예를 들어, 저는 제가 '골로시나스' 음반을 출시했을 때인 90년대에는 어땠는지 생각하다가 지금 현재를 보면, 예전에 우리에게 있던 매우 좋은 소비 습관들을 잃었다는 것을 알 수 있습니다. 그때에는 사람들이 음반을 구입했죠. 음반 전체를 듣고, 그것을 즐겼습니다. 지금의 우리는 그런 과정을 없애고 대신 기껏해야 한 달이나 두 달 정도의 수명을 가진 별개의 곡들에 대한 소비로 대체했습니다. 두 달만 지나도 이미 오래된 곡이 되어서, 다시 새로운 곡을 요구하는 것이죠.
여자	당신의 어떤 곡이 당신이 음악에 대해 갖는 감정을 가장 잘 담고 있을까요?
남자	제 생각에는 '콘타미나메'라는 곡이 저를 충분히 정의할 수 있는 곡이라 생각합니다. 그 노래의 주제 때문에 가장 잘 알려졌다는 것을 떠나, 그 노래는 '혼혈'에 관한 것이며, 제가 25년 전에 쓴 곡이고, 슬프게도 지금도 여전히 시사적인 문제입니다. 그 곡은 저의 음악적 스타일을 대표하며 제가 가장 좋아하는 노래들 중 하나입니다.
여자	당신이 섬 태생이라서 갖는 특징으로는 무엇이 있을까요?
남자	고립되어 있다는 인식은 생존하기 위한 방식을 터득하게끔 만들죠. 우리와 같은 섬 태생의 사람들은 무언가 상황이 좋지 않을 때 방법을 궁리해 냅니다. 우리는 아프리카의 옆에 있고 아메리카로 가는 길목에 있거든요... 우리는 '메스티소'라서, 모든 곳으로부터 정보와 영향을 받습니다.
여자	인터넷에 대해서는 어떻게 생각하시나요?
남자	저는 SNS나 인터넷이 없었던 세상이 그립습니다. 하지만 그렇다고 제가 그러한 것에 반대한다는 것은 아닙니다. 매우 찬성하는 입장입니다. 그것이 제게 이득을 주는 것도 아닌데 말이죠. 정반대예요. 모든 시대마다 장점이 있는 것이며, 원래 모든 변화들은 더 나아지기 위함입니다.

마드리드에 사는 것에 대해 페드로가 어떻게 언급하는지를 주의 깊게 들어야 한다. 인터뷰의 첫 질문으로 진행자는 마드리드에서 싫어하는 것이 무엇인지 질문했고, 페드로는 이에 대해 'Pues el ruido de la gente llega a ser una molestia.'라고 답했다. 명사 ruido와 같은 의미인 bullicio의 해석을 잘 해야 한다. 정답은 보기 **a**.

13.

함정 피하기 이어서 페드로는 'Aquí es difícil encontrar un sitio donde descansar del alboroto y el griterío.'라고 말한다. 그가 말한 문장에서는 es difícil encontrar(찾기 힘듦)을 말하는데, 보기 **b**에서는 no encuentra(찾을 수 없음)을 말하고 있으므로 함정이 된다.

페드로가 자기 자신에 대해 어떻게 말하는지를 묻고 있다. 그는 자신을 화나게 만드는 것이 무엇이냐는 여자의 질문에 대해 'Mis maneras de expresar mi rabia son calmadas, y lo estoy puliendo.'라고 답하는데, 이때 명사 rabia가 '화, 분노'라는 뜻임을 알아야 한다. 화를 표현하는 방식이 매우 평화적임을 의미하므로, 정답은 **c**가 된다.

14.

함정 피하기 해당 답변의 마지막 문장에서 페드로는 'No soy de manifestarlo con hostilidad o violencia o violentar.'라고 했지만 이 역시 폭력적으로 혹은 적대적으로 표현하지 않는다는 설명일 뿐, 보기 **b**에서 말하듯 폭력에 분개하는 사람이라는 표현이 아니다.

페드로가 현재 음악 분야에 대해 어떻게 생각하고 있는지를 주의해서 들어야 한다. 인터뷰를 진행하는 사람은 동사 indignar의 활용을 계속해서 이어 나가면서 어느 정도는 말 장난 식으로 'Y en la música, ¿qué le indigna?'라 묻는데, 이는 음악 분야에 있어서 그의 개인적인 의견이나 비판을 듣고자 함이다. 이에 페드로는 과거 시절과 비교하며 지금 현재의 음반 시장에 대한 안타까움을 드러내면서 'Y eso lo hemos suprimido y cambiado por el consumo de canciones aisladas, que tienen una vida muy corta, duran un mes o dos a lo sumo. Dentro de dos meses es vieja, y entonces ponme una nueva.'라고 했다. 형용사 perecedero의 뜻이 바로 una vida corta를 의미하고 있으므로, 정답은 보기 **b**.

15.

'Contamíname'라는 제목의 한 특정 곡에 대해 페드로가 언급하는 내용을 주의 깊게 들어야 한다. 정답과 관련된 문장은 'es una canción que es sobre el mestizaje'. 명사 mestizaje는 '혼혈, 혼혈인, 문화의 혼합'을 의미한다. 정답은 보기 **c**.

16.

함정 피하기 그는 이 노래를 25년 전에 썼다고 밝히고 있으므로, 보기 **b**는 답이 될 수 없다.

페드로가 섬 출신의 사람들에 대해 어떻게 생각하는지를 묻고 있다. 여자는 페드로에게 isleño 즉, 섬에서 태어난 사람으로써 어떤 면모가 있는지 묻는다. 이에 대해 페드로는 'Esa conciencia de aislamiento enseña a buscarse la vida. Los isleños nos las ingeniamos cuando las cosas van mal.'이라 답하는데, 첫 번째 문장의 buscarse la vida의 표현은 '살길을 찾다, 개척하다'는 뜻이며 두 번째 문장의 ingeniárselas의 표현 역시 '방법을 궁리해 내다, 모색하다'라는 뜻이다. 따라서 정답은 보기 **a**.

17. Arreglárselas 역시 '스스로 해결하다, 도움 없이 혼자서 해내다'의 의미인데, 이러한 숙어 표현의 경우 대명사 las는 정확한 특정 명사를 대신하지 않고 추상적으로 사용된다.

인터뷰의 마무리 부분에서 진행자는 주인공에게 인터넷에 대한 의견을 묻고 있다. 그는 인터넷이 없는 세상이 그립지만 인터넷을 찬성하는 편이라 말하고 있다. 반드시 들어야 하는 정답과 관련된 문장은 'Y mira que a mí no me beneficia en absoluto, todo lo contrario.'로, 본인에게는 절대로 이득이 되는 것이 아니고 그것과 정반대라고 했으므로 정답은 **c**가 된다. Beneficiar 동사의 반의어는 perjudicar(손해를 주다, 해를 끼치다)이다.

18.

canario	카나리아 제도의, 카나리아 제도 태생의	rabia	ⓕ 성남, 분노, 혐오, 광견병
incomodar	불편하게 하다, 괴롭히다	pulir	닦다, 연마하다, 다듬다, 교정하다
bullicio	ⓜ 북새통, 큰 소란	cabrearse	화내다, 성내다
aglomeración	ⓕ 덩어리, 집단, 군집, 군중	sacar de quicio	격분하게 하다, 화나게 만들다
indignar	분개시키다, 화나게 하다, 분개하다, 화내다	hostilidad	ⓕ 적의, 적대, 적의가 있는 태도
pacíficamente	평화롭게, 고요히, 차분히	golosina	ⓕ 맛있는 음식, 단것, 과자
entero	완전한, 온전한, 전부의, 전체의	suprimir	폐지하다, 없애다, 소멸시키다
perecedero	오래가지 못하는, 필멸의, 부패하기 쉬운	aislado	고립된, 격리된
consumo	ⓜ 소비, 소모	a lo sumo	기껏, 기껏해야
reciente	최근의, 신선한, 최근에 일어난	definir	정의하다, 분명히 하다
isleño	ⓜ ⓕ 섬사람 / 섬 태생의	al margen de	~의 밖에, 테두리 밖의
arreglárselas	스스로 해결하다, 혼자 힘으로 수습하다	mestizaje	ⓜ 혼합, 혼혈
genio	ⓜ 천재, 요정, 기질	conciencia	ⓕ 의식, 자각, 양심
perjudicar	해를 끼치다, 손해를 주다	aislamiento	ⓜ 고립, 고립화, 격리
molestia	ⓕ 피곤, 귀찮음, 폐, 불쾌감	buscarse la vida	살길을 찾다
poblado	ⓜ 도시, 마을 / (사람이나 동물이) 살고 있는	ingeniárselas	궁리해 내다
alboroto	ⓜ 큰 소리, 아우성, 무질서, 혼잡	mestizo	ⓜ ⓕ 메스티소(백인과 인디오 사이에서 태어난 사람) / 메스티소의
griterío	ⓜ 절규, 떠들석함, 소동	extrañar	이상하게 보이다, 그리워하다
sacar de casillas	인내심을 잃게 하다, 화나게 만들다		

1 해석

지시사항

당신은 여섯 명의 사람들이 말하는 상인들과 판매원들을 위한 조언을 들을 것입니다. 각 사람의 말을 두 번씩 듣게 됩니다. (19번부터 24번까지) 각 사람이 말하는 주제에 연관되는 (A부터 J까지) 문장을 선택하세요. 예시를 포함한 10개의 문장이 있습니다. 여섯 개만 선택하세요.

선택한 보기를 **답안지**에 표기하세요.

이제 예시를 듣습니다.

사람 0

정답과 관련된 문장은 **E**입니다.

이제 보기를 읽을 시간 20초가 주어집니다.

문장

A.	인내심을 잃지 않기		F.	커뮤니케이션 채널 만들기
B.	고객에게 솔직하기		G.	낙담하지 말기
C.	협상하는 것을 배우기		H.	추가 상품을 제안하기
D.	소비자를 잘 파악하기		I.	고객에게 사기 치지 말기
E.	고객을 위한 최고의 해결책을 찾기		J.	친근한 태도를 보여 주기

	사람	문장
0.	사람 0	E
19.	사람 1	
20.	사람 2	
21.	사람 3	
22.	사람 4	
23.	사람 5	
24.	사람 6	

Persona 0 (Ejemplo)	Si en ese momento no tienes el producto que busca tu cliente en la tienda, pero crees que puedes conseguirlo en unos días, no lo dudes: ¡consíguelo! Haz que el cliente sienta que te preocupan sus necesidades y haz todo lo posible para que tenga el producto que necesita.
Persona 1	Mira, lo primero que tienes que hacer es intentar averiguar cómo ha llegado hasta tu punto de venta para adquirir tus productos la persona a la que estás atendiendo. No es lo mismo un cliente que va recomendado por otro cliente, que alguien que llega de nuevas a tu tienda.
Persona 2	¿Sabes qué? Una vez que hayas conseguido vender un artículo, podés aprovechar para hacer la venta más grande y ofrecerle al cliente algo más. Pero te advierto que esta oferta no debe ser invasiva, es decir, no debes ser muy insistente ya que el usuario podría interpretar tu interés en que compre un artículo más como una forma de sacarle el dinero.
Persona 3	Existe un tipo de cliente muy insistente y que no para de hacer preguntas. Con este tipo de clientes puede que hacer efectiva una venta te lleve más del tiempo previsto. Yo te diría que no desesperes. Piensa que es lógico que el cliente quiera tener mucha información sobre el producto en el que va a gastar su dinero.
Persona 4	Ya sabes que el proceso de compra no termina cuando el cliente sale por la puerta con su producto recién comprado. Continúa cuando llega a su casa y se encuentra con dificultades para utilizarlo. Por este motivo, debes mostrarte siempre cercano al cliente y transmitirle que si tiene cualquier problema con el producto puede consultarte sus dudas.
Persona 5	En ocasiones, por muy bien que hayas hecho tu trabajo como vendedor, puede ser que el cliente no acabe comprando o que te diga eso de "me lo voy a pensar, muchas gracias". No siempre las ventas salen bien, así que tienes que mantenerte optimista y confiar en tus productos, además de seguir practicando tus técnicas para vender.
Persona 6	Mira, sin duda el primer punto para tener en cuenta es que debes ser honesto con las personas a las que vendes tu producto. Está claro que es importante destacar las virtudes del producto por encima de todo, pero un posible cliente valorará muy positivamente que seas franco y le cuentes también algunos aspectos no tan positivos sobre tu producto.

사람 0	당장 고객이 찾고 있는 제품이 매장에 없지만, 며칠 안으로 그 제품을 구입할 수 있다고 생각된다면, 망설이지 말고 구해 드리세요! 고객으로 하여금 당신이 그의 필요성에 대해 걱정하고 있다는 것을 느끼게끔 하고, 그가 필요로 하는 상품을 가질 수 있도록 가능한 모든 방법을 동원하세요.
사람 1	자, 당신이 해야 할 첫 번째 일은 당신이 응대하고 있는 그 사람이 당신의 상품을 구매하기 위해 어떻게 해서 당신의 그 영업점까지 오게 되었는지를 알아내는 것입니다. 처음으로 당신의 가게에 온 고객은 다른 고객이 추천해서 온 고객과는 다릅니다.
사람 2	당신은 그것을 알고 있나요? 한 번 상품을 판매하고 나면, 당신은 판매량을 더 증가시키고 고객에게 다른 무언가를 제공하도록 기회를 엿볼 수 있습니다. 하지만 이 제안이 절대로 강압적이면 안된다는 것에 주의해야 하는데, 다시 말해서, 고객이 한 가지의 상품을 더 살 수 있도록 하는 관심을 당신이 마치 그에게 돈을 빼내려는 것으로 받아들일 수 있기 때문에 절대 집요하면 안됩니다.
사람 3	매우 끈질기게 질문을 멈추지 않고 하는 유형의 고객이 있습니다. 이 유형의 고객의 경우에는 판매가 이루어지게 하는 데 예상보다 더 많은 시간이 걸릴 수 있습니다. 전 당신에게 초조해하지 말라는 조언을 하고 싶군요. 그 고객이 본인의 돈을 지출할 상품에 대해 많은 정보를 얻기를 원하는 것이 당연한 것이라 생각하세요.
사람 4	고객이 이제 막 구매한 상품을 들고 가게를 나서는 것에서 구매의 과정이 끝이 나는 것은 아니라는 사실을 당신은 이미 알고 있을 것입니다. 그 사람이 집에 도착해서 그 상품을 사용하는 데에 있어 문제가 생길 수 있기 때문입니다. 그러므로, 당신은 고객에게 늘 가까이에 있다는 자세를 보여 줘야 하며 혹시 상품에 어떠한 문제라도 생긴다면 궁금한 사항을 문의할 수 있다는 것을 알려 주세요.
사람 5	때로는, 판매자로서의 업무를 아무리 잘 수행하더라도, 고객이 끝내 구매를 하지 않거나 '더 생각해 보겠습니다. 고맙습니다.'라는 특유의 그 말을 할 수 있습니다. 늘 판매가 잘 되는 것은 아니므로, 당신은 낙관적인 자세를 유지하고, 당신의 제품을 신뢰하며 판매 기법을 계속 훈련해 가야 합니다.
사람 6	보세요, 당신이 염두에 두어야 할 첫 번째 요점은 바로 제품을 판매하고 있는 사람들에게 정직해야 한다는 것입니다. 무엇보다도 제품의 장점을 강조하는 것이 중요하지만, 어떤 고객은 당신이 솔직하게 제품에 대해 어느 정도는 긍정적이지 않은 측면도 알려 주는 것을 매우 긍정적으로 평가할 것입니다.

| 0. | Persona 0 | E Buscar la mejor solución para el cliente. 고객을 위한 최고의 해결책을 찾기 |

예시 문제인 0번의 정답은 보기 E. 이 인물의 메시지는 확실하다. 가장 핵심이 되는 구간은 마지막 문장인 'haz todo lo posible para que tenga el producto que necesita.' 고객이 필요로 하는 상품을 구해 주기 위해 최선을 다하라고 말하고 있으므로, 보기 E와 내용이 일치한다.

| 19. | Persona 1 | D Conocer bien al consumidor. 소비자를 잘 파악하기 |

1번 인물인 이 남자는 고객이 어떻게 해서 해당 가게에 오게 되었는지를 averiguar(조사하다, 캐다)하라고 조언한다. 'lo primero que tienes que hacer es intentar averiguar cómo ha llegado hasta tu punto de venta para adquirir tus productos la persona a la que estás atendiendo.'라는 내용과 관련된 정답은 보기 D. 고객의 특성이나 방문에 대한 동기를 알아봐야 한다는 것이다.

| 20. | Persona 2 | H Ofrecer productos complementarios. 추가 상품을 제안하기 |

2번 인물이 말하는 문장에서는 vos 형태 동사변형의 사용에 주의해 들어야 한다. 정답과 관련된 문장은 'Una vez que hayas conseguido vender un artículo, podés aprovechar para hacer la venta más grande y ofrecerle al cliente algo más.'이다. 즉, 이 인물은 고객에게 할 수 있는 algo más(추가 제안)에 대해 말하고 있으므로, 정답은 보기 H. 형용사 complementario의 해석에 주의하자.

| 21. | Persona 3 | A No perder la paciencia. 인내심을 잃지 않기 |

3번 인물은 여러 고객의 유형들 중에 집요한 태도로 많은 질문을 하는 고객에 대한 내용을 이야기한다. 그리고 이런 고객의 경우 시간이 더 소요될 수 있다면서, 'Yo te diría que no desesperes.'라고 했다. 동사 desesperarse는 '초조해하다, 절망하다'의 뜻이며 동의어로는 impacientar, irritar 등이 있다. 따라서 정답은 보기 A.

| 22. | Persona 4 | J Mostrarse accesible. 친근한 태도를 보여 주기 |

이 사람의 경우는 판매자가 구매자에게 보여 줘야 할 태도에 대해 조언한다. 메시지의 시작에서는 고객이 집에 돌아간 후, 상품의 사용에 있어서 어려움을 갖는 경우에 대해 언급하고 있다. 그에 대한 해결을 손쉽게 할 수 있어야 한다는 것이 핵심이며, 반드시 들어야 할 정답과 관련된 문장은 'debes mostrarte siempre cercano al cliente y transmitirle que si tiene cualquier problema con el producto puede consultarte sus dudas'이다. 가까운 거리에서 고객의 질의 응답을 할 수 있어야만 한다고 말하고 있는데, 이때의 가까운 거리는 심리적인 것을 의미한다. 따라서 정답은 보기 J. 형용사 accesible는 다양한 뜻으로 쓰일 수 있는데, '친근감을 주는, 가까이하기 쉬운, 개방된'의 뜻으로 해석해야 한다.

| 23. | Persona 5 | G No desanimarse. 낙담하지 말기 |

5번 인물은 판매가 잘 되지 않을 경우 판매자로서 어떤 태도를 유지해야 할 지에 대해 조언한다. 정답과 관련된 문장은 'No siempre las ventas salen bien, así que tienes que mantenerte optimista y confiar en tus productos, además de seguir practicando tus técnicas para vender.' 즉, 낙관적인 자세를 잃지 말고 스스로의 제품을 신뢰하며 판매 기법을 계속 훈련하라는 것이다. 정답은 보기 G. 동사 desanimarse는 '낙담하다, 실망하다, 기가 죽다'의 뜻이다.

| 24. | Persona 6 | B Ser sincero con los clientes. 고객에게 솔직하기 |

마지막 사람이 전달하는 메시지의 첫 번째 문장에서 정답과 관련된 내용은 'debes ser honesto'이다. 이어지는 문장에서 등장하는 형용사 franco와 honesto, 그리고 보기 B에서 등장하는 형용사 sincero는 모두 그 뜻이 유사하며 '정직한, 솔직한, 진솔한'의 뜻이다. 따라서 정답은 보기 B이다.

4 어휘

comercial	ⓜ 상점, 상인 / 상업의, 무역의
paciencia	ⓕ 인내, 인내심, 끈기
negociar	장사를 하다, 거래하다, 교섭하다
consumidor	ⓜ ⓕ 소비자 / 소비하는
desanimarse	기력을 잃다, 실망하다, 낙담하다
complementario	보충의, 추가적인
defraudar	기대를 어긋나게 하다, 횡령하다, 사취하다
mostrarse	모습을 보이다, 나타내다, 행동하다, 굴다
accesible	손이 닿는, 접근할 수 있는, 도달할 수 있는
necesidad	ⓕ 필요성, 필연
averiguar	조사하다, 캐다, 연구하다, 탐구하다
punto de venta	ⓜ 판로, 소매점
de nuevas	새로, 처음으로
invasivo	침투하는, 침습적
insistente	집요한, 끈질긴, 억지스러운
efectivo	효과적인, 현실의
previsto	예상된, 예지된, 예견된, 미리 준비된
desesperarse	조바심이 나다, 초조해하다
lógico	논리적인, 논리의, 이성적인
transmitir	전달하다, 옮기다, 방송하다
optimista	ⓜ ⓕ 낙관론자 / 낙관적인, 낙천적인, 낙관주의의
honesto	정직한, 신중한, 타당한
destacar	강조하다, 빼어나다
virtud	ⓕ 덕, 선, 선행, 능력, 효력, 장점
por encima de todo	무엇보다도
franco	솔직한, 숨김없는, 노골적인

1 해석

지시사항

당신은 자신의 사업에 대해 말하는 한 기업인의 강연의 일부분을 듣게 됩니다. 듣기 지문은 두 번 듣게 됩니다. 이어서 (25번부터 30번까지) 질문에 답하세요. (a / b / c) 정답을 선택하세요.

선택한 보기를 **답안지**에 표기하세요.

이제 문장들을 읽을 수 있는 30초의 시간이 주어집니다.

문제

25. 듣기 지문에서 기업가인 미겔 로드리게스는 사업을 시작하는 것은 …(라)고 말했다.
   a 기나긴 여정이다
   b 혼자 하면 더 어려운 것이다
   c 가치 있는 노력이다

26. 미겔 로드리게스는 공공 행정직에 들어가길 원하는 사람들은 …(라)고 말했다.
   a 매우 바쁜 사람들이다
   b 시간을 허비하는 것을 원하지 않는다
   c 의무로부터 자유롭다

27. 미겔 로드리게스는 자신의 온라인 학원이 …(라)고 말했다.
   a 일을 하고 있는 지원자들을 위함이다
   b 당신의 시간을 가장 능률적으로 사용하게끔 도와준다
   c 당신이 더 적은 노력을 들일 수 있게 도와준다

28. 미겔 로드리게스에 따르면 채용 시험 준비생들은 … 사람들이다.
   a 분쟁을 일으키는
   b 보수적인
   c 완고한

29. 미겔 로드리게스는 현재 그들이 …(라)고 말했다.
   a 국가적 차원에서의 채용 시험에 더 집중하고 있다
   b 채용 준비 과정을 더 많이 제공한다
   c 스페인 전역에 센터들을 새로 개설하고 있다

30. 미겔 로드리게스는 자신들의 성공이 …(라)고 말했다.
   a 광고에 들인 큰 비용 덕분이다
   b 학생들의 만족도에 근거한다
   c 증명 가능하다

HOMBRE Pese a que nos quieran pintar muy bonito el hecho de emprender, la verdad es que no es un camino de rosas. El principal secreto, es el trabajo duro. No encontraréis a nadie que haya decidido comenzar una aventura empresarial por su cuenta, que no os diga algo parecido... trabajo de lunes a domingo, horas y horas... pero, sin duda, cuando crees en una idea y consigues plasmarla en un proyecto real... cada hora invertida merece la pena.

La idea surge al detectar una necesidad muy presente en la sociedad de hoy, como es el hecho de intentar conciliar la vida personal y laboral. Precisamente por eso, porque en general, las personas que intentan acceder a un puesto en la Administración Pública ya de por sí tienen el tiempo justo. Imaginaos si encima tienen que desplazarse un día concreto y a una hora determinada a una academia, perder una tarde, gastarse un dinero extra en desplazamientos...

Por el contrario, opositaonline.com te permite que organices tu tiempo, que asistas a la clase virtual el día que mejor te convenga y a la hora más adecuada para ti, pudiendo compatibilizar tu vida personal y profesional y, además, sacar tiempo para estudiar. Preparar una oposición supone un camino largo y un trabajo muy duro y, por eso, cuantas más facilidades se proporcionen a los aspirantes, mejor.

Es evidente, como hemos dicho antes que el camino no ha sido fácil y aún en la actualidad no lo es. Hemos de pelear cada día, por convencer a los opositores, acostumbrados a una preparación y unas metodologías tan tradicionales, como las que ofrecen las academias convencionales, a que cambien de mentalidad y se atrevan a probar un nuevo método.

En estos momentos estamos en plena expansión por toda España. Hasta ahora nuestros esfuerzos habían ido encaminados a la preparación de oposiciones a nivel regional y local, pero, recientemente ya hemos dado el salto a la preparación a nivel nacional de las pruebas de acceso a la Administración General del Estado, como por ejemplo las oposiciones de Auxiliar Administrativo del Estado.

Me gustaría hacer hincapié en que nuestras mejores armas no están en la publicidad y en las grandes inversiones que hemos hecho, sino en el capital humano, en la ilusión, la implicación, las ganas desbordantes de todo el equipo y la fe ciega en el proyecto que estamos construyendo. Aunque pueda sonar a tópico, para nosotros nuestro éxito es cumplir las expectativas de nuestros alumnos y no la cuenta de resultados a final de año, pero esto no queda en simples palabras, sino que quienes ya nos conocen, pueden corroborarlo.

(Adaptado de *http://gestron.es/opositaonline/*)

남자	사람들은 사업을 시작하는 것을 매우 아름답게 포장하려고 하지만, 사실 그것은 핑크빛 여정이 아닙니다. 가장 큰 비밀은, 아주 고된 노동이라는 것이지요. 자기 혼자 힘으로 회사 경영의 모험을 시작하기로 한 사람이라면, 그 누구라도 이런 비슷한 이야기를 하지 않는 사람은 없을 거예요... 나는 월요일에서 일요일까지, 몇 시간씩이나 일하고... 하지만, 의심의 여지없이, 당신에게 떠오른 아이디어가 있고 그것을 실제 계획으로 옮기고 싶다면... 그 시간들은 모두 가치가 있습니다.

제 사업의 아이디어는 개인적인 삶과 직업적인 삶을 조정하는 것처럼 오늘날 사회에서 분명히 존재하는 필요성을 감지함으로써 발생합니다. 왜냐하면, 분명, 보통 사람들은 시간의 여유가 많지 않은데도 공공 행정직에 접근하기를 희망하는 부분이 있기 때문입니다. 그러는 와중에 심지어 특정 날과 특정 시간에 학원을 가야 되고, 오후 시간을 낭비하고, 이동하는 데 돈을 써야 한다는 것을 상상해 보십시오.

반면에, '오포시타 온라인 닷컴'은 당신이 가장 적합한 날과 적당한 시간에 온라인 수업에 참여함으로써 당신의 개인적 삶과 업무적인 삶을 양립시킬 수 있고, 더 나아가서, 공부할 시간을 보낼 수 있도록 당신의 시간을 잘 편성할 수 있게 도와줍니다. 채용 시험을 준비하는 것은 기나긴 여정과 고된 노동을 의미하므로, 지원자들에게는 더 많은 편의가 주어질수록 더 좋죠.

앞서 말한 것처럼 그 여정은 쉽지 않았고 지금도 여전히 쉽지 않다는 것은 분명합니다. 우리는 평범한 학원들이 제공하는 전통적인 방법과 준비 과정에 이미 익숙해져 있는 그 지원자들로 하여금 사고방식을 변화하고 새로운 방식을 시도해 볼 용기를 내도록 설득하기 위한 싸움을 매일 해 왔습니다.

우리는 현재 스페인 전역에서 완전히 확장되고 있습니다. 지금까지 우리의 노력은 지역 및 지방 차원에서의 공무원 채용 시험 준비를 하는 것에 목표가 있었지만, 최근 우리는 예를 들어, 국가 행정 보조직과도 같은 국가 총무부 시험을 대비하기 위한 국가 수준에서의 채용 준비에 이미 도약했습니다.

우리의 최고의 무기는 우리가 만들어 낸 큰 투자나 광고 같은 것이 아니라 인적 자본, 희망, 참여, 팀 전체의 넘치는 욕망과 우리가 일구고 있는 프로젝트에 대한 맹목적인 믿음에 있다고 강조하고 싶습니다. 진부하게 들릴 수 있을지 모르겠지만 우리에게 있어서 우리의 성공은 연말의 정산 결과에 있는 것이 아니라, 우리의 학생들의 기대를 충족시키는 것에 있으며, 이 사실은 단지 말에 그치는 것이 아니라 우리와 이미 함께한 사람들이 그것을 증명해 줄 수 있습니다.

3 해설

25.	사업을 시작하는 것에 대한 미겔의 생각이 무엇인지 묻고 있으므로, emprender라는 표현과 관련된 내용이 언급되면 주의 깊게 들어야 한다. 강연의 시작에서 그는 emprender, 즉 사업을 처음 시작하는 일은 아름답지만은 않다며 힘든 부분에 대해서도 언급하지만, 'cada hora invertida merece la pena'라고 마무리한다. Merecer la pena는 '가치 있다'의 뜻으로 valer la pena라고도 쓰이는데, 보기 **c**의 형용사 gratificante 역시 같은 의미이다. 따라서 정답은 보기 **c**.
26.	공공 행정직에 들어가길 원하는 사람들에 대해 미겔이 어떻게 생각하고 있는지를 묻고 있으므로, Administración Pública라는 표현과 관련된 내용이 언급되면 주의 깊게 들어야 한다. 정답과 관련된 문장은 '...las personas que intentan acceder a un puesto en la Administración Pública ya de por sí tienen el tiempo justo.'로, tiempo justo(매우 빠듯한 시간)를 가진 사람들이라고 묘사한 내용과 관련이 있는 보기 **a**가 정답이다.

27. 미겔의 온라인 학원이 가진 특징을 묻고 있으므로, 자신의 온라인 학원에 대해 미겔이 어떻게 설명하는지를 주의 깊게 들어야 한다. 정답을 확인할 수 있는 문장은 'Por el contrario, opositaonline.com te permite que organices tu tiempo, que asistas a la clase virtual el día que mejor te convenga y a la hora más adecuada para ti, pudiendo compatibilizar tu vida personal y profesional y, además, sacar tiempo para estudiar.'으로, 문제에서 말한 '온라인 학원'이 바로 'opositaonline. com'이라는 것을 파악해야 한다. 해당 학원의 장점으로 시간을 잘 활용할 수 있다는 것을 부각시키는 내용으로, 정답은 보기 b 이다.

함정 피하기 해당 온라인 학원에 대해 미겔은 개인의 삶과 업무적인 삶의 양립이 가능하다고 설명하지만, 보기 a에서는 반드시 일을 하고 있는 사람만을 위한 것이라고 했으므로 오답이다.

---

28. 미겔이 생각하는 채용 시험 준비생들의 특징을 물었으므로, 강연 내용 중 미겔이 말하는 los opositores (공무원 채용 시험 지원자)의 묘사 부분에 집중해서 들어야 한다. 정답과 관련된 문장은 'Hemos de pelear cada día, por convencer a los opositores, acostumbrados a una preparación y unas metodologías tan tradicionales, como las que ofrecen las academias convencionales, a que cambien de mentalidad y se atrevan a probar un nuevo método.'인데, 문장의 구조를 분석해 보면 'Hemos de pelear por convencer a los opositores a que cambien de mentalidad y se atrevan...' 의 한 문장과 'Los opositores están acostumbrados a una preparación y unas metodologías tan tradicionales...'의 두 가지 내용 파악이 가능하다. 미겔은 그들이 전통적인 방식에 이미 습관이 되어 있는 편이라고 말하고 있으므로, 정답은 보기 b.

함정 피하기 채용 준비생들에게 보수적인 사고방식이 있지만, 그것을 완전히 바꾸지 못한다는 의미는 아니므로 보기 c는 답이 될 수 없다.

---

29. 미겔의 사업이 현재 어떤 상황인지를 묻고 있으므로, 현재 그의 사업 내용에 대해 언급하는 부분을 잘 들어야 한다. 정답과 관련된 문장은 'Hasta ahora nuestros esfuerzos habían ido encaminados a la preparación de oposiciones a nivel regional y local, pero, recientemente ya hemos dado el salto a la preparación a nivel nacional de las pruebas de acceso a la Administración General del Estado'로, 기존에는 지역 및 지방 차원의 채용 시험을 준비했지만, 지금은 국가적 차원의 고시 준비까지 제공하고 있다고 했다. 따라서 정답은 보기 b.

함정 피하기 혼동할 수 있는 내용의 보기는 a인데, 최근에 국가 고시 준비 과정이 추가된 것은 맞지만 여기에 더 집중한다는 내용은 아니므로 오해해서는 안 된다.

---

30. 미겔이 생각하는 성공 요인이 무엇인지 묻고 있으므로, 그가 자신의 éxito에 대해 언급하는 부분을 집중해서 듣는다. 정답 구간은 'para nosotros nuestro éxito es cumplir las expectativas de nuestros alumnos y no la cuenta de resultados a final de año'이며, 이 문장은 [es Ⓐ y no Ⓑ(Ⓑ가 아니라 Ⓐ이다)]의 방식으로 표현되고 있다. 즉, 미겔이 생각하는 성공 요인은 학생들의 기대치를 충족시키는 것에 있음을 파악해야 한다. 따라서 정답은 보기 b.

함정 피하기 보기 c의 경우 텍스트에서 corroborar(증명하다) 할 수 있다는 표현이 나오지만, 그 대상은 그들의 éxito가 아니라 학생들 입장에서의 las expectativas를 가리키므로 오답이다.

emprender	시작하다, 착수하다, 개시하다	compatibilizar	병행하다, 병립하다
gratificante	만족감을 주는, 귀중한	oposición	ⓕ 반대, 저항, 대립, 채용 시험, 취직 시험
acceder	접근하다, 도달하다, 들어가다, 동의하다	facilidad	ⓕ 손쉬움, 용이함, 능력, 편의
puesto	ⓜ 자리, 노점, 지위, 순위	proporcionar	균형을 잡히게 하다, 비례시키다, 제공하다
atareado	바쁜, 분주한, 다망한	aspirante	ⓜ ⓕ 지원자, 열망하는 사람 / 빨아들이는, 흡입의
desaprovechar	놓치다, 낭비하다, 탕진하다	metodología	ⓕ 기법, 방법론, 방법합
exento	면제받은, (위험이나 걱정 등이) 없는	convencional	재래식의, 관습적인, 전통적인, 진부한
estar dirigido a	~을 향하는, ~을 지향하는	mentalidad	ⓕ 심성, 정신력, 정신 상태, 사고 방식
opositor	ⓜ ⓕ 반대자, 대립자, 지원자, 수험자	expansión	ⓕ 팽창, 확장, 확대, 표출
optimizar	최고로 활용하다, 가장 능률적으로 이용하다	encaminado	인솔되는, 인도되는, 향하는
conflictivo	분쟁의, 분쟁을 일으키는	regional	지방의, 향토의, 지역의, 지역적인
conservador	ⓜ 보수주의자, 보관자 / 보수적인, 보관하는	dar el salto	도약하다
inflexible	확고한, 꿋꿋한, 완고한, 엄중한	hacer hincapié	고집하다, 버티다, 우겨 대다, ~을 강조하다
comprobar	확인하다, 증명하다	arma	ⓕ 무기, 부대, (복수) 군대, 군사
pintar	그림을 그리다, 칠하다, 묘사하다, 과장하다	capital	ⓕ 수도, 대문자 ⓜ 자본, 자산 / 주요한, 머리의, 기본적인
plasmar	반죽하다, 모양을 만들다, 구체화하다	implicación	ⓕ 연루, 연좌, 관련, 포함, 함축, 내포
detectar	발견하다, 간파하다, 탐지하다, 감지하다	desbordante	넘쳐흐르는, 범람하는
conciliar	화해시키다, 조정하다, 절충하다, 타협하다	fe	ⓕ 믿음, 신뢰, 신앙, 증명, 증명서
de por sí	원래, 이미	ciego	ⓜ ⓕ 시각 장애인 / 장님의, 눈먼, 맹목적인
justo	올바른, 공평한, 정확한, 꼭 들어맞는	sonar	울리다, 소리 나다, 코를 풀다
desplazarse	옮기다, 이동하다, 이주하다	tópico	ⓜ 화제, 토픽, 일반 원칙 / 국소의, 진부한, 평범한, 상식적인
concreto	ⓜ 콘크리트 / 구체적인	corroborar	확증하다, 입증하다

PRUEBA DE EXPRESIÓN E INTERACCIÓN ESCRITAS

Expresión e interacción escritas

Tarea 1

1 해석

지시사항

당신은 최근 몇 년간 정부가 제공해 왔으나 사라질 위기에 있는 해외 연수 장학금 제도를 받길 원하는 스페인의 대학생입니다. 장학금 제도의 폐지에 대한 당신의 반대 의견을 표현하기 위해 교육부 담당자에게 편지를 쓰세요. 편지에서 당신은 다음을 해야 합니다.

- 자기소개 및 편지를 쓰는 이유 설명하기
- 왜 장학금을 받길 원하는지 그리고 이 장학금의 폐지가 왜 당신에게 영향을 주는지 설명하기
- 발표된 방침에 대한 당신의 반대 의견 표현하기
- 당신의 입장을 뒷받침하는 내용 말하기
- 해결책이나 대체 방안 제안하기

이를 위해 당신은 이 일과 관련된 한 뉴스를 듣게 됩니다. 듣기 자료는 두 번 듣습니다. 당신의 편지에 포함시킬 내용을 메모하세요.

단어 수: **150~180.**

TRANSCRIPCIÓN

El Ministerio de Educación, Cultura y Deporte ha anunciado que está considerando suprimir las becas para estudiar idiomas en el extranjero durante el verano para sustituirlas por ayudas para cursos de inmersión en España, según han informado fuentes de este departamento, que han precisado que sí se mantendrán otro tipo de ayudas para estudiantes con pocos recursos. La decisión se tomará después de la elaboración de los presupuestos para este año y en principio, se mantendrán 500 becas para estudiar en España. Sin embargo, el resto de las estancias en el extranjero podrían desparecer.

El año pasado Educación redujo a la mitad el dinero destinado a las becas para aprender idiomas en verano, tanto en cursos de inmersión como en el extranjero. El año pasado, el ministerio destinó a estos programas unos 51 millones de euros, cantidad que en este año bajó a 24,5 millones. Este año la cuantía se conocerá cuando se convoquen las ayudas en las próximas semanas.

El año pasado, un total de 14.000 alumnos universitarios y de Formación Profesional realizaron cursos de inmersión en España y, según el ministerio, el 86% se mostró muy satisfecho con el resultado. Además, otros 2.000 alumnos de bachillerato realizaron estos cursos y el nivel de satisfacción llegó al 98%.

(Adaptado de *https://elpais.com/sociedad/2013/02/14/actualidad/1360834543_609638.html*)

스크립트 해석

소식통에 따르면 교육문화체육부는 여름 동안 해외에서 외국어를 공부할 수 있는 장학금을 폐지하고 그것을 스페인의 집중 교육 과정으로 대체하는 것을 고려 중이라고 밝혔으며, 그들은 경제적으로 어려운 학생들에게는 다른 유형의 원조를 유지할 것을 명확히 했다. 이것은 올해의 예산 편성이 끝난 후 결정될 예정이며 원칙적으로 스페인에서 공부할 수 있도록 500개의 장학금은 유지될 예정이다. 그러나 그 외 해외 체류 부분은 사라질 수 있다.

작년 교육문화체육부는 여름 집중 프로그램과 해외에서 외국어를 배울 수 있는 장학금에 할당된 예산을 절반으로 줄였다. 또한 교육문화체육부는 작년에 이 프로그램에 5,100만 유로를 할당했는데 그것이 올해는 2,450만 유로로 줄었다. 올해의 예산은 몇 주 안에 보조금이 공시될 때 발표될 것이다.

작년에 총 14,000명의 대학생 및 전문 직업 훈련 학생들이 스페인에서 집중 강좌 코스를 수강했으며, 이 부처에 따르면 그중 86%가 결과에 매우 만족했다. 또한 2000명의 다른 학사 과정 학생들이 이 과정을 수강했으며 만족도는 98%에 달했다.

답안 구성 방법

글의 유형	편지글
보내는 이	장학금을 받길 원하는 스페인의 대학생
받는 이	교육문화체육부 담당자
핵심 내용	최근 몇 년간 정부가 제공해 왔으나 사라질 위기에 있는 해외 연수 장학금 제도의 폐지에 대한 당신의 반대 의견 표현하기
듣기 자료 내용	해외 외국어 연수 장학금 폐지에 관한 뉴스
요구 조건 1	자기소개 및 편지를 쓰는 이유 설명하기
요구 조건 2	왜 장학금을 받길 원하는지 그리고 이 장학금의 폐지가 당신에게 왜 영향을 주는지 설명하기
요구 조건 3	발표된 방침에 대한 당신의 반대 의견 표현하기
요구 조건 4	당신의 입장을 뒷받침하는 내용 말하기
요구 조건 5	해결책이나 대체 방안 제안하기
주의 사항	장학금이 필요한 이유와 제도 폐지 반대 의견에 대한 명확한 뒷받침 구성

필수 표현

주제	대체 방안의 제안
문형 1	• Pienso que / Opino que / Considero que / Creo que + sería + necesario / mejor / razonable + 동사원형
문형 2	• Sugerir + 동사원형 / que 접속법
활용 예	• **Pienso que sería necesario** endurecer los requisitos para obtener y mantener la beca. 저는 장학금을 획득하고 유지하기 위한 요구 사항을 강화하는 것이 필요하다고 생각합니다.

Estimado señor:

Mi nombre es Manuel Díaz y le escribo para mostrar mi desacuerdo con la posible supresión de las becas para estudiar en el extranjero. En mi caso, soy un estudiante universitario de segundo curso y necesito estas becas para poder tener la experiencia de estudiar en otro país y mejor mi nivel de francés. La desaparición de estas becas me afectaría mucho, porque no dispongo de medios para pagar mis estudios por mi cuenta. Provengo de una familia con pocos recursos y mi situación familiar no es buena, ya que recientemente mi padre se ha quedado en paro. Estoy bastante indignado con la medida anunciada, porque estudiantes como yo nos quedaremos sin la oportunidad de estudiar en el extranjero. Creo que se deberían mantener las becas para estudiantes que estén en la misma situación económica que yo. Pienso que sería necesario endurecer los requisitos para obtener y mantener la beca. Le ruego que considere la gravedad del problema.

Atentamente,
Manuel Díaz

해석

친애하는 귀하

제 이름은 마누엘 디아스이며 해외 유학 장학금의 폐지에 대한 저의 반대 의사를 표현하고자 이 편지를 씁니다. 제 경우, 대학교 2학년생으로 다른 나라에서 공부하고 프랑스어 수준을 향상시킬 수 있는 장학금이 필요합니다. 이 장학금의 폐지는 제게 많은 영향을 미칠 것입니다. 왜냐하면 저는 제 스스로 제 학비를 지불할 방법이 없기 때문입니다. 제 가족은 경제적으로 여유가 많지 않은 편이며, 최근에 아버지가 실업 상태에 계시기 때문에 현재 가족의 상황은 좋지 않습니다. 저는 저와 같은 학생들이 해외 유학을 떠나는 기회를 잃을 것이기 때문에 발표된 조치에 상당히 분노하고 있습니다. 저는 저와 같은 경제적 상황에 처한 학생들에게 장학금을 제공해야 한다고 생각합니다. 저는 장학금을 획득하고 유지하기 위한 요구 사항을 강화하는 것이 필요하다고 생각합니다. 문제의 심각성을 고려해 주시길 부탁드립니다.

정중히,
마누엘 디아스

beca	ⓕ 장학금
Estado	ⓜ 국가, 정부
correr	뛰다, 흐르다, (위험 등에) 직면하다
peligro	ⓜ 위험
desaparecer	없어지다, 사라지다
desacuerdo	ⓜ 불일치, 부조화
supresión	ⓕ 폐지, 삭제, 억제
desaparición	ⓕ 소멸, 실종, 고갈, 멸종
oposición	ⓕ 반대, 저항, 대립
anunciado	발표한, 선포한, 알려진
justificar	정당화하다, 이유를 들다
postura	ⓕ 자세, 포즈, 태도
asunto	ⓜ 일, 사건, 용건, 업무
suprimir	폐지하다, 없애다, 소멸시키다
sustituir	대신하다, 바꾸다, 교체하다
inmersión	ⓕ 가라앉힘, 침몰, 열중, 몰두
fuente	ⓕ 샘, 분수, 기원, 근원, 원천, 출처
departamento	ⓜ 부, 학과, 아파트
precisar	명확히 하다, 필요로 하다
recurso	ⓜ 수단, 방법, 자원, 자금
elaboración	ⓕ 가공, 정제
presupuesto	ⓜ 예산, 견적
estancia	ⓕ 체류
reducir	축소하다, 줄이다
destinar	할당하다, 임명하다, 배속하다
cuantía	ⓕ 양, 분량, 다량, 중요성, 장점
convocar	소집하다, 모집하다, 공고하다
satisfecho	만족한, 기뻐하는
disponer de	소유하고 있다, 자유롭게 사용하다
medio	ⓜ 중앙, 수단, 기관, 분야, 환경 / 절반의, 중간의
provenir de	유래하다, 나오다, 비롯되다
indignado	화난, 분개한, 격노한
endurecer	단단하게 하다, 견고하게 하다
requisito	ⓜ 필요 조건, 자격
rogar	간청하다, 빌다
gravedad	ⓕ 중력, 큼, 중대함, 심각함

1 해석

지시사항

다음에 주어지는 두 개의 옵션 중 하나만 선택하세요.

옵션 1

당신은 성평등 기관의 연구생으로, 당신은 남녀가 매일 집안일에 할애하는 시간과 부부 사이의 성별 차이 및 노동의 형태에 대해 기사를 작성할 것을 요청받았습니다. 당신의 기사를 쓰기 위해 다음 그래프에 나타나는 정보를 사용하세요.

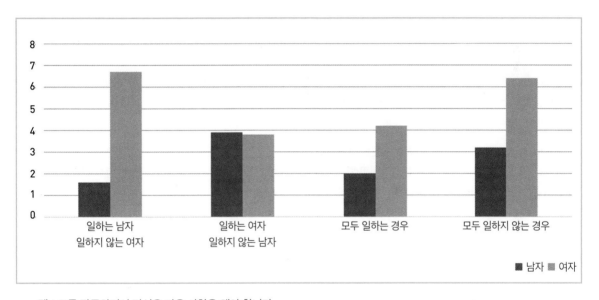

텍스트를 작문하면서 당신은 다음 사항을 해야 합니다.

- 주제 소개하기
- 부부간 각 성별의 노동 형태의 각기 다른 퍼센티지에 대한 전체적인 비교하기
- 당신이 보기에 가장 중요해 보이는 부분 강조하기
- 그래프가 보여 주는 정보에 대한 당신의 개인 의견 표현하기
- 결론 짓기

단어 수: **150~180**.

옵션 2

당신은 건강한 삶에 대한 블로그를 작성합니다. 어제 당신은 패스트 다이어트의 위험성에 관한 기사를 읽었으며 이와 관련된 당신의 의견을 말하는 글을 작성하고자 합니다. 이어서 당신은 패스트 다이어트에 관한 한 기사를 읽을 수 있습니다.

패스트 다이어트의 위험성

여름이 시작되기 몇 달 전이 되면 바비큐 고기, 패스트푸드 그리고 어쩌면 술이나 설탕 음료의 섭취로 인해 겨울 동안 얻은 여분의 몸무게를 빼기 위한 열렬한 레이스가 시작됩니다. 여름에는 모든 사람들이 거울 앞에서 몸매가 좋아 보이길 원하며 해변과 피서지에서 최대한 멋진 룩을 보여 주길 원합니다. 하지만 때때로 그 대가는 매우 높습니다.

가장 짧은 시간에 체중 감량을 하는 패스트 다이어트는 일반적으로 반동 효과를 가져옵니다. 그렇기 때문에 '기적적인' 식이 요법은 장기적으로 긍정적인 영향을 미치지 않으며 오히려 그 반대라는 점을 인식하는 것이 중요합니다. 우리가 원하던 체중에 도달하여 패스트 다이어트를 그만두게 되면, 우리의 일상은 다이어트를 시작하기 전 갖고 있던 몸무게로 다시 증가하게 됩니다.

체중이 증가하는 것 외에도 우리 몸에 훨씬 더 유해하고 해결하기 어려운 다른 문제가 결합됩니다. 우리가 이러한 '빠른 다이어트' 중 하나의 결과로 체중을 빨리 잃으면 필연적으로 무기력, 근육량의 현저한 손실, 피부 손상 및 피로가 수반되는 등의 신체적 악화가 일어납니다.

식이 요법을 결정할 때는 단백질 섭취, 건강한 지방 및 탄수화물 섭취 사이의 균형을 유지하는 것이 중요합니다. 이것은, 장기적으로 유지하는 건강한 생활 방식과 함께 하면 체중 감량뿐만 아니라 결핍성 식이 요법과 좌식 생활과 관련된 많은 질병에 대처하는 가장 좋은 공식일 수 있습니다.

블로그에 게시할 텍스트를 쓰세요. 그 글에서 당신은 다음을 해야 합니다:

- 건강하고 균형 잡힌 다이어트를 하는 것의 중요성에 대해 말하기
- 일반적으로 날씬해지기 위한 다이어트에 대한 개인적인 의견 작성하기
- 패스트 다이어트가 가진 부정적인 점 언급하기
- 건강한 방식으로 체중을 감량하는 방법 제안하기
- 결론 짓기

단어 수: **150~180**.

옵션 1

답안 구성 방법

글의 유형	기사글
핵심 내용	남녀가 매일 가사일에 할애하는 시간과 부부 사이의 성별 차이 및 노동의 형태
요구 조건 1	주제 소개하기
요구 조건 2	부부간 각 성별의 노동 형태의 각기 다른 퍼센티지에 대한 전체적인 비교하기
요구 조건 3	당신이 보기에 가장 중요해 보이는 부분 강조하기
요구 조건 4	그래프가 보여 주는 정보에 대한 당신의 개인 의견 표현하기
요구 조건 5	결론 짓기
주의 사항	그래프가 나타내는 결과에 대한 정확한 이해와 파악

필수 표현

주제	개인 의견 언급
문형 1	• En mi opinión, + [내용] • En mi opinión personal, + [내용] • Según yo opino, + [내용] • Desde mi punto de vista, + [내용] • A mi parecer, + [내용] • A mi juicio, + [내용]
문형 2	• Opinar que + 직설법
활용 예	• **En mi opinión**, esta situación no es justa para la mujer. 제 의견으로는, 이러한 상황은 여자에게 매우 불공평한 일입니다.

옵션 2

답안 구성 방법

글의 유형	블로그 게시글
핵심 내용	건강한 방식의 다이어트
요구 조건 1	건강하고 균형 잡힌 다이어트를 하는 것의 중요성에 대해 말하기
요구 조건 2	일반적으로 날씬해지기 위한 다이어트에 대한 개인적 의견 작성하기
요구 조건 3	패스트 다이어트가 가진 부정적인 점 언급하기
요구 조건 4	건강한 방식으로 체중을 감량하는 방법 제안하기
요구 조건 5	결론 짓기
주의 사항	체중 감량 및 건강과 관련된 표현법 및 어휘 구사

주제	긍정적 / 부정적 측면 언급
문형 1	• Ser + **positivo / beneficioso / ventajoso / favorable** + [내용]
문형 2	• Ser + **negativo / dañino / prejudicial / desfavorable / peligroso** + [내용]
문형 3	• Tener aspectos + **positivos / negativos** + [내용]
활용 예	• De hecho, las dietas **más peligrosas son** las llamadas dietas rápidas. 실제로 가장 위험한 다이어트는 소위 말하는 패스트 다이어트입니다.

3 모범답안

옵션 1

Hoy en día existen diferentes modelos laborales de pareja y muchas veces surgen problemas en la distribución del trabajo doméstico.

En el caso del modelo de pareja en el que el hombre trabaja y la mujer no, ellas dedican casi 7 horas al trabajo doméstico, mientras que los hombres dedican una hora y media. Sin embargo, cuando la mujer trabaja y el hombre no, los dos dedican aproximadamente 4 horas. En el caso de que los dos trabajen, la mujer dedica unas cuatro horas mientras que el hombre solo 2. En el caso de que ambos estén desempleados, la mujer dedica unas 6 horas y media mientras que el hombre dedica cerca de 3 horas. Es decir, la mitad.

Lo más relevante de estos datos es que en la mayoría de los modelos laborales de pareja siempre la mujer dedica más tiempo al trabajo doméstico. En mi opinión, esta situación no es justa para la mujer. En conclusión, esta tendencia tiene que cambiar y los hombres deberían empezar a involucrarse más en las tareas domésticas y en especial aquellos que están desempleados.

해석

요즘에는 부부간의 노동 형태가 다르며 가사일 분배에 있어서 문제가 발생하는 경우가 많습니다.

남자가 일하고 여자가 일하지 않는 부부의 경우, 여자들은 거의 7시간을 가사일에 보내는 반면 남자들은 1시간 반을 보냅니다. 하지만 여성이 일을 하고 남자가 일을 하지 않는 경우에는 두 사람 모두 대략 4시간을 가사일에 보냅니다. 두 사람 모두 일하는 경우에는 여성은 4시간을 가사일로 보내지만 남자는 단 2시간을 보냅니다. 두 사람 모두 일하지 않는 경우, 여성은 6시간 반을 가사일을 하고 남자는 3시간 가까이합니다. 즉, 절반인 것입니다.

이러한 정보에서 가장 중요하게 보이는 것은 바로 대부분의 부부간 노동 형태에서 여자는 항상 가사일에 더 많은 시간을 쓴다는 것입니다. 제 의견으로는, 이러한 상황은 여자에게 매우 불공평한 일입니다.

결론적으로, 이러한 추세는 변화해야 하며 남자들은, 특히 일을 하지 않는 경우라면 집안일에 더 많이 참여하기 시작해야 할 것입니다.

Debido al frenético ritmo de vida que llevamos, es muy difícil llevar una dieta sana y equilibrada. Pero no cabe duda de que es necesario hacerlo, porque alimentarnos bien nos permite sentirnos mejor tanto físicamente como mentalmente. En mi opinión, las dietas para adelgazar suelen ser peligrosas si no son supervisadas por un especialista y en muchos casos solo son una manera rápida de adelgazar, ya que con el tiempo volvemos a nuestro peso inicial. De hecho, las dietas más peligrosas son las llamadas dietas rápidas. Este tipo de dietas producen un deterioro físico como, por ejemplo, pérdida de masa muscular, deterioro en la piel y cansancio. Lo mejor para perder peso de forma saludable es hacer ejercicio de forma regular, dar paseos después de las comidas y comer 5 veces al día. Se debería cuidar la ingesta de carbohidratos y evitar azucares. En conclusión, si deseas tener una buena figura para el verano lo mejor es que empieces a practicar algún tipo de deporte y lleves una dieta sana y equilibrada.

해석

현재 우리가 갖는 격정적인 삶의 속도 때문에 건강하고 균형 잡힌 식단을 갖는 것은 매우 어렵습니다. 하지만 그것이 필요하다는 데에는 의심의 여지가 없는데, 왜냐하면 영양 섭취를 잘하는 것은 우리에게 육체적으로나 정신적으로나 더 좋은 컨디션을 유지할 수 있게 하기 때문입니다. 제 생각에는 날씬해지기 위한 다이어트는 전문가의 관리를 받지 않으면 일반적으로는 위험한 것들이며 많은 경우에 이것은 단지 단시간에 날씬해지는 방법일 뿐인데, 왜냐하면 시간이 지나면 초기 체중으로 돌아가 버리기 때문입니다. 실제로 가장 위험한 다이어트는 소위 말하는 패스트 다이어트입니다. 이러한 유형의 다이어트는 근육량 감소, 피부 손상 및 피로와 같은 신체적 악화를 유발합니다. 건강한 방법으로 체중을 줄이는 가장 좋은 방법은 규칙적으로 운동하고 식사 후 산책을 하고 하루에 5번 먹는 것입니다. 탄수화물 섭취를 관리하고 당분을 피해야 합니다. 결론적으로, 여름에 좋은 몸매를 갖기 원한다면 가장 좋은 것은 운동을 시작하고 건강하고 균형 잡힌 식단을 유지하는 것입니다.

4 어휘

옵션 1

becario	ⓜ ⓕ 장학생, 연구원	desempleado	ⓜ ⓕ 실업자 / 실업 상태에 있는
igualdad	ⓕ 평등, 동등, 동일, 대등	surgir	분출하다, 치솟다, 나타나다, 출현하다
género	ⓜ 종류, 분야, 장르, 성	distribución	ⓕ 분배, 배급, 유통
trabajo doméstico	ⓜ 살림	justo	올바른, 공평한, 정확한, 꼭 들어맞는
dedicar	바치다, 드리다, 헌정하다, 헌신하다	tendencia	ⓕ 경향, 추세, 성향
laboral	노동의, 직업의	involucrarse	관계하고 있다, 연루되다, 참여하다
empleado	ⓜ ⓕ 종업원, 직원 / 사용된, 쓰인		

옵션 2

previo	앞선, 사전의, 예비적인	organismo	ⓜ 유기체, 생물, 인체, 기관, 기구
frenético	열광적인, 열렬한, 광란의	fruto	ⓜ 열매, 과실, 결실
de más	여분의 / 여분으로	inevitablemente	불가피하게
asado	ⓜ 구이, 그릴, 구운 고기	deterioro	ⓜ 파손, 악화, 손상, 파괴
azucarado	단, 설탕이 들어 있는, 감미로운	flacidez	ⓕ 비쩍 마름, 무기력, 이완
estival	여름의, 하절	masa	ⓕ 반죽, 덩어리, 전체, 총량, 질량
look	[영] ⓜ 외견, 모양, 형	muscular	근육의
veraneo	ⓜ 피서, 바캉스	ingesta	ⓕ 섭취된 물질
coste	ⓜ 비용, 원가, 값	fórmula	ⓕ 서식, 양식, 방식
rebote	ⓜ 반동, 반등, 리바운드	hacer frente	대처하다, 직면하다, 당면하다
crucial	결정적인, 중대한, 십자 모양의	deficitario	적자의, 결손의
consciente	의식이 있는, 자각한	sedentario	별로 움직이지 않은, 집에 틀어박힌, 앉아서 일하는
milagroso	기적적인, 초자연적인	adelgazar	(몸을) 날씬하게 하다, 가냘프게 하다, 가늘게 하다
más bien	오히려	supervisado	지휘된, 관리된, 지도된
rutina	ⓕ 판에 박힌 일, 일상	especialista	ⓜ ⓕ 전문가 / 전문의
perjudicial	유해한	peso	ⓜ 무게

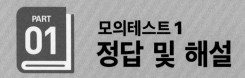

PRUEBA DE EXPRESIÓN E INTERACCIÓN ORALES

Expresión e interacción orales

Tarea 1

1 해석

지시사항

당신은 한 가지 특정 상황에 대한 일련의 해결 방안들의 장점과 단점에 대해 3~4분 동안 이야기해야 합니다. 이어서는 그 주제에 대해 감독관과 2~3분 동안 대화를 나누게 될 것입니다.

주제: 주거지 내 도난

도시 외곽의 한 지역에서는 주거지 내 도난 사고의 수가 현저히 증가했습니다. 주민 연합의 구성원들은 그 문제를 해결하고 도난 사고를 줄이려고 노력하기 위해 모였습니다.

다음 제안들을 읽고 2분간 그것들의 장점과 단점에 대해 설명하세요. 제안들 중 최소 4개에 대해서 발표해야 한다는 것을 유념하세요. 발표가 끝나면 그 제안들의 주제에 대해 감독관과 대화를 나누어야 합니다.

발표를 준비하기 위해서는 각각의 제안을 분석해 가며 그것이 왜 좋은 해결 방안으로 보이는지, 어떤 단점이 있는지, 누구에게 이로운지 그리고 누구에게는 해가 되는지, 다른 문제들을 야기할 수 있는지, 무언가를 조정해야 할지에 대해 생각해 보아야 합니다.

> 나는 마을을 강도로부터 지키기 위하여 사설 보안 업체를 고용할 것이다.

> 나는 하루에 24시간 동안 서로 정보를 받아 보고 수상한 행동을 알릴 수 있도록 이웃들 간에 와츠앱 그룹을 만들겠다.

> 나는 이 동네를 지키기 위해 주민 순찰대를 결성할 것이다.

> 나는 도난 사고를 막기 위해 보안 시스템과 카메라를 설치할 것이다.

> 나는 우리가 정보를 얻고 문제의 심각성에 대해 자각할 수 있게 일주일에 한 번씩 반상회를 결성할 것이다.

> 나는 모든 집에 경보 장치를 설치하고 강도들을 단념시키기 위해 전기 울타리를 설치할 것이다.

1) 발표문

예시문: *경보 장치를 설치하고 전기 울타리를 쳐야 한다는 제안 사항은 아주 큰 단점이 보이는데…*

2) 대화

응시자가 정해진 시간(3~4분) 동안 표 안의 제안들에 대해 발표를 마치면, 감독관은 과제1의 소요 시간(6~7분)이 끝날 때까지 주제와 관련한 몇 가지의 질문을 할 것입니다.

감독관의 예상 질문들:

제안들에 대하여

- 주어진 제안들 중에서 당신이 보기에 어떤 것이 가장 나은 제안인가요?
- 역효과가 날 수 있을 것 같은 제안이 있다고 생각하나요?
- 사설 보안 업체를 고용하자는 제안 사항에 대해 어떻게 생각하나요?

당신의 현실에 대하여

- 이것은 당신에게 영향을 주는 문제인가요? 왜 그렇나요?
- 당신의 나라에서는 주거지 내 도난이 많이 발생하나요? 당신의 나라에서 가장 빈번하게 일어나는 범죄 종류는 무엇인가요?
- 당신이라면 이 문제를 해결하기 위해 어떻게 하실 건가요?
- 만일 당신이 이 동네의 거주민이라면, 어떻게 하실 건가요? 이사를 갈 수도 있을까요?

본 과제의 전체 소요 시간은 **6~7분**입니다.

1) 발표문

> Yo contrataría una empresa de seguridad privada para proteger el barrio de robos.

La propuesta de contratar una empresa de seguridad privada para proteger el barrio de robos **me parece una buena solución, ya que** ellos cuentan con todo tipo de sistemas de vigilancia, por ejemplo, cámaras, alarmas, vallas, etc. Aunque cobren mucho, vale la pena.

강도로부터 마을을 지키기 위하여 사설 보안 업체를 고용할 것이라고 말하는 제안은 좋은 해결 방안으로 보여집니다. 왜냐하면 그 업체들은 카메라, 경보 장치, 울타리 등과 같은 모든 종류의 감시 시스템을 갖추고 있기 때문입니다. 그들은 비싼 비용을 받지만, 그 값어치를 합니다.

> Yo crearía un grupo de WhatsApp entre los vecinos para estar informados y denunciar conductas sospechosas las 24 horas del día.

Esta propuesta de crear un grupo de WhatsApp entre los vecinos para estar informados y denunciar conductas sospechosas las 24 horas del día **es muy conveniente**. De esta manera, los vecinos estarán muy alerta siempre y en caso de que pase algo, se puede preguntar o informar inmediatamente.

하루에 24시간 동안 서로 정보를 받아 보고 수상한 행동을 알릴 수 있도록 이웃들 간에 와츠앱 그룹을 만들어야 한다는 이 제안은 매우 적절합니다. 이러한 방법으로 주민들은 항상 매우 경계할 것이며 무슨 일이 일어난다면 즉시 문의하거나 안내를 받을 수 있습니다.

> Yo organizaría patrullas vecinales para vigilar el vecindario.

La propuesta de organizar patrullas vecinales para vigilar el vecindario es **ventajosa**. Es mucho mejor que alguien esté en guardia que instalar cámaras o alarmas.

동네를 지키기 위해 주민 순찰대를 결성해야 한다는 제안은 매우 이롭습니다. 누군가 보초를 서는 것이 카메라나 경보 장치를 설치하는 것보다 훨씬 더 나은 방법입니다.

Yo instalaría sistemas de vigilancia y cámaras para frenar los robos.

Para mí, esta propuesta de instalar sistemas de vigilancia y cámaras para frenar los robos **es bastante apropiada**. Como el número de robos en viviendas ha aumentado mucho, instalar sistemas de vigilancia y cámaras es lo más básico que hay que hacer.

도난 사고를 막기 위해 보안 시스템과 카메라를 설치하자는 이 제안은 제가 볼 때 아주 적절합니다. 가정에서의 도난 사고 수가 많이 증가했기 때문에, 경비 시스템과 카메라를 설치하는 것은 가장 기본적으로 해야 하는 일입니다.

Yo establecería reuniones semanales entre los vecinos para mantenernos informados y concienciarnos de la gravedad del problema.

Esta propuesta que dice "Yo establecería reuniones semanales entre los vecinos para mantenernos informados y concienciarnos de la gravedad del problema." **es un poco disparatada**. Me imagino que los vecinos estarían muy estresados no solo por el problema sino también por tener que presentarse a estas reuniones semanales.

"나는 우리가 정보를 얻고 문제의 심각성에 대해 자각할 수 있게 일주일에 한 번씩 반상회를 결성할 것이다."라고 말하는 이 제안은 조금 비상식적입니다. 저는 주민들이 이 문제 때문만이 아니라 일주일에 한 번씩 반상회에 참석해야 한다는 것 때문에도 스트레스를 받게 될 것이라고 생각합니다.

Yo instalaría alarmas en todas las casas y pondría vallas eléctricas para disuadir a los ladrones.

Estoy completamente a favor de la propuesta de instalar alarmas en todas las casas y poner vallas eléctricas para disuadir a los ladrones, **porque** así se puede evitar un caso de robo. Es que, lo importante es prevenir los robos, y si hubiera alarmas en todas las casas, sería lo más seguro.

모든 집에 경보 장치를 설치하고 강도들을 단념시키기 위해 전기 울타리를 설치할 것이라는 제안에 완전히 찬성합니다. 왜냐하면 이렇게 하면 도난을 방지할 수 있기 때문입니다. 사실, 중요한 것은 도난을 미리 예방하는 것이며 만약 모든 집에 경보 장치가 되어 있다면 그것이 가장 안전할 것이기 때문입니다.

2) 대화

감독관

De las propuestas dadas, ¿cuál le parece la mejor?

주어진 제안들 중에서 당신이 보기에 어떤 것이 가장 나은 제안인가요?

응시자

La propuesta que me parece como la mejor es la de instalar alarmas en todas las casas y poner vallas eléctricas para disuadir a los ladrones. Esta solución es la única forma de prevenir los robos. Si se tiene una cámara, puede ser más fácil encontrar al ladrón, pero eso es en el caso cuando ya haya robado o hecho algún daño. Pero si hubiera alarmas y vallas, se podrían evitar los daños.

제가 보기에 가장 최선의 제안은 모든 집에 경보 장치를 설치하고 강도들을 단념시키기 위해 전기 울타리를 설치하는 것입니다. 이 해결 방안만이 도난을 미리 예방할 수 있는 유일한 방법입니다. 만일 카메라가 설치되어 있다면, 강도를 잡는 것은 더 쉬울 수 있겠지만, 그것은 이미 도난을 당한 후이거나 피해를 입은 이후의 경우일 것입니다. 하지만 만일 알람과 울타리가 있다면, 피해를 미리 예방할 수 있을 것입니다.

감독관

¿Cree que hay alguna propuesta que podría ser contraproducente?

역효과가 날 수 있을 것 같은 제안이 있다고 생각하나요?

응시자

Sí. La propuesta de establecer reuniones semanales entre los vecinos. Es que puede haber gente que no quiera presentarse a estas reuniones, y si fuera tan seguido como una vez a la semana, sería demasiado. Quizás una reunión mensual sí, pero semanal, no sé.

그렇습니다. 주민들 간의 반상회를 주 단위로 갖는 것에 대한 제안입니다. 이런 모임에 참석하길 원하지 않는 사람이 분명히 있을 것이며 만일 주 1회 정도로 그렇게 자주 모임이 있다면 그것은 과할 수도 있습니다. 어쩌면 한 달에 한 번은 가능하겠습니다만 한 주에 한 번은 글쎄요, 잘 모르겠습니다.

감독관

¿Qué le parece la propuesta de contratar una empresa de seguridad privada?

사설 보안 업체를 고용하자는 제안 사항에 대해 어떻게 생각하나요?

응시자

Me parece muy efectiva, pero en caso de que sea una buena empresa. Es que he visto que a veces, estas empresas de seguridad cobran mucho, pero no llegan a prevenir los robos, sino que llegan después de una situación de un robo y no hacen nada más que ayudar a denunciar ante la policía.

아주 좋은 업체인 경우에만 그 방안이 매우 효과적이라고 생각합니다. 저는 가끔 이러한 보안 업체들은 지나치게 많은 비용을 받으면서도 도난 사건을 예방하지 못하고, 이미 도난이 발생한 후에 도착하고 경찰에 신고하는 것을 돕는 것밖에 하지 못하는 경우를 본 적이 있기 때문입니다.

감독관

¿Este problema es un problema que le afecta? ¿Por qué?

이것은 당신에게 영향을 주는 문제인가요? 왜 그렇나요?

Ahora que vivo con mi familia, no tanto. Pero antes sí, ¡era un problemón! Como vivía sola, siempre me preocupaba mucho la seguridad. Cada vez que me mudaba, tenía que encontrar alguna forma de vigilancia o chequear bien las ventanas.

응시자

현재는 가족과 함께 살고 있으므로 그렇게 많은 영향을 받지는 않습니다. 하지만 예전에는 정말 큰 문제였습니다! 저는 혼자서 살았기 때문에 항상 보안이 아주 걱정되었습니다. 집을 이사할 때마다 감시 방법을 찾거나 창문을 잘 확인해야만 했었습니다.

감독관

¿En su país hay muchos robos en viviendas? ¿Qué tipo de delitos son los más frecuentes en su país?

당신의 나라에서는 주거지 내 도난이 많이 발생하나요? 당신의 나라에서 가장 빈번하게 일어나는 범죄 종류는 무엇인가요?

Yo pienso que sí hay muchos robos. Veo que roban las casas vacías cuando es la temporada de vacaciones o días festivos nacionales. En Corea, el robo es un delito muy frecuente, sin duda alguna.

응시자

제 생각에 우리나라에서는 도난 사건이 많은 것 같습니다. 휴가철이나 법정 공휴일 등에 빈집을 터는 것을 볼 수 있습니다. 한국에서 도난은 의심의 여지없이 아주 빈번한 범죄입니다.

감독관

¿Usted qué haría para solucionar el problema?

당신이라면 이 문제를 해결하기 위해 어떻게 하실 건가요?

Para solucionar el problema, haría todo lo que se pudiera hacer para prevenir los robos. Por ejemplo, instalar sistemas de vigilancia, contratar una empresa de seguridad privada, organizar patrullas vecinales, etc. Es que, como dice el dicho, más vale prevenir que lamentar.

응시자

이 문제를 해결하기 위해서, 도난을 예방할 수 있다면 저는 뭐든 다 할 것 같습니다. 예를 들면 감시 시스템을 설치하고, 사설 보안 업체를 고용하며, 주민 순찰대를 결성하는 것 등입니다. 속담에서 말하듯, 뒤늦게 안타까워하느니 미리 예방하는 것이 낫다고 봅니다.

감독관

Si usted fuera un vecino de este barrio, ¿qué haría? ¿Se mudaría?

만일 당신이 이 동네의 거주민이라면, 어떻게 하실 건가요? 이사를 갈 수도 있을까요?

No me mudaría, porque cualquier tipo de vivienda puede ser robado o asaltado. Así que, si me gusta donde vivo ahora, pues haría todo lo posible para protegerlo. Creo que el dinero que necesitaría para la mudanza me podría alcanzar para poner más sistema de seguridad.

응시자

저는 이사하지 않을 것 같습니다. 왜냐하면 어떤 유형의 집이건 도난을 당하거나 강도를 당할 수 있기 때문입니다. 그래서 만일 현재 살고 있는 곳이 마음에 든다면 그곳을 지키기 위해 할 수 있는 모든 것을 할 것입니다. 이사를 하는 데에 필요한 비용으로 안전 장치를 설치하는 것이 가능할 것입니다.

robo	ⓜ 도둑질, 강탈	disuadir	단념하게 하다, 생각을 고쳐 먹게 하다
vivienda	ⓕ 주거, 집	ladrón	ⓜ 도둑, 도적 / 훔치는
periférico	주변의, 교외의, 시외의	delito	ⓜ 범죄, 죄
aumentar	늘리다, 증대시키다, 늘어나다	contar con	~을 갖다
significativo	중요한, 의의 있는, 의미심장한	estar alerta	경계하고 있다
asociación de vecinos	ⓕ 주민 연합	disparatado	엉터리의, 아무렇게 하는, 비상식적인
reducir	축소하다, 줄이다	estresado	스트레스를 받은
contratar	계약하다	presentarse	지원하다, 소개하다, 나타나다, 참석하다
seguridad	ⓕ 안전, 확신, 보장	evitar	회피하다, 막다
denunciar	알리다, 신고하다, 발표하다	prevenir	예방하다, 주의하다, 조심하다
conducta	ⓕ 행동, 거동, 품행	daño	ⓜ 손해, 피해, 부상
sospechoso	ⓜ ⓕ 용의자 / 수상한, 미심쩍은	seguido	연속의, 계속의
patrulla	ⓕ 순찰대, 경비대	mensual	매월의, 1개월의
vecinal	주민의, 이웃의	no hacer nada más que	~말고는 무엇도 하지 않다
vigilar	감시하다, 주의하다	ahora que	~한 지금, ~한 이상
vecindario	ⓜ 주민, 주민 명부, 동네, 근방	problemón	ⓜ problema(문제)의 증대형
vigilancia	ⓕ 감시, 경비, 경계	chequear	체크하다, 감시하다, 대조하다
frenar	제동을 걸다, 멈추게 하다, 제지하다	día festivo nacional	ⓜ 국경일, 법정 공휴일
seminal	주의, 매주의	dicho	ⓜ 말, 표현, 격언, 속담
gravedad	ⓕ 중력, 큼, 중대함, 심각함	lamentar	슬퍼하다, 안타까워하다
alarma	ⓕ 경보, 알림, 경계, 경보기, 불안	asaltar	강도질을 하다
valla	ⓕ 담장, 울타리, 바리케이드	proteger	보호하다, 지키다
eléctrico	전기의, 전기를 띤	alcanzar	닿다, 도달하다, 이르다

1 해석

지시사항

당신은 한 장의 사진을 보고 상황을 떠올리고 2~3분 동안 그 상황을 묘사해야 합니다. 이어서, 그 상황의 주제와 연관된 당신의 경험과 의견에 대해 감독관과 대화를 나누게 될 것입니다. 정해진 답이 있지 않다는 것을 명심하세요. 주어진 질문들을 읽고 상황을 상상하세요.

사진: 연인의 문제들

이 커플은 그들의 가장 좋은 순간을 보내지는 못하고 있으며 다양한 문제를 지니고 있습니다. 상황을 상상하여 그것에 대해 대략 2분간 말하세요. 다음은 당신이 언급할 수 있는 점들입니다.

- 그들은 지금 어떤 문제를 갖고 있나요? 왜 그렇습니까?
- 연인이 된 지 오래되었다고 생각하나요? 왜 그렇게 생각하나요? 어떤 유형의 커플일까요?
- 두 사람의 성격이 각각 어떻다고 상상되나요? 그들은 어떤 유형의 사람들일까요? 왜 그렇게 생각하나요?
- 지금 이 순간 여자는 어떤 기분일까요? 어떤 생각을 하고 있을까요? 왜 그렇나요? 남자는 여자의 감정에 대해 걱정한다고 생각하나요? 왜 그렇나요?
- 그들의 관계에서 다른 어떤 문제가 있을 것이라고 생각하나요? 그는 이 상황에 대해 인지하고 있다고 생각하나요?
- 그들은 문제를 해결하게 될 것 같나요? 그들이 커플의 위기를 극복할 수 있을 것이라 생각하나요? 그들은 헤어지게 될 것 같나요? 왜 그렇나요?

응시자가 정해진 시간(2~3분) 동안 사진을 묘사하고 나면 감독관은 과제의 소요 시간이 끝날 때까지 주제와 관련한 몇 가지의 질문을 할 것입니다.

감독관의 예상 질문들:

- 좋은 연인 관계를 유지하는 것은 쉽다고 생각하나요? 왜 그렇게 생각하나요?
- 연인들 간에는 어떤 문제들이 가장 빈번하게 일어나나요?
- 당신은 사진 속 연인의 문제와 비슷한 문제를 겪은 적이 있나요? 만일 그렇다면, 무슨 문제였나요? 어떻게 그것을 해결하였나요?

본 과제의 전체 소요 시간은 **5~6분** 입니다.

1) 사진 묘사

En la fotografía se puede ver a una pareja, pero que no está muy contenta. Me imagino que el problema que tienen ellos es que el chico dedica mucho tiempo a los videojuegos y la chica no lo entiende.

Quizás ellos ya lleven mucho tiempo saliendo juntos, porque si fuera una pareja recién empezada, el chico sería más cuidadoso y atento. Supongo que el chico es una persona bastante segura de sí misma y no deja que lo molesten cuando hace lo que le gusta hacer. La chica, puede que sea más comprensiva, porque si la situación no le gustara, podría manifestar su opinión sin importarle interrumpir a la otra persona, pero por lo que veo la chica lo está mirando y esperando un poco. Es posible que la chica se sienta mal y desesperada por pensar que el chico es un poco egoísta. Así que, lo importante será que el chico le demuestre que no, que sí le importa y le preocupa cómo se siente ella.

Estoy seguro de que, si el chico le dice que su intención no es eso, la chica lo entenderá. Para esto, el chico tendrá que ser consciente de que a la chica no le gusta mucho jugar a los videojuegos y que no se lo pasa bien si él se pone a jugar. Pienso que los dos tienen que expresarse bien, y así pueden superar cualquier tipo de problemas o crisis de pareja. No es necesario que rompan, porque con una comunicación sincera, todo se puede entender.

해석

사진에서는 한 커플을 볼 수 있는데, 그들은 무척 즐거워 보이지는 않습니다. 저는 그들이 가지고 있는 문제가 남자가 비디오 게임을 하는 데에 많은 시간을 쓰고, 여자는 그것을 이해하지 못하기 때문이라고 생각합니다.

어쩌면 그들은 연인이 된 지 오래되었을 것입니다. 왜냐하면 이제 막 시작한 커플이라면, 남자는 더 조심스러워하거나 주의할 것이라 생각하기 때문입니다. 남자는 자신감이 넘치는 성격인 것 같으며 본인이 좋아하는 것을 할 때에는 다른 사람들이 방해하도록 두지 않을 것이라 생각합니다. 여자의 경우는 더 이해심이 많을 수 있다고 생각합니다. 왜냐하면 만약 어떠한 상황이 마음에 들지 않다면 그녀는 상대방의 말을 잠시 중단시키더라도 본인의 의견을 표현할 수 있을 텐데, 제가 보기에는 그 여자는 남자를 바라보며 조금 기다리고 있습니다. 여자는 남자가 조금 이기적이라고 생각하고 있기 때문에 기분이 좋지 않고 절망적인 상태일 수 있습니다. 그러므로 중요한 것은, 남자는 그게 아니라는 것과 그녀가 어떻게 느끼는지 걱정하고 그녀를 중요하게 여긴다는 것을 증명해 보이는 것일 겁니다.

저는 남자가 만일 본인의 의도가 그렇지 않다는 것을 말한다면 여자는 그를 이해할 것이라고 확신합니다. 이를 위하여 남자는 여자가 비디오 게임을 매우 좋아하지는 않는다는 것과 그가 게임을 하기 시작하면 여자는 즐거워하지 않는다는 것을 인식해야 합니다. 저는 그 두 사람이 모두 스스로를 잘 표현해야 한다고 생각하는데, 그렇게 함으로써 그들은 어떤 문제든 혹은 연인 간의 위기를 극복할 수 있을 것입니다. 그들이 헤어질 필요는 없다고 생각하는데, 왜냐하면 진솔한 소통과 함께라면 모든 것은 이해를 받을 수 있기 때문입니다.

2) 대화

감독관
¿Cree que es fácil tener una buena relación de pareja? ¿Por qué cree eso?

좋은 연인 관계를 유지하는 것은 쉽다고 생각하나요? 왜 그렇게 생각하나요?

응시자
No pienso que sea muy difícil tener una buena relación de pareja, porque si las dos personas estaban felices al empezar el noviazgo o la relación, puede seguir manteniendo ese amor o ese cariño. Así pueden ser más comprensivos entre sí, mutuamente. Me refiero a que, es más fácil que dos personas desconocidas que se encuentran en la calle puedan tener muchas diferencias, que no se pueda llegar a un acuerdo. En cambio, si dos personas decidieron salir juntos o formar una pareja, pues es más fácil porque se quieren y se estiman.

저는 좋은 연인 관계를 유지하는 것이 매우 어렵다고 생각하지 않습니다. 왜냐하면 두 사람이 처음 연인으로서 혹은 어떠한 관계를 시작할 때 행복했다면, 그 사랑이나 애정을 계속해서 유지할 수 있기 때문입니다. 그렇기에 그들은 서로 간에 상호적으로 더욱 이해심이 넓어질 수 있습니다. 말하자면, 길거리에서 마주친 서로 모르는 관계의 두 사람이 많은 다른 점을 가지고 있으며 의견 일치에 다다르지 못하는 것은 더 쉬운 일입니다. 반면에, 만일 두 사람이 연인 관계를 맺기로 했거나 커플이 되기로 정했다면, 그들은 서로를 좋아하고 존경하기 때문에 관계를 유지하는 것은 더 쉽습니다.

감독관
¿Cuáles cree que son los problemas más frecuentes entre las parejas?

연인들 간에는 어떤 문제들이 가장 빈번하게 일어나나요?

응시자
Pienso que los problemas más frecuentes entre las parejas surgen por la falta de comunicación. Es que, uno empieza a sentirse mal cuando cree que la otra persona no se esfuerza o no que ha cambiado. Sin embargo, muchas veces solo es un malentendido o una mala interpretación. Simplemente una persona puede tener ideas equivocadas por no enterarse bien de la intención que tiene la otra persona. Si se siente mal, hay que hablar y expresarlo claramente, antes de llegar a una conclusión imaginada o mal pensada.

저는 연인들 간의 가장 빈번한 문제는 소통의 부재로 인한 것이라고 생각합니다. 왜냐하면, 누군가는 상대방이 노력하지 않거나 변했다고 생각할 때 기분이 안 좋아지기 시작하기 때문입니다. 그렇지만, 많은 경우에 그것은 단지 오해나 잘못된 해석에 지나지 않습니다. 단순히 누군가는 상대방이 가진 의도에 대해 잘 알아차리지 못하고 틀린 생각을 가질 수 있습니다. 만일 감정이 좋지 않다면, 상상한 혹은 잘못 생각한 결론에 도달하기 전에, 이야기하고 분명하게 표현해야 합니다.

감독관
¿Alguna vez ha tenido un problema parecido al de la pareja de la foto? En caso de que sí, ¿qué problema? ¿Cómo lo solucionó?

당신은 사진 속 연인의 문제와 비슷한 문제를 겪은 적이 있나요? 만일 그렇다면, 무슨 문제였나요? 어떻게 그것을 해결하였나요?

응시자
Sí, obviamente he tenido problemas de este tipo, cuando empezaba a tener novias al principio. Para mí no fue tan fácil tampoco, pero poco a poco empecé a entender que los dos sexos son muy diferentes, así que hay que aceptar esa diferencia de actitud o pensamientos. Normalmente las chicas querían saberlo todo y que fuera lo más sincero posible con ellas. Entonces traté de ser así, sin ocultar nada y siendo muy franco, no tuve muchos conflictos. La lección que aprendí es que tu pareja empieza a sentirse mal si algo no le parece bien, pero si lo explicas claramente, no es nada difícil que deje de pensar mal.

그렇습니다. 저는 처음 여자친구를 사귀기 시작했을 때에는 이러한 유형의 문제들이 있었습니다. 저 역시도 결코 쉽지 않았으나, 두 성별은 아주 다르기 때문에 그러한 행동이나 사고의 차이를 받아들여야 한다는 것을 서서히 이해하기 시작했습니다. 여자들은 보통 모든 것을 알기를 원했으며 제가 그들에게 최대한 진술하기를 원했습니다. 그래서 저는 아무것도 숨기지 않고 아주 솔직한 사람이 되려고 노력했고, 많은 갈등이 발생하지는 않았습니다. 제가 얻은 교훈은 바로 당신의 연인이 무언가 마음에 들지 않아 기분이 나빠지기 시작해도, 분명하게 설명을 해 주기만 한다면, 더 이상 나쁘게 생각하지 않게 만드는 것은 결코 어렵지 않다는 것입니다.

응시자

3 어휘

salir juntos	모여 나가다, 연인 관계를 맺다
consciente	의식이 있는, 자각한
superar	능가하다, 극복하다, 뛰어넘다, 초과하다
crisis	ⓕ 위기, 고비, 공황
romper	깨다, 부수다, 결별하다, 헤어지다
dedicar	바치다, 드리다, 사용하다, 쓰다
recién	최근, 방금, 갓 ~한
cuidadoso	공을 들인, 신경을 쓰는, 고심하는, 조심스러운
manifestar	나타내다, 밝히다, 표명하다
interrumpir	중단하다, 중지하다, 차단하다
desesperado	절망하는, 피사의, 절망적인
egoísta	ⓜ ⓕ 이기주의자 / 이기적의, 사욕의
demostrar	증명하다, 분명하게 드러내다, 입증하다
intención	ⓕ 의도, 의향, 목적
noviazgo	ⓜ 연인 관계, 교제
comprensivo	인내심이 있는, 이해력이 있는, 포함하는
mutuamente	서로, 상호 간에
formar	형성하다, 만들다, 구성하다, 조직하다, 기르다, 육성하다
estimar	평가하다, 생각하다, 사랑하다, 귀여워하다
esforzarse	힘쓰다, 애쓰다, 노력하다
interpretación	ⓕ 해석, 연주, 연기
equivocado	오류의, 실수한, 부정확한
conclusión	ⓕ 결론, 끝맺음
ocultar	감추다, 숨기다, 가리다
franco	솔직한, 숨김없는
lección	ⓕ 독서, 교습, 수업, 교훈

1 해석

지시사항

당신은 한 설문 조사의 자료에 대해 당신의 의견을 표현하며 감독관과 대화를 나누어야 합니다. 두 가지의 옵션 중 하나를 선택해야 합니다.

설문: 사회 문제들

이것은 한 공공 기관이 시민들이 가장 우려하는 사회 문제들은 어떤 것들인지 알아보기 위해 실행한 설문 조사입니다. 당신의 견해에 따라 답변을 선택하세요.

---

1. 당신은 현재 어떤 사회 문제가 가장 걱정되나요?
- 불안정한 치안
- 실업
- 빈곤
- 부패
- 교육

2. 사회에 영향을 주는 주된 문제들을 해결하는 데 있어 정부의 행동에 대해 다음 문장들 중에 어떤 것이 당신의 의견을 가장 잘 반영하나요?
- 정부는 문제점들을 해결하기 위해 할 수 있는 모든 것을 다 하지만, 그것은 쉬운 과제가 아니다.
- 사회 문제들은 늘 존재해 왔고 정부는 그것들을 해결할 수 없다.
- 정부는 사회 문제들을 해결하는 것보다는 다른 것들에 대해 더 신경을 쓰고 있다.

이제 다음 설문 조사의 결과를 잘 살펴보세요.

---

1. 현재 당신은 어떤 사회 문제가 가장 걱정되나요?
- 불안정한 치안   43%
- 실업   34%
- 빈곤   5%
- 부패   6%
- 교육   12%

2. 사회에 영향을 주는 주된 문제들을 해결하는 데 있어 정부의 행동에 대해 다음 문장들 중에 어떤 것이 당신의 의견을 가장 잘 반영하나요?
- 정부는 문제점들을 해결하기 위해 할 수 있는 모든 것을 다 하지만, 그것은 쉬운 과제가 아니다.   54%
- 사회 문제들은 늘 존재해 왔고 정부는 그것들을 해결할 수 없다.   7%
- 정부는 사회 문제들을 해결하는 것보다는 다른 것들에 대해 더 신경을 쓰고 있다.   39%

지시사항

설문 조사의 자료에 대한 당신의 의견을 감독관과 이야기하며 당신의 답변과 비교하세요.

- 두 답변은 어떤 점에서 일치하나요? 어떤 점에서 다른가요?
- 특히 눈길이 가는 정보가 있나요? 왜 그런가요?

감독관의 예상 질문들:

- 왜 그 옵션을 골랐나요? 예를 들어볼 수 있나요?
- 어떤 옵션에 가장 덜 동의하나요? 왜 그런가요?
- 당신의 나라에서도 동일한 결과가 나올 것이라 생각하나요? 왜 그런가요?

본 과제의 전체 소요 시간은 **3~4분**입니다.

2 모범답안

1) 발표문

[예시 1]

Mi respuesta para la pregunta número uno es la "Inseguridad". La verdad es que las otras opciones también son muy preocupantes, pero la Inseguridad es el problema social que me preocupa más en la actualidad. Veo que este problema se hace cada vez más alarmante y peligroso, sobre todo en las grandes ciudades. La gente roba, asalta, mata... y esto es un problema que amenaza una vida tranquila de una sociedad, más que cualquier otro problema social.

Para la segunda pregunta, elegiría la frase de "El Gobierno está más preocupado en otras cosas que en solucionar los problemas sociales." En mi opinión personal, el Gobierno hace muchas cosas, pero que sean de su interés. Entonces la gente piensa que el Gobierno está haciendo algo para solucionar los problemas sociales, pero en realidad, los problemas no dejan de existir.

[해석]

첫 번째 질문에 대한 저의 답변은 바로 '불안정한 치안'입니다. 다른 사항들 역시 매우 우려할 만한 것이 사실이지만, 지금 현재 제가 가장 걱정하는 사회적 문제는 바로 불안정한 치안입니다. 이 문제는 가면 갈수록 더 불안해지고 위험해지고 있는데 특히 대도시에서 심한 것으로 보입니다. 사람들은 훔치고, 강도질하며, 죽이기까지 합니다. 이것은 그 어떠한 다른 문제보다도 한 사회의 평온한 삶을 더 위협하는 문제입니다.

두 번째 질문에 있어서는, '정부는 사회 문제들을 해결하는 것보다는 다른 것들에 대해 더 신경을 쓰고 있다.'의 문장을 선택할 것 같습니다. 제 개인적인 의견으로는 정부는 많은 것들을 하지만, 자신들의 이익을 위한 일들만 한다고 생각합니다. 그래서 사람들은 정부가 사회적 문제들을 해결하기 위해 무언가를 하고 있다고 생각하지만, 실제로는 그 문제들은 사라지지 않는 것입니다.

Fijándome en los resultados de la encuesta, veo que en la primera pregunta coincidí con los encuestados. El 43 por ciento de los encuestados piensa que la Inseguridad es el problema más preocupante, y esto me da a entender que es lógico que cualquier miembro de una sociedad quiera y espere una sociedad segura. En cambio, en la segunda pregunta mi respuesta se diferencia de la respuesta de la mayoría, porque el 54 por ciento de los encuestados eligió la frase de "El Gobierno hace todo lo que puede para solucionar los problemas, pero no es tarea fácil." Es un dato que llama la atención, porque más de la mitad de los encuestados cree en el Gobierno. O sea, se observa claramente una fuerte confianza en su Gobierno.

해석

설문 조사의 결과를 잘 살펴보니 첫 번째 질문에서는 응답자들과 제 의견이 같았습니다. 응답자들의 43퍼센트가 불안정한 치안이 가장 걱정스러운 문제라고 생각하고 있으며, 이것을 통해 저는 한 사회의 구성원이라면 누구나 안전한 사회를 원하고 기대하는 것이 당연하다는 것을 이해할 수 있습니다. 반면, 두 번째 질문에서의 저의 답변은 대다수의 답변과는 다른데, 응답자들의 54퍼센트는 '정부는 문제점들을 해결하기 위해 할 수 있는 모든 것을 다 하지만, 그것은 쉬운 과제가 아니다.'라는 문장을 선택했기 때문입니다. 그것은 흥미로운 결과인데, 왜냐하면 응답자들의 절반 이상이 정부를 신뢰하기 때문입니다. 다시 말해, 정부에 대한 그들의 강한 믿음이 명확하게 보입니다.

2) 대화

¿Por qué ha escogido esa opción? ¿Podría poner un ejemplo?

왜 그 옵션을 골랐나요? 예를 들어볼 수 있나요?

He escogido la opción de "Inseguridad". Un buen ejemplo serían los tiroteos masivos en las escuelas. Me acuerdo de un tiroteo en una escuela de Florida, donde un alumno mató a 17 estudiantes. Al saber que suceden estas situaciones, pienso que no importa que haya buena educación, buenas escuelas o buen trabajo si en una sociedad hay personas armadas que te pueden hacer daño o incluso quitarte la vida.

저는 '불안정한 치안' 옵션을 선택했습니다. 하나의 좋은 예시는 학교 내 대량 총기 난사일 겁니다. 저는 플로리다의 한 학교에서 학생 한 명이 17명의 학생들을 죽인 총기 난사에 대해 기억하고 있습니다. 이런 상황이 발생된다는 것을 알기 때문에, 저는 아무리 좋은 교육, 좋은 학교 혹은 좋은 일자리가 있다고 해도 당신에게 해를 끼칠 수 있거나 심지어 목숨을 빼앗을 수도 있는 무장한 사람들이 사회 속에 있다면 그것은 중요하지 않다는 생각을 합니다.

¿Con qué opción está menos de acuerdo? ¿Por qué?

어떤 옵션에 가장 덜 동의하나요? 왜 그런가요?

Estoy menos de acuerdo con la opción de "Los problemas sociales siempre han existido y el Gobierno no puede solucionarlos." Y veo que el grupo de los encuestados también opina lo mismo, porque tan solo el 7 por ciento la eligió. Es que, si se intenta, no cabe duda de que se puede solucionar. Es cuestión de esfuerzo y trabajo.

저는 '사회 문제들은 늘 존재해 왔고 정부는 그것들을 해결할 수 없다.'라고 말하는 옵션에 가장 동의할 수 없습니다. 또한, 응답자 그룹 역시 동일한 생각이라고 보여집니다. 왜냐하면 단 7퍼센트 만이 그 옵션을 선택했기 때문입니다. 만일 노력만 한다면 모든 것은 분명히 해결될 수 있을 것입니다. 그것은 단지 노력과 실행의 문제입니다.

¿Cree que en su país los resultados serían los mismos? ¿Por qué?

당신의 나라에서도 동일한 결과가 나올 것이라 생각하나요? 왜 그런가요?

Pienso que tal vez no. Relativamente, Corea es uno de los países más seguros del mundo. Así que pienso que, para la primera pregunta, quizás los coreanos contesten que el Desempleo o la Educación es el problema social más preocupante.

어쩌면 아닐 것이라고 생각합니다. 한국은 비교적 가장 안전한 나라들 중 하나이기 때문입니다. 그래서 어쩌면 첫 번째 질문에 대해서 한국인들은 '실업'이나 '교육'이 가장 걱정되는 사회적 문제라고 응답할 것 같습니다.

organismo	⑩ 유기체, 생물, 인체, 기관, 기구
actualidad	⑤ 현재, 현실, 현시, 시사
inseguridad	불안정, 불확실
desempleo	⑩ 실업, 실직
pobreza	⑤ 가난, 빈곤, 결핍, 부족
corrupción	⑤ 부패, 비리, 부정부패
frase	⑤ 글, 문, 문장, 단문
acción	⑤ 활동, 행동, 실행, 액션
preocupante	걱정하는, 염려스러운
alarmante	불안한, 걱정스러운, 우려할 만한
asaltar	강도질을 하다, 공격하다
amenazar	협박하다, 위협하다
interés	⑩ 이익, 이점, 이해, 관심
fijarse	고정되다, 집중하다, 자세히 보다
dar a entender	이해시키다, 암시하다
confianza	⑤ 신뢰, 신임, 자신, 확신
tiroteo	⑩ 총질, 총기 난사
masivo	대량의, 대세의, 대규모의
armado	무장한, 갖춘
daño	⑩ 손해, 피해, 병, 상처, 부상
quitar la vida	생명을 빼앗다, 죽이다
intentar	의도하다, 기도하다, 생각하다, 노력하다, 시도하다
esfuerzo	⑩ 노력, 분투
relativamente	상대적으로, 비교적으로

PRUEBA DE COMPRENSIÓN DE LECTURA

La prueba de **Comprensión de lectura** contiene <u>cuatro tareas</u>. Usted debe responder a 36 preguntas.

Duración: 70 minutos.

Marque sus opciones únicamente en la **Hoja de respuestas**.

INSTRUCCIONES

Usted va a leer un texto sobre urbanismo. Después, debe contestar a las preguntas (1-6). Seleccione la respuesta correcta (a / b / c).

Marque las opciones elegidas en la **Hoja de respuestas**.

URBANISMO INVISIBLE

Proliferan las intervenciones desmontables que reconstruyen las ciudades, conquistan más espacio público y fomentan las relaciones entre los ciudadanos. ¿Son arquitectura?

En París hay una playa. Aparece cuando el calor se hace insoportable a principios de julio, y desaparece cuando el día empieza a acortarse. Los muelles entre el Louvre y el Puente de Sully ven cómo las orillas del Sena se llenan de arena, sombrillas y hamacas para construir una playa de temporada. En septiembre la recogen y deja espacio para su otro uso: los coches. Este año, la alcaldesa Anne Hidalgo ha aprobado la construcción en la playa de tres piscinas ganadas temporalmente al Sena. El éxito de la iniciativa gratuita que congrega descanso, sol y ocio confirma un urbanismo de quita y pon: acciones temporales que transforman las ciudades.

En el Espolón de Logroño, durante la última semana de abril, hubo menos coches aparcados. O por lo menos lo pareció. Benedetto Bufalino cubrió varios con madera y construyó un chill out de libre acceso en el que uno podía tumbarse al sol y sentarse a charlar. Para construir su obra, este joven artista de Lyon recibió 2.000 euros y los tableros de madera contrachapada que produce la empresa local Garnica.

La combinación entre ocio, reivindicación y experimento urbano está presente en estas intervenciones que tienen tanto de rediseño de la ciudad como de reparación social. Por eso, con frecuencia cuesta entender el límite entre las disciplinas: ¿dónde empieza y termina la arquitectura? ¿Que arquitectos firmen una iniciativa social la convierte en arquitectura? Son muchas las cuestiones que plantean las acciones que transforman temporalmente las urbes con intervenciones que ensayan otros usos sociales para hacerlas más inclusivas.

En Praga, el colectivo Paisaje Transversal sembró las calles de asientos y rayuelas para ensayar nuevos espacios para el ocio. Ensayo es una palabra clave en el urbanismo del siglo XXI, en el que la transversalidad y la temporalidad quieren, más que contrarrestar, sumarse a la rigidez, el orden cartesiano y la permanencia. El mensaje es que la planificación pasa también por escuchar a los ciudadanos y debatir.

Algo parecido pasó en Topete, una calle de Bravo Murillo donde un grupo de mujeres tejieron lonas con las que cubrieron la calle. El peligroso y xenófobo Topete se convirtió en la calle de las mujeres.

La fiesta duró un día, pero el trabajo estaba hecho: los cuatro meses que tardaron en hacer las lonas sirvieron para que mujeres de diversas nacionalidades se conocieran, se perdieran el miedo e intentaran deshacer el estigma de barrio difícil.

Escuchar, repensar, ensayar y reparar son atributos de un urbanismo necesario para el siglo XXI. Se trata de un movimiento temporal que prueba antes de modificar. Es cierto que con frecuencia parece más preocupado por la convivencia que por el diseño arquitectónico, pero sería un error que los arquitectos dejasen escapar la oportunidad de aplicar su conocimiento a un diseño urbano complementario necesario en el siglo XXI.

(Adaptado de *www.elpais.com*)

PREGUNTAS

1. El texto nos informa de que la playa...

   a se desmonta por la noche.

   b se ha transformado en tres piscinas.

   c disfruta de una buena acogida.

2. En el texto se dice que Benedetto Bufalino...

   a adquirió los materiales a una empresa de la ciudad.

   b ocultó vehículos con su obra.

   c recibió un sueldo de 2.000 euros.

3. En el texto se dice que las intervenciones...

   a replantean las labores sociales.

   b cumplen diversos propósitos.

   c alteran el patrimonio de la ciudad.

4. Según el texto, en el urbanismo del siglo XXI...

   a se pone a prueba la planificación.

   b se da voz a los vecinos.

   c lo temporal se opone a lo permanente.

5. En el texto se dice que la calle Topete...

   a tiene fama de conflictiva.

   b fue escenario de una manifestación.

   c se diseñó para mujeres.

6. El autor del texto dice que el urbanismo del siglo XXI...

   a renuncia a su propósito.

   b prioriza el entendimiento.

   c desiste de ser flexible.

INSTRUCCIONES

Usted va a leer cuatro textos en los que cuatro personas cuentan sobre su nueva vida en un pueblo. Relacione las preguntas (7-16) con los textos (A, B, C y D).

Marque las opciones elegidas en la **Hoja de respuestas**.

PREGUNTAS

		A. MANUELA	B. LUISA	C. MARTA	D. ESTHER
7.	¿Quién dice que los vecinos a veces se pasan de la raya?				
8.	¿Quién dice que en el pueblo la gente es más solidaria?				
9.	¿Quién dice que le costó irse a vivir al pueblo?				
10.	¿Quién dice que su estado de salud fue decisivo en su decisión?				
11.	¿Quién dice que montó un negocio en el pueblo?				
12.	¿Quién dice que se mudó al pueblo por motivos económicos?				
13.	¿Quién dice que se fue al pueblo con el dinero de su despido?				
14.	¿Quién dice que estaba harta de la vida en la ciudad?				
15.	¿Quién dice que en los pueblos hay gente que se aísla?				
16.	¿Quién dice que en el pueblo hay mucho cotilleo?				

TEXTOS

A. MANUELA

En la ciudad, uno poco a poco se desgasta, casi sin darte cuenta. Estaba hasta las narices. La calidad de vida no es comparable a la que tenemos aquí. En la ciudad eres un individuo y aquí eres una persona. Estuvimos a punto de comprarnos un piso. Pero en el último momento echamos el freno y pensamos que por menos dinero podríamos abandonar la ciudad e irnos al campo. La gente de los pueblos generalmente es más abierta. Yo he conocido a personas que no tenían ninguna relación con el pueblo y al cabo de poco tiempo eran uno más. En esto también influye que el nuevo habitante sea un tanto abierto, se relacione con la gente del pueblo y acuda a los actos que se organizan. Porque también hay personas que viven en el pueblo y casi nadie las conoce.

B. LUISA

Cuando tienes un negocio que funciona, una vida asentada, familia e hijos, y has alcanzado el bienestar, es muy complicado romper. En mi caso, con casi 40 años "y todo solucionado", decidí dejar la ciudad y volver a empezar, aunque no fue fácil. Pero sufría un estrés brutal que no me dejaba respirar y es que el trabajo en mi empresa de transporte me estaba consumiendo. Un día tuve un amago de infarto y dije: "basta". Rehipotequé todo lo que tenía al máximo que me permitían los bancos y lo invertí en un negocio que ya tenía en el campo, un centro de ocio con pista de karting y restaurante en Fresno de la Fuente (Segovia), que me va bien. Aquí, he recuperado el control de mi vida y la tranquilidad y he conocido a una nueva persona, Lolo, mi actual pareja.

C. MARTA

El motivo que nos impulsó no fue otro que alejarnos del estrés que la ciudad nos provocaba a diario: las calles atestadas de gente, los ruidos constantes que se escuchaban por la ventana a todas horas... Para nosotros, el contacto con la naturaleza y un modo de vida sostenible son la clave de nuestra felicidad. Además, en el pueblo puede haber más apoyo y colaboración entre vecinos porque todos se conocen, pero también más tendencia a chismorrear y al qué dirán. Quien te ayuda, también te vigila. El medio rural facilita compartir más con la gente. A mí, el hecho de que me conozca todo el mundo no me agobia. De hecho, me gusta tomar un café y saber quiénes están sentados en la mesa de al lado. El único peligro de vivir en un pueblo pequeño es caer en la inercia de ir encerrándote.

D. ESTHER

Volví a Bohonal de Ibor (Cáceres) hace dos años. Vivo sola fuera del casco urbano y a orillas del río Ibor he abierto un bar restaurante que tengo a rebosar en verano. Siempre quise volver a mi tierra, aunque nunca creí que lo haría tan pronto. Sin embargo, una reestructuración en la constructora en la que trabajaba como secretaria de dirección me dejó en la calle en 2008. Con la indemnización en el bolsillo y dejando mi piso alquilado, me marché al pueblo. Para venir al pueblo hay que tener la mente muy asentada porque puede ser duro. La gente se mete en tu vida y hay que saber aceptarlo unas veces y parar los pies otras, sobre todo cuando su comportamiento va más allá de lo permisible. El invierno en el pueblo también es duro y durante todo el día no cruzas una sola palabra con ningún habitante ya que todos se encuentran dentro de casa.

INSTRUCCIONES

Lea el siguiente texto, del que se han extraído seis fragmentos. A continuación lea los ocho fragmentos propuestos (A-H) y decida en qué lugar del texto (17-22) hay que colocar cada uno de ellos.

HAY DOS FRAGMENTOS QUE NO TIENE QUE ELEGIR.

Marque las opciones elegidas en la **Hoja de respuestas**.

EL CLIENTE EN EL CENTRO NO ES UN ESLOGAN

Lo llaman "experiencias ¡guau!" y vienen a ser una versión 3.0 del clásico eslogan de ventas "el cliente siempre tiene la razón". Las empresas ya no se limitan a darle la razón como a los tontos. **17.** _____ .

Es la era del cliente y ya nada va a ser igual que antes. **18.** _____ . Internet, los móviles inteligentes, las redes sociales, unido a la creciente desconfianza del consumidor en las marcas y sus mensajes publicitarios, y a la facilidad con la que puede sustituir un producto por otro, han hecho que ahora las empresas tengan que servir a un cliente mucho más informado, empoderado e influyente.

La variable cliente tiene hoy mucho mayor peso en la cuenta de resultados de una compañía que el propio producto o servicio, su calidad o su precio. No es que el objetivo de captar y retener clientes sea ninguna novedad; lo que ha cambiado, es la forma de conseguirlo. **19.** _____ . Con este nuevo escenario, aquellos productos que se vendían solos tienen los días contados. Cuanto más avanza el mercado, más exigente se vuelve el cliente.

Más que nunca, es imperativo enamorar. El mayor valor que puede prestar una empresa al cliente es anticiparse a sus deseos para conectarlos, mediante los productos y servicios adecuados, con experiencias positivas, perdurables y repetitivas. **20.** _____ .

Pero para pensar en el cliente antes conviene detenerse a escuchar lo que tenga que decir. **21.** _____ . La principal necesidad de las empresas es tener beneficios cada año. Hay que pagar salarios, dividendos, invertir en el ciclo de explotación... Y todo eso sólo es posible con el dinero de los clientes.

Si eso está tan claro, ¿por qué muchas compañías no consiguen pasar de las buenas intenciones en sus relaciones con el cliente? **22.** _____ . Poner al cliente en el centro significa realizar una oferta de productos y servicios a personas que comparten nuestro sistema de creencias, de valores y de principios. Que los clientes se sientan identificados con lo que somos, con lo que hacemos y, sobre todo, por qué lo hacemos.

(Adaptado de *www.elpais.com*)

FRAGMENTOS

A. Este súbito interés de las empresas por conocer y entender mejor a sus clientes está en la cuenta de resultados.

B. Sin embargo, los buenos clientes tienen capacidad para discrepar, reclamar, exigir y, aun así, mantener una relación sólida y de confianza con la empresa.

C. Ahora prefieren volcar sus esfuerzos en tratar de sorprenderle y ofrecerle un valor añadido en forma de experiencias satisfactorias de compra.

D. Esta exigencia y volatilidad de los compradores está obligando a las compañías a acercarse a ellos como no lo habían hecho nunca.

E. Básicamente, el control en la relación entre las organizaciones y los clientes ha cambiado de manos.

F. Esto se debe a que muchos empresarios creen que con suministrar productos y servicios es suficiente, pero ya no lo es.

G. En otras palabras, la compañía tiene que hacer muchas más cosas aparte de tener un buen producto para que el cliente lo compre y repita.

H. Ahora la única vía para hacerlo es ofrecer experiencias diferenciadoras a los clientes, convertirlos en fans.

INSTRUCCIONES

Lea el texto y rellene los huecos (23-36) con la opción correcta (a / b / c).

Marque las opciones elegidas en la **Hoja de respuestas**.

EL LEÓN, LA ZORRA Y EL CIERVO

Estaba ya enfermo el viejo león, y tendido en la cueva, no tenía fuerzas para salir a cazar. Se __23__ ocurrió pedir ayuda a su gran amiga la zorra:

– Te necesito- le dijo- Trae hasta aquí un ciervo, pues tengo hambre... y confío en tu __24__ para conseguirlo.

La zorra, por supuesto, fue en busca del ciervo, y le dijo:

– Verás, amigo ciervo... tengo una noticia para ti. El viejo león está ya moribundo, y busca quien le __25__ como rey absoluto de este paraje. ¿Qué animal piensas tú que podría ocupar el trono?

El ciervo, que era muy vanidoso, respondió:

– Uy, ni pienses en el oso, que es muy torpe; el jabalí no piensa, actúa por impulsos; el tigre es muy fanfarrón... así que sin duda, el ciervo es el mejor animal: esbelto, inteligente, ágil y rápido. Aunque tal vez seas tú, zorra... todos sabemos que tienes amistad __26__ el rey...

– No, de ninguna manera. Me pidió mi amigo que buscara un sustituto, así que eres el primer animal __27__ escuchar esta noticia. Sígueme y acompaña al león hasta su muerte, y __28__ el trono.

El ciervo siguió a la zorra y al entrar en la cueva, el león se abalanzó sobre él. Pero __29__ no tenía mucha fuerza, solo consiguió arañarle una oreja, y el ciervo salió __30__ .

El anciano león, desesperado, le pidió a la zorra que lo intentara __31__ .

– Es más difícil ahora- contentó- pero lo intentaré...

La zorra siguió los pasos del ciervo, pero al verle, éste dio un paso __32__ :

– ¡No te acerques, que sé que vienes a engañarme! Te clavaré mis cuernos __33__ intentes dar un paso. Hablas muy bonito, pero todo son mentiras– dijo enfadado el ciervo.

– No has entendido __34__ , ciervo, y no sé por qué estás enfadado. Mi amigo león solo quería contarte un secreto sobre la forma de gobernar. __35__ se lanzara hacia tu oreja, pero te moviste y sin querer te arañó. Ahora está muy enfadado, porque al salir huyendo, piensa que te querías burlar de él... Fíjate que ahora está pensando en hacer rey al lobo...

El ciervo, movido por la vanidad, creyó de nuevo a la zorra y le acompañó a la cueva. Esta vez el león no falló, y consiguió darse un festín. Pero la zorra, sin que le __36__ su amigo, se quedó con el corazón. El león preguntó:

– ¿Sabes dónde está el corazón del ciervo? ¡No lo encuentro!

La zorra contestó:

– Ni lo busques... ese ciervo ingenuo no tenía corazón. ¿Qué animal con corazón vendría dos veces a la cueva del león?

(Adaptado de *https://tucuentofavorito.com/el-leon-la-zorra-y-el-ciervo-fabula-de-esopo/*)

OPCIONES

23.	a le	b lo	c la
24.	a perplejidad	b astucia	c vacilación
25.	a sustituye	b sustituya	c sustituirá
26.	a por	b para	c con
27.	a en	b de	c con
28.	a heredes	b heredarás	c heredaste
29.	a desde que	b como	c porque
30.	a corriendo	b corrido	c correr
31.	a de nuevo	b una vez	c un día
32.	a adelante	b atrás	c menos
33.	a como	b si	c aunque
34.	a algo	b nada	c ningún
35.	a Así que	b Por lo tanto	c De ahí que
36.	a vio	b vea	c viera

PRUEBA DE COMPRENSIÓN AUDITIVA

La prueba de **Comprensión auditiva** contiene <u>cinco tareas</u>.
Usted debe responder a 30 preguntas.

Duración: 40 minutos.

Marque sus opciones únicamente en la **Hoja de respuestas.**

Track 9-1

INSTRUCCIONES

Usted va a escuchar seis conversaciones breves. Escuchará cada conversación dos veces. Después debe contestar a las preguntas (1-6). Seleccione la opción correcta (a / b / c).

Marque las opciones elegidas en la **Hoja de respuestas**.

Ahora tiene 30 segundos para leer las preguntas.

PREGUNTAS

Conversación 1

1. Andrés dice que en su trabajo...

   a tiene un cargo de responsabilidad.

   b no tiene un contrato indefinido.

   c no necesita aprender nada nuevo.

Conversación 2

2. El hombre dice que...

   a se ha comprado una casa.

   b quiere firmar una hipoteca.

   c necesita un préstamo.

Conversación 3

3. El hombre dice que...

   a el evento se ha cancelado.

   b han suspendido el evento por problemas de organización.

   c el evento empezará más tarde.

Conversación 4

4. Juan dice que su jefe...

   a le ha dado unas vacaciones.

   b le ha despedido.

   c le ha echado de su despacho porque está de mal humor.

Conversación 5

5. La mujer le dice al hombre que...

   a se ofrece a ayudarle.

   b la asignatura de Estadística no se le da bien.

   c no tiene mucho que estudiar.

Conversación 6

6. ¿Para qué habla la mujer con su marido?

   a Para aconsejarlo.

   b Para consolarlo.

   c Para advertirlo.

INSTRUCCIONES

Usted va a escuchar una conversación entre dos amigos, Lucía y Oscar. Indique si los enunciados (7-12) se refieren a Lucía (A), a Oscar (B) o a ninguno de los dos (C). Escuchará la conversación dos veces.

Marque las opciones elegidas en la **Hoja de respuestas**.

Ahora tiene 20 segundos para leer los enunciados.

		A LUCÍA	B OSCAR	C NINGUNO DE LOS DOS
0.	Necesita quejarse para aliviarse.	✓	☐	☐
7.	Le sorprende la reacción del jefe.	☐	☐	☐
8.	No quiere ver a su compañera.	☐	☐	☐
9.	No confía en la gente.	☐	☐	☐
10.	Tiene una compañera inepta.	☐	☐	☐
11.	Intenta ser tolerante.	☐	☐	☐
12.	Ha terminado de preparar un informe.	☐	☐	☐

INSTRUCCIONES

Usted va a escuchar parte de una entrevista a Josetxo Cerdán, director de la Filmoteca Española. Escuchará la entrevista dos veces. Después debe contestar a las preguntas (13-18). Seleccione la respuesta correcta (a / b / c).

Marque las opciones elegidas en la **Hoja de respuestas**.

Ahora tiene 30 segundos para leer las preguntas.

PREGUNTAS

13. En la entrevista, Josetxo Cerdán dice que han montado un seminario...

a porque el festival ha desaparecido.

b que se celebrará cada dos años.

c con menos recursos que el festival.

14. El entrevistado dice que a las sesiones matinales...

a los cinéfilos van a debatir.

b no puedes ir si no te has registrado por la mañana.

c solo pueden asistir profesionales.

15. Josetxo Cerdán dice que harán proyecciones...

a en todo tipo de salas.

b en sitios con los que han trabajado previamente.

c en lugares donde no se acoja el cine comercial.

16. El entrevistado dice que los documentales que se hacen en España...

a no gozan de suficiente apoyo.

b viven una situación crítica.

c tienen éxito en el extranjero.

17. Josetxo Cerdán dice que el festival Punto de Vista...

a consigue atraer a mucho público.

b tiene una programación para todos.

c es un festival secundario.

18. El entrevistado opina que el público del festival Punto de Vista...

a es muy variopinto.

b se caracteriza por ser leal.

c consiguió que el festival continuara.

INSTRUCCIONES

Usted va a escuchar a seis personas que dan consejos para comprar casa. Escuchará a cada persona dos veces. Seleccione el enunciado (A-J) que corresponde al tema del que habla cada persona (19-24). Hay diez enunciados incluido el ejemplo. Seleccione solamente seis.

Marque las opciones elegidas en la **Hoja de respuestas**.

Ahora escuche el ejemplo:

Persona 0

La opción correcta es el enunciado **C**.

Ahora tiene 20 segundos para leer los enunciados.

ENUNCIADOS

A.	Informarse de los trámites de compra	F.	Sopesar lo que quieres de la propiedad
B.	Indagar hasta dónde se puede bajar el precio	G.	Regatear el precio
C.	Asegurarse de que se puede pagar	H.	Amoldarse a las necesidades del vendedor
D.	Investigar la situación de la vivienda	I.	Conocer su auténtico valor
E.	Estudiar qué modalidad de hipoteca te interesa	J.	Negociar las condiciones de compra

	PERSONA	ENUNCIADO
0.	Persona 0	C
19.	Persona 1	
20.	Persona 2	
21.	Persona 3	
22.	Persona 4	
23.	Persona 5	
24.	Persona 6	

INSTRUCCIONES

Usted va a escuchar una conferencia de un empresario catalán. Escuchará la audición dos veces. Después debe contestar a las preguntas (25-30). Seleccione la opción correcta (a / b / c).

Marque las opciones elegidas en la **Hoja de respuestas**.

Ahora tiene 30 segundos para leer las preguntas.

PREGUNTAS

25. En la audición, el empresario Álex Casabó cuenta que tuvo su primer contacto con el mundo de la moda...
a justo después de terminar la carrera.
b diseñando logotipos.
c en una empresa de calzado.

26. En aquella época, Álex Casabó...
a hizo un máster para decidir lo que iba a hacer.
b se dedicaba exclusivamente al máster.
c compaginaba su trabajo con el máster.

27. Según Álex Casabó, el proceso de puesta en marcha del proyecto fue largo porque...
a tuvo que afrontar muchas dificultades.
b lo emprendió en solitario.
c tomó la decisión de empezar el negocio sin dinero.

28. Álex Casabó asegura que su empresa...
a está a la última en tendencias.
b se inclina por productos sin adornos superfluos.
c ofrece productos lujosos para cualquier tipo de cliente.

29. En la actualidad, Álex Casabó...
a reinvierte las ganancias obtenidas.
b explora nuevos proyectos.
c considera reinventar su catálogo.

30. Dice que Mediterrans se diferencia de otros competidores en que...
a fabrica en grandes cantidades.
b es una marca local.
c da prioridad a la calidad.

PRUEBA DE EXPRESIÓN E INTERACCIÓN ESCRITAS

La prueba de **Expresión e interacción escritas** contiene <u>dos tareas</u>.

Duración: 80 minutos.

Haga sus tareas únicamente en la **Hoja de respuestas**.

INSTRUCCIONES

Usted y su familia son usuarios frecuentes del polideportivo de su barrio. Escriba una carta a los responsables del Ayuntamiento de la ciudad para expresar su disconformidad ante la demolición del polideportivo. En la carta deberá:

- presentarse;
- decir desde cuándo usa las instalaciones del polideportivo;
- explicar por qué le afecta a usted y su familia la demolición del polideportivo;
- expresar su rechazo a la medida anunciada;
- exponer los efectos que, en su opinión, provocará la demolición del polideportivo en la comunidad, y en particular, en los jóvenes;
- plantear alguna solución o alternativa.

Para ello va a escuchar una noticia sobre la demolición del polideportivo. Escuchará la audición dos veces. Tome notas para luego utilizarlas en su carta.

Número de palabras: **entre 150 y 180.**

듣기 자료 메모 작성란

Track 9-2

소요 시간:

단어 수:

INSTRUCCIONES

Elija solo una de las dos opciones que se le ofrecen a continuación:

OPCIÓN 1

Usted trabaja como colaborador en una revista universitaria y le han pedido que escriba un artículo sobre la frecuencia de consumo de bebidas alcohólicas. En el artículo debe incluir y analizar la información que aparece en el siguiente gráfico.

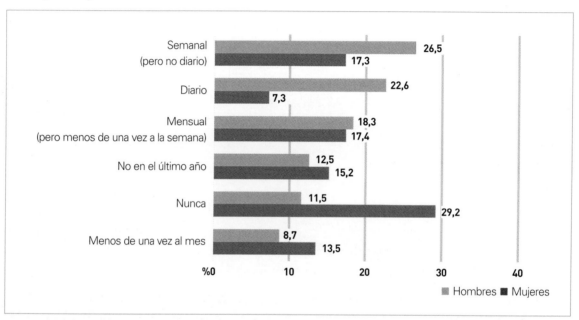

Fuente:http://www.ine.es/ss/Satellite?L=es_ES&c=INESeccion_C&cid=1259926698156&p=1254735110672&pagename=ProductosYServicios%2FPYSLayout

Redacte un texto en el que deberá:

- introducir el tema y comentar los riesgos del abuso del alcohol;
- comparar de forma general los porcentajes de la frecuencia de consumo de bebidas alcohólicas, y las diferencias significativas entre hombres y mujeres, si las hay;
- resaltar los datos que considere más relevantes;
- expresar su opinión sobre los datos que ofrece el gráfico;
- elaborar una conclusión.

Número de palabras: **entre 150 y 180.**

Usted es miembro de una asociación juvenil de su ciudad y ha leído una noticia sobre un programa de ocio nocturno alternativo. Lea la noticia publicada en la prensa y escriba un texto para el boletín informativo mensual de la asociación.

Regresa el programa de ocio alternativo 'Abrimos la Noche 2007'

- Habrá talleres de capoeira, pilates, yoga o taichi, entre otros.
- Comenzará el próximo viernes día 21.

La segunda fase del programa de alternativas saludables al ocio nocturno 'Abrimos la Noche 2007' que organiza el Instituto Municipal de Juventud (IMJ) del Ayuntamiento de Cáceres y cuyas actividades se interrumpieron durante el período estival, se reanudará el próximo viernes, día 21.

Según una nota de prensa remitida por el consistorio, el IMJ sigue apostando por el desarrollo de iniciativas que den respuesta a las necesidades de ocio de los jóvenes cacereños, por eso este programa, ya en su octava edición, sigue acompañándolos durante los fines de semana, ofreciendo todo tipo de actividades.

La concejala de Promoción, Dinamización y Juventud, María José Casado, subrayó la importancia que para el ejecutivo municipal tiene este programa por el nivel de concurrencia y aceptación de los jóvenes.

Durante esta fase del programa se podrá disfrutar de las actividades relativas a deporte nocturno, cine de madrugada, academia de baile, fiestas light, taller de iniciación a las técnicas circenses, taller de break-dance, taller de capoeira y taichi, taller de control y desarrollo del cuerpo y mente, pilates y yoga, biblioteca de noche, fin de semana en la nieve, y multiaventuras.

Para más información, tanto de estas como de otras actividades, o solicitar las inscripciones es conveniente acudir al Instituto Municipal de Juventud (Avda. Universidad, junto al Edificio Valhondo) o llamar al teléfono 927 62 75 02 03.

(Adaptado de *https://www.20minutos.es/noticia/278323/0/ocio/nocturno/alternativo/#xtor=AD-15&xts=467263*)

Redacte un texto para el boletín en el que deberá:

- hablar sobre lo importante que es el ocio saludable;
- señalar los peligros y riesgos del ocio nocturno entre los jóvenes;
- criticar la falta de alternativas saludables al ocio nocturno en su ciudad;
- valorar la celebración de este tipo de programas de ocio nocturno alternativo;
- elaborar una conclusión.

Número de palabras: **entre 150 y 180.**

OPCIÓN: _____

_____
_____
_____
_____
_____
_____
_____
_____
_____
_____
_____
_____
_____

소요 시간: _____

단어 수: _____

PRUEBA DE EXPRESIÓN E INTERACCIÓN ORALES

La prueba de **Expresión e interacción orales** contiene <u>tres tareas</u>:

TAREA 1. Valorar propuestas y conversar sobre ellas. (6-7 minutos)
Usted deberá hablar durante 3-4 minutos de las ventajas e inconvenientes de una serie de soluciones propuestas para una situación determinada. A continuación, conversará con el entrevistador sobre el tema. Deberá elegir una de las dos opciones propuestas.

TAREA 2. Describir una situación imaginada a partir de una fotografía y conversar sobre ella. (5-6 minutos)
Usted debe imaginar una situación a partir de una fotografía y describirla durante 2-3 minutos. A continuación conversará con el entrevistador acerca de sus experiencias y opiniones sobre el tema de la situación. Tenga en cuenta que no hay una respuesta correcta: debe imaginar la situación a partir de las preguntas que se le proporcionan. Deberá elegir una de las dos opciones propuestas.

TAREA 3: Opinar sobre los datos de una encuesta. (3-4 minutos)
Usted debe conversar con el entrevistador sobre los datos de una encuesta, expresando su opinión al respecto. Deberá elegir una de las dos opciones propuestas.

Tiene 20 minutos para preparar las **Tareas 1 y 2**. Usted puede tomar notas y escribir un esquema de su exposición que podrá consultar durante el examen; en ningún caso podrá limitarse a leer el esquema o sus notas.

INSTRUCCIONES

Tendrá que hablar durante **3 o 4 minutos** sobre ventajas e inconvenientes de una serie de soluciones propuestas para una situación determinada. A continuación, conversará con el entrevistador sobre el tema durante 2 o 3 minutos.

TEMA: **JÓVENES Y PRIMER EMPLEO**

En la actualidad, los jóvenes tienen graves dificultades para conseguir su primer empleo. Esto provoca elevadas cifras de desempleo juvenil. Expertos del Ministerio de Trabajo se han reunido para hablar del problema y buscar soluciones.

Lea las siguientes propuestas y, durante dos minutos, explique sus ventajas e inconvenientes; tenga en cuenta que debe hablar, como mínimo, de cuatro de ellas. Cuando haya finalizado su intervención, debe conversar con el entrevistador sobre el tema de las propuestas.

Para preparar su intervención, al analizar cada propuesta debe plantearse por qué le parece una buena solución y qué inconvenientes tiene, a quién beneficia y a quién perjudica, si puede generar otros problemas; si habría que matizar algo...

> Yo promovería programas de formación de emprendedores para jóvenes.

> Yo incentivaría la formación profesional en el lugar de trabajo con becas o subvenciones. Involucraría a las empresas en la educación técnica.

> Yo bajaría el salario mínimo interprofesional.

> Yo impulsaría el nexo universidad-trabajo.

> Yo fortalecería la orientación vocacional para orientar mejor a los alumnos en su futuro laboral.

> Yo crearía programas de incentivos de reducción de impuestos para las empresas que contraten permanentemente a trabajadores jóvenes.

1) EXPOSICIÓN

Ejemplo: *A la propuesta de bajar el salario mínimo interprofesional le veo una ventaja muy grande...*

2) CONVERSACIÓN

Una vez el candidato haya hablado de las propuestas de la lámina durante el tiempo estipulado (3 o 4 minutos), el entrevistador le hará algunas preguntas sobre el tema hasta cumplir con la duración de la tarea (6 a 7 minutos).

EJEMPLO DE PREGUNTAS DEL ENTREVISTADOR:

Sobre las propuestas

- De las propuestas dadas, ¿cuál le parece la mejor?
- ¿Cree que hay alguna propuesta que podría ser contraproducente?
- ¿Qué piensa sobre la propuesta de promover programas de formación de emprendedores para jóvenes?

Sobre su realidad

- ¿Qué piensa sobre este problema? ¿Cree que es un problema social? ¿Es un problema que le afecta? ¿Por qué?
- ¿En su país los jóvenes también tienen problemas para conseguir un primer empleo? ¿Cómo suelen buscar trabajo?
- ¿Usted qué haría para solucionar el problema?

La duración total de esta tarea es de **6 a 7 minutos**.

INSTRUCCIONES

Usted debe imaginar una situación a partir de una fotografía y describirla durante unos dos o tres minutos. A continuación, conversará con el entrevistador acerca de sus experiencias y opiniones sobre el tema de la situación. Tenga en cuenta que no hay una respuesta correcta: debe imaginar la situación a partir de las preguntas que se le proporcionan.

FOTOGRAFÍA: **PROBLEMAS ENTRE VECINOS**

Estos vecinos tienen un problema entre ellos. Imagine la situación y hable sobre ella durante, aproximadamente, dos minutos. Estos son algunos aspectos que puede comentar:

- ¿Qué problema cree que tienen? ¿Por qué? ¿Quién de ellos ha causado el problema? ¿Cree que es la primera vez que tienen este problema?
- ¿Cómo imagina que es cada uno de ellos? ¿Qué tipo de personas es? ¿Por qué cree eso?
- ¿Cómo cree que se sienten en este momento? ¿Qué cree que se están diciendo? ¿Por qué?
- ¿Cree que van a solucionar el problema? ¿Cómo lo harán? ¿Cree que alguno de ellos va a disculparse? ¿Cómo va a terminar la situación? ¿Por qué?
- ¿Cómo cree que será la relación entre ellos en el futuro? ¿Por qué?

Una vez haya descrito la fotografía durante el tiempo estipulado (2-3 minutos), el entrevistador le hará algunas preguntas sobre el tema de la situación hasta cumplir con la duración de la tarea.

EJEMPLO DE PREGUNTAS DEL ENTREVISTADOR:

- ¿Cree que la convivencia entre vecinos es fácil o difícil? ¿Por qué? ¿Cuáles cree que son los problemas más comunes que se dan entre vecinos?
- En su país, ¿cómo suele ser la relación entre vecinos? ¿Es normal que haya problemas entre ellos?
- ¿Alguna vez ha tenido un problema con algún vecino? En caso de que sí, ¿qué problema tuvo? ¿Se solucionó?

La duración total de esta tarea es de **5 a 6 minutos**.

INSTRUCCIONES

Usted debe conversar con el entrevistador sobre los datos de una encuesta, expresando su opinión al respecto. Deberá elegir una de las dos opciones propuestas.

ENCUESTA: **DESEMPLEO**

Este es un cuestionario realizado por un organismo público para saber qué opinan los ciudadanos sobre el desempleo. Seleccione las respuestas según su criterio personal:

---

1. ¿Cuál de estos factores cree que dificulta más conseguir un nuevo empleo?

- Falta de formación específica
- Excesiva competencia en el mercado laboral
- Falta de experiencia
- Situación actual de la economía y mercado laboral

2. ¿Con cuál de estas frases está más de acuerdo?

- Estar en paro es una buena oportunidad para formarme
- No tener trabajo durante una temporada puede ser bueno
- Es mejor trabajar en lo que sea antes que estar en paro
- Estar desempleado me puede afectar psicológicamente

Fíjese ahora en los resultados de la encuesta:

---

1. ¿Cuál de estos factores cree que dificulta más conseguir un nuevo empleo?

• Falta de formación específica	14%
• Excesiva competencia en el mercado laboral	30%
• Falta de experiencia	17%
• Situación actual de la economía y mercado laboral	39%

2. ¿Con cuál de estas frases está más de acuerdo?

• Estar en paro es una buena oportunidad para formarme	33%
• No tener trabajo durante una temporada puede ser bueno	22%
• Es mejor trabajar en lo que sea antes que estar en paro	21%
• Estar desempleado me puede afectar psicológicamente	24%

INSTRUCCIONES

Comente ahora con el entrevistador su opinión sobre los datos de la encuesta y compárelos con sus propias respuestas:

- ¿En qué coinciden? ¿En qué se diferencian?
- ¿Hay algún dato que le llame especialmente la atención? ¿Por qué?

EJEMPLO DE PREGUNTAS DEL ENTREVISTADOR:

- ¿Por qué ha escogido esa opción? ¿Podría poner un ejemplo?
- ¿Con qué opción está menos de acuerdo? ¿Por qué?
- ¿Cree que en su país los resultados serían los mismos? ¿Por qué?

La duración total de esta tarea es de **3 a 4 minutos**.

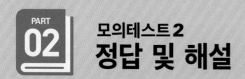
PRUEBA DE COMPRENSIÓN DE LECTURA

독해 영역 정답

1	c	2	b	3	b	4	b	5	a	6	b
7	D	8	C	9	B	10	B	11	D	12	A
13	D	14	A	15	A	16	C	17	C	18	E
19	H	20	G	21	A	22	F	23	a	24	b
25	b	26	c	27	a	28	b	29	b	30	a
31	a	32	b	33	a	34	b	35	c	36	c

Comprensión de lectura

Tarea 1

1 해석

지시사항

당신은 도시 계획에 대한 텍스트를 읽을 것입니다. 이어서, (1번부터 6번까지) 질문에 답하세요. (a, b 또는 c) 정답을 선택하세요.

선택한 보기를 **답안지**에 표기하세요.

보이지 않는 도시 계획

철거 가능한 시설물들이 급증하여 도시를 재건하고 더 많은 공공장소를 차지하게 되면서 시민들 간의 관계를 촉진시킨다. 그것들은 과연 건축물일까?

파리에는 한 해변이 있다. 그 해변은 7월 초 더위가 견딜 수 없을 때 나타나고 하루 해가 짧아지기 시작하면 사라진다. 루브르 박물관과 슐리 다리 사이의 이 부두에서는 센 강둑이 모래, 파라솔, 해먹으로 채워져 일시적인 해변으로 만들어지는 것을 볼 수 있다. 9월에는 그것을 철거하고 다른 용도를 위해 공간을 비운다. 바로 자동차를 위한 것이다. 올해, 안 이달고 시장은 그 센강 해변에 세 개의 수영장을 임시로 건설하는 것을 승인했다. 휴식, 일광욕 및 레저를 함께 아우르는 이러한 무료 프로젝트의 성공은 도시를 탈바꿈시키는 임시적인 행위인 이동식 도시 공학을 확고히 한다.

에스폴론 데 로그로뇨에서는 4월 마지막 주에 주차된 차량 수가 더 적었다. 적어도 보여지기로는 그러했다. 베네디토 버팔리노는 여러 대의 차량을 나무로 씌웠고 누구든 자유롭게 햇볕을 쬐며 드러눕거나 앉아서 이야기를 나눌 수 있는 휴게 공간을 만들었다. 리옹 출신의 이 젊은 예술인은 자신의 작품을 만들기 위해 2,000유로와 현지 회사인 가르니카가 생산한 나무 합판을 받았다.

도시의 재설계 및 사회적 정비 두 가지 면을 모두 가진 이러한 시설물들 안에는 여가, 수요 그리고 도시 실험의 조합이 존재하고 있다. 그렇기 때문에 분야들 간의 경계를 이해하기 어려운 경우가 빈번하다. 어디부터 어디까지가 건축일까? 건축가들이 하나의 사회적 계획이라고 사인하면 그것이 건축으로 탈바꿈하는 것인가? 도시를 보다 포괄적으로 만들기 위해 다른 사회적 용도를 연습해 보는 시설들을 통하여 도시를 일시적으로 변화시키는 행위들이 제기하는 문제들은 아주 많다.

프라하에서는 "파이사헤 트란스베르살(횡단의 풍경)"이라는 단체가 여가를 위한 새로운 공간을 연습하기 위해 의자와 땅 따먹기 그림을 거리에 채워 넣었다. '연습'이라는 말은 21세기 도시 계획에 있어 키워드가 된다. 횡단성과 일시성은 방해의 목적이 아니라 엄격함, 데카르트 양식, 영구성이라는 것에 합류하기를 원하고 있기 때문이다. 그 메시지는 설계 또한 시민들의 의견을 수렴하고 논의하는 과정을 거친다는 것이다.

토페테에서 역시 비슷한 일이 일어났다. 브라보 무리요의 한 거리에서는 한 여성 단체가 매트를 짜서 길을 덮었다. 그 위험하고 외국인을 반기지 않던 토페테가 여성들의 거리로 바뀐 것이다. 그 축제는 하루 동안만 지속되었으나 그 업적은 충분히 남겨졌다. 매트를 만드는데 걸린 네 달이라는 시간은 다양한 국적의 여성들이 처음 만나게 되고 두려움을 없애게 했으며 접근하기 어려운 지역이라는 낙인을 지우는 시도를 하는 데에 쓰였다.

경청하기, 재고하기, 훈련하기 그리고 수정하기는 21세기를 위해 필요한 도시 계획의 속성들이다. 이는 변경하기 전에 연습해 보는 일시적인 움직임에 관한 것이다. 많은 경우에 건축학적 디자인보다는 공존에 대해 더 신경을 쓰는 것이 사실이나, 건축가들이 21세기에 필요한 부수적인 도시 디자인에 대한 그들의 지식을 적용할 기회를 놓치는 것은 큰 실수일 것이다.

---

1. 본문에서는 그 해변이 …라고 말한다.

   a 밤에는 철거된다

   b 세 개의 수영장으로 바뀌었다

   c 사람들에게 좋은 반응을 얻는다

2. 본문에서 베네디토 버팔리노는 …라고 말한다.

   a 그 도시의 한 회사에서 재료를 구매했다

   b 자신의 작품으로 자동차들을 감추었다

   c 2,000 유로의 임금을 받았다

3. 본문에서는 그러한 시설물들이 …라고 말한다.

   a 사회적 사업을 재설계한다

   b 다양한 목표를 충족시킨다

   c 도시의 유산을 교란시킨다

4. 본문에 따르면 21세기의 도시 계획에서는 …

   a 설계를 시험한다.

   b 시민들에게 발언권이 주어진다.

   c 일시적인 것은 영구적인 것에 반대된다.

5. 본문에서는 토페테 거리는 …라고 말한다.

   a 분쟁으로 유명하다

   b 시위의 현장이었다

   c 여성들을 위해 설계되었다

6. 본문의 저자는 21세기의 도시 계획이 …라고 말한다.

   a 그것의 목적을 포기한다

   b 이해를 우선시한다

   c 탄력적이지 않다

1.
본문의 두 번째 단락에서 프랑스 파리의 센강에 임시로 만드는 한 playa(해안)에 대해 언급한다. 해당 단락의 마지막 문장 'El éxito de la iniciativa gratuita que congrega descanso, sol y ocio confirma un urbanismo de quita y pon: acciones temporales que transforman las ciudades.'에서 센강을 해변으로 만든 무료 프로젝트가 성공적이었다고 말하고 있는데, 이를 통해 이 해변(=무료 프로젝트)은 사람들에게 좋은 반응을 얻었음을 알 수 있다. 따라서 정답은 보기 **c**. 명사 acogida의 의미에 포인트를 두고 해석해야 한다.

함정 피하기 이 문제에서 주의해야 하는 보기는 **b**이다. 본문에서 언급된 내용은 센강 해변에 수영장을 임시로 construcción(설치)했다는 것인데, 보기에서 등장하는 동사 transformarse en은 'Ⓐ가 Ⓑ로 바뀌었다'는 뜻이므로 답이 될 수 없다.

2.
프랑스 출신 예술인 베네디토 버팔리노라는 인물과 그의 작품에 대해 언급하는 세 번째 문단을 잘 읽어 봐야 한다. 정답 문장은 'Benedetto Bufalino cubrió varios con madera y construyó un chill out de libre acceso en el que uno podía tumbarse al sol y sentarse a charlar.'로, 베네디토 버팔리노가 나무로 된 작품을 만들어서 여러 대의 차량 위에 설치하자, 일부 자동차들이 감춰져서 평소보다 적은 수의 자동차가 있는 것처럼 보였다는 것을 알 수 있다. 따라서 정답은 **b**.

함정 피하기 해당 문단의 마지막 문장인 'Para construir su obra, este joven artista de Lyon recibió 2.000 euros y los tableros de madera contrachapada que produce la empresa local Garnica.'의 내용과 연관된 다른 보기의 내용은 모두 오답이다. 보기 **a**에 사용된 동사 adquirir는 '얻다, 획득하다'의 뜻으로 본인이 직접 구입하는 경우에 사용하는 동사인데, 본문에서는 가르니카라는 회사로부터 나무를 recibir(받다)고 했으므로 오답이다. 그리고 2,000유로 역시 작품을 만드는 데 필요한 비용을 받은 것이지, 온전히 그의 임금으로 받은 것이 아니므로 보기 **c** 역시 함정이다.

3.
3번 문제에서 주의할 점은 질문 문장의 주어가 intervenciones(시설물들)라는 것이다. 그러므로 intervenciones이 언급되고 있는 네 번째 문단의 내용을 꼼꼼히 살펴봐야 한다. 정답 문장은 'La combinación entre ocio, reivindicación y experimento urbano está presente en estas intervenciones que tienen tanto de rediseño de la ciudad como de reparación social.'로, 이러한 시설물들은 도시의 재설계 및 사회적 정비의 두 가지 측면을 가지면서 '여가, 수요, 도시 실험'과 같은 요소들도 동시에 존재하기 때문에, 다양한 목표들을 충족시킬 수 있음을 알 수 있다. 따라서 정답은 **b**.

함정 피하기 보기 **a**의 경우는 labor social(사회적 사업)과 replantean(재설계)와 같이 본문에서는 언급되지 않은 단어를 사용한 오답이다. 보기 **c**의 경우 역시 alterar(교란시키다, 어지럽히다)의 동사를 사용하고 있어 본문의 내용과는 다르다.

4.
21세기의 도시 계획에 관한 질문이다. 정답은 체코 프라하의 한 단체가 시도한 프로젝트를 언급하고 있는 다섯 번째 문단에서 확인할 수 있다. 정답 문장은 마지막 문장인 'El mensaje es que la planificación pasa también por escuchar a los ciudadanos y debatir.'로, escuchar a los ciudadanos(시민들의 의견을 듣기)가 의미하는 것이 바로 보기 **b**에서 말하는 내용과 같다. '목소리'를 뜻하는 명사 voz는 '발언권'의 의미가 되기 때문이다. 따라서 정답은 보기 **b**.

함정 피하기 두 번째 문장을 잘 읽어 보면 21세기의 도시 계획은 ensayo(연습, 리허설)을 키워드로 갖는다고 했는데, 보기 **a**의 prueba는 '시험, 테스트'라는 의미이므로 답이 될 수 없다. 또한 '일시성'은 '영구성'에 반대되는 것이 아니라 그것에 통합되는 것을 추구한다고 말했으므로, 보기 **c** 역시 답이 될 수 없다.

5.

5번 질문에서 등장하는 토페테 거리에 대한 정보는 본문 여섯 번째 문단에 소개된다. 정답 문장은 두 번째 문장인 'El peligroso y xenófobo Topete se convirtió en la calle de las mujeres.'이다. 토페테 거리를 수식하는 형용사 peligroso(위험한)과 xenófobo(외국인을 반기지 않는)을 잘 해석하면 이 지역은 원래 '위험하고 외국인에게 위협이 되는 길'이었음을 알 수 있다. 또한 마지막 문장에서 '...intentaran deshacer el estigma de barrio difícil'라며 토페테 거리가 접근하기 어려운 지역으로 인식되고 있다고 했으므로, 정답은 보기 a.

함정 피하기 이 거리에서 여성 단체가 직접 짠 매트로 길을 덮은 fiesta(축제)가 열렸다고 했으므로, 보기 b에서 말하는 manifestación(시위)는 본문의 내용과 일치하지 않는다.

6.

마지막 문단의 결론을 읽으며 6번 문제의 답을 찾아야 한다. 21세기의 도시 계획에 관한 저자의 의견은 마지막 문단의 첫 번째 문장인 'Escuchar, repensar, ensayar y reparar son atributos de un urbanismo necesario para el siglo XXI.'에서 언급된다. 글쓴이는 21세기에 필요한 도시 계획의 속성은 '경청, 재고, 훈련, 수정'이라고 했는데, 이는 시민들 혹은 이용자들의 의견을 듣고 다시 생각해 가며 훈련과 수정 과정을 거쳐야 한다는 것. 따라서 정답은 보기 b. 동사 priorizar(우선시하다)의 해석에 주의해야 한다.

함정 피하기 보기 a는 도시 계획의 의도나 목적이 분명하지 않다는 것이며, 보기 c는 도시 계획이 탄력적이지 않다는 것인데, 글쓴이는 21세기 도시 계획의 부정적인 측면에 대해 언급하지 않았음을 파악해야 한다.

3 어휘

urbanismo	ⓜ 도시 계획, 도시 공학, 도시화 운동	ensayo	ⓜ 연습, 리허설, 수필, 에세이
invisible	눈에 안 보이는	palabra clave	ⓕ 키워드, 검색어
proliferar	증식하다, 번식하다, 급증하다	transversalidad	ⓕ 횡단성
intervención	ⓕ 개입, 출동, 출연, 시설	temporalidad	ⓕ 일시성, 세속성, 임의적
desmontable	분해할 수 있는, 해체할 수 있는	contrarrestar	모순되다, 방해되다, 저지하다
reconstruir	재건하다, 개축하다, 개수하다, 고쳐 만들다	rigidez	ⓕ 굳어짐, 경직, 엄격함, 강경
acortarse	줄다, 짧아지다, 감소하다	cartesiano	ⓜ ⓕ 데카르트주의자, 데카르트파 학자 / 데카르트파의
muelle	ⓜ 선창, 부두, 나루터	planificación	ⓕ 설계, 계획, 기획
orilla	ⓕ 가, 연안, 끝, 가장자리	tejer	짜다, 엮다, 설계하다, 생각해 내다
hamaca	ⓕ 해먹	lona	ⓕ 매트, 깔개, 천, 커버
alcalde	ⓜ ⓕ 시장	xenófobo	ⓜ ⓕ 외국인[외국 물건]을 싫어하는 사람 / 외국인[외국 물건]을 싫어하는
congregar	모으다, 모이다, 집성하다	estigma	ⓕ 상흔, 상처 자국, 성흔, 낙인
de quita y pon	떼었다 붙였다 할 수 있는	repensar	재고하다, 다시 생각하다
chill out	[영] 쉬다, 긴장을 풀다	atributo	ⓜ 속성, 특질, 상징
tumbarse	드러눕다	modificar	변경하다
tablero	ⓜ 판, 게임 판, 테이블 표면	arquitectónico	건축의, 건축술의
contrachapado	ⓜ 합판 / 합판의	desmontar	분해하다, 해체하다, 철거하다
reivindicación	ⓕ 요구, 청구, 요청	acogida	ⓕ 환대, 환영, 수용, 유치
reparación	ⓕ 수리, 수선, 보수 공사	ocultar	분해하다, 해체하다, 철거하다
disciplina	ⓕ 규율, 통제, 학과, 분야	replantear	다시 설정하다, 재설계하다
plantear	제기하다, 제출하다, 계획하다, (문제나 가능성 등이) 생기다	labor	ⓕ 노동, 근로, 공로, 수예
urbe	ⓕ 도시, 인구 밀도가 높은 도시	alterar	바꾸다, 변경하다, 교란시키다, 어지럽히다, 악화시키다
ensayar	연습하다, 리허설하다, 시험하다	patrimonio	ⓜ 유산, 고유 자산, 상속 재산
inclusivo	포함하는, 포괄적인	dar voz	소리를 지르다, 소리를 내다
colectivo	ⓜ 집단, 소형 버스 / 집단의, 공동의	oponerse a	~와 반대다, 반대하다
sembrar	씨앗을 뿌리다, 파종하다	conflictivo	분쟁을 일으키는, 분쟁 중인
rayuela	ⓕ 동전 던지기 놀이, 돌차기	desistir	체념하다, 단념하다

1 해석

지시사항

당신은 시골에서의 그들의 새로운 삶에 대해 이야기하는 네 명의 사람들의 텍스트를 읽게 될 것입니다. (7번부터 16번까지의) 질문에 (A, B, C 또는 D) 텍스트를 연결하세요.

선택한 보기를 **답안지**에 표기하세요.

문제

		A. 마누엘라	B. 루이사	C. 마르타	D. 에스테르
7.	이웃들이 가끔은 선을 넘기도 한다고 말하는 사람은 누구인가?				
8.	시골에서는 사람들이 더 연대적이라고 말하는 사람은 누구인가?				
9.	시골로 떠나는 것이 힘들었다고 말하는 사람은 누구인가?				
10.	자신의 건강 상태가 (시골로 떠나는) 결심을 하는 데에 결정적 역할을 했다고 말하는 사람은 누구인가?				
11.	시골에서 사업체를 설립했다고 말하는 사람은 누구인가?				
12.	경제적인 이유 때문에 시골로 이사했다고 말하는 사람은 누구인가?				
13.	해고 수당을 가지고 시골로 떠났다고 말하는 사람은 누구인가?				
14.	도시의 삶이 지겨웠다고 말하는 사람은 누구인가?				
15.	시골에는 고립되는 사람이 있다고 말하는 사람은 누구인가?				
16.	시골에는 남을 험담하는 일이 많다고 말하는 사람은 누구인가?				

A. 마누엘라

도시에서 살면 사람들은 거의 눈치채지 못한 채 차츰차츰 소모되어 갑니다. 저 역시도 도시에 사는 것이 아주 지겨웠습니다. 지금 이곳에서의 삶의 질에 비교할 수 없습니다. 도시에서는 당신이 한 개체라면 이곳에서는 한 명의 사람입니다. 우리는 아파트를 구입하려던 찰나였는데, 최종 순간에 우리는 제동을 걸었으며 그보다 더 적은 돈으로 도시를 떠나 시골로 갈 수 있다는 생각을 하게 되었습니다. 시골의 사람들은 보통 마음이 더 열려 있습니다. 제가 알게 된 사람들 중에는 마을 사람들과 교류가 없었다가도 얼마 안 가 마을의 일원이 된 사람들이 있습니다. 물론 이런 부분에 있어서는 새로 거주하게 된 사람 역시 열린 마음의 사람인지, 마을 사람들과 교류를 하는지, 결성되는 행사들에 참여하는지 등이 영향을 미칩니다. 왜냐하면 시골에 사는 사람들 중에는 그들에 대해 아무것도 알 수 없는 이들도 있기 때문입니다.

B. 루이사

만일 당신이 잘 운영되는 사업체, 안정된 삶, 가족과 자녀들이 있고 안락함에 도달한 사람이라면 그 모든 것을 깨뜨리는 것은 아주 어렵습니다. 제 경우에는 거의 40살에 '모든 것이 잘 풀린' 삶을 살던 와중에 도시를 떠나고 새로 시작하기로 결심했습니다. 비록 그것은 쉽지 않았지만요. 저는 숨을 쉴 수 없을 정도로 엄청난 스트레스를 겪고 있었는데 제가 일하던 운수 회사에서 저는 스스로가 소멸되어 가고 있었습니다. 어느 날 심근 경색의 징후가 있었고 전 "더 이상은 안 되겠어."라고 생각했습니다. 저는 은행에서 허용하는 최대치까지 제가 가지고 있던 전 재산을 담보로 제공한 후, 그 돈을 시골에 제가 가지고 있었던 세고비아의 프레스노 데 라 푸엔테에 위치한 카트 레이싱 경기장과 음식점에 모두 투자했습니다. 그 사업은 순조롭게 운영되고 있습니다. 이곳에서 저는 제 삶의 컨트롤과 평온함을 다시 회복했으며 현재 제 연인인 롤로를 알게 되었습니다.

C. 마르타

우리를 떠나게 만든 동기는 다른 것이 아니라 바로 일상에서 우리를 자극하던 스트레스로부터 멀어지는 것이었습니다. 사람들로 가득 찬 거리, 하루 종일 창문을 통해 들리던 끊임없는 소음… 등과 같은 것 말이죠. 우리에게는 자연과의 접촉과 건강한 삶의 방식이 바로 우리의 행복의 열쇠인 것입니다. 또한, 시골에서는 모든 주민들이 서로를 알기 때문에 더 많은 도움과 협조가 있습니다. 비록 그들 사이에 험담이나 소문이 더 많은 경향이 있긴 하지만요. 당신에게 도움을 주는 이는 동시에 당신을 지켜보고 있습니다. 시골의 환경은 사람들과 더 많이 공유를 하도록 만듭니다. 모든 사람들이 저를 아는 것은 저를 힘들게 하지는 않습니다. 사실 저는 커피를 한 잔 마시며 옆자리 테이블에는 누가 앉아 있는지 알아보는 것을 즐깁니다. 작은 마을에 사는 유일한 위험 요소는 스스로를 고립시키려는 타성에 빠질 수 있다는 것입니다.

D. 에스테르

저는 2년 전 카세레스의 보오날 데 이보르로 돌아왔습니다. 이보르 강 주변에 있는 시가지 외곽 지역에 혼자 살고 있으며 여름에는 손님이 넘치는 한 식당 겸 술집을 열었습니다. 저는 늘 저의 고향으로 돌아오길 원했었지만 이렇게 빨리 돌아올 것이라고는 생각하지 못했습니다. 하지만 제가 사장실의 비서로 일하던 건축 회사의 구조 조정으로 인해, 2008년 저는 실직을 했습니다. 해고 수당을 받은 후 아파트를 임대해 놓은 뒤 저는 시골로 떠났습니다. 시골로 오기 위해서는 마음을 단단히 먹어야 하는데 왜냐하면 매우 힘들 수 있기 때문입니다. 사람들이 당신의 삶에 개입하면 어떤 경우에는 그것을 받아들일 수 있어야 하고 또 어떤 경우에는 그것을 막을 수 있어야 합니다. 특히 그들의 행동이 허용할 수 있는 범위를 훨씬 넘어설 경우에 말이죠. 겨울에는 시골에 사는 것이 특히 더 힘들 수 있는데, 모든 사람들이 집 안에만 머물기 때문에 하루 종일 그 누구와도 대화를 주고받지 않기 때문입니다.

7. 질문에 등장하는 표현인 pasarse de la raya(선을 넘다)는 행동이나 말이 지나치거나 도를 넘는 것을 의미한다. 따라서 시골의 이웃들에 대해 다소 부정적으로 표현하는 인물이 누구인지 잘 읽고 해석해야 한다. 이 문제의 정답은 **D** ESTHER로, 정답 문장은 'La gente se mete en tu vida y hay que saber aceptarlo unas veces y parar los pies otras, sobre todo cuando su comportamiento va más allá de lo permisible.'이다. 동사 meterse는 '들어가다'의 의미뿐만 아니라 '개입하다, 간섭하다'의 의미도 가지고 있는데, 주변 사람들이 지나치게 개입할 수 있다는 것은 선을 넘는다는 것과 같은 의미이다.

8. 시골에 사는 사람들이 도시 사람들보다 더 연대적이라고 말하는 사람이 누구인지를 묻는 질문이다. 정답은 **C** MARTA. MARTA는 'en el pueblo puede haber más apoyo y colaboración entre vecinos porque todos se conocen'이라면서, 시골에 사는 사람들은 모두 서로 알고 지내기 때문에 apoyo(도움, 지원, 지지)와 colaoración(협력, 협동)이 더 많다고 말한다.

9. 9번 질문에서는 'le costó...'의 표현을 볼 수 있는데, 이는 동사 costar의 역구조 표현으로 '누군가에게 ~이 들다'의 의미이다. 다만 costar 동사 뒤에 명사 dinero, tiempo 등이 있는 경우는 '비용이 들다, 시간이 들다'로 해석할 수 있지만, 지금의 경우와 같이 'irse a vivir al pueblo'라는 표현이 올 경우에는 '힘들다, 어렵다'로 해석해야 한다. 따라서 시골로 떠나는 것이 어려웠던 사람을 찾아야 하며, 정답은 **B** LUISA. LUISA는 'En mi caso, con casi 40 años "y todo solucionado", decidí dejar la ciudad y volver a empezar, aunque no fue fácil.'이라고 했는데, 적지 않은 나이에 모든 것을 다 갖춘 삶의 패턴을 깨고 시골에서 다시 시작하는 것이 쉽지 않았다는 의미이다.

10. 네 명의 인물 중 시골로 떠나는 결심을 하게 된 결정적 계기가 자신의 estado de salud(건강 상태)였다고 말하는 사람을 찾아야 한다. 정답은 **B** LUISA. LUISA는 도시에서 살 때 업무 스트레스가 심해 숨을 쉴 수 없을 정도였고, 'Un día tuve un amago de infarto y dije: "basta".'였다고 말한다. 심근 경색의 징후를 겪고 그녀는 더 이상 도시에 살 수 없다는 결론을 내리게 된 것이다.

11. 질문에 등장하는 동사 montar는 '타다, 조립하다'의 의미뿐만 아니라 '설립하다'의 뜻으로 널리 쓰이는 매우 중요한 동사이다. 네 명의 인물들 중 시골에서 사업체를 설립한 인물을 묻고 있는데, 이에 대한 정답은 **D** ESTHER. 정답 문장은 'Vivo sola fuera del casco urbano y a orillas del río Ibor he abierto un bar restaurante que tengo a rebosar en verano.'로, 이 문장에서 동사 abrir(열다)를 확인한다면 ESTHER가 식당 겸 술집 형태의 새로운 사업체를 설립한 인물에 해당하는 것을 알 수 있다.

함정 피하기 이 문제는 텍스트 **B**의 함정을 주의해야 한다. LUISA 역시 자신의 사업체에 대해 말하지만, 'lo invertí en un negocio que ya tenía en el campo...' 부분을 읽어 보면 그녀는 이미 그 사업체를 갖고 있던 것이지 새롭게 montar한 것이 아니기 때문에 답이 될 수 없다.

12. 네 명의 사람들은 모두 시골로 이사를 한 경우인데, 그 중에서도 motivos económicos(경제적인 이유)로 인해 이사를 한 사람이 누구인지 찾아야 한다. 정답은 **A** MANUELA. MANUELA는 'Estuvimos a punto de comprarnos un piso. Pero en el último momento echamos el freno y pensamos que por menos dinero podríamos abandonar la ciudad e irnos al campo.'라며 아파트를 구매하려던 시점에 시골로 이사하기로 마음을 바꾸었던 일을 언급한다. 이 구간에서 등장하는 표현인 echar el freno(브레이크를 걸다)는 일이나 행동을 멈춘다는 뜻이며, 문장 내 등장하는 por menos dinero는 '아파트를 구매할 수 있는 돈보다 더 적은 돈'으로 해석해야 한다.

13. 질문 내 가장 핵심 단어는 despido(해고)이다. 시골로 가기 전 하던 일에서 해고를 당한 인물을 찾아야 한다. 텍스트 D의 'Sin embargo, una reestructuración en la constructora en la que trabajaba como secretaria de dirección me dejó en la calle en 2008. Con la indemnización en el bolsillo y dejando mi piso alquilado, me marché al pueblo.'를 확인해 보면, ESTHER는 일하던 회사의 구조 조정으로 인해 해고를 당했다고 말하고 있다. 또한 이어지는 문장 내 indemnización(배상, 보상)라는 표현을 통해, 그녀는 '해고 수당'을 가지고 시골로 떠나게 되었음을 알 수 있다. 따라서 정답은 D ESTHER. Dejar en la calle(해고하다)의 표현을 정확히 해석해야 한다.

14. Estar harto de algo는 '지겹다, 지긋지긋하다'의 의미로, 도시에서의 삶이 지겨웠다고 말하는 인물을 찾아야 한다. 정답은 A MANUELA. MANUELA는 'En la ciudad, uno poco a poco se desgasta, casi sin darte cuenta. Estaba hasta las narices.'라면서 도시에서 사는 삶에 대한 회의적인 태도를 보이고 있다. 참고로 '지겨워하다'의 동사 표현으로는 hartarse가 있으며 이와 같은 의미를 전달하는 관용 표현으로는 'Estar hasta las narices.'가 있다.

15. 질문에서는 시골에 살면서 aislarse(고립되다)되는 사람이 있다고 말하는 인물이 누구인지를 묻는다. 정답은 A MANUELA. MANUELA는 텍스트에서 마을에 사는 사람들 간의 교류에 대해 언급하며 관계를 원활히 맺는 사람도 있지만 그렇지 않은 경우도 있다고 말한다. 정답 문장은 마지막에 나오는 'Porque también hay personas que viven en el pueblo y casi nadie las conoce.'이다. 시골에 살고 있지만 그들을 직접 아는 사람이 없는 경우, 교류를 하지 않고 고립되어 생활하는 사람들도 있다는 것이다.

함정 피하기 텍스트 C의 경우, 마지막 문장을 제대로 해석하지 못한다면 함정에 빠질 수 있다. MARTA가 말한 내용은 고립된 사람이 있다는 것이 아니라, 작은 마을에 살면 스스로를 고립시키려는 위험성이 조금 있다는 의미이므로 오답이다. 그리고 텍스트 D에서 ESTHER가 겨울에는 사람들이 주로 집에 머물기 때문에 교류가 적다는 내용을 언급했는데, 이는 겨울이 되면 특히 교류가 적어진다는 것일 뿐 평소에도 고립된 사람이 있다는 의미가 아니므로 혼동하면 안 된다.

16. '남에 대한 험담'이 도시보다 시골에서 더 많이 있다고 말하는 사람이 누구인지를 묻고 있다. 정답은 C MARTA. MARTA가 'Además, en el pueblo puede haber más apoyo y colaboración entre vecinos porque todos se conocen, pero también más tendencia a chismorrear y al qué dirán.'이라고 말한 문장에서 시골에서는 사람들이 서로를 알고 지내기 때문에 남의 말을 전하는 성향이 더 강하다고 표현한 것을 확인할 수 있다. 참고로 이 문장에 사용된 남성 명사인 'el qué dirán'은 '소문'을 뜻하는데, 질문에 등장하는 명사 cotilleo는 '험담, 뒷말'을 뜻하기 때문에 의미가 통하는 부분이 있다. 그리고 cotilleo가 동사로 사용되면 cotillear(험담하다, 소문내다)가 되는데, 이와 의미가 같은 동사로는 'chismear, chismorrear' 등이 있다.

pasarse de la raya	(언행 등이) 선을 넘다, 도를 넘어서다	karting	ⓜ 카트 레이스를 하는 스포츠
solidario	연대의, 연대성의	tranquilidad	ⓕ 평온, 안정, 안심
decisivo	결정적인, 단호한, 결연한	impulsar	밀다, 자극하다, ~하게 작용하다
montar	타다, 조립하다, 장치하다, 설립하다	alejarse de	멀어지다
despido	ⓜ 해고, 면직, 해고 수당	atestado	채워진, 가득 찬
harto	싫증이 난, 지긋지긋한	sostenible	지속 가능한, 지속되는, 환경의 파괴가 없는
aislarse	고립되다, 격리되다	clave	ⓕ 암호, 풀이, 키, 비결 / 중요한
cotilleo	ⓜ 험담하기	tendencia	ⓕ 경향, 풍조, 추세
desgastarse	닳아 없어지다, 소모되다	chismorrear	잡담하다, 험담을 하다
estar hasta las narices	진저리나다, 지겹다	vigilar	감시하다, 주의하다
comparable	비등한, 비교할 수 있는	facilitar	쉬워지게 하다, 용이하게 하다, 공급하다
individuo	ⓜ 사람, 개인, 개체, 일원, 회원	agobiar	강요하다, 괴롭히다
echar el freno	브레이크를 걸다	inercia	ⓕ 관성, 탄성, 무력, 이완
abandonar	버리다, 유기하다, 단념하다, 떠나다	encerrarse	감금되다, 갇히다
al cabo de	~의 후에, ~한 뒤에, ~의 끝에	casco urbano	ⓜ 시가지
habitante	ⓜ 주민, 거주자, 인구 / 거주하는	orilla	ⓕ 가, 연안, 끝, 가장자리
acudir	가다, 쫓아가다, 참가하다	rebosar	넘치다, 넘쳐 나오다
acto	ⓜ 행동, 행위, 행사	tierra	ⓕ 땅, 지구
asentado	자리잡은, 정착된, 기반이 잡힌	reestructuración	ⓕ 구조 조정, 개조, 재편성
alcanzar	닿다, 도달하다, 이르다	constructora	ⓕ 건설 회사
bienestar	ⓜ 복지, 안락, 번영	dirección	ⓕ 방향, 방위, 지도, 지휘
sufrir	당하다, 견디다, 참다, 인내하다, 치르다	dejar en la calle	해고하다, 몰아내다
brutal	짐승 같은, 잔혹한, 잔인한, 무서운	indemnización	ⓕ 배상, 보상, 배상금
consumir	소비하다, 먹다, 이용하다	meterse en	범입하다, 참견하다
amago	ⓜ 징후, 위협, 협박	parar los pies	행동을 멈추게 하다
infarto	ⓜ 경색, 괴사	comportamiento	ⓜ 행동, 움직임, 추이
rehipotecar	다시, 한번 더 저당 잡히다	ir más alla de	추월하다, 도를 넘다
invertir	거꾸로 하다, 역전시키다, 투자하다	permisible	허가할 수 있는, 허용할 수 있는
pista	ⓕ 트랙, 경기장, 플로어, 도로, 단서, 발자국	cruzar palabra	대화를 주고 받다

1 완성된 지문

EL CLIENTE EN EL CENTRO NO ES UN ESLOGAN

Lo llaman "experiencias ¡guau!" y vienen a ser una versión 3.0 del clásico eslogan de ventas "el cliente siempre tiene la razón". Las empresas ya no se limitan a darle la razón como a los tontos. **17. C.** Ahora prefieren volcar sus esfuerzos en tratar de sorprenderle y ofrecerle un valor añadido en forma de experiencias satisfactorias de compra.

Es la era del cliente y ya nada va a ser igual que antes. **18. E.** Básicamente, el control en la relación entre las organizaciones y los clientes ha cambiado de manos. Internet, los móviles inteligentes, las redes sociales, unido a la creciente desconfianza del consumidor en las marcas y sus mensajes publicitarios, y a la facilidad con la que puede sustituir un producto por otro, han hecho que ahora las empresas tengan que servir a un cliente mucho más informado, empoderado e influyente.

La variable cliente tiene hoy mucho mayor peso en la cuenta de resultados de una compañía que el propio producto o servicio, su calidad o su precio. No es que el objetivo de captar y retener clientes sea ninguna novedad; lo que ha cambiado, es la forma de conseguirlo. **19. H.** Ahora la única vía para hacerlo es ofrecer experiencias diferenciadoras a los clientes, convertirlos en fans. Con este nuevo escenario, aquellos productos que se vendían solos tienen los días contados. Cuanto más avanza el mercado, más exigente se vuelve el cliente.

Más que nunca, es imperativo enamorar. El mayor valor que puede prestar una empresa al cliente es anticiparse a sus deseos para conectarlos, mediante los productos y servicios adecuados, con experiencias positivas, perdurables y repetitivas. **20. G.** En otras palabras, la compañía tiene que hacer muchas más cosas aparte de tener un buen producto para que el cliente lo compre y repita.

Pero para pensar en el cliente antes conviene detenerse a escuchar lo que tenga que decir. **21. A.** Este súbito interés de las empresas por conocer y entender mejor a sus clientes está en la cuenta de resultados. La principal necesidad de las empresas es tener beneficios cada año. Hay que pagar salarios, dividendos, invertir en el ciclo de explotación... Y todo eso sólo es posible con el dinero de los clientes.

Si eso está tan claro, ¿por qué muchas compañías no consiguen pasar de las buenas intenciones en sus relaciones con el cliente? **22. F.** Esto se debe a que muchos empresarios creen que con suministrar productos y servicios es suficiente, pero ya no lo es. Poner al cliente en el centro significa realizar una oferta de productos y servicios a personas que comparten nuestro sistema de creencias, de valores y de principios. Que los clientes se sientan identificados con lo que somos, con lo que hacemos y, sobre todo, por qué lo hacemos.

지시사항

다음의 텍스트를 읽으세요. 텍스트에는 6개 문장이 빠져 있습니다. (A부터 H까지) 주어진 8개 문장을 읽고, (17번부터 22번까지) 텍스트의 빈칸에 문장을 배치할 곳을 정하세요.

<u>선택하지 말아야 하는 문장이 2개 있습니다.</u>

선택한 보기를 **답안지**에 표기하세요.

고객 중심은 슬로건이 아니다

사람들은 그것을 '와우 경험!'이라고 부르는데, '고객이 항상 옳다'는 고전적인 판매 슬로건의 3.0 버전인 셈이다. 기업들은 이제 바보들에게 하는 것 처럼 설명하는 데 국한하지 않는다. **17. C.** <u>이제 그들은 그들을 놀라게 하고 만족스러운 쇼핑 경험의 형태로 부가 가치를 제공하는 데에 노력을 기울이는 것을 선호한다.</u>

이제는 고객의 시대이며 그 무엇도 예전 같지 않을 것이다. **18. E.** 기본적으로, 조직들과 고객들 사이의 관계에 대한 컨트롤의 주인이 바뀌었다. 인터넷, 스마트폰, SNS는 소비자가 브랜드와 그 광고 메시지에 대해 갖는 불신을 증대시키고 하나의 제품을 다른 제품으로 대체할 수 있는 용이성을 더해 주었기 때문에, 이제 기업들이 훨씬 더 많은 정보를 얻고, 힘을 얻고, 영향력이 있는 고객을 상대해야 하는 지경에 이르도록 만들었다.

고객이라는 변수는 오늘날 기업의 손익 계정에서 제품이나 서비스 자체, 품질 또는 가격보다 훨씬 더 큰 비중을 두고 있다. 고객을 유치하고 유지하려는 목표는 전혀 새로울 것이 없으나, 변한 것은 그것을 달성하는 방법이다. **19. H.** 이제 그것을 할 수 있는 유일한 방법은 고객들에게 변화된 경험을 제공하고 그들을 팬으로 만들어 버리는 것이다. 이러한 새로운 시나리오로 본다면 제품 자체만 판매되었던 상품들은 이제 수명이 다 되어간다. 시장이 더 발전할수록 고객은 더 까다로워진다.

그 어느 때보다도 고객이 반하게 만드는 것이 절실하다. 기업이 고객에게 제공할 수 있는 가장 큰 가치는 고객의 욕구를 예측하여 적절한 제품과 서비스를 통해 그들이 긍정적, 지속적, 반복적인 경험에 연결될 수 있도록 하는 것이다. **20. G.** 다시 말해, 기업은 고객이 구매를 하면 다시 반복할 수 있도록 좋은 상품을 만드는 것 이상의 노력을 해야 한다.

하지만 고객을 생각하려면 우선 고객이 하고 싶은 말이 있는지 듣는 것이 바람직하다. **21. A.** <u>고객들을 더 잘 알고 이해하기 위한 기업들의 이러한 갑작스러운 관심은 바로 손익 계산서에서 볼 수 있다. 기업의 주된 필요성은 매년 이익을 내는 것이다.</u> 그들은 급여, 배당금을 지불하고 경영 순환에 투자해야 한다. 그리고 이 모든 것은 고객의 돈이 있어야만 가능하다.

그것이 그렇게나 명백한데, 왜 많은 회사들은 그들의 고객과의 관계에서 좋은 의도를 인정받지 못하고 있는가? **22. F.** 그것은 바로 많은 기업인들이 제품과 서비스를 공급하면 충분하다고 생각하지만 사실은 더 이상 그렇지 않기 때문이다. 고객을 중심에 둔다는 것은 우리의 신념 체계, 가치관, 원칙을 공유하는 사람들에게 제품과 서비스를 제공하는 것을 의미한다. 고객이 우리가 누구인지, 우리가 무엇을 하는지, 그리고 무엇보다도 우리가 왜 그렇게 하는지에 대해 동일시한다고 느끼는 것을 말하는 것이다.

문장

A. 고객들을 더 잘 알고 이해하기 위한 기업들의 이러한 갑작스러운 관심은 바로 손익 계산서에서 볼 수 있다.

B. 하지만 좋은 고객들은 동의하지 않고, 불평하고, 요구하면서도 회사와 굳건하고 신뢰할 수 있는 관계를 유지할 수 있는 능력이 있다.

C. 이제 그들은 그들을 놀라게 하고 만족스러운 쇼핑 경험의 형태로 부가 가치를 제공하는 데에 노력을 기울이는 것을 선호한다.

D. 고객들의 이러한 요구와 변동성으로 인해 기업들은 전에 없는 방식으로 그들에게 접근하지 않을 수 없게 되었다.

E. 기본적으로, 조직들과 고객들 사이의 관계에 대한 컨트롤의 주인이 바뀌었다.

F. 그것은 바로 많은 기업인들이 제품과 서비스를 공급하면 충분하다고 생각하지만 사실은 더 이상 그렇지 않기 때문이다.

G. 다시 말해, 기업은 고객이 구매를 하면 다시 반복할 수 있도록 좋은 상품을 만드는 것 이상의 노력을 해야 한다.

H. 이제 그것을 할 수 있는 유일한 방법은 고객들에게 변화된 경험을 제공하고 그들을 팬으로 만들어 버리는 것이다.

C. Ahora prefieren volcar sus esfuerzos en tratar de sorprenderle y ofrecerle un valor añadido en forma de experiencias satisfactorias de compra.

17.
첫 번째 문단의 내용에서 강조되는 시대적 변화에 대해 잘 이해하면 17번의 정답을 쉽게 찾을 수 있다. 이 문제의 정답은 보기 C. 예전과는 달리 이제 기업들은 고객들을 바보로 생각하지 않고 그들에게 더 만족스러운 쇼핑 경험을 제공하는 데에 노력을 기울인 다는 것. 보기 C 시작 부분의 ahora라는 표현을 통해 앞 문장에서 언급된 과거의 상황과 비교되는 최근 이야기로 흐름이 연결된다 는 것을 알 수 있다. 또한 보기 C에 사용된 prefieren이라는 동사변형 형태를 보고, 이미 앞 문장에서 언급된 3인칭 복수형의 주어 'las empresas(기업들)'가 빈칸에 들어가는 문장까지 계속 이어지고 있다는 것을 파악해야 한다.

E. Básicamente, el control en la relación entre las organizaciones y los clientes ha cambiado de manos.

18.
18번의 정답을 찾기 위해서는 빈칸 바로 앞 문장의 핵심을 정확히 파악해야 한다. 빈칸 앞 문장의 주어는 생략되어 있는데, la era del cliente(고객의 시대)라는 보어를 가진 것을 보고 생략된 주어는 '현재, 지금'을 뜻한다고 생각해야 한다. 또한, 이어지는 ya nada va a ser igual que antes(그 무엇도 예전 같지 않을 것이다)라는 표현은 '이제는 시대가 완전히 바뀌었다'라는 저자의 생 각을 아주 강한 어조로 드러낸다. 이를 통해 찾을 수 있는 이 문제의 정답은 보기 E. 조직들(기업들)과 고객들 간의 관계의 컨트롤 은 더 이상 예전의 형태가 아니라는 내용으로, 시대가 바뀌었다는 저자의 의견을 구체적으로 설명해 주는 문장이다. Cambiar de manos는 '다른 누군가의 손으로 넘어가다'의 뜻으로, 관계의 주도권이 이제 고객으로 넘어갔다는 것을 알 수 있다.

H. Ahora la única vía para hacerlo es ofrecer experiencias diferenciadoras a los clientes, convertirlos en fans.

19.
19번 빈칸 앞 문장에서는 고객을 유치하고 유지하는 방법이 달라졌다고 말하고 있고, 빈칸 뒤에 이어지는 문장에서는 este nuevo escenario(이런 새로운 시나리오)의 상황에서는 단지 상품만이 팔리는 시대는 이미 끝났다는 내용이 언급되고 있다. 따라 서 19번 빈칸에는 세 번째 문단의 주제인 '고객의 유치와 유지를 위한 새로운 방법'에 해당하는 내용이 들어가야 한다. 따라서 정답 은 보기 H. 보기 H에 사용된 명사 vía(길, 노선, 수단)는 '방법, 방식'으로 해석될 수 있고, hacerlo에서 대명사 lo는 빈칸 앞 문장에 서 언급된 '고객의 유치와 유지'를 의미한다. 문단 내 등장하는 관용어 tener los días contados(죽음이 가까워지다, 여생이 얼마 남지 않다)의 해석을 올바르게 해야 한다.

G. En otras palabras, la compañía tiene que hacer muchas más cosas aparte de tener un buen producto para que el cliente lo compre y repita.

20.
네 번째 문단의 첫 번째 문장에서 가장 핵심이 되는 단어는 'enamorar(사랑에 빠지게 하다, 반하게 하다)'이고, 두 번째 문장에서 핵심이 되는 표현은 'experiencias positivas, perdurables y repetitivas(긍정적, 지속적, 반복적인 경험)'이다. 이 내용을 취합 해 문단의 내용을 정리하면, 고객이 꾸준히 구매할 수 있도록 그들에게 적절한 제품과 서비스를 제공하는 것이 중요하다는 것이다. 이 맥락에서 20번 문제의 정답은 'En otras palabras(즉, 다시 말해)'로 연결하며 앞선 내용의 흐름을 이어가고 있는 보기 G. 특 히 보기 G에서 중요한 단어는 repetir(반복하다)인데, 해당 문단에서 언급된 내용들과 일맥상통하는 표현이다.

A. Este súbito interés de las empresas por conocer y entender mejor a sus clientes está en la cuenta de resultados.

21. 21번 빈칸의 앞 문장을 보면, 고객에 대해 생각하려면 고객이 하고 싶은 말이 있는지 듣는 것이 필요하다고 말한다. 그런데 빈칸 뒤 문장에서는 기업의 주된 필요성은 tener beneficios cada año(매년 이익을 내는 것)이라며 조금 다른 흐름으로 이어지고 있다. 따라서 가능한 이 두 문장을 자연스럽게 연결시켜줄 수 있는 내용이 21번 빈칸에 들어가야 하는데, 보기 **A**의 'conocer y entender mejor a sus clientes'라는 표현은 빈칸 앞 '고객의 말에 귀를 기울인다'는 것과 연결되며, 'cuenta de resultados(손익 계산서)'라는 표현은 빈칸 뒤 '이익을 내는 것'과 연결된다. 즉, 고객에 대해 잘 알고 파악하여 관심을 갖게 되면 손익 계산서에서 바로 좋은 결과로 이어지는 것을 볼 수 있다는 것이다. 따라서 21번 문제의 정답은 보기 **A**.

F. Esto se debe a que muchos empresarios creen que con suministrar productos y servicios es suficiente, pero ya no lo es.

22. 마지막 문단에서는 왜 많은 회사가 고객들에게 좋은 의도를 인정받지 못하고 있는지 문제를 제기하고 있다. 이어진 22번 빈칸에 들어갈 정답은 보기 **F**. 'Esto se debe a que(그것은 바로 ~때문이다)'로 시작하고 있는 이 문장은 앞에서 제기한 문제의 원인을 설명하고 있다. 많은 기업인들의 생각과는 달리 제품과 서비스를 제공하는 것만으로는 그들의 좋은 의도를 고객들에게 전달하기에는 충분하지 않다는 것. 이어지는 다음 문장에서는 이에 대한 보충 설명이자 결론이 되는 내용으로 글을 마무리하고 있다는 것을 확인할 수 있다.

4 어휘

eslogan	ⓜ 표어, 슬로건	anticiparse	앞지르다, 선수를 치다, 예상하다
guau	이야! 우아! (=¡Guay!)	perdurable	오래 지속되는, 오래 가는, 영원한
tener la razón	(누구의 말이) 옳다, 일리가 있다, 타당하다	detenerse	멈추다, 중지하다
limitarse a	~하는 것에 그치다	beneficio	ⓜ 이익, 선행, 효용
darle la razón a alguien	말한 것을 동의하다, 옳다고 받아들이다	dividendo	ⓜ 배당금, 분배금
era	ⓕ 시대, 시기, 연대	invertir	거꾸로 하다, 역전시키다, 투자하다
creciente	증대하는, 성장하는	explotación	ⓕ 개발, 개척, 영업, 경영
desconfianza	ⓕ 의심, 불신, 경계심	compartir	공유하다, 나누다
consumidor	ⓜ ⓕ 소비자 / 소비하는	creencia	ⓕ 확신, 신념, 신조
marca	ⓕ 소인, 기호, 상표, 흔적, 자국, 득점, 기준	principio	ⓜ 처음, 시작, 근원, 원리, 원칙
facilidad	ⓕ 손쉬움, 용이함, 능력, 편의	identificarse con	~과 동일시하다, 찬성이다, 연대하다
sustituir	대신하다, 바꾸다, 교체하다	súbito	갑작스러운, 돌연한, 뜻밖의
empoderado	권한을 부여받은, 힘이 있는	discrepar	다르다, 상이하다, 모순되다
influyente	영향력을 가진, 유력한	aun así	그렇더라도, 그럼에도 불구하고
variable	ⓕ 변수 / 변하는, 변하기 쉬운, 불안정한	sólido	ⓜ 고체 / 단단한, 견고한, 고체의, 확고한, 확실한
cuenta	ⓕ 계산, 회계, 계좌, 계정, 책임	volcar	뒤엎다, 비우다, 쏟다, (생각 등을) 전향시키다
propio	고유의, 자기 자신의	exigencia	ⓕ 요구, 욕구
captar	얻다, 획득하다, 파악하다, 포착하다, 잡다	volatilidad	ⓕ 휘발성, 물가의 불안정
retener	만류하다, 억제하다, 유지하다, 구류하다	básicamente	기본적으로, 근본적으로
novedad	ⓕ 새로움, 참신함, 변화	organización	ⓕ 단체, 협회, 조직, 구성, 기관
escenario	ⓜ 무대, 현장, 시나리오	cambiar de manos	주인이 바뀌다
tener los días contados	여생이 얼마 남지 않다	suministrar	공급하다, 지급하다
avanzar	전진하다, 진보하다, 향상하다	en otras palabras	즉, 다시 말해
exigente	많은 것을 요구하는, 엄한, 까다로운	aparte de	~은 별도로 하고, ~이외에
más que nunca	어느 때보다	vía	ⓕ 길, 도로, 노선, 수단, 관
imperativo	ⓜ 명령 / 긴급한, 명령의	diferenciador	구분하는, 구분 짓는
prestar	빌려주다, 기여하다, 편리하다	fan	ⓜ ⓕ 애호가, 열광하는 사람

1 완성된 지문

EL LEÓN, LA ZORRA Y EL CIERVO

Estaba ya enfermo el viejo león, y tendido en la cueva, no tenía fuerzas para salir a cazar. Se **23. a** le ocurrió pedir ayuda a su gran amiga la zorra:

– Te necesito- le dijo- Trae hasta aquí un ciervo, pues tengo hambre... y confío en tu **24. b** astucia para conseguirlo.

La zorra, por supuesto, fue en busca del ciervo, y le dijo:

– Verás, amigo ciervo... tengo una noticia para ti. El viejo león está ya moribundo, y busca quien le **25. b** sustituya como rey absoluto de este paraje. ¿Qué animal piensas tú que podría ocupar el trono?

El ciervo, que era muy vanidoso, respondió:

– Uy, ni pienses en el oso, que es muy torpe; el jabalí no piensa, actúa por impulsos; el tigre es muy fanfarrón... así que sin duda, el ciervo es el mejor animal: esbelto, inteligente, ágil y rápido. Aunque tal vez seas tú, zorra... todos sabemos que tienes amistad **26. c** con el rey...

– No, de ninguna manera. Me pidió mi amigo que buscara un sustituto, así que eres el primer animal **27. a** en escuchar esta noticia. Sígueme y acompaña al león hasta su muerte, y **28. b** heredarás el trono.

El ciervo siguió a la zorra y al entrar en la cueva, el león se abalanzó sobre él. Pero **29. b** como no tenía mucha fuerza, solo consiguió arañarle una oreja, y el ciervo salió **30. a** corriendo.

El anciano león, desesperado, le pidió a la zorra que lo intentara **31. a** de nuevo.

– Es más difícil ahora- contentó- pero lo intentaré...

La zorra siguió los pasos del ciervo, pero al verle, éste dio un paso **32. b** atrás:

– ¡No te acerques, que sé que vienes a engañarme! Te clavaré mis cuernos **33. a** como intentes dar un paso. Hablas muy bonito, pero todo son mentiras– dijo enfadado el ciervo.

– No has entendido **34. b** nada, ciervo, y no sé por qué estás enfadado. Mi amigo león solo quería contarte un secreto sobre la forma de gobernar. **35. c** De ahí que se lanzara hacia tu oreja, pero te moviste y sin querer te arañó. Ahora está muy enfadado, porque al salir huyendo, piensa que te querías burlar de él... Fíjate que ahora está pensando en hacer rey al lobo...

El ciervo, movido por la vanidad, creyó de nuevo a la zorra y le acompañó a la cueva. Esta vez el león no falló, y consiguió darse un festín. Pero la zorra, sin que le **36. c** viera su amigo, se quedó con el corazón. El león preguntó:

– ¿Sabes dónde está el corazón del ciervo? ¡No lo encuentro!

La zorra contestó:

– Ni lo busques... ese ciervo ingenuo no tenía corazón. ¿Qué animal con corazón vendría dos veces a la cueva del león?

지시사항

텍스트를 읽고 (23번부터 36번까지) 빈칸에 (a / b / c) 보기를 채우세요.

선택한 보기를 **답안지**에 표기하세요.

사자와 여우와 사슴

늙은 사자는 이제 병이 나서 동굴에 누워 있었고 사냥을 나갈 힘이 없었다. 그는 제일 친한 친구인 여우에게 도움을 요청해야겠다는 생각이 들었다.

"나는 네가 필요해." 그에게 말했다. "내가 배가 고프니 사슴을 이곳까지 데려오게... 그렇게 할 수 있는 너의 영특함을 믿는다."

여우는 당연히 사슴을 찾아갔고 그에게 말했다.

"내 친구 사슴아, 너를 위한 소식이 하나 있단다. 늙은 사자는 이제 거의 다 죽어 가고 있어서 그는 이곳의 절대적인 왕으로 대체할 누군가를 찾고 있지. 넌 어떤 동물이 왕위를 차지할 수 있다고 생각하니?"

허영심이 강했던 사슴은 대답했다.

"어휴, 곰은 생각지도 마, 정말 멍청하거든. 멧돼지는 생각도 안하고 충동적으로 행동하지. 호랑이는 정말 허풍쟁이이고. 그러므로 당연히 사슴이 가장 좋은 동물이지. 날씬하고, 똑똑하고, 민첩하고 빠르지. 물론 여우 네가 될 수도 있겠지만. 네가 왕과 친분이 있다는 것은 우리 모두가 알고 있단다."

"아냐, 전혀 그렇지 않아. 내 친구는 내게 후임자를 찾으라고 부탁했고 그 소식을 들은 첫 번째 동물이 너란다. 나와 같이 가서 사자의 임종까지 함께 있어 준다면 네가 왕위를 계승 받을 거야."

사슴은 여우를 따라갔고 동굴에 들어갔을 때 사자는 그에게 덤벼들었다. 하지만 사자는 힘이 없었으므로 단지 귀 하나를 할퀴는 것밖에 하지 못하였고 사슴은 달려 나갔다.

조바심이 난 늙은 사자는 여우에게 다시 시도해 볼 것을 부탁했다.

"이제는 더욱 어렵겠네. 그렇지만 시도해 보지." 여우가 대답했다.

여우는 사슴의 발자국을 따라갔으나, 사슴은 여우를 보자 뒷걸음질을 쳤다.

"가까이 오지 마! 나를 속이려고 온 걸 알고 있어! 앞으로 한 걸음 다가오려 하면 내 뿔을 박아 버리겠어. 넌 말은 아름답게 하지, 그렇지만 모두 거짓말이야." 사슴은 화를 내며 말했다.

"사슴아, 넌 아무것도 이해하지 못했구나. 난 네가 왜 화가 났는지 모르겠어. 내 친구 사자는 단지 네게 통치하는 방법에 대해 비밀을 말해 주려 했던 것뿐이야. 그래서 너의 귀 쪽으로 돌진했는데 네가 움직여서 원치 않게 너를 할퀴게 된 거지. 그는 지금 단단히 화가 났단다. 왜냐하면 도망쳐 나가 버렸기 때문에 네가 그를 조롱한다고 생각하거든... 지금 그는 늑대를 왕으로 만들려는 생각을 하고 있다는 걸 명심해..."

사슴은 허영심에 이끌려 여우를 다시 믿게 되었고 동굴로 그를 따라 갔다. 이번에는 사자는 실패하지 않았고 자신만의 연회를 갖게 되었다. 하지만 여우는 사자가 안 보는 사이 사슴의 심장을 차지했다. 사자가 물었다.

"사슴의 심장이 어디 있는지 아니? 심장을 못 찾겠어!"

여우는 대답했다.

"찾을 생각 마. 그 순진한 사슴은 심장이 없었어. 사자의 동굴로 두 번이나 오는 동물 중에 심장이 있는 동물이 어디 있겠어?"

23. 우선 글의 시작 부분은 힘이 없이 동굴에 누워 있던 늙고 병든 사자가 그의 단짝 친구 여우에게 도움을 요청할 생각을 하게 되었다는 내용이다. 빈칸에 이어지는 동사 ocurrir는 '(일이) 일어나다, 발생하다'의 의미로도 많이 사용되는 동사이지만 '생각나다, 머리에 떠오르다'의 의미로 사용되기도 한다. 이 경우 'ocurrirse'라는 수동 형태를 사용하는데, se 와 ocurre 사이에는 간접목적격 대명사를 반드시 함께 써 줘야 한다. 따라서 정답은 보기 a. 이러한 구조를 '무의지의 se' 표현이라고 하며, 자주 사용되는 표현으로는 'olvidársele algo a alguien(누군가 무엇을 깜박하다)', 'perdérsele algo a alguien(누군가 모르고 무엇을 잃어버리다)' 등이 있다.

24. 24번은 보기에 등장하는 세 가지 명사의 뜻을 알고 있어야만 풀 수 있는 어휘 문제이다. 빈칸이 있는 문장에서 사용된 동사는 confiar(믿다)이며, 빈칸 뒤에 이어진 para conseguirlo에서 대명사 lo가 의미하는 것은 바로 '사슴을 꾀어 오는 것'이다. 빈칸에는 사냥감을 꾀어 사자의 앞까지 데리고 올 수 있는 여우의 능력을 뜻하는 어휘가 들어가야 하므로, 정답은 보기 b. 명사 astucia는 '영특함, 꾀, 간사함'을 의미한다.

함정 피하기 보기 a의 perplejidad은 '낭패, 당혹감'을 의미하고, 보기 c의 vacilación은 '주저, 거리낌'을 의미하므로 답이 될 수 없다.

25. 25번은 관계사절 내 동사 sustituir(대신하다, 교체하다)의 알맞은 변형을 찾는 문제로, 보기 a는 직설법 현재시제, 보기 b는 접속법 현재형, 보기 c는 직설법 단순미래형이다. 관계사절 내 동사변형의 규칙은 크게 두 가지의 가능성을 먼저 생각해야 하는데, 바로 직설법과 접속법 변형의 규칙이다. 선행사가 존재하거나 화자가 이미 알고 있거나 경험한 선행사의 내용일 경우는 직설법 변형을, 선행사가 존재하지 않거나 그 존재에 대해 알지 못하는 경우는 접속법 변형을 쓰는 것이 원칙이다. 만약 sustituir의 의미가 '대신하는' 혹은 '대신할 것이 확실한' 경우라면 직설법의 현재시제나 단순미래형을 쓸 수 있지만, 빈칸이 있는 문맥에서는 '대신할 만한, 대신할 수 있을'과 같은 가정의 의미가 적합하므로 접속법 변형을 써야 한다. 따라서 정답은 보기 b.

26. 26번 문제는 '(누군가와) 친분이 있다'는 의미를 가진 'tener amistad'라는 표현에 적합한 전치사를 찾아야 한다. '교제하다, 친하다'는 표현은 'tener relaciones, tener amistad, relacionarse' 등의 표현을 사용하는데, 이때 공통적으로 쓰이는 전치사는 바로 con이다. 따라서 정답은 보기 c.

함정 피하기 전치사 por는 '~때문에, ~으로 인해'의 의미이며, para는 '~을 위해'라는 의미이므로 의미상 어울리지 않는다.

27. 27번 빈칸이 있는 문장에는 [el primer animal + 전치사 + 동사원형]의 구조가 등장하는데, 언급하는 내용에 따라 서수는 바꾸어 쓸 수 있다. 중요한 것은 동사원형의 앞에서 알맞게 사용할 수 있는 전치사는 en이라는 것이다. 따라서 정답은 보기 a. 예를 들어 '선착'의 경우 'primero en llegar'와 같이 쓰이는 구조이므로 암기해 두어야 한다.

28. 28번 빈칸이 있는 문장은 첫 부분에서 동사 seguir(뒤를 따르다)와 acompañar(같이 가다)의 명령형을 쓰고 있다는 것을 알아채야 한다. 즉, [명령형 + y + 미래시제]의 구조가 완성되어야 하는 문제이며, 그 해석은 '~해라, 그러면 ~할 것이다'이다. 제시된 보기에는 동사 heredar(물려받다, 이어받다)의 변형 형태가 등장하는데, 이 중에서 정답에 해당하는 미래시제 형태는 보기 b. 함께 암기해 두면 좋은 비슷한 구조로는 [명령형 + o + 미래시제(~해라, 그렇지 않으면 ~할 것이다)]의 표현도 있다.

함정 피하기 보기 a는 접속법 현재형, 보기 c는 직설법 단순과거형이다. 빈칸이 있는 부분은 접속법 변형이 들어갈 수 없는 구조이므로 보기 a는 답이 될 수 없고, 문장의 내용이 과거 사건에 대한 내용이 아니므로 과거시제변형 역시 오답이다.

29. 29번 문제는 두 가지의 문장을 원인과 결과로 연결할 때, 원인절을 먼저 쓸 경우 사용되는 원인 접속사가 어떤 것인지 맞혀야 하는 문제이다. 제시된 보기 중 접속사 como만이 [원인절 + 결과절]의 구조에서 사용될 수 있으므로, 정답은 보기 b.

함정 피하기 보기 a의 desde que는 시간절의 접속사로, 그 의미는 '~이래, ~하는 때부터'이다. 영어의 since와 같은 식의 원인 접속사의 기능이 스페인어에는 없다는 것을 잊지 말아야 한다. 보기 c의 porque는 [결과절 + 원인절]의 구조인 경우, 혹은 원인절 만 쓰는 경우에 사용해야 하므로 오답이다.

30. 29번과 30번의 빈칸이 모두 포함된 문장을 읽으며 '사자는 사슴의 귀를 할퀴었고 사슴은 도망을 쳤다'는 상황이 연상되어야 한다. 30번 문제의 보기를 살펴보면 보기 a는 동사 correr의 현재분사, 보기 b는 과거분사, 그리고 보기 c는 동사원형이다. 30번 빈칸 앞에는 동사 salir(나가다)의 단순과거변형이 나와 있는데, 이때 동사 salir와 correr는 동시 다발적 행위이므로 '~하며 ...하다'라는 해석을 해야 한다. 달리며 나가다 즉, '달려 나갔다'인 것이다. 동시 발생의 동작 중 두 번째 동사가 알맞게 들어가는 형태는 현재분 사이므로, 정답은 보기 a. 만일 동시 다발적 동사행위가 아닌 주어의 상태의 표현이라면 두 번째 동사는 과거분사의 형용사 형태가 가능하다는 점도 함께 알아 두자.

31. 31번 빈칸이 포함된 문장의 주어는 león, 동사는 pedir(요청하다)이며 동사는 단순과거시제 변형인 것을 볼 수 있다. 동사 pedir가 이끌어 오는 명사절 내 동사 변형은 접속법을 써야 하는데, pedir동사가 과거시제로 활용되었으므로 명사절 내 동사 intentar(시 도하다)는 접속법 변형, 그 중에서도 과거형으로 변형되어 있다. 사자는 여우에게 '사슴을 속여 데려오는 일'을 시도하라고 전하는 것이다. 빈칸 내 보기의 의미 해석을 정확히 하여 어느 표현이 문장의 내용과 일치하는지 생각해 봐야 한다. 정답은 보기 a의 de nuevo(다시, 또다시).

함정 피하기 보기 b의 una vez(한 번)은 만일 más가 함께 쓰여 una vez más로 등장했다면 적절한 연결이 되지만, una vez 만 으로는 쓰일 수 없다. 이미 사슴을 놓친 지난 '한 번'의 기회가 있기 때문이다. 보기 c의 un día(하루) 역시 그 의미상 어색한 흐름이 된다.

32. 32번 문제는 문맥의 정확한 파악을 통해 빈칸에 들어갈 적절한 표현을 찾아야 한다. 32번 빈칸이 있는 문장에서는 먼저 여우가 사 슴의 뒤를 밟았다고 했는데, 'pero al verle(하지만 그를 보자)' 구간부터 문장의 주어가 지시대명사 éste가 가리키는 사슴으로 변 경된다. 즉, 사슴은 여우를 보고 'dar un paso(걸음을 떼다)'한 것인데, 글의 내용을 통해 현재 사슴의 심경과 취하고 있는 행동으 로 적합한 정답은 보기 b. Dar un paso atrás는 '한 걸음 뒤로 물러서다'는 의미이므로 여우를 경계하는 사슴의 심경을 잘 드러내 주는 표현이다.

함정 피하기 보기 a의 adelante(앞으로)가 빈칸에 들어가게 되면 '한 걸음 나아가다, 전진하다'라는 의미가 된다. 이미 여우에게 한 번 속았던 사슴이기 때문에, 앞으로 나아가는 것은 여우에게 경계하는 마음을 가진 사슴이 취할 행동으로는 어울리지 않는다. 보 기 c의 menos(덜)는 '한 걸음 덜 걷다'는 식의 표현이 되는데, 의미도 부자연스럽고 문맥에도 어울리지 않는다.

33. 33번 문제의 보기들이 다양한 접속사들로 구성되어 있으므로, 빈칸을 기준으로 앞과 뒤의 두 문장 내용을 해석하며 어떤 접속사 가 알맞은지 확인해 보아야 한다. 빈칸의 뒤에는 동사 intentar(시도하다)의 접속법 현재형으로 표현된 'intentes dar un paso'를 볼 수 있는데, 그 해석은 '여우가 (사슴이 있는 쪽으로) 한 걸음 떼는 것을 시도하다'는 내용이다. 이 문제의 정답은 보기 a. 접속사 como는 직설법 변형과 함께 쓰일 경우에는 원인절의 접속사로 사용되지만, 접속법 변형과 함께 쓰이면 조건절의 일종으로 간주된 다. 이때 일반적인 조건절과는 달리 '~하기만 해라, 반드시 ~할 테니'의 경고의 뉘앙스를 가지게 되는 것을 기억해 두자.

함정 피하기 보기 b의 si는 조건절의 접속사로, 그 의미대로 문장에 대입하면 문맥상 어색해지는 않는다. 하지만 문법 규칙을 알고 있어야 하는데, 접속사 si를 사용하여 '~한다면'의 의미의 단순가정문을 쓴다면 연결되는 동사 변형은 직설법 현재시제가 되어야 한 다. 만일 빈칸 뒤의 동사 변형이 intentas라면 답이 될 수 있지만 접속법 현재형인 intentes에는 정답으로 연결될 수 없다. 보기 c 의 aunque는 양보절의 접속사로, 동사변형이 접속법 현재형인 경우 그 해석은 '만일 ~라고 하더라도'이므로 문장의 내용과는 맞지 않는다.

34.	34번 문제의 경우 algo와 nada를 보기 **a**와 **b**에서 각각 볼 수 있는데, 빈칸이 있는 문장의 해석은 '너는 아무것도 이해하지 않았 다.'가 된다. 이 경우 부정어 중 명사 nada를 사용해야 하므로, 정답은 보기 **b**. **함정 피하기** 문장의 구조상 먼저 소거해야 할 보기는 **a**이다. 이미 부정부사 no로 문장을 시작하고 있으므로 긍정형인 algo는 답이 될 수 없다. 보기 **c**의 ningún은 부정 형용사 남성 단수형으로 문장 구조상 반드시 이어지는 남성 단수 명사가 있어야 하는데, 빈칸 의 뒤에는 ningún이 수식하는 명사는 없다. 빈칸 뒤에 있는 ciervo는 여우가 사슴을 직접 부르는 말이므로 ningún과 연결해서 생 각하지 않도록 하자.		

35.	35번은 빈칸 앞뒤의 문장을 알맞게 연결시켜 줄 접속사를 선택하면 되는 문제이다. 세 개의 보기에는 모두 결과절의 접속사가 나 왔는데, 이 접속사들은 모두 '그래서'라는 동일한 의미를 갖고 있다. 하지만 문법적으로 구분할 수 있는 단 하나의 접속사는 보기 **c** 의 de ahí que로, 이 접속사는 결과절의 접속사 중 유일하게 접속법 동사변형을 연결해야 하고, 나머지 접속사들은 항상 직설법 동 사변형으로 결과절의 내용을 연결해야 한다. 빈칸의 뒤에서 쓰인 lanzarse(돌진하다)의 변형 형태는 접속법 과거형에 해당하므로 정답은 보기 **c**이다.

36.	36번 빈칸의 보기는 모두 동사 ver의 변형인데, 보기 **a**는 직설법 단순 과거시제변형, 보기 **b**는 접속법 현재형, 보기 **c**는 접속법 과 거형이다. 이때 결정적 단서가 되는 것은 바로 빈칸의 앞에 위치한 접속사 sin que이다. Sin que에 연결되는 동사변형은 항상 접 속법 변형이어야 하는데, 그 행위나 동작은 일어나지 않는 허구적인 내용에 해당하기 때문이다. 다만 문장의 본동사 se quedó가 과거시제이므로, 접속법 변형 중에서도 접속법 현재가 아닌 접속법 과거형이 연결되어야 하는 것을 잊어서는 안 된다. 따라서 정답 은 보기 **c**. **함정 피하기** 보기 **b**는 접속법 현재형이기 때문에 함정이다.

4 어휘

ciervo	ⓜ 사슴, 수사슴	esbelto	날씬한, 홀쭉한
tendido	펼쳐진, 늘어진, 드러누운	heredar	상속받다, 물려받다, 계승하다
cueva	ⓕ 동굴	abalanzarse	덤비다, 돌진하다, 달려들다
astucia	ⓕ 꾀, 영특함, 간사함, 교활함	arañar	할퀴다, 긁다
en busca de	~을 찾아, ~을 얻으려고	clavar	못을 박다, 고정시키다, 찌르다
moribundo	ⓜ ⓕ 위독한 사람 / 위독한, 빈사 상태의	cuerno	ⓜ 뿔
paraje	ⓜ 곳, 장소, 상태	lanzarse	뛰어들다, 돌진하다
trono	ⓜ 왕위, 왕좌	burlarse de	비웃다, 조롱하다
vanidoso	허영심이 강한, 우쭐하는	fallar	틀리다, 실패하다, 빗나가다
torpe	서툰, 우둔한, 멍청한	festín	ⓜ 잔치, 연회, 회식
jabalí	ⓜ 멧돼지	quedarse con	~를 갖다
impulso	ⓜ 충동, 자극, 추진, 추진력	ingenuo	순진한, 솔직한, 천진난만한
fanfarrón	ⓜ ⓕ 허풍쟁이 / 허세를 부리는		

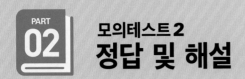
PRUEBA DE COMPRENSIÓN AUDITIVA

듣기 영역 정답

1	b	2	c	3	c	4	b	5	a	6	a
7	B	8	A	9	C	10	B	11	B	12	C
13	c	14	c	15	b	16	c	17	a	18	b
19	D	20	E	21	H	22	I	23	B	24	F
25	c	26	c	27	b	28	b	29	a	30	c

Comprensión auditiva

Tarea 1

1 해석

지시사항

당신은 짧은 대화 6개를 들을 것입니다. 각 대화는 두 번씩 듣게 됩니다. 이어서 (1번부터 6번까지) 질문에 답하세요. (a / b / c) 정답을 선택하세요.

선택한 보기를 **답안지**에 표기하세요.

지금부터 문제를 읽을 수 있는 시간을 30초간 갖게 됩니다.

문제

대화 1

1. 안드레스는 본인의 직장에서 …(라)고 말했다.

  a 중임을 맡고 있다

  b 무기 계약직이 아니다

  c 새로운 것을 배울 필요가 전혀 없다

대화 2

2. 그 남자는 …(라)고 말했다.

  a 최근에 집을 샀다

  b 담보 계약을 체결하고 싶다

  c 대출이 필요하다

대화 3

3. 그 남자는 …(라)고 말했다.

  a 그 일정은 취소되었다

  b 조직의 문제로 인해 보류되었다

  c 그 일정은 더 늦게 시작될 것이다

대화 4

4. 후안은 그의 상사가 …(라)고 말했다.

  a 그에게 휴가를 줬다

  b 그를 해고했다

  c 기분이 안 좋았기 때문에 그를 사무실에서 내쫓았다

대화 5

5. 여자는 남자에게 …(라)고 말했다.

  a 그를 도와줄 수 있다

  b 통계학을 잘 못한다

  c 공부할 것이 별로 없다

대화 6

6. 여자는 남편에게 무엇을 하기 위해 대화를 하는가?

  a 조언을 하기 위해

  b 위로를 하기 위해

  c 경고를 하기 위해

Conversación 1	NARRADOR	Va a escuchar una conversación entre dos amigos.
	MUJER	¿Qué tal Andrés? ¿Ya te has acostumbrado a tu nuevo trabajo?
	HOMBRE	Sí, de momento va todo bien. Ahora estoy haciendo un curso de formación y es bastante interesante. En breve me asignarán a un departamento. Me han dicho que si trabajo con responsabilidad y hago todo bien me harán un contrato fijo.
Conversación 2	NARRADOR	Va a escuchar a dos personas en un banco.
	MUJER	¡Fernando! ¡Tanto tiempo!
	HOMBRE	¿Qué tal Ana? No sabía que trabajabas en este banco.
	MUJER	Sí. Llevo ya tres años. ¿En qué te puedo ayudar?
	HOMBRE	Mira que bien. Pues te cuento: he ido a una empresa de reformas para pedir un presupuesto para mi casa y me cuesta una fortuna. Así que me pregunto si aquí me podríais realizar la financiación.
Conversación 3	NARRADOR	Va a escuchar a dos personas hablar sobre un evento.
	MUJER	¿Sabes algo sobre el evento al que vamos a ir este fin de semana?
	HOMBRE	Sí, lo han retrasado y al final no se celebrará a la hora programada. Creo que es por un problema de organización.
Conversación 4	NARRADOR	Va a escuchar una conversación entre dos compañeros de trabajo.
	MUJER	¿Qué tal la reunión con el jefe, Juan?
	HOMBRE	Me ha comunicado que no sigo en la empresa. En otras palabras, me ha echado. De todas formas, ya hace tiempo que estaba harto de su constante mal humor. Así que ahora me toca apuntarme al paro y tomarme unas vacaciones.
Conversación 5	NARRADOR	Va a escuchar a dos amigos hablando sobre los exámenes.
	MUJER	Estoy super agobiada con los exámenes parciales. No veas la cantidad de cosas que tengo que estudiar. Se me echa el tiempo encima y me faltan horas.
	HOMBRE	Yo estoy preocupado con Estadística. Soy negado para los números. Además, mis apuntes son un desastre.
	MUJER	Yo esa asignatura la llevo bastante bien. Si quieres que te eche una mano cuenta conmigo.
Conversación 6	NARRADOR	Va a escuchar a un matrimonio hablando.
	MUJER	Mira, Juan. Yo que vos, hablaría con tu jefe. Parece una persona razonable. Creo que si se lo explicás, te entenderá.
	HOMBRE	Sí, ya. Pero aun así me preocupa que me diga que no. Es que ahora la empresa no está pasando por un buen momento. La crisis nos está afectando mucho.

대화 1	내레이터	당신은 두 친구 사이의 대화를 들을 것입니다.
	여자	안드레스, 어떻게 지내? 새로운 직장에 적응했니?
	남자	응, 지금은 모든 것이 다 좋아. 현재 교육 과정을 이행하고 있는데 꽤 흥미로워. 조만간 한 부서로 발령이 날 거야. 내가 책임감 있게 일하고 모든 일을 잘하면 정식 근로 계약 체결을 해 준대.
대화 2	내레이터	당신은 은행에서 나누는 두 사람의 대화를 들을 것입니다.
	여자	페르난도! 정말 오랜만이다!
	남자	어떻게 지내, 아나? 네가 이 은행에서 일하는 지 몰랐어.
	여자	응, 나는 벌써 3년째 일하고 있어. 어떤 도움이 필요하니?
	남자	잘됐다. 그게 말이야, 나는 내 집을 리모델링하기 위해서 한 리모델링 업체를 찾아가서 견적을 냈는데 정말 큰 비용이 들지 뭐야. 그래서 여기에서 내게 대출을 해 줄 수 있는지 문의하려고.
대화 3	내레이터	당신은 한 행사에 대해 말하는 두 사람의 대화를 들을 것입니다.
	여자	넌 우리가 이번 주말에 가는 그 행사에 대해서 무언가 아는 것이 있니?
	남자	응, 그 행사는 연기되었고 결국에는 예정되었던 시간에 개최되지 않을 거야. 아마도 그것은 주최의 문제 때문인 것 같아.
대화 4	내레이터	당신은 직장 동료 사이의 대화를 들을 것입니다.
	여자	상사와의 회의는 어땠어, 후안?
	남자	그가 나에게 더이상 이 회사에 있을 수 없다고 말했어. 다시 말해 나를 내쫓았단 거지. 어차피 나는 그가 늘 기분이 좋지 않은 것에 지겨워진 지 한참 됐어. 그래서 이제 난 실업 급여나 신청하고 휴가를 보내면 돼.
대화 5	내레이터	당신은 시험에 대해 이야기하는 두 사람의 대화를 들을 것입니다.
	여자	나는 중간고사 때문에 너무 힘들어. 공부해야 할 양이 어마어마해. 시간이 얼마 남지 않았고 시간이 부족해.
	남자	나는 통계학이 걱정이 돼. 나는 숫자에 정말 취약하거든. 그리고 나의 필기는 엉망이야.
	여자	나는 그 과목 꽤나 잘 하는데. 내가 너를 도와주길 원하면 이야기해 줘.
대화 6	내레이터	당신은 한 부부의 대화를 들을 것입니다.
	여자	잘 들어, 후안. 내가 너라면 너의 상사와 이야기해 볼 것 같아. 그는 이성적인 사람인 것 같아. 네가 그에게 잘 설명한다면 너를 이해할 거라고 생각해.
	남자	그래, 맞아. 하지만 그렇다 해도 안 된다고 말할까 봐 걱정이 돼. 사실 지금 회사 상황이 좋지 않거든. 타격을 많이 받고 있어.

안드레스가 본인의 직장과 관련해서 어떤 내용을 언급했는지를 묻고 있다. 정답과 관련된 내용은 마지막 문장인 'Me han dicho que si trabajo con responsabilidad y hago todo bien me harán un contrato fijo.'이다. 정식 근로 계약 체결은 앞으로 올 미래이므로, 현재 안드레스는 contrato definido(단기 계약)의 상태인 것. 따라서 정답은 보기 b.

1. **함정 피하기** Trabajar con responsabilidad은 '책임감을 갖고 일을 하다'라는 뜻이므로 보기 a에서 말하는 un cargo de responsabilidad(중임)과 혼동해서는 안 된다. 또 안드레스는 새로운 직장에서 일을 시작했고 현재 curso de formación(교육 과정)을 이행하고 있다고 했으므로, 보기 c는 답이 될 수 없다.

남자가 언급한 내용이 무엇인지를 묻고 있다. 정답과 관련된 문장은 마지막에 언급된 'Así que me pregunto si aquí me podríais realizar la financiación.'로, 정답은 보기 c. 명사 préstamo(대출)을 정확히 해석해야 한다. 참고로 남자가 언급한 'me cuesta una fortuna'라는 표현에 사용된 명사 fortuna는 '운, 행운'의 뜻으로도 많이 쓰이지만, 이 대화의 맥락에서는 '부, 재산, 큰 액수의 돈'을 의미한다는 것을 알아 두자.

2. **함정 피하기** 남자는 'he ido a una empresa de reformas para pedir un presupuesto para mi casa'라고 말한 것처럼 집을 reformar(개조하다, 리모델링하다)하길 원하고 있으므로 보기 a는 답이 될 수 없다. 보기 b의 hipoteca는 집을 담보로 제공한 다는 뜻인데, 대화의 내용에서는 언급되지 않는 부분이다.

남자가 일정에 대해 어떻게 언급하는지를 묻는 문제이다. 정답과 관련된 문장은 남자가 말한 'Sí, lo han retrasado y al final no se celebrará a la hora programada.'이다. 정답은 보기 c. 반드시 들어야 하는 동사는 retrasar(연기하다, 지연시키다)이며, 동 의어로는 aplazar, prorrogar, posponer 등의 동사들이 있다.

3. **함정 피하기** 보기 a와 b에서 등장한 동사 cancelar와 suspender는 아예 취소되거나 보류되었음을 의미하므로 답이 될 수 없다.

후안이 그의 상사와 관련하여 어떤 내용을 말하는지를 묻고 있다. 정답과 관련된 문장은 'Me ha comunicado que no sigo en la empresa. En otras palabras, me ha echado.'이다. 동사 echar는 '내몰다, 내쫓다, 해임하다'의 뜻이 있으며, 다른 동사로 는 despedir를 쓸 수 있다. 정답은 보기 b.

4. **함정 피하기** 보기 c는 함정으로, 상사의 기분이 나빴기 때문에 후안이 echar된 것이 아니므로 오답이다. 대화에서 echar라는 단어 를 들었다고 하더라도, 사건의 인과 관계까지 정확하게 파악해야 한다.

시험을 앞두고 여자가 남자에게 말한 내용이 무엇인지를 묻고 있다. 남자가 Estadística(통계) 과목에 대해 걱정하자, 여자는 자신 이 그 과목을 꽤나 잘 한다면서 'Si quieres que te eche una mano cuenta conmigo.'라고 말했다. '도움을 주다'라는 뜻의 관 용 표현 echar una mano를 듣고 정답은 보기 a 라는 것을 알 수 있다.

5. **함정 피하기** 여자가 'No veas la cantidad de cosas que tengo que estudiar.'라며 공부할 양이 많다고 말했으므로 보기 c는 답이 될 수 없다. 'No veas...'의 강조 표현에 주의하자.

여자가 남편과 대화를 하는 이유를 묻고 있다. 이 대화에서는 Argentina 억양과 표현법을 쓰는 여자의 말을 한층 더 주의 깊게 들 어야 한다. 여자의 첫 대사에서 'Yo que vos...'라고 했는데, tú와 같은 의미인 대명사 vos를 알아야 한다. 다른 스페인어 국가에 서는 'Yo que tú...'라고 표현하는 이 말은 '내가 너라면'이라는 뜻이다. 즉 '내가 너의 입장이라면 ~하겠다'라는 표현을 쓰며 상사 와 대화를 나누어 볼 것을 조언하고 있는 상황인 것이다. 따라서 정답은 보기 a. 동사 aconsejar는 '조언하다, 충고하다'라는 의미 이다.

6.

cargo de responsabilidad	ⓜ 중임, 중직
contrato	ⓜ 계약, 계약서
indefinido	부정의, 불확정의, 정해진 기한이 없는
firmar	서명하다
hipoteca	ⓕ 저당, 담보
préstamo	ⓜ 대여, 대부, 대여금
suspender	중단하다, 정지하다, 보류하다
despacho	ⓜ 처리, 접대, 응대 / 집무실, 사무실
estar de mal humor	기분이 안 좋다
ofrecerse a	스스로 ~의 역할을 하다, 자신해서 떠맡다
asignatura	ⓕ 과목, 학과목, 교과
Estadística	ⓕ 통계, 통계학
consolar	위로하다, 위안하다
advertir	알아차리다, 주의하다, 경고하다
formación	ⓕ 형성, 양성, 교육
en breve	곧, 바로, 즉시, 요약하면
asignar	할당하다, 지정하다, 정착시키다
fijo	단단한, 고정된, 일정한, 정해진
reforma	ⓕ 개혁, 개축
presupuesto	ⓜ 예산, 견적
fortuna	ⓕ 운, 운명, 재산, 부
financiación	ⓕ 융자, 자금 조달
retrasar	지연시키다, 연기하다
programado	계획된, 프로그램화 된
en otras palabras	바꾸어 말하면, 즉, 다시 말해
echar	던지다, 버리다, 넣다, 내쫓다
harto	싫증이 난, 지긋지긋한
constante	ⓕ 불변의 것, 정수 / 항구적인, 일정한, 끊임없는
apuntarse	등록되다, 회원이 되다
paro	ⓜ 멈춤, 정지, 파업, 실업 보험
agobiado	기진맥진한, 지친, 피로한
echar algo encima	몰아세우다, 추궁하다, 임박하다
ser negado	매우 무능하다
apunte	ⓜ 기록, 메모, 필기
desastre	ⓜ 재해, 재앙, 엉망, 난리
echar una mano	돕다, 도와주다
razonable	온당한, 적당한, 분별이 있는, 이성이 있는
afectar	가장하다, 습격하다, 슬프게 하다, 관여하다

1 해석

지시사항

당신은 친구 사이인 루시아와 오스카르의 대화를 들을 것입니다. (7번부터 12번까지) 문장들이 (A) 루시아, (B) 오스카르에 대한 내용인지 또는 (C) 둘 다 해당되지 않는지 선택하세요. 대화는 두 번 듣게 됩니다.

선택한 보기를 **답안지**에 표기하세요.

이제 문장들을 읽을 수 있는 20초의 시간이 주어집니다.

		A 루시아	B 오스카르	C 둘 다 아님
0.	마음을 진정시키기 위해 하소연하는 것이 필요하다.	✓		
7.	상사의 반응에 대해 놀라워한다.			
8.	그/그녀의 여자 동료를 보고 싶어 하지 않는다.			
9.	사람을 믿지 못한다.			
10.	무능력한 여자 동료를 두고 있다.			
11.	관대한 사람이 되려고 노력한다.			
12.	보고서 준비를 마쳤다.			

HOMBRE	Lucía, ¿qué te pasa? Tienes mala cara.
MUJER	Pues mira, te cuento. Además, me viene bien desahogarme con alguien. Estoy harta de Carmen. No sé cómo se las ingenia, pero siempre hace todo lo posible por eludir cualquier responsabilidad. Hoy el jefe me ha echado la bronca por su culpa. Me ha sacado a gritos del despacho. ¡Te juro que la mato!
HOMBRE	¿Quién?, ¿Antonio? Me dejas de piedra, pero si es un pedazo de pan. A ver, cuenta, ¿qué ha pasado?
MUJER	Pues resulta que hemos perdido uno de nuestros principales clientes porque a ella se le olvidó hacer una llamada. Y encima va y le dice al jefe que la llamada era mi responsabilidad. ¡Pero vaya cara que tiene!
HOMBRE	¿Y ya has hablado con ella?
MUJER	¡Qué va!, llevo toda la mañana evitándola. Es que como me la encuentre cara a cara no sé si voy a ser capaz de controlarme.
HOMBRE	No sé, me resulta difícil de creérmelo. Si es una chica super agradable...
MUJER	Tiene carita de no haber roto nunca un plato, pero si la conocieras...
HOMBRE	Ya, ya. Si es que hay gente en la que no se puede confiar. Sin ir más lejos, yo también tengo mis problemillas con algún que otro compañero.
MUJER	Ah, ¿sí? ¿Con quién?
HOMBRE	¿Conoces a Mariel? Esa chica rubia que va siempre de punta en blanco.
MUJER	Sí, claro. La que es de Alicante, ¿no?
HOMBRE	Sí, ella. Pues se pasa el día contando chismes de los compañeros. Es una cotilla de cuidado.
MUJER	¡Qué fuerte! ¿De ti también?
HOMBRE	Sí, claro. Es que me saca de quicio. Además, no hace nada a derechas. Y mira que yo me esfuerzo en ser comprensivo, pero es que es imposible.
MUJER	Ya ves. Bueno, y cambiando de tema: que no se te pase mandarme el informe en cuanto lo tengas listo.
HOMBRE	De acuerdo, cuenta con ello.
MUJER	Estupendo Oscar. Oye, y te agradezco la charla. La necesitaba.

남자	루시아, 무슨 일이야? 안색이 좋지 않구나.
여자	그게 말이지, 너에게 이야기해 줄게. 또 마침, 누군가에게 털어놓는 게 나도 속이 좀 후련해질 듯해. 나는 카르멘을 더이상 못 견디겠어. 나는 걔가 어떻게 머리를 굴리는지는 모르겠지만, 어떤 책임이든 간에 항상 피하려고 최선을 다한다니까. 오늘은 걔 잘못 때문에 상사가 나에게 화를 냈어. 사무실에서 고함을 치며 날 내쫓았다니깐. 난 정말 그녀를 죽이고 싶을 정도야!
남자	누가? 안토니오가? 말도 안 돼, 그는 정말 다정한 사람인데. 일단, 더 이야기해 봐, 무슨 일이었는데?
여자	그게 그녀가 전화 거는 것을 깜박하는 바람에 우리는 주고객 중 한 명을 놓치게 되었거든. 게다가 상사에게 가서는 그게 내 책임이었다고 말하는 거 있지. 정말 뻔뻔하기 짝이 없어!
남자	그녀와 이야기해 봤어?
여자	아니 절대로! 나는 오전 내내 그녀를 피해 다니고 있어. 그녀를 마주하게 된다면 내가 통제가 될지 의문이야.
남자	글쎄다, 나한테는 믿기 어려운 일이야. 그녀는 정말 좋은 사람인데….
여자	접시 한 번 안 깨트려 본 얼굴을 하고 있지, 하지만 그녀를 진정으로 알게 된다면….
남자	그래, 그래. 믿을 수 없는 사람들도 있긴 하니까. 더 멀리 갈 것 없이, 나 역시도 몇몇 동료들과 문제가 있거든.
여자	아, 그래? 누구?
남자	마리벨을 아니? 항상 옷을 잘 차려 입고 다니는 금발의 여자 있잖아.
여자	응, 물론이지. 알리칸테 출신인 여자잖아, 아니야?
남자	응, 그녀 맞아. 그녀는 하루 종일 다른 동료들의 험담만 해. 정말 남의 말하기를 너무 좋아하는 사람이라니까.
여자	충격적이구나! 너에 대해서도 험담을 하는 거야?
남자	그럼, 물론이지. 정말 날 화나게 만든다니까. 그리고 그녀는 제대로 하는 게 하나도 없어. 내가 아무리 이해하려고 노력해 봐도 정말 불가능해.
여자	그렇구나. 아, 그리고 다른 이야기인데, 보고서 다 마치면 나에게 보내 주는 거 잊지 마.
남자	알겠어. 걱정 마.
여자	훌륭해 오스카르. 있잖아, 이야기 나누어 주어서 고마워. 난 정말 대화가 필요했어.

0. Necesita quejarse para aliviarse. 마음을 진정시키기 위해 하소연하는 것이 필요하다.

대화의 첫 부분에서 Oscar는 Lucía의 안색이 나빠 보인다며 무슨 일이 있는지 말을 건네고, Lucía는 'Pues mira, te cuento. Además, me viene bien desahogarme con alguien.'이라고 답했다. Venir bien라는 표현은 '적절하다, 적합하다'의 뜻을 지니며, sentar bien, convenir 등과 유사하다. 또한, 동사 desahogarse는 예시 문제에 등장한 aliviarse 동사와 같이 '숨통이 트이다'라는 뜻이므로, 예시 문제의 정답은 보기 **A** Lucía.

7. Le sorprende la reacción del jefe. 상사의 반응에 대해 놀라워한다.

Lucía는 직장 내 한 동료와의 문제, 상사와의 갈등에 대해 대화를 이어 나간다. Lucía는 상사에 대해 'Hoy el jefe me ha echado la bronca por su culpa. Me ha sacado a gritos del despacho.'라고 했는데, '격분하다'라는 뜻인 echar la bronca를 정확하게 들어야 한다. 이어서 Lucía의 상사가 한 행동에 대해 Oscar는 매우 놀라며 '¿Quién?, ¿Antonio? Me dejas de piedra, pero si es un pedazo de pan.'라고 말했다. 따라서 정답은 보기 **B** Oscar. Dejar de piedra(몹시 놀라게 하다)와, ser alguien un pedazo de pan(다정한 사람이다) 두 가지 관용 표현을 꼭 익혀 두자.

8. No quiere ver a su compañera. 그/그녀의 여자 동료를 보고 싶어 하지 않는다.

Lucía의 불만은 함께 일하는 Carmen이라는 여자 동료에 대한 것이다. Oscar가 Lucía에게 Carmen과 대화를 나누어 보았는지 묻자, Lucía는 '¡Qué va!, llevo toda la mañana evitándola. Es que como me la encuentre cara a cara no sé si voy a ser capaz de controlarme.'라고 답했다. 동사 evitar는 '피하다, 회피하다'의 의미인데, 이를 통해 Lucía는 Carmen을 보고 싶지 않아서 그녀를 피해 다니고 있음을 알 수 있다. 따라서 정답은 보기 **A** Lucía. 주의할 점은, 대화에서 Oscar 역시 Maribel이라는 동료에 대해 불평을 하지만 8번 문제에서 말한 no quiere ver의 내용이 등장하는 것은 아니므로 **B**는 답이 될 수 없다는 것이다.

9. No confía en la gente. 사람을 믿지 못한다.

Oscar는 Lucía에게 Carmen에 대해 전해 듣고, 자신은 그녀가 좋은 사람이라 생각했다고 말하며 의아해한다. 이에 Lucía는 Carmen의 진짜 본모습을 알게 되면 다를 것이라고 했고, Oscar는 이에 동의하며 'Ya, ya. Si es que hay gente en la que no se puede confiar.'라고 말했다. 이는 정확히 해석하면, '믿을 수 없는 사람들이 있기도 하다'는 것이지, 본인이 본래 사람을 믿지 못한다고 말하는 것과는 거리가 있다. 그러므로 정답은 보기 **C**.

10. Tiene una compañera inepta. 무능력한 여자 동료를 두고 있다.

Oscar는 Maribel이라는 여자 동료에 대한 불평을 토로한다. 그중에 반드시 들어야 하는 문장은 'Además, no hace nada a derechas.'이다. A derechas는 '오른쪽으로'의 뜻으로도 쓰이지만, No hacer nada a derechas는 '제대로 하는 일이 하나도 없다.'라는 뜻의 관용 표현이다. 따라서 정답은 보기 **B** Oscar. 10번 문제에서 등장한 형용사 inepto 역시 '무능한'이라는 의미임을 알아 두자.

11. Intenta ser tolerante. 관대한 사람이 되려고 노력한다.

형용사 tolerante는 '관대한, 아량이 있는'이라는 뜻으로, 인내심이나 아량을 베풀려고 노력하는 화자를 찾는 문제이다. Maribel이라는 동료에 대해 언급하던 Oscar는 'Y mira que yo me esfuerzo en ser comprensivo, pero es que es imposible.'라고 했는데, ser comprensivo는 ser tolerante, paciente 등과 유사한 의미이다. 따라서 정답은 보기 **B** Oscar.

12. Ha terminado de preparar un informe. 보고서 준비를 마쳤다.

대화의 마무리에서 Lucía는 Oscar에게 'que no se te pase mandarme el informe en cuanto lo tengas listo.'라고 말했다. 이때 사용된 표현은 동사 pasar를 활용한 pasársele algo a alguien(누군가에게 어떠한 일이 지나쳐 가다) 식의 형태인데, 그 뜻은 'olvidársele algo a alguien'과 같이 '깜박 잊다, 놓치다'라는 뜻이 된다. 즉, que no se te pase mandarme el informe를 que no se te olvide mandarme el informe, '나에게 보고서를 보내는 것을 잊지 마'라고 해석해야 하는 것. Lucía는 Oscar에게 cuando lo tengas listo(보고서를 마치면)이라고 했으므로, Oscar는 아직 보고서 준비를 마치지 않았음을 알 수 있다. 따라서 정답은 보기 **C**.

4 어휘

quejarse	이의를 제기하다, 한탄하다, 불평하다
aliviarse	(고통 등을) 덜다, 줄이다, 호전되다
reacción	ⓕ 반응, 반발, 반작용
inepto	ⓜ ⓕ 무능한 사람 / 부적격한, 어리석은
tolerante	관대한, 아량이 있는, 내성이 있는
informe	ⓜ 알림, 통지, 보고(서), 리포트
venir bien	적합하다, 기호에 맞다
desahogarse	숨을 돌리다, 분을 풀다, 마음이 편해지다, 진정을 토로하다
ingeniárselas	고안해 내다, 궁리해 내다
eludir	교묘히 피하다, 면하다, 모면하다
echar la bronca	화내다, 성내다
a gritos	목청을 높여, 소리쳐
de piedra	어리둥절한, 얼이 빠진, 놀라 몸이 마비된
ser un pedazo de pan	붙임성이 있고 다정하다
evitar	회피하다, 막다
cara a cara	얼굴을 맞대고, 마주 보고
de punta en blanco	제복을 입고, 예법을 갖추어, 정성껏
chisme	ⓜ 험담, 악담, 뒷담화
cotilla	ⓕ 남의 말하기나 농담을 좋아하는 사람
de cuidado	수상한, 위험한, 엄청난
sacar de quicio	격분하게 하다, 신경질 나게 만들다
no hacer nada a derechas	실수만 하다, 아무것도 제대로 하지 않다
pasársele	잊다, 넘기다

1 해석

지시사항

당신은 스페인의 영화 감독인 호세초 세르단의 인터뷰의 한 부분을 들을 것입니다. 인터뷰는 두 번 듣게 됩니다. 이어서 (13번부터 18번까지) 질문에 답하세요. (a / b / c) 정답을 선택하세요.

선택한 보기를 **답안지**에 표기하세요.

이제 문장들을 읽을 수 있는 30초의 시간이 주어집니다.

문제

13. 인터뷰에서 호세초 세르단은 … 세미나를 준비했다고 말했다.

  a 영화제가 없어졌기 때문에
  b 2년마다 열릴
  c 영화제보다 더 적은 예산으로

14. 주인공은 오전 시간의 프로그램에는 …(라)고 말했다.

  a 영화 애호가들이 토론을 할 것이다
  b 오전에 등록한 사람이 아니면 참가할 수 없다
  c 전문가만이 참석할 수 있다

15. 호세초 세르단은 그들의 영화를 … 상영할 것이라고 말했다.

  a 모든 종류의 홀에서
  b 사전에 함께 작업한 적이 있는 장소들에서
  c 상업적 영화를 유치하지 않는 장소들에서

16. 주인공은 스페인에서 만들어지는 다큐멘터리 영화들이 …(라)고 말했다.

  a 충분한 지원을 받지 못한다
  b 위기 상황에 놓여 있다
  c 해외에서는 성공을 거두었다

17. 호세초 세르단은 '푼토 데 비스타' 영화제가 …(라)고 말했다.

  a 많은 대중을 끌어들인다
  b 모두를 위한 프로그램 편성을 갖는다
  c 별 가치 없는 영화제이다

18. 주인공은 '푼토 데 비스타' 영화제의 대중이 …(라)고 생각한다.

  a 매우 다양하다
  b 충성심이 강한 것이 특징적이다
  c 그 영화제가 계속 이어지게끔 만들어 냈다

MUJER	La primera pregunta sería: ¿qué ha pasado con el festival?
HOMBRE	Como todos sabemos, la situación económica es la que es y eso ha obligado a que sea bienal en vez de anual. Por tanto, la próxima edición será el próximo año, pero este año para que no pasase de vacío decidimos montar el seminario, que es una propuesta más modesta en cuanto a presupuesto, pero no en cuanto a programación.
MUJER	¿Cuál es el programa del seminario?
HOMBRE	Está dividido en: sesiones matinales, que están más dirigidas a la discusión, a que los cineastas defiendan sus proyectos, y luego por la tarde tenemos las sesiones de proyección. Las sesiones de la mañana son exclusivas para las personas que se han matriculado en el seminario y las de la tarde están abiertas al público para que la gente pueda acercarse al cine de estos realizadores y conocerlo de primera mano.
MUJER	¿Harán proyecciones fuera de Pamplona?
HOMBRE	Cuando organizamos algo de este estilo nuestro plan es siempre darle salida. También porque vamos a unas salas que no son salas comerciales: en Murcia vamos al Festival, en otros sitios a la Filmoteca, espacios donde tiene cabida este tipo de cine. Normalmente son los mismos espacios con los que ya hemos colaborado en otra ocasión.
MUJER	¿Cómo ves en estos momentos el mundo del documental?
HOMBRE	Es una situación un poco contradictoria. Por un lado, estamos en un momento en el que en España se ve que hay una pujanza por un documental que está cruzando fronteras y que se está viendo con mucho interés fuera del país, y eso creo que es indudable y hay multitud de casos que lo corroboran. Pero, por otro lado, es preocupante que, por causa de la crisis y con los recortes que conlleva, algunos de los espacios en que podría tener ese cine mayor visibilidad están entrando en franca recesión.
MUJER	Hay público para este tipo de cine, ¿no?
HOMBRE	Está claro. Festivales como el de Punto de Vista, con una programación muy cuidada, para un tipo de espectador muy específico, logra alcanzar altas cuotas de asistencia, pero no tiene nada que ver con otros eventos cinematográficos que se llaman festivales y que son más bien desfiles de modelos por una alfombra roja y el consumo cinematográfico y cultural en la sala pasan a segundo plano.
MUJER	Retrocediendo al festival, ¿qué resumen podés hacer de las primeras ediciones?
HOMBRE	Es verdad que Punto de Vista se convirtió en un festival de referencia para un tipo de público que va buscando algo muy específico. Por eso tuvo una capacidad para congregar desde muy pronto a un público muy fiel. Por eso el año pasado cuando tuvo lugar la crisis hubo una gran reacción por parte de ese público para que continuase y no desapareciese.

(Adaptado de https://directoalasestrellas.wordpress.com/tag/josetxo-cerdan/

여자	첫 번째 질문은, 그 영화제는 어떻게 되었나요?
남자	우리가 모두 알고 있듯이 현재 경제적 상황 때문에 1년 주기 대신 2년 마다 개최되는 것입니다. 그렇기 때문에, 다음 회차는 내년이 되겠지만, 올해를 그냥 넘기지 않기 위해서 우리는 이 세미나를 구성하기로 했고, 이것은 예산 측면에서는 훨씬 더 검소한 행사가 되겠지만, 그 편성 측면에서는 절대 그렇지 않습니다.
여자	세미나의 프로그램은 어떻게 되나요?
남자	오전 일정과 오후 일정으로 나뉩니다. 오전에는 영화인들이 그들의 프로젝트를 설명하는 토론을 주로 진행하며 오후에는 상영회를 가집니다. 오전 시간의 프로그램은 세미나에 등록한 사람들만을 위한 일정이고, 오후 일정은 대중에게 공개되어 있어 이 제작자들의 영화 개봉을 사람들이 직접 볼 수 있습니다.
여자	팜플로나 외 다른 지역에서도 상영을 할 것인가요?
남자	이런 행사를 조직할 때 우리의 계획은 항상 다른 출구를 열어 두는 것입니다. 또한 우리는 상업적인 영화관이 아닌 곳에 가기 때문입니다. 무르시아에서는 페스티벌에 가고 다른 곳에서는 필름 보관소에도 가는데, 이런 종류의 영화를 수용할 수 있는 공간들이거든요. 대게 이미 함께 작업한 적이 있는 장소들입니다.
여자	현재 다큐멘터리 분야에 대해서는 어떻게 생각하시나요?
남자	조금 모순되는 상황입니다. 한편으로는 스페인에서는 국경을 넘어 스페인 밖에서도 큰 관심을 끌고 있는 다큐멘터리 분야의 기운이 있는 것이 확실하며 그것을 입증하는 수많은 사례들이 있습니다. 하지만, 또 한편으로는, 그런 다큐멘터리 영화가 더 높은 가시성을 가질 수 있는 공간들이 축소되고 이 분야가 침체되고 있는 것은 매우 우려되는 일입니다.
여자	이런 종류의 영화를 더 좋아하는 대중이 따로 있지요, 아닌가요?
남자	분명히 그렇습니다. 매우 공들인 프로그램 편성을 갖는 '푼토 데 비스타'와 같은 영화제는 특정 대중을 위한 것이며 아주 높은 참석률을 갖는데, 이름만 영화제로 불리면서 레드 카펫을 지나는 모델들의 행진에 지나지 않고 영화와 문화 소비는 등한시하는 다른 영화 이벤트들과는 전혀 다르죠.
여자	영화제 이야기로 돌아가서, 초기의 회차들에 대해 당신은 어떤 요약을 할 수 있을까요?
남자	'푼토 데 비스타'의 경우에는 매우 특정한 것을 찾는 유형의 관객을 위한 레퍼런스 축제가 된 것이 사실입니다. 그래서 그 영화제는 일찍부터 아주 충성스러운 대중을 모을 수 있는 능력을 가진 것입니다. 그래서 작년에 위기가 있었을 때에도 그 영화제가 사라지지 않고 계속 지속될 수 있게 한 대중의 큰 호응이 있었습니다.

호세초 세르단이 준비한 세미나와 관련된 내용을 묻고 있다. 정답과 관련된 문장은 남자의 첫 번째 답변 내용 중 'que es una propuesta más modesta en cuanto a presupuesto, pero no en cuanto a programación.'이다. 정답은 보기 c. '예산'을 의미하는 명사 presupuesto와 '검소한, 초라한, 간소한'의 뜻인 형용사 modesto를 알고 있어야 한다.

13.

함정 피하기 보기 a의 경우, 그 영화제는 개최 주기가 바뀐 것이지 desaparecer(없어지다)한 것이 아니므로 답이 될 수 없다. 보기 b에서 등장하는 2년에 한 번 개최되는 것은 세미나가 아닌 영화제의 경우이므로 함정이다.

인터뷰 주인공은 세미나의 구성에 대해 오전과 오후로 나누어 설명하는데, 14번 문제는 sesiones matinales(오전 프로그램)에 관한 질문이다. 호세초는 'sesiones matinales, que están más dirigidas a la discusión, a que los cineastas defiendan sus proyectos'라고 말하고 있으므로 정답은 보기 c.

14.

함정 피하기 오전 프로그램은 cineasta, 즉 영화 제작과 관련된 사람들을 위한 구성이라고 했으므로 보기 a는 답이 될 수 없다. Cinéfilos는 영화를 취미로 하는 사람들을 의미하며 cineastas는 영화를 제작하는 전문가들을 의미한다는 차이를 알아야 한다.

주인공이 다른 지역에 가서 영화를 상영하는 것과 관련된 내용을 묻는 질문이다. 정답과 관련된 문장은 'Normalmente son los mismos espacios con los que ya hemos colaborado en otra ocasión.'이며, 이미 함께 협업했던 곳에 찾아가 영화를 상영하게 될 것임을 밝히고 있다. 정답은 보기 b.

15.

함정 피하기 주인공은 페스티벌, 필름 보관소와 같이 다양한 장소에 간다고 말하는데, 보기 a는 '모든 종류의 상영관, 홀'이라고 했으므로 답이 될 수 없다.

스페인에서 만들어지는 다큐멘터리에 대해 호세초가 어떻게 생각하는지를 묻고 있다. 호세초는 'estamos en un momento en el que en España se ve que hay una pujanza por un documental que está cruzando fronteras y que se está viendo con mucho interés fuera del país'라고 말하고 있다. 스페인뿐만 아니라 스페인 밖에서도 많은 관심을 끌고 있다는 내용이므로, 정답은 보기 c.

16.

함정 피하기 이어서 호세초는 crisis(위기), recorte(삭감, 축소) 등을 언급하지만 이는 다큐멘터리 분야 자체의 위기를 말하는 것이 아닌, 그런 영화에 대한 상영을 할 수 있는 장소들에 대한 위기를 뜻하므로 보기 b는 함정이다.

인터뷰 내용 중 '푼토 데 비스타'라는 이름의 영화제에 대해 주인공이 어떤 언급을 하는지 집중해서 들어야 한다. 정답과 관련된 문장은 'Festivales como el de Punto de Vista, con una programación muy cuidada, para un tipo de espectador muy específico, logra alcanzar altas cuotas de asistencia...'로, 해당 영화제는 매우 높은 참석률에 도달한다고 했기에 정답은 보기 a.

17.

함정 피하기 '푼토 데 비스타'라는 영화제는 espectador específico(특정 관객)을 위한 영화제라고 언급했으므로, 보기 b는 답이 될 수 없다.

주인공은 계속해서 '푼토 데 비스타' 영화제와 그 관객에 대해 의견을 말하고 있다. 인터뷰의 마지막 부분 'Por eso tuvo una capacidad para congregar desde muy pronto a un público muy fiel.'을 잘 듣고 답을 선택해야 한다. 호세초는 해당 영화제의 관객을 un público muy fiel이라고 표현하고 있다. 형용사 fiel과 leal은 동의어이므로 정답은 보기 b.

18.

함정 피하기 18번의 보기 a에 등장하는 형용사 variopinto는 '다양한'이라는 뜻으로, '푼토 데 비스타'의 매우 특정된 관객을 지칭할 수 있는 단어에 어울리지 않는다. 또한 마지막 문장 'Por eso el año pasado cuando tuvo lugar la crisis hubo una gran reacción por parte de ese público para que continuase y no desapareciese.'를 듣고 답을 보기 c 와 혼동하면 안 된다. 대중의 '반응'이 있었다는 것이지 보기 c가 말하듯 conseguir(얻다, 획득하다, 달성하다)의 뜻으로 해석되지는 않는다.

filmoteca	ⓕ [집합 명사] 필름, 필름 부문	salida	ⓕ 출구, 나가기, 구실, 핑계, 해결책, 타개책
montar	타다, 조립하다, 장치하다, 설립하다	comercial	ⓜ ⓕ 상점 ⓜ 광고/ 상업의, 무역의
desaparecer	없어지다, 사라지다	cabida	ⓕ 용량, 수용 능력
recurso	ⓜ 수단, 방법, 자원, 자금	contradictorio	모순된, 상반된
matinal	아침의, 오전의	pujanza	ⓕ 강력한 힘, 강력한 추진력, 세력, 기운, 추세
cinéfilo	ⓜ ⓕ 영화팬, 영화 애호가 / 영화를 좋아하는	cruzar	횡단하다, 건너다, 교차하다
registrarse	등록하다, 체크인하다	frontera	ⓕ 국경선, 접경
acoger	맞아들이다, 받아들이다, 유치하다	indudable	의심의 여지가 없는
documental	ⓜ 다큐멘터리 / 기록의, 문서의	corroborar	확증하다, 입증하다
gozar de	~을 즐기다, 누리다	recorte	ⓜ 스크랩, 잘라내기, 오려내기, 삭감
crítico	ⓜ ⓕ 비평가, 평론가 / 비판적인, 위기의, 결정적인, 중대한	conllevar	수반하다, 따르다
secundario	둘째의, 두 번째의, 부차적인, 이차적인, 부수적인	visibilidad	ⓕ 눈에 보임, 시야, 가시성
público	ⓜ 대중, 공중 / 공공의, 공개의	franco	솔직한, 숨김없는
variopinto	여러 가지의, 다양한, 가지각색의	recesión	ⓕ 후퇴, 하강, 침체, 불황
leal	충실한, 충성스러운, 성실한	espectador	ⓜ ⓕ 관객 / 사물을 주의 깊게 바라보는
bienal	ⓕ 비엔날레 / 2년마다 일어나는, 2년 간의	cuota	ⓕ 몫, 할당분, 회비, 현금 지불
anual	매년의, 한 해의	desfile	ⓜ 행진, 퍼레이드
edición	ⓕ 출판, (행사, 경기 등의) 회	alfombra	ⓕ 카펫, 양탄자
modesto	겸손한, 검소한, 허술한	plano	ⓜ 평면, 도면, 지도, 측면 / 반반한, 납작한
presupuesto	ⓜ 예산, 견적	retroceder	되돌아가다, 후퇴하다, 퇴보하다
cineasta	ⓜ ⓕ 영화인, 영화 제작자, 영화 배우	resumen	ⓜ 요약, 개요
defender	지키다, 보호하다, 수비하다, 밀다	referencia	ⓕ 언급, 보고(서), 참고, 기준
exclusivo	독점적인, 배타적인	congregar	모으다, 모이다
de primera mano	직접의	fiel	충실한, 성실한

Tarea 4

1 해석

지시사항

당신은 여섯 명의 사람들이 말하는 집을 구매하는 것에 대한 조언을 들을 것입니다. 각 사람의 말을 두 번씩 듣게 됩니다.

(19번부터 24번까지) 각 사람이 말하는 주제에 연관되는 (A부터 J까지) 문장을 선택하세요. 예시를 포함한 10개의 문장이 있습니다. 여섯 개만 선택하세요.

선택한 보기를 **답안지**에 표기하세요.

이제 예시를 듣습니다.

사람 0

정답과 관련된 문장은 **C**입니다.

이제 보기를 읽을 시간 20초가 주어집니다.

문장

A.	구매 절차에 대해 알아보기	F.	그 집의 무엇을 원하고 있는지 검토하기
B.	금액이 어느 선까지 내려갈 수 있는지 살피기	G.	금액을 흥정하기
C.	지불할 수 있는지를 확인하기	H.	판매자의 필요성에 맞추기
D.	집의 상황을 조사하기	I.	그것의 진정한 가치를 알기
E.	관심 있는 주택 담보 대출 형태는 무엇인지 알아보기	J.	구매 조건을 협상하기

	사람	문장
0.	사람 0	C
19.	사람 1	
20.	사람 2	
21.	사람 3	
22.	사람 4	
23.	사람 5	
24.	사람 6	

Persona 0 (Ejemplo)	Mira, te aconsejo que, para empezar, antes de poner una oferta encima de la mesa, estés muy, muy seguro de que podrás afrontar los pagos. Esto quiere decir que tenés el dinero, que ya has vendido tu antigua casa o que tenés concretada la hipoteca. Suena obvio, pero no sería la primera vez que alguien hace una oferta por una vivienda y después no tiene dinero.
Persona 1	Debes saber muy bien lo que estás comprando. Me refiero a si tiene cargas financieras, problemas de propiedad o cosas así. Por eso, lo mejor es que te pases por el Registro de la Propiedad o incluso por el ayuntamiento. Es esencial que consigas toda la información sobre las obligaciones y gastos que tendrás que afrontar.
Persona 2	No sé si sabes que hoy en día puedes elegirlas a tipo fijo, variable o mixto. Según he oído, en el primer caso, siempre pagas la misma cuota. En el segundo, me parece que depende de la evolución del indicador. En las mixtas, los primeros años son a tipo fijo y el resto, a tipo variable. Es algo complicado, así que yo que tú lo investigaría a fondo.
Persona 3	Haz una oferta a la baja, pero estate preparado para ajustarte a los plazos del calendario del vendedor, que a lo mejor necesita la casa unos meses antes de entregártela. Es importante que tengas esto en mente. Y bueno, quién sabe, a lo mejor eso puede darte un ahorro significativo porque le ahorrará un alquiler.
Persona 4	Antes de fijar el precio hay que comprobar que lo que vas a acordar no esté por encima del mercado. Ten en cuenta que al solicitar una hipoteca te la concederán en función de su valor real, no del pactado. Es vital hacer una tasación y esto te ofrecerá un valor muy aproximado de la vivienda. Las casas que más han bajado no son necesariamente las que mejor precio tienen.
Persona 5	¿Sabías que la mejor manera de hacer una oferta es no hacerla? Hay que dejar entrever que la harás, pero yo que tú, dejaría que pase un tiempo para que el agente inmobiliario se emocione. Mira, lo mejor es que hagas una oferta ajustada a la baja, que probablemente será rechazada, pero que si es realista puede ser una piedra de toque desde la que iniciar la negociación.
Persona 6	Yo te recomiendo que examines con atención las ventajas e inconvenientes. Ahora más que nunca debes pensar qué te interesa de una vivienda y elegir. Antes la gente se fijaba más en la localización, pero ahora en período de recesión se habla de las tres p: posición, precio y perfección. Por eso, lo mejor es que consideres aspectos como el transporte, los servicios y aquellas cosas que para vos sean más importantes.

사람 0	자, 일단, 테이블에 협상을 제안하기에 앞서서 지불을 감당할 수 있을 것인지에 대해 아주 잘 확신해야 한다는 것을 조언하고 싶습니다. 이것은 당신이 돈을 이미 가지고 있거나 당신의 집을 이미 팔았거나 담보 계약을 이미 확신 받았음을 의미합니다. 아주 당연한 이야기 같지만, 누군가의 경우에는 집의 구매를 제안하고 나서 돈이 없을 수도 있기 때문입니다.
사람 1	당신은 당신이 지금 구입하고 있는 것이 무엇인지를 잘 알고 있어야 합니다. 당신이 만일 재정적인 부담이나 재산 문제와 같은 그런 유사한 것들이 있다면 말입니다. 따라서, 가장 좋은 것은 부동산 등기소나 시청 등에 가 보는 것입니다. 당신이 직면하게 될 의무와 지출에 대한 모든 정보를 얻는 것이 중요합니다.
사람 2	당신이 알고 있는지 모르겠지만 요즘에는 고정 금리, 변동 금리 또는 혼합 금리의 형태로 선택을 할 수 있습니다. 제가 들은 바로는, 첫 번째 경우에는, 항상 동일한 금액을 내게 됩니다. 두 번째 경우에는, 그것은 지표의 진화에 따라 다릅니다. 혼합형에서는, 처음 몇 년 동안은 고정 금리이고, 나머지는 변동 금리입니다. 그것은 꽤나 복잡한 것이므로, 제가 당신이라면 매우 심층적으로 조사해 볼 것입니다.
사람 3	하향 제안을 하되, 당신은 판매자의 일정 기한을 맞출 준비를 해야 하며, 어쩌면 그는 당신에게 집을 주기 전에 몇 개월 정도가 필요할 수 있습니다. 이것을 명심해야 합니다. 또, 누가 아나요, 어쩌면 그가 임대료를 절약할 수 있고, 그것이 당신에게는 상당한 비용을 절약하게 해 줄 지도요.
사람 4	가격을 정하기 전에 당신이 지금 계약하고 있는 내용이 시세를 넘어서는 것은 아닌지를 확인해야 합니다. 주택 담보 대출을 신청할 때에는 계약상이 아닌, 실제 가치에 따라 담보 대출을 받을 수 있다는 점에 유의하세요. 평가를 하는 것은 필수적이며 이는 당신이 집의 대략적인 가치에 대해 알 수 있도록 해 줄 것입니다. 가장 값이 많이 내려간 주택이 반드시 최고의 가격을 가진 주택은 아닙니다.
사람 5	제안을 하는 가장 좋은 방법은 제안을 하지 않는 것이라는 것을 알고 있나요? 그 제안을 할 것처럼 예상이 되도록 만들어야 하는데, 제가 당신이라면, 부동산 중개업자가 마음이 동요되도록 시간을 조금 둘 것입니다. 보세요, 가장 좋은 것은 최대한 낮은 금액의 제안을 하는 것이며, 어쩌면 거절당할 수 있지만, 현실적인 금액이라면 그것은 협상을 시작할 시금석이 될 수 있습니다.
사람 6	저는 당신께 장점과 단점에 대해 주의 깊게 살펴보는 것을 권합니다. 이제 그 어느 때보다도 집이라는 것에 있어 무엇에 당신이 관심이 있는지를 생각해야 할 때이고 그 다음에 선택해야 합니다. 예전에는 사람들은 집의 위치에 대해 더 주의를 기울였다면, 현재 이러한 불황의 시기에 우리는 위치, 가격 그리고 완벽이라는 세 가지 P에 대해 이야기합니다. 따라서, 당신은 교통, 서비스 및 당신에게 가장 중요한 것들 등의 측면들을 고려하는 것이 가장 좋습니다.

3 해설

| **0.** | **Persona 0** | C Asegurarse de que se puede pagar. 지불할 수 있는지를 확인하기 |

예시 문제인 0번의 정답은 보기 **C**. 예시 인물이 먼저 조언하는 내용은 분명하다. 첫 번째 문장 'Mira, te aconsejo que, para empezar, antes de poner una oferta encima de la mesa, estés muy, muy seguro de que podrás afrontar los pagos.'를 주의 깊게 들어 보면, 지불 능력이 있는지에 대해 먼저 확인한 후에 협상해야 한다고 말하고 있다. 이때 등장하는 관용 표현으로는 poner una oferta encima de la mesa(협상 테이블)가 있는데, 이는 서로 간의 도달해야 하는 합의점에 대해 제안을 하는 형태를 의미한다.

| **19.** | **Persona 1** | D Investigar la situación de la vivienda. 집의 상황을 조사하기 |

1번 인물이 말한 'Debes saber muy bien lo que estás comprando. Me refiero a si tiene cargas financieras, problemas de propiedad o cosas así.'에서 현재 구매하려는 집이 재정상의 부담이나 문제 같은 것이 있는지 잘 알아보라고 조언하고 있다. 따라서 정답은 보기 **D**.

| **20.** | **Persona 2** | E Estudiar qué modalidad de hipoteca te interesa. 관심 있는 주택 담보 대출 형태는 무엇인지 알아보기 |

2번 문제에서 주의할 것은 듣기를 하며 직접 언급되지 않고 있는 명사의 사용을 정답 보기에서 찾아내야 하는 것이다. 첫 번째 문장에서 'No sé si sabes que hoy en día puedes elegirlas a tipo fijo, variable o mixto.'라면서, 고정/변동/혼합 금리의 형태에 대해 언급하고 있다. 정답은 명사 modalidad de hipoteca를 연결시킬 수 있는 보기 **E**.

함정 피하기 각자 다른 담보 대출의 형태에 대해 짧게 설명하며 그것에 대해 investigar(조사하다)할 것을 조언하고 있는데, 같은 동사를 사용하고 있는 보기 **D**를 정답으로 헷갈려서는 안 된다.

| **21.** | **Persona 3** | H Amoldarse a las necesidades del vendedor. 판매자의 필요성에 맞추기 |

3번 인물이 말한 첫 번째 문장 'Haz una oferta a la baja, pero estate preparado para ajustarte a los plazos del calendario del vendedor...'를 잘 들어 보면, 이 사람이 조언하는 내용은 판매자의 일정을 맞출 준비를 하라는 것이다. 동사 ajustarse(맞추다)와 유사한 의미인 동사 amoldarse를 주의해 보면 정답 보기는 **H**라는 것을 알 수 있다.

| **22.** | **Persona 4** | I Conocer su auténtico valor. 그것의 진정한 가치를 알기 |

4번 인물이 말한 두 번째 문장 'Ten en cuenta que al solicitar una hipoteca te la concederán en función de su valor real, no del pactado.'를 잘 들어 보면 valor real과 valor del pactado, 즉 실제 가치와 pactar(계약하다, 협정하다)하는 가치가 다를 수 있다는 것을 알 수 있다. 이어서 여자는 'Es vital hacer una tasación y esto te ofrecerá un valor muy aproximado de la vivienda.'라면서 평가를 통해 가치를 알아야 한다고 조언한다. 따라서 정답은 보기 **I**.

| **23.** | **Persona 5** | B Indagar hasta dónde se puede bajar el precio. 금액이 어느 선까지 내려갈 수 있는지 살피기 |

이 사람이 말하는 첫 번째 문장은 말장난 같지만 의미심장하다. 먼저 나서서 제안을 하는 게 아니라 상대방이 더 조급하도록 만들라는 조언이다. 정답과 관련된 문장은 'lo mejor es que hagas una oferta ajustada a la baja...'으로, 가장 낮은 선에서 제안을 하는 방법을 권하고 있다. 정답은 보기 **B**. 동사 indagar는 '조사하다, 탐구하다, 살피다'의 뜻이다.

| **24.** | **Persona 6** | F Sopesar lo que quieres de la propiedad. 그 집의 무엇을 원하고 있는지 검토하기 |

마지막 인물이 말하는 내용의 첫 번째 문장에서는 장점과 단점에 대해 주의해 살펴볼 것을 조언한다. 이어지는 문장 'Ahora más que nunca debes pensar qué te interesa de una vivienda y elegir.'을 잘 들어 보면 정답에 가까이 갈 수 있는데, 사고자 하는 집에 대해 과연 무엇을 바라고 관심을 두고 있는지 잘 생각해 보라는 내용이다. 정답은 보기 **F**. 정답 보기에서 등장한 동사 sopesar는 '무게를 가늠하다'의 뜻으로, 이해타산을 계산한다는 의미이다.

trámite	ⓜ 수속, 처리, 절차	a fondo	완전히, 철저하게, 아주 잘
indagar	탐구하다, 수사하다, 탐사하다	ajustarse	맞아 들다, 일치하다, 정하다, 합의하다
modalidad	ⓕ 양식, 방식, 방법, 방안	plazo	ⓜ 기한, 기간, 분할불
sopesar	손으로 무게를 가늠하다, 계산하다, 이해 득실을 따지다	significativo	중요한, 의미 있는, 의미심장한
regatear	흥정하다	acordar	정하다, 결정하다, 합의하다, 협정하다
amoldarse	맞추어지다, 조정되다, 적응하다	hipoteca	ⓕ 저당, 담보
auténtico	진정한	conceder	주다, 인가하다, 허용하다
negociar	장사를 하다, 거래를 하다	en función de	~에 따라서, ~에 의거해서
carga	ⓕ 화물, 짐, 책임, 부담, 충전	pactado	협정된, 조항이 채결된, 계약된
financiero	재정의, 금융의	vital	살아 있는, 생생한, 생명의, 지극히 중요한, 불가결의
propiedad	ⓕ 소유지, 부동산, 재산, 속성, 특성	tasación	ⓕ 평가, 사정, 결정, 과세
esencial	본질의, 본질적인, 매우 중요한, 필수적인	entrever	틈으로 살짝 보다, 예상하다, 짐작하다
afrontar	대질시키다, 대항하다, 맞서다	a la baja	낮게, 내림 시세로
fijo	단단한, 고정된, 일정한, 정해진	piedra de toque	ⓕ 시금석
variable	변하는, 불안정한	negociación	ⓕ 거래, 교섭, 절충
cuota	ⓕ 몫, 할당분, 회비, 현금 지불	examinar	조사하다, 점검하다, 검사하다
evolución	ⓕ 진화, 진전, 발달, 진행	localización	ⓕ 곳, 위치, 입지, 지방화
indicador	ⓜ 지시, 표시, 지수, 지표	recesión	ⓕ 후퇴, 하강, 침체, 불황, 불경기

1 해석

지시사항

당신은 한 카탈루냐 출신 기업가의 강연의 일부분을 듣게 됩니다. 듣기 지문은 두 번 듣게 됩니다. 이어서 (25번부터 30번까지) 질문에 답하세요. (a / b / c) 정답을 선택하세요.

선택한 보기를 **답안지**에 표기하세요.

이제 문장들을 읽을 수 있는 30초의 시간이 주어집니다.

문제

25. 듣기 지문에서, 기업인 알렉스 카사보는 패션계와의 첫 접촉은 … 이루어졌다고 말했다.

   a 대학을 졸업한 직후
   b 로고를 디자인하며
   c 한 신발 회사에서

26. 그 시절 알렉스 카사보는 …

   a 그가 앞으로 할 것을 정하기 위해 석사 과정을 밟게 되었다.
   b 석사 과정을 하는 것에만 전념했다.
   c 그의 일과 석사 과정을 병행했다.

27. 알렉스 카사보에 따르면, 그 프로젝트의 시작 과정은 … 길어졌다.

   a 많은 어려움을 직면해야 했기 때문에
   b 혼자서 시작했기 때문에
   c 돈 없이 사업을 시작하기로 결심했기 때문에

28. 알렉스 카사보는 본인의 회사가 …(라)고 확신한다.

   a 최신 유행에 따른다
   b 과한 장식이 없는 상품을 선호한다
   c 모든 고객을 위한 호화로운 상품을 제공한다

29. 현재, 알렉스 카사보는 …

   a 얻은 수익을 재투자한다.
   b 새로운 프로젝트를 탐색한다.
   c 카탈로그를 다시 만드는 것을 고려한다.

30. 그는 '메디테란스'가 다른 경쟁업체들과 …에 있어 차별화되었다고 말했다.

   a 대량으로 생산하는 것
   b 지역 브랜드라는 것
   c 품질을 우선시한다는 것

HOMBRE   ¡Buenos días! Mi nombre es Álex Casabó, responsable de la creación de Mediterrans, un nuevo proyecto hacia la reformulación de un concepto de moda atemporal, minimalista y de calidad orientada hacia la cultura mediterránea y a la figura del millennial.

Cuando acabé la carrera, empecé a trabajar como diseñador en varios sitios, haciendo desde logotipos, hasta diseño de producto, de páginas web... Así pasaron los meses hasta que encontré una empresa donde estuve un tiempo diseñando zapatos. Ese fue mi primer contacto con el mundo de la moda.

Por aquel entonces, ya tenía claro que quería hacer algo mío, pero no tenía claro qué iba a ser. Por lo tanto, decidí apuntarme a un máster de Dirección de Empresas en la UOC, universidad online, porque todavía me quedaban unos meses de contrato en la empresa donde estaba. El proyecto final de ese máster fue la idea y la base de lo que ahora es Mediterrans.

La verdad es que el proceso de puesta en marcha del proyecto fue prolongado. Por un lado, no tenía recursos para contratar a gente para ayudarme, y por otro, quería enfrentarme a todos los contratiempos y problemas yo mismo. Lo que tardó un año en nacer, ahora podría repetirlo en 2 o 3 meses, por todos los errores que cometí y ahora ya no cometería.

Mediterrans no cree mucho en las modas, y el producto que ofrece es atemporal y para todos los públicos. No apostamos por modas espontáneas, nos gustan los productos de calidad y sobrios, sin ostentaciones. Intentamos mantener un minimalismo en todo nuestro catálogo. Además, al ser una marca pequeña, podemos cuidar mucho los detalles, tanto en nuestras redes sociales, como en el packaging o la atención al cliente, siempre de forma muy cercana.

Actualmente, estoy añadiendo productos nuevos cada 2 o 3 meses aproximadamente, valorando cuáles son los productos más vendidos, recibiendo la opinión de la gente y volviendo a emplear los beneficios de todas las ventas en mejorar la marca, los productos y el servicio. Con Mediterrans, mi próxima meta es intentar llegar al máximo número de personas, seguir añadiendo y mejorando los productos. En cuanto a mí, tengo claro que Mediterrans solo es el primero de muchos proyectos que vendrán.

Y en cuanto a nuestros competidores, Mediterrans ofrece un diseño atemporal, sobrio, minimalista, funcional y de calidad. Es una marca local y muy cercana. Lo que buscamos es ser una alternativa a grandes cadenas que fabrican en masa y lo que provocan es que al final puedas comprarte la misma ropa o accesorios en países totalmente opuestos, ofreciendo cantidad en vez de calidad, y creando un resultado global a mi parecer muy frío.

(Adaptado de *http://gestron.es/mediterrans/*)

남자 좋은 아침입니다! 저는 지중해 문화와 밀레니엄 세대를 지향하는, 시대를 초월한 미니멀리즘의 고품질 패션 컨셉의 재창조를 위한 새로운 프로젝트인 '메디테란스'의 개발 책임자, 알렉스 카사보입니다.

저는 대학을 졸업한 후, 여러 곳에서 로고에서부터 제품 디자인, 웹 페이지에 이르기까지 디자이너로서 여러 작업을 하기 시작했습니다. 그렇게 해서 몇 달이 지난 후에는 어느 한 회사에서 신발을 디자인하게 되었습니다. 그것이 바로 패션계와 저의 첫 접촉이었습니다.

그 당시에, 저는 저만의 무언가를 하고 싶다는 생각이 확고했으나, 그것이 정확히 무엇인지에 대해서는 확신이 없었습니다. 근무하던 회사와의 계약이 몇 달 남았었기 때문에, 저는 온라인 대학 UOC에서 경영학 석사 과정에 등록하기로 결심했습니다. 그 석사 학위의 졸업 프로젝트가 바로 지금의 '메디테란스'의 아이디어이자 기초가 된 것입니다.

사실 그 프로젝트의 시작 과정은 시간이 오래 걸렸습니다. 한편으로는, 저를 도와줄 사람들을 고용할 돈이 없었고, 다른 한편으로는, 모든 어려움과 문제를 제 스스로 직면하고 싶었습니다. 그 당시 일 년이 걸렸는데, 제가 한 모든 실패들은 이제는 하지 않을 것이므로, 지금은 같은 일을 2~3개월 안에 할 수 있을 것입니다.

'메디테란스'는 패션을 전적으로 믿지 않으며, 제공하는 상품은 시대를 초월한 상품이고 모든 대중을 위한 것입니다. 우리는 즉흥적인 유행을 따르지 않으며, 과하지 않은, 양질의, 수수한 상품을 선호합니다. 우리의 모든 카탈로그에서 우리는 미니멀리즘을 유지하는 것을 노력합니다. 또한, 소규모 브랜드이기 때문에, SNS 뿐만 아니라 포장 혹은 고객 서비스와 같은 세부 사항들을 항상 아주 세심하게 관리하는 것이 가능합니다.

현재, 저는 약 2~3개월마다 신제품을 추가하여 가장 판매가 잘 되는 제품을 평가하고, 사람들의 의견을 수렴하고 모든 판매 수익을 저희의 브랜드, 상품, 서비스의 개선에 다시 사용하고 있습니다. '메디테란스'에 관하여, 제 다음 목표는 최대 인원에 도달하고, 계속해서 제품을 추가하고 개선해 나가는 것입니다. 제 개인적으로, '메디테란스'는 앞으로 나올 수많은 프로젝트 중 그 첫 번째일 뿐이라 확신합니다.

경쟁업체에 관련해 이야기하자면, '메디테란스'는 시대를 초월하고, 절제되며, 미니멀하고, 기능성의, 품질이 뛰어난 디자인을 제공합니다. 이것은 지역 브랜드이며 매우 가까이에 있습니다. 우리가 좇는 것은 완전히 반대되는 국가들에서 살 수 있는 똑같은 옷이나 액세서리를 대량으로 생산하며, 질보다 양으로 승부하고, 적어도 제가 느끼기에는 온정이 느껴지지 않는 그런 결과물을 전 세계적으로 제공하는 대형 체인 상품에 대한 대안이 되는 것입니다.

알렉스 카사보가 패션계와 처음으로 접촉하게 된 배경을 묻고 있으므로, 특정 시점과 mundo de la moda와 관련된 표현이 언급되는 부분을 주의 깊게 들어야 한다. 그는 강연의 첫 시작 부분에서 패션계와의 접촉이 이루어진 순간을 회상하며 'pasaron los meses hasta que encontré una empresa donde estuve un tiempo diseñando zapatos. Ese fue mi primer contacto con el mundo de la moda.'라고 했다. 따라서 정답은 보기 c. 명사 calzado는 zapatos의 집합 명사이다.

25. **함정 피하기** 보기 a의 경우 justo después de(~하고 난 직후에)의 표현에 주의해야 한다. 주인공은 분명 pasaron los meses(몇 달간의 시간이 흘렀다)고 말하고 있기 때문이다. 보기 b는 logotipos(로고)를 디자인하던 중이라 말하므로 답이 될 수 없다.

모든 보기에서 máster가 언급되고 있으므로, 알렉스 카사보가 석사 과정과 관련해서 어떤 경험이 있었는지를 주의 깊게 들어야 한다. 정답과 관련된 문장은 'decidí apuntarme a un máster de Dirección de Empresas en la UOC, universidad online, porque todavía me quedaban unos meses de contrato en la empresa donde estaba.'. 두 문장의 접속 형태가 porque를 사용한 인과 관계이므로, 그가 일을 하면서 학업을 병행하기 위해 석사 과정에 등록했다는 것을 알 수 있다. 따라서 **26.** 정답은 보기 c.

알렉스의 프로젝트 시작 과정이 길어진 이유를 묻고 있으므로, en marcha del proyecto에 대해 언급되는 부분을 주의 깊게 들어야 한다. 참고로 이 문제에서는 fue largo의 표현이 쓰이지만 듣기 텍스트에서는 fue prolongado의 표현이 등장하므로 주의해서 들어야 한다. 정답을 확인할 수 있는 구간은 'Por un lado, no tenía recursos para contratar a gente para ayudarme, y por otro, quería enfrentarme a todos los contratiempos y problemas yo mismo.'인데, 이 문장에서는 인력을 고용할 돈이 없었으며 스스로 모든 문제에 직면해 해결하고자 하는 의지를 가지고 있었기에 해당 프로젝트를 혼자서 진행했다는 내용을 **27.** 정확히 이해해야 한다. 따라서 정답은 보기 b. '혼자서, 스스로, 단독으로' 무언가를 한다는 것을 말할 때, 'solo, en solitario, por mi cuenta, yo mismo' 등의 표현을 쓰는 것에 주의하자.

알렉스가 본인의 회사가 지향하는 바에 대해 어떻게 언급하는지를 묻고 있으므로, 그의 회사에 대해 언급하는 부분을 잘 듣는다. 정답과 관련된 문장은 'No apostamos por modas espontáneas, nos gustan los productos de calidad y sobrios, sin ostentaciones.'인데, 중요한 것은 'de calidad, sobrio, sin ostentaciones'의 해석을 정확히 해야 하는 것이다. 명사 ostentación은 '겉치레, 과시'라는 의미인데, 듣기 지문에 나온 sin ostentaciones(겉치레가 없는, 수수한)와 의미가 동일한 정답은 보기 b. 참고로 명사 ostentación은 보기 b에서 등장한 adorno superfluo, 보기 c의 lujoso와 유사한 뜻이 된다.

28.

알렉스의 현재 상황에 대해 묻고 있으므로, 이와 관련해서 언급되는 세부 내용을 주의 깊게 들어야 한다. 이 문제의 정답과 관련된 내용은 'Actualmente, ...(estoy) volviendo a emplear los beneficios de todas las ventas en mejorar la marca, los productos y el servicio'에서 정확히 언급하고 있다. 판매 수익을 모두 개발에 다시 투자하고 있다는 것. 정답은 보기 a.

29. **함정 피하기** 이에 앞서 그는 매 2~3개월마다 새로운 제품을 추가한다고 말하지만, 보기 b에서 언급하듯 새로운 '프로젝트'를 구상하는 것과는 다른 내용이므로 답이 될 수 없다.

'Mediterrans'라는 회사가 다른 경쟁업체들과 차별화되는 지점을 묻고 있으므로, 듣기 텍스트에서 다른 경쟁업체들과 비교하는 부분을 잘 들어야 한다. 듣기 텍스트의 마지막 문단에서 그는 'Y en cuanto a nuestros competidores, Mediterrans ofrece un diseño atemporal, sobrio, minimalista, funcional y de calidad.'라고 했고, 또 제일 마지막에 다른 회사들은 대량으로 판매할 뿐, 품질에 대해 주의하지 않지만 본인의 회사는 그렇지 않다고 말했다. 따라서 정답은 보기 c이며, 동사 priorizar의 해석에 주의해야 한다.

30.

함정 피하기 알렉스는 본인의 브랜드가 '지역의' 것이며 '매우 가까운' 것이라고 언급하지만, 이는 다른 경쟁업체들과 차별화되는 포인트로 언급한 내용은 아니므로 보기 b를 선택하지 않도록 주의해야 한다.

4 어휘

justo	올바른, 공평한, 정확한, 꼭 들어맞는, 마침, 막	reformulación	ⓕ 재구성, 재조리, 재처방
logotipo	ⓜ 로고, 상징, 마크	atemporal	시간을 초월한, 시간과 상관없는
calzado	ⓜ 신발, 구두	minimalista	ⓜ ⓕ 미니멀리스트 / 미니멀리즘의
máster	ⓕ 석사 학위 (=ⓕ maestría)	millennial	밀레니얼, 밀레니엄 세대의
exclusivamente	제외하고, 오로지, 독점적으로	apuntarse	등록되다, 회원이 되다
compaginar	양립시키다, 조정하다, 조화시키다	dirección	ⓕ 방향, 방위, 지도, 지휘
puesta en marcha	ⓕ 시동, 작동, 판매 개시	base	ⓕ 기초, 기반, 토대, 근거, 이유
en solitario	단독으로	prolongar	길게 하다, 늘이다, 연장하다
tendencia	ⓕ 경향, 풍조, 추세	contratiempo	ⓜ 뜻밖의 사고, 봉변, 재난
inclinarse por	(~에) 찬성하다, 편들다	espontáneo	자연적인, 자발적인, 임의의, 즉흥적인
adorno	ⓜ 꾸미기, 장식, 장식품, 복식품	sobrio	간소한, 수수한, 절도 있는, 술에 취하지 않은
superfluo	여분의, 남아도는, 필요 이상의	ostentación	ⓕ 과시, 자만, 자부, 겉치레
reinvertir	재투자하다	minimalismo	ⓜ 단순화 형식
ganancia	ⓕ 이익, 벌이, 이득	atención al cliente	ⓕ 고객 서비스
explorar	탐험하다, 답사하다, 조사하다, 탐구하다	añadir	첨가하다, 보태다
reinventar	다시 발명하다, 새로 짓다	emplear	쓰다, 사용하다, 고용하다
competidor	ⓜ ⓕ 경쟁자, 경쟁 상대 / 경쟁하는	funcional	기능의, 기능성의, 직무상의, 실용 위주의, 편리한
fabricar	제조하다, 만들어 내다	cadena	ⓕ 쇠사슬, 연속, 연쇄점
prioridad	ⓕ 우선권, 우선, 우선순위	en masa	집단으로, 일괄하여, 대량으로, 대거
creación	ⓕ 창작, 개발, 창설, 조성	opuesto	반대하는, 대조적인, 공격적인, 맞은편의

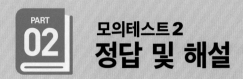
PRUEBA DE EXPRESIÓN E INTERACCIÓN ESCRITAS

Expresión e interacción escritas

Tarea 1

1 해석

지시사항

당신과 당신의 가족은 동네에 있는 스포츠 센터를 자주 이용하는 이용자입니다. 그 스포츠 센터의 철거에 대한 당신의 불만을 표현하기 위해 시청의 담당자에게 편지를 쓰세요. 편지에서 당신은 다음을 해야 합니다.

- 자기소개하기
- 언제부터 체육관의 시설을 이용했는지 말하기
- 그 체육관의 철거가 당신과 당신의 가족에게 왜 영향을 미치는지 설명하기
- 공표된 방안에 대한 당신의 거부 의사 표현하기
- 당신의 생각에서 그 스포츠 센터의 철거가 지역 단체에, 특히 청소년들에게 가져다줄 영향에 대해 말하기
- 해결 방안이나 대처 방안 제시하기

이를 위해 당신은 스포츠 센터의 철거에 관한 한 뉴스를 듣게 됩니다. 듣기 자료는 두 번 듣습니다. 당신의 편지에 포함시킬 내용을 메모하세요.

단어 수: **150~180.**

듣기 자료

Las obras de demolición del polideportivo San Mateo han comenzado este miércoles, lo que representa el primer paso para la construcción de un aparcamiento con el objetivo de solucionar los problemas de estacionamiento y congestión que sufre la ciudad. Los trabajos para derruir la construcción se prolongarán durante alrededor de dos meses, por lo que está previsto que estén completados para principios de febrero.

El complejo, que cuenta con sala de fitness y cardiovascular, salas de actividades múltiples, piscina cubierta, zona de relajación con spa, pistas de pádel, un campo de fútbol y que además dispone de otras instalaciones complementarias como cafetería, restaurante, guardería o una tienda vinculada a uso deportivo, ha formado parte de la vida de los ciudadanos durante décadas. El polideportivo fue construido en 1976, pero la antigüedad y la falta de mantenimiento causó un gran deterioro en las instalaciones, hasta convertirse en un gran peligro para las personas. Por este motivo, informó el concejal de Deportes y Juventud, el Ayuntamiento decidió tomar la drástica medida de la demolición de estas emblemáticas instalaciones.

Tras darse a conocer la noticia, numerosos vecinos han criticado la medida. Consideran que perjudicará a la comunidad y en especial a los más jóvenes, ya que no tendrán donde practicar deportes. En especial, critican la poca voluntad en la rehabilitación de las instalaciones.

(Adaptado de *https://www.huelvainformacion.es/huelva/trabajos-demolicion-iniciaran-polideportivo-Americas_0_1241276297.html*)

스크립트 해석

산 마테오 스포츠 센터의 철거 공사는 수요일에 시작되었는데, 이는 도시가 겪는 주차 및 혼잡 문제를 해결하기 위한 주차장 건설의 첫 단계를 의미한다. 철거 공사 작업은 약 2개월간 계속될 예정이며, 따라서 2월 초에는 완공될 예정이다.

이 센터가 갖추고 있는 피트니스 및 심혈관 병동, 다목적실, 실내 수영장, 스파가 딸린 휴식 공간, 패들 테니스 코트, 축구장, 그리고 이 밖에도 카페테리아, 식당, 유아 돌봄 시설 또는 스포츠 용품 상점과 같은 부수적인 시설은 수십 년 동안 시민들의 삶의 일부였다. 이 스포츠 센터는 1976년에 지어졌는데, 오래된 연식과 유지 보수의 부재가 사람들에게 큰 위험이 될 수 있는 시설물 파손까지 야기시켰다. 이런 이유로, 시의회는 이 상징적인 시설의 철거에 대한 과감한 조치를 취하기로 결정했다고 스포츠 청소년 시의원은 밝혔다.

뉴스가 발표된 후 수많은 사람들이 이 법안을 비판했다. 그들은 스포츠를 할 다른 곳이 없기 때문에 공동체와 특히 젊은 사람들에게 해를 끼칠 것이라고 생각한다. 특히 그들은 시설 재건에 대한 의지가 부족하다는 것에 대해 비판한다.

2 답안 구성 방법 및 필수 표현

답안 구성 방법

글의 유형	편지
보내는 이	스포츠 센터를 자주 이용하는 이용자
받는 이	시청의 담당자
핵심 내용	스포츠 센터의 철거에 대한 불만 표현
듣기 자료 내용	스포츠 센터의 철거에 관한 한 뉴스
요구 조건 1	자기소개하기
요구 조건 2	언제부터 체육관의 시설을 이용했는지 말하기
요구 조건 3	그 체육관의 철거가 당신과 당신의 가족에게 왜 영향을 미치는지 설명하기
요구 조건 4	공표된 방안에 대한 당신의 거부 의사 표현하기
요구 조건 5	당신의 생각에서 그 스포츠 센터의 철거가 지역 단체에, 특히 청소년들에게 가져다줄 영향에 대해 말하기
요구 조건 6	해결 방안이나 대처 방안 제시하기
주의 사항	구체적인 대처 방안 제시하기

필수 표현

주제	초래할 결과 예견
문형 1	• Esto será muy + **favorable / prejudicial** + [내용]
문형 2	• Esto tendrá + **consecuencias / efectos** + **positivas / negativas** + [내용]
문형 3	• Esto + **favorecerá / perjudicará** + [내용]
활용 예	• Estoy totalmente en contra de esta medida y estoy seguro de que **tendrá** numerosos **efectos negativos** en nuestra comunidad. 저는 이 방안에 전적으로 반대하며, 그것이 우리 공동체에 수많은 부정적인 영향을 미칠 것이라고 확신합니다.

Estimado señor:

Mi nombre es Francisco Camacho y mi familia y yo somos usuarios de las instalaciones del polideportivo desde hace más de una década. La demolición del polideportivo nos afecta considerablemente, ya que no disponemos de otro lugar donde practicar deporte. Especialmente mis hijos llevan yendo al polideportivo desde que eran pequeños y ya no podrán hacerlo. Estoy totalmente en contra de esta medida y estoy seguro de que tendrá numerosos efectos negativos en nuestra comunidad. Sin un sitio donde practicar deporte, los jóvenes dejarán de hacer ejercicio y empezarán a quedarse en casa para jugar al ordenador o, en el peor de los casos, empezarán a beber y fumar. En opinión, lo mejor sería rehabilitar las instalaciones para que de esta manera se pudiera conservar el polideportivo. Otra solución sería construir un nuevo polideportivo más moderno en el mismo lugar.

Espero que considere mis sugerencias y que sea consciente de la gravedad del asunto.

Atentamente,
Francisco Camacho

해석

친애하는 선생님

저는 프란시스코 카마초이며 저의 가족과 저는 10년 이상 이 스포츠 센터 시설을 이용했습니다. 우리는 스포츠를 할 다른 장소가 없기 때문에, 이 스포츠 센터의 철거는 우리에게 상당한 영향을 끼칩니다. 특히 제 아이들은 어렸을 때부터 그 스포츠 센터에 갔는데 더 이상 그렇게 할 수 없게 될 것입니다. 저는 이 방안에 전적으로 반대하며, 그것이 우리 공동체에 수많은 부정적인 영향을 미칠 것이라고 확신합니다. 스포츠를 할 곳이 없으면 젊은이들은 운동을 중단하고 컴퓨터 게임을 하기 위해 집에 머무르기 시작하거나 최악의 경우 음주와 흡연을 시작할 것입니다. 제 의견으로는 그 스포츠 센터를 보존할 수 있도록 시설을 재건하는 것이 가장 좋을 것 같습니다. 또 다른 해결책은 같은 곳에 새롭고 더 현대적인 스포츠 센터를 건설하는 것입니다. 저의 제안을 고려해 주시고 문제의 심각성을 알아주시기를 바랍니다.

정중히

프란시스코 카마초

usuario	ⓜ 사용자, 이용자
frecuente	자주
polideportivo	ⓜ 종합 운동장, 스포츠 센터
disconformidad	ⓕ 불일치, 이의, 불만
demolición	ⓕ 해체, 파괴
instalaciones	ⓕ pl. 시설
rechazo	ⓜ 거절, 격퇴
efecto	ⓜ 효과, 효능, 결론
en particular	특히, 유난히, 그중에서도
plantear	제기하다, 제출하다, 계획하다, (문제나 가능성 등이) 생기다
representar	나타내다, 표현하다, 대표하다, 의미하다
aparcamiento	ⓜ 주차장 (=ⓜ estacionamiento, ⓕ plaza de garaje)
congestión	ⓕ 교통 체증, 교통 혼잡, 울혈
derruir	해체하다, 헐다
prolongar	길게 하다, 늘이다, 연장하다
previsto	예상된, 예지된
principio	ⓜ 시작, 개시, 시초, 원리, 원칙
complejo	ⓜ 복합적인 것, 종합 시설, 콤플렉스, 복합체 / 복합의, 복잡한
cardiovascular	심장의, 심장 혈관의
piscina cubierta	ⓜ 실내 수영장
pádel	ⓜ 패들 테니스
complementario	메우는, 보충하는
guardería	ⓕ 유치원, 유아원, 유아 놀이방
vinculado	연결된, 관련 있는, 결부된
deterioro	ⓜ 파손, 악화, 손상, 파괴
drástico	격렬한, 과격한, 거친
emblemático	대표적인, 상징적인
dar a conocer	알리다, 공표하다
voluntad	ⓕ 의지, 바람, 의사, 노력
rehabilitación	ⓕ 재건, 정비, 재활
considerablemente	상당히, 꽤
rehabilitar	복권시키다, 재활하다, 복원하다
conservar	보존하다, 보관하다
sugerencia	ⓕ 제안, 조언

1 해석

지시사항

다음에 주어지는 두 개의 옵션 중 하나만 선택하세요.

옵션 1

당신은 한 대학 잡지에 글을 기고하는 일을 하고 있으며 주류 소비 빈도에 대한 기사를 작성할 것을 요청받았습니다. 이 기사에서 당신은 다음 그래프에 나타나는 정보를 포함시키고 분석해야 합니다.

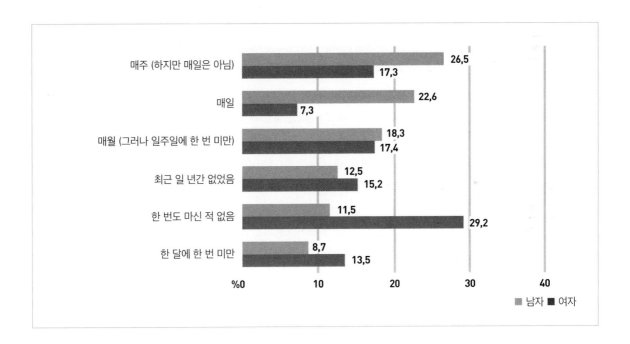

텍스트를 작문하면서 당신은 다음 사항을 해야 합니다.

- 주제를 소개하고 주류 남용의 위험성 언급하기
- 주류 소비 빈도의 퍼센티지에 대한 전반적인 형태를 비교하고 남성과 여성 사이에 의미 있는 차이가 있다면 언급하기
- 당신이 보기에 가장 중요해 보이는 부분 강조하기
- 그래프가 보여 주는 정보에 대한 당신의 개인 의견 표현하기
- 결론 짓기

단어 수: **150~180.**

옵션 2

당신은 당신이 사는 도시의 청소년 협회 회원이며 야간 대체 여가 활동에 대한 소식을 들었습니다. 언론에 개제된 뉴스를 읽고 협회의 월간 소식지를 위한 텍스트를 작성하세요.

야간 대체 여가 프로그램 '우리가 밤을 엽니다 2007' 이 돌아옵니다.

- 카포에라, 필라테스, 요가, 태극권과 같은 수업들이 진행됩니다.

- 21일 금요일에 시작될 것입니다.

여름 기간 동안 활동이 중단되었던 카세레스 시청의 청소년 협회(IMJ)가 주최하는 야간 여가 활동의 건강한 대안 프로그램인 '우리가 밤을 엽니다 2007' 두 번째 시기가 21일 금요일에 재개될 것입니다.

시청에 의해 보도된 자료에 따르면 청소년 협회는 여전히 카세레스 청소년들의 여가에 대한 요구에 부응하는 신규 프로그램의 개발에 전념하고 있으며, 따라서 이미 8회를 맞이하는 이 프로그램은 주말마다 모든 종류의 활동을 제공하며 함께 하고 있습니다.

홍보, 활성화 및 청소년의 시의원인 마리아 호세 카사도는 청소년의 참여 및 호평 수준 때문에 이 프로그램이 지방 행정에 중요하다는 점을 강조했습니다.

이번 프로그램 단계에서는 야간 스포츠, 심야 영화, 댄스 아카데미, 가벼운 파티, 서커스 기술 입문반, 브레이크 댄스 수업, 카포에라 및 태극권 수업, 몸과 마음의 발달과 제어 수업, 필라테스와 요가, 야간 도서관, 눈 내리는 주말 및 여러 가지 모험들에 관련된 활동들을 즐길 수 있습니다.

이러한 활동 및 기타 다른 활동에 대해 더 많은 정보를 원하거나 등록을 하기 위해서는 청소년 시협회(우니베르시닷 대로, 발론도 건물 옆)를 방문하시거나 927 62 75 02 03으로 전화하시면 편리합니다.

소식지를 위한 텍스트를 작문하면서 당신은 다음 사항을 해야 합니다.

- 건강한 여가 활동의 중요성에 대해 말하기
- 청소년들 사이의 야간 여가 활동의 위험성 지목하기
- 당신의 도시에서 야간 여가 활동에 대한 대안이 없음을 비판하기
- 이러한 류의 야간 대체 여가 활동 프로그램의 개최를 평가하기
- 결론 짓기

단어 수: **150~180.**

옵션 1

답안 구성 방법

글의 유형	잡지 기사글
핵심 내용	남녀 성별에 따른 주류 소비 빈도
요구 조건 1	주제를 소개하고 주류 남용의 위험성 언급하기
요구 조건 2	주류 소비 빈도의 퍼센티지에 대한 전반적인 형태를 비교하고 남성과 여성 사이에 의미 있는 차이가 있다면 언급하기
요구 조건 3	당신이 보기에 가장 중요해 보이는 부분 강조하기
요구 조건 4	그래프가 보여 주는 정보에 대한 당신의 개인 의견 표현하기
요구 조건 5	결론 짓기
주의 사항	그래프의 정확한 내용 파악 및 성별에 따른 차이점 언급

필수 표현

주제	**결론 짓기**
문형 1	• En conclusión, + [결론] • Como conclusión, + [결론] • Para concluir, + [결론] • Se puede llegar a la conclusión de que + [결론]
활용 예	• **En conclusión**, para atajar este problema, se deberían lanzar campañas dirigidas a los hombres para concienciarles de los peligros del consumo de alcohol y sus graves consecuencias. 결론적으로, 이 문제를 해결하기 위해서는 알코올 소비의 위험성과 그로 인한 심각한 결과에 대한 인식을 높이기 위해 남성을 대상으로 한 캠페인을 시작해야 합니다.

옵션 2

답안 구성 방법

글의 유형	월간 소식지 간행 텍스트
핵심 내용	야간 여가 활동의 대안 프로그램에 관한 의견 및 비판
요구 조건 1	건강한 여가 활동의 중요성에 대해 말하기
요구 조건 2	청소년들 사이의 야간 여가 활동의 위험성 지목하기
요구 조건 3	당신의 도시에서 야간 여가 활동에 대한 대안이 없음을 비판하기
요구 조건 4	이러한 류의 야간 대체 여가 활동 프로그램의 개최를 평가하기
요구 조건 5	결론 짓기
주의 사항	보조 자료 내 안내되는 특정 프로그램에 대한 이해

주제	평가하기
문형 1	• Parecer / Ser / Estar + 형용사 • Parecer / Ser / Estar + 부사
활용 예	• Me **parece** fenomenal que se lleven a cabo este tipo de programas, porque se enseña a los jóvenes que hay otras maneras de divertirse. 젊은이들이 즐길 수 있는 다른 방법이 있다는 것을 배우기 때문에 이러한 유형의 프로그램이 실행되는 것은 아주 훌륭해 보입니다.

3 모범답안

옵션 1

El consumo de bebidas alcohólicas supone un grave riesgo sobre la salud. No solo afecta a nuestro hígado y piel, sino que además provoca numerosos accidentes de tráfico. Por estas razones deberíamos reducir su consumo.

En general, podemos observar en la gráfica que los hombres beben con más frecuencia que las mujeres. Además, se observa que casi un tercio de las mujeres no bebe nunca.

Según los datos, en el caso de los hombres un gran número bebe a diario o semanalmente con el 22,6% y 26,5% de los resultados respectivamente. Sin embargo, las mujeres lo hacen con mucha menos frecuencia. De hecho, casi la mitad de las mujeres encuestadas no ha bebido nunca o en el último año.

Estos datos reflejan una gran diferencia en el consumo de alcohol entre hombres y mujeres debida quizás a que ellas se preocupan más por su salud y son más responsables.

En conclusión, para atajar este problema, se deberían lanzar campañas dirigidas a los hombres para concienciarles de los peligros del consumo de alcohol y sus graves consecuencias.

해석

주류 섭취는 심각한 건강의 위험을 초래합니다. 그것은 우리의 간과 피부에 영향을 줄 뿐만 아니라 수많은 교통 사고를 유발합니다. 이러한 이유로 우리는 그 소비를 줄여야 합니다.

일반적으로 그래프에서 남성이 여성보다 더 자주 마시는 것을 볼 수 있습니다. 또한, 여성의 거의 3분의 1은 술을 마시지 않는 것으로 관찰되었습니다.

데이터에 따르면 남성의 경우 매일 마시는 빈도와 매주 마시는 사람의 빈도는 각각 결과의 22.6퍼센트와 26.5퍼센트입니다. 그러나 여성은 훨씬 빈도가 낮습니다. 실제로 설문에 응한 여성의 거의 절반이 술을 마셔본 적이 없거나 최근 일 년간 없었습니다.

이 데이터는 남성과 여성의 알코올 소비에 있어 큰 차이를 반영하는데, 어쩌면 여성들이 건강에 더 신경을 쓰고 그에 대한 책임감이 있기 때문일 수 있습니다.

결론적으로, 이 문제를 해결하기 위해서는, 알코올 소비의 위험과 그로 인한 심각한 결과에 대한 인식을 높이기 위해 남성을 대상으로 한 캠페인을 시작해야 합니다.

Sin duda alguna el ocio es imprescindible en nuestras vidas y en especial el ocio saludable. Este nos proporciona una mejor calidad de vida, ya que tiene múltiples beneficios sobre nuestra salud mental y estado de ánimo. Los jóvenes muchas veces no son conscientes de los peligros y riesgos del ocio nocturno. El alcohol y las drogas son dos de los principales problemas que más les afectan. Por eso, en el artículo de hoy me gustaría criticar la falta de alternativas saludables al ocio nocturno en nuestra ciudad. Es una pena que lo jóvenes no tengan otras opciones más sanas que los típicos botellones y borracheras de fin de semana. Recientemente he leído una noticia sobre ocio alternativo que me parece necesario destacar. Este evento ofrece actividades variadas tales como deporte nocturno, baile, pilates, etc. Me parece fenomenal que se lleven a cabo este tipo de programas, porque se enseña a los jóvenes que hay otras maneras de divertirse. Para concluir, me gustaría recalcar la importancia del ocio saludable, especialmente entre los jóvenes, y hacer un llamamiento a nuestro alcalde para que considere la creación de este tipo de programas en nuestra ciudad.

해석

여가 활동은 우리의 삶에 필수적인 것이며 특히나 건강한 여가 활동이 바로 그러합니다. 이것은 우리에게 더 나은 삶의 질을 제공하는데, 왜냐하면 우리의 정신 건강과 감정 상태에 여러 이점을 주기 때문입니다. 젊은이들은 종종 야간 유흥의 위험성을 알지 못합니다. 알코올과 마약은 그들에게 가장 큰 영향을 미치는 주요 문제 중 하나입니다. 그러므로 오늘 기사에서 저는 우리 도시의 야간 유흥에 대한 건강한 대안이 부족하다는 것을 비판하고 싶습니다. 젊은이들이 길거리에서 술 먹기 혹은 만취하기 같은 것처럼 주말을 보내는 전형적인 형태 이외의 다른 더 건강한 옵션을 가지고 있지 않은 것은 유감입니다. 최근에 저는 주목할 만한 대안 여가에 관한 이야기를 읽었습니다. 이 행사는 야간 스포츠, 춤, 필라테스 등 다양한 활동을 제공합니다. 젊은이들이 즐길 수 있는 다른 방법이 있다는 것을 가르쳐 주기 때문에 이러한 유형의 프로그램이 진행되는 것은 아주 훌륭한 일입니다. 결론적으로, 저는 특히 젊은이들 사이에서 건강한 여가의 중요성을 강조하고 싶으며, 시장님이 우리 도시에서 이러한 프로그램의 창설을 고려할 것을 호소하는 바입니다.

4 어휘

옵션 1

colaborador	ⓜ ⓕ 협력자, 기고가 / 협력하는	hígado	ⓜ 간, 간장, 용기, 기력
frecuencia	ⓕ 빈도, 빈번, 주파수	reducir	축소하다, 줄이다
consumo	ⓜ 소비, 소모	tercio	ⓜ 3분의 1
incluir	포함하다, 함유하다	reflejar	반사하다, 반영하다
semanal	주의, 매주의	atajar	앞질러 가다, 방해하다, 막다, 가로막다, 차단하다, 저지하다
mensual	매월의, 1개월의	lanzar	던지다, 뛰어들다, 팔기 시작하다
abuso	ⓜ 남용, 오용, 폭행, 학대	dirigido	~을 향하는, 지휘되어지는
suponer	상상하다, 추정하다	concienciar	자각하게 하다, 자각시키다
grave	무거운, 중요한, 심각한, (병이) 중태의	consecuencia	ⓕ 결과

옵션 2

prensa	ⓕ 신문, 잡지, 언론, 보도진	concurrencia	ⓕ 집중, 붐빔, 참가자, 출석자
boletín	ⓜ 소책자, 정기 간행물, 회보	aceptación	ⓕ 수락, 승낙, 승인, 동의
informativo	ⓜ 뉴스 프로그램 / 정보를 주는, 지식을 주는	circense	서커스 공연의
taichi	ⓜ 태극권	multiaventura	ⓕ 멀티 어드벤처
fase	ⓕ 측면, 관점, 단계, 상태	inscripción	ⓕ 등록, 신청
reanudar	재개하다, 다시 시작하다	acudir	가다, 쫓아가다, 참가하다
remitido	ⓜ (신문의) 투서 기사	estado de ánimo	ⓜ 기분, 정신 상태
consistorio	ⓜ 시청, 시의회	botellón	ⓜ 큰 병, 길에서 술을 마시는 문화
apostar por	걸다, 내기를 하다, 위험을 감수하고 ~을 선호하다	borrachera	ⓕ 취함, 취기, 만취
cacereño	ⓜ ⓕ 카세레스(Cáceres) 사람 / 카세레스의	recalcar	짓누르다, 어세를 높이다, 강조하다
concejal	ⓜ ⓕ 시의원	llamamiento	ⓜ 호소, 호출, 소환
dinamización	ⓕ 활성화, 활발하게 함	alcalde	ⓜ ⓕ 시장
subrayar	밑줄을 긋다, 강조하다		

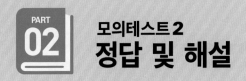

PRUEBA DE EXPRESIÓN E INTERACCIÓN ORALES

Expresión e interacción orales

Tarea 1

---

1 해석

지시사항

당신은 한 가지 특정 상황에 대한 일련의 해결 방안들의 장점과 단점에 대해 3~4분 동안 이야기해야 합니다. 이어서는 그 주제에 대해 감독관과 2~3분간 대화를 나누게 될 것입니다.

주제: 청년들의 첫 일자리

현재 젊은이들은 그들의 첫 일자리를 얻는 데에 있어 심각한 어려움을 겪고 있습니다. 이러한 상황은 청년 실업률의 증가를 초래합니다. 노동부의 전문가들은 이 문제에 대해 이야기하며 해결 방안을 모색하기 위해 한자리에 모였습니다.
다음 제안들을 읽고 2분간 그것들의 장점과 단점에 대해 설명하세요. 제안들 중 최소 4개에 대해서 발표해야 한다는 것을 유념하세요. 발표가 끝나면 그 제안들의 주제에 대해 감독관과 대화를 나누어야 합니다.
발표를 준비하기 위해서는 각각의 제안을 분석해 가며 그것이 왜 좋은 해결 방안으로 보이는지, 어떤 단점이 있는지, 누구에게 이로운지 그리고 누구에게는 해가 되는지, 다른 문제들을 야기할 수 있는지, 무언가를 조정해야 할지에 대해 생각해 보아야 합니다.

> 저는 젊은이들을 위한 창업가 양성 프로그램을 촉진할 것입니다.

> 근무지 내 장학금과 보조금을 통해 전문가 양성을 더 분발하도록 할 것이며, 기업들이 기술 교육을 하도록 제안할 것입니다.

> 최저 임금을 낮출 것입니다.

> 저는 대학교와 회사 간의 유대 관계를 촉진시킬 것입니다.

> 저는 학생들이 향후 그들의 미래 직업에 대해 진로를 더 잘 정할 수 있도록 직업 지도를 더 강화할 것입니다.

> 저라면 젊은 인력을 지속적으로 고용하는 기업들에게 세금을 인하하는 인센티브 프로그램을 만들 것 같습니다.

1) 발표문

예시문: 최저 임금을 낮추는 것에 대한 제안 사항에 대해서는 아주 큰 장점이 있는데···

2) 대화

응시자가 정해진 시간(3~4분) 동안 표 안의 제안들에 대해 발표를 마치면, 감독관은 과제1의 소요 시간(6~7분)이 끝날 때까지 주제와 관련한 몇 가지의 질문을 할 것입니다.

감독관의 예상 질문들:

제안들에 대하여

- 주어진 제안들 중에서 당신이 보기에 어떤 것이 가장 나은 제안인가요?
- 역효과가 날 수 있을 것 같은 제안이 있다고 생각하나요?
- 젊은이들을 위한 창업가 양성 프로그램을 촉진하자는 제안에 대해 어떻게 생각하나요?

당신의 현실에 대하여

- 이 문제에 대해 어떻게 생각하나요? 이것이 하나의 사회적 문제라고 생각하나요? 당신에게도 영향을 끼치는 문제인가요? 왜 그렇나요?
- 당신의 나라의 청년들 또한 첫 직업을 갖는 데에 있어 문제를 겪나요? 보통은 어떻게 일자리를 찾나요?
- 당신이라면 이 문제를 해결하기 위해 어떻게 하실 건가요?

본 과제의 전체 소요 시간은 **6~7분**입니다.

1) 발표문

> Yo promovería programas de formación de emprendedores para jóvenes.

La propuesta de promover programas de formación de emprendedores para jóvenes **me parece una buena solución, ya que** no todos los jóvenes buscan trabajar en una empresa ya establecida. Obviamente, habrá quien querrá abrir su propio negocio.

젊은이들을 위한 창업가 양성 프로그램을 촉진하자는 제안은 좋은 해결 방안으로 여겨집니다. 왜냐하면 모든 청년들이 이미 설립된 회사에서 일하는 것을 추구하는 것은 아니기 때문입니다. 당연히 자신의 사업을 시작하길 원하는 사람도 있을 것입니다.

> Yo incentivaría la formación profesional en el lugar de trabajo con becas o subvenciones. Involucraría a las empresas en la educación técnica.

Esta propuesta de incentivar la formación profesional en el lugar de trabajo con becas o subvenciones **e involucrar** a las empresas en la educación técnica **es muy conveniente**. De esta manera, los jóvenes se adaptarán más fácilmente en el lugar de trabajo y las empresas podrán contar con unos trabajadores bien capacitados por ellos mismos.

근무지 내에서 장학금과 보조금을 통한 전문가 양성을 촉진해야 하며 회사들이 기술 교육을 도입할 수 있도록 해야 한다고 말하는 이 제안은 매우 좋습니다. 이렇게 한다면 청년들은 근무지에 적응하는 것이 더 쉬울 것이며 회사들은 자신들이 직접 훈련한 좋은 직원들을 확보할 수 있을 것입니다.

> Yo bajaría el salario mínimo interprofesional.

La propuesta de bajar el salario mínimo interprofesional **es ilógica**. Bajar el salario mínimo interprofesional solo beneficia a las empresas. Además, no creo que esto ayude a que los jóvenes consigan su primer empleo.

최저 임금을 낮춰야 한다는 제안은 비논리적입니다. 최저 임금을 낮추게 되면 회사들만 좋을 뿐입니다. 또한, 그렇게 하는 것이 청년들에게 그들의 첫 직장을 갖게 하는 데에 도움을 준다고 생각하지 않습니다.

> Yo impulsaría el nexo universidad-trabajo.

Para mí, esta propuesta de impulsar el nexo universidad-trabajo **es muy conveniente**. De esta manera, los universitarios tienen un acceso mucho más fácil y automático para encontrar un trabajo y también las empresas encuentran al personal ajustado a sus necesidades.

제 생각에는 대학교와 회사 간의 유대 관계를 촉진시켜야 한다는 이 제안은 아주 유익한 의견입니다. 이렇게 함으로써 대학생들은 일자리를 찾기에 훨씬 더 쉽고 자동적인 접근을 할 수 있고, 또한 기업들은 그들의 필요성에 부합하는 인력을 찾을 수 있기 때문입니다.

> Yo fortalecería la orientación vocacional para orientar mejor a los alumnos en su futuro laboral.

Esta propuesta que dice "Yo fortalecería la orientación vocacional para orientar mejor a los alumnos en su futuro laboral." **es** muy **práctica**. Muchas veces vemos que los alumnos piensan que se preparan bien, pero no es así. Debe de haber una buena guía para los jóvenes, que apenas están en busca de su primer empleo.

"저는 학생들이 향후 그들의 미래 직업에 대해 진로를 더 잘 정할 수 있도록 직업 지도를 더 강화할 것입니다."라고 말하는 이 제안은 매우 실용적입니다. 학생들은 스스로 아주 잘 대비한다고 생각하지만 사실은 그렇지 않습니다. 이제 막 본인의 첫 일자리를 찾는 젊은이들을 위한 좋은 안내가 반드시 있어야 합니다.

> Yo crearía programas de incentivos de reducción de impuestos para las empresas que contraten permanentemente a trabajadores jóvenes.

Estoy completamente a favor de la propuesta de crear programas de incentivos de reducción de impuestos para las empresas que contraten permanentemente a trabajadores jóvenes. Es justo que las empresas tengan una recompensa por preocuparse de este tipo de problemas.

저는 젊은 인력을 지속적으로 고용하는 기업들에게 세금을 인하하는 인센티브 프로그램을 만들어야 한다는 제안에 완전히 찬성합니다. 이런 류의 문제들에 대해 우려하는 기업들이라면 보상을 주는 것이 정당하기 때문입니다.

2) 대화

감독관

De las propuestas dadas, ¿cuál le parece la mejor?

주어진 제안들 중에서 당신이 보기에 어떤 것이 가장 나은 제안인가요?

응시자

De todas las propuestas, la que a mí me parece la mejor es la de impulsar el nexo universidad-trabajo. Como las universidades tienen más información sobre los diferentes tipos de trabajo, será más fácil que las mismas universidades ofrezcan una información más detallada de las ofertas de trabajo a sus estudiantes.

모든 제안들 가운데 제가 보기에 가장 좋은 것은 대학교와 회사 간의 유대 관계를 촉진하는 것입니다. 대학들은 다양한 유형의 일자리에 대한 더 많은 정보를 갖고 있기 때문에 대학교 자체에서 그들의 학생들에게 일자리에 대한 더 상세한 정보를 제공하는 것이 더 수월할 것입니다.

감독관

¿Cree que hay alguna propuesta que podría ser contraproducente?

역효과가 날 수 있을 것 같은 제안이 있다고 생각하나요?

응시자

Sí. La propuesta de bajar el salario mínimo interprofesional me parece contraproducente. Porque bajando el salario, los que se benefician son las empresas y no los candidatos. A mí no me gustaría que el salario bajara más.

그렇습니다. 최저 임금을 낮추는 것은 역효과가 있다고 생각합니다. 왜냐하면, 임금을 낮추게 되면 이익을 얻게 되는 이들은 회사들이지 지원자들이 아니기 때문입니다. 저는 임금이 더 낮춰지는 것이 싫을 것 같습니다.

감독관

¿Qué piensa sobre la propuesta de promover programas de formación de emprendedores para jóvenes?

젊은이들을 위한 창업가 양성 프로그램을 촉진하자는 제안에 대해 어떻게 생각하나요?

응시자

Pienso que es muy buena solución, porque muchos jóvenes quieren montar su propia empresa, y para esto tienen que investigarlo todo por su cuenta. Así como hay muchos programas que ayudan para la búsqueda de trabajo, debe haber muchos programas de formación de emprendedores.

아주 좋은 해결 방안이라고 생각합니다. 왜냐하면 많은 청년들은 자신만의 회사를 차리고 싶어 하는데, 이것을 하기 위해서 그들은 스스로 모든 것을 조사해야 합니다. 일자리 검색에 도움이 되는 프로그램이 아주 많은 것처럼, 창업가 양성을 위한 프로그램도 많이 있어야 합니다.

감독관

¿Qué piensa sobre este problema? ¿Cree que es un problema social? ¿Es un problema que le afecta? ¿Por qué?

이 문제에 대해 어떻게 생각하나요? 이것이 하나의 사회적 문제라고 생각하나요? 당신에게도 영향을 끼치는 문제인가요? 왜 그렇나요?

Sí. Pienso que es un problema social y también un problema que me afecta a mí. Como todos mis amigos y yo nos vamos a graduar de la universidad dentro de unos meses, estamos buscando muchísimas ofertas de trabajo. Desafortunadamente, me doy cuenta de que el número de personas que quieren trabajo es muchísimo mayor que el número de las ofertas de trabajo.

그렇습니다. 제 생각에 이것은 사회적인 문제이며 동시에 저에게도 영향을 끼치는 문제입니다. 저의 모든 친구들과 저는 몇 달 안으로 대학을 졸업할 예정이기 때문에 우리는 엄청나게 많은 일자리를 검색하고 있습니다. 불행히도 일자리의 수에 비해 일자리를 필요로 하는 사람의 수가 훨씬 더 많다는 것을 실감하고 있습니다.

¿En su país los jóvenes también tienen problemas para conseguir un primer empleo? ¿Cómo suelen buscar trabajo?

당신 나라의 청년들 또한 첫 직업을 갖는 데에 있어 문제를 겪나요? 보통은 어떻게 일자리를 찾나요?

Sí. En Corea, los jóvenes tienen problemas para conseguir su primer empleo, ya que no hay mucha oferta y también porque las empresas requieren muchas cosas. Normalmente un joven coreano se prepara durante muchos años para poder entrar en el mercado laboral.

그렇습니다. 한국에서도 젊은 사람들이 그들의 첫 직장을 갖는 데에 문제를 겪고 있습니다. 그것은 일자리가 많이 없기 때문이기도 하며 또한 기업들이 많은 부분을 요구하기 때문입니다. 보통 한국의 청년은 노동 시장에 진입하기 위해 다년간 준비합니다.

¿Usted qué haría para solucionar el problema?

당신이라면 이 문제를 해결하기 위해 어떻게 하실 건가요?

Yo trataría de buscar todas las medidas necesarias para mejorar la situación de desempleo juvenil, pero considerando tanto el beneficio de los jóvenes como el de las empresas también. Es importante que las empresas marchen bien para que puedan seguir contratando.

저는 젊은이들의 이익만큼이나 기업들의 이익을 고려해서 청년 실업 상황을 개선하기 위해 필요한 모든 수단을 강구하려 노력할 것 같습니다. 기업들이 계속해서 일자리를 창출할 수 있게 하려면 기업의 운영이 잘 되는 것도 중요하기 때문입니다.

empleo	ⓜ 일, 일자리, 고용
grave	무거운, 중요한, 심각한, (병이) 중태의
dificultad	ⓕ 어려움, 방해, 곤란
provocar	선동하다, 자극하다, 초래하다, 일으키게 하다, 생기게 하다
elevado	높은, 고상한, 고매한
cifra	ⓕ 수, 숫자, 암호
desempleo	ⓜ 실업, 실직
juvenil	청춘의, 젊은
experto	ⓜ ⓕ 전문가, 명인 / 노련한
Ministerio de Trabajo	ⓜ 노동부
promover	촉진하다, 조장하다
formación	ⓕ 형성, 양성, 교육
emprendedor	ⓜ 사업가 / 적극적인, 진취적인
incentivar	자극하다
beca	ⓕ 장학금
subvención	ⓕ 보조, 보조금, 원조
involucrar	끌어들이다, 개입시키다, 관계하고 있다
técnico	기술의, 전문의
salario mínimo interprofesional	ⓜ 최저 임금
nexo	ⓜ 관계, 유대
fortalecer	강하게 하다, 강화시키다, 강화되다
vocacional	직업 교육의
orientar	방향을 정하다, 향하다, 진로를 정하다
laboral	노동의, 직업의
incentivo	ⓜ 인센티브, 자극물, 유인
reducción	ⓕ 축소, 절감, 감소, 저하, 할인
impuesto	ⓜ 세금
permanentemente	영구적으로, 영속적으로
establecer	설립하다, 창설하다, 확립하다, 분명하게 하다, 수립하다
adaptarse	적응하다, 순응하다
capacitado	~하는 능력이 있는, 자격이 있는
ilógico	비논리적인, 부조리한
beneficiar	선을 베풀다, 이익을 주다
acceso	ⓜ 접근, 통행
personal	ⓜ 직원 / 개인의
ajustado	꼭 맞는, 꽉 조인, 옳은
necesidad	ⓕ 필요성, 필연

práctico	실용적인, 실천적인
apenas	겨우, 고작, 단지, ~하자마자
en busca de	~을 찾아, ~을 얻으려고
justo	올바른, 공평한, 정확한, 꼭 들어맞는
recompensa	ⓕ 포상, 상, 보수, 변상
detallado	상세한, 자세한, 구체적인
candidato	ⓜ ⓕ 지원자, 후보자
montar	타다, 조립하다, 장치하다, 설립하다
investigar	조사하다, 수사하다, 연구하다
búsqueda	ⓕ 수색, 탐구, 검색, 추구
desafortunadamente	불운하게, 불행히도
requerir	필요하다, 알리다
medida	ⓕ 크기, 치수, 측정, 조치, 대책

1 해석

지시사항

당신은 한 장의 사진을 보고 상황을 떠올리고 2~3분 동안 그 상황을 묘사해야 합니다. 이어서, 그 상황의 주제와 연관된 당신의 경험과 의견에 대해 감독관과 대화를 나누게 될 것입니다. 정해진 답이 있지 않다는 것을 명심하세요. 주어진 질문들을 읽고 상황을 상상하세요.

사진: 이웃 간의 문제들

이 이웃들은 서로 간의 문제를 갖고 있습니다. 상황을 상상하여 그것에 대해 대략 2분간 말하세요. 다음은 당신이 언급할 수 있는 점들입니다.

- 그들은 어떤 문제가 있다고 생각하나요? 왜 그렇습니까? 그들 중에 문제를 발생시킨 사람은 누구인가요? 그들이 이런 문제를 갖는 것이 처음이라고 생각하나요?
- 그들 개개인이 어떻다고 생각하나요? 어떤 유형의 사람입니까? 왜 그렇게 생각하나요?
- 그들은 이 순간에 어떤 기분인 것 같나요? 그들이 서로 어떤 말을 주고받고 있다고 생각하나요? 왜 그런가요?
- 그들이 그 문제를 해결할 것이라고 생각하나요? 어떻게 그것을 해결할까요? 그들 중에 누군가가 사과를 할 것이라 생각하나요? 그 상황은 어떻게 끝나게 될까요? 왜 그렇나요?
- 그들 간의 관계는 향후에 어떻게 될까요? 왜 그렇나요?

응시자가 정해진 시간(2~3분) 동안 사진을 묘사하고 나면 감독관은 과제의 소요 시간이 끝날 때까지 주제와 관련한 몇 가지의 질문을 할 것입니다.

감독관의 예상 질문들:

- 당신은 이웃 간의 공동 생활이 쉽다고 생각하나요 아니면 어렵다고 생각하나요? 왜 그렇나요? 이웃들 간에 가지는 문제들 중에 가장 빈번한 것은 어떤 것들이라고 생각하나요?
- 당신의 나라에서는 이웃들 간의 관계는 주로 어떤 편입니까? 그들 사이에 문제가 있는 것이 일반적인가요?
- 당신은 이웃과 문제를 겪은 적이 있나요? 만약 그렇다면, 어떤 문제를 겪었나요? 해결이 되었나요?

본 과제의 전체 소요 시간은 **5~6분**입니다.

2 모범답안

1) 사진 묘사

Pienso que el hombre que está en la puerta ha hecho mucho ruido, y la pareja que vive abajo ha tocado la puerta para decirle que deje de hacer ruido y que ya es muy tarde. Veo que los tres, tanto el hombre como la pareja, están muy enfadados, así que puedo imaginar que no es la primera vez que el hombre causa este tipo de problemas.

El hombre parece tener un carácter muy fuerte por lo que dice su gesto. Aunque la pareja le dice de manera calmada que el ruido es bastante fuerte, el hombre parece no aceptarlo y se defiende. Si ellos siguen así, no creo que se pueda solucionar el problema, porque aquí lo único que se necesita es que el hombre se disculpe y que diga que va a tratar de no hacer ruido por lo menos, pero no creo que ese hombre lo vaya a hacer.

Puede que la situación termine fatal y, si la pareja se lo toma muy a mal, pueden llamar a la policía y el problema se va a agrandar. En caso de que sucediera algo así, obviamente la relación va a ser horrible. No se van a llevar bien ni ahora ni en el futuro.

해석

제 생각에는 문에 서 있는 남자가 아주 큰 소음을 냈고, 밑에 사는 커플은 소음을 내지 말아 달라고, 이미 시간이 많이 늦었다고 말하기 위해 문을 두드린 것 같습니다. 커플만큼이나 그 남자도, 세 사람 모두 화가 나 있어 보입니다. 그래서 저는 그 남자가 이런 문제를 일으킨 것이 처음이 아니라고 생각합니다.

제스처를 보면 그 남자는 매우 강한 성격을 가진 사람인 것 같습니다. 비록 그 커플이 소음이 아주 크다고 침착하게 말해도 그 남자는 그 사실을 인정하지 않고 스스로를 변호합니다. 그들이 계속 이렇게 하면, 그 문제가 해결될 거라고 생각하지 않습니다. 왜냐하면 이 상황에서 유일하게 필요한 것은 남자가 사과하고, 적어도 소음을 내지 않기로 노력하겠다고 말만 하면 되는 것인데, 그 남자는 그것을 할 것 같지 않기 때문입니다.

그 상황은 정말 좋지 않게 끝날 수 있을 것 같습니다. 그리고, 만일 그 커플이 이 문제를 매우 안 좋게 받아들인다면 경찰을 부를 수도 있으며 이 문제는 아주 크게 확대될 것입니다. 그런 일이 생길 경우, 당연히 그 관계는 최악이 될 것입니다. 그들은 지금도 그렇고 앞으로도 잘 지내지 못할 것입니다.

2) 대화

감독관

¿Cree que la convivencia entre vecinos es fácil o difícil? ¿Por qué? ¿Cuáles cree que son los problemas más comunes que se dan entre vecinos?

당신은 이웃 간의 공동 생활이 쉽다고 생각하나요 아니면 어렵다고 생각하나요? 왜 그렇나요? 이웃들 간에 가지는 문제들 중에 가장 빈번한 것은 어떤 것들이라고 생각하나요?

응시자

Creo que hoy en día la convivencia entre vecinos es difícil, porque la gente ya no es tan paciente, exige lo que quiere y no perdona fácilmente. Los problemas más comunes que se dan entre vecinos surgen por el ruido que se escucha entre las casas. Puede que alguien haga una fiesta o una reunión, o simplemente poner música a un volumen muy alto y los vecinos no quieren escucharlo, entonces ahí empieza el problema.

저는 오늘날 이웃 간의 공동 생활은 어렵다고 생각합니다. 그 이유는 바로 사람들은 더 이상 그렇게 인내심이 많지 않고, 원하는 것을 요구하며 쉽게 용서하지 않기 때문입니다. 이웃들 간에 발생하는 가장 일반적인 문제들은 바로 집들 사이에서 들리는 소음으로 인해 생깁니다. 누군가가 파티나 모임 등을 하거나 혹은 단순히 매우 큰 소리로 음악을 틀어 놓을 수 있는데, 이웃들은 그 소리를 듣고 싶지 않을 것이며, 거기서부터 문제가 시작됩니다.

감독관

En su país, ¿cómo suele ser la relación entre vecinos? ¿Es normal que haya problemas entre ellos?

당신의 나라에서는 이웃들 간의 관계는 주로 어떤 편입니까? 그들 사이에 문제가 있는 것이 일반적인가요?

응시자

En Corea, pienso que la relación entre vecinos generalmente no es muy buena. No es nada raro oír alguna noticia de alguna pelea fuerte o incluso algún delito o crimen por la agresividad que se llega a tener entre vecinos. Pienso que el problema es muy general porque en Corea, sobre todo en las ciudades, la forma de vivienda más común son los edificios con varios pisos. Como los pisos están todos pegados, surgen problemas por cualquier causa como el ruido, el humo del cigarrillo, etc.

한국에서는 이웃들 간의 관계가 보통은 그리 좋지 않다고 생각합니다. 아주 큰 싸움이나 심지어 폭력으로 인한 범죄가 이웃들 간에 벌어지게 되는 뉴스를 듣는 것은 이상한 일이 아닌 것입니다. 저는 그것이 매우 일반적인 문제라 생각하는데 그 이유는 한국에서는, 특히나 도시에서 가장 일반적인 주거 형태가 바로 여러 채의 아파트로 이루어진 건물이기 때문입니다. 모든 아파트가 다 붙어 있기 때문에 소음이나 담배 연기 등의 원인으로 문제들이 발생합니다.

감독관

¿Alguna vez ha tenido un problema con algún vecino? En caso de que sí, ¿qué problema tuvo? ¿Se solucionó?

당신은 이웃과 문제를 겪은 적이 있나요? 만약 그렇다면, 어떤 문제를 겪었나요? 해결이 되었나요?

Sí. Una vez tuve unos vecinos que se quejaban porque yo tengo un perro grande y cuando lo sacaba a pasear, el perro soltaba pelo en las escaleras. Yo les daba la razón a ellos, me disculpaba y limpiaba las escaleras, pero llegó un momento en que pensé que eran un poco exagerados. El problema no continuó porque afortunadamente me mudé a otra casa, pero sigo pensando que ellos eran unos vecinos demasiado sensibles.

그렇습니다. 저는 불평이 많은 이웃들이 있었던 적이 있었는데 그 이유는 바로 제가 기르던 아주 큰 개가 산책을 시킬 때마다 계단에 털을 많이 떨어뜨렸기 때문입니다. 저는 그들의 말에 동의하였고 사과하였으며 계단을 청소했었습니다. 하지만 어느 순간이 되자 그들이 조금은 지나치다는 생각이 들었습니다. 그 문제는 지속되지 않았는데 왜냐하면 다행히도 저는 다른 집으로 이사했기 때문입니다. 하지만 여전히 저는 그들이 너무나도 예민한 이웃들이었다고 생각하고 있습니다.

3 어휘

vecino	⑩ 이웃 / 이웃의	exigir	요구하다, 요청하다
causar	야기하다, 원인이 되다	raro	드문, 희소한, 기묘한
disculparse	잘못을 사과하다, 사죄하다	delito	⑩ 잘못, 죄, 범죄
convivencia	⑤ 동거, 공동 생활, 합숙	crimen	⑩ 죄, 범죄, 범행
ruido	⑩ 소음, 잡음	agresividad	⑤ 폭력성, 공격성
carácter	⑩ 성격, 인성, 개성, 특징	pegado	붙은, 붙인, 달라붙은, 올망졸망한
gesto	⑩ 몸짓, 손짓, 표정	humo	⑩ 연기, 수증기
calmado	가라앉은, 평정된, 진정된	quejarse	이의를 제기하다, 한탄하다, 불평하다
defenderse	방어하다, 자기 변호를 하다	pasear	산책하다, 산보하다
por lo menos	적어도 (= al menos)	soltar	놓다, 놓아주다, 뱉다, 내보내다
fatal	극히 나쁘게, 치명적인, 숙명적인	pelo	⑩ 털, 체모
tomárselo a mal	나쁘게 받아들이다	dar la razón	말한 것을 동의하다
agrandar	확대하다, 확장하다, 크게 하다	exagerado	과장된, 과도한
llevarse	가지고 가다, 데리고 가다, 획득하다, 지내다	afortunadamente	다행히, 운 좋게
paciente	⑩ ⑤ 환자 / 끈기 있는	sensible	분별 있는, 상식적인, 정밀한, 감수성이 예민한, 민감한

1 해석

지시사항

당신은 한 설문 조사의 자료에 대해 당신의 의견을 표현하며 감독관과 대화를 나누어야 합니다. 두 가지의 옵션 중 하나를 선택해야 합니다.

설문: **실업**

이것은 한 공공 기관이 시민들이 실업에 대해 생각하는 것을 알아보기 위해 실행한 설문 조사입니다. 당신의 견해에 따라 답변을 선택하세요.

---

1. 당신은 현재 어떤 사회 문제가 가장 걱정되나요?
   - 특수 훈련 부족
   - 노동 시장에서의 과도한 경쟁
   - 경험 부족
   - 경제 상황과 노동 시장의 현 상황

2. 당신은 다음 문장들 중 어느 것에 가장 동의하나요?
   - 실직 중에 있는 것은 스스로를 성장시킬 수 있는 좋은 기회이다.
   - 일정 기간 동안 일이 없는 것은 좋을 수도 있다.
   - 우선 어떤 일이라도 하는 것이 실직 상태로 있는 것보다 낫다.
   - 실직 중이라는 사실은 심리적으로 자신에게 안 좋은 영향을 줄 수 있다.

이제 다음 설문 조사의 결과를 잘 살펴보세요.

---

1. 다음 요소들 중 어떤 것이 새로운 일자리를 얻는 것을 가장 어렵게 만든다고 생각하나요?
   - 특수 훈련 부족   14%
   - 노동 시장에서의 과도한 경쟁   30%
   - 경험 부족   17%
   - 경제 상황과 노동 시장의 현 상황   39%

2. 당신은 다음 문장들 중 어느 것에 가장 동의하나요?
   - 실직 중에 있는 것은 스스로를 성장시킬 수 있는 좋은 기회이다.   33%
   - 일정 기간 동안 일이 없는 것은 좋을 수도 있다.   22%
   - 우선 어떤 일이라도 하는 것이 실직 상태로 있는 것 보다는 낫다.   21%
   - 실직 중이라는 사실은 심리적으로 자신에게 안 좋은 영향을 줄 수 있다.   24%

지시사항

설문 조사의 자료에 대한 당신의 의견을 감독관과 이야기하며 당신의 답변과 비교하세요.

- 두 답변은 어떤 점에서 일치하나요? 어떤 점에서 다른가요?
- 특히 눈길이 가는 정보가 있나요? 왜 그런가요?

감독관의 예상 질문들:

- 왜 그 옵션을 골랐나요? 예를 들어볼 수 있나요?
- 어떤 옵션에 가장 덜 동의하나요? 왜 그런가요?
- 당신의 나라에서도 동일한 결과가 나올 것이라 생각하나요? 왜 그런가요?

본 과제의 전체 소요 시간은 **3~4분**입니다.

1) 발표문

[예시 1]

El factor que yo creo que dificulta más conseguir un nuevo empleo es la "Situación actual de la economía y mercado laboral". A través de las noticias, veo que la situación actual de la economía va de mal en peor y las empresas tratan de reducir sus gastos como sea, y pues no quieren pagar por sus recursos humanos. La opción de la "Excesiva competencia en el mercado laboral" también es un factor que dificulta conseguir un empleo, pero opino que la situación del mercado laboral hace que no haya muchos puestos abiertos y eso causa esta excesiva competencia.

Ahora, para la segunda pregunta, la frase con la que estoy más de acuerdo es "Es mejor trabajar en lo que sea antes que estar en paro." Pienso que lo importante es trabajar en algo, y no quedarse con las manos vacías deseando tener un trabajo que quién sabe cuándo vaya a ser posible lograrlo.

[해석]

제가 생각하는 새로운 일자리를 얻는 것을 가장 방해하는 요소는 바로 '경제 상황과 노동 시장의 현 상황'이라고 생각합니다. 뉴스를 통해 저는 얼마나 지금 현 경제 상황이 가면 갈수록 더 나빠지고 있고, 기업들은 어떻게 해서든지 지출을 줄이려 노력하면서 인적 자원에 돈을 쓰고 싶어하지 않는지를 볼 수 있습니다. '노동 시장에서의 과도한 경쟁'이라는 옵션 역시 새로운 일자리를 얻는 것을 어렵게 하는 요소 중 하나이지만, 저는 노동 시장 상황이 많은 일자리 제공을 힘들게 하며, 이것이 바로 과도한 경쟁을 야기하는 것이라 생각합니다.

이어서 두 번째 질문에서 제가 가장 동의하는 문장은 바로 '우선 어떤 일이라도 하는 것이 실직 상태로 있는 것 보다는 낫다.'라는 문장입니다. 저는 언제 가능한 것이 될지 누구도 모르는 일자리를 원하기만 하며 빈손으로 있기보다는 무엇이라도 일을 하는 것이 중요하다고 생각합니다.

[예시 2]

En cuanto a los resultados de la encuesta, veo que la respuesta de los encuestados para la primera pregunta coincide con la mía. El 39 por ciento eligieron la "Situación actual de la economía y mercado laboral" como el factor que más dificulta conseguir un nuevo empleo como yo. Sin embargo, para la segunda pregunta no hubo coincidencia. El 33 por ciento de los encuestados están de acuerdo con la frase de "Estar en paro es una buena oportunidad para formarme." A mí también me parece racional esta frase y pienso que es una actitud bastante optimista, aunque sigo pensando que cualquier persona que esté en paro puede trabajar en lo que sea, mientras esté buscando algo mejor.

[해석]

설문 조사의 결과에 있어서 저는 첫 번째 질문에서의 응답자들의 답변이 제 답변과 일치하는 것을 볼 수 있습니다. 39퍼센트의 사람들은 일자리를 갖는 것을 가장 어렵게 만드는 요소로 저처럼 '경제 상황과 노동 시장의 현 상황'을 선택했습니다. 하지만 두 번째 질문에서는 일치가 이루어지지 않았습니다. 응답자들의 33퍼센트는 '실직 중에 있는 것은 스스로를 성장시킬 수 있는 좋은 기회이다.'라는 문장에 동의하고 있습니다. 저 역시 이 표현이 합리적이라고 생각하며 이는 아주 긍정적인 태도라고 생각합니다. 하지만 저는 여전히 실직 상태인 사람이라면 누구라도 더 나은 일자리를 찾는 동안에도 다른 어떤 일이든 할 수 있다고 생각합니다.

2) 대화

감독관
¿Por qué ha escogido esa opción? ¿Podría poner un ejemplo?

왜 그 옵션을 골랐나요? 예를 들어볼 수 있나요?

응시자
He escogido la opción de "Excesiva competencia en el mercado laboral", y un ejemplo sería el caso de una amiga mía. Ella se postuló a un puesto en un pequeño hospital de su barrio. Ella pensaba que no habría muchos candidatos, por ser un pequeño hospital, pero cuando llegó al lugar de la entrevista, se dio cuenta de que, para ese puesto, habían venido más de 100 personas. Desafortunadamente ella no fue seleccionada.

저는 '노동 시장에서의 과도한 경쟁'이라는 옵션을 골랐고 제 친구의 사례가 하나의 예가 될 수 있을 것 같습니다. 그녀는 본인이 사는 지역의 한 작은 병원의 일자리에 지원했습니다. 그녀는 그 병원이 작기 때문에 지원자가 많지 않을 것이라고 생각했으나 면접 자리에 도착하니 그 일자리를 위해 100명이 넘는 사람들이 왔다는 사실을 알게 되었습니다. 안타깝게도 그녀는 선발되지 않았습니다.

감독관
Con qué opción está menos de acuerdo? ¿Por qué?

어떤 옵션에 가장 덜 동의하나요? 왜 그런가요?

응시자
La opción con la que estoy menos de acuerdo es la de "Estar desempleado me puede afectar psicológicamente." Yo pienso que un trabajo es solo un trabajo y si alguien está desempleado, es porque todavía no ha encontrado lo que quiere o lo que puede, pero no quiere decir que no sirva mucho o que no sea un buen trabajador. No hay por qué estar desanimado ni afectado psicológicamente.

제가 가장 동의하기 힘든 옵션은 '실직 중이라는 사실은 심리적으로 자신에게 안 좋은 영향을 줄 수 있다.'입니다. 저는 일은 그저 일이라고 생각하며 만일 누군가가 실직 상태에 있다면, 그것은 그 사람이 자신이 원하는 것 혹은 할 수 있는 것을 아직 찾지 못했기 때문이지 그 사람이 딱히 쓸모가 없거나 좋은 인재가 아니라는 것을 의미하지 않는다고 생각합니다. 기운을 잃을 필요도 없고 심리적으로 부정적인 영향을 받을 필요도 없습니다.

감독관
¿Cree que en su país los resultados serían los mismos? ¿Por qué?

당신의 나라에서도 동일한 결과가 나올 것이라 생각하나요? 왜 그런가요?

응시자
Si se realizara la encuesta en Corea, la primera pregunta tendría el mismo resultado, quizás, pero en el caso de la segunda pregunta no. Estoy seguro de que la gente en Corea, estaría más de acuerdo con la frase de "Estar desempleado me puede afectar psicológicamente." Pienso que en mi país, se tiene la idea de que una persona graduada de la universidad tiene que empezar a trabajar en una gran compañía. Es más, lo consideran como un fruto o una muestra de que la persona se haya criado y se haya educado bien. Para mí, ese estereotipo que se tiene, es una triste realidad de mi país.

만일 이 설문이 한국에서 이루어진다면, 첫 번째 질문은 어쩌면 동일한 결과를 얻을 것이라고 생각합니다. 하지만 두 번째 질문은 그렇지 않습니다. 저는 한국 사람들은 '실직 중이라는 사실은 심리적으로 자신에게 안 좋은 영향을 줄 수 있다.'의 문장에 가장 동의할 것이라고 확신합니다. 왜냐하면 우리나라에서는 대학을 졸업한 사람이라면 반드시 대기업에서 일을 시작해야 한다는 생각을 갖고 있기 때문입니다. 심지어 그것을 한 사람이 잘 성장했고 교육을 잘 받았다는 것에 대한 결실이나 증명으로 간주합니다. 제가 보기에는 한국인들이 갖고 있는 그러한 고정 관념은 우리나라의 슬픈 현실입니다.

desempleo	ⓜ 실업, 실직
dificultar	어렵게 하다, 방해하다
formación	ⓕ 형성, 양성, 교육
específico	특유의, 고유의, 특정의
excesivo	과도한, 과잉의, 지나친
competencia	ⓕ 경쟁, 겨룸
mercado laboral	ⓜ 노동 시장
paro	ⓜ 멈춤, 정지, 파업, 실업 보험 (estar en paro 실업 중이다)
formarse	양성되다, 육성되다, 만들어지다
temporada	ⓕ 시즌, 철
psicológicamente	심리적으로
de mal en peor	점점 더 나쁘게
reducir	축소하다, 줄이다
gasto	ⓜ 소비, 비용
recursos humanos	ⓜ pl. 인적 자원
puesto	ⓜ 장소, 위치, 부서, 노점, 직, 지위, 순위
racional	이성의, 이성적인, 합리적인
optimista	ⓜ ⓕ 낙관론자 / 낙관적인, 낙천적인, 낙관주의의
postularse	입후보로 나가다, 지원하다
candidato	ⓜ ⓕ 후보자, 지원자
seleccionado	선별된, 당선된
servir	섬기다, 시중을 들다, 돕다, 내오다, 쓰이다
desanimado	풀이 죽은, 무기력한, 기운이 빠진, 혼잡하지 않은, 활기가 없는
fruto	ⓜ 열매, 과실, 결실
muestra	ⓕ 견본, 샘플, 증명
criarse	자라다
estereotipo	ⓜ 고정 관념